Franz Krones

Handbuch der Geschichte Österreichs von der ältesten bis neuesten Zeit

Zeit

Fünfter Band: Zusätze und Register

Franz Krones

Handbuch der Geschichte Österreichs von der ältesten bis neuesten Zeit
Fünfter Band: Zusätze und Register

ISBN/EAN: 9783743499621

Hergestellt in Europa, USA, Kanada, Australien, Japan

Cover: Foto ©ninafisch / pixelio.de

Weitere Bücher finden Sie auf **www.hansebooks.com**

Handbuch

der

Geschichte Oesterreichs

von der ältesten bis zur neuesten Zeit.

—

Mit besonderer Rücksicht auf Länder=, Völkerkunde und
Culturgeschichte

bearbeitet

von

Dr. Franz Krones,

o. ö. Professor der österreichischen Geschichte an der Universität zu Graz, corresp. Mitglied der
k. k. Akademie der Wissenschaften zu Wien.

Fünfter Band.
(Zusätze und Register.)

Berlin.

Verlag von Theodor Hofmann.

1879.

Inhalt.

Zusätze, Berichtigungen und Literatur-Nachträge   1

Register   39

     A. Namenregister (Personen- und Ortsnamen-Register)   40

     B. Sachregister   230

Anhang von sachlichen und literarischen Nachträgen   241

Summarische Zusammenstellung und alphabetisch geordnete Uebersicht
der Literaturnachträge, sachlichen Zusätze und Berichtigungen . .   259

Anm. Die auf S. 249 (Anhang) in Aussicht gestellte Abhandlung Dr. A. Steinwenter's „Beiträge zur Geschichte der Leopoldiner" ist bereits im Arch. f. ö. G. 58. Bd. 2. H. (Sep.-A. 120 S.), 1879, erschienen. Ihr Hauptinhalt betrifft die Politik H. Ernst des Eisernen.

Zur Geschichte der Beziehungen des Hauses Habsburg und Venedigs lieferte jüngst A. Puschi eine beachtenswerthe Studie u. d. T. Attinenze tra casa d'Austria e la republica di Venezia dal 1529—1616 (Triester Comm. Gymn.-Progr. 1879. Sep.-Abdr. 60 S.)

Zusätze, Berichtigungen und Literatur-Nachträge

zu den

vier Bänden des Handbuches der Geschichte Oesterreichs.

Vorbemerkung. Der ziemliche Umfang dieser „Nachwehen" meiner weitschichtigen Arbeit wird den Kenner nicht Wunder nehmen, dem Freunde der Sache nicht unwillkommen sein. Ich habe es an gewissenhafter Mühe nicht fehlen lassen, obschon es nicht möglich war, Alles zu verwerthen, was mir an Ergänzungen, Berichtigungen u. s. w. bei wiederholter Durchsicht des Werkes aufstieß; ich mußte mich auf das Wesentlichste beschränken. Das Hauptaugenmerk der „Nachträge" war demnach der maßgebenden Literatur, also dem zugewandt, was mir an Quellen und Vorarbeiten aufstieß und ich für mein Manuscript nicht mehr verwerthen konnte, oder mir theils minder genau bekannt, theils ganz entgangen war.

In den „Zusätzen" und „sachlichen Berichtigungen" sollten die Ergebnisse einer Revision des ganzen Werkes ihren Platz finden, Einzelheiten von Belange verbessert werden. Selbstverständlich kann man nur einzelne Ergänzungen und Berichtigungen erwarten, mehr und Ausführlicheres könnte eben bloß eine neue Auflage, beziehungsweise Bearbeitung dieses Werkes bieten.

Von verschiedenen Seiten sind dem Verf. in gedruckten Recensionen, brieflichen oder sonstigen Mittheilungen beachtenswerthe Winke zugekommen. Er fühlt sich verpflichtet, den bezüglichen Fachfreunden, die bereits am Schlusse des 4. Bandes genannt wurden, — außerdem den Professoren Jung in Prag und Loserth in Czernowitz — bestens zu danken, und bedauert nur, daß der Schlußband dieser kritischen Förderung berufener Fachgenossen entbehren muß. Allen andern wohlwollenden Beurtheilern in verschiedenen Fach- und Tageblättern des In- und Auslandes zollt er einen summarischen Dank.

—

Erster Band.

Erstes Buch (Oesterr. Geschichtschreibung.)

a. Literaturnachträge.

S. 1—2: Zu Wattenbach, 4. Aufl. (1878); z. Sybel's histor. Ztschr.
das jüngste Univ.-Register v. Pozner (München 1878); Die Handschr. d. kais.
Hofbibl. in Wien v. Chmel, die des k. k. H. H. u. St.-Arch. v. Böhm beschr.
(s. Suppl.) u. d. Tabulae codicum bibl. palat. Vindob. (bis jetzt 6 Bde.); F.
Galizien: die Bibliografia polska, h. v. Esterreicher, I.—V. Bd.; (Krakau
1870—1878); Für Welschtirol: die biblioteca Trentina, herausg. v. Car.
Ein Bruchstück einer Biblioth. austriaca sind die s. 1830 v. Antiquar Gräffer
in Wien veröff. bibliogr. Hefte. Chmel, Vortr. ü. d. Pflege d. Geschtschr. i.
Oesterr. (Sitzungsber. der Wiener Akad. d. W., hist. ph. Kl. I. 1849); Frh. v.
Helfert, Ueber Nationalgeschichte u. d. gegenw. Stand i. Pflege i. Oesterreich
(Prag 1853); dagegen Chmel, Anz. im Notizenblatt III., 281—285; J. Egger,
Die ältesten Geschichtschr. u. Geogr. Tirols (Innsbruck 1867), Sep.-A. a. d.
Gymn. Progr.; Hanisch, Gelas. Dobners Leben u. gelehrtes Wirken (Prag,
Neustädter Gymn. Progr. 1854); Toldy (†) Geschichte d. u. Lit. i. Mittelalter,
deutsch v. Kolbenhayer (Pest 1865); P. Hunfalvy, Liter. Berichte aus Ungarn.
Budapest s. 1877 1—4 .... Heft; Szinnyei (ü. ung. Geschtsschr. v. 1711 bis
1772 i. d. Századok. „Jahrhunderte", hist. Ztschr. Budapest. J. 1876, S. 396 f.
Vgl. Budosó, ebda. 640 ff.)

b. Zusätze und sachliche Berichtigungen.

3. S. 10: Die sog. „Wiener Bilderhandschrift", ein Coder,
welcher inhaltlich mit dem älteren Theile der Compilation Thuróczy's
zusammenhängt, indem er von diesem in einer Abschrift benutzt
wurde, stammt v. J. 1358 und reicht bis 1330.

Ausgabe von Toldy u. d. T. Marci chronica de gestis Hungarorum
ab origine gentis a. a. 1330 producta .... Prachtwerk mit 10 Bll. Facsimile
(die magyar. Uebers. fügte Szabó bei), Pest 1867. Vgl. Toldy's Ausg. des
Chronicon Hungarorum Posoniense. gleichen Schlages und Um-
fanges (Budae 1852), worin sich auch eine ausführliche Einleitung über diese
Quellenreihe, ihr Verhältniß zu Kéza, Thuróczy und zu dem 1473 als
Ofener Incunabel in der Offizin des Heß gedruckten Chron. Budense (neue
A. v. Podhraczky v. J. 1838) u. s. w. findet. Vgl. O. Lorenz, Deutschlands
Geschichtsquellen i. M.-A., I. Bd. 2. A. 1876, S. 283 f., worin insbes. auf das
Verhältniß jener Chronikencompilation v. J. 1358 zum Thuróczy, Chron. Bud.,
andererseits zum Heinrich von Müglen (Mogelin) das Augenmerk gelenkt
erscheint.

S. 14: Das Theatrum Europaeum in 21 Fol.-Bdn.,
welches sich an Gottfried's (Abelin) Chronik (—1619) schließt
und von 1617 an bis 1718 reicht, war allerdings zunächst ein

historisches Journal, ein Sammelwerk der Ereignisse, aber die Zeit seines Erscheinens (s. 1635), sein Druckort Frankfurt, und der Inhalt seiner ersten drei Bände insbesondere lassen deutlich genug seine protestantische und schwedenfreundliche Gesinnung erkennen. Es mußte bald naturgemäß den Standpunkt einer Partei kennzeichnen.

S. 36: Für Hanthaler's Ortilo suchte nur Khautz eine Lanze einzulegen. Calles vermied eine schärfere Polemik.

S. 40: Zu den Genealogen Habsburgs sei noch Schöpflin mit s. Alsatia illustrata (Colmar 1751 u. 1761, 2 Bde.) gestellt.

S. 59: Chmel, † 1858. Auch als Werkgenosse Böhmer's ist er zu erwähnen, indem er die Regesta regis Rom. Ruperti († 1410) herausgab.

S. 65: Die Arbeiten Biermann's schließen eigentlich die Geschichte des ganzen Oberschlesiens ab.

S. 71: Die ethnographisch = historisch = statistischen Arbeiten Prof. Bidermann's in Graz, die sich durch Beherrschung großer Stoffmassen und reiche Literaturkenntniß auszeichnen, wandten sich insbesondere den Ruthenen, den Welschtirolern und den Romanen Oesterreichs überhaupt zu; abgesehen von anderweitigen archivalischen Studien im Mittelalter und in der Neuzeit.

S. 72: Zwischen A. v. Arneth, A. Wolf, Bievenôt und Frh. v. Helfert stellt sich mit seinen diplomatisch wichtigen und in manchem Sinne abschließenden Arbeiten Hofr. Adolf Beer; sie bewegen sich in der Zeit von 1763—1813. — Den Rechtshistorikern gesellt sich H. Brunner besonders durch seine erste Publication über das „Exemtionsrecht der Babenberger" bei; ferner Hasenöhrl, Luschin (gleichfalls tüchtiger Forscher im Bereiche der mittelalterlichen Numismatik), Schuster und Pernice. Unter den Archäologen und Monographisten Wiens gebührt, was langjährige Thätigkeit anbelangt, der Vortritt dem Veteranen Camesina, dessen jüngstes Werk: Wiens örtliche Entwicklung (Wien 1877), ein maßgebendes Stück Arbeit ist; auch des verstorbenen Feil muß in dieser Richtung gedacht werden. Feil, der gleichfalls leider hingeschiedene v. Karajan und der Gastwirth Haidinger besaßen, nebenbei erwähnt, die reichsten Sammlungen von Schriften zur Lokalgeschichte Wiens. Des letztgenannten Hinterlassenschaft befindet sich gegenwärtig im erfreulichen Besitze der Stadt. Wien's Vertretung giebt gegenwärtig auch ein schön ausgestattetes Werk, die Quellen der städtischen Geschichte heraus, deren erste Serie, die Stadtrechte von J. Tomaschek bearbeitet wurden. Für Niederösterreichs provinzielle Kultur und Literatur=

1*

geschichte arbeitet am rüstigsten Anton Mayr, der Sekretär des niederösterr. V. f. G.= u. Landeskunde.

S. 73: Für Görz muß noch der gründliche Morelli, der Vorläufer Formentini's, und für das Trentino Frapporti erwähnt werden.

Zweites Buch
(Methodik, geogr. ethnogr. Grundlagen; nachbarl. Verhältnisse).
a. Literaturnachträge.

S. 76: Schwicker, Statistik von Ungarn (1877, Augsburg, Cotta); Hunfalvy, Ethnographie von Ungarn; deutsch von Schwicker (Pest 1877); Bidermann, Die Romanen u. i. Verbr. i. Oesterr. (Graz Univ.=Festschr. 1877); reiche Lit. — Hörmann, Tiroler Volkstypen (Wien 1877); Braun=Wiesbaden, Eine türk. Reise. I. 1876.

S. 90: S. auch die Abh. des Frh. v. Czörnig i. d. Mitth. d. Wiener geogr. Ges. 1876, S. 50 (Die Donau, Serbien, Rumänien); Pontour, Die Donau, gesch. handelspolit. Studie. (Oesterr. Revue 1866, VIII. 101 f.)

b. Berichtigende Zusätze.

S. 91: Merkwürdig sind auch die histor. Wandlungen des Kummerner See's bei Brüx in Westböhmen (s. III. Band, S. 91, 93).

S. 94: Im J. 455, d. 7. Sept. wurde nach Aufz. d. röm. Annalen: Sabaria („Steinamanger" i. d. nach=röm. Zt.) v. e. Erdbeben zerstört (Holder=Egger i. Neuen Arch. d. Ges. f. ä. d. G., I. 1876, und Jung, Römer und Romanen, S. 186). — Ueber die angebliche Verschüttung von Majas s. Schönherr's Abh. (Innsbr. 1873).

S. 102: Für die Geschichte der Deutschfriaul'schen Sprachgrenze bietet wichtige Anhaltspunkte die jüngste akad. Abh. v. Zahn's „Friaulische Studien" I. (Arch. f. österr. G., 57. Bd. 2. H. 1878). Diese Abhandlung zeigt, wie stark die deutschen Grundlagen des Friauler Adels waren und wie bedeutend die auswärtigen Besitzverhältnisse in die Wagschale fallen, wie Burg= und Ortsnamen diese deutsche Vergangenheit dauernd abspiegeln.

S. 107: Bei der Bukowina muß an die ältern eingesprengten Ansiedlungen deutscher, wohl zumeist israelitischer Handelsleute, z. B. in Czernowitz, errinnert werden.

Drittes Buch (Vorrömische und römische Zeit).
a. Literaturnachträge.

Jagić, Arch. für slav. Philol. I. 2. 1876 (Donau, Dunaj, S. 280—294); Glavinić, Bulletino di archeol. e storia Dalmata. — Budapester An-

thropologen= u. Archäologen=Congreß 1876. Die Resultate dess. ersch.
u. d. Titel: Congrès international d'Anthropol. et d'Archéologie . . . . .
Budapest 1876 I. Vgl. Hunfalvy's liter. Ber. a. U. I. 4. Heft 1877. —
Kenner über Ovilaba, u. d. Straße v. Virunum bis Ovilaba u. d. Ausgr.
v. Windisch=Garsten über Ernolatia (Arch. f. österr. Gesch. 71, 74. 80. Band);
R. Kohn ebda.; v. Sacken, Das Grabfeld von Hallstadt (Wien 1868);
Ueber Carnuntum i. d. Denkschr. d. Wiener akad. hist. ph. Kl.; u. Ansiedl. u.
Funde aus heidn. Zeit i. N. Oesterr. Wiener Sitz.=Ver., 74. Bd.; Douglas,
Die Römer in Vorarlberg (1870); Carrara, I scavi di Salona nel 1848
(Wien 1850); Mommsen's Abh. i. Hermes IV. (1869) u. VII. (1873) über
d. Anauner u. d. röm. Lagerstädte; Hirschfeld, Unters. a. d. Geb. d. röm.
Verf.=G. (Berlin 1876 I.); Epigr. Nachlese z. Corp. Inscrr. latin. Vol. III.
aus Dacien u. Mösien, 77. Bd. d. Wiener akad. Sitzgs.=Ber. hist. ph. Abth.
Vgl. d. v. ihm u. Contze reb. arch. Ztschr. f. Oester. — Ueber röm. Ver=
kehrswesen, d. Auff. v. Stephan in Raumer's historisch. Tschb. 1868, und die
Monogr. v. Hartmann (Leipzig 1868) u. Hudemann (Berlin 1875); Ueber
das Gewerbe des klass. Alterth. v. Büchenschütz (Leipzig 1869, Preisschr.) u.
Blümer (Leipzig 1869); über die östlichen Handelswege die poln. Preisschr. v.
Sadowski (deutsch von Kohn, Jena 1877); Gooß, Chronik der archäol.
Funde Siebenbürgens (Arch. f. G.=L. Siebenb. XIII. 1876 u. Sep.=A.), Skizzen
z. vorröm. Culturgesch. ebda.; versch. die Selbständ. d. datischen Kulturarbeit);
Kukuljević, Pannonia rimska (D. röm. Pannonien) im Rad jugosl. akad.
(Arch. d. südslav. Ges. in Agram, 23. Bd., 1873). Hasdeu, Istoria critica
a Romaniloru (Bukarest 1873) u. Dina, Flima, Gotii s Gepidii in Dacia
(hist. philol. Studie) ebda. 1877. Vgl. die Recension dieser neuesten rum. Ar=
beiten von Hunfalvy in den „Liter. Ber. a. U." 1878 II., 3. Auch sei die
Abhandlung von Moefesch, „Beweis für die celtische Abst. der Walachen oder
Romänen", erwähnt (Hermannstadt 1867); Zippel, Die römische Herrschaft in
Illyrien bis auf Augustus (Leipzig 1877); Jung, Römer u. Romanen in den
Donauländern (Jnnsbr. 1877) (die bedeutendste jüngst ersch. inländische Mo=
nogr.). Vgl. die Recensionen: Schwicker's i. Ausland, 1877. Nr. 39, u.
Hunfalvy's i. d. Lit.=Ber. a. U. I., 2., 239 f. Vgl. auch Bidermann: Die
Romanen a. a. O.

b. Zusätze und sachliche Berichtigungen.

S. 163: Rhätien bildete mit Vindelicien u. zuweilen mit
dem pennin. Alpengebiete v. ob. Rhonethale einen politischen Bezirk,
mit dem Hptorte: Aug. Vindelicorum (Augsburg).

S. 165: Norikum war noch im 2. Jahrh. „regnum" nicht
eigentliche Provinz.

S. 170: Unter Tiberius wurde Illyricum in 2 Prov. ge=
schieden: Pannonien und Dalmatien.

S. 181: Zunächst war den Auxiliartruppen gestattet, sich zu
verheirathen; die röm. Bürgersoldaten lebten im Concubinat. K.

Sept. Severus war ausschließlich für das Concubinat beider Heerestheile. So kam es zur Generation der Soldatenkinder. Vgl. auch III. Bd., S. 60.

S. 183: Trajan theilte Pannoniens Boden in 5 Catastral-klassen: Ackerboden I. u. II. Kl., Wiese, Mastwald, gemeiner Wald Hadrian theilte Dacien in Provinzen ein.

S. 184: Die „Landtage" i. d. röm. Prov. mit sacralem Charakter wurden jährlich aus den Abgeordneten der Stadtkreise einberufen. Der Oberpriester der Provinz brachte Opfer f. Gott u. Kaiser dar. Recht der Beschwerden u. d. Verwaltungsgebrechen.

S. 184: Zu Celeja gehörte das ganze Santhal (San = Adsaluta), zu Carnuntum das ganze Lejthathal u. d. Geb. v. W. Neustadt; zu Sirmium ganz „Syrmien".

S. 185: Die 3 Canabae oder Händleransiedlungen b. den großen Standlagern a. d. mittl. Donau: Carnuntum, Aquincum, Vimina-cium wurden von Trajan zu Municipia Aelia erhoben.

S. 198: Ein Mythräum fand sich auch z. B. in Mauls bei Strezing in Tirol.

Viertes Buch (Die Völkerwanderung).

a. Literaturnachträge.

S. 203: Holder-Egger a. a. O. — Die Ausg. d. Vita Severini i. d. neuen Fortf. d. Mon. Germ., h. v. Sauppe; Ebert (f. I. Bd., Nachtr.), Teuffel (Röm. Lit.-G., 3. A. 1875); Wattenbach, 4. A. 1878. Ueb. Cassiodorus: Gutschmid, Jahrb. f. klass. Philol. 1862; über Jordanes: Kaufmann i. d. Forsch. z. deutsch. G. VI., VIII Bd.; über Ennodius: Fertig (1855) u. Thorbecke (Heidelb. Gymn. Progr. 1875). Monod, franz. Abh. ü. d. merov. Quellen, vgl. Waitz, Gött. gel. Nachrichten. 1872, S. 903—909. Die neueste Monogr. v. J. Poeiche, Die Arier (Jena 1878); scharfe Recensionen dieser gewandten aber selbstgefälligen und waghalsigen Arbeit, welche die Urheimath der Arier in dem volhynisch-litthanischen Sumpflande sucht, f. im lit. Centralbl. (1878, Nr. 37) und im „Ausland" (1878 Nr. 47); Wislicenus, Die Gesch. d. Elbgermanen vor der Völterwanderung (Halle 1868); Arnold, Unsere Vorzeit (1879); Bergmann, Les Scythes, les ancêtres des peuples German et Slaves (vgl. hist. Ztschr. v. Sybel V. Bd. 176). — Ueber die Alpenetrusker u. Rhäter. zu dem Citat Daum: Innsbr. Gymn. Progr. (1853); Kusinatscha, Z. Geneal. d. Rhäter; Gymn. Progr. von Meran (1863), Innsbruck (1865). Jung und Bidermann (reiche Liter.) (f. II. Buch Nachtr.), Die Literatur über die angeblichen „Cimbern" der sette communi b. Attlmayr i. f. Abh. i. d. Ztschr. d. Ferdin. III. i., 12. Heft (Innsbr. 1865, 1867). Vgl. Bidermann, Die Ital. i. tirol. Prov.-Vbde. (Innsbr. 1874).

S. 205: Haas, Urzustände Alemannien's (Erlangen 1865); Baumann, Schwaben und Alemannen, i. Herkunft u. Identität, (Forsch. 1876, 16 Bd. 2.);

Riezler, Gesch. Bayerns (Heeren=Ukert — Giesebrecht'sche Gesch.=Bibl.) I. Bd. (bis - -1180), Gotha 1878; das neueste Hauptwerk. Alois Huber, Gesch. d. Einführung des Christenthums in Südostdeutschland, 4 Bände, (1874—1875); Branzl, Ue. d. h. Severin ... und Horawiz, Aus drei Jahrhunderten. (Wien, Josephstädter Gymnasium 1858, 1864); Stampfer, Romanisirung und Christianis. des Vinstgaus (Meraner Gymn. Progr. 1860).

b. Zusätze und sachliche Berichtigungen.

S. 224: Die Stelle über die Markomannen, Quaden, Sarmaten, welche a. a. O. dem h. Hieronymus zugeschrieben wird, findet sich authentisch im Ammianus Marcellinus, XXII. Kapitel. Vgl. Riezler, Gesch. Bayerns I., S. 23—24.

S. 241: Die christlich kirchliche Eparchie eines Metropoliten entsprach gewissermaßen der Stellung eines Oberpriesters in den vorchristlichen Städtebünden oder Gauverbänden des Römerreiches.

Fünftes Buch (568—976.)

a. Literaturnachträge.

S. 246: Riezler, Ueber die Entstehungszeit der lex Bajuvar. Forsch. z. d. G. XVI. 409—446.

S. 247: Riezler, G. Baierns I. s. o. Die Liter. der Streitfr. ü. d. Zeitalter des h. Ruprecht bis 1863 s. i. Krones Umr. d. Geschichtsl. d. deut.=österr. Ländergr. (Innsbr. 1863,) S. 166. Vgl. auch Gfrorer, Deutsche Volksrechte, h. v. J. Weiß, I. Bd. Alois Huber, a. a. O. Ueber Bonifazius die Monogr. v. Werner; Wattenbach, Die Germanisirung der östl. Grenzmarken des deutsch. Reiches; hist. Ztschrift von Sybel, IX. 386, 417. (1863); Ueber Cyrill und Method: Hanus, D. Schriftwesen u. Schriftenthum d. böhm. slav. Volksstämme in der Zeit des Ueberg. i. das Christenthum. (Prag 1867); Léger, Methode et Cyrill. (Paris 1868); Dudik, G. Mährens II., u. s. Polemik mit Brandl über Welehrad; Const. Jireček, Geschichte d. Bulgaren (Prag 1876).

b. Zusätze und sachliche Berichtigungen.

Z. S. 249 u. 256: (Alemannen=Schwaben). Ueber die spätere Verschmelzung und Identität der Alemannen und Suewen vgl. insbesondere Arnold i. s. Ansiedlungen u. Wanderungen deutscher Stämme, II. Abtheil. (Marburg 1875 s.; nebenbei sei auch seine jüngste Publication „Unsere Vorzeit" erwähnt) und Baumann's o. cit. Abh., deren Verf. jedoch die Ansicht Birlinger's (Aleman. Sprache rechts des Rh. I. und Ztschr. Alemannia), wonach die Schwaben vorher als Juthungen aufzufassen seien und ebenso die verwandte Anschauungen Müllenhoff's — ganz ablehnt und die Juthungen als bloßen Theil der „Alemannen", letztere und die „Schwaben" als vollkommen identisch bezeichnet. Gegen diese Identität fehlte es allerdings nicht an gewichtigen Einwendungen, die Erwägung

verdienen, wenn sie auch nicht überzeugen, so z. B. in der Abh. von
O. Keller, Vicus Aurelii o. Oehringen z. Zeit d. Römer, Festpr.
h. m. V. d. V. v. Alterthumsfreunden im Rheinland (Bonn 1871)
S. 1, 2, Note. Die mundartliche Verschiedenheit d. heut. Schweizer
als der eigentlichen Alemannen und Schwaben ist auch kein ent-
scheidendes Argument, wie Manche, z. B. A. Ficker wollen, höchstens
läßt es sich auf die ursprünglichen Elemente: Alemannen und
Juthungen-Schwaben — und auf die geographische Scheidung der
mittelalterlichen Wohnsitze anwenden.

3. S. 258 f.: Aloys Huber in seiner stoffreichen, aber nicht
immer kritischen Bekehrungsgeschichte des südöstlichen Deutschlands hat
die älteste Geschichte Salzburgs und die Ruprechtsfrage mehr ver-
wirrt als geklärt.

S. 274: Die Grenze der großen Ostmark als politischen
Verwaltungsgebietes und der Friauler Mark ist noch immer
nicht klar festgestellt. Daß Karl der Große in der Regel eine
Congruenz der politischen und kirchlichen Gebietsgrenzen feststellte,
ist allgemein bekannt. Die Markenbildung zeigt sich aber zugleich
von dem älteren geographischen Begriffe des „Herzogthums" Karantanien als einer Provinz und dann bald eines karolingischen Apa-
nagegebietes durchkreuzt. Karantanien umfaßte im Süden und Norden
der Drau zwei Markenbildungen und in letzterer Beziehung gab
allerdings die Drau eine politische Gebietsgrenze, wenn auch nicht
für die Ostmark, im weitesten Sinne, ab.

Sechstes Buch (Der historische Boden Oesterreichs).
a. Literaturnachträge.

S. 298: Hippolitus, Ztschr. m. d. Arch. f. d. G. d. Diözese S. Pöltens
(Fanum Scti. Hippoliti); Kämmel, Die Anfänge deutsch. Lebens i. Nie.-Oesterr.
während des 9. Jahrh., Progr. des Dresdener Renst. Gymn. u. Sep.-A. 1877
(eine treffliche Quellenstudie). Die cit. Arb. von Steub, Bidermann u. A.
(vgl. III., IV. Buch).

S. 302: 3. Gesch. Friesa: Alb. Jäger, Ueber eine angebl. Urtbe. K.
Konrad's II. v. 1028 (Arch. f. österr. G., 55. Bd. 2. 1877) bestr. i. Echtheit.

S. 316, 317: Zingerle, Urtbb. d. Abtes Sonnenburg (Fontes rer.
austr.) und Mairhofer, Pusterthal unter den Gaugrafen bis zum Auftreten
der ältesten Adelsgeschlechter 860—1150 (Brixner G. Progr. 1865).

S. 311 f.: Ueber die innerösterr.-friaul. Wechselbeziehungen und
Territorialverhältnisse die wichtigen Publ. u. Abh. v. Zahn, a. a. O., insbes.
d. jüngste v. 1878 (Sitzungsb. d. Wiener Akad.).

S. 351: Das mittelalt. Istrien in seiner Gestaltung u. die municipalen
Anfänge Triest's behandelte jüngst die Abh. von Swida im Progr. d. k. k.
Staats.-O.-Realschule in Triest v. J. 1877. Swida behandelt: I. Die politische

Stellung Istriens im 1. Jahrh. und die Entwicklung der bischöflichen Gewalt. II. Triest's Entwickelung v. 948—1295. III. Die Epoche v. 1313—1382 als Anhang u. i. e. Exkurse die Ceſſ. Urk. des B. Johann IV. v. 1236, deren echte Bestandtheile er im Terte unterſucht.

S. 374: Puntſchert, Chronik v. Retz (1870).

S. 376: Ueber die wechſelnden hiſtor. Grenzverh. zw. Deſterr. u. Böhmen, mit beſonderer Rückſicht auf das Gebiet von Weitra (das noch 1179 böhmiſch war), vgl. die čechiſch geſchr. Abh. v. Sedláček; Tabor 1877. (Jak se monili a ustáli meze Cech a Rakous).

S. 378: Tomek, Geſch. Prags, II., III. Bd.; Regeſten zur ſchleſ. Geſchichte, h. v. Grünhagen, 2. Aufl., 1., 2. Lieferung (Breslau 1876, 1877); Grotefend, Stammtafeln der ſchlej. Fürſten (Breslau 1875); Kürſchner, Einlöſung des Herz. Troppau durch Wlab. II., K. von Böhmen und Ungarn (Wien 1867, Sep.=Ausg.).

S. 392: Adelheid v. Cleve, vgl. ü. ſie als fragliche Perſon die Monographie: Eger und Böhmen v. Kürſchner, S. 10 a. 2.

S. 440: Codex diplomaticus Monasterii Tynecensis, her. v. Dr. W. Ketrzyński u. St. Smolka (Lemberg 1875). (Bukowina) Szúczawa, hiſt. Tkw. v. b. erſten hiſt. Kenntniß .... (Czernowitz 1876), Urkbb. f. d. Geſch. d. Bukowina begonnen.

S. 466: Schwicker, Statiſtik v. U.; Hunfalvy=Schwicker, Ethnogr. v. U. Biſchof Ipolyi v. Neuſohl gab eine treffliche Monographie über Neuſohl, deutſch v. Dur 1876, heraus.

S. 467: Krones, Z. Geſch. des deutſch. Volksth. i. oſtung. Bergl. m. bej. Rückſ. a. d. Zips u. i. Nachb. (Feſtſchr. d. Grazer Univ. 1878).

S. 468: Haan=Zsilinski, Monum. dipl. comit. Bekes. diplom. ab anno 1323—1719 (Missiles 1583—1794), 1877.

S. 469: Reiſſenberger, i. Arch. f. ſiebenbürg. Lbkde., N. F. XIII. 3. 538—564, Ueberſ. d. bish. Forſch. ü. d. Hſt. d. Sachſen. (Eine ſehr anſprechende Ueberſ. d. älteſten Coloniſation Siebenbürgens findet ſich in der Programmarbeit des Sächſ. Regen'ſchen U.=R.=Gymn. v. 1871: Karl Haltrich: Sächſiſche O.D. aus der Arpadenzeit. — Für b. Territ.=Geſch. d. 15., 16. Jahrh. ſind auch zu verzeichnen: Baumann, Die Schenkung d. Stadt u. d. Stuhles Mühlbach an die Brüder Joh. und Andreas Pongracz (Mühlb. Gymn. Progr. 1876), u. Thalmann, Die Schenk. d. Gebietsanth. v. Szász, Sebesholy u. Sugay a. den Magiſtrat von Mühlbach, d. h. d. Fürſten Steph. Báthory 1575 (ebba. 1859). Z. Rumänenfrage ſ. o. Jung, Vibermann und Hasden.

b. Zuſätze und ſachliche Berichtigungen.

S. 553: Der Verf. folgte den Unterſuchungen ſeines verſtorbenen Freundes Rösler, die für ihn noch immer viel Ueberzeugendes haben. Doch leugnet er nicht, daß einige weſentliche Bedenken ihm aufſtiegen, welche denn doch die Herleitung des Namens „Siebenbürgen" von „Sibinburg"=Herrmannſtadt erſchweren. Abgeſehen davon, daß, wie Bedeus v. Scharberg i. ſ. Arbeit: „Die Wappen

und Siegel Siebenbürgens" (Hermannstadt 1858) nachweist, i. J. 1659 die 7 Burgen ausdrücklich als Wappen der Sachsen, der Adler als das der Magyaren und der halbe Mond mit der Sonne als das der Székler festgestellt wurden, zeigt sich bereits sehr früh der Name „Siebenbürgen" als von 7 Burgen hergeleitet im Auslande aufgefaßt. So heißt es in den Ann. Polonorum, h. v. Arndt, Monum. Germ. XIX., S. 648: Eodem anno (1283) Tarthari terrum Ungaria, que dicitur de septem castris, intraverunt . . . . . , Doch ist dies noch kein Gegenbeweis.

S. 556: Die Urkunde von 1206 für Kraffo, Rams und Chyapundorf gilt nun immer allgemeiner als unecht, (zunächst bei Teutsch, Abr. d. G. Siebenb., A. v. 1865, S. 24). (Mit Recht?)

S. 557: Die Urkunde s. Thoroczko spricht von homines austriaci („Oesterreicher"); auch sie wird als echt bezweifelt. (?)

S. 572: Reihenfolge der Ansiedlung: Hermannstadt, Leschkirch, Schenk, Reps (Rosder Capitel); Schäßburg (Reizder Capitel). Im achten Stuhle steckt der Hermannstädter verborgen (s. Teutsch, Btr. z. Gesch. Siebenb. i. Arch f. K. österr. G. II., 1850).

Schon Roschner und Marienburg (Magazin für Gesch. Lit. . . . Siebenbürgens, h. v. Trauschenfels 1859, S. 195 f.) wiesen nach, daß die Colonisten des Südens den Altfluß hinaufgekommen seien u. zw. zunächst in das Hermannstädter, Leschkircher und Großschelkner Stuhlgebiet.

Siebentes Buch (976—1308).
Literaturnachträge, Zusätze und sachliche Berichtigungen.

S. 579: Z. Herim. Aug. die Monogr. v. Hansjakob (Mainz 1875); die neue A. der Casus S. Galli v. Meyer v. Knonau (1877); Quellen z. Kirchengesch. Annales ecclesiastici, quae post C. s. R. e. card. Baron ium O. Raynaldus et Jac. Laderchius . . . . . (reichen bis 1572); A. Theiner, Codex diplom. dominii tempor. S. sedis, 3 Fol.-Bde. Romae 1861 f., I. 756—1334, II. 1335—1389, III. 1389—1793; M. Watterich, Pontif. Roman. vitae . . . . u. a. saec. XIII., I. Bd. 872—1099, II. 1099—1198 (Leipzig 1862); Gams, Series episcoporum ecclesiae Catholicae (Regensburg 1873). Vgl. Ebeling, D. deutschen Bisch. u. d. kirchliche Statistik v. Wiggers; Janouschek, Origines Cistere., T. I. (Wien 1877) — eine unsäglich fleißige und genaue Arbeit.

S. 580: Voigt, D. mf. Formelbuch des Heinricus Italus a. d. Zeit Otofar's II. und Wenzel's II. von Böhmen (Archiv f. K. österr. Gesch., 29. Band 1863).

S. 583: Ueber den Ursprung der Babenberger: J. W. Hoffmann, Stemma Babenberg. Austr. emend. et ill. Francof. 1731

recus. Vitemb. 1740 (nimmt eine entferntere Verwandschaft der fränkischen (älteren) und österreich. (jüngeren) Babenberger an; vgl. Hanthaler, Fasti compil. I. (1747), diss. proleg. pg. 35 ff. — Büdinger, österr. Gesch. I. bezweifelt den Zusammenhang. Am ausführlichsten begründet die Bedenken Stein i. d. Forsch. z. d. G., XII. Bd.

S. 588: J. Czörnig, Ueber Friaul i. d. Sitzungsber. d. Wiener Akad. h. phil. S. X. 137; v. Zahn, Friauler Studien s. o. I. Arch. f. österr. Gesch. (Wien 1878, 57. Bd, 2. H.).

S. 607: Wittmann, Die Pfalzgrafen von Bayern (bis 1248) (München 1877); Riezler, Gesch. Bayerns I., S. 611.

Waitz, Verfass.-Gesch., VII. Bd., 12. Abschn. ü. d. Territ.-Verh. u. Amtsgewalten findet die Gründe für die Abhängigkeit der Ostmark von Bayern als bislang nicht überzeugend.

S. 607, Liter.: Reinh. Röhricht, Beitr. z. Gesch. d. Kreuzzüge (Berlin 1878), 2 Bde., II. Bd. 293—391) Katalog der Kreuzzüge). Vgl. Zeitschr. für deutsche Philol. v. Zacher, 7. Bd. 2., s. d. Z. v. 1096—1190); Wallnöfer, Ueber Rich. Löwenherz Gesang.; im Progr. d. kath. Gymn. z. Teschen (in der Polemik gegen Jäger maßvoller als Lohmeyer).

S. 613: Zu Pordenone vgl. die Darst. in Czörnig's Geschichte v. Görz u. Gr. 404—409 desgl. als Quellensammlung: Valentinelli, Diplomat. Portus-Naeonis in den Fontes rer. Austr., II. Abth.; dazu Zahn a. a. O.

S. 632: Kopp, Gesch. d. eidg. Bünde II., 2. A.: Die besondern Zustände der obern Lande, 2. Hälfte, 3. A. (Italien u. d. Tod K. Rudolph's) von Busson bearbeitet, III. Bd., 1. Thl.; K. Adolph u. s. Zeit, 2. Thl.; K. Albrecht u. s. Zeit (1298—1308). Falk, über die Quelle: de schism. regum Adolfi et Alberti (Forsch. XIII.).

S. 638: Constantia † 1243; ihre Söhne: Albrecht, geb 1240; Dietrich, geb. 1242. Heinrich von Meissen klagte später „wegen einiger Güter des Landes Oesterreich", die ihm K. Otokar (l. Urk. K. Albrecht's I. v. 1300) mit der Stadt Sadovia (Seyda) u. mit dem Schl. Birkenstein entschädigte. Offenbar waren es die Heiraths-güter der Constanze. (Vgl. Grellmann, Hdb. d. österr. Gesch. 24).

S. 671: Schwarz, Hz. Friedr. d. Streitbare v. Oesterr. und s. polit Stellung, I. (Saazer Gymn. Progr. 1876).

Zweiter Band.
Siebentes Buch (Schluß).
a. Literaturnachträge.

S. 27: Tomek, böch. Abh. ü. d. alte Topogr. Prags (1861) I. Abth.; Ruffer, Ueber die Burg Byssegrad i. böhm. Spr. (1861). Frind, Kirchengesch. Böhmens, I. Bd.; Perlbach, D. Kriege Heinrich's III. gegen Böhmen (Forsch. X. Band).

S. 34: Abschn. 3. Literatur: Koutny, Der Přemysliden Thronkämpfe und Genesis der Markgrafschaft Mähren (Wien 1877; Sep.-A. a. d. Progr. des Gymn. i. Theresianum). In dieser sehr sorgfältigen Abhandlung wird die Senioratserbfolge unter neue und im Ganzen richtige Gesichtspunkte gebracht.

S. 39: Literatur. Emler, Ueber d. Kanzlei des K. Wenzel II. (čechisch geschr. Studie in d. Abh. d. böhm. Ges. d. W., Febr. 1877). Danach war bis 1297 Peter Aspelt, nachmals Mainzer Erzb., böhm. Kanzler; seitdem bis 1306 Peter, der Sohn des Angelo, der mit jenem nicht verwechselt werden darf; (1311, † 1316 als Bischof v. Olmütz). Drebner, Ueber Schlesiens auswärt. Beziehungen v. Tode H. Heinrich's IV. bis z. Aussterben der Přemysliden in Böhmen (1290—1306) in der Ztschr. f. Gesch. und Alttb. Schlesiens, XIII., 2., 1877.

S. 49 f., Literatur: Knauz i. Századok 1875 über eine alte Agramer und Graner Ungarnchronik a. d. 12. Jahrh. Die Ethnographie U. v. Hunsfalvy-Schwicker, s. o.

S. 50: II. Ueber den Anon. Belae die jüngst von Mangold in der Oesterr. Gymn. Ztschr. 1878, Octoberheft, ausführlich besprochene Abh. v. Marczali (in d. Egyet. philolog. Közlöny. d. i. philolog. Centralblatt, 1877), welche zu den relativ besten zählt.

S. 51: Dümmler, Untersuch. ü. d. Sage v. d. sieben Ungarn u. s. w. (Göttinger gel. Nachr. 1868, Nr. 18); Pock, Beschreib. der sog. Krone des h. Stephan i. d. Mitth. d. Comm. z. Erh. d. Baudenkm. (Augustheft: 1857).

S. 51, III.: Deutsch. Geschichtsquell. i. M.-A., 1., 2. Bearb. (s. o.) Die jüngst ersch. Monogr. v. Jung, Bidermann ü. Römer u. Romanen (s. o.)

b. Zusätze und sachliche Berichtigungen.

Z. S. 20: A. Horčička in f. Abh. „Herz. Rudolph's III. v. Oesterr. Einsetzung zum Könige v. Böhmen i. J. 1306" (Mitth. d. Ver. f. G. d. D. i. B. 1878, XVII. J., II. (S. 186—198) bestreitet die Annahme, daß Heinrich von Kärnten nach Wenzel's III. Tode (1306) die Verwaltung Böhmens geführt habe und ebenso mit beachtenswerthen Gründen die herkömmliche Anschauung, daß K. Albrecht I. auf den Wahllandtag zu Gunsten seines Erstgebornen Rudolph eine Pression ausgeübt hätte; denn der Landtag ging am 22. Aug. vor sich, die Nachricht von der Ermordung des letzten Přemysliden (4. Aug. zu Olmütz) habe K. Albrecht nicht vor dem 15. Aug. nach Hagenau erhalten und nicht vor dem 24. eine Botschaft nach Prag gelangen lassen können. Die habsburgische Partei — denn eine solche kann auch H. nicht läugnen — habe sich eben nur hinter den Grundsatz: Böhmen sei ein heimgefallenes Reichslehen, dessen „Erledigung" (?) dem deutschen Könige zustände — verschanzt, um wie vor Allen die Witigonen aus dem Wahlgeschäfte persönliche Vortheile ziehen zu können. H. verwirft

ferner den Wahlbericht des Pulkawa und die Annahme Palacky's, daß Rudolph erst von dem zweiten Wahllandtage zwischen dem 8.—15. Oct. zum Könige sei gewählt worden, denn es habe bloß ein Uebertritt der Anhänger Heinrich's zu Rudolph stattgefunden, worauf jener dann bald dem glücklichen Nebenbuhler das Feld räumt.

S. 24: Das neueste Werk über Peter Aspelt (Aichspalter) v. Heidemann (Berlin 1875) entkräftet wohl im Einzelnen die Beschuldigungen, deren Gewährsmann der steiermärkische Reimchronist Ottokar ist, kann aber im Ganzen den bedenklichen Charakter dieses Kirchenfürsten nicht entlasten.

S. 34: Nach den neuesten quellenmäßigen Untersuchungen Koutny's erscheint die sog. Senioratserbfolgeordnung Brětislaw's I. als landtäglich nicht festgesetzt, kaiserlicher, lehensherrlicher Bestätigung entbehrend, und somit als keine förmliche staatsrechtliche Verfügung, kein eigentliches Staatsgrundgesetz. Gerade aber dieses Schwankende ihres Wesens und dem gegenüber das feste Beharren der Stände auf ihrem Wahlrechte (electio), andererseits die lehensherrliche Einmischung Deutschlands mußte den Charakter der Epoche von 1055—1098 ungemein bewegt gestalten.

S. 38: Da Hrz. Friedrich „weder mit Zustimmung der Böhmen, noch von der Hand des Kaisers das Herzogthum (Böhmen) empfangen habe", wie die gleichzeitige Chronik Gerlach's ausdrücklich berichtet, so erklärt sich der Schritt K. Friedrich's I. im Jahre 1173 unmittelbar besser, als durch das kaiserliche Eintreten für die Senioratserbfolge; es war das Verhältniß, in welchem wir 1126 K. Lothar Böhmen gegenüber finden, gewissermaßen umgekehrt.

S. 39: Heinrich Brětislaw, † zu Eger 15. Juni 1197. Am 1. Novbr. d. J. wurde Prager Erzbischof — durch Designation — der herzogl. Kaplan Daniel Milik.

S. 54: Während der ungarische Historiker Mátyus mit anerkennenswerther Objectivität den Nachweis zu führen sich bestrebt, daß der Anonymus Belae bei seiner Schilderung Ungarns keine früheren, als die Zustände des zwölften Jahrh. vor Augen haben konnte, — entscheidet sich Marczali in Uebereinstimmung mit Andern, so z. B. mit Pray, Büdinger, Rösler, für das dreizehnte Jahrhundert als Lebenszeit des Anonymus, ja mit aller Bestimmtheit für dessen zweite Hälfte, was namentlich aus der Benützung der historia de destructione Trojac des Guido von Columna und aus der Vorliebe für die Kumanen gefolgert werden

könne und glaubt auch die Namenschiffer des „Namenlosen" P. auf Magister Pous, den 1266 Béla IV. als aulae nostrae cancellarius bezeichnet und der diesen König († 1270) überlebte, deuten zu dürfen. Marczali hält den Anonymus für leichtgläubig und unwissend, absichtlicher Verdrehung der Thatsachen jedoch für unfähig. Dennoch tritt in seinem Geschichtswerke der „Tendenzroman" unläugbar zu Tage und gewiß auch absichtlicher Irrthum.

S. 64: Obschon ich Rösler's Ansicht über die Dakoromanen in Hinsicht der Auswanderungsfrage, gleichwie über die Romänen oder Wallachen, in Bezug der sogen. „Rückwanderung" oder, besser gesagt, Seßhaftwerdung in Siebenbürgen-Ostungarn — wesentlich — und zwar vornehmlich zu Gunsten der Annehmbarkeit einer Fortexistenz dünngesäeter dakoromanischer Hirtenbevölkerung im Gebirge — einzuschränken bereit bin und diesfalls den Ausführungen Jung's connivire, halte ich dennoch am Kernpunkte jener Ansicht fest, — da den „Hypothesen" Rösler's auch nur wieder „Hypothesen" entgegengestellt werden, andererseits die Hauptargumente Rösler's nur erschüttert, aber nicht beseitigt erscheinen. Jung hat immerhin das Verdienst, durch seine Gegnerschaft eine neue Inangriffnahme der wichtigen Frage veranlaßt zu haben. Der neueste, rumänische Historiker Hasdeu, einer der gründlichsten unter seinen Landsleuten und Fachgenossen, gehört nur theilweise zu den Gegnern Rösler's, indem er als Heimath der Rumänen das Land am Olt, „Oltenien", Wallachei und das südwestliche Siebenbürgen, so die Hatszeg, andererseits auch das Temescher Gebiet ansetzt, überdies den Mangel gothischer Einmengsel in der rumänischen Sprache durch eine willkürliche, aber geographische Versetzung der Gothen erklären will. Sonst ist Hasdeu weit davon entfernt, den traditionellen Anschauungen der Rumänen in Bausch und Bogen beizupflichten.

Achtes Buch (Literatur).

a. Literaturnachträge.

S. 97, Z. 5 v. o.: Wichert i. d. Forsch. XVI., Bd. 1, S. 27—83; Z. 7: Math. von Neuburg (Neoburgensis) und Albertus Argentinensis. Vgl. auch d. Abh. v. Soltan im Gymn. Progr. von Zabern (1877); Z. 11 v. u.: Loserth's Untersuch. (Arch. f. k. österr. G., 51. Bd., 1874); Z. 4 v. u.: Huber's Regestenwerk, bereits vollständig, 1877; Z. 2. v. u.: (Kopp) V. 2. 3. wird Lütoli liefern. —

S. 99: Friedländer, Die Erwerbung Böhmens für die Luxemburger (Elbing. Schulprogr. 1861). —

S. 104, Nr. 3, Liter.: Botka, Ueber M. Csák v. Trentschin u. s. Zeit-

genossen, magyar. Abhandlung von Botta in der Abhandlung (Ertekezések) der ung. Akad., 1873 (3. Bd.) —

S. 107, Nr. 4: Döbner, Die Auseinandersetzungen z. Ludwig IV. u. Friedrich d. Schönen 1325 (Meiningen 1875); Friedensburg, Ludwig IV. der Bayer und Friedrich v. Oesterr. von dem Vertr. zu Trausnitz bis zur Zusammenkunft in Innsbruck (Diss. Göttingen, 1877). Ueber den Streit zw. K. Ludwig u. d. röm. Stuhle die gehaltvolle Monogr. v. Riezler (Leipzig 1874), b. Aufs. von Mayer v. Knonau i. Sybels hist. Ztschr., 29. Bd. u. d. Abh. von Preger in der bayer. akad. Abh. (München 1878). Ueber den Aargauer Geßler s. Rochholz, Monogr. (Heilbr. 1877). Den jüngsten Versuch einer Rettung des historischen Tell machte K. L. Müller i. s. Broch. „Der Landsgemeinde-Beschluß v. J. 1387. Eine Urk. f. W. Tells Existenz". (Zürich 1878).

S. 122, Nr. 5, Literatur: Antershofen, ebba. I. (1848).

S. 132, Nr. 7: Stülz, i. 8. Bde. des Arch. f. K. österr. Gesch. (Graf Ulr. v. Schaunberg). Die jüngsten Publicationen u. Abh. des steierm. Landesarch. Dir. Prof. v. Zahn: Austro Friulana (1250) 1358—1365 i. b. Fontes rer. a. 40. Bd. (1877); über b. Additam. I. ad Chron. Cortus. (Arch f. ö. G., 54. Bd. I.); Rudolph IV. und Venedig (ebba. 55.); ü. Ludwig I. v. Ungarn, Vermittler i. b. österr. Angeleg. (magy. übers. Abh. i. tört. tár, 23. Band); Friaulische Studien (ebba., 57. Bd., 2. H.) 1878 vgl. o.

S. 152, Nr. 8: Ueber die Aufensteiner, die genealog. Arbeit v. Frh. v. Pettenegg im Jahrb. des gen. hist. Ver. „Adler" (Wien, II. J. 1875); F. Swida, Studie über Triest i. Progr. d. k. k. O. R. zu Triest (1877). s. o.

S. 159—160, Nr. 9: J. G. Karl's IV. u. b. ital. Verh.; Werunsky, s. b. J. 1353—1354 (Wien 1878). Die Vita Arnesti archiepi, neu abgedr. b. Höfler, scr. rer. huss. II. in den Fontes rer. bohem., I. Bd. (Prag 1873); Grünhagen, Die Korresp. der Stadt Breslau mit Karl IV. 1347—1355, Wien 1865 (akad. Schr., Sep.-Ausgabe); Jenkner, Die Wahl K. Wenzel's (Berlin 1873).

S. 170—171: Codex Andegavensis. h. von Em. Nagy, Ungar. Akad. (1878) I. 1301—1321. Ueb. Siebenbürgen 1342—1382 b. Abh. v. Teutsch i. Arch. f. K. österr. G. (1850) 5. Bd.; Ljubić, Monum. hist. Slav. merid., 3. Bd. s. Vgl. o. die Nachtr. z. Lit. ü. Friaul.

b. Zusätze und sachliche Berichtigungen.

S. 100, Z. 14—16 v. u.: Pabst Clemens V. Drängen zur Königswahl in Deutschland aus Besorgniß vor Philipp IV. widerlegt Heydemann, — doch erscheint uns die Politik Roms in dieser Frage dennoch nicht ganz klargestellt.

S. 101: Ein direkter Ausspruch Heinrich's VII. z. Gunsten eines Thronrechtes Elisabeth's fand schwerlich statt, denn die weibliche Erbfolge kannte die premyslidische Zeit nicht, und Heinrich VII. wollte gewiß auch nichts dem kaiserlichen Lehensrechte vergeben, — sicherlich aber kam er den Wünschen des Abtes Konrad von

Königsſaal in Bezug der Verbindung ſeines Sohnes mit Eliſabeth — als einer conditio sine qua non für die böhmiſche Thronbewerbung des Genannten — gern entgegen. Ueberdies wiſſen wir, daß die Partei der Schweſtern des letzten Přemysliden 1306 ſogar zum Mittel der Urkundenfälſchung griff, um das weibliche Erbrecht dadurch zu legitimiren.

S. 114: Z. J. 1326. H. Albrecht II. entbot eine Geſandt=ſchaft an den Pabſt.

S. 115, Z. 10 v. o. f.: Daß die Innsbrucker Zuſammen=kunſt Friedrich's des Sch. u. K. Ludwig's d. B. einen Verzicht des Erſteren nach ſich zog, iſt nicht klar erweislich; faktiſch aber gab Friedrich damals die Mitregentſchaft auf.

S. 133: Den Tod des Herzogs Friedrich, Bruders Rudolph IV. berichten ſpätere Quellen; doch liegt kein Grund vor, ihren Bericht zu verwerfen.

Neuntes Buch (1382—1437).

a. Literaturnachträge.

S. 185 f.: Z. Weizſäcker: D. R. II., III. Bd. —1400 (1877); Loſerth, Ueb. d. Codex epistol. des Erzb. Joh. v. Jenzenſtein (Arch. f. öſterr. Geſch., 55. Bd. 1877); Schleſinger, Die Hiſt. des M. Joh. Leonis. (F. Quellenſchr. 1421 (Prag 1877). Ueb. Adalb. de Ericinio ſ. Abh. v. H. Jireček i. časop. česk. Mus. 1872 u. Loſerth i. Arch. f. öſterr. G., 57. Bd. 1. (1878). Vgl. Mitth. d. V. f. G. d. D. i. B. (1878) XVII. J., 2. Heft.

S. 188, Nr. 1: Die Polemik zw. Lorenz und Rauchenſtein. Vgl. Gött. gel. Nachr. 1862 (Waitz, S. 49), Liter. Centralbl. 1863, Nr. 7 und hiſt. Ztſchr. v. Sybel, 8. Bd., 435.

S. 194—195: Siglerſchmidt, Differt. (Jena 1876); Tomek, Geſch. v. Prag, 3. Bd.; Lindner, Geſch. d. deutſch. R., I. Abth., I. Bd. 1875, II. Bd. 1. H. 1876, (ſtimmt Reimann bei).

S. 200: M. Bél, de Maria Hung. regina (Lips. 1742).

S. 209: Lindner a. a. O.; Ebrard, K. Wenzel u. d. ſchwäb. rhein. Erbtebb. 1384—1385 (Straßburg 1877); G. Wenzel, magy. Abh. ü. Wajda Stibor (Ertekez. IV. Bd. 1874); Böhm, de Sigism. II. r. (Lipsiae 1755) u. de ordine Draconis.. (Lipsiae 1764).

S. 227, Nr. 7: Die Abh. v. Hansrath in Sybel's hiſt. Ztſchr., VI. Bd. 13 ff. Ueber die Waldenſer i. i. Bez. z. Böhmen die Abh. von Palacky (Prag 1869; vgl. časop. česk. Mus. 1868) und Goll, Quellen und Unterſ. z. Geſch. d. böhm. Br. I. (Prag 1875); Kaufmann, Die Wahl K. Sigmund's z. röm. K. (Forſch. 17. Bd., I. 1878).

S. 248, Nr. 8, Literatur: Meyer, Der bayr. öſterr. Krieg im J. 1410 (Forſch. 15. Bd. 1874); Mohr, Geſch. Churrhätiens (Chur 1869); Roeck, Die Starkenberger Fehde (Inster St. U. Realſch. 1876); Krones, Hermann II.

v. C. U. Mitth. des hist. Ver. f. Steierm., 21. Heft 1873); Kümmel, Z. Gesch. Herz. Ernst des Eif. (ebda. 1877).

S. 179, Lit.: Tomet über Žižka's Anfänge im Cas. česk. mus. 1876 (193—212). Die negativen Resultate Tomet's i. f. cit. Abh. werden w. u. zur Sprache kommen.

S. 218, Nr. 6, Literatur: Ue. d. Städte Krems und Stein i. d. Jahren 1395—1452 f. Realsch. Progr. Krems 1866.

b. Zusätze und sachliche Berichtigungen.

S. 213: Z. J. 1401. Herzog Wilhelm v. Oesterr. hatte Ab= sichten auf Ungarn; ihn beschäftigten Anschläge auf Wieselburg u. Oedenburg.

S. 214: Hervoja's Eifersucht wurde durch die Ernennung des Verwandten Ladislaus': Johann v. Lusignan, Hzg. von Baruta zum governatore generale in Dalm. erregt.

S. 219: Theilungsvertrag d. Brüder Wilhelm u. Leopold IV. v. 13. März 1396 (Wien); 1398 24. Oft. Ländersicherungsvertrag zwischen K. Sigismund u. Herzog Wilhelm v. Oesterr.

S. 221: 1402, 16. Aug. K. Sigmund's Vertrag mit den österr. Herzögen (Leopold IV. ausgenommen) über die ungarische Thronfolge; 1404 Ländertheilungsvertrag zw. H. H. Wilhelm und Leopold IV. Jener solle für Hrz. Ernst, dieser für Hrz. Friedrich sorgen.

S. 283: 1420 hatten die Venetianer somit ganz Dalmatien occupirt, ausgenommen: Ragusa, Veglia und das zur Herzegowina damals Gehörige: Macarsca, Narenta sammt dem Primorje (im Be= sitze des Stefan Cofaccia); der endgültige Friede mit Venedig wurde 1435, 31. Aug. geschlossen.

Ueber das Vorleben Žižka's sind wir bloß durch spätere Ueberlieferungen unterrichtet; alles diesfällige ist mehr Legende als Geschichte. Seit 1414 begegnen wir dem nachmals berühmten Glaubensstreiter und Kriegsfürsten am Hofe Wenzel's, aber erst 1419 tritt Žižka bedeutender hervor; seine Rolle bei der bekannten verhängnißvollen Prozession in der Altstadt ist unerwiesen.

Zehntes Buch (1437—1493).

a. Literaturnachträge.

S. 308—309: Für den Verf. der Dentw. Wilwolts von Schaumburg hält Ulmann (Sybel's hist. Ztschr. 1878, III. Band, 2. H.) Ludwig von Eyb den jüngern. Script. rer. Siles. II. Bd. 1877. Ueber Dubravius (Jan Dou= bravsky z. Hradišče) f. d. Abh. v. Rybička i. Cas. česk. mus. 1878, I., II. Heft. Ein sehr seltenes Buch ist: A. Cortesii de virtutibus Mathiae Cor= vini Hung. R. V. Olsopoei opera in lucem ed. (Hagenau, 1531, 8°).

S. 310: Ungar. Reich. Monum. Hung. hist., IV. Abth.; Nagy und

Nyári (Diplom. Denkw. a. d. Zeit Mathias Corvinus) 1.—3. Bd.: 1458 bis 1490, (3 Bde. 1876—1877); Ljubič, Monum. spect. ad. hist. Slav. merid., h. von der Agramer Akademie (Commissiones Venetae I. 1441—1527) 1876 (wichtig besonders aber f. d. Zeit s. 1520).

S. 322, Abschn. 2, Literatur: Ungarn: Baier, de Joh. Hunyadis... ortu et nativitate (Jenae 1708); Bartholomaeides, de Bohemis Kishontensibus (Posonii 1796); Memorab. prov. Csetnek (Neosolii 1740); ü. Pongrácz v. Sz. Miklós: Studie von Majláth i. Századok 1878; 8. Heft. Schlesien: Markgraf, Gesch. Schlesiens u. bes. Breslau's u. K. Ladisl. Posth. (Ztschr. d. V. f. G. u. A. Schles. XI., 1875, 2. Heft); Ermisch, Schlesien während der königslosen Zeit 1430—1452 (ebda. XIII. Bd. 2. H. 1877).

377—378: Voigt, Enea Silvio u. s. Z., III. Bd.; Kürschner, Jobst v. Einsiedl. u. s. Korresp. mit d. St. Eger i. Arch. f. K. österr. G., 39. Band (245—292).; Bachmann, Die ersten Versuche z. e. röm. Königswahl u. Friedr. III. (Forschungen XVII. Bd.).

S. 397, Abschn. 5, Liter.: Bachmann, Böhmen und s. Nachbarländer unter G. v. Podiebrad 1458—1461 ... (Prag 1878).

S. 441: Däublifer, Urs. u. Vorspiel d. Burgunderkriege, e. Studie (Zürich 1875).

S. 442, Literatur: Die Abh. v. Palacky u. die Monogr. v. Goll ü. b. böhm. Brüder, s. o. Nachtr. z. S. 227.

S. 445, Literatur: Die Abh. Mayer's findet sich i. Arch. f. ö. Gesch. (Wien 1877), 55. Bd., 1. H.

S. 490, Note: Schwarz, de divi Friderici IV. K. J. symbolo.... A E I O U (Altdorf 1716).

S. 471, Abschn. 10, Literatur: Jäger, Uebergang Tirols von d. Erzh. Sigmund an den röm. König Maximilian I. 1478—1490. Sep.-A. a. d. Arch. f. österr. Gesch.; Heyrenbach, K. Friedrich's Tochter Kunigunde. Ein Fragment a. d. österr. bayr. Gesch. mit e. Codex probat. (1778).

b. Zusätze und sachliche Berichtigungen.

3. S. 404 f.: Bachmann's Monographie (s. o. Nachtr.) zeigt zunächst, wie bereits am ersten großen Egerer Tage v. J. 1458 in der Person Martin Mair's die Versuchung an Podiebrad herantrat, sich um die deutsche Krone zu bewerben und wie damals noch diese Versuchung bei dem Böhmenkönige nicht verfing. 1459, zur Zeit des zweiten Egerer Tages finden Mair's Pläne Anklang, und Podiebrad sendet ihn an Francesco Sforza, um materielle Mittel zur Durchführung derselben zu gewinnen. Aber die Sendung bleibt ohne Erfolg, ebenso wie sich die Hoffnungen des Königs, zu Nürnberg und am Kaiserhofe vorwärts zu kommen und aus den österreichischen Verwicklungen d. J. 1460 Vortheile zu ziehen, nicht bewähren sollen. Friedrich III. der Habsburger will als Kaiser von einem römisch-deutschen Könige fremden Blutes zur Seite nichts

wissen. Da versucht es K. Georg mit der deutschfürstlichen Opposition, ohne am Egerer Tage v. 1461 damit seine Rechnung zu finden. Endlich soll Rom für den Plan gewonnen werden; Georg schreitet an das Werk der kirchlichen Union, beschwört jedoch hiemit sein Verhängniß herauf. (Vgl. den Nachtr. z. 2. Bde. dieses Werkes.)

S. 425: Hortis, Documenti riguardanti la storia di Trieste e di Walsee (Triest 1877). Aus dieser verdienstlichen Monographie erhellt, daß die durch Versippung mit den alten Grafen von Tibein (Duino) j. 1399 an deren Stelle tretenden Walseer, gütermächtig in U.-Oesterr., Istrien und Fiume, — bereits j. Rudolph v. Walsee, 1394—1395 Capitano di Trieste, in ihrer Eigenschaft als Herrn der Carsia, d. i. auf dem istrischen Karstboden, mit dem Triester Capitel und dessen Vertretern, dem Bischofe und der Stadtgemeinde in blutige Händel geriethen und zwar wegen des Patronates über die Capitelpfarren; daß diese Fehde auch Enea Silvio als B. v. Triest in Mitleidenschaft zog, die kaiserl. Intervention wenig fruchtete, bis Trieste unter dem Eindrucke der Gefahren vor Venedig 1463, 15. Juni mit den Walseern einen, diesen günstigen, Vergleich schloß. Bald darauf 1465 erloschen die Walseer und ihre Erben wurden kraft des Testam. Wolfgang's v. W. v. d. J. die Habsburger.

Elftes Buch (1493—1526).
Literaturnachträge, Zusätze und sachliche Berichtigungen.

S. 494, Literatur: B. böhm. Ländergruppe Dubravius vgl. o. Nachtr. z. S. 399. c. Ungarn: Ljubić, j. o. Nachtr. ebda.

S. 507, Abschn. 2, Literatur: Brosch, Julius II. u. d. Gründung des Kirchenstaates (Gotha 1878). (Diese bedeutende Arbeit enthält über die Ränke Venedigs, den Haß Maximilians I. gegen dasselbe u. s. w. wichtige Aufschlüsse).

S. 556, Abschn. 6, Lit.: Zeißberg, Johannes Laski, Erzb. v. Gnesen, und sein Testament (1510—1531). Wiener akad. Sitzungsb. 80. Bd.; Liske, Dwa diaryusze Kongresu Wiedeńskiego. Zwei Diarien vom Wiener Congresse 1515) in deutscher und lateinischer Sprache. Separ.-Abdr., Krakau 1877.

S. 610: Klüpfel, Urk. zur Geschichte des schwäb. Bundes 1488—1533 (1846, 1853); Hormayr's Taschenb. z. vat. G. 1849 (K. Ferdin. I. in Würtemberg 1522).

Von Liske sind überdies in den Forsch. z. d. G. (XVIII. Bd.) in jüngster Zeit drei belangreiche Studien veröffentlicht worden: I. „Der Wiener Congreß v. 1515 u. die Politik Maximilian's I. gegenüber Preußen u. Polen", worin er der im gleichen Bande der Forschungen befindlichen Arbeit v. Ulmann: über das Verhalten

2*

Maximilian's I. gegenüber Preußen und Polen 1513—1515 entgegentritt, aber denn doch das Eine wesentliche Verdienst Ulmann's anerkennt: daß dieser die ganze, wohl auch Maximilian's Politik wesentlich lähmende „Reichsmisère" offen aufgedeckt und gezeigt habe, „wie die deutschen Fürsten hiebei nur ihr Privatinteresse im Auge gehabt zu haben pflegten, ohne sich um das Wohl des deutschen Ordens irgendwie zu kümmern." Auch bequemt er sich der Anschauung Ulmann's an, wonach K. Sigismund durch die Einwilligung in die Wiener Heirathen faktisch auch das Erbrecht der Habsburger anerkannt habe. ... II. Die zweite Studie: „Noch ein Beitrag zur Wahlgesch. Karl's V." beleuchtet die polnischen Umtriebe; III. die dritte: Z. Gesch. des Augsburger Reichstages 1518" eine Episodenfigur, den Dominikanermönch Nikolaus von Schönburg.

S. 571: Ich lasse gegenüber den immer mehr überzeugenden Forschungen Liske's u. Ulmann's den vom venet. Botschafter Marino Cavalli 1543 relationirten gegenseitigen Erbvertrag der Häuser Jagello und Habsburg v. 1515 fallen, indem ich mich der vermittelnden Anschauung Ulmann's (Forsch. S. 92) dahin anschließe, daß in Sigismund's Einwilligung in die Wiener Heirathen die faktische Anerkennung des Erbrechtes der Habsburger lag.

S. 598: Leukup, leukup, woga gmaina ... dürfte, wie mir von kundiger Seite zukommt, nicht auf den „Leitkauf" (sl. litkup) oder die Zeche des Handels sich beziehen, sondern auf levkup rboga gmaina, d. i. Nur zusammen, arme Gemeinde (armes Volk) — zu duciren sein.

S. 625, Abschn. 10, Literatur: Kolde, Luther's Stellung zu Concil u. Kirche bis zum Wormser Reichstage 1521, hist. entw. (Gütersloh, 1876).

S. 626: Schmoller, Nationalökonom. Ansichten während des Ref.-Z.-A.

S. 627: Baumann, Acten z. Gesch. des deutschen Bauernkr. i. O. Schwaben (1877).

S. 650, Liter.: Guers, De Georgii March. Brandeburg. in aula Vladislai et Ludovici II. Ung. et Boh. regum vita et consiliis polit. Diss. Berolini 1867. Ueber Verböczy vor 1526 (Századok 1876 I. II.)

Dritter Band.

Zwölftes Buch (Inneres Staatsleben vor 1526).
Literaturnachträge, Zusätze und sachliche Berichtigungen.

S. 4 b.: Die libri erectionum der Prager Diözese, her. v. Borový II. II. 1375—1388 (Prag 1878); vgl. die libri erectionum et confirmationum,

h. v. Tingl. 1865—1868 in 5 Heften; 1354—1399; von demselben desgl. die Acta judic. archiep. Prag 1392 (1865); Tomaschek, D. Oberhof Iglau. (1868).

S. 5: Pernice, s. w. u. IV. Bb., S. 366, u. Lit.

S. 13, Lit.: Riezler, Gesch. Bayerns, I.; Baltzer, Zur Gesch. des deutschen Kriegswesens i. b. Zt. v. dem letzten Karolinger bis auf K. Friedrich II. (Leipzig 1877).

S. 24: Schröder, Geschichte des ehelichen Güterrechtes Deutschlands (Stettin 1868 ff.)

S. 35, Lit.: Die Trienter Statuten, h. v. Tomaschek. (Vgl. Sitzungsbr. 33. Bb. 311—372). Gegen Tomaschek (s. dessen Abh. Sitzsb. d. W. Ak., 83. Bb.) trat bez. des Wiener Stadtrechtes jüngst wieder O. Lorenz auf. Von der Weisthümerforschung Bischoff's erschien jüngst das dritte Heft des „Berichtes" i. b. Wiener Sitzgsber. (1878, 89. Bb.) u. enthält Steiermark u. Kärnten. Die Publication der Weisthümer selbst steht in naher Aussicht.

S. 43: v. Herchenhahn, Gesch. d. Entstehung, Bildung und gegenw. Verf. des kais. Reichshofrathes . . . . . (Mannheim 1792—1793, 3 Bbe.)

S. 44: Luschin, Die Münzen der Cillier (Numismat. Ztschr. 1878).

S. 82, Lit.: Anton Mayer, Gesch. d. geistigen Cultur i. N.-Oesterr. v. d. ältesten Zeit bis z. Gegenwart, I. Cultur, Unterr. u. Erzieh. Die Wissenschaften. Wien 1878 (erschöpf. Liter. Ang.); Zeisberg, Zeitschr. f. österr. Gymn. 1862 u. Sitzungsber. d. Wiener Akad. hist. phil. Kl., 43. Bb. (Ueber Ezb. Arno v. Salzburg); Camesina, Wiens örtliche Entwicklung (Wien 1877).

S. 84: Hieher gehört die schon im I. Bbe. Nachtr. z. VII. Buche, ge= würb. Abh. v. Kontuy über die Senioratserbfolgezeit Böhmens.

S. 93: Ueber die Zeitfolge der schlesischen Stadtrechte s. am besten Grünhagen's Regesten z. schles. Gesch; Pangerl, Ueber Städtegründer und Städtegründungen in Böhmen u. Mähren. (Bohemia 1877, Nr. 178 u. Mitth. des V. f. Gesch. d. D. i. Böhmen, 16. Jahrg. 1877), ein popul. wiss. Vortrag.

Schröder, Gesch. des ehel. Güterrechtes i. Deutschl. (vgl. o. Nachtr. z. S. 24). In diesem gehaltvollen Werke werden bedeutsame Streiflichter auf die Stammesbürtigkeit der deutschen Bevölkerung Oesterreichs, insbesondere der Sudetenländer geboten. Schr. weist z. B. nach, daß die ländliche Bevölkerung v. Breslau nach Soest= Lübecker Güterrechte, Breslau's Stadtbevölkerung nach magde= burgischem Rechte und der Adel nach ostfälischem Rechte lebte. Mithin wird die bäurische Bevölkerung aus Westfalen, die städtische und Adelsbevölkerung aus Ostfalen eingewandert sein.

Grünhagen, Regesten z. Gesch. Schlesiens, 2. A.; Röpell üb. d. Urbr. d. M. R. (1857, Breslau); Biermann, Verf.=Gesch. der Stadt Troppau bis 1613. (Teschner, 2. evang. K. Gymn. 1872).

S. 94: Jüngst trat Sembera im Čas. česk. mus. 1878 gegen eine herkömmliche Ansicht auf. Er bestreitet die Existenz von „Zupen" in Bezug des Namens und Begriffes bei den Czecho=

slaven, indem er auf den Ausdruck: suppani: als durch päbst-
liche Urkunden nach Böhmen s. 1197 z. B. importirt, verweist
und der Curie eine von den kroatoserbisch-dalmatinischen
Territorialverhältnissen beeinflußte Anschauung zuschreibt. Die ganze
Schlußfolgerung übersieht jedoch, daß Chorwaten und Serben ursprünglich auch in Nordkarpatien, in der Nachbarschaft der Czecho-
slaven, saßen, daß Chorwatenreste noch später diesen untermischt
blieben, somit beim Zupenwesen keineswegs an eine specifisch
südslavische Eigenthümlichkeit, sondern vielmehr wie beim germanischen Gauwesen an etwas gemeinslavisches gedacht werden
dürfe, und daß endlich das frühzeitige Verdrängtwerden der ursprünglichen „Zupengliederung" durch die Kastellaneiverfassung ihre Analogie
im Verhalten der alten Gaue zu den „Grafschaften" Deutschlands
eine greifbare Analogie finde. Die Herrschaft des urkundlichen Aus-
druckes provincia für Zupe entscheidet nichts gegen die Existenz
letzterer, und vollends die angezogene Herleitung des Zupa vom
germanischen Sippe (sibja) erscheint mehr als ein Wagniß, geschweige
denn als beweiskräftiger Grund. (Vgl. d. Entg. H. Jireček's ebda.).

S. 111 u. 112: Palacky, Skizze einer allgem. Culturgesch. Böhmens.
(Jahrb. d. böhm. Mus., II. 325 f.); Ungar, Verf. e. Gesch. d. Bibl. i. Böhmen,
Abh. b. böhm. Ges. b. Wiss., I. 2., 234 f.; Quellenschr. z. Kunstgesch. XIII.;
Das Buch der Malerzeche in Prag, h. v. Pangerl (Wien 1878) unter Mitw.
von Martin und Woltmann im sprachl. und kunstgesch. Theile. Die gegne-
rische Publication v. Patera u. Tadra (Prag 1878) („krit. Commentar.".)

S. 132, Literatur: Ueber den Anonymus die neueste Untersuchung von
Marczali s. o. Nachtr. z. VII. Buche.

S. 147: Progr. d. Gymn. v. Spalato, 1858 (ital. Abh. v. Cindra
ü. d. Entw. des Kommunalwesens i. den dalm. röm. Städten nach dem Falle des
weström. R.)

S. 161: Reissenberger's Uebers. der Forsch. z. Gesch. d. Herkunft
der siebenb. Sachsen, 1877, Arch. des V. f. siebenb. G. u. L., XIII. 3. 538
bis 564; Fraknói (Frankl), Beitr. z. G. des ausw. Schulbesuches der Ungarn,
Abh. i. magyar. Spr. (Századok 1875, 667 f.)

Dreizehntes Buch (1526—1576).

a. Literaturnachträge.

S. 167: State papers (London 1849 ff.) VI.—XI. Bd. 1473—1527;
Acta Tomiciana IX. Bd. 2. Ausg. besorgt v. Ketrzinti u. Gilichowski (Posen
1876). Die Annales ecclesiae Raynaldi, fortg. v. Laderchius bis 1572; von
da ab Forts. Theiner's in 3 Bdn. (Romae 1856 ff.).

S. 168: Maurenbrecher, Studien und Skizzen z. Gesch. d. Res.-Z.
(1874); A. Wolf, Geschichtsbilder aus Oesterreich, I. (1878).

S. 178: Böhmen: Die böhmischen Landtagsverh. u. Landtagsbeschl.

v. J. 1526 bis a. d. Neuzeit in den Orig., h. v. t. böhm. Landesarchiv (Prag
1877, I. Bd.); Wahl, Einzug u. Krönung Ferdinand's I., nach e. Hdschr. in d.
(Ztschr. des böhm. Muj. (4. Bd.). Ungarn: Hieron. Lasky, Palat. Sierad.
hist. arcana legat. ... ad Solimanum ... b. Bél, Adpar. (pag. 159 f.,
24. Dez. 1527 bis Febr. 1528).

S. 179: Monum. comitialia r. Hung., II. 1537—1545, III. 1546
bis 1556, IV. 1557—1563, V. 1564—1572, (1877); Monum. comitalia r.
Transs., II. 1556—1576, III. 1576—1596 (1877, IV. Bd. 1597—1601);
Smolka, Ferdinand I. Bemüh. um die Krone v. U., Arch., 57., 1. H. 1878
(1—173). Vgl. Liste, Poln. Diplom. i. J. 1526 (Lemberg 1872).

S. 201: Voigt, Die Geschichtschr. des schmalkab. Krieges, 1876 (Sep.-
A. a. d. Verh. d. sächs. gel. Ges.); Druffel, A. v. K. Karl V. und d. röm.
Curie 1544—1546, Abh. d. bair. Abdm. d. W. (1877, XIII. Band). Des Vi-
gilius v. Zwichem, Tageb. des schmalk. Donaufrieges a. d. Brüsseler Arch.
(München 1877); Baumgarten, Z. Gesch. d. schmalkalb. Krieges, hist. Ztschr.
h. v. Sybel, 36. Bd., S. 26—83; Stirling, Klosterleben Karl's V.

S. 216, Liter.: Druffel, D. Mönch von Siebenbürgen und Kurfürst
Joachim v. Brandenburg (Forsch. z. d. G., VII., 217—213).

S. 234: Fabó, Cod. evangel. II., III. Bd. 1875 (enth. die Samm-
lung Klein's). Ueber die Reformationsfreunde in Ungarn s. die Aufs. von
Frankl in den Ertekezések (Hendel) 1872 u. in den Századok (1874, 149 f.
Melanchthon).

S. 240: Ueb. die Unitarier i. 16. Jahrh., Abh. v. Pauler i. Századok
1870, I.

S. 241: Sillem Mich. Stiefel, der erste evang. Preb. i. Erzh. Oesterreich (Oberschützen, Gymn. Progr. 1861).

S. 267: Kausler u. Schott, Briefe zw. H. Christoph v. Würtemberg
und P. P. Vergerius 1553—1565, Stuttg. liter. V. 1875; Werthheimer,
Z. Gesch. des Türkenkr., Max II. 1565—1566, Arch. f. ö. G., 53. Bd. (1875);
Zwiedinek-Südenhorst, Pers. e. Transl. d. deutsch. O. a. die ung. Grenze,
ebda., 56. Bd., 2. H. (1878);

S. 290: Becker, Die letzten Tage und d. Tod Max' II. (Wien 1877),
Sep.-A. a. d. All. f. Lit. N.-Oester.; Trauscheufels, Kronstädter Zustände
z. Zeit d. Herrsch. Stephans Báthory i. Siebb. 1571—1576 (Kronstadt 1874).

S. 280, Liter.: Eine gleichz. Beschr. des Falles v. Sziget i. böhm. Spr.
von Mitis: historia památky hodná ...... (Prag 1568); Vitezović',
kroat. Abh. ü. d. Zrinyi (Agram 1836).

b. Zusätze und sachliche Berichtigungen.

S. 184: Smolka's o. cit. ausführliche Abhandlung liefert
nicht bloß eine umfassende diplomatische Geschichte der Sachlage v.
1526/1527 mit dem ganzen Detail der verwickelten einander durch-
kreuzenden politischen Interessen, sondern vor Allem eine erschöpfende
Darlegung der Haltung Polens bis zum April 1527. Smolka
findet durch die Abmachungen vom 26. März 1527 unter polnischer

Intervention die Politik Ferdinand's wesentlich gefördert. Es war auf die Säumigkeit Zápolya's in den Rüstungsangelegenheiten zu rechnen. „Durch die polnische Intervention wurde die gefährliche Einmischung der Reichsfürsten in den Streit um Ungarn ferngehalten. Die Westmächte Europa's durften sich auch nicht mehr beklagen, Ferdinand wolle einen von den Fürsten bedrohten „christlichen König" bekriegen. Es konnte ihnen vorgehalten werden, daß man versucht habe, sich mit ihm zu vergleichen." Jedenfalls hat aber auch Smolka den Charakter der polnischen Vermittlungspolitik in kein günstigeres Licht gestellt.

S. 269: Den Fluchtgedanken Maximilian's II. im J. 1561 verwirft Maurenbrecher als unhistorische Behauptung, indem er die bezüglichen Argumente entkräftet. Dennoch müssen wir die Spannung zwischen Vater und Sohn noch 1561 auf einer bedenklichen Höhe annehmen, die allerdings dann in eine Verständigung, in einen modus vivendi umschlug.

Vierzehntes Buch (1576—1618).

Literaturnachträge.

S. 298: Oesterr. Milit. Ztschr. 1820, I. Die Feldzüge v. 1601—1602 (nach d. Orig.=Corr. des Erzh. Mathias); Meynert, Das Kriegswesen der Ungarn (Wien 1876).

S. 313: Eine scharfe Kritik der Arbeit Vaniček's im Századok 1876 S. 144 f. (Vgl. w. u. Nachtr. z. S. 347).

S. 320, Liter.: Zahn, Kalenderstreit i. d. Steiermark, Mitth. des hist. V. f. St., 13. Bd. 1864. (Vgl. Kaltenbrunner's akad. Abh. ü. d. Polemik gegen den gregor. Kalender: Sitzgsber. 87. Bd. (1877, Wien); Stepischnegg, G. Stobäus v. Palmburg (Arch. f. k. österr. Gesch., 15. Band); Elze, Die Univ. Tübingen u. die Studier. aus Krain (1530—1614), Tübingen 1877, sammt s. Ert. ü. d. akad. Bezieh. z. Jena, Wittenberg, Straßburg u. s. w.; Horawitz, Jesuiten i. d. Steiermark, hist. Ztschr. h. v. Sybel, 28. Bd. 1872.

S. 337: Die Abh. v. Zwiedinek=Südenhorst i. d. Mitth. des hist. V. f. Steierm. (1878) 26. Bd. über Ruprecht v. Eggenberg († 1611).

S. 347—348, Liter.: Ein Verz. älterer Liter. z. Gesch. Bocskay's s. in Gryphius' adpar. serr. hist. sacc. XVII., pag. 509 f. Das Correspondenzbuch Bocskay's v. J. 1605 veröff. Thaly im XIX. Bde. des tört. tár (1874). (Vgl. s. Aufs. üb. die ersten Ratóczi's, insbes. Sigismund R. i. Századok 1869, 197 ff.; Torma, Urk. v. 1607—1608 (tört. tár. XIII. 1867). Die Deutschr. Georg Basta's an den K. Rudolph II. v. 1602 behandelt Teleki i. Századok 1868, S. 553 f. (Vgl. über d. Friedensunterh. von 1605, Ertesitö von 1867. Z. G. d. J. 1608—1609 auch d. Abh. i. Kremser O. Realsch. Progr. (1876).

S. 378, Liter: Goll ü. d. Majestätsbrief (čech. Abh. i. Časopis č. M. 48. Band.)

S. 380: Ue. Heinrich's IV. Rolle im Jülich-Clev. Erbstreit: Philippson in Sybel's hist. Zeitschr., 32. Bd.

S. 395, Liter.: Innerösterreich. Attenst. üb. d. Uskokenkrieg lieferte Zahn im Jahresber. des steierm. Landesarch. 1870.

Fünfzehntes Buch (1618—1648).

Literaturnachträge.

S. 399—400, Liter.: Lamormain (vgl. Dudit's Abhandl. ü. ihn und Becanus i. 54. Bde. des Arch. f. österr. G. v. J. 1876, vgl. IV. Bd., S. 439); Chronicon Braunense (1607—1671), her. von Tomek (1875), unbedeutend; Gindely, Gesch. d. 30-j. Kr. d. II. Bd. reicht v. März 1618—1620 (vgl. Nachtr. 497); Philippson, Heinrich IV. u. Philipp III. Vgl. hist. Ztschr. 31. Band.

S. 406—407: Weyhe-Eimke, Bonneval von L. Graf von Bouquoy (Wien 1876); Rahl, le Belges en Bohême où camp. et negot. du c. de Bouquoi (Bruxelles 1850); Kittel, Eger u. Friedr. v. d. Pf. (Mitth. d. Ver. f. G. d. D. i. B., XVI. J., 2. 1877); Gindely, Ueber die Stellung Friedr. v. d. Pf. z. böhm. Aufst. 1618—1620 (čech. Abh. i. Cas. česk. mus. 1876); Falke, Gesch. des Hauses Liechtenstein II. Band (1877); Szilágyi (üb. die Thronbest. Bethlen's), Századok 1867.

S. 425, Liter.: Gindely, Quellenschau ü. d. Schl. a. w. Berge. Arch. f. österr. Gesch., 56. Bd. I. H. 1877; üb. Comenius: vgl. die Monographieen v. Seyffarth, 2. Aufl. 1872) Lion 1875; Goll, Der Segeberger Congreß (Prag 1875, Sep.-Abdr.); Biermann, Gesch. d. evangel. Kirche von Oesterr. Schlesien (1861); Frind, Die Protestantisirung u. Rekatholisirung des böhm. Niederlandes (kathol. geistl. Standpunkt); Leitmeritzer, Gymn. Progr. 1856. Seine Kirchengeschichte Böhmens reicht noch nicht so weit; Knothe, Die Burggrafen v. Dohna. (Arch. f. sächs. Gesch., n. F. 3. 1874).

S. 442: Die Wiedertäuferchronit, b. A. Wolf, Geschichtsbilder aus Oesterr., I., 105 f.

S. 445: Wolf a. a. O., I. 163 ff.

S. 452—453: Barozzi und Berchet, le relazioni della corte di Roma (venet. Ges. Ber.) (1601—1635); Venezia 1877 (2. Ver. 1629, 1632 neu: Mantuan. Erbf. Streit). Brief an „König" Bethlen v. J. 1623 (Századok 1874, S. 59); Goll, Die französ. Heirath. Frankreich und England 1624 bis 1625 (Prag 1876). (Wallenstein): Die vollständigste Zusammenstellung der Wallensteinlit. ist die v. Georg Schmid i. d. Mitth. des V. f. G. d. Deutschen i. Bd. 1878, S. 65—143 u. Sep.-A.; O. Lorenz, Z. Wallenstein: Sybels hist. Ztschr. 1878, Oesterr. Milit. Ztschr. 1842, 4. Bd. 10. Heft; Tabra, Beitr. z. Gesch. d. Feldz. Bethlen's Gabor gegen Ferd. II. i. J. 1623 (22 Briefe Wallenstein's an Karl Harrach), Arch. f. österr. Gesch. 55. Bd.

S. 475—477: Vgl. o. Schmid, Wittich, Magdeburg u. s. w. (Berlin 1874); Neues ü. Wallenstein v. Gindely in der Allg. Zeitung 1875, Beilage Nr. 147—148. (Vgl. Leipz. Ztg. wiss. Beil. 1875, Nr. 49); Katt i. d. Forsch. z. d. G., 16. Bd. Im Erscheinen begriffen: Hallwich, Sammlung b. Briefe

Wallenstein's u. d. Schlußepoche (2 Bde); Mitth d. V. f. G. d. D. i. Böhmen 1878 (XVII. J. II.) Wallenstein und Arnim i. Frühj. 1632 (wichtig).

S. 514—515, Nr. 9: Aler. Szilágyi (Die Familienbriefe der Fürsten Georg Rákóczy, I. u. II. ört eml. Monum. Hung., II. A., 24. Bd.)

Zusatz und Berichtigung.

Z. S. 483: Die hier angeführten Bedingungen, unter welchen Wallenstein sein zweites Generalat übernahm, sind allerdings, wie schon Ranke a. a. O. bemerkte, nicht authentisch. Gleiches erhellt aus Hallwich's Ausführungen. Die Quelle derselben ist die im J. 1632 anonym ersch. Flugschrift: „Contenta deren Conditionen auff welchen der Hertzog von Friedtland das von der R. k. Magest. . . . . ihme solenissimo und zu vorige Qualität auffgetragenen Generalat reacceptirt vnd wieder angenommen. 1632." Die Bemerkung Ranke's entging mir nicht; ich glaubte jedoch, daß diesen traditionellen von gleichzeitigen Berichten gebrachten Bedingungen ein thatsächlicher Kern und mehr als Eine Wahrheit zu Grunde liegen müßte. Deshalb stellte ich sie hin, ohne mich in Conjecturen oder Erörterungen zu ergehen.

Hallwich bietet i. f. cit. Abh. die bündigsten Beweise, daß Wallenstein 1632 in den Verhandlungen mit Sachsen absolute kaiserliche Vollmacht besaß.

S. 496—497: Ich habe mich bei der Erörterung der Katastrophe Wallenstein's der Ansicht angeschlossen, daß ein bestimmter Auftrag des Kaisers, sich Wallensteins todt oder lebendig zu bemächtigen, nicht und nie vorlag und die Aechtung des Herzogs erst nachträglich — zur Rechtfertigung seiner Ermordung officiell ausgesprochen wurde, weil bislang ein Gegenbeweis nicht geführt erscheint und die Sachlage dafür spricht. Vielleicht gelingt es der in Aussicht stehenden Publication Hallwich's, das Dunkel in den Maßregeln des Hofes entscheidend zu lichten.

Sechzehntes Buch (1648—1700).
Literaturnachträge.

S. 548: Les affaires. qui sont aujourd'hui entre les maisons de France et l'Autriche (1649).

S. 551: Thaly, (Graf Zrinyi's Denkschr. v. 1653 an Georg Rákóczy in d. Századok 1868, S. 633 ff.)

Szilágyi (Georg Rák. II. u. f. Verb. mit Nádasdi, Századok 1874, S. 441 f.). Ueb. Susanna Lórantfi (Gattin Rákóczi's I.) Szilágyi (magy. Abh. i. den atad. Evkönyvei. XIII. Bd. u. Sep.-A. 1872).

S. 562: Guhrauer, Kurmainz in der Epoche von 1682 (Hamburg 1839); Peter, Der Krieg des gr. Kurfürsten m. Frankreich i. J. 1674 (Berlin

1871); Isaacsohn, Der deutsch-französische Krieg i. J. 1674 (Berlin 1874); Heinlein, Flugschr. 1667—1678 betreffend den 1. 2. Raubkrieg Ludwig's XIV. (Progr. des Gymn. z. Waidhofen i. Oesterreich). Ueber die Arbeiten des † Historikers Walewski für die Zeit Joh. Kasimir's von Polen. 1868—1874 (3 Werke) s. b. Rec. Liske's in Sybel's hist. Ztschr. 1877 u. F. 2. Bd. 3. Heft.

S. 583: Ungar. siebenb. Kronika (Frankf. a. M. 1665) Theatr. Europ. XI. Tom.

S. 596—597: Dav. Rozsnyai's Denkw., her. v. Szilágyi, II. Abth. 8. Bd. der Mon. Hung. 1867 (1665—1667); Pauler, (Lebensbeschr. Peter's Zrinyi (Századok 1867) I. 88 f., II. 231 f.

S. 598: Georg Lányi, Narratio captivitatis papisticae .... (1676 o. O.) u. die Entgegnung auf Lapsansti's Schrift u. b. T. Funda Davidis v. demj.; Abraham van Pott, Vervolginge van de evangel. leeraaren in Hungarien .... bewijs van de selver onschuld aan de Rebellie, vertoont door Hamel Bruyninx, resid. der vrien Nederland to Wien 1675. (Amsterdam 1684); Pauler im Századok 1869, S. 442 f. (bujdosók támadása ...) Vgl. ebbas. Horváth (S. 397 f.) über Helene Zrinyi.

S. 628 f., Liter.: Biermann, Töfölyana (Arch. f. K. österr. Gesch. 26. Band, S. 305—312) betrifft die Verhandlung Töfölyi's mit Polen und Stanisl. Lubomirski (1683). Z. Entf. Wiens: Zaluski epistolae II. Band. Nichts Neues und nichts Altes oder umständl. Beschr. ..... R. e. teste oculato Chr. v. Huhn, Breslau 1717. Oesterr. Milit. Ztschr. 1811—1813 neue Ausg. 1834·I. Ueber den Grafen Kaplit von Sulewic b. Auff. im dech. G. Progr. z. Königgrätz 1877.

S. 630: Trauschenfels, Vor zweihundert Jahren. Bilder aus dem Kronstädter Leben (Kronstadt 1875).

S. 666: Ueber das Eperieser Blutgericht b. magy. Monogr. von Papp (Klausenburg 1870: Caraffa és Eperiesi vértörvényszék.

S. 679: Die Spannung Oesterreichs mit Polen 1690 ii. bezeugen die venet. Gesandtschaftsber. Corners u. Veniers (s. Fiedler's Ausg.).

S. 684: Denkschr. Kurf. Friedr. III. v. Brandenburg an K. Leopold I. ü. d. Nothw. d. Rückeroberung Straßburgs, 1696 (Straßburg 1877).

Vierter Band.
Siebzehntes Buch (1700—1740).
Literaturnachträge und Zusätze.

S. 3: v. Noorden, Preuß. Politik im span. Erbfolgekriege (Sybels hist. Ztschr: XVIII. 247 ss.) Vgl. auch Eugenheim, Deutschland i. span. Erbf. u. nörd. Kriege (1700—1721) Deutsche Nat.-Bibl., II. Reihe, 7 Bd.

S. 22: Histoire de prince ..... Ragotzi (Paris 1707).

S. 39, Liter.: Eine Manifestation Oberitaliens zu Gunsten der kais. Herrschaft ist die Januar 1702 von Wien aus erlassene: Diffesa delli Lariesi (Anwohner des Comersees) fedeli mandata da Gius. Cossonio loco capo al senato Milanese.

Zahn im Notizbl. des Arch. f. K. ö. G. 1858, Nr. 22, 23. „Ein bayeriſcher Staatsmann üb. die Frage, welche Partei Bayern im ſpan. Succeſſionskriege nehmen ſollte"; es wird gerathen, keine zu nehmen, wenn aber doch — die Partei Oeſterreichs; ebda. 1859, Nr. 11 ſſ. Denkſchr. des Lehrers des Kurpr. Karl Albrecht v. Bayern (Wilhelm Abt v. Mattighofen) über die Stellung Marimilian's v. Bayern im ſpaniſchen Erbfolgekriege. Zahn theilt auch andeutungsweiſe eine zweite Schrift mit, in welcher (1705) die öſterreichfreundlichen Perſonen am bayeriſchen Hofe: Graf Preyſing, Neuhauſen, Piſtorini, v. Mayr u. ſein Bruder, der Bürgerm. von München, ferner die beiden Unertl, der Abt von Mattighofen u. viele A. denuncirt erſcheinen.

S. 55, Liter.: Waltherr ü. Károlyi und den Ausbr. des rákocz. Aufſt. i. Századok 1874 (312 ſ., 396 ſ.)

S. 81: Vgl. Söltl's Publication in Sybel's hiſt. Zeitſchrift, 6. Band, S. 22 ſſ. „Von dem röm. Pabſt" — F. Vortrag i. K. Joſeph I.

S. 95, Liter.: Ueber den Badener Frieden v. J. 1714, ſ. das Tagebuch Dover's, h. v. Lauterburg (Berner hiſt. Taſchenb., Bern 1864). Ueber d. Tod u. d. Begr. Rakoczi's ſ. Thaly in Századok 1873.

S. 137, Liter.: Tupetz, Der Türkenfeldzug v. 1739 u. d. Friede zu Belgrad in Sybel's hiſt. Ztſchr. 1878, 1. Heft (kommt zu dem Reſultate, daß Wallis kopflos als Feldherr und Neupperg ungeſchickt als Diplomat gehandelt, ohne daß ſie ſich eines Verrathes oder einer beabſichtigten Intrigue, willkürlicher Negotiationen u. dgl. überweiſen ließen. Tupetz benützte die Proceßacten über Wallis.

Z. S. 152: Vgl. Arch. des Ver. f. ſiebenb. Landeskunde 1876, n. F., 13. Bd. 2. Heft: Guſtav Seiwert, Actenmäßige Beitr. z. G. Siebenb. i. XVIII. Jahrh., II.: „Gedanken, wie die Siebenbürgiſch=Sächſiſche Nation von dem vor Augen ſchwebenden gänzlichen Untergang zu retten, wieder zu redintegriren und dadurch auch zugleich die öſterr. Wallachei zu populiren wäre." In dieſem Actenſtücke v. J. 1725, das augenſcheinlich nach der Chiffre E. D. G. K. dem Exell. Dom. Generali Königsegg zuzuſchreiben — wird — als beſtes Mittel zur Erhaltung der Sachſen — die durch das Andreanum von 1224 ſeparirte Verfaſſung dieſer Nation und die durch Transmigration der Wallachen Siebenbürgens in die öſterreichiſche Wallachei leicht erreichbare Einräumung bedeutenden Anſiedlungsbodens für nicht weniger als 10,000 Familien neuer teutſcher Coloniſten bezeichnet.

Achtzehntes Buch (1740—1780. Aeußere Staatsgeschichte).

Literaturnachträge.

S. 163: Preußische Staatsschr. aus der Regier.-Zeit K. Friedrich's II., h. v. Droysen u. Duncker, I. 1877: Preuß. Staatsschr. 1740—1745, h. u. b. v. Koser; z. literarischen Gesch. d. franzöf. österr. Beziehungen die Aufs. v. Fournier i. d. „Wiener Abendpost" 1878 Oct.—Dec. („Neue Bücher über d. alte Frankreich").

S. 168: Heigel, Die Korresp. Karl's VII. mit J. Fr. Grafen von Seinsheim 1738—1743, Abh. d. bayr. Akad. (München 1878); Grünhagen, Wiener Berichte des hannov. Resid. v. Lenthe aus dem Beginne des I. schlef. Krieges, Dec. 1740 bis Januar 1741 (Ztschr. d. Ver. f. Gesch. u. Alterthums= kunde Schlesiens, XIII. 2. 1877).

S. 169: Graf Thürheim, Feldm. Otto, f. Graf v. Abensberg=Traun (Wien 1877) und L. A. Graf v. Khevenhüller=Frankenberg 1683—1744 (ebba. 1878). Ueber Ungarn im österr. Erbfolgekr. f. d. Abh. von Schwicker in Századok 1878; üb. die Betheil. der Kroaten die Abh. i. Kab. d. Agramer Akab., 38. Bd. 1877.

S. 173: Z. d. Controversen d. habsb. u. bayer. wittelsb. Politik zählt auch der Inhalt d. Monogr. v. Rottmanner: Der Kardinal v. Bayern (1736—1740), München 1877. Darin findet sich auch der Versailler Vertrag vom 13. Januar 1739 zw. Oesterr. u. Frankr. behufs d. Regelung der Jülich=Berg'schen Erbfrage, entgegen dem Berliner Tractate v. 1728.

S. 183: Der hannover. Ges. Benthe bezeichnete Ende 1740 Bartenstein als „mit Leib und Sele französisch gesinnt", Han= nover=England gehäsfig und Kinsky als von ihm an einem „Leitbande" geführt.

Z. S. 283, Liter.: Klutschak, Die Kriegsjahre Prag's. Drei Episoden aus dem österr. Erbf.= u. aus d. siebenj. Kriege (Prag 1866).

S. 332, Liter.: Gumplowicz, poln. Abh. ü. d. Barer Konföderation Korr. zw. K. Stanisl. Aug. u. K. Branicki 1768 (Krakau 1872).

S. 333: Zu Brüggen. Eine i. d. Gött. A. jüngst erschien. Recension rügt bedeutende Verstöße und irrthümliche Auffassungen dieses Autors.

S. 352, Liter.: Schrötter, Topogr. o. kurze Beschr. desjen. Distr. der bayer. Lande, welchen der Erzh. v. Oesterr. kraft .... des Teschner Friedens von 1779 einnahm (1779).

Neunzehntes Buch (Inneres Staatswesen vor u. nach 1740).

Literaturnachträge.

S. 434, Liter.: Meynert, Das Kriegswesen der Ungarn (Wien 1876).

S. 443, Liter.: Friedrich, Btr. z. Kirchengesch. des 18. Jahrh. Aus d. hdschr. Nachl. des Pallinger regul. Kanon. Euf. Amort (1692, † 1775) Abh.

der bayer. Atad. d. W. 1877, 13. Band. Ueber die Wallfahrten an den Rhein bie Abh. v. Luschin i. d. Ztschr. f. Westdeutschland 1878.

S. 448, Z. 15 v. o.: Kink, Die Rechtslehre a. b. Wiener Universität (1855); v. Arneth, Die Wiener Univ. unter M. Th. (Vortrag, 1879).

S. 463: Vitnyédis, Briefe ü. ung. Schulwesen; Gáraby i. Századok 1870, 420 ff.

S. 470: Feil üb. d. Versuch .. b. Gründung e. Akademie der Wiss. unter M. Ther. Jahrb. f. vaterl. Gesch. (Wien 1861).

S. 471 Lit.: Neubauer, Deutsche Lit. in Böhmen bis z. 18. Jahrh. Progr. des Comm. R. Gymn. z. Elbogen 1876. Vgl. die Kritik v. Langhans, Mitth. d. V. f. G. d. Deut. i. Böhmen, XV. J. (1877), S. 57 f. und Neubauer's Entgegnung. XVI. J. 81 f.

Zwanzigstes Buch (1780—1792).
Literaturnachträge.

S. 74: A. Wolf, Eleonore, Fürstin v. Liechtenstein (Wien 1875), wichtig für Personalfragen der josephin. Epoche.

S. 478: Beniczki, (Titel): Koloman király és József császár ....

S. 528, Liter.: Tatschessky, D. russ. österr. Bündniß vom J. 1781. Sybel's hist. Ztschr. 34. Bd.

S. 538, Liter.: Ueber den siebenb. Wallachenaufstand: die Monographie v. Szilágyi. Vgl. Pauler, Századok 272 f.; Bruckner, Die Reformen K. Joseph's II. in Siebenbürgen. (Jena Diss. 1867).

S. 552: Kalinka, politika dworu austr. (Politik b. österr. Hofes) .... wichtige Monogr. z. Gesch. b. Constit. v. 3. Mai 1791 (1872). Vgl. Liste i. b. hist. Ztschr. v. Sybel, 30. Bd. (1873), S. 281 ff., desgl. Liste: Z. poln. Politik Katharina's, 1791 (ebba.).

Einundzwanzigstes Buch (1792 bis z. Gegenwart).
Literaturnachträge.

S. 576: L. Rapp, Eine Jakobinerverschwörung in Tirol. (Episode aus b. neueren Tiroler Geschichte (Innsbruck 1876.) Behandelt den Versuch einiger welschtiroler Studenten zu Innsbruck i. Juli 1793 als Italianissimi für eine ital. „Republik" einzutreten; Stäublin, V. b. Zustände der Protestanten in Ungarn unter b. Reg. K. Franz II. (Göttingen 1804). Betrachtungen eines österr. Staatsbürgers (Wien 1793); Gustermann, Die Ausbildung der Verfassung des K. Ungarn .... (Wien 1811).

S. 601: Bergmann, Gesch. der europ. Politik 1814, 1815, Sybel's hist. Ztschr. XI., S. 31 ff.; Streiter, Der Tiroler Befreiungskrieg v. 1813. Sybel's hist. Ztschr., 15. Bd.

S. 627: Eine Apologetik b. österr. Politik bieten die anonym ersch. Grundideen der Politik der österr. Monarchie. (Frankfurt a. M. 1815, 100 S.) (verf. v. Woltmann); Der österr. Kaiserstaat unter K. Franz I. u. b. Staatsverwaltung des Min. Metternich, mit bes. Hins. a. i. Lebensgesch. Stuttgart, Hallberger 1836—1841, 2 Bde.; Oesterr. u. f. Staatsmänner (Leipzig 1844),

S. 628 f.: Lehmann, Knesebeck u. Schön (Leipzig 1875); Stein, Scharnhorst u. Schön. Schutzschrift (ebda. 1877); Aegidi, Erste Eindrücke der Karlsbader Conferenzen auf b. Cabinet von St. Petersburg, hist. Zeitschr. XIV. J., S. 139 ff.

S. 628, Liter.: Chlumeczky, Darstellung d. altständ. Verf. Mährens (Brünn 1861).

S. 639: Lentner, Tirol vor und nach dem 13. März 1848 (München 1848); Frh. v. Helfert, Oesterr. Münzen und Geldzeichen aus den Jahren 1848—1849, Wien 1876 (Selbstverlag); Palacky, Gedenkblätter (Prag 1874) u. Palacky's polit. Vermächtniß. Autorif. deutsche Ueberf. (Prag 1872).

S. 646: Z. Gesch. d. Krimkrieges: Wie ward der letzte orientalische Krieg herbeigeführt. (Leipzig 1863). Vgl. Martens, Die russische Politik u. b. orientalische Frage. (Ruff. Revue. 1877, 7. Heft, 97—143).

S. 653 f.: Die Zertrümmerung des siebenb. Sachsenlandes. Nach den Debatten des ung. Landtages 1876 (München 1876).

Z. Anhange C. Heilmann, Tableau des österr. mittl. Reichswappens der Abz. b. Land= und Seemacht, sowie der Länderwappen. Als Text z. einem Tableau v. Krahl. (Wien 1878).

Letzte Nachlese der Literaturnachträge und Zusätze.

Eine nochmalige Revision der Literatur, das Streben nach möglichster Vollständigkeit maßgebender bibliographischer Angaben, und die Gelegenheit, noch in letzter Stunde — wie man zu sagen pflegt — Manches genauer einsehen zu können, was bei der weitschichtigen und immer neu anstauenden Literaturfülle sich dem Blicke halb oder ganz entzog, andererseits der gute Wille, Nichts von nur einigem Belange zurückzuhalten, bestimmte den Verfasser, diese „letzte Nachlese" in gedrängter Uebersicht zu liefern.

Erster Band.
Erstes Buch (Literarhistorisches).

Für die (histor.) Programmliteratur Oesterreichs lieferten gute bibliogr. Arbeiten: Gutscher im Marburger (Stmk.) Gymnaf. Progr. 1868, 1869 und Hübl i. d. Monographie: Syftem. geordn. Verz. u. f. w., I. Thl., Czernowitz 1869 (1850—1869) u. II. Thl., Wien 1874 (1870—1873). Seit jüngft. Zeit bieter auch b. Verordnungsbl. des Minift. f. C. u. U. einen bezügl. Anhang. Vgl. auch die zeitweilige Programmenschau in b. Ztfchr. f. öfterr. Gymn.

Als Fundgruben histor. Aufsätze und Notizen verdienen auch der im hift.

Theile von Kaltenbäck iebig. U. Kalender „Austria" f. 1842—1859 (17 Bde.) und aus den provinziellen Unternehmungen dieser Art besonders die Publ. von Jurende († 1842) für Mähren, die von Mikowec, Legis-Glückselig für Böhmen, — der „Aufmerksame" für Steiermark u. die Carinthia hervorgehoben zu werden.

Zweites Buch (Ethnographisches).

Eine treffliche und nachahmungswerthe Arbeit ist kürzlich für das siebenbürgische Sachsenland v. F. Fronius u. d. T. „Bilder aus dem sächs. Bauernleben i. Siebenbürgen" (Wien 1879) erschienen.

Drittes Buch (Urzeit, römische Epoche).

Fligier, Z. Ethnogr. Noricum's, z. Skythenfrage (Mitth. d. anthrop. Ges. i. Wien (J. 1878).

Kenner, Z. Topogr. der Römerorte in N.-Oesterr. Jahresb. des Alterth.-Ver. in Wien (1878, 2. H.) mit sehr beachtenswerthen Ausführungen z. B. über Villa Gai, die keltoröm. Salzstraße, die norisch-pannonische Grenze im Kierlingthal, über Hadersfeld, zwischen Greifenstein und Höflein zum Strome hinab; die 2 Cetium (b. Zeiselmauer und St. Pölten), Asturis, Comacia, Pirotorto (Zwentendorf), Trigisamum, Faviana (Mautern) u. A.

Frh. v. Sacken, Vortrag über Carnuntum in den Bll. b. Ver. f. Lfde. Nie.-Oesterr., u. J. X. J. 1876. Vgl. die dort angeg. Liter. üb. Carnuntum. Dazu tritt im 91. Bde. b. Sitzgsb. 1878 eine Abh. Kenner's über die „Römerorte zw. der Traun u. dem Inn". In dems. Bde. findet sich auch F. Pichler's Bericht üb. d. arch. Grabungen i. b. Gebieten von Solva u. Teurnia.

Orggler, Antike Münzen-Fundorte v. — in Tirol und Vorarlberg mit einer trefflichen Uebersichtskarte (1195 Stücke in 351 Fundorten) Ztschr. d. Verf. Tirol u. Vorarlb. (Innsbruck 1878, 3. Folge 22. Heft S. 57—99). Vgl. f. Archäol. Not. im Gymnas. Progr., Botzen 1866, 1871; Much, Germ. Wohnsitze u. Baudenkm. in N.-Oesterr. (Bll. b. V. f. Lfde. f. N.-Oesterr. 1876; vgl. 1874 u. 1875); Steub's Vortrag über die Germanis. Tirol's, i. b. rhät. u. roman. Zeit. (Münch. anthrop. Gesellschaft 1878).

Fünftes Buch (Völkerwanderung).

Bachmann, Die Einwanderung der Bayern. Sitzgsber. der Wiener Ak., 91. Band, und Sep.-A. Wir finden darin eine erschöpfende Würdigung der ganzen ethnogr. histor. Frage mit besonderer Rücksicht auf die maßgebende Hypothese von Zeuß. Er gewahrt in den Bayern, Bewohnern von „Bajas"-Böheim, einen Theil des thüringischen Völkervereines, der sich den Franken f. 531 unterwerfen mußte, und (was den eigentlichen Schwerpunkt seiner Untersuchungen bildet) erst seit 562 die südwestliche Wanderung an die Donau unternahm, in Folge der Ueberlassung Böhmens an die Avaren. Jetzt erst

seien die Czechoslaven in Böhmen eingewandert. Diese Ausführungen werden nicht unangefochten bleiben, zeigen sich jedoch von beachtenswerthen Gründen getragen.

Krause, Kritische Beleuchtung einiger Punkte der ältesten Gesch. d. dalmat. Slaven. (Gymn. Progr. Schrimm 1867). Kanitz' neuestes Werk über Bulgarien. 1878.

Bauer, Die Anfänge der Ostmark. (Bll. d. Ver. f. Lk. N.-Oesterr. 1876, S. 329 ff. und 1878 Dez.-Heft: Der Fiscus regius unter den fränk. Kaisern, mit besonderer Rücksicht auf d. heut. Niederösterreich); bietet weniger neue Gesichtspunkte, aber eine gute Auffassung von der provincia Avarorum, dem limes Pannonicus (a. d. Raab u. Donau) als „tributärem Vorlande" und der ursprünglich fiskalischen Natur des eroberten „Avariens." A. Heller (Melter Conv., geb. z. Saar in Mähren 1840, † 1876) verdient Anerkennung für s. Studie: „Herkunft der babenberger Fürsten" i. d. Bll. f. Lde. Nie.-Oester. 1876, 1877, — worin sehr eingehend der fränkische Ursprung der Babenberger und ihr Zusammenhang mit der älteren Geschlechtsreihe erörtert wird.

Sechstes Buch (historischer Boden).

Für die mittelalt. Topogr. und Geschlechterkunde Nie.-Oesterreichs erweisen sich die Publicationen des Vereins f. Lde. N.-Oester. immer bedeutungsvoller; so z. B. die Arbeiten v. A. Mayer, namentlich seine ungemein klare Abh. „Der neueste Stand der Frage über die räumliche Entwicklung Wien's von der ältesten Zeit an bis z. Schl. des XIII. Jahrh." in d. Bll. f. Lde. N.-Oesterr. 1877 u. 1878. (Vgl die bezügl. Studien v. Renner, Camesina u. A. i. d. Ver. des Wiener Alterth.-V., I., VIII., IX., XII., XV.) Kerschbaumer, „civitas Trebense" ebda. (1878), Haselbach, M. A. Becker, Frieß, Ips, Waidhofen a. d. J. Scheibbs u. d. Eisenindustrie des Oetschergebietes, 1878. Kopal (üb. d. Hardegger, 1877, 1878), Wendrinski (Hardegg; Schwarzenburg-Röstach; Gn. v. Raabs; (über den slavomagyarischen Namen: Bec. Bées für Wien 1878) in den Bll. f. Lde. Nie.-Oesterr. Die v. diesem Vereine her. Topogr., das Jahrbuch . . . .; ferner d. Ver. u. Mitth. i. Jahrb. des Wiener Alterth.-V., insbes. d. verdienstvolle Archäol. Wegw. durch Nie.-Oesterr. v. Frh. v. Sacken, 1878. Vorarlberg: Bösmair, Gesch. V. A. i. 13., 14. Jahrh. unter den Gn. Montfort-Werdenberg. Feldkirch 1877 f. (Progr.). Für Oester.-Schlesien, insbes. für das Teschner Gebiet sei auch der histor. top. Arb. v. A. Peter f. 1878 gedacht. Für die anerkennungswerthe Rührigkeit der Krakauer Akademiker für die Geschichte Kleinpolens beziehungsw. Galiziens sprechen am besten die verschiedenen Publicationen, die bereits abgeschlossen oder eingeleitet wurden u. zw. die Rechtsdenkmäler (Starod. prawa polsk. pomn.) v. Helel (†) begründet und v. Heyzmann, Bobrzynski u. A. fortges., der Kodex dipl. miasta Krakowa (Urkb. d. St. Krakau). h. v. Pietosinski, u. d. Monum. medii aevi hist. res gestas Poloniae illustr., unter Andern der Codex diplom. Poloniae minoris von 1178 an (h. v. dems.) und die ältesten Rechtsdenkm. Krakau's h. v. Pietosinski u. Szniski.

Für Ungarn schreitet der Codex patrius vorwärts und die Századok enthalten eine wachsende Fülle hist. topogr. Stoffes. In archäologisch-prähistor. Richtung zeigen sich Siebenbürger, Ungarn und Polen ungemein rührig.

Siebentes Buch (976—1308).

Wahnschaffe, D. Herz. Kärnten u. s. Marken: XI. Jahrh. (Leipz. Dissert. Klagenfurt 1878) (gründlich).

Auch seien die Arbeiten Heller's über Gesch. der Babenberger angemerkt (Melker Schulpr. v. J. 1870), gegen Meiller's Abh. (i. XVIII. Bande der Denkschrr. d. Wiener Ak.) i. d. Bll. des V. f. Ldbe. N.-Oesterr., 1873, 1874, 1875, 1876, die — von der ersten Zeit anhebend — bis zur Epoche Heinr. Jasomirgott's reichen. Steurer, Das Conciliabulum v. Brixen und dessen unmittelbare Vorgänge (G. Progr. Brixen 1878). — Der Orientalist, Prof. Karabacek erwähnt in den Beitr. z. Gesch. der Mazdjabiten (Leipzig 1874), daß b. dem mohamm. Hist. Ibn el Furât Heinrich Jasomirgott, als der gefürchtete ("verfluchte") Jasân el Kund Harri erscheint. — Janko, Rudolf v. Habsburg u. d. Schl. b. Dürnkrut a. M. .... 1278 (Wien 1878, eine pittoreske Gelegenheitsarbeit.) In der jüngsten Abh. des Orient. Karabacek "Eine Gesandtschaft Rudolfs v. H. nach Aegypten" (Oesterr. Monatschr. f. d. Orient 1879) wird das neue Factum einer Botschaft dieses Habsburgers nach Kairo v. J. 1235 behandelt — als Ersatz für den unterlassenen Kreuzzug. In der Frage über die Echtheit der Königinhofer Handschrift und der Dichtung Libusin súd (Libuscha's Gericht) muß auch Sembera jun. als einer der neuesten Kritiker der — ohnehin ganz erschütterten — Echtheit erwähnt werden.

Zweiter Band.

Siebentes Buch, Schluß (1278—1308).

Quellenliteratur. Die neue Ausg. des Chronisten Dalimil von Jos. Jireček in den Fontes rer. bohem., III. 1.—3. H. Von Dudik's Gesch. Mährens erschien jüngst der 8. Bd.

Die Ansicht Koutny's über die böhmische Seniorats-Erbfolge-Ordnung (s. o. S. 13) erfuhr in jüngster Zeit (Oesterr. Gymn. Zeitschr. 1878, 29. Jahrg., Dez.-Heft) eine theils anerkennende, theils ablehnende Würdigung Bachmann's. Dieser bestreitet die Richtigkeit der Grundauffassung Koutny's, derzufolge es kein förmliches Seniorats-Gesetz gegeben habe, und die electio und promotio der böhmischen Großen eine Ausübung faktischen Wahlrechtes gewesen sei, und findet darin bloß die unter Zustimmung des huldigenden Volkes unter bestimmten, nicht völlig bekannten, Normen stattfindende feierliche Thronbesteigung gemeint. Daher könne auch in dem Privilegium Frideric. v. 1212 für Böhmen (besserer Abdr. in den scr. rer. Siles VII. 21 ff.) der Ausdruck eligero gebraucht werden, obschon darin von einem faktischen Wahlrechte unmöglich die Rede sein könne. Bachmann tritt somit

für die ältere von Koutny erschütterte Auffassung ein, — und jeden=
falls dient diese ausführliche Recension dazu, die schwierige von
Koutny gründlich, vielleicht etwas hyperkritisch untersuchte Frage
neuerdings in das Sieb zu bringen.

Achtes Buch (1308—1382).

Mahrenholz, Z. Kritik v. Joh. v. Victring's liber cert. histor. (N.=
Sch.=Progr., Halle 1878). Lausch, Die kärnthnerische Belehnungsfrage (Göttinger
Dissert. 1877).

v. Liebenau: „Bischof Johann von Gurk, Brixen
und Cur und die Fam. Schultheiß von Lenzburg" (mit reichem
Regestenanhange), (Argovia 1864, Sep.=A.) In dieser sehr be=
achtenswerthen Monographie wird dieser Johann Schultheiß
von Lenzburg (urspr. hieß diese Familie: Ribi von Sengen),
geistlicher Kirchenfürst und habsburgische Staatsmann, in seinen
verschiedenen Lebensstellungen als Rath Hz. Albrecht's II. von
Oesterr. (1341—1358) und insbesondere als solcher in Diensten
Hzg. Rudolph's IV. (1358—1365) gewürdigt und zugleich ein
wichtiges Stück Zeitgeschichte von 1341—1373 darin behandelt.
Liebenau erklärt auf das entschiedenste, dieser Johann als Bischof
von Gurk und Kanzler Rudolph's IV. habe den wesentlichsten Antheil
bei der Fälschung der österr. Hausprivilegien gehabt, und
ebenso macht er ihn für die Fälschung der beiden Urkunden
vom 2. u. 5. Sept. 1359 verantwortlich, welche Marg. Maultasche
zu Gunsten der eventuellen Tiroler Erbschaft des Hauses Habsburg
ausgestellt haben soll; er behauptet also nicht bloß die ziemlich all=
gemein angenommene Unechtheit der Urk. v. 5. Sept. 1359, sondern
auch die der Urk. v. 2. Sept. gegen die bisherige, auch v. Huber
gewichtig verfochtene Ansicht von der Echtheit dieses Documentes.

Neuntes Buch (1382—1437).

Ueber Korybut's Rolle im hussitischen Böhmen lieferte in den Krakauer
akad. Schrr. (Rozpr. i sprawod. .... Krakowie 1877, S. 147—283) Pro=
hasta den ersten Theil einer breit angelegten Abh.: Polen und Böhmen in den
Hussitenzeiten bis zur Abberusung Korybut's ...

Zehntes Buch (1437—1493).

Eine wichtige Quellenpublication erschien zu Pesth=Ofen (Leipzig. Comm.)
1878: Vitéz de Zredna orationes in causa expeditionis contra Turcas
habitae; item Aenea Silvii epistolae ad eum exaratae 1453—1457
(a. dem Dresdner, Florentiner, Melker u. Wiener Arch.). Die Gesch. des österr.
Erbfolgestreites nach dem Tode Ladisl. Posthumnus' (1457) sieht einer neuen
kritischen Behandlung durch Prof. Zeißberg entgegen (s. den akad. Anzeiger
XV. Jahrg. 1878, Schl.)

3*

Elftes Buch (1493—1526).

(Schluß des Mittelalters, Anfänge der Neuzeit.)

Für diese Uebergangsepoche bietet anregende Gesichtspunkte Döllinger, Aventin u. s. Zeit; Bezold, „Die ‚Armen Leute‘ und die deutsche Literatur des späteren Mittelalters" (Sybel's hist. Ztschr. 41. Bd., u. F. 5. Bd.) 1879; C. v. Höfler: Die romanische Welt u. ihr Verhältniß zu den Reformideen des Mittelalters (Sitzungsber. d. Wiener Akad., 91. Bd. II. 1878, S. 257—539, worin ziemlich oft das Gebiet der innern Geschichte unserer Staatsbildung betreten wird.

Z. genealog. Tab. der Habsburger als Literaturbehelf: Kerschbaumer, Die Grabstätten der Habsburger — Wiener Alterh.-Ver. Jhrb. XVII. 2. H. 1878 — eine ziemlich erschöpfende Zusammenstellung. (Vgl. Birk, Ue. b. Grabdenkm. d. österr. Reg. (Mitth. d. Central-Com. z. Erh. mitt. B., Wien, XI. Bd. 1866); Störf, D. habsb. lothring. Kaiserhaus (Genealog. Tabelle, Wien 1878 für den gewöhnlichsten Handgebrauch).

Dritter Band.

Zwölftes Buch (Innere Verhältnisse bis 1526).

Deutsch-österr. Ländergruppe. Zur Gesch. d. Rechtsentwicklung und des Bürgerthums Wiens s. die Abh. v. Weißmann: Flandrenses. Z. Beantw. d. Frage, was die i. d. Urkde. des Hz. Leopold des Glorr. vom J. 1208 Genannten — waren? (Bll. f. Lkde. Nie.-Oesterr. 1876, 312 ff.). Derselbe gewahrt in diesen Flandrenses, gestützt auf die Urkde. von 1444 nicht Münzer oder Hausgenossen der Münze, sondern Färber, welche als privil. Zunft unter dem Münzkämmerer (nicht mit dem Münzmeister zu verwechseln) standen.

Z. Gesch. des mittelalterlichen Heereswesens: O. v. Zallinger: Ministeriales u. Milites, Untersuchungen über die ritterlichen Unfreien, zunächst in bayerischen Rechtsquellen des XII., XIII. Jahrh. (Innsbruck 1878). Der Verf., Schüler J. Ficker's, steht auf dem Boden der Forschungen des Meisters. —

Z. Gesch. d. Lit. u. Kunst: Fiebler, Peurbach u. Regiomontanus, e. biogr. Skizze. G. Progr. Leobschütz 1870. (Ueber diesen seiner Zeit berühmten Mathem. der Wiener Hochschule enthält vor Allem Aschbach's Gesch. der Wiener Univ., I. Bd., Maßgebendes). — Zingerle, Friedrich v. Sonnenburg (Innsbruck 1878). — Ueber die Laurinbilder auf Schloß Lichtenberg im Vintschgau s. d. Mitth. d. Centralcomit. z. Erh. mitt. Baudenkm. — Folz' Monographie üb. d. Bibliotheken in Salzburg. 1876.

Böhm. Ländergruppe: Rechtswesen. Tomaschek, Der Oberhof Iglau (Innsbruck 1868).

Ung. Ländergruppe: Monum. hist. jurid. Slav. merid. P. I., 1. stat. et leges insulae Curzulae 1214—1558, h. v. Hanel, Agram 1877. (sein scharfer Kritiker: Vojisić); Fischer, L. K. Mathias Corv. u. s. Bibliothek

(Wiener St. Gymn. II. Bz. 1878); Fr. Müller, Die Incunabeln der Her=
mannstädter Capellenbibl., I. A., 1469—1500, 1. 2. Lief.

Dreizehntes Buch (1526—1576).

Z. d. Quellen: Ueber die Chronik der Fam. Beckh v. Leopoldsdorf
s. d. Auss. v. Lind i. d. Bll. d. V. f. Lde Nie.=Oesterr. 1875 ff.; Lenz, Die
Schlacht b. Mühlberg (neue Quellen), Gotha 1878; Fricke, Maxim. II. u. d.
Fürstentag zu Breslau. (Dec. 1563) Inaug. Diss. 1878; Neubauer, Vers. e.
Darstellung nach Quellen s. d. Bezieh. zw. Polen u. Oesterr. z. Zt. K. Max II.
u. s. S. Maxim. (III.), des Deutschmeisters (Czernowitz D. Gymn. Progr. 1870).

Vierzehntes Buch (1576—1618).

Quellen= u. Literaturkunde. Zu den 3 ersten Bänden der v. der
hist. Comm. z. München m. Briefen und Acten z. Gesch. d. 30=j. Krieges
v. Ritter her. III. Bd. Jülichscher Erbfolgestreit — tritt der IV. Band: Die
Politik Bayerns 1591—1607 I. Hälfte 1878, als maßgeb. Monogr. v. Stieve.
Diese Monogr. reicht bis 1593, zur Abdication Hz. Wilhelm's V. und Thron=
besteigung Maximilian's. Kerschbaumer, Corresp. zw. Card. Khlesl und s.
Official z. Wiener=Neustadt, M. Gaißler (Arch. f. österr. G., 57. Bd. 1878,
173—203). Z. Gesch. der Reformation O.=Oesterreichs bietet Interessantes
die vor Kurzem von Eblbacher im Jahrb. des Mus. Franc. Carol. zu Linz
1878, S. 1—136 her. Chronik der Stadt Steier, aus d. Feder des kath.
Bürgers und Rathsherrn Jakob Zöttl (Zettl), † 1617, s. d. J. 1612—1635.
Kurz kannte diese Quelle, aber nicht ihren Verfasser. Kaltenbäck veröffentl.
daraus Auszüge i. Kalender: Austria 1852, S. 36—46. Ein gutes numism.
Hülfsmittel zur Geschichte Siebenbürgens s. 1526 ist L. Reissenberger: Die
siebenbürg. Münzen des Frh. Sam. v. Bruckenthal'schen Mus. i. Hermannstadt.
(Sep.=A. a. d. Progr. des Hermannstädter evang. Gymn. 1877 1878 —1630;
Forts. u. Schl. folgt). Z. Gesch. der Reform. Mährens s. auch F. Hošek.
Balth. Hubmaier a počátkové novokřestánstva na Moravě (B. H. u. d. An=
fänge des Neuchristenthums i. Mähren) Brünn 1867, I. Bd.; Neubauer s. o.);
G. Wolf, Die kais. Landesschule i. Wien u. K. Maximilian II. (Bll. f. Lde.
N.=Oesterr. 1878 u. Sep.=A.). Ue. Primus Truber s. d. Abh. v. Valenčak
(G. Progr. Marburg i. Stmk. 1878) u. Lewec (philologisch), Laibacher Realsch.
1878; Bayerl, Die Einnahme Pilsens durch Ernst. Gf. v. Mansfeld, i. J.
1618 (Pilsen 1873).

Fünfzehntes Buch (1618 1648).

Wallensteinliteratur. Fock, Rügenpommersche Gesch., VI. Band
(Wallenst. u. d. große Rstt. vor Stralsund.); A. Mayer, Aldringen u. Wallen=
stein v. Oct. 1633 bis z. März 1634. S. die Voranz. dieser Publ. im akad.
Anz. Wien, Nr. XII., XV.—XVII. Interessant ist auch das, was die „Chronik
der Stadt Steier" von J. Zöttl (s. o.) über die Wallensteinkatastrophe von
Hörensagen berichtet (S. 129—132).

Sechszehntes Buch (1648—1700).

A. Szilágyi, der unermüdliche Arbeiter auf dem Felde der Geschichte Siebenbürgens, besonders in der Bethlen'schen und Rákóczischen Epoche — veröffentlichte als Ergebniß akad. Vorträge die Monogr. I. Rákóczi György és a diplomaczia (Budapest 1878, akad. Verlag), worin die Beziehungen G. Rákóczi's I. zum Auslande, insbesondere zu Schweden und Frankreich f. 1643 in erster Linie erschöpfend beleuchtet werden; einen sachgemäßen u. dem deutschen Lesepublikum willkommenen Auszug daraus bot jüngst d. 3. Heft des II. Bdes. der „Liter. Berichte aus Ungarn" red. v. Hunfalvy: „Georg Rákóczy I. u. die Diplomatie". (17 S.).

Vierter Band.

Siebzehntes Buch (1700—1740).

Das große Werk: „Prinz Eugens Feldzüge" reicht mit dem letzt-erschienenen 5. Bde. (bearb. v. Danzer) bis 1703 (Feldzug von 1703); das Werk O. Klopp's: „Der Fall des Hauses Stuart" mit den jüngst veröffentlichten (7. 8.) Bdn. bis 1700.

Neunzehntes Buch (Inneres 1526—1780).

Zehden, Die orientalische Handelscompagnie unter K. Karl VI. nach b. Acten des Arch.: Minist. des Innern (Wien) Rabba, Bir. z. Gesch. b. Stadt Teschen (Realsch.-Progr. 1878) 1619—1712 ff.) A. Jäger, Das Eindringen des modernen kirchenfeindl. Zeitgeistes i. Oe. unter Karl VI. u. Maria Theresia (Sep.-A. aus b. Ztschr. f. kath. Theol. 1878; vgl. I. Band derf. Ztschr.).

Einundzwanzigstes Buch (1792—1870).

Burghauser, Einl. z. u. Gesch. des Baseler Friedens v. 1795. Komotau, Progr. 1878 (gegen Sybels Standpunkt); — Hüffer, Dipl. Verhandlung a. d. Zeit b. franz. Rev. II. Bd. Der Rastatter Congreß u. b. II. Coalition. 1. Abth. 1878. (Bonn). Büdinger: Lafayette i. Oesterr. (Wiener akad. Sitz.-Ber. 92. Bd. 2. H. 1878). Zu Oncken's Monogr. üb. Oesterr u. Preußen i. den Befreiungskriegen erschienen jüngst 2 Bde. Aktenstücke. Z. vormärzlichen Lit. die wichtigen Aufsätze i. d. Augsb. Allgem. Ztg. 1847—1848 v. Franz Pulsky u. d. T. „Ungar. Verhältnisse". Majláth N. G. b. M. 1853. Ueberhaupt bietet dies Journal für die genannte Epoche eine Fundgrube von Beiträgen zur innern Geschichte Oesterreichs. Charakterisch ist das Märchen, daß für Oesterreich eine besondere Ausgabe b. A. A. Ztg. gedruckt worden sei. — Zur „Geschichte der öffentl. Meinung" unserer Zeit sei das gehaltreiche Werk von Heinr. Wuttke: „Die deutschen Zeitschriften" .... 3. Aufl. (Leipzig 1875) angeführt. Gumplowicz, Das Recht der Nation u. Sprachen i. Oesterr. Ungarn (Innsbruck 1879).

(Z. Schlusse muß ich bemerken, daß ich außer den bereits IV. Bd. S. 696 u. v. S. 1) genannten Fachmännern auch dem str. Landesarch. Prof. v. Zahn und Prof. v. Luschin einzelne bibliographische Winke verdanke).

Register.

Die Nothwendigkeit eines solchen Registers lag nicht nur in den maßgebenden Wünschen der Freunde dieses Werkes, sondern auch in der Natur der Sache. Bei seiner Herstellung wurde die möglichste Vollständigkeit und genaues, gut geordnetes Wesen im Auge behalten, andererseits thunlichstes Raumersparniß. Nach längerem Abwägen entschied sich der Verf. für die Trennung des Personen- und Ortsnamens- vom Sachregister, da eine solche den rascheren Ueberblick des Verwandten ermöglicht.

Vorbemerkung.

Die römische Ziffer bezeichnet den Band, die arabische die Seite desselben — Ein zwischen zwei arabischen Ziffern gesetzter Gedankenstrich zeigt an, daß das betreffende Schlagwort auf jeder, der durch diese Ziffern begrenzten Seiten zu finden ist. — Im Uebrigen bedeutet ein Gedankenstrich stets die Wiederholung des erstgesetzten Schlagwortes. — Die Eigennamen mit beigefügter Länderangabe bedeuten Ortschaften. — Die Personennamen erscheinen in den betreffenden Artikeln nach zweckdienlichen Kategorien: Rangklasse, Provinz, Zeitfolge oder Genealogie geordnet. — Endlich wurden folgende häufigere Abbreviaturen in Anwendung gebracht:

Ab. = Adel, a'. = am, an, a. = aus, Adm. = Admiral. Bab. = Babenberg, Bay. = Bayern, b. = bei, — = bis, Bened. = Benediktiner, B. = Bischof, Bö. = Böhmen, Botsch. = Botschafter, Bu. = Bukowina. Cand. = Candidat, Comit. = Comitat, Coär = Comißär. dgl. = desgleichen, Dalm. = Dalmatien, d. = das (der, die), Dtschl. = Dentschland, Dipl. = Diplomat. engl. = engländischer, englischer, Engl. = England, Eb. = Erzbischof, Ehz. = Erzherzog. Fl. = Fluß, Fldh. = Feldherr, F. M. = Feldmarschall, Fstg. = Festung, Frkr. = Frankreich, frz. = französisch, Frh. = Freiherr, Frd. = Friede, Fst. = Fürst. Gal. = Galizien, Gem. = Gemahlin, Gl. = General, Ges. = Gesandter, Geschl. = Geschlecht, Gz. = Görz, Gf. = Graf, Gr. = Griechenland, gr. = griechisch. Hptschft. = Hauptmannschaft, Hz. = Herzog, H. = Historiker, Hofk. = Hofkammer. i = in, im, J. Oe. = Inner-Oesterreich, i. ö. = inneröstereichisch, Istr. = Istrien, It. = Italien. Ks. = Kaiser, Kard. = Kardinal, K. = Kärnten, Kg. = König, Kr. = Krain, Kro. = Kroatien, Kf. = Kurfürst. Laus. = Lausitz, Lomb. = Lombardei, Lombardien. M. = Mähren, Mkgf. = Markgraf, M. G. = Militärgrenze, Min. = Minister, Mil. = Militär. N. u. = Nieder, nieder, N. Oe. = Nieder-Oesterreich, N. L. = Niederlande (span.-öster.) O. o. = Ober, ober, O. Oe. = Ober-Oesterreich. P. = Pabst, Pal. = Palatin, Patr. = Patriarch, Port. = Portugal, portugiesisch, Präj. = Präsident. Rgmt. = Regiment, Ruß. = Rußland. S. = Salzburg, Sard. = Sardinien, Schl. = Schlacht, Schls. = Schlesien, Schftst. = Schriftsteller, Sbb. = Siebenbürgen, s. = siehe, sl. = slavisch, Sl. = Slavonien, Statth. = Statthalter, St. = Steiermark, Sult. = Sultan, Sp. = Spanien. T. = Tirol, Tocht. = Tochter; Tr. = Treffen, Türk. = Türkei, türkisch. & = und, U. = Ungarn, ungarisch. Ven. = Venedig v. = vom, von, V. A. = Vorarlberg. Wall. = Wallachei, Wfst. = Waffenstillstand, Wojw. = Wojwode. z. = zu, zum, Z. = (Zusätze und Berichtigungen).

A. Namenregister.

A.

Aachen, I. 273, 277, 574, 604, 617, 660, II. 19, 109, 477, 503, 614, III. 65, IV. 430, 238, 622; Frb. (1688) III. 573, 574, 606; (1748) IV. 238, 239, 243, 257--262, 301, 317, 449, 532; Wallfahrten a. Oest. nach — IV. 440.

Aar, Fl., Schweiz, I. 654, 656.

Aarburg, Schweiz, II. 119, 260.

Aargau, Schweiz, I. 654, II. 116, 190, 192, 259, 260, 263.

Aaron, Wojw. d. Moldau, III. 306.

Aba, ad. Geschl. i. U. I. 510, III. 151; s. auch Abauj; — eb. Amadeus, Omodé — Pal. v. U. II. 171; III. 155; — Samuel — Kg. v. U. I. 593, II. 71.

Abafiy, n. Gl. III. 385.

Abaujvár, u. Com. („d. neue Burg Aba") I. 509, 510, 524, 578, III. 544, 650, IV. 422.

Abdul Asis, türk. Sult. IV. 637; — Hamid I., desgl. IV. 365; — Hamid II., desgl. IV. 637; — Medschid, desgl. IV. 615, 637.

Abdurrahman, Pascha, Vertheid. v. Ofen, III. 664.

Abel, Brüder Gregor & Peter, Bildhauer, III. 80.

Abele, Christoph, Frh. v., Hofr.: Präs. III. 567, 570, 579, 615, 631, 633.

Abensberg, ö. Ad. Geschl. II. 276; — Bayer. IV. 79.

Abinsberg (Abensberg) Konrad v., Eb. v. S., I. 608.

Abraham, B. v. Freising, I. 296, 590, 591; — a sancta Clara (Ulrich Megerle) III. 643, IV. 465.

Abrahamides, n. Schftst. III. 374.

Abrahamsdorf, U. I. 525.

Abrán, Szekler-Geschl. I. 564.

Abrudbánya, („Alburnus major", „Groß-Schlatten") Sbb. I. 96, 175, 556, 564, IV. 427.

Abtsdorf, U. I. 573.

Acervone, s. Altenmarkt b. Weichselburg.

Ach a'. Bodensee, IV. 398.

Achten, (fl. Ochtina) U. I. 509.

Achtum, sbb. Fst., I. 548, II. 60, 67, 68.

Acidava, Sbb. I. 176.

Acinay, ö. Botsch. III. 232.

Acincum (Aquincum=Altofen, Budavár) U. I. 172, 185, 187, 188, 500.

Ackner, ö. H., I. 69.

Acruvium (Acrivium), s. Cattaro.

Acumincum, s. Slankamen.

Adalbero, Hz. v. K. (Eppensteiner) I. 339, 592, 594, 595, III. 9; — (Gf. i. Ennsthale, Bruder Ottokar's IV. (V.), I. 602; — (Geistl. Eb. v. S. I. 612; — B. v. Würzburg, I. 599, 603, III. 29.

Adalbert, babenberg. Gf. d. Ostmark, I. 592, 593; — Sohn Leopold's III. (IV.) „d. Heiligen" I. 606 Mkgf. v. Brandenburg=Kulmbach, III. 203, 258; Geistl. d. Heilige, erster Prager B. (Wojtech) I. 522, II. 31, 33, III. 104;

Adalwin, Eb. v. S., I. 282.

Adamellogruppe, T., I. 309.

Adamiten, Hussiten-Secte, II. 292, 444.

Adamsfreiheit, Montan-Ort Bö. I. 399.

Adamsthal, M. I. 142, 155.

Adamunt s. Admont.

Ad aquas, Sbb. I. 176.

Adda, Fl. It., I. 236, II. 554, IV. 129, 223, 571.

Adela v. Meissen, erste Gem. Prem. Otat. II. 40, 41.

Adelheid, Wittwe d. dtsch. Kf. Otto I. I. 296; — (Béla Knegina), Tocht. Mieczislaw's I. v. Pol., II. 61. — v. Braunschweig, 2. Gem. Heinrich's, Hzg. v. K. & Grfg. v. Bö., II. 122; — Tocht. Heinrich's (Grfg. v. Bö.)

II. 122, 125, 141; — Tocht. Albrecht's b. letzten Gf. v. T., I. 658.
Abelsbach, Tr. b. IV. 297.
Abelsberg, Kr. I. 338, 342, II. 547, 548, 552, III. 66; — Hptschft. Kr. IV. 397.
Aben-Bach b. Abmont, St. I. 329.
Abersbach, Bö., I. 388.
Ad fines (b. Glina) Kro. I. 173.
Ad flexum (b. Altenburg & Wieselburg, U.) I. 171.
Ablar, bö. Familie III. 99.
Abler, Jakob, z. Speier, III. 260; — Fl. i. Bö., I. 388, 396, 397, 403, IV. 231.
Adlerberg (Daskó) U., I. 96; — B. A. IV. 600. (Daskö) U., I. 487.
Adlerklaa, Schl. b. (1809) IV. 596.
Ad Mediam, s. Mehadia.
Abmont, Ort & Beneb. Stift, St. I. 325, 329, 335, 336, 599, II. 10, 14, 638, III. 70, 71, 74, 77, 118, 335; — (Aebte) s. Albert, Engelbert, Heinrich, Irimbert, Wolfold; — Nonnenkloster, St. I. 336.
Abmontthal, St. I. 334.
Adolph v. Nassau, dtsch. Kf., I. 320, II. 9, 10, 15—21, 118, 119; — Hzg. v. Holstein, III. 450; — Propst, Colonisator b. Zips, U. I. 513, 514, 516.
Aborf, Sachsen, I. 386.
Aborjan, Székler-Geschl., I. 564.
Aborno Hieron., Propst z. Erlau, U., III. 225.
Abrabätampen, kelt. Volk, I. 216.
Abriach (Agriach) St.. I. 333, 355.
Abriameer, I. 338, 359, 653, II. 77, 78, 279, III. 32, IV. 531, 574, 592.
Adrian IV., P., I. 431; — VI. [Dabel v. Utrecht] III. 173.
Abrianopel, Türk., I. 614, II. 181, 182, III. 592, 656; — Frb. (1713) IV. 112; (1829) IV. 625.
Ad salinas, s. Felvincz.
Adula mons, s. St. Gotthardsberg.
Ad undecimum (lapidem) s. Monfalcone.
Ad vineas, röm. O. i. Nov. rip., I. 227.
Aegeri-See, Schweiz, II. 110.
Aegida, s. Capris & Capo d' Istria.
Aegidien Abtei, U., I. 496.
Aegypten, IV. 580, 615.
Aemilius Julius, Natur-H. u. Arzt, III. 158.

Aemona (Alt-Laibach) Kr., I. 167, 168, 170, 172, 174, 182, 185, 191, 199, 200, 241, 243; — B. v., s. Marinus.
Aeneas Silvius (Enea Silvio de Piccolomini) I. 6, 7, II. 277, 300, 305, 306, 314, 315, 317, 320, 325, 326—330, 333, 343, 350, 353, 354, 358, 359, 361—371, 373, 390, 392, 393—396, 401, 403, 404, 406, 407—409, 426, 429, 460, 541, III. 77, 81. 109; — s. auch Pius II. P.
Aenion. bay. ab. Geschl. I. 249.
Aenona (Nona) Ort in D., I. 162.
Aequinoctium, röm. Station b. Fischamend, N. Oe. I. 171.
Aequum (Citluk b. Sign) D., I. 163.
Aëtius, röm. Feldherr, I. 226, 230.
d' Affry, Marquis, frz. Botsch.. IV. 287, 292.
Ailenz (Avelonica) St., I. 333, 651; — Thal, I. 336; — „Gf. v." (Hzg. Ernst d. Eiserne) II. 273.
Afrika, II. 611, III. 145.
Afriz, Besitz b. Ortenburger. K. I. 327.
Agar (Ungarn b. b. Israeliten) III. 140.
Agareni (Magyaren) I. 286, II. 54. s. Agatha, III. 448.
Agathias, gr. Chronist, I. 235.
Agilmund, Quadenführer, I. 223.
Agilosinger, Fsten.-Geschl. I. 249, 250, 258, 267, III. 69.
Aglajer (oder aquilejische Münze) III. 41.
Aglai (Afelei) s. Aquileja.
Agnadello (Chirababba, Chirababba), (Boila), Schl. b., II. 517.
Agnes, Schwester Kj. Heinrich's V., Mutter Friedrich Konrad's III., Gem. Leopold's III. (IV.) v. Oe. „b. Heiligen") I. 605, 606; — Tocht. Heinrich's Jaxom. v. Oe. & Gem. Kgs. Stephan III. v. U., III. 84; — v. Andechs-Meran, I. 621; — Tocht. Otakar's I. v. Bö., I. 622; Tocht. Hermann's v. Baden, I. Gem. b. letzten Sponnheimer's, 2. Gem. Ulrich's v. Heunburg, I. 652, II. 3; — 2. Tocht. Pf. Otakar, Gem. Hzg. Rudolph's II. v. Habsburg, Mutter b. Hzgs. Johannes, II. 22, 42; Tocht. Albrecht's I., Gem. Andreas III., II. 22, 130, 131.
Agnethlen, Sbb. I. 572.
Agram (Zagreb) Kro. I. 109, 362,

II. 94, 149, 202, 317, III. 139, 153, 157, 310, 610, IV. 643; — Bisthum v., III. 153; — (Bischöfe) f. Parkovič, Erdödy, Horváth & Johann; — Districtualgerichts-Tafel z., IV. 431; — Ständ.Beschlüssez.(1712), IV. 391; — Blahovič, protestant. Prediger i. — III. 249; — Weichselberg, Capitän v. — III. 310; — Zeitungswesen in —, IV. 518.

Agramer Gebirge, Kro. I. 362.

Agrestinus, angeblich erster Missionär b. d. Bojoariern, I. 258.

Agria, Ort i. d. Schweiz, II. 250.

Agriach, f. Abriach.

Agricola, Leibarzt Ehz. Sigismund's Franz, III. 639; — Stephan, II. 636.

Agron (Illyrer-Kg.) I. 155.

Aguntum (Lienz) (Innichen?) T. I. 163, 165, 167, 199, 239.

Agyagfalva, Sbb. III. 124.

Aggtelek, U. I. 509.

Ahausen, Unionstag (1608), III. 366.

Ahmed III., türk. Sult., III. 351, 587, 589, 592; — Pascha, türk. Feldh., Eroberer v. Temesvar, IV. 232; — Pascha, türk. Renegat, IV. 141; — türk. Botsch. III. 387.

Aicha, Bö. III. 462.

Aichach, Burg Leonhard's v. Wolfenstein, II. 266.

Aichspalter (Aspelt) Peter, bö. Kanzler, P. v. Basel, später Eb. v. Mainz, II. 23—25, 49.

Ainacstö, Flg., U., I. 508.

Ainali-Kawat, Friedens-Convention z. (1779) IV. 367.

Ainbold (Ompud) u. Statth. I. 639, 640.

Aire, Frtr. IV. 89.

Aist, Dietmar v. III. 71; — Kl. i. O. Oe., I. 367; — Herren v., III. 54.

Aistulf, longob. K., I. 266.

Akabási, Vinzenz, Széßler, I. 569.

Akakia, frz. Dipl., III. 624.

Aken i. Holland, a. d. ö.-niederländ. Grenze, IV. 259.

Atton (Ptolemais), I. 609, 614.

Atna (Szász-Atna) Sbb., I. 559.

Akrisory, Gal. I. 457.

Ala, T. I. 303, 304, II. 545, 552, 555, IV. 42, 398.

Ala nova, röm. Station b. Fischamend, N. Oe. I. 171.

Alachis, Trienter Hzg., I. 261.

Alanen, I. 219.

Alantsen,Gebrüder, b. ersten Buchhändler i. Wien, III. 78.

Alarich, Kg. d. Westgothen, I. 226, 234.

Alba, Hz. v. (Ferdinand v. Toledo), III. 203, 208.

b'Alembert, franz. Encyklopädist, IV. 312.

Alba-Julia, f. Weißenburg.

Albanien, I. 162, 360, III. 147, 674, 676.

Alba regalis, f. Stuhlweißenburg.

Albemarle, Feldh. der Gl.-Staaten, IV. 93.

Alben, Schloß a'. Karst, I. 346.

Alberich, Mönch i. U., III. 119.

Alberoni, Kard.-Min., IV. 111—113, 140.

b'Albert, Karb. II. 583.

Albicus v. Uničow, II. 241.

Alboin, I. 239.

Albona, Stadt i. Ist., I. 162, 185, 237, 348, 350, II. 551, III. 67, 270.

Albrecht, (Albert) Habsburger a. Grafen. b. III., I. 654, b. IV. I. 655, I. — b. deutsche Kaiser: — I., I. 383, II. 3—26, 49, 99, 100, 105, 117—119, 189, III. 12, 15, 16, 18, 20, 27, 63, 75, 115; — II. (als ö. Hzg. b. V.), I. 422, II. 222, 223, 224, 226, 227, 263, 264, 266, 269, 271, 273, 279, 292, 294, 300, 301, 312—315, 316, 318, 319, 320, 321, 322, 333, 352, 354, 361, 436, 579, 584, III. 13, 14, 16, 45, 55, 57, 58, 77, 85, 116, 122; — c. österr. Fürsten: Hz. — II. „b. Weise od. Lahme", II. 99, 102, 115, 123—127, 129 b. 132, 144—146, 150, 171, 172, 189, III. 20, 21, 63, 74, 77, 164 (Z. 16) — III. „mit b. Zopfe", II. 133, 153, 154, 156, 192, 194, 200, 210, 218, 220, 253, 275, 322, III. 21, 75; — IV. „Mirabilia mundi", II. 216, 218—222, III. 57; — V., f. oben „btsch. Kf. II."; — (Ehz. VI., II. 273, 274, 320, 331, 332, 337, 345, 352, 353, 378—394, 396, 405, 408, 497; — Ehz. (Bruder Kf. Rudolph II.) III. 295, 358, 361, 367, 419; — Ehz. (1853—1866) IV. 646, 647, 654, 656; — bayerische Fürsten: — Hz. v. Bay., II. 348, III. 214; — Hz. v. Bay. — München,

III. 421; — vgl. IV., II. 474 bis
476, 478—480, 531, 535, 536, 539,
— vgl. V., IV. 174; — vgl. VI.,
II. 504, 537; — I. v. Bay. —
Straubing, II. 318; — V. Hz. v.
Bay., III. 257, 281; — Achilles,
Kf. v. Brandenburg, II. 315,
323, 383, 404, 406, 414, 419, 423,
438—440, 450, 490, 563; —
sächsische Fürsten: — Hz. v.
Sachsen, I. 661, II. 404, 439,
449—451, 475, 478, 481, 486,
504, III. 489; — Kf. v. Sachsen,
III. 271; — Prinz. v. Sachs.
(1766) IV. 326, 341, 360, 410,
480, 522, 534, 535, 569, 590; —
Gf. v. Tirol, I. 636, 641, 657,
658; — Gf. v. Görz, I. 317 (II.),
I., 345, II. 4; (IV.) I. 636, 657,
658, II. 140, 143, 155, 156. III.
21, 25; (VI.) I. 342; — Gf. v.
Zollern-Hohenberg (Oheim
Albrecht I. v. Habsburg), II. 18,
19; — v. Hohenzollern, III.
190; — Abt v. Admont, II. 10.
Albrechtsburg, sj. Hofrath, III. 680.
Albrizzi, päpstl. Nuntius i. Wien,
III. 636.
Albuin (Alboin), B. v. Brixen, I.
306, 317, III. 11.
Alburnus, s. Abrudbánya.
Albemarisco Ludovico, Adm. II. 214.
Aldobrandini, Beatrix, v. Este, II.
92; — Karb. III. 315; — P. s.
Clemens VIII., P.
Aldringer, (Hans v. Aldringen, Baron
v. Roschitz 2c.) Fldh. III. 471, 486,
492, 494, 496—498, 501, 502.
Alemannen, I. 221, 222, 228—230,
232, 234, 235, 237, 249, 256, 291,
312, 314, III. 34, 60, 61. (3. 7—8)
(Vgl. Schwaben.)
Alemannien, I. 264, 279, III. 48.
Alencnara, Sp., Sieg b., IV. 89.
Alençon, Phil., Patr. v. Aquileja. II. 159.
Alesch v. Riesenburg, II. 299; —
v. Sternberg, II. 313.
Alessandria, It., IV. 80, 234, 235.
Alexander (Severus), röm. Kf., I. 221,
222; — Päpste II. (Anselm
Hon. Cadolus) II. 36; — III. (Roland) I. 611, II. 83; — V. (Phi-
largus v. Candia) II. 235—238;
— VI. (Borgia) II. 508, 509, 512,
513; — v. Friaul, pä. Legat, II.
440; — weltliche Fürsten: —

I. Kf. v. Rußl., IV. 560, 581,
585, 586, 591, 592, 606—608,
615, 622, 624; — II. Kf. v. Rußl.,
IV. 637; — Kg. v. Polen, II.
487, 569: — ö. Ehz., IV. 550,
II. 487; — Medici, III. 172;
Despot d. Moldau, II. 304; —
v. Pfalz-Zweibrücken, II. 537,
539; (1591—1592) Wojw. d. Wallachei, III. 306; — v. Württemberg, IV. 91, 116, 278, 290, 358.
Alexandria i. Afrika, ö. Consul in —
IV. 461; — Handel nach — IV. 493.
Alexici, Russien-Czar u. s. Sohn III.
578; — S. Peter's d. Großen, Czare-
wic, IV. 118, 119.
Alexius I. (Komnenos), gr. Kf. II. 81.
Alsenz, Fl. i. B. A., I. 312.
Alsölb, Ebene i. U., I. 92, 121, 473,
533, 540, 541, 542, 551, 578, II.
60, 94, 301, 304, III. 236, 287,
IV. 56, 420.
Alfons, V. Kg. v. Aragonien & Kg.
v. Sicilien, II. 324, 369, 508, 541;
— X. v. Castilien, I. 644, 661,
662; — v. Este, III. 173.
Alfonjo, Kg. v. Sp., IV. 637.
Alfreso, III. 321.
Algersbach, Herren v., III. 54.
Algier, III. 172, 176; — ö. Mercan-
til-Tractat, mit — IV. 493.
Algund, T. I. 310.
Algyö, Bad i. Sbb., III. 475.
Alibunar-er Sumpf i. U., I. 548.
Ali Pascha, (1553) III. 232; — (1661)
III. 589; — Vezir, III. 234, 278.
Altuin, III. 74.
Alland, N. De., I. 375.
Allegretti, Botsch. III. 558.
Allersheim, III. 530.
Allgäu, II. 634, 641, 646.
Allianz, heilige, s. Sachregister.
Allstedt, Bö., II. 633.
Almásy, Paul, B. v. Waizen, III. 513.
Almissa (Omis) Ort i. Dal., I. 357,
II. 477, 204; — Grafen v., I. 360;
— Georg II., Gf. v., I. 360, 361;
— s. auch Mladin.
b'Almazon, Botsch. Philipp's II., III.
285, 286.
Almonte, Statth. v. Merito, IV. 652.
Almos, Sohn (?) 2c. Gejsa's I., V.
I. 605, II. 73—75, 78—81; — II.
54, 57.
Alpen, II. 492; — System, I. 366;
— Namen (alte, urkundliche) I. 317,

— (blutige Alp., I. 319); — ju-lische, I. 337, 344; — carnische, I. 337, 338; — Sannthaler (Sulz-bacher) I. 328, 338.

Alpenländer, I. 83, 84, 153, 225, 226, 275, 300, 337, 599, 605, 611, 657, II. 2, 189, 279, 425, 593, III. 9, 34, 48, 49, 68; — Ger-manisirung, III. 61, 643.

Alpen-Slaven (Slovenen, Karantanen, Korutanen) I. 249—252, 265, 266, 268, 276, 277, 316, 319, 366.

Alsen, Insel, III. 485.

Alsó Sz. Joán (Annamatia), U. 1. 172; — s. Nereznice, — Róna, — Sajó, — Vereczke.

Altaich, Kloster i. Bay., I. 382, 402, 600, 630, II. 69, III. 118.

Alta ripa, s. Tolna.

Altbreisach, IV. 95.

Altbunzlau, Bö., I. 401; — s. auch Boleslawa.

Altemps, Karb., v. III. 270.

Altenburg, Kloster i. N. De., III. 317; — Ungar. (Óvár) I. 476, 492, II. 269, III. 280, 592, IV. 80, 597; — Friedens-Congreß (1533) III. 196; — a. d. Körös, I. 557; — Deutsch-, s. Deutsch-Altenburg.

Altendorf (Ofaln) U., Zips, I. 519, 522, 523, 527, II. 280.

Altenheim, Bay., III. 580, IV. 79.

Altenmarkt b. Weichselburg (Acervone) I. 173.

Altenpölla, N. De., I. 375.

Altgebirg, U., I. 485.

Althan, (Gf. v., Gf. & ks. Rath, III. 374, 379, 380, 422; — Gebrüder Molart & Ges. Gallo, v., III. 360; — Michael, Gf. v., IV. 109, 127, 145, 447.

Althornberg, freiiing. Herrsch., II. 189.

Alticens, Bulgarenführer, I. 253.

Altinum, s. Mohács.

Altmann, B. v. Passau, I. 599, 601, 603, III. 78.

Altmark, II. 444.

Altmontfort, B. A., II. 251.

Altmühl, Kl. i. Bay., I. 382.

Altmünster, O. De., I. 169.

Alto (Gefährte Virgil's, B. v. S.) I. 268.

Alt-Oettingen, Bay., III. 646.

d'Alton, ö. Gf., IV. 349, 535, 536.

Altorjova, s. Orjova.

Altranstädt, Friede (1706) IV. 85; (1707) IV. 85.

Altschanz (Römerschanze) Paß i. Sbb., I. 566, 570.

Altsohl, U., I. 108, II. 184, 399.

Altstadt (früher Goldeck), M. I. 414.

Altsteindorf, Bay., I. 105.

Altstetten, B. A., II. 267.

Alt-Titschein, Tičin, Ičin, M. I. 416.

Altdorf, Schwaben, IV. 586.

Altwin, B. v. Brixen, I. 599.

Aluta, Fl. i. Sbb., I. 85, 176, 461, 544, 551, 567, 569, 571, 572, II. 93, 173, IV. 120; — -Thal, I. 552, 566, 567.

d'Alvarez de Toledo, Don Antonio, s. Oropeza.

Alviano, Bartolom., venet. Gl. II. 523, 545—547, 549, 553, 554.

Alvincz, U., I. 555, III. 231, 673.

Alvinczi, Hofprediger Bethlen Gabor's, III. 422, 444; — sbb. Protonotar, III. 663, 680, IV. 389; — ö. Gl. IV. 530, 571.

Alringer, Schftst., IV. 471, 518.

Alzenau (Halznow) Gal. I. 444.

Amabeo, span. Kg. (1873) IV. 637.

Amadeus, Hz. v. Savoyen, II. 131; — VIII. „d. Selige", Hz. v. Sa-voy., II. 319, 324; — s. auch P. Fe-lix V.

Amalfi, Hz. v., s. Piccolomini Ottavio.

Amalie v. Braunschweig-Lüneburg, Gem. Kj. Joseph's I., IV. 74, 107, 110, 201.

Amaltheus, Paulus, Minoriten-Mönch, III. 76.

Amandus, B., I. 258.

Amasia, Kleinas. — Wüst. z. — III. 234; — s. Matsch. (Matsch).

Amberg, O. Pfalz, IV. 209.

Amboise, Georg v., (Eb. v. Rouen & frz. Min., II. 511—514, 517, 518, 582; — frz. Religionsfriede v., III. 257.

Ambras, T., II. 602, 605, III. 80, 323, 413.

Ambros, Pfarrer, Stifter d. Crebiten-Sette, II. 290, 302; — aus Schlef. protest. Prediger, II. 654, III. 237.

Ambrosius, v. heil. Kreuze, III. 58.

Amcinspach, III. 54.

Amelot, frz. Dipl., IV. 177, 224, 232.

Amerita, Emigr. d. Salzburger nach — IV. 149.

Amiens, Friede (1802) IV. 581; — s. auch Peter v. —

Aming, Klb., I. 257.

Ammianus Marcellinus, I. 222, 223.

Amos v. Stetna, Führer d. „Amositen"-
Sekte, II. 448, 449.
Ampelum. röm. Montanort, Sbb., I.
175, 556, II. 62
Ampezzo, T., I. 304, II. 546, 555;
III. 393, IV. 610; — s. auch Hay-
den.
Ampfing, Bay., Schl. b., II. 111, 170.
Ampoi, Ampoly, s. Ompoly.
Ampringen, Joh. Kaspar, k. Statth.
i. Preßburg, Hochm. d. dtsch. Ordens,
III. 619, 620, 627, IV. 410, 422.
Amselfeld (Kossowo), III. 675; — Schl.
am — (1389) II. 206, (1448) II.
346.
Amsterdam, III. 442.
Amstetten, N. Oe., I. 369.
Amurad Othman (Osman, Bruder d.
Sult. Mohammed II.), II. 438.
Anabaptismus (Wiedertäuferei) s. Sach-
register.
Anatoli, d. Pascha v. — III. 683.
Anauner (Nonsberger) I. 165.
Ancona, It., II. 409, III. 146.
Andechs-Meran, Geschl. — I. 307,
308, 341, 342, 345, 350, 351, 363,
383, 514, 605, 617, 628, 657, III.
10, 11; — s. auch Agnes, Verthold,
Gertrude, Heinrich & Otto; —
-Hohenwart, Grafen v. — s. Gün-
ther & Pilgrim.
Anderaz, Don A. Romeo, v. — Se-
cretär d. Gb. v. Valencia, IV. 109.
Andernach a. Rhein, II. 439, 441;
— U. s. Andornak.
Andornak, U., I. 505, 506, III. 149.
Sz. Andras, U., I. 525, III. 421,
678.
Andrássy, u. Magnat, IV. 57; —
Gf. Julius, Min. IV. 655, 656.
Andraz, T., II. 394.
Andreanum, s. Sachregister.
Andreas, K. v. Ungarn: I., I. 418,
595, 600, II. 69—72, III. 118,
149; — dgl. II., I. 357, 497, 514,
529, 537, 564, 566, 568—571, 625,
II. 85, 86, 88, 89—92, III. 115,
117, 119, 120, 124, 134, 137, 138,
141, 152; — dgl. III. („d. Vene-
tianer"), II. 7, 8, 18, 20, 90, 95,
96, 104, III. 115, 121, 124, 135;
— Vruder Kgs. Emerich, I. 618;
— Vruder Kgs. Ladislaus V. v. U.,
I. 668; — Sohn Kgs. Karl Robert
v. U., II. 172, 173, 175, 177; —
Fürst v. Halitsch, Wladimir &

Czerweno-Rus, I. 454; — v.
Oesterr., Erstgeborner Kf. Ferdinand's
II. (von Philippine Welser) III. 322,
324.
Andrée, H., I. 63.
Andretium. Dal., I. 162, 163.
Sz. Andrian, Kloster b. Zalavar, U.,
I. 495.
Andrié, preuß. Gesandter, IV. 181.
Andronikos (Kommenos), byzant. Kf.,
I. 240, II. 82, 84, 85; — dgl. II.,
II. 180.
Andrzychau, Gal., I. 444.
Andrzeiow, Pol., III. 285.
Angelikos, M. Const., II. 351.
Angelo II. 546; — s. —, s. Peter.
Angelpöck, Domherr v. Wien, II. 356.
Anger, St. IV. 474, 451.
Angers, II. 555.
Angiowinen, (Anjou), Dynastie i.
U., I. 481, 485, 488, 499, 502,
510, II. 8, 184, III. 115, 155—157,
163; — s. Karl Robert u. Ludwig.
Angoulême, Hz. v., II. 514, 515, III.
453; — s. auch Franz.
Anhalt, Fürsten v. — II. 505, 516,
III. 409, 416—418, 511, IV. 524,
591; — s. auch Albrecht, Christian,
Rudolph & Siegfried; — -Vernburg,
s. Christian; — -Dessau, s. Georg
& Leopold; — -Zerbst, s. Zerbst.
Anian, Gefährte Virgil's, V. v. S.,
I. 268.
Anjou, franz.-ital. Dynastie (vergl.
auch: Angiowinen), II. 324; franz.
Prinzen, s. Heinrich, Philipp & Perry,
Hz. v. —
Ankelreuter (Nankelreuter), Söldner-
führer, III. 383, 384.
Anfershofen, Frh. v., H. I. 73.
Anlaufthal, S., I. 167.
Anna, Gem. Kf. Karl's IV., I. 383,
386, II. 166; Gem. Kf. Ferdinand's
I., I. 492, II. 560—564, 570 bis
572, 613, 618—620, III. 181 bis
183, 185, IV. 381, 386; — v.
Tirol, Erzh. Gem. Kf. Mathias', III.
390; — v. Vretagne, Braut d. dtsch.
Kf. Max I. & Gem. des Kgs. Karl
VIII. & Ludwig XII. v. Frkr., II.
506, 514, 522, 557, III. 271; —
Gem. Kg. Richard's v. Engl., IV.
85, 89, 93; — Tocht. b. Jagellonen
Sigm. Aug., Regin. v. Polen, III.
282—285; — Tocht. Hz. Albrecht's

V. v. Bay., III. 259; — Tocht.
Kasirmir's b. Gr. & Gem. Gf. Wil=
helms v. Cilli, II. 183, 275, Schw.
Kg. Sigm. Aug. d. letzten Jagel
lonen, Gem. Stephan Bathóry's,
III. 282—285; — Tocht. b. Gsen.
Wilhelm v. Cilli, Gem. Wladislaus
des I. Jagellonen, II. 276; — Tocht.
b. Gsen. Hermann v. Cilli, Gem.
b. Gsen. Nikolaus v. Gara, II.
276; — Tocht. b. Ladislaus Gara,
II. 398; — v. Kanizsay, Gem.
Andr. Baumkirchner, II. 430; —
v. Wartenberg, Mutter Georg's v.
Podiebrad, II. 348; — Gem. Peter
Zrinyi's & Schw. Frangepani's, III.
602; — v. Candale, Gem. Kg.
Wladislaw's v. Bö. II. 560; —
Iwanowna, Kaiserin v. Rußland,
IV. 130, 139, 180, 184, 197;
— Karlowna (Elisabeth) Hzgin. v.
Braunschweig = Lüneburg, Mutter
Czar Iwan's III. IV. 197.
Annaberg, Sachsen, I. 386, III. 92;
— Auswanderer i. b. Kreis v. —
III. 440.
Annamatia, s. Alósó. Joan.
Annecy, Savoy., III. 252, 381.
Annenberg, T., II. 254.
Anonymus, Regis Belae Notarius,
I. 54—57, 563, II. 54, 55, 63,
64, III. 113, 148.
Ansbert, b. Kleriker, Chron., I. 614.
Anspach, III. 297, 416, 438, 441,
443, 444, 533, 637, IV. 294, 355,
360, 362, 585; s. auch Christian.
Anthemius, B. v. Sirmium, I. 242.
Antibes i. b. Provence, IV. 236.
Antignano (Tignan) Jst. I. 352.
Antoine, ö. Flt., IV. 539.
Anton, Kg. v. Sachsen, IV. 564, 615;
— (Ehz. B. v. Münster, Sohn Kj.
Leopold's II., IV. 565; B. v. Bam=
berg, I. 327; B. v. Wien, III.
489, 496.
Antonelli, Karb., IV. 126.
Antoninus Pius, röm. Kj., I. 161,
180, 186, 198, 200.
s. Antonio, Süd=T., IV. 42.
Antwerpen, IV. 127, 236, 259, 522.
Anucius, Lucius, Prätor, I. 155.
Aoyla, Heinrich v., III. 76.
Apasalva (Nagysalu) Sbb., I. 558.
Apasiy, Apasy (Apasi) 1. Michael, sbb.
Fst., III. 589, 592, 594, 596, 601,
602, 604, 606—610, 618, 622,
624, 625, 651, 663, 668, 673, 679,
IV. 100; — dgl. II., III. 677,
679—684, IV. 63.
Apollodorus, gr. Baumeister, I. 159.
Apor, H. I. 26; — u. Geschl., III.
151; — Ladislaus, Wojw. v. Sbb.,
II. 106, III. 155; — Gf. Stephan,
Schatzmeister, IV. 62.
Apostoliker, s. Sachregister.
Appasiy, s. Apasiy.
Appel, ö. Gl. Abjutant, IV. 633.
Appenbini, H., I. 53.
Appenzell (Abten=Zell v. St. Gallen)
Schweiz, II. 250—252, 471, 648.
Apponyi, Gf., u. P., IV. 641, 645.
Aptrarin, russ. Gl. IV. 279, 285, 286.
Apsoros (Ossero) Insel, Jst., I. 154.
Apulien, III. 146.
Apulum (Karlsburg) Sbb., I. 175,
176, 179, 185—188, 199, 554.
Aqua vetus ("Altwasser"), s. Wa=
rasdin.
Aquae, s. Baden b. Wien.
Aquaviva, Cl. Orb. Gen. b. Jes.,
III. 272.
Aquila, i. b. Abruzzen, II. 370.
d'Aquilar, Gf., IV. 12.
Aquileja (Aglai, Atelei), Patriarchat,
I. 90, 143, 161, 165, 167, 174,
177, 179, 187, 191, 196—198, 226,
236, 240—242, 274, 293, 294, 304,
326, 328, 335, 341—346, 349 bis
351, 588, 589, 592, 617, 649, 650,
657, II. 89, 127, 128, 141—147,
155, 156, 158, 159, 178, 193, 252,
260, 262, 270—272, 282, 464,
541, 542, III. 9, 10, 17, 38, 39,
41, 78, 258, 326, 340, 342, 393,
394, IV. 397—399, 402; — Pa=
triarchen v. — s.: Mengou, Ber=
thold, Bertrand, Engilfried, Johann,
Martward, Montelongo Gregor,
Nikolaus, Pagano della Torre,
Panziera Anton, de Peregrin, Pon=
te Anton, Randek, Sigehard, Teck,
Ubalrich (Ulrich, Woldrich) & Wolfger.
Aquincum, s. Acincum. (Z. 6)
Arab, II. I. 544, 545, 549, 577, III.
385, 612, 678, 687, IV. 154, 157,
249, 421.
Aragona, s. Piccolomini Ottavio.
Aramant, frz. Gesandter, III. 232.
Aranjuez, Sp., IV. 234, 267.
Aranka, Fl. i. U. I. 548.
Arany=Idka ("b. goldene Idka"), Mon=
tan=Ort i. U., I. 511.

Aranyosch, Sbb. I. 175, 554, 557, 564, 565, IV. 422.
Aravisker a'. d. Raab, Keltischer (?) Volksstamm, I. 216.
Arbe (Arba, Rab.) Insel, D., I. 154, 360, 361, II. 75, 79, 94, 178, III. 143, 144, 146.
Arberg, Herren v., II. 130.
Arbon (Arbor felix) Schweiz, I. 163, 257, 313.
Arbor felix s. Arbon.
Arcelli, Filippo, venet. Feldh., II. 282.
Arcis sur Aube, Schl. b. IV. 608.
Arco, T., I. 303, 304, II. 548, IV. 48, 398; — Schl. (1796) IV. 571; — Grafen v. — I. 303, II. 252, 258, 264, 265, 472, 550, III. 55, 418. — Prosper & Scipio, Gsen. v. —, ö. Potsch., III. 256, 257; — Ferdinand, Gf. v. — IV. 47; — franz. Gf. v. — 578, 600.
Ardagger, N. Oe., I. 369.
Arbjál s. Siebenbürgen.
Ardó (Ordo, Fekete-Arbó, auch „Nagy-Száß") U., I. 536.
Arduba, Dalm., I.. 156.
Arelape (Arlape), s. Pöchlarn, Groß & Erdlaf.
Aremberg, kais. Gl., III. 678; — Fürst v., IV. 221.
Arenberg, Gf. v. (d. „Eber d. Ardennen" (II. 503; — Hz. v., Gl., IV. 226, 289.
Aretin, Donatus, III. 158.
Argen, W. A., IV. 586; — Gau, I. 315.
d'Argenjon, frz. Dipl., IV. 221, 232, 234—236, 265, 267, 277.
Argyle, Hz., IV. 93.
Aribo, Obergraf d. Ostmark, I. 285, 287, 288; — v. Leoben, I. 602; — L., I. 261.
Aribonen, bayr. Dynast., III. 70.
Arier, (Jdoeuropäer) I. 208.
Ariovist, Suevenfürst, I. 210.
Ariskald, Gf., II. 94.
Arius & Arianismus, I. 241, 242.
Arlberg, B. A., I. 164, 256, 311, II. 141, 189, 249, 251, 258, 267, 380, 530—533, III. 34, IV. 494.
Armagnac, Gf. v., II. 326, 330.
„Armen" (Sekte), d. italienische, II. 443, 444; - d. österr. II. 443. Vgl. Sachregister.
Armenier, I. 455, 464, 540, 559.

Arn (Arno), Eb. v. S., I. 270, 274, 320, 589, III. 74.
Arnau, Bö., II. 462.
Arnest v. Parbubitz, Eb. v. Prag, II. 230, 233.
Arneth, Alf. v., H. I. 71; — J., H., I. 71.
Arnim, Gl., III. 465, 468, 478—483, 485, 488, 489, 494, 495.
Arno s. Arn.
Arnold, — Gf. v. Wels-Lambach, I. 594; — v. Klein-Polb, Gf. v., Polb & Klein-Enyeb., I. 575; — s. Winkelried, v. Villanueva, II. 228.
Arnoldestorf, Arnolbsborf, s. Arnsborf.
Arnolbstein, K., I. 102, 321.
Arnsborf (Arnolbestorf, Arnolbsborf), Schlef., I. 423, 425.
Arnstebt, II. 643.
Arnulf, Hzg. v. Karantanien, nachmals Kaiser, I. 284, 285, 287, 308, 327, 333, 585, 586; — (d. Böse) Hzg. v. Bojoarien, I. 290, 291, 292, 293, 586; — II., Pfalz-Gf. v. Bay., I. 293, 294.
Arnulfinger, Dynastie, I. 349, 583.
Arof-Száláš, U., I. 542.
Arpád, Stammvater d. Arpaden, I. 504, 506, 535, 536, II. 54, III. 113; — Dynastie der — en, I. 362, 363, 418, 476, 482, 486, 504, 568, 632, 633, 642, 644, 653, II. 8, 27, 49, 60, 61, 66, 70, 75, 78, 81, 85, 86, 87, III 112, 113, 115, 141, 150, 155, 156, 163.
Arpádsburg s. Arpádvár.
Arpádvár (Arpádsburg), U.. I. 506.
Arrabona, s. Raab.
Arragonien, Simon, Gf. v. III. 111; — Castilien, II. 247, 325, 492, 507, 557, IV. 91*, s. auch Alfons.
Arras, Frkr. II. 499, 502.
Arrupium, s. S. Vital.
Arsa (Arsia). Fl. i. D.. I. 143, 154, 160, 161, 162, 347, II. 75.
Arta, II. 180.
Artois, Grischaft. II. 502, 506.
Arutela, Sbb., I. 176.
Arva (Orava), Fl. u. Comit. i. U., 482, 484, 504, III. 627.
Arzt, Sigmund, v. -- B. v. Seckau, III. 341.
Asaniden, s. Eismaniden.
Asch, Bö, I. 383, 392.
Aschach, D. Oe., I. 365, III. 448.
Aschaffenburg, II. 328.

Aschbach, H., I. 71, 75; — N. Oe., III. 75.
Aichheim, Bay., Synode zu — I. 269.
Asciburgisches Gebirge, s. Riesengebirge.
Ascoli, It., III. 158.
Asen, s. Johann.
d'Asfeldt, frz. Fldh., IV. 133.
Askalon (Palästina), I. 614.
Askanier v. Ballenstedt, Haus d., I. 608.
Asparuch, bulgar. Fürst II. 52.
Aspelt, Peter v. — s. Aichspalter.
Aspern, Oe., II. 221; — Schl. b. (1809), IV. 595, 610.
Aspremont, Gf. III. 677; — Gf. Ferdinand Gobert, Gf., IV. 33. 98.
Assuin (Assum, Osum), Gf., I. 235.
Assum (Osum), s. Assuin.
Assumar, Gf., portug. Gel., IV. 86.
Asszonypataka s. Nagybanya.
Asti, It., II. 521, IV. 53, 83.
Astinger (Vandalenstamm), I. 222.
Astolfo Pulojo, Treitiner, III. 157.
Astorga, aus Andalusien, III. 665.
Astura oder Asturis (Kloster-Neu-burg; b. Osterburg u. Zeiselmauer?) N. Oe. I. 169, 170, 179, 227. (Z. 32)
Asturien, Prinz v., IV. 316; s. auch Johann.
Atala, b. Kaposvar, U., I. 172.
Atelkuzu (Etelkö) 2. Urheimath d. Magyaren, II. 53, 54, 58.
Ath, Niederld., IV. 234.
Athanarich, Kg. d. Westgothen, I. 225.
Atil, Fl. i. Jugrien, II. 93.
Atina, im Ven.-Lande, I. 182.
Atrante a. Trojanaberg, Kr., I. 167, 179.
Attalus, Marromanen-Kg., I. 222.
Attems, Gf. v., III. 376; — bgl; I. Eb. v. Görz, IV. 534.
Attergau, S. I., 260, 366.
Attersee, O. Oe., I. 142, 169.
Attiguy, i. Frankreich, I. 269.
Attila (Etzel), Hunnen-Kg., I. 201, 226, 242, 500, II. 52, 57.
Atzmoos (Assmas), Schweiz, Tr. b. (1499), II. 529.
Audoin, Longobardenfürst, I. 238.
Auerbach, Bay., I. 383, 384.
Aueriperg (Auersperg), Geschl. I. 342, N., Gf. v. — 21; Georg v. — II. 273; Hanns v. — II. 546, 550; Wilhelm v. — II. 587; Herbart, VIII. v. III. 311, 332; Wolf (Engelbrecht v. — III. 332;

Andr. v. — III. 337, 394; Joh. Weikhard, Gf. v. — III. 553, 554, 556, 565, 569, 573—575, 607; 608; N. v. — III. 678; Leopold, Gf. v. — IV. 8, 17, 21, 49, 50, 190; Heinrich, Fürst v. — IV. 245; Wilhelmine, Gräfin v. — geb. v. Neipperg, IV. 318; G. v. — 480; Fürst Carlos — IV. 655, 656; Fürst Adolph — IV. 656.
Auerstädt, Schl. b. — IV. 591.
Aufsenstein (Auwenstein), ab. Geschl. in K., I. 327, II. 15, 103, 104, 123, 274, 275; — Konrad v. — II. 125—144, 275; — Friedrich v. — II. 144, 154.
Augsburg (Augusta Vindelicorum), I. 163, 164, 196, 241, 601, 626, II. 256, 570, 573, 585, 597, 600, 615, 619, III. 23, 29, 65, 106, 211, 227, 262, 270, 470, 533, 537, 556, IV. 51, 59; — Reichstage, Con-gresse, Friedensschlüsse ꝛc. zu — : I. 594, 664, II. 3, 125, 552, 559, 573, 578, 581, 583, 584, III. 204, 210, 211, 215, 226, 252, 255, 275, 279, 334, 437, 443, 458, 464, 510, 518, 525, 535, 536, 636, 662, IV. 294, 295; Hochstift & Bischöfe v. — I. 586, 597, 662, II. 19, 252, 260, 262, 309, 528, 531, III. 11, 13, 39, 639, IV. 79; s. auch Brun, Peter Raubek & Siegfried.
August (Friedrich II.), Kf. v. Sachsen (I.), K. v. Polen, I. (II.) IV. 60, 85, 92, 102, 132, 134, 136, 139, 140, 152, — Kf. v. S. (II.), K. v. P. (III) 216, 326, 333; — Wilhelm, Bruder Kg. Friedrich's II. v. Preußen, IV. 285.
Augusta, Führer d. „böhm. Brüder", III. 204, 205, 274, 275; —
Augusta Vindelicorum, s. Augs-burg.
Augustiner, Orden, III. 69, 152, 445, 637.
Augustus (Octavian), I. 161, 181, 182, 193.
Auland, s. Lausitz.
Aupa, Nebenfluß d. Elbe, I. 396, 403.
Aurelian, röm. Kj., I. 175, 184, 221, 222, 225, II. 62.
Auschwitz (Oswieczim) G., I. 107, 435, 437, 443, 444, 450, III. 86, IV. 350; s. auch Johann, Premko & vergl. Zator.

Auspitz (Hustopec) M., I. 421, III. 91.
Aussee, St., I. 337, 637, III. 79, 344, IV. 396; — M. (Ujow) I. 413, 414, 422.
Aussig (Austi), Bö., I. 394, 395, 399, 404, II. 284, 287, 294, III. 478.
Austerlitz („Neu-Sedlec", „Slawkow") M., I. 421, II. 643, III. 367; — Schl. b. — IV. 586, 594.
Austi, s. Aussig.
d'Austria (v. Oe.), Titel d. Kinder Ferdinand's II. ohne Wappen, III. 260; — Don Georg, natürl. Sohn Mar' I., II. 649.
Ausugum, s. Valsugan.
Autharis, Longobarden-Kg., I. 250.
Aurerrais, franz. Gesichst., II. 502.
Auxerre, Frkr.!, II. 91; — s. auch Courtenai.
Avancini, H., I. 13.
d'Avaux, Gf., frz. Botsch., III. 519, 522, 526, 531, 535.
Avaren (Agareuen), ursprüngl. kasp. Steppenvolk, I. 238, 249—251, 253—255, 267, 270, 271, 277, 590, II. 52, 54. Z. 32.

Avaria, Avarische Mark, I. 274, 585, vergleiche Hunnia, I. 585.
Avens, Schweiz, II. 249.
Aventinus (Thurmayer), H., III. 251.
Aversa, It., II. 176.
Aviano Marco b', III. 657.
Avignon, Frkr., P. & päpstl. Hof. zu — II. 128, 162, 164, 165, 176, 177, 229, 231.
Avio, T., I. 303, II. 552, 555, IV. 398.
Avisio, Fl. & Thal, T., I. 300, II. 555.
Aramit, Sölbnerhauptmann, II. 336.
d'Ayala, sp. Botsch., III. 269.
Ayrenhoff, C. v., IV. 471, 516.
Azara, sp. Gesandter, IV. 506.
Azenhain, Gefecht b. (1761), IV. 294.
Aztekenreich, mexikanisches, II. 611.
Azzika, Tocht. d. Mkgf. Wecelin v. Istr., I. 340.
Azzo, der Chuenringer, I. 601; — Mkgf. v. Este, II. 92.
Azzoni, Dr. Jos. Prof., IV. 218, 446.

B.

Babažek (Babina), U., I. 488.
Babenberger, Dynastie, I. 366, 367, 368, 370, 372, 375, 382, 584, 592, 606, 607—610, 636, 657, II. 133—135, 142, III. 10, 12, 15, 19, 28. Z. 10.
Babina, s. Babažek.
Babocsa, U., III. 199.
Bach, ö. Min., IV. 642, 645—647, 649, 650.
Bacher-Gebirge, St., I. 166, 328 334.
Bács, i. Bacser-Com., U., I. 503, 543, 546, II. 653, III. 133; — (Bisch) s. Zapolya.
Bács-Bodrog, U. I. 542, 578.
Bácska, U., I. 543, III. 688, IV. 154, 249, 550.
Bács — Monostor (Monaster), U., I. 543.
Baden b. Wien (Aquae), I. 166, 173, II. 468, III. 29, IV. 94, 135; — Burg & Grafschaft i. d. Schweiz, I. 656, II. 117, 260; — Grhzthum, II. 239, 273, 379, 383, 437, 537, IV. 524, 559, 583, 586, 591, 611, 615, 622, 636; Agnes, Ferbinand,

Mar Karl Leopold, Katharina, Friedrich Hermann, Leopold Wilhelm, Ludwig; — -Durlach, Mkgf. v., III. 403.
Bägendorf (Bendorf), U., I. 574.
Bämen, Baimen, Volksstamm, I. 217, 223, 231.
Bärenklau, ö. Gl., IV. 210, 212, 235.
Bärnau, I. 384, 385.
Bärwalde, Vertrag v. — III. 477.
Bagibareia, s. Bayern.
Bagration, russ. Gel., IV. 585; — Fürstin, IV. 606.
Bagnon, Sbb., I. 565.
Bahna, Bu., I. 459, 460.
Bajan, Chan d. Utri- & Kutruguren, I. 238.
Bajas, s. Bayern.
Bajazid (Bajazet, Bajasid) I. „Ilderim" (= d. Blitz) II. 205; — II. 483, 511, 517, 287.
Bairdar, Mongolenführer, II. 43.
Baierdorf, Sbb., I. 559, s. Lucrati.
Baillou, Chev. de, Oberstlieut. IV. 314, 318.
Bajmócz, s. Vojnitz.

Bainochaimen, Volksstamm, I. 216.
Bajony, u. Mil., III. 279.
Bajor, s. Bayersdorf.
Baireuth, IV. 585.
Bajtaj, H., IV. 313.
Bajuwaren, s. Bayern; — Land, s. Bayern.
Baiwari, s. Bayern.
Bakabánya (Pukanzer Bzk.) U., I. 486.
Bakács, Thomas, Karb.-Primas v. U., II. 560, 564—567, 570, 592, 652, 653, 655, III. 159
Batics, Paul, III. 235.
Bakonybél, Abtei, U., I. 498.
Batonyerwald, U., I. 107, 498.
Batos, u. Mil., III. 529.
Baljchay, H., I. 12.
Baktjchi, Serai, Türf. III. 585.
Balásin, Thomas, Propst v. Preßburg, & B. v. Fünfkirchen, III. 424.
Balassa, u. Adels-Geschl., III. 237; — Melchior, III. 219, 233; — Johann, Schwager Bocskai's, III. 281.
Balassa-Gyarmat, U. I. 489.
Balássy, Bethlen's Gesandter, III. 388.
Balatonee, s. Plattensee.
Balázs-Falva (Blasendorf) Sbb., I. 556.
Balbi, Birol., s. Balbus, Hieron.
Balbin, H., I. 21, III. 440, 542.
Balbus, Hieronymus (Balbi, Birol.) Propst v. Waizen, II. 654, III. 76, 159.
Baldacci, Anton, ö. Staatsrath, IV. 590.
Balderich, Friauler Gf., I. 278.
Balbringen, Schwaben, II. 634.
Balearische Inseln, III. 574.
Baliapatnam, Ostindien, ö. Factorei bei — IV. 493.
Balice, Gal., I. 143.
Balk, Wallachenhäuptling, I. 538; — Apothekersfrau, III. 383.
Balkan, I. 492, IV. 122; — Halbinsel, II. 52, 65, 183, 323, 340, 368, III. 672—676, IV. 492; — Pässe, II. 340.
Ballenstedt, s. Askanier.
Ballenstein, s. Borostyánkő.
Balló (Balon) Ladislaus, Agent Apaffy's III. 604.
Ballomar (Ballomer, Balamir) Markomann. Kg., I. 220, 221.
Balm, Rudolph, Gf. v., aus Schwaben, II. 25, 26.
Balon, s. Balló.
Balquvahane, Baronet v., III. 488.

Baltische Küsten, Auswanderung an die — III. 440; — ö. Handel nach den — III. 106.
Bálványos — var, (Götzenburg) Sbb. I. 558, 559, 567; — -Báralbya, Sbb. I. 558.
Bamberg, Bisthum, I. 322, 325, 326, 328, 334, 591, 594, 600, 602, 626, 646, 664, II. 31, 168, 405, III. 10, 17, 22, 29, 34, 39, 44, 46, IV. 397, 399; — (Bischöfe) s. Anton, Berthold, Eckert (Ekbert), Schönborn, Wülfing; — (Vicedom), s. Wichsenstein.
Banalgrenze, ober kroat. Grenze, I. 496, IV. 422, 423.
Banat (Temescher-, Militärgrenze), I. 547, 551, III. 229, 687, 688, IV. 113, 116, 118—120, 144, 203, 325, 364, 421, 461, 485, 491, 550.
Banau, Schles., I. 438.
Bancal-Administrationen, IV. 435.
Bandelli, H., I. 74.
Banér, schwed. Gl., III. 501, 503, 504, 519—522, 541.
Bánffy, Dionys, Schwager Apaffy's, III. 624; — N., Gubernator v. Sbb., IV. 62; — v. Alsó-Lindva, ab. Geschl. i. U., I. 495, II. 399.
Bánfy, Primas v. U., II. 83, 488.
Bániy-Hunyad, Sbb. I. 558.
Bangs, B. A., I. 314.
Banjaluka, D., I. 162.
Bannisis, Jakob de, (Bannisius) Dekan zu Trient, II. 607.
Banniza, Vertheid. d. Tornu, IV. 447.
Banow, U., I. 418.
Banska-Bystrica, s. Neusohl.
Bánya, „Erzgrube", I. 484.
Bar, Lothringen, IV. 14, 134; — Podolien, IV. 336—340, 342, 343, 347.
Baracsta = Duna, Donauarm b. Mohacs, U., I. 497.
Baraguay d'Hilliers, frz. Gl., IV. 599.
Bárany, U., I. 496.
Báranya, U., I. 538, IV. 491.
Barbara (Barba), Zitr., I. 352.
Barbara, Tocht. d. Gr. Hermann, II. v. Cilli, Gem. Kg. Sigism'. v. U., II. 276, 302, 303, 305, 314, 315, 348, 361, 363; — Tocht. Steph. Zápolya's, Gem. Kg. Sigismund's v. Polen, II. 560, 563, 574; — Herzogin v. Troppau — Ratibor &

Herrin v. Jägerndorf, Gem. b. Hz. v. Auschwitz, I. 428.

Barbaro, Monsignor, Francesco, III. 340.

Barbáczy, Szekler-Husaren, v. — U. IV. 579.

Barbesieur, frz. Dipl., IV. 36.

Barbice, s. Barvitius.

Barbo, Pantaleone — II. 157; — Pietro, I. 410.

Barcellona, Sp., II. 616—618, III. 466, IV. 83, 86, 88, 91, 109; — Tractat v. — (1493) II. 557, (1529) III. 174.

Barchanec, Ritter v., III. 209.

Bárczaság (Brassó) U., I. 566.

Barcsay, Ban v. Lugos & Karansebes, U., I. 544, III. 585—588.

Barda, Schles., I. 431, 437.

Barbócz, s. Udvarhely-Keresztur-Barbócz.

Bari, It., II. 215, III. 146, 190.

Bariglio, Dominikaner, III. 606.

Barillon, frz. Botsch., III. 644, 647.

Barinus, Nikl., III. 158.

Bart, Ort i. Gal., I. 444.

Barkóczy, B. v. Erlau, Primas v. U., I. 528, IV. 248, 253, 254, 308, 339; — Ladislaus, III. 667.

Baronnyay, ö. Gl., IV. 222.

Barras, Mitglied d. frz. Directoriums, IV. 573.

Barre, Claude, de la, II. 603.

Barriéren, niederländ., IV. 267, 520; — Tractat (1715), IV. 95.

Bars, s. Barsch.

Barsacia a. Kaspi-See, II. 57.

Barsch (Bars, Berzenberg, Tekow) U., I. 477, 479, 483, 485, IV. 421.

Bársony, Zipser Propst, III. 619, 621.

Bársonyhegy, U., II. 71.

Bar-sur-Aube, Frk., II. 113; — sur Seine, Frk., II. 502.

Bartal, H., I. 66.

Bartelsdorf, Oe. Schl., I. 423.

Bartenstein, Joh. Ch., Frh. v., ö. Staatsmann, IV. 145, 146, 158, 161, 171, 175, 183, 188, 191, 201, 213, 221, 224, 236, 238, 245, 256, 257, 261, 263, 265, 266, 304, 306, 309, 313, 317, 435. Z. 29.

Bartfeld, U., I. 108, 524, 531, II. 347, III. 154, 155, 160, 236, 650, IV. 100, 335, 425, 458.

Bartholdi, preuß. Botsch., IV. 40, 90.

Bartolomei, it. Dipl., IV. 223.

Bartosch, H., I. 9. II. 320.

Barvitius (Barbice), Geheimschreiber Rudolph's II., III. 358.

Barwald, Gal., I. 444.

Basante (Bosna), Kl., I. 162.

Basel, Stadt & Gebiet, Schweiz; — I. 655, 656, 660, II. 41, 130, 189, 299, 379, 437, 439, 440, 534, III. 238; — Bisthum; — I. 656, 660, 670, II. 18, 23, 24, 189, IV. 578; Concil v. — II. 290, 294—297, 299, 317, 319, 325, 327, 328, 348, 349, 436, 629, III. 14, IV. 526; — Friede — (1499) II. 534, 580, (1795) IV. 570, 574; — (Bischöfe) s. auch Aichspalter, Engelbrecht.

Basil, prot. Prediger, IV. 251.

Basiliten (Mönche), o. Kaluger, I. 462.

Basnang, Konrad v. — Abt v. St. Gallen, I. 622.

Bassano, It., I. 300, II. 145, 146, 317, 550—552; — s. Schlick.

Bassaraba, s. Bazarab.

Bassianae b. Körmend, U., I. 172.

Bassler, II. 648.

Basta, Georg, Frh. v. Sult, Gl., III. 313, 351—355, 461, 488.

Bastida de Juan, Spanier, Vertheid. Belgrad's, II. 371.

Batár b. Halmi, U., I. 535.

Batatschin, Serbien, III. 674.

Batava castra (Passau), Bay., I. 163, 164, 169, 179, 228.

Batavische Republik (Niederlande), IV. 560, 582.

Bateiner, I. 216.

Báth, s. Frauenmarkt.

Báthory, u. Adelsgeschl., I. 534, II. 655, III. 151, 300, 351, 371; — Stephan II., 466, 487—489, 563, 566, 653, III. 159, 183, 184, 189, 219, 226, 227, 230, 233; — Andreas, III. 227, 287, 307; — Andreas & Balthasar, III. 300; — Stephan, III. 278, 282, 284, 285, 301; — Christoph, III. 301, 372; — Sigismund, III. 301—305, 352, 372; — Balthasar, III. 303, 304; — Stephan, III. 372; — Gabriel, III. 371, 382—386; — Peter, IV. 33; — Elisabeth, III. 385; — Sophie, III. 559, 627, IV. 33.

Batizay, Andreas & Demeter, prot. Prediger, U., III. 236.

Bato, Dalmatenführer, I. 156.

Bátor, s. Nyir-Bátor.

Batta, U., I. 496, II. 656.

Battaßét, Abtei i. U., I. 496.
Batté, Gf., IV. 116.
Battelau, M. I. 389.
Batthiány, Adelsgeschl. i. U., I. 494,
III. 237, 454, 594, 672; — Franz,
III. 184 186; — Urban, III. 198,
221; — Adam, Gf., III. 676; —
Ludwig, Hofkanzler, IV. 205, 254,
308; — Karl, Gf., F. M., nieder-
länd. Statth., IV. 227, 229, 236
bis 238, 259, 311, 312; — Joseph,
Gf., Primas v. Gran, IV. 498,
550; — u. Min., IV. 642, 643;
— Gräfin, geb. Strattmann, IV. 138.
Batzdorf (Komorowice), Gal., I. 444.
Baudinus, Platoniker, III. 158.
Baumgarten (Bemgard), Schles., I.
435; — (Bongard) Sbb., I. 577; —
U., II. 345.
Baumkircher, Andreas (Pamkircher,
Pemkircher), kj. Soldnerführer, I.
475, 494, II. 358, 384, 387—389,
402, 421, 422, 428—435, 593; —
Wilhelm (Vater des Andreas), II.
429); — Georg, II. 435, 465; —
Wilhelm, II. 435.
Baußnern, Präceptor S. j. E. v. —
IV. 513.
Bautsch, M., I. 415.
Bautzen, Sachsen, I. 627, II. 36, 162,
166, IV. 286, 289.
Bauzanum, j. Bozen.
Bayern (Bajas, Bagibareia, Bajuwaren-
land): Volk: I. 230—233, 249,
251, 258, 261, 267, 276, 285,
290, 291, 316, 319, 322, 366, 575,
586, III. 33, 48, 60, 61, 62, 118,
IV. 149, 278; — Land: I. 231,
253, 254, 256, 264, 269, 271, 274,
276, 277, 282, 288, 292, 293, 368,
382, 583, 584, 586, 589, 592, 594,
595, 610, 611, 620, 626, 627, 634,
637, II. 10, 14, 19, 29, 129, 130,
140, 158, 168, 175, 202, 225, 230,
254, 257, 260, 262, 295, 299, 318,
383, 400, 421, 473, 479, 480, 511,
535, 537, 577, 584, 624, 640, 649,
657, III. 8, 9—11, 13, 22, 18, 91,
182, 252, 258, 295, 367, 413, 414,
427, 446, 450, 463, 470, 491, 497,
521, 522, 526, 530, 532, 535, 536,
IV. 41, 45, 46, 48, 51 53, 61,
77—79, 91, 131, 133, 134, 139,
140, 158, 159, 173—176, 180, 181,
183, 199—201, 203, 209, 211,
213, 216, 219—221, 224, 225, 290,

294, 317, 329, 341, 358—362, 522
bis 524, 526, 559, 565, 570, 573,
586, 591, 594, 595, 598, 599, 600,
608, 610, 611, 613, 615, 618, 622,
636; — bayer. Fürsten: I. 308,
309, 335, 382—384, 588, 600, 602,
608, 612, II. 2, 7, 108, 124, 125,
127, 128, 136, 138, 140, 141, 149,
153, 154, 164, 358, 392, 406, 421,
474, 475, 478, 479, 536, 539, 640,
641, III. 68, 171, 175, 181, 184,
190, 195, 197, 198, 357, 389, 390,
403, 409, 428, 430, IV. 41, 45,
79, 230, 356; j. auch Albrecht,
Anna, Arnulph, Berthold, Boto,
Elisabeth, Ernst, Ferdinand, Garibald,
Georg, Johann, Johanna, Judith,
Karl Theodor, Karoline, Clement,
Konrad, Christoph, Ludwig, Luitpold,
Maria, Maximilian, Otto, Sophie,
Stephan, Thassilo, Welf, Wilhelm.
Bayerischer Wald, I. 381.
Bayersdorf (Bajor), U., I. 530.
Bayreuth, Bay., I. 383, IV. 285,
294, 355.
Bazarad (Bassaraba), Wojw. d. Wal-
lachei, II. 173, 179.
Bazin, U., III. 353.
Beaulieu, ö. Gl., IV. 571.
Beatrix Aldobrandini, Schwester des
Mkgf. Azzo v. Este, Gem. Kg. An-
dreas' II. v. U., II. 92; — v.
Löwen-Gansbeke, Muhme Kg. Jo-
hannes (d. Luremb.) v. Bö., II. 123;
— javoyische Prinzessin, 3. Gem.
Heinrich's, Ertönig v. Bö., II. 123,
124; — Schwester d. Kg. Johann
v. Bö., 1. Gem. d. Kg. Karl Robert,
I. 171; — v. Hohenzollern, 2. Gem.
Hz. Albrecht III., II. 322; — Tocht.
d. Wittelsbacher Pfalzgrafen Ernst,
2. Gem. d. Gfn. Hermann III. v.
Gilli, II. 276; — Tocht. Kg. Fer-
dinand's v. Neapel, Gem. Mathias
Corvinus, II. 454, 458, 460, 482,
484—486;
Beaufremont, j. Madrnzzo.
Beaume, de la, IV. 134.
Beaumont, frz. Dipl., III. 624; — i.
Frtr., IV. 278.
Beauvais, Frtr., I. 662.
Beauveau, Marquis v., IV. 208.
Bebek, v. Peljöcz & Krajnahorta, u.
abel. Geschl., I. 509, 513, 533,
III. 151, 237; — Emerich, Prior v.
Brana, II. 202, 214; — dgl., Probst

v. Weißenburg, III. 238; — Franz, III. 221, 233.

Bebel, Humanist, II. 604.

Becanus, Beichtvater ꝛc. Ferdinand's II., IV. 439.

Beccaria, Strafrechtslehrer, IV. 446.

Beccatini, Nicol., päpstl. Legat, II 105.

Becher, F. Joach., IV. 458.

Bechilaren, s. Pöchlarn.

Bechyn, bö. ad. Geschl., III. 99; — i. Bö., III. 97, IV. 409, 410.

Beck, Oberst, III. 486, 497, 498; — Dr. Markus, v. Leopoldsdorf, e. ö. Kämmerer, III. 184; — N., Dr., III. 271; — N., ij. Gl., IV. 256, 291, 295.

Beckenried, Schweiz, II. 259.

Becker, s. Ecker.

Beckers, Min., IV. 355.

Beckh, ö. Hofrath, IV. 545.

Beckmann, Schftst., IV. 446.

Beckstein, s. Eichwindt.

Beese, U., I. 546, II. 304, III. 230, 688.

Becskeref, U., III. 230, 308, 688; — s. auch Groß-Becskeret.

Becwa (Betsch), Fl. i. M., I. 84, 105, 215, 415.

Becvari, Slaven-Name, III. 103.

Beczko (einst Bolondocz, Bolondvár, „d. Narrenburg") U., I. 481.

Bedeus v. Scharberg, H. I. 68.

Bedjai-Bagabur, Mongolenführ., II. 43.

Beduja, Kro., I. 362.

Beer, Adolph, H., Z. 3.

Beethoven, Tonkünstler, IV. 612.

Bega, Fl. i. U., I. 545, 546, 548, III. 681; — -thal, I. 551.

Begharden, Ketzersekte, II. 228.

Beghinen, do. II. 228.

Beheim, Michael, ö. Reim-Chronist, III. 81, 373, 385, 386.

Beheimsteg, Verbindungsweg zwischen S. Se. & Bö., I. 367.

Bejcijkala-Höhle, M., I. 142, 152.

Beidtel, H., I. 60.

Bekensloer, Johannes, B. v. Erlau, später Eb. v. S. & Gran, II. 456, 457, 459, 460, 467, 468, 499.

Békés (einst „Tomasbruck" a. d. Körös) U., I. 541, 542, 548; — Comit. IV. 157; — u. Magnat, III. 278.

Békésy, Kaspar, siebenb. Magnat und Thronprätendent, III. 281, 282.

Bél, H., I. 49.

Béla a. d. Béla, Stadt & Fl. i. U., I. 521, 522, 523, 526.

Bela, u. Dynastie, I. Kg. v. U., I. 558, 600, II. 69 72, III. 115, 119, 150, 152; — II. dgl., I. 549, II. 80—82, 87; — III. dgl. I. 497, 513, 519, 522, 543, 571, 612, II. 60, 83—87, 94, III. 115, 117, 119, 124, 137, 151; — IV. dgl., I. 476, 482, 485, 492, 501, 503, 508, 509—511, 513, 519, 521, 525, 542, 543, 554, 558, 559, 575, 625, 628, 630, 633, 636, 639, 642 bis 644, 652; II. 8, 43, 44, 91, 93—95, III. 57, 115, 117, 121, 133, 139, 141, 153, 154, 308; — jüng. Sohn Bela's IV., II. 95; — Prinz, Bruder Ladislaus' V., I. 553.

Belabánya, s. Dilln.

Bélavár, Ober-Sl., III. 199, 308.

Belcredi, Marchese, IV. 258; — ö. Min. IV. 652, 653, 655, 656.

Belcz, s. Sieniawski.

Belderbusch, Frh. v., köln. Min., IV. 364.

Béldy, Paul, Oberkapitän d. Székler, III. 624, 625.

Belehrad, U., I. 483.

Beleluja, Gal., I. 457.

Belenus, keltische Gottheit, I. 197.

Belford, Schweiz, II. 472.

Belgien, I. 574, IV. 259, 534, 535, 539, 548, 553, 560, 581, 590, 616; s. auch Niederlande; — Kg. v. — s. Leopold.

Belgiojoio, Barbiano de, Gl., III. 354; — G., Minister i. d. Niederlanden (seit 1783) IV. 480, 522 534, 535.

Belgrad (Belegradon, (Griechisch-Weißenburg) U., 498, 543, 544, 609, II. 72, 81, 83, 85, 180, 304, 360, 371—373, 376, 653, 656, III. 200, 308, 587, 592, 656, 670, 671, 674, 677, 678, 681, 683, 687, IV. 118—120, 138, 142, 143, 144, 151, 299, 346, 348, 349, 366, 529, 530, 532, 554, 592; — Friede v. (1739) IV. 143, 261, 346; s. auch Biograd.

Belgrado, Friaul, I. 345, II. 542, 546.

Bélin, s. Bilin.

Belisama, kelt. Göttin, I. 197.

Belisar, röm. Fldh., I. 236.

Belle-Alliance, Schl. bei IV. 612.
Bellegarde, Gf. IV. 572, 579, 581, 589, 611, 633.
Belleisle, Karl Ludwig, Fouquet, Grf. v., frz. Gf., IV. 133, 176, 198, 199, 208, 210, 211, 216, 217, 267, 277.
Bellenz, s. Bellinzona.
Bellinzona (Bellenz) II. 253, 257, 516.
Bellovesus, I. 149, 151.
Belluno, It., I. 94, II. 145, 149, 157, 188, 193, 272, 282, 550, 551. 553.
Belrupt, Gräfin, IV. 311.
Belusch, Schwager Bel. II. Palat. III. 143.
Belz, Gal., I. 450, 452—454, 457, 458, III. 284.
Bemelberg, Konrad v. „d. kleine Heß", II. 592, III. 224.
Bemgard, s. Baumgarten.
Benczencz, Sbb., I. 575.
Bendorf, s. Bägendorf.
Benedek, ö. Gl., IV. 634, 647, 648, 652, 654.
Benedict, XI. P., IV. 252; — XIII. (de Luna) P., II. 235, 236, 238, 243, 262, 316; — XIV. P., IV. 222, 399, 513; — Burggraf v. Halitsch, II. 202.
Benedict a. d. Gran, Klosterort, U., III. 134.
Benedictiner i. De., III. 69, 78.
Benejchau, Bö., II. 349, 350; IV. 209, 280.
Benejchhau, U., I. 479.
Benejchow, M., I. 408, 424.
Benesovici, bö. Geschl., I. 415, III. 99.
Benevent, Fst v., s. Talleyrand.
Benevolentia Leonardo v., II. 365.
Beniczky, Mátoczianer, IV. 101.
Benien, frz. Jejuit, IV. 56.
Benigni v. Mildenberg, H., I. 68.
Benningen, van, holländ. Resident, III. 647.
Bentö, H., I. 52.
Bennisch, Schles., I. 425, 428.
Benoit, preuß. Gej., IV. 336, 346.
Bentinck, Gf. William, holländ. Gej., IV. 237, 238, 239, 606.
Benussi, H., I. 71.
Beraun, Bö., I. 391, 400, III. 90, 97, IV. 227, 410.
Bercsényi v. Szötes, Gf. Ritt. u. Insurgentenjührer, IV. 34, 35—38, 56—58, 61, 65, 67, 97—103, 106,

107, 115, 117, 137, 157, 667; — Ladislaus, IV. 157.
Berchtesgaden (Perchtolsgaden), Bav., I. 170, 319, 320, 368, II. 642, III. 389, IV. 150, 523, 583, 586, 598.
Bereczk, Sbb., I. 176.
Bereg, U., I. 513, 535, 536, II. 92, III. 135, 454, 650, IV. 38, 422.
Beremiany, Gal., I. 142.
Berenhida, U., III. 199.
Berenya, Gal., I. 193.
Berényi, Thomas, IV. 202.
Berg, „d. weiße", Bö., Schl. am — (1620) III. 100.
Berg (& Ravenstein), Herzogthum, IV. 130, 159, 355.
Bergamo, It., II. 549.
Bergen — op. — Zoom, Niederlande, IV. 237.
Bergbau, ö., IV. 461.
„Bergler", s. Horaten.
Bergmann, H., I. 60, 71, 74.
Bergreichenstein, Bö., I. 382, 391, 400.
Bergüns, Schweiz, II. 249.
„Bergwalachen" (Motzen), U., I. 557.
Beringer, Gj. v. Sulzbach, I. 383.
Beris, ö. Gej., III. 592.
Berislavič, Peter (Berislo), III. 158, 186, 309, 611.
Berka, III. 182; — Ladislaus, v. — III. 363, 367; — Gj. Leo Pu-rian v. — III. 441; — Gj., ö. Botsch., III. 647.
Berlad (Birlad), Moldau, I. 400, 461.
Berlepsch, Gräfin, IV. 11, 12, 14.
Berlin, III. 558, 576, 637, 645, 647, 648, IV. 90, 92, 103, 105, 126, 129, 136, 149, 150, 158, 178, 189, 197, 216, 269, 270, 286, 293, 335, 345, 348, 367, 524, 527, 530, 539, 549, 579, 582, 589, 593, 606, 619, 645; - Friede (1742), IV. 216, 232, 299, 300; — Bundesreichstag (1867), IV. 636; — Conferenz (1876) IV. 656; — Congreß (1878) IV. 637.
Bermann, H., I. 72.
Bern, Schweiz, II. 121, 130, 131, 190, 259, 471, 529, 530, III. 171, 174, IV. 610; — s. auch Verona.
Bernadotte, frz. Botsch. in Wien, IV. 578, 585; s. auch Karl XIV.
Bernardino, s. Inseulano.
Bernau, Bö., I. 383.
Berndorf, s. Sperndorf.

Berneck, Dr. Valentin, II. 658.
Bernis, Abbé, IV. 267, 269, 277, 287, 289; — Cardinal-Minister, IV. 508.
Bernhard, Hz. v. Kärnten, I. 629; — natürl. Sohn Karl's des Dicken, I. 286; — v. Weimar, III. 404, 519, 520; — Geistliche: v. Clairvaur, I. 609; — v. Rohr, Eb. v. S., II. 459, 460, 466, 467.
Bernstadt, Schles., I. 436; — Hz. v. — III. 443; — s. auch Oels-Bernstadt.
Bernstein (Borostyankö) alter Burgort, U., I. 476, 494, II. 345.
Bernstorff, dän. Min., IV. 328, 611.
Berrettyó, Fl. i. U., I. 542.
Berruer, Konzilgesandter, II. 299.
Berry, Hz. v., Bruder Philipp's v. Anjou, IV. 15.
Bersava (Borsovia), Sbb. II. 62.
Bersenberg, s. Barsch.
Bersetz (Brischetz), Ist., I. 352.
Bertelsdorf, s. Bertolowce.
Berthier, frz. Gl., IV. 594, 603.
Berthold, Geistliche: Eb. v. Mainz, II. 479, 506, 511, 531, 537, 577; — Patriarch v. Aquileja, I. 342, 343, 635, 636, 657, II. 88, 89; — B. v. Bamberg, I. 661; — B. v. Würzburg, I. 666; — B. v. Briren, s. Bückelsburg; — Weltliche: Alemannenfürst, I. 257; — Gf. i. Nordgau (Bruder Arnulph d. Bösen), I. 290—292, 584, 586; — v. Kärnten, Hz. v. Pan., I. 293; — d. Zähringer, I. 602; — v. Andechs Meran: V., I. 350; V., I. 616, 617; — Stadtrichter z. Lemberg, I. 455; — d. Schützenmeister i. Wien, II. 102.
Bertholdsdorf, (Gal., I. 444; — (Petersdorf), N. Oe., II. 332, III. 57.
Bertoldesdorf, s. Bartelsdorf.
Bertolowce (Bertelsdorf), U., I. 530.
Bertrand, Patr. v. Aquileja, II. 142 bis 144.
Berwyk, natürl. Sohn d. engl. Ertgs. Jatob III., IV. 86, 93, 112, 133.
Berzencze, tl. U., III. 153.
Berzevicze, U., III. 152.
Berzeviczy, Grafen — I. 514, 517, 523, 525, III. 152; — Martin III. 284; — s. auch Rutger.
Besançon, Frkr., II. 439, 544.
Besliden (Geb. M. Gal. U., „Wolfsberge"), I. 105, 409, 443, 454, 520, 534.

Bessaraba, sbb. Fürst, III. 518.
Bessarabien, IV. 348, 529.
Bessarion, Karb.-Legat, II. 383, 384, 426.
Bessel, H, I. 35, IV. 174.
Bessen, Volksstamm, I. 219.
Bessenyö (Heidendorf), U., I. 493, 505, 546, 562, III. 141.
Bestuschew, russ. Kanzler, IV. 221, 228, 229, 232, 270, 277, 286.
Bestzercze-Banya, s. Neusohl.
Bethelsdorf, s. Bethlenfalva.
Bethlen, Herrschaft, Sbb., I. 176, 559; — Adelsgeschlecht, Sbb. I. 559; — Alexius, III. 237; — Gabriel (Gabor), I. 555, III. 352, 353, 371, 382, 384, 385—387, 388, 402, 404, 405, 420—422, 423, 424, 428, 429, 437, 438, 441, 443, 446, 448, 453, 454, 456, 457, 458, 459, 464 bis 466, 473—475, III. 513, 516, IV. 65, 422; — Johann, H., I. 25; — Nikl., H., I. 25 f.; — Niklas III., 561, 604, 620, 679, IV. 62—66; — Stephan, III. 454, 457, 516—519; — Wolfang (G. Farkas) H., I. 25, 49, III. 226.
Bethlenfalva (Bethlehemfalva, Bethlehemsdorf, Bethelsdorf), U., I. 108, 479, 525, 527, III. 160.
Bethune, Frkr., IV. 89; — Gf., III. 624, 625, IV. 11.
Betsch (Betschwa), s. Becwa.
Beust, Min., IV. 655, 656.
Beulwitz, hannov. Dipl., IV. 525.
Beuthen (Pytom) Schles., I. 432, 434, III. 86, 93, 301; — -Bendzin, Friede v. (1589), III. 301, IV. 350; — -Cosel, Fürstenthum, I. 435; s. auch Kasimir.
Bevern, Prinz v., preuß. Gl., IV. 284.
Bezau, B. A., I. 312.
Bezegg, B. A., I. 312.
Bezerédy, u. Führer d. Conföderirten, IV. 105.
Bezprem, s. Veszprim.
Biala, Gal., I. 107, 443, 448; — IV. 337, 340.
Bialka, Fl. i. U., I. 522.
Bianca Maria, Nichte Ludwig Sforza's (Moro), Verlobte d. Johannes Corvinus, II. 482; — Schwester Kg. Philipp's d. Schönen, Gem. Hz. Rudolph's v. Oe., II. 20.
Bianchi, ö. Gl., IV. 595, 596, 603, 612.

Bianconi, Gf. G. A., IV. 258.

Biberich a. Rhein, IV. 222.

Biberstein, Herren v., I. 396.

Bicocca, Schl. a. b. — (1521), II. 625.

Biese, Gal., I. 528, U., III. 301.

Bibermann, H. J. H., I. Bd., Ver. u. Z. 3.

„Biezejad" (Bestib), I. 450.

Biecz, Powiat v. Kralau, I. 450.

Biel, Schweiz, II. 121.

Biela, Bö., I. 404.

Bielach, Fl. i. N. Oe., I. 169, 370, III. 61 — Schweiz, II. 252.

Bielce (Poblachien), Gal., I. 450.

Bielinski, IV. 334.

Bielitz, ö. Schlf., I. 106, 435, IV. 340, 410, 420.

Bielowski, H., I. 70.

Biener d. Claudia Felicitas, Hofkanzler, III. 509.

Biermann, H., I. 65.

Bige, Georg, Kuruzzenführer, IV. 38.

Bihač, Bosnien, I. 361, 364.

Bihar (Bihor, Byhor), U., I. 540, 541, 542, 550, 577, 578, II. 62, III. 126, 149, 281, 624, IV. 154, 157, 421.

Bihari, u. Musikus, IV. 114.

Bilef, bö. Unitäts-Haupt., III. 274.

Bilin (Bölin), Bö., I. 394, 404, III. 91.

Binago, bö. Landstand, IV. 417.

Binez, s. Alvinez.

Binder, Friedrich, Frh. v., IV. 366, 323, 443, 481; — Pfarrer, IV. 64; — Bauernanführer, III. 317.

Biograd, (Belgrad), s. Zaravechia.

Björnklau, schwed. Botsch., III. 571.

Birt, v., H., I. 60, 71.

Birken (Betulejus) H., I. 6.

Birkenfeld, Linie d. Hauses Pfalz-Bayern, IV. 362.

Birn, Schweiz, II. 192.

Birnbaum, Sbb., I. 575.

Birnbaumerwald, kr. I. 338.

Biró, H., I. 25; — Martin, B. v. Veßprim, III. 236, 239, 252.

Biron, Hz. v. — IV. 180, 197.

Bisamberg, N. O., I. 151.

Bischoff, X., H., I. 52; — Jesuit, III. 635.

Bischofswerder, preuss. Gl. & Min., IV. 551.

Bischofslack, Kr., I. 102, 339, 340, II. 596, III. 30, s. auch Lack.

Bisdorfer, Fam., IV. 459.

Bisenz (Bzenec)) M., I. 408, 417, 442, III. 91.

Biskupek, s. Pilgram.

Bismarck, preuß. Min., IV. 653, 656.

Bissenen (Petschenegen) U., I. 461, 493, 504, 546, 554, 562, 563, 570, II. 53, 54, 58, 59, 65, 67, 74, III. 115, 133, 149.

Bistrau, Bö., I. 397.

Bistricza, Luk., I. 459, 460.

Bistriz, M., I. 396, 416; — Sbb., I. 176, 416, 484, 558—562, 573, 574, II. 360, 416, 484, III. 125, 138, 156, 586, 668, IV. 118, 423; — (Bistrica) U., I. 484, 485.

Biterne, schlef.-mähr. Entl., I. 423.

Biwald, Physiker, IV. 517.

Bizoken, oder Fraticellen, Ketzersecte, II. 228.

Blaccorum terra, Walachenland, I. 563.

Blachien, Groß=, II. 65; — Schwarz=, II. 65; — Weiß=, II. 65.

Blachos, romäischer Name für Wlach-Romane, II. 65.

Blagai, Grafen v. — II. 489.

Blachoslaw Jan, böhm. Unionshaupt, III. 274.

Blanche, Gem. Kf. Karl's IV., II. 164.

Blank, Pfarrer, Rath Albrecht's V., II. 279.

Blandrata, Georg, III. 233, 240, 284.

Blansko, M., I. 142, 408, 413.

Blarer, Seminar=Director zu Brünn, IV. 498.

Blasburg, Friaul, II. 546.

Blasendorf, Sbb., I. 559, III. 668, IV. 643, s. auch Balázs-Falva.

Blasenstein (Dietrichstein) U., I. 476.

Blasien, s. Hartmann & Otto.

Blauenstein, s. Kéklő.

Blaurock, Wiedertäufer, II. 633.

Bleiberg, K., III. 64.

Bleiburg, K., II. 463, III. 64.

Blendheim, Schl. bei, — (1704), IV. 52.

Blissen, Dr. H., Jesuit, III. 275.

Blocha, U., I. 564.

Blois, Frkr., Verträge von —, II. 512—515, 518, 521, 522.

Blondel, frz. Dipl., IV. 232, 264; — v. Nesle, Troubadour, I. 616.

Blouba, M., I. 422.

Bludenz (Plutenes), B. A., I. 312, 315, II. 251, 621, IV. 398.

Blücher, preuß. Gl., IV. 608, 612.

Blümegen, Gf. Heinrich, Gaj., ö. Staatsmann, IV. 304, 443, 480, 481, 501.

Blumauer, Dichter, IV. 504, 518.

Blumberger, H., I. 72.
Blumenau, Lorenz, II. 395.
„Blyde Inkomst", Verfassungs=Gesetz, (joyeuse entrée) Brabant's, IV. 259. Vgl. Sachregister.
Bobadilla, Jesuit, III. 252.
Bobbio, It., IV. 225.
Bobenhausen, Heinrich v., IV. 422.
Bober, Schlef., I. 430.
Boboraner, f. Slaven.
Boccaneyro, L. f. Don, IV. 11.
Boccaccio, III. 107.
Bocche di Cattaro, I. 94, 355, 356, 358, II. 75, 158, 177; f. auch Cattaro.
Bocchesen, I. 359; =Aufstand (1869), IV. 656.
Boček v. Kunstat, Vater Georg's v. Podiebrad, II. 348; — Sohn des K. Georg Podiebrad, II. 450.
Bochnia, Gal., I. 443, IV. 351.
Bochow, Wenzel von, Vertrauter K. Friedrich's III., III. 326.
Bocskay, ssb. Adelsgeschl., I. 540, III. 238, IV. 36; — Georg, III. 281; — Stephan, III. 304, 305, 353 bis 356, 359, 360, 364, 365, 370, 605, 609, 622.
Boczek, H., I. 64.
Bocskorosof („Bundschuhadel"), U., IV. 29. Vgl. Sachregister.
Bodenbach, Bö., I. 404.
Bodendorf, Sbb., III. 588.
Bodensee, B. R., I. 99, 158, 224, 257, 313, 602; II. 19, 141, 250, 267, 392, 531, III. 35.
Bodmann, a'. Bodensee, Schweiz, I. 313, 596.
Bodó, Stephan, III. 669.
Bodon, U., IV. 143.
Bodrog, U., I. 532—534, 543, IV. 249.
Bodwa, Fl. i. U., I. 506, 507, 511.
Bodzau, Paß. Sbb., I. 566.
Bogdanović, Stephan, Wojw. d. Mol=dau, II. 416.
Bögelinseck, Schweiz, II. 250.
Böhm, H., I. 68.
Böhme, H., I. 47.
Böhmen, („Böheim", „Czechy"), I. 7—9, 18—21, 44—46, 85, 96, 104, 114, 152, 210, 212, 284, 286, 287, 375, 380 u. ff., 405, 421, 422, 430, 431, 438, 552, 612, 624, 626, 637, 662, 667, 668, II. 1, 9, 20, 21, 27—29, 31—33, 34—36, 38, 41, 42, 43, 45, 47, 49, 74, 82, 100, 101—103, 115, 123, 16', 162, 164, 166, 167, 169, 171, 202, 205, 209 bis 211, 216—219, 221, 235, 236, 238, 240, 241, 279, 283, 284, 285, 287, 289, 295, 296, 312—316, 320, 321, 328, 347, 359, 360, 363, 365, 371, 372, 377, 382, 398, 400, 408, 409, 412, 416, 417, 419, 422, 423, 443, 444, 446, 450—453, 455, 457, 461, 462, 477, 482, 484, 487, 492, 512, 537, 562, 571, 579, 584, 613, 619, 625, 633, 650, 651, 656, 657, III. 9, 13, 57, 82, 83, 86, 87—89, 90, 92, 95, 96, 97, 100, 101, 103 bis 105, 110, 163, 169, 180, 181, 196, 204, 206, 207, 218, 265, 268, 275, 276, 363, 368, 375—377, 388, 398, 402, 403 408—410, 415, 418, 420, 421, 428, 431, 432, 437, 439, 440, 444, 497, 502, 520, 521, 525, 527, 530, 532, 534, 536, 541, 543, 643, 644, 647, 685, IV. 51, 79, 85, 129, 131, 134, 143, 147, 172, 177, 183, 199, 204, 206, 208, 209, 211, 213, 214, 216, 218, 219, 225 bis 227, 231, 232, 234, 270, 275, 276, 279, 280, 284, 287, 288, 297, 298, 305, 317, 325, 359, 360, 374, 375, 377, 379, 380, 383—385, 392, 393, 399, 405, 409—413, 418, 438, 450, 460, 461, 462, 463, 479, 485, 486, 488, 490, 492, 506, 509, 526, 531, 537, 539, 567, 590, 594, 598, 620, 634, 641, 642, 652, 657; f. auch Agnes, Boleslaw, Borivoj, Bretislaus, Friedrich Georg, Heinrich, Johann, Karl, Ludwig, Maria, Otto, Ottokar, Premysl, Rudolph, Sigismund Korybut, Sobeslaw, Spitignew, Wenzel, Wladislaus, Wladislaw, Wladiwoj, Wlastislaw, Wratislaw — Herrscher von —.
Böhmer, H., I. 74.
Böhmerwald, I. 368, 380, 381.
„Böhmerwald", Gesellschaft zum Löwen vor dem —, oder „Löweler" (1489), II. 479.
Böhmisch=Brod, IV. 280.
Böhmisch=mährische Brüder, II. 398, 408, 412, 416, 417, 443, 446, 447, 448, III. 110, 362, 363. Vgl. b. Sachregister.
Böhmisch=mährisches Grenzgebirge, I. 389, 405, 406, 408.
Böhmisch=Trübau, Verbindungsweg zwischen Bö. & M., I. 389.
Boér (Bory), Ung., III. 604, 605, 607.

Voerebistes, Dafen=Fürst, I. 157, 159, 210.

Voerhave, IV. 468.

Börner, Christoph v., ö. Gl., IV. 19, 42, 658, 682.

Pöschawald, we. T., II. 531, 532.

Pösig, Pö., I. 46, 216.

Pösing (Pozin, Pesinek), U., I. 475, 476, IV. 282.

Pöizörmény, U., I. 540, II. 304.

Böttcher, Victor, Buchdrucker, III. 78.

Pogdan (Dragojch), Wojw. d. Marmaroscher Rumänen, I. 461, 462, 537, 538.

Pogdanowic=Wosnicin, Protop. russ. Potsch., III. 687.

Pogen, bayer. Ad.=Gefchl., I. 295, 341, 367, 375, 382, III. 39, 62.

Pogific, H., I. 70.

Pogislaw, Herzog v. Mecklenburg & Pommern, II. 168.

Pogomil (Jeremias), Gnostiker, II. 87.

Pogomilcen, südslav. Kezerjekte. Vgl. Patareuer, Pataria, II. 87, 180, 181.

Pogomilismus, II. 87, 88. Vgl. Sach=register.

Pogoris, j. Poris.

Poham, franz. Gl., III. 626.

Pohdan (Chmidnicky), Kojakenhetman, III. 560.

Pohnifch, Johanniter, II. 217.

Pohuslavici, Pö., III. 103.

Pohuß, poln. Palt., IV. 343.

Pojadi=Kenn, öst. türk. Convention (1854), IV. 647.

Pojaren i. d. Moldau & Puk., I. 462.

Pojer, I. 210, 233, II. 28.

Pojnik (Pajmocz), U., I. 479, 528.

Pojoarien & Pojoarier, j. Bayern.

Bojoburum. j. Paffau.

Poitzenburg, Mecklenburg, III. 169.

Potaß, Joh. (Pocatius), Dichter, Dipl. & Stadtr. v. Kajchan, III. 360, 364.

Poldogtö, U., III. 239.

Poleslaus (Poleslaw): böhmifche Fürsten: — Hz. v. Pö., I. 291, 401, 452, II. 30, 31, III. 94; — II. „d. fromme", I. 431, 445, 451, 504, 583, II. 30, 31, III. 94, 104, 105;—III. „Rothhaar" o. Graufame, II. 31, 32; — polnifche Fürsten: — „Chrobry", I. 131, 431, 445, 451, 504, II. 31, 66, 68, 69, III. 114: — III. „Schiefmund" (Krzywousti), I. 432, 445, 605, II. 82; — „d. Schamhaftige", Fst. v. Kralau,

o. Hz. v. Kleinpolen, I. 447, 451, II. 43; — v. Mafovien, I. 454; — fchlefifche Fürsten: — Hz. v. Oppeln, I. 428; — j. auch Polfo.

Boleslawa, j. Alt=Bunzlau.

Poleslawa, j. Jung=Bunzlau.

Polko, Hz. v. Oppeln, II. 207; — II. v. Münsterberg, I. 436, III. 86; — v. Schweidnitz & Jauer, Schwiegervater Karl's IV. III. 86.

Pollanden, Joh. v., I. 33.

Bollia (Gipel), Kl. U., I. 229.

Bologna, It., II. 150, 269, 327, 516, 518, III. 174, 255, 263, IV. 573, 611.

Bolognini, ab. Gefchlecht i. der Lomb. IV. 257.

Polondocz, j. Peczko.

Polondvár, j. Peczko.

Polz, ö. Ostindienfahrer, IV. 493.

Polzano, j. Pozen.

Bona della, H., 73.

Bona, Tocht. Joh. Galeazzo Sforza's und b. arragon. Jzabella, Gem. Kg. Sigismund' v. Polen. III. 217.

Bonaparte, j. Napoleon.

Bonac, Marquis, frz. Gefandter, IV. 38, 61.

Bonelli, H., I. 39.

Bonfin, Anton, v. Ascoli, H., I. 10, 49, II. 89, 374, 432, 434, 469, III. 158.

Bongard, j. Baumgarten.

Bongars, H., I. 22.

Bonifaz, VIII. P., II. 18, 20, 96, III. 115; — IX. (Tomacelli) P., II. 199, 207, 211, 213, 214, 217, 235.

Bonifazius=Winfried, I. 263—265, 268.

Bönis, Ungar, Hofm., III. 618.

Bonn a. Rhein, I. 574, III. 684.

Bonneval, Gl. Aler, Gf. v., IV. 81, 112, 141, 233.

Bonnier, frz. Dipl., IV. 578, 579.

Bonomi (Bonomus), Univerfitätslehrer, III. 76.

Bonomo Antonio, Führer d. Aufstand. i. Triest (1468), II. 427; — Peter, P. v. Triest, II. 622.

Bonnonia, j. Widdin.

Bonviji, j. Buonivifi.

Boppard a. Rhein, I. 623, 660.

Bor, Benedikt (Bantban), Pal., II. 89.

Boralt, Sbb. (Borelten), I. 575.

Borberek, Sbb., I. 555.

Boregk, H., I. 8.

Borefch v. Riefenburg, bö. Adelige, — II. 46, III. 105.

Borghese, s. Paul V.

Borghetto, T., I. 304.

Borgia, Karb., III. 482; — franz. Jesuitengeneral, III. 328, 372; — s. auch Alexander VI.

Borgo, Andrea di, it. Dipl., II. 613.

Borgomaynero, Marchese v. —, span. Botsch., III. 646, 655.

Borić, Frh. v., ö. Staatsrath, IV. 304—306, 317, 443.

Boris (Bogoris), Bulgarenfürst, II. 52, 53; — Sohn d. 2. Gemahlin Kg. Koloman's v. Ung., Predslava, I. 612, II. 80—82.

Boriwoj I., Hz. v. Bö., I. 284, 416, II. 29, 30; — II. dsgl., II. 36, 37, III. 105.

Borita v. Martinic, Jaroslaw („Smecansky"), III. 364.

Borke, engl. Dipl., IV. 131; — v. (Borcke), preuß. Gesandter, IV. 161, 174, 179, 189, 191.

Borkovič, Martin, — B. v. Agram, III. 610, 611.

Bormio, s. Worms.

Born, Jg. E. v. — Hofrath, I. 45, IV. 470, 514, 518.

Borna (Borin), Chorwatenführer, I. 278.

Bornemißa, Paul —, III. 226, 281; — Johann, II. 612, 652.

Boros-Jenö (Janopol, Jenopolis), U., I. 550, III. 673, 678, IV. 151.

Borostyánkö, U., I. 476.

Borri Francesco, Alchym. III. 568.

Boromeo, Gräfin Clelia, IV. 257, 258; — Gf. Giovanni, IV. 257.

Borsa, Altwallachische Ansiedlung, U., I. 538, 539.

Borsch, Gf., II. 81.

Borjód, U., I. 506, 507, III. 454, 544, IV. 100, 422.

Borsowa, U., I. 535.

Boruta, Karantanenfürst, I. 267.

Bory, s. Boér.

Borzowa (Borsova), Kl. i. U., I. 534.

Bosau, Sbb., I. 567.

Boskowitz, M., I. 152, 413, 415, 420.

Boskowitz, ici — die, adel. Geschl. i. M., III. 91, 99.

Bosnien (Rama), I. 356, 360, 364, 369, II. 87, 88, 179, 180, 182, 200, 206, 305, 409, 457, 487, 564, 566, III. 117, 118, 147, 308, 310, 332, 670, 671, 674, 678, 683, IV. 119, 140, 299, 348, 366, 457, 532, 570, 598, 656; — s. auch Elisabeth, Johann, Alexander, Kotromanovič, Ostoja, Stephan, „Tomasko" Stephan & Ujlaki Nikl.

Bossut, Kl. i. U., (Slav.), III. 688.

Bossuet, frz. Theol. III. 638.

Böth, III. 158.

Boto, a. d. H. der Pfalzgrafen v. Bay., v. Rotenstein, I. 600, 602.

Botond, sagenh. mag. Heerfürst, II. 59.

Botsko, U., I. 538.

Botta d'Adorno, ö. Dipl., IV. 189, 191, 197, 228, 229, 236, 237, 266, 319.

Bottyan, Feldoberst der ung. Conföderirten, IV. 57, 105.

Botyz, Gf., I. 517, 525.

Bozdorf, U., I. 517.

Botzen, T., s. Bozen.

Boufflers, frz. Gl., IV. 86, 87.

Bouillon, Gottfried v., I. 603.

Boulogne, Frkr., II. 499, IV. 585.

Bouquoi, Gl., III. 453, 454, 462, 487, 488; — bö. Landstand, IV. 417.

Bourbon, Dyn., IV. 8, 41, 42, 83, 88, 101, 159, 181, 198, 225, 234, 235, 257, 266, 279, 295, 296, 326, 560, 626; — Maria v. — III. 641.

Bourges, Frkr., II. 323, 583.

Bourgogne, Frkr., III. 504; — Hz. v. —, IV. 86.

Bourguignon, H., IV. 313, 539.

Bournonville, sj. Gl., III. 578.

Boyer, Schiffsbaumeister, IV. 451.

Bozen (Pons Drusi, Bauzanum, Bolzano), I. 100, 158, 181, 261, 266, 270, 300, 301—303, 306, II. 139, 140, 193, 253, 255, 256, 261, 262, 263, 265, 266, 545, 588, 589, 641, 642, 645, 647, III. 17, 22, 25, 55, 58, 67, 68, IV. 46, 47; — s. auch Otto.

Bozen, Bezirk i. Bö., III. 97.

Bozena, Mutter Bretislaw I. v. Bö., II. 32; — Gattin d. Prag. Dechants & Chronisten Cosmas, III. 104.

Bozetecha, Gem. Wratislaw's I., II. 36.

Bozin, s. Bösing.

Bozzola, R., IV. 80.

Brabant, II. 109, 438, 501, IV. 127, 259.

Braclaw, Gal., I. 450.

Brad, U., I. 175.

Braganza, portug. Dynastie, IV. 13, s. auch Johann.

Bragutz, s. Rocca.

Prahe, Gf., III. 503; — Tycho de — VI. 463.

Brambilla, Leibarzt K. Joseph's II., IV. 510, 510.

Brandeis, Bö., I. 397, 403, II. 449, III. 91, 178; — s. auch Ziska.

Brandenburg, Mark —, I 384, 396, 626, 661, 670, II. 100, 108, 109, 110, 113, 140, 161, 167—169, 202, 205, 217, 239, 240, 322, 323, 350, 358, 400, 406, 419, 444, 448, 478, 516, 537, III. 87, 175, 297, 367 376, 459, 465, 467, 471, 473, 477, 489, 490, 493, 495, 524, 535, 536, 556, 558, 572, 576, 577, 580, 582, 595, 621, 632, 637, 644, 645, 647, 648, 661, 662, IV. 207, 211, 294, 295, 304, 360, 461; s. auch Albrecht, Christian, Friedrich, Friedrich Wilhelm, Georg, Georg Wilhelm, Joachim, Ludwig, Mainhard, Otto, Sophie, Woldemar; — =Anspach, II. 379; — s. auch Georg, Johann, Liechtenstein; — =Bayreuth, III. 212; — =Hohen= zollern, III. 176, 436; — Kulm= bach, s. Adalbert; — =Preußen III. 405, 440, 621, 644—646, 682, 686, 687, IV. 177.

Brandis, Gf. Fr. Ad. v., H., I. 13, 31, 32; — Jak. And., Frh. v.—, I. 31; — Klem. Gf., H., I. 74; — Ludwig v., II. 529; — Niklas v. —, II. 532; — N. v. —, IV. 47, 48.

Brandl, H., I. 64, 65.

Brandolini, L., III. 159.

Brandseisen, M., I. 408.

Branicki, poln. Magnat, IV. 334, 335.

Branisko=Sattel, U., I. 529.

Branitscheween, Serbenstamm, I. 278.

Branitzowa, U., II. 84, 85.

Brankowan wallach. Woyw., III. 675—677.

Brankowić, altserb. Fürsten=Familie, III. 673; — Vk., II. 182, 206; — Georg, I. 540, II. 304, 316, 339,—341, 345—347, 369, 370, 375, III. 117; — Katharina, Gem. Gf. Ulrich's II. v. Cilli, II. 178; — Georg, angebl. Abk. des Fürsten= geschl., 672 -674; — dessen Ver= wandten: — Anton, III. 677; — Jakob, III. 677; — Johann, III. 673; — Paul, III. 677.

Branovici, III. 103.

Bransdorf, Schles., I. 425.

Brasilien, IV. 616.

Brassó (Bárcgosag) Sbb., 565, 566, 569; s. auch Burzenland=Kronstadt.

Brassóvar, Brassovia=Burg, Sbb., s. Kronstadt.

Bratketici, Bö., III. 103.

Brattia (Brazza) Insel, Dalm., I. 154. 355, 359, 361, II. 178, 283, III. 144.

Braun v. Olmütz, s. Bruno.

Braunau, Bö., I. 388, 397, III. 408, 410; — Abt v. — s. Rautenstrauch; — Bay., 79, 360, 362.

Brauner, bö. Plt., IV. 641.

Bräunlich, mähr. Fabrikant, IV. 492.

Braunsberg, M., I. 415, III. 90, 92.

Braunschweig, II. 516, III. 297, 440, 467, 521, 661, IV. 79, 80, 524; s. auch Amalia, Anna Karlowna, Christian, Erich, Ernst August, Ferdi= nand, Georg Ludwig, Heinrich, Hein= rich Julius, Johann, Katharina, Ludwig & Otto; — Bevern, Hz. v., IV. 116; — =Grubenhagen, s. Otto; — =Lüneburg, III. 661, IV. 74; s. auch Magnus; — =Wolfenbüttel, s. Elise.

Braunseisen, M., I. 408.

Brazlaw (Brazlawo), panon. Slaven= fürst, I. 285, 287, 289, 333.

Brazza, s. Brattia.

Brebir (Bribir, Breberio), kroat. Adels= Geschl., I. 357, 359, 360, II. 94, 95, 177, 178, III. 43.

Breda, Congreß i. — , IV. 236, 237.

Brebeczly, H., I. 51.

Bregenz (Brigantia), V. A., I. 158, 161, 184, 196, 197, 257, 312, 313, 315, II. 251, 252, 381, 530, 621, III. 68, 532, IV. 398; — die v. — (mittelalterl. Geschlecht i. V. A.), I. 240; — =Pfullendorf, Grafen v. —, I. 313, 314, 602; s. auch Ida.

Bregenzer=Ache, V. A., I. 312.

Brengenzerspitz, I. 314.

Bregenzerwald, V. A., I. 312, 314, 315, II. 189, 251, 267, 381, 531.

Bregetio (Brigetio, O. Szöny), U., I. 172, 185, 188, 223, 224.

Breinlingen, Breisgau, III. 538.

Breisach a'. Rhein, II. 189, 440, III. 520, 537, 686, IV. 51.

Breisgau, I. 380, 472, 475, 621, II. 19. 189, 264, 634, III. 13, 508, 538, IV. 227, 392, 398, 560, 581, 583, 586,

Breitenfeld b. Leipzig, III. 478, Schl. b., III. 481, 487, 525.
Bremen, III. 440, 519.
Brendelin, v. Rodna, I. 560, 561.
Brenner, Martin, B. v. Seckau, III. 334, 341, 344; — N., Zipser Titularpropst, IV. 105.
Brenner, Berg i. T., I. 144, 158, 164, 304, IV. 46, 47; — =Straße, I. 300, 304, 305, 309, III. 67, 68, 214; — =Thal, I. 305.
Brenta, Fl., II. 146, 553.
Brentingen, IV. 586.
Brentonico, T., I. 303, II. 552, 555, IV. 398.
Brequin, Joh., Oberstlieutenant, Phys. IV. 312, 314.
Breoner (Brionen) oder Brennen, rhätischer Volksstamm, I. 230, 239, 262, 307, 317.
Brescia (Briria), It., I. 163, II. 145, 220, 324, 549, 554.
Breslau (Bretislawa, Wratislawa), Schles. Stadt, I. 426, 431, 432, 648, II. 43, 235, 315, 365, 371, 401, 408, 410, 415, 420, 421, 423, 452, 459, III. 92, 93, 106, 137, 155, 183, 415, 430, 437, 442, 443, 489, 537, IV. 190, 193, 201, 215, 216, 251, 286, 293, 414, 420, 433, 584; s. a. Heinrich u. Z. 21; — Bisthum, I. 431, 432, 433, 437, II. 162, III. 86, IV. 190; Bischöfe: s. Franz Ludwig, Gerstemann, Joseph, Karl Ferdinand, Rautter, Rudolph v. Rüdesheim, Schafgotsch, Thurzó Joh.; — (Aebte & Pröbste) s. Binzenz, Cyrus, Düster.
Presil, ö. Abg. & Min., IV. 643.
Bretagne, II. 557; s. Anna & Franz.
Breteuil, frz. Botsch., IV. 359, 362, 567.
Brethel, Jacques v. Crémonville; — s. Crémonville.
Bretislaw I., „d. böhm. Achill", — Hz. v. Bö., I. 401, 417, 418, 420, 431, II. 32—34, 69, III. 105; — II. ebenfalls Hz. v. Böhmen (Sohn Wratislaus' I.), I. 418, 437, II. 36, III. 105; — Heinrich, s. Heinr., Theilfürst v. Lundenburg, II. 39.
Bretislawa, s. Breslau.
Breuner, Philipp, Ferdinand's I., Rath, III. 184; — N., III. 510; — tf. Oberst, III. 413, 450, 486, 497, 498; Sigfried v. —, adlatus b. Karb.=Bisch. v. Olmütz, III. 441;

— Ferdinand, Gf., III. 611, 633; — Sigfried, Gf. v., Hofkammer-Vice-Präs., III. 680, IV. 25; — Gf., Staatsmann, IV. 266; — Gf., IV. 397.
Brewnow, Bö., I. 402, 420, III. 103.
Brezina, M., I. 420.
Brezina (Brezowa), Laurentius, böhm. Chronist, II. 290, III. 109.
Brezisburg, s. Preßburg.
Brezna, U., IV. 39.
Breznic, Bö., I. 382, Schloß, III. 260.
Brezno, s. Bries.
Brezowa, s. Brezina.
Brido (Wartha), poln. Grenzfeste, I. 437, 438.
Brieg, Schles., I. 432, III. 86, 93, 443, 537, 583, IV. 190, 191, 193, 195, 420.
Brienne, s. Jolanthe.
Bries (Brezno), U., I. 108, 484, 488.
Brigantia (Pregantia), s. Bregenz.
Brigido, Adelsfamilie i. Triest, IV. 409.
Brihuega, Sp., IV. 89.
Brims, Bö., I. 395.
Brinje, s. Frangepani.
Brinje, s. Pründl.
Brisen, M., I. 105.
Brissa, B. v. Triest, I. 351.
Brissot, Girondist, IV. 566.
Britia, U., I. 483.
„Britten", Söldnerschaar, II. 190.
Brixen, T., Stadt, I. 305, 306, 394, 519, 599, 600, 619, 641, 642 bis 645, II. 125, 140, 151, 255, 266, 366, 384, 589, 645, III. 25, 67, 68; — Bisthum — II. 15, 141, 146, 238, 253, 255, 260, 261, 302, 310, 317, 322, 326, 327, 330, 335, 341—343, 393, 418, 479, 505, 584, 594, 641, 644, 647; III. 10, 11, 13, 21, 25, 39, 44, 55, 58, 67, 68, IV. 47, 397, 398, 399, 583; (Bischöfe) s. auch Albwin, Altwin, Bruno, Bückelsburg Berthold v., Guta Nittas, Golier, Heinrich, Hugo, Rottel Joh., Sprenz, Stämpfl, Ulrich, Welsberg, Wiesmayr.
Brixenthal, It., I. 316, II. 637.
Briria, s. Brescia.
Brod, Böhmisch=, IV. 280, 284; — Bosnisch=, III. 688; — Kroatisch=, I. 364; — Ungarisch=, III. 91.
Brobarics, H.; B. v. Syrmien, I. 12; II. 656, III. 184, 199.

Probfeld (Kenyermezö), Sbb., I. 574, II. 466.

Probsdorf= Unter (Al Kenyér), Sbb. I. 574.

Brody, Gal., I. 443, 453, IV. 351, 598.

Pröbslein, Wiedertäufer, II. 633.

Broglie, frz. Gf., IV. 133, 209, 210, 214, 216, 217, 220, 287, 294, 295.

Bronchier Banat, U., I. 544.

Bróod, Grenzbezirk, IV. 423.

Broos (Varas), Sbb., I. 572—575, II. 416.

Brossel, Baron, holländ. Dipl., IV. 238.

Browne de Camus Ulysses, Gf. Maximus, F. M., IV. 160, 175, 193, 214, 235, 236, 275, 276, 280, 282—284.

Bruay, Gf., F. M., III. 527.

Bruchsal, IV. 134.

Bruck, ö. Min., IV. 646—649.

Bruck a'. Lejtha, N. Oe., II. 115, 225, 262, 271, 388, 469, III. 466; — a'. Mur, St., I. 168, 328, 330, II. 14, 15, 31, 273, 357, 600, 616, III. 23, 31, 45, 57, 66, 311, 332, 334, 336, 337— 339; — i. d. Schweiz, II. 260.

Bruckenthal, Frh. v., siebenbürg. Gouv. 2c., IV. 306, 481, 551.

Brucla, s. Nagy=Enyed.

Bruderholz b. Dorneck, Schweiz, II. 530.

Brügge, II. 478, 499, 500, 503, 504, 557, IV. 87, 234.

Brühl, die — b. Wien, I. 372.

Brühl, sächs. Staatsmin., I. 528, IV. 195, 196, 270, 273; — Karl Adolph, dessen Sohn, I. 528.

Brünn (Brinn ["Furt", oder "Lehm"] Bruna, Brno), M., I. 103, 105, 407—409, 419, 422, II. 31, 44, 138, 175, 284, 300, 301, 361, 401, 403, 415, 418, 453, III. 57, 68, 90, 91, 96, 97, 101, 102, 109, 111, 183, 265, 367, 440, 442, 526, 529, 540, IV. 213, 282, 311, 380, 413, 419, 453, 460, 470, 492, 510, 518, 585, 586, 604, s. auch Blarer, Konrad, Konrad Otto & Ulrich.

Brüsau, M., I. 397, 413.

Brüssel, II. 500, 525, 555, 571, 620 bis 622, III. 466, 611, IV. 11, 41, 52, 87, 98, 127, 234, 235, 259, 262, 522, 534, 535, 536, 553.

Brür (Most), Bö., I. 394, II. 292, 294, III. 91, 97, 478; s. a. Guévin.

Brugg a. d. Aar, II. 22.

Bulart, frz. Gef., III. 472.

Brumow, M., I. 416, 480.

Brun, P. v. Augsburg, II. 68.

Brune, frz. Gf., IV. 581.

Brunecken, T., I. 306, II. 253, 331, 395, 643, 648, III. 67.

Brunhilde, „d. schöne", Wiener Bürgersfrau, I. 621.

Brunnen, Schweiz, II. 121.

Brunner, H., Rechtshist. Z. 3.

Bruno (Braun), B. v. Olmütz, I. 413, 415, 423, 426, 645, 647—650, 653, 662, 666, II. 47, III. 92, 96; — B. v. Brixen, III. 21.

Brunoro, s. Scala.

Bruns, Robert, Bürgermeister v. Zürich, II. 131.

Brunszvik, Anton, kg. u. Protonotar, IV. 255.

Brunthal, s. Freudenthal.

Brus, Anton, Eb. v. Prag III. 256.

Brussa, Kleinasien, II. 182.

Bruto (Brutus), Michael, H., I. 10, III. 282.

de Bry, Jean, frz. Dipl., IV. 578, 579.

Brzesc, Gal., I. 454.

Brzezan, Gal., I. 457.

Bubek, Emerich, s. Bebek.

Bubna, Gf., III. 376, 377, 411, IV. 597, 606.

Buccari, kro. Küstenhafen, I. 354, III. 394, 621, IV. 423, 457.

Bucelin, fränk. Heerführer, I. 237.

Bucelini, Gf., Julius, III. 632, IV. 16, 17, 21, 25, 43, 59, 75.

Bucer, Kalvinist, III. 205.

Buchenegg, T., I. 311.

Buchenstein, T., I. 304, II. 146, 394.

Buchheim, Gf., B. v. Wiener=Neustadt. III. 638.

Buchholz, H., I. 71.

Buchhorn, Otto, Gf. v., I. 603.

Buda, s. Ofen.

Budai, H., I. 65.

Budamér, Lavernifus v. U., I. 653.

Budaschti, Kro., III. 332.

Budějowice, s. Budweis.

Budin, Bö., I. 404, IV. 275, 276; — (Wibbin) i. U., II. 67, 180, 182, 207.

Budissin (Bautzen), I. 387, II. 161, 166, 167; s. auch Bautzen.

Budiwoj v. Krumau, II. 46.

Budowa, bö. Plt., III. 420.
Budowec v. Budowa, Wenzel, III. 363, 376, 377, 411, 436, 437.
Budrio, II. 554.
Budua (Butua), Dalm., I. 162, 358, III. 146.
Budweis (Budějowice), Bö., I. 103, 105, 367, 380, 390, 391, 400, II. 20, 144, 148, 210, 284, III. 68, 101, 102, 416, 418, 439, 499, 535, IV. 405, 410, 417.
Budwitz, M., III. 91.
Bückelsburg, Berthold v., B. v. Briren, II. 266.
Bübinger, H., I. 61, 68, 71, 75.
Büdös Hegy (Stinkberg, Schwefelberg), Sbb., I. 96, 567.
Büff-Gebirge, U., I. 506.
Bünau, sächsischer Ges., IV. 174.
Büren, Mar, Gs., v., III. 203.
Bür- oder Föhrenwald, U., I. 475.
Bürglitz (Křiwoklát, Hrádek), Burgeleis, Bürgelin, Bö., II. 113, III. 260, 274.
Burtenbach, s. Schärtlein.
Bug, Fl. i. Gal., I. 94, 415, 451, 452; — Fl. i. Ruß., IV. 255.
Buje, Jst., I. 350, II. 159.
Bujukdere, Türk., IV. 120.
Bukowaczky, Hofmeister Zrinyi's, III. 608, 609, 611.
Bukowané, III. 103.
Bukowina, I. 107, 442, 443, 459, 462, 463, 537, 551, II. 62, IV. 352, 364—366, 438, 490, 517.
Buku (Berg), Bu., I. 460.
Bukurescht (Butarest), III. 306, IV. 117, 142, 532; — Wojw. in — s. auch Constantin.
Bulciu, jagenhafter, magyar. Heerfürst, II. 59, 60.
Bulgaren (Volk), I. 238, 251, 253, 275, 278, 279, 540, 548, 555, 570, II. 31, 52, 54, 55, 58, 59, 65, 68, 76, 87, 88, 179, 180, 182, III. 149, 306.
Bulgarien, II. 180, 182, 206, 207, 311, IV. 119, 142; s. auch Vela.
Bulsker, Zupe, s. Kamenac.
Bundschuhthal, k., I. 319.
Bunzlau, s. Alt- und Jung-Bunzlau.
Bunzlauer, s. Brüdergemeinde, böhm. Sachregister.
Bunzlauer Kreis, Bö., III. 542, 644, IV. 409.

Buol, v., ö. Hofrath, IV. 124, 145.
Buol-Schauenstein, ö. Min., IV. 645 bis 647.
Buonconvento, It., II. 108.
Buonivisi (Bonvisi), päpstl. Nuntius, III. 636, 671.
Buren, (Bölterschaft), I. 216, 219.
Burgau, (Gsschft., II. 189, III. 508, IV. 94, 136, 398, 586.
Burgdorf, s. Bari.
Burgeleis & Bürgelin, s. Kriwoklat.
Burghausen, Bö., I. 170, II. 535, 536, 640, IV. 79; — Grafen v. — III. 53; — -Schala, adel. Geschl., I. 295.
Burgius, päpstlicher Ges., II. 654.
Burglechner v. Thierburg, H., I. 30, 31.
Burgmaier, Hanns, Künstler, II. 602.
Burgos, Sp. II. 558.
Burgsdorf, Gl., III. 489.
Burgstall, Volkmar v. —, t. Abeliger, II. 128.
Burgstaller, Moritz, ö. Botsch., II. 573.
Burgund, I. 235, 657, II. 22, 208, 253, 260, 344, 421, 438, 490, 492, 498, 499, 501, 502, 504, 506, 507 bis 510, 522, 544, 557, 572, 574, 580, 584, 600, III. 662, IV. 523; s. auch Karl, Maria, Philipp.
Burgus a. d. Donau, I. 227.
Barian, s. Berta.
Burkhard v. Weißpriach, Eb. v. S., II. 159.
Burius, ung. Protest., III. 561.
Burkersdorf b. Wien, I. 227; — Schles., Tr. b. — IV. 231, 297, 298; s. auch Sohr.
Burleigh, s. Cecil.
Burmania, holländ. Ges., IV. 197.
Burrinava, s. Nyunit.
Burzen, Fl., Sbb., I. 566.
Burzenland (Wurzenland) (oder Gebiet von Brassó, Kronstadt), Sbb., I. 176, 551, 565—569, 573, II. 65, 91, 278, 304, 416, III. 124, 125, 153, 155, 219, 238, 283, 585, 677, IV. 423; — s. auch Brassó & Kronstadt.
Burzukow, Bu., I. 460.
Busbek, Auger, Gislen v., III. 234.
Büschin, ö. Hofrath, IV. 545.
Busilla, Gem. Kg. Koloman's v. U., II. 79, 80.
Buśk a. Bug, Gal., I. 452, 453, 457.
Busin, s. Rabutin.
Pute, engl. Min., IV. 293, 296.

Butler, Walter, Berth. v. Frankfurt a'. d. Oder, III. 499.
Butua, s. Budua.
Buturlin, ruß. Heerführer, IV. 294.
Buzeo, Fl. i. d. Wallachei, I. 225.
Buzici, bö. Geschl., III. 99.
Buzinka b. Kaschau, U., III. 622.
Pybdzow, Bö., I. 395, IV. 410.
Byhor, s. Bihar.
Byng, engl. Adm., IV. 111.

Byrrus (Rienz), Fl. i. T., I. 239.
Bytow, s. Beuthen.
Bytow, s. Böttau.
Byzanz (oder Ostrom), I. 234, 235, 236, 249, 251, 253, II. 53, 60 bis 62, 65—68, 72, 73, 75—79, 81, 82, 84, 85, 180, 181, 341, 368, 438, III. 114, 118, 145, 152.
Bzence, s. Bisenz.

C,

siehe bei **K.**

D.

Dabiša Stephan, a. d. Hause Kotromanović, II. 205.
Dabrowka=Deutsch, s. deutsch=Dabrowka.
Dachau, (= und Andechs), Grafen v. — „Herzoge v. Meranien", — I. 363; s. auch Andechs; — alt=bayr. Geschl., I. 608; — Ort in Bay., III. 534.
Dachauer, ö. Adeliger, II. 458.
Dachstein, Gebirge, St., I. 328.
Dacia (Dacien), I. 174, 200, 218, 222, 224, 225, 238, 552, II. 59, 62, 64, 65, IV. 529; Z. 6 s. auch Siebenbürgen.
Dadel v. Utrecht, s. Adrian, VI.
Dänemark, III. 404, 420, 450, 464, 465, 467, 468, 472, 504, 520, 521, 526, 530, 558, 572, 594, 647, 661, IV. 21, 51, 65, 74, 80, 149, 196, 216, 221, 279, 287, 292, 528, 611, 616, 637, 651, 653; s. auch Christian, Erich, Friedrich, Jakob.
Däsitiates, dalmat. Zehendschaft i. d. röm. Zeit, I. 162.
Dagobert, Franken-Kg., I. 251, 253, 258.
Daiser, Karl, Frh. v. Sylbach, öst. Staatsmann, IV. 568, 584.
Dako-Romanen, Volksstamm, I. 577, II. 62—65. Z. 14.
Dalberg, K. v., Fst.=Primas & Kf. i. Mainz, IV. 591; — frz. Botsch., IV. 611.
Dalemincier (Glomacer), Slavenstamm, I. 385, 386.
Dalešici, Bö., III. 103.
Dalimil, Reim=Chronist, II. 28, 44, III. 105.
Dallos Nikolaus, B. v. Raab, III. 513.
Dalmaten, I. 154; dalm. Slav. 117, 210.

Dalmatien, I. 28, 53, 69, 162, 177 184, 235, 236, 255, 272, 273, 352, 355—361, 363, II. 75—79, 81, 84, 85, 87, 177 bis 180, 200, 202, 204, 205, 207, 213, 214, 215, 280, 282, 323, 369, 517, 544, 548, III. 116, 117, 142—147, 155, 200, 603, 610, 671, 678, 687, IV. 119, 581, 586, 603, 611, 643. Z. 5.
Dalmatin Georg, III. 249.
Dalmion (Delminion), Dalm., I. 151.
Damasia (?), Stadt der Litater (Lechanwohner), Bay., I. 161.
Damiette, I. 619.
Damitz, Berth. v. Freiburg i. Breisgau, IV. 227.
Dampierre, Duval, Gf. v. — Gl., III. 395, 413, 415, 416, 419, 421, 422, 429, 461, 488.
Damüls, B. A., III. 26.
Dan, Ban v. Zeurin, II. 206, 304; — wallach. Bojaren=Geschl., II. 334.
Dandolo, venetianischer Chronist, II. 79.
Daniel („König"), Fst. v. Halitsch, I. 453; — B. v. Prag, II. 40.
San Daniele, II. 144, 148.
Danilo, Fst. v. Montenegro, IV. 649.
Danišjócz (b. Diensdorf), U., I. 529.
Dankelmann, Gottfried, preuß. Dipl., III. 679, IV. 149.
Dante, Dichter, II. 1, 48, 107.
Danzig (? Waidberg), Schl., I. 423; — Preußen, III. 440, IV. 38, 56, 114, 341, 345.
Daraus (Draas), Sbb., I. 572.
Dardanellen=Straße, II. 341.
Dardanien, I. 162.
Darnley, Gemahl der Kg. Maria Stuart, III. 261.

Darócz (Trawec), U., I. 516, III. 383.
Daruy, frz. Intendant, IV. 604.
Daſko, ſ. Adlerberg.
Daun (Thaun), Gf. Wirich, Ph., Lor. v. — III. 658, IV. 19, 81—84, 111, 115, 128, 133, 161, 280; — ö. Gl. u. ſ. S. Gf. Leopold Joſeph, v. Thiano, dsgl., IV. 230, 280, 281, 284—289, 291—295, 297, 304, 309, 315, 324.
Dauphiné, Frkr., IV. 88.
Davanza, Girolamo, Schiffsbaumeiſter, IV. 451.
David, Karl, IV. 218.
Davidis, Franz, Klauſenburger Pfarrer, III. 240.
Davidovich, ö. Gl., IV. 571.
Davos, Schweiz, I. 311, II. 268, 472.
Dawle, Bö., I. 400.
Deák, Ad. Geſchl. i. U., III. 303; — Kuruzzenführer, III. 662; Franz, u. Staatsm., IV. 642, 643, 655, 656.
Deblin, M., I. 408.
Debreczin, U., I. 541, II. 281, 304, III. 236, 239, 287, 388, IV. 56, 99, 106, 421, 431, 643, 645.
Debrö, Stephan v., Beſitzer v. Tokaj, I. 53; — u. Magnaten-Geſchl., II. 214.
Dečin, ſ. Tetſchen.
Decius, röm. Kaiſer, I. 221, 224. — ſ. Déſen.
Decko, ſ. Tetſchen.
Dečin (Decius), H., I. 12.
Dedojer, ſlav. Volkſtamm, I. 388.
Dées, Sbb., I. 176, 558, III. 138, IV. 427; — Akna, Sbb., I. 558.
Deglmann, Gf. —, IV. 481.
Deighman, ö. Vice-Adm., IV. 451.
Defebalus (Dakerfürſt), I. 159.
Deflan, Gefährte Virgil's, P. v. S., I. 268.
Delatyn, Gal., I. 458.
Delavigne, Botſch., III. 233.
Delbinaki, Albanien, I. 154.
Delbino, Albanien, I. 154.
Delfino, Zaccaria, III. 256.
Dellazia, ö. Großhändler, IV. 493.
Delminion, ſ. Dalmion.
Delminium, ſ. Gardun.
Delmitauer, Concil, I. 277.
Demeradt, Franz v., ö. Dipl., IV. 189.
Demetrius, kroat. 2c., I. 529; — (Zwonimir), II. 78, III. 116.
Demuth, H., I. 64.
Denain, N.-L., IV. 93.

Dendremonde, N.-L., IV. 234.
Dencia (?), Land a. Kaipiſee, II. 57.
Denis, J. M. — Schſtſt., IV. 471, 516, 518.
Denisdorf, U., I. 526.
Dent, Wiedertäuſer, II. 633.
Depreur, Dipl., III. 453.
Deregnyey, III. 281.
Derendingen i. Würtemberg, III. 248.
Derencſén, Burg i. U., I. 509.
Dereszowa-Berg, U., I. 520.
Dereczley Demetrius, III. 236.
Dernis, Dalm., I. 356.
Derfflinger, brandenb. Gl., III. 665.
Derſſy, u. Magnat, III. 355.
Deſair, frz. Gl., IV. 580.
DeSalleurs, frz. Botſch., IV. 68, 97, 100.
Deſiderius, Longobarden-Kg., I. 265.
Deſnic (Teſchenitz), Veronika, II. 277, 278.
Deſſau, Stadt, III. 175; Schl. b. — III. 487; — Leopold Fſt. v., Gl. IV. 52, 82, 90, 192, 215.
Detrekó, ſ. Blaſenſtein.
Dettin, Grenz-Capitän, IV. 117.
Dettingen, i. Würtemberg, IV. 221.
Detunata (rumän.: „die Verdonnerte") Berg i. Sbb., I. 95, 556.
Deutſch-Altenburg, I. 198, 373.
Deutſch-Banater-Militärgrenze, I. 544.
Deutſch-Bicsyze, Gal., I. 448.
Deutſch-Brod, Bö., I. 103, 389, 398, 411, II. 292, 450, 451, III. 92, 368; — Andreas v. —, II. 242; — Michael v. —, II. 242, 245.
Deutſch-Chelmiec, Gal., I. 448.
Deutſch-Dábrowka, Gal., I. 448.
Deutſchendorf, ſ. Nemetfalu; — ſ. Poprad; — (Poříč), ſ. Prag.
Deutſch-Gablonz, Bö., I. 395.
Deutſch-Golkowice, Gal., I. 448.
Deutſchland (deutſch. Reich, deutſcher Bund), I. 442, 547, II. 60, 61, 70, 74, 75, 162, 169, 208, 238, 243, 319, 321—325, 370, 421 477, 517, 523, 545, 561, 562, 577 580, 682—585, 587, 618, 629, 649 III. 8, 11—13, 21, 42, 73, 82, 114, 170, 174, 175, 192, 197, 202, 203, 208, 210, 211, 215, 232, 279, 285, 585, 594, 604, 605, 638, 653, 658—660, 662, 672, 685, IV. 10, 43—45, 51, 52, 73, 77, 79, 82, 87, 126, 134, 147, 188, 232, 273, 276, 285, 286, 294, 295, 298, 304, 311,

357, 359, 361, 366, 375, 385, 525—528, 553, 559, 560, 573, 574, 578, 580, 581, 583, 586, 591, 594, 602, 606, 607, 611, 613, 617, 620, 622, 623, 626, 634, 645; — dtſche. Kaiſer & Könige, ſ. Adolph, Albrecht, Ferdinand, Franz, Friedrich, Heinrich, Joſeph, Carl, Konrad, Leopold, Lothar, Ludwig, Marimilian, Otto, Rudolph, Ruprecht, Sigismund, Wenzel.

Deutſchlandsberg, St., I. 335, II. 14.

„Deutſch"-Lipče (magy. Nemet-Lipce, ſl. Nemecká-Lipče), U., I. 483.

Deutſch-Lugoſch, ſ. Lugoſch.

Deutſch-Metz, J., I. 100.

Deutſch-Reuburg, ſ. Német-Ujvár.

Deutſch-Reutirch, preuß. Schleſ., I. 427.

Deutſch-Pawlowitz, Schleſ., I. 423.

Deutſch-Pilſen (magy. Böröny), U., I. 488.

Deutſch-Praben (Prona, ſl. Prowna), U., I. 479.

Deutſch-Ruth, Gz., I. 102.

Déva, Sbb., I. 176, 565, 576, III. 664, 668, 669.

Deverour, Wallenſtein's Mörder, III. 500.

Dewina, ſ. Theben.

Dewir, ſ. Gyula.

Deym, Gf., bö. Landſtand, IV. 641.

Deziewſſy, Deziöſſi, u. Magnat, III. 355, Gf. Aurel, ung. Staatsm., IV. 641.

Dhaun, ſ. Daun.

Diakovar, Slav., II. 203.

Diakovič, Iſaias. B. v. Jenopolis zu Boros Jenö, III. 677, IV. 154.

Dieburg b. Frankfurt a. Main, I. 660.

Diedenhofen. Pfalztag zu — I. 273.

Diedo, venetian. Dipl., IV. 247.

Diensdorf, ſ. Daniſſócz.

Dienzenhofer, Chriſtoph & Kilian, Architelten, IV. 465.

Diepold v. Vohburg-Chamb., I. 392.

Diepoldsreut, Bö, I. 392.

Diericke, IV. 291.

Dieſtau, Otto v., - - auf Finſterwalde, III. 222.

Dieſſenhofen, Stadt i. d. Schweiz, II. 117, 137, 395.

Dieſſenhofen, Heinrich von, Truchſeß v., II. 137.

Dietenheim, Schwaben, III. 311.

Dietenhof, I. 346.

Dietfurt, Bay., IV. 79.

Dietho v. Ravensburg, I. 392.

Dietrich v. Magdeburg, Eb., II. 167; Eb. von Mainz, II. 404—406; — Künſtler, III. 107.

Dietrichsburg, Dietrichſtein, ſ. Törzburg.

Dietrichſtein, Adels-Geſchl., Frh., Gfn., u. ſ. 1629 Reichsfürſten (in 2 Linien), I. 421, IV. 398; — Adam, Frhr. v. —, III. 269; — Andreas v. —, II. 427, 428; — Franz, Karb.-Eb. v. Olmütz, III. 359, 363, 367, 368, 412, 433, 442, 454, 510, 538, 553; Frz. Joſ., Fſt., IV. 582; — Friedrich, Fſt. v. —, IV. 25, 75; — Gundaker, Graf (ſeit 1684 Fſt.) v. —, III. 566; — (Joh. Karl, Fſt. v., Sohn d. Fſtn. K. M. Ph.), ö. Botſchafter, IV. 317, — Gf., Freimaurer, IV. 515; — Karl Max Philipp, Fſt. v. —, IV. 244, 265; — Marimilian, Fürſt v. —, III. 553, 556, 633; — Philipp, Gf. v. —, IV. 75; — Sigismund v. —, III. 363; — Sigmund, Frh. v. —, II. 598, 599, 607, 615, 617, 638, 639, III. 181, 246, 263, 264, 266.

Dietrichſtein (Detrekkö), ſ. Blaſenſtein.

Dietz, preuß. Botſch., IV. 530, 539.

Dignano, Iſtr., I. 350, 351, II. 159.

Dijon, Frkr., II. 192, IV. 612.

Dilln (Bela-Banya, d. „weiße" Grube), I. 486, 488.

Dimits, H., I. 73.

Dingolſing, Bay., I. 269.

Dini, Karb., IV. 503.

Dio Caſſius, I. 219.

Dioclea, Dal., I. 184, 277, 360.

Diocletian, r. Kj., I. 162, 165, 170, 177, 184, 222, 240.

Diodati, Giulio, ſj. Gſl., III. 487, 499.

Diogenes, ſ. Romanos.

Diotlilia, ſ. Zeta.

Dionys, Wojw. v. Sbb., II. 182; — u. Hofrichter, II. 91.

Diós-Györ, Burg i. U., I. 507.

Diószeg, U., III. 227.

Dipauli, Frh. v., H., I. 74.

Diepolt (Theobald) II. [Premyslide], Theiln. v. Gyrndin, II. 38, 39, 41; — III. dgl., II. 40, 41; — -icen (Theobalde), Geſchl., I. 397.

Dippoldswalde, Sachſen, I. 386.

Dirzislaw, tro., Groß-Zupan, II. 77.

Diſentis, Schweiz, II. 119, 250, 268.

Diffiboden a. Rh,, Annalen v. — II. 37.

Dißnajó, Sbb., I. 559.

Ditiones. Dalm., Volksschaft, I. 162.
Tiwisow (Sternberg), m. Ab.-Geschl., III. 99.
Tiwisch, s. Cernim.
Tiwisch Prokop., Erfinder des ersten Blitzableiters, IV. 517.
Dlugoich (Dlugos), Johann, poln. Geschichr., I. 449, 454, 463, II. 314, 399, 420, 423, 431, III. 152.
Dniepr, Fl., II. 573, IV. 255, 367.
Dniester, Fl., I. 94, 142, 143, 442, 443, 452, 454, 457, 459, 463, 464, II. 52, IV. 351.
Dobblhof, ö. Min., IV. 642.
Dobba (Luti). Weih-B., & Abt von Chiemsee, I. 268.
Dobersdorf, Schlei., I. 425.
Dobner, H., I. 44.
Dobó, jbb. Magnaten-Geschlecht, III. 238; — Franz, III. 235; — Stephan, Wojw. v. Sbb., III. 233, 281.
Doboi, Bosnien, III. 688.
Doboka, Sbb., I. 553, 558, 569, 577.
Dobra, Fl., Kro., I. 364; — D. De., I. 368.
Dobraniwa (Dobronya) U., I. 488.
Dobrapaß, Sbb., I. 551.
Dobratich, Berg i. K., I. 95, 102.
Dobronya, s. Dobraniwa.
Dobrotič, Dalm., I. 182.
Dobrowsky (Donbrawsky), Philol. u. H., I. 45, 46, 62, 211.
Dobrubscha, II. 53, IV. 647, 649.
Dobschina, s. Dopschau.
Döczy, Susanne, III. 626; — Urban, III. 159, 198.
Döffing, ö. Mil., IV. 214.
Döllach, K., I. 102, 320, 321.
Dörfelmeier, H., I. 21.
Dörnberg, s. Thernberg.
Döschua, M., I. 105.
Dohm, pr. Dipl., IV. 364.
Dohna, Achaz v. —, pfälz. Dipl., III. 116, 420; — Christoph v. —, III. 109, 416, 423; — Hanibal v. , III. 443.
Dolabella, P. —, I. 162.
Doleni, Kro., I. 359.
Dolfin, venet. Botsch., IV. 90, 449.
Dolgoruli, russ. Ges. IV. 524.
Dolha, U., IV. 39, 55.
Domaboriti, III. 103.
Domalbus, Gf. v. Sebenico, II. 89.
Domaniß, Bö., I. 152.
Domaslaw, Slaven-Fst. I. 496.
Domažlice, s. Tauß.

Dombro, Kro., III. 186.
Dominikaner, geistl. Orden, III. 69, 329, 434, 637.
Dominikus, Römer, I. 263.
Domitian, röm. Ks., I. 215.
Domleschg, Schweiz, II. 249.
Domstadtl, M., IV. 288.
Don, Fl., Rußl., I. 221, II. 52, 57.
Donatiberg, St., I. 334.
Donatus, B. v. Zara, I. 272.
Donau, Fl., I. 85, 92, 143 145, 151, 158, 159, 163, 171, 180, 220, 222, 224, 260, 274, 275, 338, 365, 366, 369, 371, 373—375, 382, 442, 461, 473, 474, 483, 497, 500, 548, 571, 578, 584, 590, 609, 665, II. 8, 19, 22, 52, 54, 58, 81, 82, 83, 87, 110, 125, 173, 174, 206, 279, 461, 469, 536, 575, III. 41, 60, 61, 65—67, 78, III. 145, 148, 153, 455, 502, 659, 678, 681, 687, 688, IV. 45, 57, 99, 113, 118, 119, 122, 455, 365, 457, 461, 493, 571, 592, 594, 596, 625, 631.
Donaupenländer, I. 657, II. 3, 27, 45, 319, III. 33, 36, 41, 62, 69.
Donaueschingen, IV. 52.
Donaugesellschaft (Sodalitas danubiana). III. 76, 159.
Donauwörth, Bay., III. 176, 366, 377, IV. 220.
Doncastre, s. Hay.
Donellan, Pater, III. 607, 613.
Donnersberg (Milleschauer), Bö., I. 96.
Donnersmarkt (Donnerstags = Markt, latein. Quintoforum, forum quintae feriae, magn. Csötörtekfalva) Sbb., I. 515, 526, 527, 573.
Doornyt, Festg. N.-L., IV. 95.
Dopschau, U., I. 508, 511, 516.
Dora, Gal., I. 457.
Doria. — Andreas, Doge v. Genua, III. 172, 197; — Franc., Vertreter Genua's, IV. 238; — Lucian, genues. Adm., II. 158, 281; — ts. Oberst, III. 677; — Monsignore, päpstl. Nuntius, IV. 201, 211.
Dorn. Joh. J. v., ö. Dipl., IV. 323.
Dornberg, I. 346; — III. 185.
Dornbirn (Torenbüren), B. A., I. 312, II. 254, 267, 384, III. 26.
Dorneck, Schweiz, II. 530, 534.
Dorog, U., I. 540.
Dosser Bartlmä, III. 250.
Dorsch, Freiherr, IV. 25.
Douai, Frkr., IV. 89.

Doubleby, Bö., I. 390, III. 97, 193.
Douglas, schwed. Gl. III. 527—529.
Dovina (Devina), s. Theben.
Dorau, Bö., I. 404.
Dózsa (Széfely), Georg, Bauernan=
führer, I. 503, II. 565—567, III.
123, 623.
Draas, s. Daraus.
Drachenburg, St., I. 335.
Trächsel, Advokat i. Bozen, III. 566.
Trag, wall. Häuptling, I. 538.
Trágfy, u. Adels=Geschl., III. 237.
Tragogna, Fl. i. Istr., I. 357.
Dragomer, wallach. Häuptling, I. 538.
Dragomira, Gem. Wratislav's, Hz. v.
Bö., Mutter Wenzel's, I., H. v. Bö.,
II. 30.
Dragomirna, Kloster i. d. Bu., I. 462.
Dragompil, chorw. Häuptling, I. 278.
Dragosch, s. Bogdan.
Dragutin Stephan, Serbenezar, II. 183.
Drakul, s. Wlad.
Traskovich, Georg, III. 159; — dgl.
B. v. Fünfkirchen, später Eb. v.
Kalocsa, III. 247, 372; — J. Gf.,
Banus v. Kro., Pal. v. U., III. 513,
545; — Ritt., Judex Curiae; III.
667, 669.
Drau, Fl., I. 94, 99, 101, 102, 117,
118, 250, 266, 274, 301, 316, 321,
323, 326, 328, 333, 334, 337, 362,
585, 588, 589, II. 75, 455, 596, III.
67, 125, 143, 308, 310, 359, 656,
662. IV. 154, 396; — =thal, I.
317, 321, 322, 328, 329, 330,
331, 495, 496, 543.
Drauburg=Ober, K., I. 317, 321, 327.
Drauburg=Unter, ic., I. 323.
Dravus, Flußgott, I. 198.
Drawec, s. Darócz.
Trazic, Johann v. — B., II. 444.
Tregely, U., I. 488, III. 232.
Treihaten, Bö., I. 392.
Tresden, III. 208, 212, 334, 489, IV.
158, 232, 233, 260, 270, 282, 289,
291, 298, 299, 335, 607, 619,
646; — Schl. b. —, IV. 608.
Tresnik, Festung i. d. Moldau, IV.
532.
Treswitz, Ob.=Pfalz, I. 384.
Drewić, Bö., I. 402.
Trevohryzi, sl. Gemeinde=Namen, Bö.,
III. 103.
Trin (Drinus) Fl., I. 162, 543.
Trino, Golf v. IV. 529.
Drinus, s. Drin.

Driolassa, Gz., IV. 397.
Drobetae, s. Turnu Severinul.
Trojendorf, N.=De., I. 664, 665, 671
III. 75, 181.
Tronjen, H., I. 75, IV. 127.
Trozza, ab. Geschl. der Bojuwaren,
I. 249.
Drslavici, slav. Gemeinde=Name, Bö.,
III. 99.
Drster, Durostorum. s. Silistria.
Drugeth, s. Drugetto.
Drugetto (Drugeth) (Homonna, Ho=
monnai), adel. Geschl. i. U., I. 534,
III. 237, IV. 35; — Willermo,
Pal. v. U., I. 520, 523, 530, 534,
535.
Dschem (Zizim), türk. Prätendent, II.
483.
Dschile, s. Gyula.
Dschingischaniden (Fürstengeschl. d.
Mongolen), II. 43, 44.
Duare, Dalm., I. 357.
Duarte, Dom (Eduard), portug. Emigr.
i. ö. Kriegsd., III. 547.
Duba, Adels=Geschl., Bö., II. 199,
244, 245, 290, III. 99; — Andreas
v. — III. 89.
Dubarry, Maitresse Kg.'s Ludwig XV.
v. Frk., IV. 326.
Dubćansky, III. 205.
Dubica (Dubicza), Slav., I. 364, III.
688, IV. 120, 532.
Dubravius (Dubrawsky), B. v. Ol=
mütz, I. 8, III. 109.
Dubrawnik, M., II. 44.
Dubrowsky, s. Dubravius.
Dubrowka, Tocht. Hz's. Boleslaw I.,
Gem. Miezislaw, I., II. 31.
Duca, ö. Gl., IV. 590.
Du Carpin, s. Plan.
Dudics, III. 159.
Dudik, H., I. 64.
Dudith, Andr., B., III. 284, 285.
Dudleby, s. Doubleby.
Dudleipagau, St., Kro., I. 331, 333,
494.
Due Castelli, i. Istr., I. 350.
Duellius, H., I. 37.
Dümmler, H., I. 74.
Dünewald, k. Gl., III. 627, 661.
Dünkirchen, IV. 278.
Dürer, Albrecht, II. 604, III. 156.
Dürnholz, Ulrich v. — I. 651, 653.
Dürntrut, N.=De., I. 671.
Dürnstein, N.=De., I. 370, 615.
Dürre=Regenholz, M., I. 412.

Düster, Probst v. Breslau, II. 422.

Duino (Tibein), Görz, I. 344, 346, 350, 392, II. 270, 427, 428, 546, 551, IV. 397; — Herren v. — I. 354, II. 270.

Duisburg, II. 607.

Dukas, Johannes, byz. Feldh., II. 84.

Dukla, Gal., I. 531; — =Paß, Gal. I. 449, 531, IV. 338.

Duklianer, serb. Völkerschaft, I. 277.

Dumouriez, IV. 342, 566.

Duna-Földvár, U., I. 194, 503.

Dunajec, Fl., I. 114, 143, 445, 447, 513, 519, 521—523.

Duna = Pentele (Intercisae), Duna Vecse, U., I. 499.

Dunod Antidius, Jesuit, III. 663.

Dupaty, Schftst., IV. 543.

Dupigny, Chevalier, III. 658.

Duraudsdorf, s. Durlsdorf.

Durazzo (Epidamnum), I. 155, II. 176—180.

Durig, H., I. 74.

Düring v. Stein, st. Adeliger, II. 10.

Durlsdorf (Duraudsdorf, Durn, Doorin) (Villa Durandi), U., I. 518, 519, 526.

Durostorum. s. Silistria.

Duschan, Stephan, Serben-Fst., II. 180.

Duval, s. Dampierre; — Valentin, Gal., IV. 348.

Duvernay, frz. Agent, III. 647.

Dur, Bö., I. 96; — T. I. 316.

Dwina, Fl., IV. 120.

Dwornik, I. 463.

Dworsky v. Helfenstein, III. 275.

Dynter, Edmund, Chronist, II. 196.

Dzwinogrod a'. Dniestr, I. 452, 453, 458.

E.

Ebbo, I. 596.

Ebelsberg (Eparesburg) O.=Oe., I. 289, III. 450.

Ebendorfer, Thomas, von Haselbach, Chronist, I. 5, II. 219, 222, 227, 269, 279, 298, III. 74, 76, 81.

Ebergényi, ö. Gl., IV. 116.

Eberhard, Schloß i. U., I. 491.

Eberhard, Sohn Arnulph' b. Bösen, I. 293; — Mkgf. v. Kr., I. 340; — Land-Gf. v. Würtemberg, II. 23, 24, 137, 141; — Vetter Rudolph's III. (I.) v. d. Laufenburger Linie, II. 117; I. Eb. v. S., I. 612, 617, 627, 633, III. 17; — III. Eb. v. S., II. 273, III. 22; — v. Altaich, Chronist, I. 660.

Eberndorf, K., I. 102, 326.

Ebersdorf (Eberstorf), N.=Oe., II. 453, III. 26, 417, 607; — ab. Geschl. i. N.=Oe., III. 55; — Reimprecht v. —, II. 386, 391; — Reimbert v. —, III. 251; — Veit von — II. 458.

Ebersdorfer, Sigismund, kgl. Hub= meister, II. 355 (vgl. Ebersdorf).

Eberstein, Otto, Gf. v. —, Statth., I. 626, 627, 633, 634.

Ebl, v. Broos, sächs. Adel i. Sbb., I. 575.

Ebran, Domprobst v. S., II. 467.

Eburon, I. 217.

Echechiba, s. Nagy-Mitiuba.

Eck, Dr. Leonhard, III. 183; — III. 249; v. Reischach, Mil., III. 193.

Eckart, Mystiker, II. 228.

Eckartsau, Leopold v. —, II. 226, 333.

Eckbert von Andechs=Meran, B. v. Bamberg, I. 617, II. 88.

Eckendorf, N.=Oe., I. 375.

Ecker (Becker), Anf. i. ö. Bauernkriege, III. 451.

Eckhel, Numismatiker, I. 37, IV. 470.

Eckmühl, De., Schl. b., IV. 594.

Ecse, s. Etze.

Eesed (Hnwseeg), U., I. 539, 540, III. 421, 454, 458, 613.

Eeseg, U., I. 506.

Edelstein, preuß. Schles., I. 426, 427.

Eder, H., I. 53; — Balthasar, II. 573.

Edlbacher, Thomas, ks. Hptm., II. 427.

Edling, ö. Hofrath, IV. 545.

Eduard III., Kg. v. England, II. 162, 165; — IV. dgl., II. 499, 501, 502.

Eferding, O.=Oe., III. 450; Nieder= lage d. Bauern b. — (1626), III. 450.

Eger (Ohre), Fl. i. Bö., I. 213, 390, 394, II. 103.

Eger (Egere, Egire) (Chebsko), Gebiet

& Stadt, i. Bö., I. 385, 386, 392, 393, 404, 667, 668, II. 9, 18, 22, 103, 295, 318, 404, 405, III. 90, 91, 105, 208, 478, 479, 488. 499, 500, 522, 527, 533, 541, 542, 619, 674, IV. 97, 209, 214, 217, 218, 323, 392, 409, 497.

Eger (Erlenfluß), Fl. i. U., I. 505.

Eger, f. Erlau.

Eger, Frh. Friedrich v. — IV. 481, 482, 539, 545.

Egerizeg, U. III. 587.

Egervácy, u. Magnat, Ban v. Kro., Slav. & Dal., II. 489.

Eggenberg, Hschft. i. Bö., f. 390; — Schloß b. Graz i. St., III. 579.

Eggenberg, bgl. u. ab. Geschl. (Baltha- sar), II. 432; — Hans Christian II. — IV. 397; — Seifried, Siegfried v. — III. 246, 509; — Ruprecht v. — III. 337, 338, 350; — Wolf (Wolfgang) v. —, Oberst, III. 394; — Hanns, Ulrich v. (Fst.), III. 409, 413, 415, 434, 435, 458—460, 463, 466, 472, 482, 483, 491, 493, 494, 496, 497, 509, 510, 556, IV. 397; — Hanns Anton, Fst. v. Gradista, III. 510, IV. 397; — Siegfried, Fst. v. —, Hofraths-Präj. IV. 76; als böhm. Stde. IV. 117.

Eggenburg, N.-Oe., I. 151, 375, II. 28, 226, 388, 477,

Egger, H. I. 74.

Eginhard, H. I. 271.

Egloistein, Leonhard v. —, Domherr, II. 535.

Egmont, III. 277.

Egue (Endidae), T., I. 164.

Egres, Abtei, U., I. 573.

Ehingen a. Bodensee, IV. 398.

Ehrenberg, Schloß i. T., II. 203, 262, IV. 47; — Klanje, T., I. 309, II. 203, 214, 646, IV. 46.

Ehrenfels, ab. Geschl. i. K.. II. 154.

Ehrenstreit, f. Stupan, IV. 304.

Eibenschütz (Eibenschitz) (Ivančice), M., I. 420, 421, 422, III. 91, 367, IV. 419.

Eibiswald, St., I. 331, II. 271.

Eichel, preuß. Geheimrath, IV. 269, 270.

„Eichengewälde", f. Eferehát.

Eichfeld (Eichsfeld), St., I. 330, IV. 572.

Eichhoii, ö. Hofkammer-Präs., IV. 630, 633.

Eichhorn, H., I. 58.

Eichstädt, Bisthum, I. 292, III. 22, 470, IV. 583.

Ciezing, ab. Geschl., II. 619, III. 55, 160; — Christoph v. —, III. 251; — Michael v. —, II. 617, 620, 622; — Oswald & Stephan, v. —, II. 333, 362, III. 160; — Ulrich v. —, (oder b. Ciezinger), II. 332, 333, 337, 351, 352—354, 356—359, 361—363, 365, 366, 381, 382, 386.

Einpacher, ab. Geschl. i. St., II. 432.

Einsiedel (Remete, Menišek), U., 512.

Einsiedeln, Schweiz, I. 314, II. 119, 120.

Einsiedl, preuß. Gl., IV. 227.

Eipel (magy. Ipoly, slav. Ipolja), Fl. i. U., I. 108, 483, 484, 486, 489.

Eis, K., I. 102.

Eisack (Isarcus), Fl. i. T., I. 158, 300, 301, 305, 517, II. 264, 641, 646, III. 17, 34; — -Viertel, IV. 398.

Eisack, Schftst., III. 142.

Eisdorf (Zjatócz, Zjatdorf, Villa Isaci), U., I. 516, 526, 527.

Eisenach (Weimar & Jena), Fst v. —, III. 637, 659, IV. 80.

Eisenburg (Vasvár), U., I. 493, 605, 628, II. 488, 561, III. 595, 599, 602.

Eisenerz, St., I. 328, II. 638, III. 64, 344.

„Eisengruben", Die — i. d. I. 217.

Eisenstadt (Kis Márton, Klein Mar- tinsberg), U., I. 492, 493, II. 345, 408, IV. 399.

Eisenstein, Bö., I. 384.

Eiserne Thor, das, (mag. Vaskapu), I. 548, III. 385, 677; — -Paß, 551, II. 316.

„Eisenwurzen", „Eisenwurzel", die — i. N.-Oe. (um Scheibbs u. Waidhofen) I. 370, III. 138.

Eisleben, III. 236.

Eisnern, Kr., II. 596, III. 31, 64.

Elagabalus (Heliogabalus), röm. Kf., I. 198. s

Elba, Insel, IV. 134, 609, 612.

Elbe (Albis, slav. Labe), Fl., I. 85, 211, 213, 380, 387, 388, 390, 396, 403, 404, II. 32, 106, 168, 444, III. 64, 104, 106, 468, 478, 519, 520, IV. 199, 225, 226, 275, 461, 607.

Elbeteinitz, Bö., I. 403.

Elbing, Bö., III. 442.

Elbogen, auch Ellbogen, Ellenbogen (bö. Loket), Bö., I. 392—394, II. 318, 651, III. 77, 91, 97, 437, 490, 534, 644, IV. 409, 410, 412.

„Elend", Gebirgslandsch. K., I. 321.

Eleonore, v. Schottland, Gem. Hz. Sigismund's v. T., II. 474; — span. Prinzessin, Tochter Philipp's d. Sch., projectirte Gem. Kgs. Ludwig XII. v. Frk., II. 522, 574; — v. Mantua, 3. Gattin Kj. Ferdinand' III., Stiefmutter Kj. Leopold' I., III. 564, 570, 638; — Magdalena, v. Pfalz-Neuburg, 3. Gem. Kj. Leopold's I., III. 570, 633, 638, IV. 73, 91; — Stiefschwester Kj. Leopold's I., III. 575, 639.

Eliä, Johann, böhm. Magister, II. 238, 242, 243.

Elisabeth, d. H., T. K. Andreas' II. v. U., Landgräfin von Thüringen, III. 157; — Schwester Rudolph's v. Habsburg, Gem. Friedrich's v. Zollern, Burggrafen v. Nürnberg, I. 655; Tochter Albrecht's, d. letzten Grafen v. T., Gem. Grf. Gebhard v. Hirschburg, I. 658; — Gem. Kg. Stephan's V. v. U., I. 526, 623, II. 95; — Gem. Albrecht's v. Habsburg, a. d. Hause Görz, Schwester Hz. Heinrich's v. K., II. 15, 100; — (Richsa), Tocht. Premyslaw's, II. 48, 49, III. 91; — Schwester des letzten Premysliden Wenzel III., Gem. K. Johannes' v. B., II. 101, 102, 163 164; — Tocht. Kj. Karl's IV., Gem. Albrecht's III., II. 153; — Tochter des Polen- (Piasten-) Kgs. Wladislaw' Lokietek, 2. Gem. Karl Robert's, II. 171, 172, 176, 183; — Tocht. d. Felician Zách, II. 172; — von Bosnien, Gem. Kg. Ludwig's v. U., II. 200, 203, 204; — v. Schaumburg, Gem. d. Gfn. Hermann II. von Cilli, II. 275; — Gräfin von Modrusch-Veglia (Frangepani), Gem. d. Grafen Friedrich II. v. Cilli, II. 276, 277; — Tocht. Kg. Sigmund's v. U., II. 227, 302, 305, 313, 333 bis 339, 317, III. 122; — Tocht. d. Gf. Hermann II. v. Cilli, Gem. Heinrich's IV. v. Görz, II. 276; — Tocht. Albrecht's, Schwester Ladislaus' Posth., II. 354; — v. Montfort, Gem. Wilhelm's v. Hohenberg, II. 380, 381; — Tocht. Georg d.

Reichen von Bay.-Landshut, Gem. Ruprecht's, Kurprinzen v. d. Pfalz, II. 535, 537; — Gräfin v. Mansfeld, III. 222; — Kg. von Engl., III. 260, 261, 461; — ö. Erzh., Tochter Max II., III. 271; — ö. Erzh., Schw. K. Ferd. III., 1. Gem. d. Kj. Maximilian, III. 504; — v. Braunschweig-Wolfenbüttel, Braut (Kg. Karl's (K. III.), IV. 86; — v. Parma, Gem. Kgs. Philipp V. v. Sp., IV. 111, 235; — Ehzgin., Schwester Kj. Karl's VI., IV. 127, 128, 259; — Charlotte, Tocht. Hz. Philipp's v. Orléan's, Mutter Franz Stephan's v. Lothringen, IV. 172; — Petrowna, a. d. Hause Romanow, Kaiserin v. Rußland, IV. 228, 260, 269, 277, 286, 287, 296; — Ehzgin., Nichte Kj. Joseph's II., (v. Würemberg-Mömpelgard), 1. Gem. Erzhzgs., später Kj. Franz I. (II.) v. De., IV. 492, 564, 565.

Elischau, Bö., I. 391.

Ellerbach, Berthold v. —, II. 14, 402, 429.

Ellwangen, schw. Abtei, III. 470.

Elöpatak, s. Nagybánya.

Elrichshausen, Frh. v. —, El., IV. 365.

Elsaß, I. 279, 654, 656, 670, II. 153, 189, 190, 210, 264, 367, 380, 437, 439, 472, 475, 621, III. 396, 409, 508, 531, 537, 645, 671, IV. 135, 226, 234, 569, 636.

Elster, Fl. i. Sachsen, I. 385.

Elster, Balthasar, III. 245.

Eltwangen, Ost-Franken, III. 322.

d'Elvert, H., I. 64.

Elz, Philipp Karl, Gf. v. —, IV. 211.

d'Elzi, päbstl. Nuntius, III. 555.

Emanuel, Komnenos, byz. Kaiser, I. 612; — d. Gütige, Regent v. Savoyen-Piemont, III. 171; — Kg. v. Portugal, II. 610.

Emaus, Kloster a. d. Sazawa i. B., I. 401.

Embricho, B. v. Würzburg, III. 29.

Emerich, Kg. v. U., I. 571, 618, II. 40, 68, 69, 73, 85, 86, 88, 116, III. 118, 143.

Emicho, Gf. Kreuzf., I. 604.

Emler, H., I. 63.

Emma (Hemma) „d. Heilige", Gem. Wilhelm's v. Sonne-Friesach-Zeltschach, I. 325, 335, 587, 595; — (die

„Deutsche"), Gem. Boleslaw's II., Mutter Boleslaw's III., II. 31.

Emmeram (Heimrabe), B. v. Poitiers, Missionär, I. 260.

Emmersberger, die — Abelige i. St., II. 272, III. 55.

Emminghaus, preuß. Dipl., IV. 364.

Ems, Rudolph v. —, habsb. Feldh., II. 545; Marr Sittich v. — I. 550.

Ems, Punctationen v. —, IV. 526.

Endidae (Egne), I. 164.

Endingen, Vorder-Oe., III. 538.

Endlicher, H., I. 66.

Enenkel Jansen, Chronist, I. 621, III. 72, 73.

Enego, T., I. 304.

Engadin, Schweiz, I. 311, II. 251, 268,472,527,530,531,533, III. 68.

Engel, v., H., I. 54, 70.

Engelsberg, Bö., I. 396.

Engelbert, Eb. v. Köln, I. 620; — Eb. v. Trier, II. 36; — II. Abt v. Admont, III. 71; — Ef. v. Sponheim-Ortenburg, I. 350; — Ef. v. Ez., I. 617.

Engelbrecht, Peter, von Basel, B. v. Wiener-Neustadt, II. 497.

Engelschalk, Grenzgf. d. Ostmart, I. 285.

Engelshofen, Baron, IV. 249.

Engelswald, M., I. 415.

Engerand, (Jngelram) v. Couci, II. 190, 192.

Engildeo, Mkgf., I. 288.

Engilfried, Patr. v. Aquileja, I.294,589.

England (Großbritannien), II. 162, 164, 229, 232, 235, 262, 323, 324, 477, 506, 507, 515, 517, 522, 524, 548, 557, 603, 613, 618, III. 145, 169, 190, 212, 404, 409, 456, 457, 459, 464, 479, 490, 522, 572-574, 576, 577, 594, 644, 672, 686; IV. 9, 11, 13, 18, 20, 40, 44, 45, 49, 50, 51, 59, 61, 65, 69, 84, 87, 88, 89, 91, 93, 95, 105, 106, 111, 112, 123, 125, 126, 128, 129—132, 134, 153, 158, 159, 181, 191, 192, 196—199, 204, 207, 215, 216, 221—227, 229—232, 234-237, 238, 239, 256, 261, 263, 264, 267, 268, 270, 273, 276, 285—287, 290-292, 294, 295, 298, 299, 329, 334, 365, 493, 520, 524, 531, 536, 548, 549, 553, 554, 560, 566, 567, 569, 578-581, 583, 558,

591, 593, 597, 598, 607, 610, 611 bis 613, 623- 625, 634, 636, 649; s. auch Großbritannien & Hannover; — (Regenten v.); — s. auch: Anna, Eduard, Elisabeth, Georg Heinrich, Jakob, Karl, Richard, Wilhelm.

Entewort, Frh. v. —, bay. Gl., III. 534.

Enneberg, T., I. 100, 304.

Ennodius, B., I. 229.

Enns, Fl. (Anisus), I. 101, 169, 250, 250, 260, 266, 267, 270, 274, 275, 318, 366, 585, 588; 589; — (Ennsburg), Stadt i. O.-Oe., I. 288, 295, 369, 590, 612, 614, 665, II. 126, III. 26, 29, 32, 57, 61, 65, 316, 447, 449, IV. 203; Frb. v. —, II. 126.

Ennsgau, I. 333, 335.

Ennsthal, I. 328, 329, 332, 334, 335, 587, 636, 640, 643; II. 11, 12, 14, III. 61, 70, 344, 464, 637 bis 641, IV. 151.

Enns- & Mürzthal-Viertel, St., IV. 396.

Ens, H., I. 58.

Ensdorf, Gal., I. 448.

Ensisheim, vorderöst. Regiment zu —, IV. 402.

Enthammer, Stadtrichter von Wien, II. 386.

Entlibuch, Schweiz, II. 192, Die Thalleute von —, II. 250.

Enyed, s. Nagy-Enyed.

Enyed, s. Polb.

Enyiczke, U., I. 511.

Enzersdorf b. Wien, II. 383; — Klein- — N.-Oe., II. 468.

Eötvös, Frh. v. —, Politiker u. Schftst., IV. 642, 643.

Eparesburg, s. Ebelsberg.

Epée, C. M., Abbé de l' —, IV. 511.

Eperies („Erdbeerendorf", fl. Presow), U., I. 408, 505, 524, 530, 531, II. 347, III. 134, 136, 155, 156, 236, 278, 355, 607 609, 612, 623, 652, 665, 666, 667, 669, IV. 36, 63, 100, 231, 335, 338, 340, 342, 425, 431, 458.

Epetium, s. Stobraz.

Epidammum, s. Durazzo.

Epidaurus (oder) Epidaurum, s. Raguja-Alt (Ragusa vecchia).

Epiphanias, Senator, I. 235.

Eppan (Piano), ad. Geschl. I., I. 302, 306, 310, 605, 619, 658.

Eppenstein, Burg i. Stm., I. 666.
Eppensteiner, die — ab. Geschl. i. Stm. u. K., I. 325, 335, 336, 345, 587, 594, 602, 605, III. 9, 38; — Adalbero, I. 602; — Heinrich, Mtgf. v. Jst., dann Hzg. v. K., I. 350, 602, 603; — Luitold v. — I, 602, 603; — Markward III. v. —, I. 602, II. 72; — Gerhard (rhein. Geschl.) v. —, Eb. v. Mainz, II. 9.
Erben, H., I. 63.
Erbion, Schildhof i. T., I. 311.
Erchanfried, Wendenbischof, I. 258.
Erchanger, Oheim Arulph's b. Bösen, I. 290, 291.
Ercole Farnese, Sohn Hrz. Francesco's III. v. Modena-Farnese, IV. 258.
Erczeg, Novi, s. Castelnuovo.
Erdberg b. Wien, I. 615.
Erdburg, s. Szihalom.
Erdély, s. Erdélyország.
Erdélyország (Erdély) ("Waldland") =Bbb., I. 98, 552, 553. Vgl. Siebenbürgen.
"Erdenburg", s. Marienburg.
Erdö, Sbb., I. 559.
Erdödy, kroat.-magyar. Adelsgeschlecht, Simon, B. v. Agram, III. 183, 185; — B. v. Erlau, IV. 153: — Georg, Gf., IV. 202, 248; — Johann (Sylvester), III. 239; — Nikl., III. 610; Banus v. Kroatien, III. 667, 672, 676.
Erfurt, II. 6, 12, 113, III. 256; — Fürsten-Zusammenkunft i. —, (1808), IV. 591, 592 (1800), 645.
Ergelich, B. v. Veszprim, dann v. Erlau, III. 513.
Erhard, v. Eberhardsmünster (Novientum), Wanderbischof, I. 258; — Vertreter d. S. Eb., III. 334.
Erich, Markgf. v. Friaul, I. 272; — Kg. v. Dänemark, II. 277; — Hz. v. Braunschweig, Feldhauptm., II. 537, 538, 545, 546, 547, 550, 552, 570, III. 175.
Erked, s. Szász-Erked.
Erlaf (Arelape), Kl. N.-Oe., I. 169, 295, 369, 370, 585, III, 61.
Erlau, (Erlenau)(magy. Eger, sl. Jager) U., I. 109, 505, 506, 511, II. 74, II. 416, 417, III. 133, 149, 153, 157, 184, III. 227, 232, 233, 235, 312, 544, 587, 669, 678, IV. 59, 69, 105, 106, 254, 390; Bißthum - das s. d. türk. Eroberung Erlau's den Sitz (— bis 1687) in Káßó hatte; (Bischöfe v. —), s. auch Barlóczy Bekensloer, Johannes, Erdödy, (Ergelich, Esterházy, Rangoni, Rozgonyi, Szalaházy, Szegedy, Szécsényi, Telekessy, Várdai, Vitéz; — (Pröpste v. —), s. auch Adorno, Herczey.
Erlitz, Bö., I. 388.
Ermeland (Warmien), IV. 341, 345; (Bischöfe v. —), s. auch Hosius, Zaluski.
Ermindorf, s. Hermsdorf.
Ernei, Gf., (Hermann), ung. Magnat, II. 72.
Ernestiner, sächsische Fürstenlinie, III. 271.
Ernolatia, röm. Straßenstation, I. 168.
Ernst, Babenberger: Mtgf. d. Tapfere, I. 592, 593—595, 600, II. 69, 72; — Habsburger: d. Eiserne, Hz. v. J.-Oe., II. 220, 221, 223—227, 249, 253, 255, 257, 258, 260—263, 267, 268, 270—274, 279, 333, 489, III. 15, 20, 58, 63; (s. auch Gf. v. Aften); — Ehz. v. Oe., III. 270, 282—285, 299 300, 314, 336, 337, 358; Z. 17. — Wittelsbacher: Hz. v. Bay., I. 438, III. 296; — Hz. B. v. Passau, II. 640; — Welfenhaus: August, (Hz. v. Braunschweig), III. 685 (Kg. v. Hannover), IV. 615; — Landgraf v. Hessen-Rheinfels, III. 635, 659; — Herz. von Weimar, III. 451.
Ernstbrunnerwald, N.-Oe. I. 374.
Ernstdorf, Gal., I. 448.
Ernusth, Sigismund, B. v. Fünfkirchen, III. 160.
Erseg-Ujvár, s. Neuhäusel.
Erzberg, der — b. Eisenerz, St., I. 330, II. 638, III. 64.
Erzgebirge, I. 380, 381, 386, 392, 394, 551.
Escheltamm, Bay., I. 385.
Eschenbach, Bö., I. 384.
Eschenbach, ad. Geschl., I. 656; — Walther, (Gf. v. , II. 25; — Ulrich v. —, bö. Dichter, III. 105.
Eschentor, Rathschreiber v. Breslau — II. 364, 415, 421, 450, 453.
Espen, van —, IV. 262.
Esseg (Essek), Slav., I. 363, 364, II. 556, III. 149, 200, 587, 652, 656, 662, 677, IV. 66, 155.
Eßlingen, Würtemberg, II. 43, 137, 179.

Estaches, Frb. v. –, II. 506.

Este, herzogl. Geschl. i. Ferrara, III. 172; Herkules v. —, III. 173; — Tabbeo v. —, Feldherr, II. 282; — s. auch Azzo, Franz.

Esther, die „schöne Jüdin", Buhle d. Piasten Kasimir, I. 523.

d'Estrées, s. Esterees; — Karb., III. 637, 671; — Marschall, IV. 279, 298.

Eße (Eße), Kuruzzenführer, IV. 38.

Esztergom, s. Gran.

Esterházi, u. Magnaten-Geschl., I. 477, 498, IV. 606; — Anton, IV. 57, 61, 97, 107, 115, 117, 137, 255, 282, 349; — Daniel, rákócz. Feldherr, IV. 99; — Emerich, IV. 202, 205, 206; — Franz, Ef. v. —, IV. 252, 308, 470, 480, 554; — Johann, IV. 202; — Ritl., Pal., III. 397, 398, 421, 424, 429, 454, 457, 460, 465, 474, 512, 517, 544, 545; — Nikolaus, ö. Botsch., IV. 277, 292, 317; — Fst. Paul I., III. 605, 627, 638, 649, 651, 652, 654, 656, 667, 669, IV. 24, 27, 28, 57, 59, 68, 75, 116; — Paul (ö. Min.), IV. 643; — Wolfgang, III. 618; — B. v. Erlau, IV. 253, 254, 498.

Etel, s. Etul.

Etelköz (Atelkuzzu), II. 53.

Etich (Eticho), Alemanen-Hz., I. 654.

Ernster, I. 209.

Esch, I. 85, 90, 99, 160, 165, 300, 304, 309, 658, II. 255, 256, 552, 555, 643, 645, 646, III. 68, IV. 42, 47, 584, 585; — Klause, I. 274, II. 154, 545; — Land, I. 307, II. 256, 261, 264, 265, 332, 530, 544, 640, III. 21, 55, 64,

IV. 398; – franz. -Departement i. E., IV. 610.

Etul (Etel, Atil) -Don oder Wolga, II. 57.

Eugen, Prinz v. Savoyen-Carignan, III. 641, 642, 657, 570, 682, 683, 685, 687, IV. 17, 19, 21, 42—44, 48—54, 57—59, 68, 75, 76, 81 bis 84, 86—88, 90—94, 105, 106, 107, 110, 113, 115—119, 122, 126, bis 129, 131, 133—135, 146, 160, 178, 434, 450, 466, 469; — Beau-harnais, Stiefsohn Napoleon's I., IV. 595, 610, 611; — IV. P., II. 299, 306, 317, 319, 324, 325, 327,

Eugippius, Biograph d. h. Severin, I. 227—229.

Eule, (böhm. Zilowe), Bö. I., 103, 389, 400, 437.

Eulenbach, Stadt, U., I. 526, 527.

Eulenberg, Eulenburg, M., Deutsch-ordens - Commende, III. 541; IV. 410.

Eupen, van —, belgischer Aufstands-führer, IV. 536.

Ewald, Legationsrath, IV. 299.

Eward, engl. Staatsmann, IV. 553.

Ewin, longob. Hz. v. Tribent (Trient), I. 249.

Eyb, Ludwig v. —, Geschichtschr., II. 322.

Eybel, K. B. — Prof. d. Kirchenr., IV. 169, 496, 504.

Eylau, Schl. b. —, IV. 591.

Eylers, Dr., III. 613.

Eysenpeißer, III. 334.

Ezzelin II., „d. Mönch", I. 658; — III. da Romano, kj. Generalvikar, I. 302, 635, 658; III. 12.

F.

Faber, s. Schmid, Johann.

Faber, aus Savoyen, Jesuit, III. 252.

Fabian, u. Agent, III. 606.

Fabri, Dr. (d. „Kultrunen Schmid"), tirol. Regentschaftsrath, II. 642, 643.

Fabricius, Sekr. d. böhm. Statth., III. 410.

Fadinger, Stephan, III. 448—451.

Fafiana (oder) Faviana, vgl. Trais-mauer u. Mautern, I. 169; Z. 32.

Fagana, ad. Geschl. der Albayern, I. 249.

Fagel, holl. Gl., IV. 83.

Faigel, Erz. Tötölyi's, III. 627.

Fairguni, (Ferguni), s. Fichtelgebirge.

Falbius, Dr. Georg, Abt v. Göttweih, III. 446, 460.

Falieri, Marino, Doge von Ve-nedig, II. 180; — (Ordelafo), dgl., II. 79, 81; — Vitale, II. 78; — Luigi, Podestà v. Triest, II. 156.

Faltenau, Bö., II. 393; — M., I. 412.

Falkenberg, Schlej., I. 436, III. 54, 86, 446.

„Faltenstein", Gf. (sej. Joseph II.), IV. 367, 368.

Falkenstein, (Herrantstein) ad. Geschl., I. 367, 368, 575, II. 46, III. 62, IV. 399; — Leopold v. –, Abt v. St. Gallen, I. 656.

Falkenstein, Ort i. N.-Œe., I. 375; — (Falstztyn), Schl. i. U., I. 523.

Faltowa, Gal., I. 448.

Falstztyn, s. Falkenstein.

Falnesta (Hodawa), deutsch: „Wagnerhan", U., I. 509.

Fantin de Valle, päbstlicher Legat, II. 406, 407.

Fara, Insel i. Dalm., III. 144.

Farnese, Hans, IV. 278; — Ottavio, III. 173, 203; — Pietro Aloisio, III. 173; — Alexander, III. 174, 337, 428, 486; (s. a. P. Paul III.); — Ercole, IV. 258; Francesco III. (Hz. v. Modena), IV. 258.

Farneto a. Karst, I. 346.

Farkashida, U., II. 487.

Farlati, H., I. 53.

Farra, Ez., II. 541.

Fassathal, T., I. 300, 304, II. 643.

Faßbender, Mathias v. –, ö. Staatsrath, IV. 590.

„Faulfisch", Nitlas aus Orford, II. 238.

Faviana (ae), s. Fafiana.

Favorita, kf. Lustschloß b. Wien, IV. 161.

Febronius, Justus, — s. Hontheim, Joh. v.

Federann, K., I. 322, 326.

Fehervár, s. Weißenburg.

Fehrbellin, Schl. b. –, III. 580.

Fejér, H., I. 48, 66.

Feil, H., I. 71; Z. 3.

Feistritz, Fl. i. Kr., I. 338; – i. O.-Œe., I. 368.

Fekete („d. Schwarze"), Banditenführer, I. 546; — Ladislaus, III. 604, 607; — Georg, IV. 254.

Fekete-Ardó, s. Ardó.

Feketehalom, s. Zeiden.

Feketeügy, Sbb., I. 566, 567.

Felbiger, Abt i. Sagan, IV. 467.

Felek, U., IV. 97.

Feldkirch, V.A., I. 312, 315, II. 250, 251, 263, 264, 267, 440, 529, 532, 621, III. 26, 35, 68, 532, IV. 398.

Feletheus, s. Feva

Felfalu, Sbb., I. 559.

Felföld, U., I. 473, IV. 420.

Felicetti v. –, H., I. 73.

Felix V., P., II. 319, 324, 328; s. auch Amadeus VIII.

Felka (Welfa), U., I. 517, 526.

Fella (Fl., -Brücke, -Thal, -Klause), I. 174, 324, II. 142, 144, III. 66; s. auch Pontasel & Ponteba.

Felmer, H., I. 52.

Felnémet, U., I. 535.

Fels, Leonhard, s. Völs.

Fels, (Gf.), IV. 94.

Felsöbánya, (Mittelberg), U., I. 540, 550, 560.

Felsö-Sajó (Slanat, Salza), U., I. 506.

Felsö-Vadáß, I. 533.

Fel-Szász, U., I. 536, III. 135 (Ober-Sachsen).

Feltre, It., I. 94, 304, II. 145, 149, 157, 188, 193, 258, 272, 282, 550 bis 553; (Bischof v. –), s. Gorzia.

Felvincz (ad Salinas), I. 565, III. 228.

Fenek, Sirmien, IV. 532.

Fend, T., I. 309.

Feodor, russ. Czar, III. 300.

Ferdinand, deutsche Kaiser & Könige: — I.: I. 118, 354, 438, 490, 492, 527, II. 515, 520, 522, 524, 560—563, 571, 610, 612, 617, 619 bis 625, 640, 644, 646, 647, 649, 656, III. 13, 28, 39, 169, 170, 173—177, 181—184, 186, 187, 189—193, 195, 196, 200, 202—209, 211—214, 218—227, 229, 231 bis 234, 236, 245, 247, 251, 252, 254 bis 260, 262, 264, 266, 272, 309, 311, 315, 319, 325, 438, IV. 8, 173, 174, 184, 350, 374, 375, 377, 379—383, 385—387, 398, 404 bis 415, 418, 421, 422, 424, 429, 432, 434, 439, 445, 458, 466; — II.: I. 387, III. 300, 318, 336, 359, 362, 367, 369, 379, 390—398, 403—405, 411, 414, 417, 418 bis 421, 423, 424, 427, 432—435, 438, 439, 441—444, 446, 447, 480 bis 484, 488, 491, 492, 497, 498, 502, 504—509, 513; — III.: III. 323, 337, 338, 341, 342, 344, 345, 351, 457, 483, 493, 502, 504, 505, 516, 525, 527, 528, 530, 533, 535, 537, 542, 544—547, 551, 555, 556, 558, 561, IV. 379, 384, 387, 447; — IV.: III. 528, 546, IV. 379, 387; — Kaiser von Oesterreich: — I.: IV. 585, 615, 633, 636, 643, 644; — Erzherzoge v. Oesterreich: II. (v. Tirol): III. 260,

262, 274, 284, 521—523, 329, 333, 336, 337, IV. 374, 379, 386, 402, 463, 464; — (Sohn Kais. Leopold's II.): IV. 559, 565, 587; — Karl, III. 509, 538, 568, 571, IV. 379; — Karl Anton, (Sohn M. Theresia's): IV. 480, 548; — Könige von Spanien: — „d. Katholische", II. 508, 511, 513, 514, 517, 518, 521, 522, 524, 553, 556—559, 611; — VI.: IV. 235; — VII.: IV. 560, 615, 616; — Könige von Neapel & Sicilien: (Arragon) — I. (seit 1458): II. 508, 511; (III). o. Fernando, Sohn Friedrich's, K. beider Sicilien, II. 513; — (Bourbon) I. († 1825): IV. 565, 612, 616; — II. (1830 bis 1859): IV. 616; — Markgf. von Baden-Baden: — Max, III. 610; — Hz. v. Bayern: — III. 389; — Hz. v. Braunschweig: — IV. 567; — ö. (Hz. v. Modena-Este): —IV. 594—596; — Hz. v. Parma-Piacenza: I. (Bourbon), IV. 560.

Fereskute, (Gal., I. 457.

Feria, Hz. v. —, III. 491, 492.

Fermor, IV. 286, 287, 288, 291.

Fernando, Don (Bruder Philipp's IV.), Kard., III. 491, 492.

Fernberger v. Egenburg, Hanns, kj. Hofb., III. 264.

Fernemont, kj. GL, III. 530.

Ferrante, Hz. v. Gonzaga Guastalla, III. 471.

Ferrara, It. II. 278, 299, 319, 518, 551, III. 172, 258, 325, 339, IV. 81, 573; (Bischof v. —), s. auch Roborella.

Ferrari, Marc Aurel, Offizier, III. 231.

Ferrero Vincenzo, Marchese, d'Ormea, sardinischer Staatsmann, IV. 222, 223.

Ferri, III. 579.

Fertö, s. Neusiedlersee.

Fessler, H., I. 54, 55, IV. 501.

Festetics, u. GL, IV. 217; — Paul v. —, u. Hoflammerrath, IV. 306.

la Feuillade, IV. 83.

Feuquières, Marquis de —, frz. Botsch., III. 490, 494, 520, 521.

Feva (Feletheus) (Sohn d. Flaccitheus), Kg. d. Ruger, I. 227.

Fianona (Flanona), Sit., I. 162, 184, 346, 348, 350, II. 159, III. 67, 394.

Fichtelberger Paß, I. 386.

Fichtelgebirge, I. 212, 385.

Fichtenberg (Smerekovec), U., I. 517.

Ficker, A., H., I. 71; — Jul., dgl., I. 71, 72, 75.

Fides (die Wittwe, — Huß's Beherbergerin i. Konstanz), II. 245.

Fiedler, H., I. 60.

Fieme, s. Fleims.

Fierstembrüch (Fürstenburg), Sbb. I. 569; s. auch Hidweg.

Fierville, frz. Botsch., IV. 59.

Fikar v. Wrat, Jakob, kgl. Hofrichter, III. 209.

Filek, U., I. 489, III. 465, 652.

Filsdorf, (Filicz), U., I. 525.

Finale (Bach), T., I. 262; — Gsschft. i. It., III. 574, IV. 223, 225, 234.

Fink, preuß. GL, IV. 291.

Finkenstein, Schles., II. 498.

Finkenstein, preuß. Min., IV. 340, 345, 524.

Finstermünz, T., I. 307, 309, 310, II. 125, 262, 530.

Finsterwald, Joh., II. 616.

Finsterwalder, Rechts-Schrftst., IV. 446.

Fiorentino, It., I. 637.

Fiquelmont, Gf., IV. 625, 633.

Firmian, Georg zu —, II. 617; — Leopold Anton, Frh. v. —, (Eb. v. S., IV. 148, 149; — Gf. K., IV. 258, 480.

Firnhaber, H., I. 60, 69.

Firuzbeg, Türkenanführer, II. 370.

Fischa, Fl., N.-Oe., I. 373, 585, 593, II. 82.

Fischamend (Fischament), N.-Oe., I. 166, 373, II. 612, IV. 142.

Fischer, H., I. 72; — Johann, aus Krennitz, III. 236; — Familie, IV. 459; — v. Erlach, Baumeister, IV. 465.

Fischhof, Flt., IV. 643.

Füsnitz, O.-Oe., I. 368.

Fiumara (Recina), Fl., I. 353.

Fiume (St. Veit a. Pflaumb.), I. 346, 348, 353, 354, 363, 196, III. 67, 394, 611, IV. 392, 397, 401, 409, 423, 445, 457, 460, 479, 493, 494, 598; — Fiumaner Gebiet, IV. 422.

Fiumicello (Isonzo Canal), III. 393.

Flacius, Mathias, Illyricus (Frantovich), Professor d. Th., III. 270; — Seine Anhänger: Flacianer, III. 271, 314.

Flaccitheus, Rugierfürst, I. 227.

Fladnitz, Jakob v. —, Lehrer K. Mar' I., II. 497.

Fladnitz, Kr., II. 596.

Flambrazzo, Friaul, II. 281, IV. 397.

Flambro, Friaul, II. 542.

Flämitzer, H., I. 17.

Flandern, II. 499, 502—504, 558, 578, IV. 83, 86, 87, 110, 127, 145; (Grafen v. —), s. auch Mar & Philipp.

Flandern, Flämen, Colonisten aus —, i. Sbb. & Ungarn; s. Sachregister.

Flanitz, O.=Oe., I. 368.

Flanona, s. Fianona.

Flavium Solvense (Solva), b. Leibnitz, St., I. 166, 182, 185, 198.

Flavon, ab. Geschl. T., I. 303.

Fleckenau, s. Kluckau.

Fleims (Fieme, Flemmi), T., I. 300, 303, III. 25.

Fleischmann, ö. Botsch., IV. 117, 119.

Fleming, Gf., sächs. Min. III. 681, IV. 126.

Fleury, Karb., frz. Min., IV. 130, 134, 136, 159, 173, 175, 176, 177, 198, 199, 216, 220, 221.

Flims, Graubdten., II. 268.

Flitsch, Flitscher=Klause, I. 324, 344, II. 465, 542, 546, III. 67, IV. 397, 402.

Floccaoia, Berg, Sbb., I. 556.

Florens, Gf. v. Holland, I. 638.

Florenz, It., II. 324, 356, 357, 509, III. 161, 172, 174, 339, IV. 262, 506, 554, 563, 590.

St. Florianus, Märtyrer, I. 240.

St. Florian, Stift, O.=Oe., I. 288, 367, III. 69, 316.

Florita, Tocht. Michael's, wall. Wojw., III. 352.

Floß, Hschft., bö. I. 383, 384, 392, II. 18, 109.

Flugi, tirol. Landsturmführer, IV. 47, 48.

Flußhart, Wiener Patricier, II. 224.

Fl. Frigidus, s. Wippach.

Focky, Daniel, Vicebürgermeister von Wien, III. 658.

Fölbvár, Abtei, U., I. 496; — s. Marienburg; — (Erdburg) s. Szihalom.

Fogarasch (Omlasch), Distrikt, Sbb., I. 567, 570, 471, 577, II. 180, III. 219, 624, 670, IV. 422, 426.

Fogliano, Görz=Friaul, Gz. O., II. 541.

Fohnsdorf, St., I. 333, II. 11.

Fohnsdorf=Praitenfurt, s. Konrad.

Foix, Germaine —, 2. Gem. Kg. Ferdinand's v. Span. (Nichte Kg's. Ludwig's XIII.), II 558.

Fokschani, Schl. b. — , (1789), IV. 532.

Folch, s. Cordona.

Folgaria, s. Vilgreit.

Folkmar, U., I. 512.

Folkun, sächs. Adelige, Sbb., I. 569.

Fondo, T., I. 303, IV. 398.

Fontainebleau, Frkr., IV. 15, 200.

Fontana, v. Oberhalbstein, II. 532.

Fontenay, Schl. b. —, (841), I. 279, (1744), IV. 234.

Forchheim, I. 288, 291, 590; — Frb. v. —, I. 284.

Forchtenau, II. 345.

Forchtenstein (Fraknó), Burg i. U., I. 492, 493, II. 352, 408.

Forestall, Augustiner, III. 611, 612.

Foreval, III. 625, 626.

Forgách, Forgács (v. Ghymes), ung. ab. Geschl., I. 237, 479, III. 151; — Gf. Adam, III. 619, 649; — Blasius, II. 203; — Franz, B. v. Großwardein, Staatsm. der Zápolyaschen Partei & H., I. 11, III. 280, 282; — Franz, B. v. Neutra, später Primas von Gran, III. 373, 374, 397; — Leop. I., III. 592, 593, 622; — Niklas, Feldherr, Gen. Rudolph's II. & Mathias', III. 385, 397, 398; — Sigmund, Pal., III. 383, 421, 423; — Simon, IV. 57, 61, 97, 103, 115; — Theresia, Gräfin v. —, Gem. des Gf. Tattenbach, III. 606.

Forkács (Forgács oder Farkas), Ladislaus, k. Rath, II. 355.

Formentin, ö. Deutschordens=Comthur, IV. 422.

Formio (Formione), s. Risano.

Foronnovo, Schl. b. —, II. 509.

Forster, Jesuit, III. 328.

Forstreuter, salzb. Emigrantenführer, IV. 149.

Fortunatus v. Grado, Patr. v. Istrien & Venetien, I. 273, 278.

Forum Julium o. Julii, s. Cividale.

Foscari, Doge v. Venedig, I. 346.

Foscarini, venet. H., IV. 145, 160.

Fouqué (Fouquet), preuß. Gl., IV. 288, 292.

Fours, de —, bö. Landstand, IV. 417.

Fränzl, k. Oberst, III. 437.

Fragileda, Sarmaten=Häuptling, I. 224.

Fraknó, s. Forchtenstein.

Fraknoi (Franttl), H., I. 68.

France, de —, Joseph, Gf., Director d. kaif. Schatzkammer & Gemälde-Gallerie, IV. 318.

Francesco I. von Padua (Carrara), II. 146, 156, 179, 188, 193; — II. (ober Novello) v. Carrara, II. 193, 194, 220; f. auch Franz.

Franchecomté, Frkr., IV. 88.

Francisci, H., I. 17, 29.

Frangepani (Frankopan), ab. Geschl., I. 354, 363, II. 94, 194, 369, 399, 462, 488, 489, III. 186; — Christoph, Feldherr, II. 547, 550—555, 625; 655, 656, III. 183, 185, 186; — Franz, Eb. v. Kalocsa, III. 196, 200, 221; Franz, Mkgf., letzter des Hauses, III. 600, 601, 603, 609 bis 613, 615, 616; — Johann, Bischof, II. 561; — Nitlas, II. 215; — Gregor, II. 374; — (v. Brinje, b. Prunblein) II. 463; — Stephan, III. 33.

Frain (Wranów) M., I. 410.

Frant, Bischof & Höfling, II. 72; — Literat, III. 585; — Valentin, Sachsengraf, IV. 63.

Franken, Ost-(Bay.), I. 585, 592, II. 295, 584, 647, 649, IV. 41, 149, 238.

Frankenberg, Gf., Karb., Primas d. Niederlande, IV. 534—536.

Frankenmarkt, O.-Oe., I. 366.

Frankenstadt, O.-Oe. I. 366, 367.

Frankenstein, Theil des schlef. Herzogthums Münsterberg, I. 438, IV. 190.

Frankfurt a. Main, I. 623, 660, 661, II. 9, 19, 101, 103, 109, 168, 190 212, 239, 294, 325, 327, 370, 477, 578, 613, III. 214, 419, 420, 503, 523, 525, 526, 564, 571, 937, IV. 92, 210, 211, 220, 225, 231, 232, 306, 317, 328, 523, 608, 622, 636, 644, 651, 653; — a. Oder, III. 468, 488, 502.

Frantl, f. Frakuói.

Franklin, IV. 517.

Franto, (Gf. v. „Friburg" (Freiberg) Vasall des Olmützer Bisthums, I. 416.

Frankochorion, f. Sirmien.

Frankopan, f. Frangepani.

Frankovich, f. Flacius.

Frankowa, U., I. 422.

Frankreich (Franzien) I. 236, 237, 249, 251, 255, 265, 623, II. 54, 60, 87, 162, 164, 208, 211, 235, 238, 323, 324, 326, 409, 421, 453, 477, 479, 491, 492, 499, 500, 503, 506, 507, 509—513, 515, 517, 518—522, 524—526, 528, 531, 534, 537, 543, 544, 548, 549, 551—554, 557, 558, 579—582, 592, 613, 614, 618 624, 629, III. 145, 169, 171—174, 176, 184, 190, 191, 193, 212—214, 224, 232, 257, 259, 327, 403, 404, 423, 427, 428, 453 455, 456, 457, 464, 468—470, 472, 477, 490, 492, 493—495, 503, 504, 518, 519, 521 bis 524, 526, 530, 532, 533, 535 bis 537, 539, 555, 557, 558, 571, 574, 576, 578, 579, 581—583, 590, 594, 603, 606, 608, 618, 624 bis 626, 627, 640, 641, 644, 645, 646, 649, 653, 655, 661, 662, 671, 685, 686, 688, IV. 7—10, 14, 18, 20, 38, 40—42, 44, 45, 48, 50, 51, 53, 56, 60—62, 67—69, 74, 78, 82, 83, 85—90, 92—94, 98, 100, 102 bis 106, 111, 112, 114, 115, 117, 118, 125, 128—136, 138, 141, 143, 158, 159, 171—177, 180, 181, 192, 196—201, 208, 209, 213, 215, 217, 220,—223, 225—227, 230—234, 237, 238, 276—279, 285, 287, 289, 290, 292, 293, 295, 298, 299, 300, 304, 315, 324, 328, 329, 334, 335, 341, 342, 344, 347, 356, 358, 359, 362, 363, 366, 520—522, 524, 525, 529, 530, 544, 548, 552, 554, 555, 559, 560, 565, 566—575, 578 bis 587, 591—596, 598—600, 602 bis 607, 609—613, 615, 618, 622, 626, 634, 636, 641, 647, 658; — (Regenten v. —) f. auch: Franz Heinrich, Karl, Ludwig, Ludwig (Louis) Napoleon, Louis Philipp, Maria Antoinette, Marie Louise, Napoleon, Philipp August, Renata (Renée).

Frankstadt, M., I. 105, 416.

Franz, Kr., I. 168.

Franz: deutsche Kaiser aus d. H. Habsburg-Lothringen: I. (Franz Stephan), IV. 139, 141, 142, 145, 161, 170—172, 176, 188, 191—193, 195, 198, 201, 202, 206, 209, 215, 217, 231, 232, 244, 263, 264, 276, 282, 295, 310, 311, 315, 317 bis 320, 327; — II. (I.): IV. 560, 563—567, 573, 578, 580—583,

585-587, 589—598, 600, 602 bis 612, 615, 617—620, 622, 625, 626, 629, 632, 633; — Joseph I.: IV. 636, 643, 644, 653; — öst. Erzherzoge: — v. Este, IV. 605; — Karl, Bruder Kf. Ferdinand I., IV. 633, 636; — König v. Frankreich: I., II. 523, 524, 584, 611, 613, 614, 625, III. 169, 170, 172 bis 176, 200; — König von Neapel & Sicilien: — I., IV. 565, 616; — v. Sforza. I. II., f. Sforza — II., Herz. v. Bretagne, II. 505; — III.. (Este) v. Modena, IV. 239, 310; Albert, Herz. von Sachsen-Lauenburg, III. 489; — Ludwig, v. Pfalz-Neuburg, B. v. Breslau, III. 639.

Franz, Domherr, bö. Chronist, III. 106; — Pater Jof., IV. 314.

Franzensbad, Bö., I. 393.

Franzensmuseum i. Brünn, I. 64.

Franzien, f. Frankreich.

Franziskaner, geistlicher Orden, III. 69, 445, 637.

Franzosen, III. 176, 199, 256, 503. 521, 526, 527, 530, 531, IV. 46, 48, 49, 52, 82—86, 87, 99, 112, 203, 217, 219, 221, 227, 229, 231 bis 234, 236-238, 259, 278, 279, 285, 286, 287, 290, 291, 294, 298, 300, 359, 361.

Fraslau, St., 334.

Frapporti. H., — Z. 4.

Frast, H., I. 72.

Frastanz, V. A., I. 530.

Fraticellen oder Bizosen, II. 228, 370.

Fratuscus (Pseud.), Verf. des Antihippolithus, III. 524.

Frauenbach, f. Nagybánya.

Frauenberg, III. 478.

Frauenbronn, Schweiz, Schl. b. —, II. 190.

Frauendorf (Wadowice), Gal., I. 445.

Frauenmarkt (Bath), U., I. 488.

Frauenreut, Bö., I. 392.

Frauenstadtl, Bö., I. 391.

Fredegar, fränk. Chronist, I. 251, 253, 272.

Freher, Markw., H., I. 21.

Freiberg, Heinrich von —, höfischer Dichter, III. 105.

Freiberg (Příbor), M., I. 415, 416; — Sachsen, I. 386, 412, III. 92, IV. 295, 298.

Freiberger, ö. Mil., III. 501.

Freiburg i. Breisgau, II. 189, 260, 392, III. 538, 582, 686, IV. 94, 227, 398, 402, 519; — i. b. Schweiz, Uechtland, II. 118, 121, 122, 130, 131, 471, 509, 539, III. 174; — Wildshut, Bay., IV. 79, 362.

Freienstadt, Pö., III. 68.

Freising, Bayern, I. 261—263, 269, 292, 295, 296, 304, 306, 309, 317, 327, 334, 339, 341—343, 350, 369, 492, 584, 590, 591, 600, 608, 619, 634, 641, 646, 664, 669, II. 18, 151, 223, 226, 696, III. 17, 22, 30, 39, 44, 46, 55, 70, 150, 342, IV. 397; (Bischöfe v. —), f. auch: Abraham, Otto, della Scala, Nicodemo, Wäsing; — (Vogt v.—), f. Otto.

Freistadt, Schlef., I. 106; — O.-Oe., I. 367, 390, II. 20, III. 273, 447.

Freistadl (Galgócz, slovakisch „Frýstat"), U., I. 477, 480, III. 587, 593.

Freistein, a. d. mähr. Grenze, I. 410.

Freitag, Baron v. —, öst. Botsch., IV. 178.

Freiung, Pfarre i. Bay., I. 382.

Freiwaldau, Schlef., I. 106, 425.

Fresen, ö. Komm. des Kast. Veruca b. Turin, IV. 53.

Fresne, du —, frz. Gef., III. 571.

Fresse, du —, Jean, B., III. 212.

Freudenberg, V. A., II. 252, 267.

Freudenthal, Karth. in der, I. 343, (sl. Bruntal, Frontal, schönes Thal), Schlef., I. 106, 424, 426, 427, 428, II. 44, III. 90, 92, 194, IV. 410.

Freund, Hanns, kaif. Höfling, II. 326.

Freyberger, Lorenz, B. v. Gurk, II. 460.

Freysleben, kaif. Archivar, IV. 313.

Freystadt, Ob.-Pfalz, I. 384.

Friaul (Herz. & Mark), I. 95, 249, 273, 274, 279, 316, 321, 326, 339, 344, 345, 346, 349, 585, 586, 588, 589, 591, 609, 657, II. 109, 127, 141, 143—145, 147—150, 159, 252, 270, 272, 280, 281, 463, 511, 541, 546, 550 bis 554, 555, 587, 588, 600, 621, III. 66, 393, 600, IV. 397. (Fürsten v. —), f. auch: Balderich, Erich, Gisulf, Heinrich. Kabolach, Pemmo, Werihent; Z. 8.

Friedau, St., I. 334, III. 58.

Friedberg, Bay., I. 382, III. 294.

Friedeck, ö. Schl., I. 106.

Friedewalde, i. Hessen, III. 212.

Friedland, Bö., I. 395, 396, III. 434, 462; Schl. b. —, IV. 591.

Frieblingen, Schl. b. —, (1702), IV. 45.

Friedrich, Ungierfürst (S. Feva's), I. 229.

Friedrich, deutsche Kaiser & Könige: I., Barbarossa, I. 302, 382, 383, 392, 609, 610, 614, II. 38, 82—84, 116, 134, 135, III. 11, 14, 17; — II., I. 342, 351, 381, 617, 619, 620, 622, 624—634, 637, 655, II. 41, 117, III. 12, 14, 17, 19—21, 28, 83, 115; — (III), „d. Schöne", II. 21, 99—102, 108 bis 115, 120, 122, 126, 145, 150, III. 28; — III. (IV.) I. 131, 135, 303, 338, 354, 438, II. 273 bis 275, 278, 320, 325—332, 337, 339, 340, 343—345, 347—349, 351—360, 363, 366—368, 376 bis 380, 382—393, 396, 399, 401 bis 414, 417—419, 421, 422, 426 bis 433, 436—441, 449—505, 513, 520, 521, 541, 442, 559, 595, 603, 621, 623, 635, III. 12, 17, 19, 20, 30, 45, 46, 54, 58, 63, 68, 83, 85, VI. 399, 404; Z. 18. — Dänemark: (IV.) Kg. v. —, IV. 560, 616; — österreich. Fürsten: Babenberger: Hz. — I., „d. Katholische", I. 616; — II., „d. Streitbare", I. 342, 351, 620—630, III. 19, 27, 51, 71, 141; — Habsburger: (S. Hz. Albrecht II.), II. 133, 148; Z. 16. — Friedrich IV. „mit der leeren Tasche" (Sohn Herz. Leopold's III.) I. 304, II. 188, 193, 220, 224, 226, 227, 249—267, 269—274, 279, 320, 329, 527, III. 45, 55; Z. 17. — S. Ezh. Karl's, ö. Oel., IV. 634, vergleiche auch oben „deutsche Könige und Kaiser III. & IV." — Baden: — v. (Genosse Konradins des letzten Staufen), I. 636, 637 652; — Baden-Durlach: — Georg, Mtgf. v. —, III. 456; — Böhmen: — Herz. v. —, (Sohn Wladislaw' II.), I. 375, II. 38; Hohenzollern-Brandenburg Preußen: I. 655; — III. u. VI. v. II. 322, II. Kf. v. —, II. 322, 323; — Mtgf. v. —, II. 40, 545—547; — Wilhelm, Kurf. v. —, III. 661, 662, 684; — III. Ki. v. —, (erster Kg. v. Preußen), IV. 40, 77, 178; — Preußen:

I., Kg. v. —, IV. 44, 90—92, 125, 178; — II., Kg. v. —, IV. 131, 177—179, 181—184, 189 bis 201, 204, 207, 209, 210, 211, 213 bis 216, 221, 222, 225, 226—233, 247, 251, 252, 261—264, 267 bis 270, 272—277, 280, 281, 284 bis 300, 311, 312, 317, 327, 329, 333, 334, 336, 338, 340, 343—348, 354, 355, 357—363, 366, 368, 509, 523—526, 528, 529, 613; — Wilhelm, I., Kg. v. —, IV. 103, 125, 126, 129, 130, 132, 149, 158, 159, 161, 162, 450; — Wilhelm, II., Kg. v. —, IV. 528, 530, 539, 559, 567; Wilhelm, III., Kg. v.—, IV. 559, 593, 595, 597, 606, 607, 613, 622, 633; — Wilhelm IV. Kg. v. —, IV. 615; — Kurhessen: — Wilhelm I. v. —, IV. 615; — Pfalzgrafen: — a. Rhein Wittelsbacher: — b. Siegreiche, IV. 404, 405, 436, 441, 458; — II., II. 489, 490; — III., III. 271; — IV., III. 297; — V. (Winterkönig), III. 403, 409, 422, 423, 427—430, 437, 448, 453, 455, 456, 559, IV. 383; — Sachsen: — „d. Weise", Kf. v. —, II. 549, 578, 611, 612; — Hz. v. —, III. 222; — August I., Kf. v. —, (d. Starke), III. 681, 682, 685—687; — als Kg. v. Polen: August II., IV. 131, 176; — August II. (als K. August III.), IV. 132, 133, 231, 273, 275, 276, 290; — Christian, dgl., IV. 334; — August (Sohn d. Vorigen), IV. 334; — Kurf. August III. (als August I., erster Kg. v. Sachsen), IV. 559; August, II., dgl. —, IV. 615, 626; — Sachsen-Lauenburg: — v.—, III. 659; — Schwaben (Staufen): — I. 605, 634, 637; — Schweden: — VI. Kg. v. —, IV. 149, 225; — Würtemberg: II. (I.) Kf. & Kg. v. —, IV. 559; — Gf. v. Cilli: — II., II. 276 bis 278, 335, 363; — Eb. von Salzburg: I. — I. 320; II. II. s. Walchen; — III. III. 22.

Friedrichsdorf, (Frydrzychowice), Gal., J. 444; — (Wietanowice), Gal., I. 444.

Fries, baron. Bürgerfamilie —, IV.

461; — Gf. (einst Banquier), IV. 481, 493.

Friesach (Candalecae), K., I. 168, 323, 324, 615, 664, II. 9, 11, 14, 15, 463, 465, 467, III. 20, 31, 41, 58, 66, 68, 152, IV. 397; — Gf. v. —, (Zelschach), s. auch Wilhelm.

Friesland, IV. 237.

Frimont, ö. Gl., IV. 623.

Frischlin, Nikodemus, Dichter, Rector b. Laibacher Sch., III. 338.

Fritsch, Dipl., IV. 299.

Fritzdorf, Fritzow, U., I. 530.

Fröhlich, Ambros, Prof., III. 248; — David, Hofmathematikus & H., I. 24, 524, Erasmus, W., Jesuit, H., I. 37; — v. Fröhlichsburg, Jurist, IV. 446.

Frohnleiten, St., I. 332.

Fronauer, Bandenführer, II. 383, 384.

Fronto, Wenzel, Propst v. Altbunzlau, III. 276.

Froon, ö. Regiment, IV. 595.

Frubisch, Bach, B. A., I. 314.

Frundsberg, adel. Geschl. i. T., II. 254, 257; — Ulrich v. —, B. v. Trient, II. 473; — Georg v. —, Heerführer, II. 545, 555, 592, 616 bis 648; — Kaspar v. —, Sohn des Vorigen, II. 592.

Fruschin, Sohn Sismann's, Fürsten v. Bulgarien, I. 545, II. 507.

Fruschka-Gora, -Frenskagora, Frankengebirge, i. Slavonien, I. 363.

Frutzbach, B. A., I. 314.

Frydman, U., I. 522.

Frybrychowice, s. Friedrichsdorf.

Fryštak, s. Freistadtl.

Fryzowa, Gal., I. 448.

Fuchs, H., I. 25; — Gottlieb, dgl., I. 48; — Christoph auf Fuchsberg, Tiroler Adeliger, II. 254; — Jakob, II. 558; — ö. Großhändler, IV. 493.

Fuchs, Maria Charlotte, Gräfin v. —, IV. 170, 244.

Fuchsstein, Joh. v. —, Agent des vertrieb. Herz. Ulrich v. Würtemberg.

Füeger, tir. Gewerke, III. 65.

Füllenstein, Herbort v. —, Landeshauptmann v. St., I. 425, 649.

Fülpös, s. Száß-Fülpös.

Fünfkirchen, Karl Edler, v. —, III. 658.

Fünfkirchen (il. Pet Kostelu, mag. Pécs) (Quinque Ecclesiae), U., I. 109, 496, 497, II. 68, 457, 657, III. 16, 133, 135, 156, 157, 160, 200, 235, 308, 678; (Bischöfe v. —), s.

auch Balássy, Csesinge, Draskovich Georg, Maczedoniai, Sigmund Ernst, Szathmáry, Verantius.

Fuente-Rabia, Spanien, IV. 356.

Fuentes, Marchese de —, III. 564.

Fürst, Baron v. —, preuß. Dipl., IV. 243, 266, 449, 451.

Fürstenberg, Churrhätien, II. 527, 528, 530.

Fürstenberg, ab. Geschl., II. 534; — Heinrich v. —, II. 474; 'Gf. v.—, ö. Gl., III. 520; Gf. Wilhelm v.—, III. 573; — kais. Comm., IV. 229; — Fü. C. E. v. —, bö. OberstburgGf., IV. 481; — Frh. v. —, kölnischer Staatsmin., IV. 364.

Fürstenbund, deutscher, IV. 520, 525.

Fürstenfeld, St., II. 431, 433, 466 III. 58, 245; — Kloster in Bay., I. 111, 112; — Mönch v. —, II. 46.

Fürstenwalde, preuß. Schles., I. 427.

Fürth (Furth), Bay., I. 382, III. 484, 492.

Füssen, Bay., I. 161, II. 644, 592, III. 203, 214, Frb. v. — (1745), IV. 229, 230.

Füzérer Bezirt, U., I. 510.

Fugger, bayer. Patricier- (& Adels-) Geschl., I. 476, 488, 528, II. 636, 641, 643, III. 65, 107, 161, 610; — Jakob, Frh. v. —, H., I. 6; — Gf. Joh. F. A., ReichshofrathsPräs., III. 511; — Gf. Marquard v. —, kais. Botsch. i. Venedig, III. 555.

Fuhrmann, H., I. 37, 38.

Fulda, Reichsabtei, III. 470.

Fullendorf, Michael v. —, kj. Rath, II. 326.

Fulnek (Füllen-Eck), M. I. 105, 415, 416, 423, 427, 429, II. 449, III. 442, 541.

Fulßtyn, Herbort v. —, Chronist, I. 455.

Fundstollen, U., I. 108, 479.

Furius, Victorinus, panonischer Legionenführer, I. 220.

Furnes, i. Flandern, IV. 278.

Furni, Graubüten, II. 527.

Fusch, I. 320, III. 67.

Fusssach (Füssach), B. A., I. 314, II. 267, 381, 530.

Futak, U., I. 543; (Landtag zu) II. 373, IV. 116.

Fur, Otto, Günstling H. Otto's b. Fr. von Habsburg, II. 115; — Joh. Joseph, Componist, IV. 466.

Furmagen, kais. R., III. 76.

Gabel, Bö., I. 387, 388, 395, 396.
Gabinius, Sarmaten-Kg., I. 155, 224.
Gáboltó, U., I. 531.
Gabreta-Wald, I. 212; ſ. auch Böhmerwald.
Grabria, Iſtr., I. 90.
Gabriele, Angelo, Fra—, Franziskaner, IV. 25.
Gabrieliſten, Wiebertäuferſekte, III.205.
Gabromagus, ſ. Windiſch-Garſten.
Gačka, I. 363.
Gačkathal (Gučka, Gačto), I.354,359.
Gačer-, Guduskaner, dalmat. Volksſtamm, I. 278.
Gadina, la —, Spanien, Schl. b. —, (1709), IV. 71, 88.
Gärtner, H., I. 72.
Gaſiron, preuß. Votſch., IV. 367.
Gages, ſp. Heerführer, IV. 224, 235.
Gagern, Ch. E., Frh. v. —, IV. 606, 612; — Heinrich v. —, IV. 645.
Gai, Gal., I. 448.
Gail, K., I. 102, 321; —thal, K., I. 174, 251, 321, 328; — ſ. auch Geilthal.
Gairach, ſ. Geirach.
Gaisberger, H., I. 72.
Gaismayr (Geismayr), Michael, Anf. d. tirol. Bauernaufſtandes, II. 641, 647, 648; — ſ. Bruder: Hanns, I. 648.
Galambócz, ſerb. Grenzſſtg., II. 304, 341, III. 677.
Galantha, Stammſitz der Eſzterházi, U., I. 477.
Galata, b. Konſtantinopel, IV. 97, 136,
Galba, röm. Kſ., I. 168.
Galerata, It., II. 523.
Galerius, röm. Cäſar, I. 184.
Galgócz (Freiſtadtl, Fryſtaf), U., I.528; — ſ. auch Freiſtadtl, U., I. 593; — i. Vorſch. Com., U., I. 507.
Galignano, Iſtr., I. 351, III. 67.
Galizien (Halitſch), I. 70, 107, 442 bis 444, 451, 474, 537, IV. 338, 351, 359, 361, 437, 469, 479, 480, 485, 487—490, 501, 531, 547, 553, 592, 596, 598, 620, 634, 647, 648, 657.
Galizin, Frh. v. —, ruſſ. Votſch., IV. 296; — ruſſ. Gl., IV. 596.
Gallas, Math., Gſt., ö. Gl., III. 471, 478, 486, 487, 489, 494, 496 bis 499, 501—504, 519—521, 526,

527, 530, 531; — Kſ., ö. Geſandt. IV. 89; — bö. Landſtand, IV. 417.
St. Gallen, Schweiz, I. 257, 314, 656, II. 54, 117, 130, 250, 251, 471, 527; (Aebte v. —), ſ. auch: Vasnang Konrad v. — & Falkenſtein Berthold v. —.
Gallenberg, Kr., I. 342.
Galler Benigna, Gem. Siegfried's von Eggenberg, III. 509.
Gallienus, röm. Kſ., I. 175, 222, 224.
Gallipoli, II. 180, IV. 119.
Gallo, ö. Dipl., III. 360, 388, 424, IV. 572, 573.
Gallus, iriſcher Miſſionär, I. 256, 257.
Galoway, ſp. Heerführer, IV. 85, 88.
Gálßécs, U., I. 534, III. 354.
Gálßécsy, Stephan, II. 654, III. 236.
Gamelſtorf, Bay., Treffen bei —, II. 108.
Gaming, N.-Oe., III. 317.
Gamnic, ſ. Gams.
Gampenberg, T., I. 100.
Gampus, Dr., Syndikus v. Wien, II. 619, 622, 623.
Gams (Gamnic), St., I. 334.
Ganganelli, ſ. P. Clemens XIV.
Ganócz (Hannsdorf), U., I. 525.
Gans, Jeſuit, H., I. 15.
Gara, u. Ad.-Geſchl., II. 206, 213, 214, 276; — Ladislaus, II. 335 bis 337, 345, 364, 367, 375, 398, 399; — Niklas, II. 200, 203, 214, 276, 281; — Peter 466; — III. 200; ſ. auch Anna.
Garan, ſ. Gran.
Garampi, päpſtl. Nuntius, IV. 504.
Gardaſee (Lacus Benacus), I. 142, 236, 251, 300, II. 145, 550, IV.48.
Gardun (Delminium), Dalm., I. 163.
Garg, Gargo, ſ. Görgö.
Garibald I., Hz. v. Bay., I. 250, 258; — II., Thaſſilo's Sohn, I. 251, 253.
Garibaldi, IV. 635.
Garicberge, oder Moslavanergebirge, i. Kroa., I. 362, 363.
Gars, N.-Oe., I. 375.
Gars, Grafen v. —, III. 54.
Garſten, Kloſter, O.-Oe., III. 69, 74, 77, 244.
Gaſtal, B. A., II. 267.
Gaſtein (Gaſtaun), S., I. 318—320, 323, II. 636, 637, 648, III. 30,

64; — Convention v. —, (1865), IV. 652.

Gaster, Graubündten, II. 252.

Gatterer, H., I. 42.

Gatti, ital. Gel., III. 159.

Gattinara Mercurio, Kanzler Karl's V., II. 618, III. 173.

Gaupp, I. 231.

Gauthier, II. 528.

Gaya (Kyjow, „Geyen"), M., I. 417, III. 541.

Gebhard II., Eb. v. Köln, III. 296; — a. d. Hanse der Grafen v. Helfenstein, (Eb. v. S., I. 335, 599, 603; — Bruder d. Hz. Boleslaw's III. v. Bö., B. v. Prag, II. 31 bis 33, 36; — B. v. Regensburg, I. 595; — (früher Jaromir); — B. v. Trient, III. 25; — Gf. von Salzbach, I. 383; — Dr., ti. Bevollmächtigter, III. 489.

Gebler, Frh., J. Ph. v. —, ö. Staatsrath, IV. 443, 444, 482, 500.

„Gecken, arme" (Armagnacs), II. 326.

Géczy, III. 301, 302, 384, 385.

Gedimin, Litthauer-Fürst, I. 454.

Gediminiden, litth. Dynastie, I. 456, II. 201.

Gehringer, ö. Civilcomm. i. U., Frh. v. —, IV. 644.

Geib (Gybe, Hibbe), U., I. 483, III. 135.

Geier, Sachsen, III. 440.

Geidel, die —, Ansiedlung, U., I. 479.

Geiersberg, Bö., I. 398.

Gejsa, Fürst v. U., II. 60, 61; — Könige v. U.: I. (Sohn Bela I. v. U.), I. 500, 503, II. 59, 72, 73, III. 114, 149; — II., I. 491, 493, 501, 524, 553, 571, 572, 574, 612, II. 82, 86, III. 137, 151; — jüng. Bruder Béla's III. v. U., II. 84.

Geisso, schwed. Gl., III. 529.

Geilenhausen, Joh., Mönch v. Maulbronn, II. 298.

Geilthal, K., II. 596, s. auch Gailthal.

Geirach (Geyrach, Gairach), Karth. i. St., I. 336.

Geismayr, s. Gaismayr.

Geisruck, ö. Genie-Obst., IV. 295.

Geizkofler, tirol. Familie, III. 65; — Lukas, III. 250.

Geldern, II. 438, 501, 510, 514, 528, 531, 548, III. 635, IV. 92, 237, 299; — (Hz. v. —), s. auch: Karl Egmont, Gf. v. —.

Gelenn, Wenzel v. —, Prager Raths-herr, III. 209.

Gellersdorf, N.-Oe., Landtag zu —, II. 383.

Gellert, C. F., Schrift., IV. 281, 516.

Gelnhausen, Kurfürstentag zu —, II. 511, 579.

Gelou, angebl. Fst. v. Sbb. (Gyula?), II. 55, 63.

Gelovaz, Kr., I. 342.

Gemblour, Siegebert v. —, Chronist, II. 36.

Gemona (Klemann) i. Friaul, II. 143, 144, 147, 148, 272, 282, 554, III. 68.

Genach, einer d. 7 Stämme d. Magyaren, II. 53.

Gendlach, Kr., I. 342.

Gendorf, Christoph v. —, Berghaupt-mann, III. 264, 265.

Generalstaaten, niederl. o. holländ., III. 403, 582, 661, IV. 40, 77, 153, 197, 237, 258; s. auch Holland.

Generibus, Statth. i. Norikum-Pannonien, I. 189, 226.

Genf, III. 240.

Gengenbach, Vorb.-Oe. (Ortenau), III. 538.

Gennadios, Patr. von Konstantinopel, II. 351.

Gent, span. Nbde., II. 499, 500, 502, 503, 504, 613, 633, III. 176, IV. 87, 234.

Gentilis, päpstl. Legat, II. 106, III. 115.

Gentilotti, ki. Hofbibliothekar, IV. 145.

Gentius, Illyr. Kg., I. 155.

Genua, II. 158, 178, 179, 282, 324, 341, 522, 625, III. 171, 172, 471, IV. 132, 225, 234, 235, 237, 238, 242, 560; (Doge v. —), s. auch Doria Andreas.

Genz, Friedrich v. —, ö. Publizist & Staatsmann, IV. 584, 593, 612, 619, 622, 624, 632.

Georg I., König v. England (als G. Ludwig, Kurf. v. Hannover), III. 659, IV. 40, 79, 80, 126, 130; — II., Kg. v. England & Kf. v. Hannover, IV. 87, 130, 196, 197, 199, 204, 221, 222, 225, 226, 237, 279, 293; III., dgl., IV. 293, 591, 615; — IV., Kg. v. England & Hannover, IV. 615, 616; — Kg. von Griechenland, IV. 637; — Wilhelm, Kf. v. Brandenburg, III. 523; — Kf. v. Sachsen, III. 428; — Hrz.

v. Sachsen, III. 176, 181; — Hz.
v. Bayern, II. 475; — „d. Reiche"
v. Bayern-Landshut, II. 504, 535,
536; — Markgf. v. Brandenburg-
Ansbach, I. 129, 546; — dgl. ung.
Regentschaftsrath, II. 612. 653, 654;
— Landgf. v. Hessen-Darmstadt, III.
488, 489; — v. Anhalt-Dessau, III.
577, 637, 647, 659; — d. letzte
Herrscher v. Halitsch, a. d. Stamme
d. Rostislawiczen, I. 454; — II.
Graf v. Almissa, I. 300, 301; —
IV. Gf. v. Chrowizza & Herr von
Zrin (Zrinni), I. 361, II. 178; —
Eb. v. Halitsch, I. 457; — B. v.
Metz, II. 490; v. Liechtenstein, B.
v. Trient, II. 225, 252—254, 264,
— Propst von Preßburg, II. 390,
391; — (Zurik), Einsiedler, I. 415;
— „d. Mönch", byzant. Chronist;
II. 59; — („Bruder"), (Georg Ul-
jessenich, s. Martinuzzi) —, Prädi-
kant, III. 237, 654; — „v. Hause
Jakob", Anabaptist, III. 250; —
Kremnitzer Kammergraf, III. 161.
St. Georgen a. d. Mur, St., I. 468;
— b. Lieding, Kloster i. K., I. 325;
— a. Längsee, K., I. 327, 657,
III. 70; — (Preßburger Comm.),
U., I. 475, II. 399, III. 353; —
(Propst v. —), s. auch Ráconyi; —
(sv. Juri), Slavonien, III. 308.
Georgenberg, b. Enns, O.-Oe., I. 614,
616, II. 10, 19, 20, III. 13; —
b. Schwaz i. T., III. 413; —
(Spišta-Sobota, Szombathely), U.,
I. 516, 526.
St. Georgen-Gesellsch., „mit dem Adel",
II. 580.
St. Georgen-Ritter, I. 309, 327, II.
479. Vgl. St. Georgen-Gesellschaft.
St. Georgenschloß, Kro., I. 496.
Georgien, Ausw. der Salzb. Protest.
dahin, IV. 149.
Gepaatsch-Gletscher, T., I. 309.
Gepiden, germ. Stamm, I. 225, 226,
230, 237, 238.
Geppersdorf, Schles. I. 425.
Gerald, Sbb., I. 531.
Gerardo, s. Gerhard.
Geras (Jarouch), Prämont. Stift N.-
Oe., I. 374.
Gerbert, Abt, H., I. 40; — s. P.
Sylvester II.
Geréb, Ladislaus, Buchdrucker i. Ofen,
I. 158, 159; — Ungarnführer, II. 416.

Gerendi, Ad.-Geschl., U., III. 303; —
Niklas, Domherr v. Stuhlweißen-
burg, III. 184.
Gergeschdorf, Sbb., I. 575.
Gerhard (Gerardo) „d. Heilige", B. v.
Csanád, I. 548, II. 67. 68, III.
118, 149; — v. Eppenstein, Eb v.
Mainz, II. 9; — Pfarrer v. Irb-
ning, St., II. 12; — Bürger von
Miechow i. Gal., I. 416.
St. Gerhardsberg, U., I. 501.
Gerhardsdorf (Gieraltowice), Gal., I.
444.
Gerlach, Kf. v. Mainz, II. 174.
Gerlachov, Sbb., I. 531.
Gerlos, Fl., T., I. 316—318.
Gerlsdorf (Geroldsdorf), U., I. 517.
Germaine v. Foir, Nichte Ludwig's XII.
Gem. Ferdinand's V. Kgs. v. Sp.,
II. 514, 524, 558; — s. auch Foir.
Germanen, I. 208, III. 33, 47, 48, 60.
Germisara b. Broos, I. 176.
Gerod, U., I. 487.
Gerold v. Thurgau, Statth. v. Bay.,
I. 271.
Geroldsdorf, s. Gerlsdorf.
St. Germain en Laye, Frkr., Frd.
v. — (1679), III. 582.
S. Germano i. Apulien, Frd. v. —
(1230), I. 620.
Gerowicz, s. Gigersdorf.
Gersdorf, Schles., I. 425.
Gerson, Johannes, Universitätskanzler
v. Paris, II. 259.
Gerstenberg, H. W. v. —, IV. 516.
Gerstmann, B. v. Breslau, III. 284.
Gerstung — er Tag der Sachsen (1075),
I. 598.
Gertrude v. Andechs-Meranien, Gem.
Andreas' II., Kg. v. U., I. 514,
II. 88, 89, III. 152; — Wittwe
Heinrich's d. Stolzen, dann Gem.
Heinrich's II. Jasomirg., I. 608; —
2. Tochter Leopold's VI. v. Oe. b.
Bab., Gem. d. Thüringer Landgfn.
Raspe, I. 619, 634; — Tochter
Heinrich's v. Mödling (Bruder's K.
Friedrich's II. d. letzten Herz. von
Babenb. Gem. d. Wladislaw, Mkgf.
v. M., I. 629, 632—634, 652.
Gertrudenburg, Congreß zu —, Hol-
land, IV. 88.
Geschin, Paul v. Vezdiec, Chron., III.
440.
„Gesenke" (Jesenické hory), Gebirg, M.,
I. 105, 212, 406, 407, 414.

Gestnik, s. Gösting.

Geten I. 210.

Gévay, H., I. 66.

Gewitsch, M. I. 105, 413, II. 44.

Geyen, s. Gaya.

Geymann, Joh., II. 616.

Gfrörer, H., I., 75.

Gheleen, Gottfr. Hugo v. —, kurköln. dann Gl., III. 519, 521, 530.

Ghibellinen, I. 606, 608, 627, 637.

Ghita, Gregor, Hospodar b. Moldau, IV. 366.

Ghimes, sp. Heerführer, IV. 223.

Ghirabadda (Agnadello), II. 517, 549; s. auch Agnadello.

Ghiselieri, ö. Gl., IV. 592.

Ghislieri, s. P. Pius V.

Ghymes, U., I. 479; s. auch Forgács.

Giannini, Gf., Olmützer Domherr, IV. 215.

Gibel, U., I. 522.

Giengen, Schl. b. — (1462), II. 406.

Gienger, ö. Ad.=Familie, III. 540; — Dr., Georg, kais. Rath, III. 257, 263, 264.

Gieraltowice, s. Gerhardsdorf.

Giesebrecht, H., I. 75.

Gießhübel (— Reinerger —), Berg=straße, Bö., I. 389.

Gigersdorf (Gerowicz), Gal., I. 444.

Gillanyi, Baron, IV. 202, 206.

Gilles, holländ. Dipl., IV. 236.

Gillnichbanya, s. Göllnitz.

Gindely, H., I. 62, 63, 71.

Gins, s. Güns.

Giorgi Marino, venet. Botsch., III. 617.

Giovanelli, H., I. 74.

Giovanni de Medici, III. 395.

Giovio (Jovius), H., I. 12, 13.

Gija, Gem. b. Rugen=Kgs. Jeva, I. 227.

Gisela (Keysla), Schwester Heinrich's III. v. Bay., als b. K. Heinrich II., Gem. Stephan I. v. U., I. 540, II. 61, III. 134.

Gistra, s. Jiskra.

Gisulf, Friauler Herzog, I. 251.

Giuliano, Medici, Bruder P. Leo' X., II. 522.

Giurgewo, Wallachei, Schlacht b. — (1595), III. 307, Bisit. v. — (1790), IV. 553.

Giurgi Stephan, Wojw. b. Moldau, III. 585.

Giusti, Abée, Hofr. i. d. ö. Staatskzl., IV. 323.

Giustiniani, Antonio, Orator der Republik Venedig, II. 552; — Anführ. b. Benet., III. 395; — venet. Bot=schafter i. 17. Jahrh., III. 551, 552, 554—556, 563, IV. 448, 457.

Gladich, Pater, Hieron., Abenteuerer, III. 512.

Glagow, s. Glogau.

Glan (oder Klagu), Fl. i. K., I. 322, 324; — =thal, II. 464.

Glanek, K. II. 596.

Glarus, Schweiz, I. 656, II. 117, 118, 131, 250, 325, 471, 523.

Glaserhan, U., I. 483.

Glatz (Kladsko), Schle., I. 388, 389, 395, 430, 437, 438, II. 43, 45, 451, III. 90—92, 97, 443, 508, 535, IV. 190, 192, 193, 209, 215, 239, 261, 263, 275, 278, 288, 292, 294, 299, 348, 409, 411.

lein, St., I. 194.

leink, Kloster, III. 74.

leisdorf, St., II. 596, 598.

leisenthal, sächs. Heerführer, III. 278.

leiwitz, Schles., I. 435.

les, s. Gles.

lina, Fl. i. Kroa., I. 364, IV. 554.

linbich, H., I. 70.

lobig, sächs. Dipl., IV. 611.

lobnitz, N.=De., I. 376.

loden, N.=De., I. 375.

löckelsberg, ö. Gl., IV. 67.

löes, s. Gles.

logau (Glagow), Schles., I. 431, 432, III. 86, 93, 443, 525, 537, IV. 178, 190, 193, 194, 227, 414, 420, 534.

Gloggnitz, N.=De., I. 337, 371.

Glubčicich, s. Leobschütz.

Gluck, C. W., Musiker, IV. 471.

Glück, H., I. 71.

Glurns, T., I. 310, 311, II. 527, 529, 531, III. 55, 68.

Glynić, Clm. Bisth. Enklave i. Schles., I. 423.

Gmalz, Pfarrer v. —, s. Schweidle.

Gmünd, K., II. 467, III. 31, 67.

Gmunden, Johannes v. —, Lehrer, III. 76.

Gmunden, I. 169, 366, II. 453, 456, 462, 559, 569, 573, III. 30, 68, 244, 273, 417, 450.

Gnabl, Bö., I. 398.

Gneisenau, Plt., IV. 593.

Gnesen (Gniesen, Gniazna), Vorort Großpolens, I. 415, 450, II. 33,

49, 183, III. 284; (Eb. v. —) f.
auch Laski; — (Kastellan v. —) f.
auch: Zborowski.

Guevin, „Brücke" (most) b. —, =Brür,
M., III. 91; f. auch Brür.

Gniesen, f. Guesen.

Gniesen (Gniezda, Kniesen), U., I. 12,
86, III. 135, IV. 338, 421.

Gniezna, Fl., Gal., I. 452.

Gobert, f. Aspremont.

Gobinice, Schlef., I. 431.

Göbel, Familien i. Sbb., I. 561; —
Johann (genannt Heunl), I. 561.

Göding (Hodonin), M., I. 417, II.
105, III. 90, 92, 528.

Göllenz, f. Göllnitz.

Göllheim, Schl. b. — (1298), II. 19.

Göllnitz (Göllenz, fl. Huilec, Gillnich=
bánya), U., I. 108,512, III. 136,137.

Gömör (Sajó=Gömör, Gumur), U.,
I. 486, 506—509, 516, 578, III.
110, 544.

Göncz, U., I. 511, III. 544.

Görgey, u. Zipser Ad. Geschl., I. 514,
517, III. 152; — Arthur, GL., IV.
642, 644, 645.

Görgö (Garg, Gargo), U., I. 509,
514, III. 152.

Görlitz i. Niederlausitz, I. 387, 396,
II. 166, 402; — f. auch Johann.

Görtschach, Kr., II. 271.

Görtschitz (Gurciza=, kleine Gurk, Cur-
cica), Fl. i. Kr., I. 323, 324.

Görz (Gorizia, Goriza), I. 39, 73,
102, 118, 302, 307, 317, 326, 328,
337, 342, 344—346, 352, 615, 617,
636, 641, 657, 665, 670, II. 102,
129, 140—143, 147, 148, 158, 178,
194, 216, 262, 263, 272, 282, 426,
475, 540, 542, 543, 546, 547, 550,
551, 586, 588, 621, III. 9—11,
13, 21, 32, 38, 39, 45, 59, 66, 67,
249, 252, 308, 392, 519, 520, 526,
529, IV. 392, 397, 399, 401, 485,
501, 502, 504, 598; (Grafen v.—)
f. auch: Engelbert, Hanns, Heinrich,
Joh. Heinrich, Johann, Mainhard,
Ludwig, Meinhard, Elijabeth; —
(Eb. v. —) f. a. Attems; — (Landeshauptmann v. —) f. auch Lamberg; — (Pfarrer v. —) f. auch
Marzina.

Görz, Gf. Eustach, preuß. Botsch., IV.
357, 367.

Göß, St., I. 335, 643, 665, II. 467,
III. 70.

Goës, Goëß, kf. Botsch., III. 592,
594; — ö. Staatsm. & Statth. i.
Bay., IV. 17, 21, 175, 220.

Gösting (Gestnit), St., I. 333, II.
268, 270.

Goethe, Dichter, IV. 231, 317, 604.

Göttingen, IV. 358.

Göttweih (Göttweig), Stift N.=Oe., I.
35, 335, 599, II. 388, III. 54,
69, 70, 74, 75, 77, 446; (Aebte
v. —) f. auch: Kalbius, Hartmann.

Götz (oder Götzen), Joh. v. —, ö. GL.,
III. 479, 486, 498, 519, 520, 526,
527.

Götzis, V. A., I. 314, II. 251.

Goisern, O.=Oe., I. 169, III. 318.

Gola (die Kahle), Sbb., I. 556.

Golaschitz, Holaschic (Golasitz = Župe),
I. 414, 423, 424, 432, II. 43,
III. 97.

Goldast v. Heiminsfeld, H., I. 16.

Goldbach, U., I. 487.

Goldberg, Schlef., I. 432, III. 93.

Goldberg, Patrizier v. Lemberg, I. 456.

Goldegg, f. Prückelmaner.

Goldegg, salzb. Landesger., IV. 148.

Goldeck, f. Altstadt.

Goldenau, Bö., I. 396.

Goldenkron, Bö., I. 382, 390.

Goldenstein, schwed. GL., III. 527.

Goldenstein, M. IV. 410.

Goldhagen, v. —, kurbay. Staatsrath,
IV. 357.

Goldperghof (Kulparkow), Gal., I. 456.

Golling, S., I. 170, 319, III. 67.

Golowkin, ruff. Dipl., IV. 292.

Golser, B. v. Briren, II. 472.

Golubaz (Cuppa), I. 175.

Goluchowski, ö. Min., IV. 647, 648,
651.

Golz, GL., III. 489.

Gonobitz, St., I. 168, II. 271, 596.

Gonsalvo v. Cordova, sp. Feldh., II.
512—514.

Gonzaga, Mantuanisches Fürstenhaus,
III. 172, 471; (Herzoge v. —) f.
auch: Ferrante, Hanibal, Margarita,
Paula.

Gonzaga, Joh. Paul, Fst. v. —, ö.
Hofkriegsraths=Präj.

Gora, Polen, Treffen b. —, IV. 596.

Goratan (Korntan), f. Karautanien.

Gorazd (Cacatius), Sohn d. Caran-
tanenfürsten Bruta, I. 267.

Gorazdal, Nachf. Method's, I. 287.

Gordianus III., röm. Kf., I. 193.

Gordon, ö. Comm. v. Eger, III. 488, 499—501.
Goriza (Gorizia), f. Görz.
Gorka, Pal. v. Posen, III. 300, 301.
Gorkau, Schlef., I. 433.
Gorošló, U., Schl. b. —, III. 352.
Gortschakoff, ruff. Min., IV. 656.
Gorzia, B. v. Feltre-Beluno, II. 146.
Gosau, b. Hallstadt, II. 16—18.
Goslar, Thür. Hoftag zu —, I. 602, 610.
Gossenbrod, tirol. Rath, II. 528.
Gosztonyi (Goston), Weißenburger Land-bischof, III. 237.
Goswin, Chronist, I. 659, III. 74.
Gotfried, Tarnower Schulze, I. 448.
Gotha, IV. 41, 80, 271, 524, 637.
„Gotha" —er deutsche polit. Partei, IV. 650.
Gothal, Peter, fj. Statth., IV. 29.
Gothen, Volksstamm, I. 221, 222, 225, 226, II. 65; f. auch: West-gothen.
Gothinen, I. 216.
Gotter, Gf., preuß. Dipl., IV. 189, 191, 192.
Gotterschlag, Pö., I. 399.
Gottesgab, bö. fächs. Paß, I. 386.
St. Gotthard, U., I. 493, Schl. b. — (1664), III. 595.
St. Gotthard a. d. Raab, II. 463; f. auch: Peßnitz Ulrich v. —.
St. Gotthardsberg (mons Adula), Schweiz, I. 256, 654.
Gotthardy, ö. Professor, IV. 785.
Gottlieben, Inselburg bei Konstanz (Huß'ens Haftort), II. 246.
Gottleuben, Pö., Kampf b. —, IV. 285.
Gottorp, nordd. Fürth., III. 637.
Gottschalk, Auf. e. Kreuzfahrerschaar, I. 603, II. 79.
Gottsched, J. C., Schitst., IV. 516.
Gottschee (Chotje), Kr., I. 102, 338, 340, 343, II. 594, 596, III. 308, 611, 644, IV. 397, 602; — (Gf. v.—) f. Khiesel, Jakob.
Graben, Ulrich v. —, steierm. Land-marschall, II. 430.
Grabendorf, f. Magyar-Igen.
Graben-Niederlassung, f. Arok-Szállás.
Grabfeld, R., I. 324.
Grabis, bö. Abel (vgl. Brür), III. 91.
Grabovo, Serbien, III. 673.
Grabstein, Pö., III. 542.
Grabec, f. Gräz & Grech.
Grabenigo, venet. Provebitore, II. 551, 552.

Grabes (Graviacum), K., I. 168.
Grabice (Gröditzburg), poln. Schlef., I. 432.
Grabiska, I. 90, 344, 346, II. 542, II. 551—553, 555, 621, III. 392 bis 394, 461, IV. 397; (Fst. v.—) f. auch: Eggenberg Hanns Anton.
Grabiska, Banaldistrict d. Mil.-Grenze, I. 364, IV. 423.
Grabner, Fam. i. T., II. 380, 381, 394, 395; — Bernhard, II. 380, 381; — Wiguleins, II. [380, 381.
Grabnitz, N.-Oe., I. 375.
Grado, Ist., I. 349, 588, II. 158.
Grabwein, St., I. 333.
Gräberfeld, f. Grobnicopolje.
Gräf, Peter v. Rothberg, Sbb. fächf. Königsrichter, II. 416.
Graet, Ortwin (Ortvinus Gratius), Kölner Dominitaner, II. 581.
Gräz (Grabec, -Burgstadt, Hrabek), Schlef., I. 414, 424, 427, 432, II. 47, III. 90, 91, 97.
Grafendorf, R. I. 324.
Grafeneck, Ulrich v. —, f. Söldner-führer, u. ö. Landstand, II. 384, 388, 390, 402, 429, 458.
Grahovo, Dalm., I. 357.
Grammatikos, f. Leo.
Gramens, f. Grunes.
Gramont, Hz. v. —, frz. Botsch., III. 556, 563, 571.
Gramulin, f. Grandin.
Gran (fl. Hron, mag. Garan), Fl. i. U., I. 108, 220, 483—485.
Gran (Strigonium, auch Istrogranum, mag. Esztergom, fl. Hron), Stadt i. U., I. 109, 477, 482, 483, 489, 490, 512, 519, 555, 559, II. 60, 69, 88, 91, 96, 105, 214, 313, 340, 420, 466, III. 131, 133—135, 141, 153, 157, 160, 184, 197, 228, 308, 312, 351, 397, 461, 512, 513, 587, 588, 595, 660, 662, 678, IV. 58, 103; — (Erzbischöfe & Primas'e v. —) f. auch: Batthiány, Gf. Jof., Csáky Mikl., Forgách Franz, Johann Ghz., Kanizsay, Karl Aug. Lippay, Olah, Pázmán, Bárday, Vitéz.
Grana, Marchese di — (Francesco del Caretto), ö. Gl, III. 487, 494, 501, 640.
Granada, Sp., II. 511, III. 181.
Grandin (Gramulin), Schlef., I. 431.
Grandpré, Gefecht b. —, IV. 567.
Granelli, H., I. 38.

Granſon, Schl. b.— (1476), II. 460.
Grantham, Lord, ſ. Robinſon.
Granvella, Miniſt. Karl's V., III. 203, 211.
Graßalkovics, Anton, ung. Magnat, IV. 202, 206, 254, 255.
Graßlitz, Bö., I. 393.
Graswein, Stephan, Feldhauptmann, II. 638, 639; — Abel v. —, III, 337.
Gratian (Valentinian II.), röm. Kſ., I. 224, 225; — Piariſten-Pater, IV. 468.
Gratianus, Flavius, röm. Kſ., I. 173.
Gratius, Ortvinus, ſ. Graet.
Graubündten, Schweiz, I. 209, 314, II. 268, 527—534, IV. 579.
Graupen, Bö., I. 394.
Graviacum, ſ. Grabes.
Graviſi, Michele, Marcheſe be —, venet. Feldhauptm., II, 551.
Graz (Gräz, ſl. Grabec), St., I. 168, 330, 333, 336, 354, 595, 615, 616, 626, 639, 647, 666, II. 2, 13, 14, 102, 225, 268, 343, 355, 357, 367, 408, 431—433, 456, 463—465, 469, 498, 505, 591, 593, 594, 596, 602, 615, 620, III. 31, 55, 58, 67, 75, 79, 195, 232, 245, 246, 251, 304, 326—336, 341—345, 373, 374, 528, 539, 609, 612, 614—616, 633, 643; IV. 18, 142, 144, 151, 205, 206, 228, 434, 435, 453, 457, 464, 504, 516—518, 595, 610; — (Pfarrer v. —) ſ. auch: Sonnabender; — ſ. weiters auch: Malaspina.
Graziani, päpſt. Nuntius, III. 283.
Grajlub, b. Reumarkt, St., I. 652.
Grebel, Wiedertäufer, II. 633.
Grech (Grabec, -Burgberg), III. 139; ſ. auch Agram.
Gregor, Setten-Häuptling, II. 446 bis 446.
Gregor II., P., I. 260, 261; — VII. (Hildebrand), dgl., I. 592, 598, 599, 603, II. 36, III. 70, 114; — IX., dgl., I. 569, 619, 620, 628, III. 141; — X., dgl., I. 661, 662, III. 115; — XI., dgl., II. 157, 168; — XII. (Angelo Cornari), dgl., II. 235, 236, 238, 243; — XIII. Buoncompagni), dgl., III. 296, 333; — XVI. (Mauro Cappellari) dgl., IV. 616; — „d. Erwählte" v. Gran, II. 96; — II. Ef. v. Oſtrovizza, I. 361;

— Vater b. Biſchofs Georg Uljeſſenich), III 220; — v. Wotic, Haupt ber bö. Brüder, II. 418; S. Gregorithal, ſ. Münſter.
Gregorianczy, u. Biſchof, IV. 446.
Gregorowić, ö. Mil., III. 658.
Greifenberg, Greifenburg, Treffen b.—, I. 641.
Greifenſtein, Schloß i. T., I. 303, II. 266; — -Mareith, ab. Geſchl., Zweig ber Eppaner, I. 307, II. 266; — ab. Miniſterialen-Geſchlecht, T., II. 129; — Friedrich v. —, II. 140.
Greifwald (Grywald), in Polen, I. 447, 418.
Grein, N.-Oe., I. 369.
Greiner, Fr. v. —, Secr. Maria Thereſia's, IV. 466.
Greiſenegt (Greiſeneck), Schl. i. Stm. b. Voitsberg, Andreas v. —, Schickſalsgenoſſe Baumkirchers, II. 431, 433, 434; — Hanns v. —, kaiſ. Hptm., II. 598.
Grellmann, H., I. 57.
Grémonville, Brethel, Jaques be —, frz. Botſch., III. 573—577, 579, 603—606.
Grenze, ſ.: troatiſche Grenze, n.-ö. bo., ſerbiſche bo., ſteyriſche bo., winbiſche bo.
Grey, engl. Oberſt, III. 427.
Gribeauval, Franzoſe i. ö. Dienſten, IV. 295, 298.
Griechen, I. 208, 464, II. 76, 181, 243, III. 149.
Griechenland, der neue Staat, IV. 616, 623—625, 634, 637; — (Kſ. v. —) ſ. auch Alerius; (Kge. v. —) ſ. auch Georg & Otto.
Gries, T., I. 181.
Grießbach, „reichsfreier" öſterr. Abel, III. 54.
Grießer, Mörder des Abtes v. Admont, Heinrich, II. 18.
Grießheim, Bö., III. 207.
Grießkirchen, O.-Oe., III. 316, 446.
Grießpeck, Florian v. —, bö. Kammerrath, III. 265.
Griſſen, K., I. 102, 326.
Griſſina, Wittwe des Kral. Herzogs, Muhme Wenzel's II., Kg. v. Bö., II. 48.
Grillparzer, ö. Dichter, IV. 631.
Grimani, Antonio, Doge v. Venedig, III. 172; — venet. Feldh., II. 553; — Karb., IV. 75.

Grimoald (Grimwald), Sohn Theodo's, altbayer. Fürsten a. d. Agilolfingergeschl., I. 261—263.

Grippo, Sohn Karlmann's, I. 265.

Griselini, H., I. 68.

Gritti, Andrea, Gl., später Doge von Venedig, II. 516, 545, 560, III. 172; — Ludowico, Renegat, türk. Staatsmann, III. 172, 192, 194, 196—199, 217.

Grobnicopolje (Gräberfeld) a. d. kro. Küste, II. 94.

Grobek, Gal., I. 457.

Groben=Burgen, Gal., I. 449.

Gröbming, St., II. 640, 641, III. 335.

Gröbnig (Hrubnik), Schlei., I. 425.

Gröden, T., I. 304, III. 100.

Gröbißburg, s. Gradice.

Gröningen, holl. Provinz, IV. 237.

Groitsch, Wiprecht v. —, Schwiegersohn des Bö.=Fürsten Wratislaw, I. 386, II. 37.

Grondszky, Sekr. des H. Wolfg. Bethlen, I. 25.

Gronsfeld, ö. Gl., III. 533, 534.

Groß, Johannes, s. Honter.

Grosbois, Frkr., IV. 115.

Groß=Becskerek, U., I. 546.

Groß=Veranau, M. I. 106.

Großbritannien, IV. 159, 181, 616; (Könige v. —) s. auch: Georg, Victoria, Wilhelm; s. auch: England.

Großdorf, s. Szelistye.

Große (& Pilgersdorf), Schlei., I. 423.

Großern= oder Pfingsthal, T., II. 538.

Großjägerndorf, Schlei., Schl. b. — (1757), IV. 285.

Groß=Kanischa, U., I. 465, 496.

Groß=Karoly, U., III. 396.

Groß=Ligma, Gf. v. —, s. Albringen.

Groß = Lomnitz (Forum Luminica), U., Zips, I. 514, 517, 529.

Großmähren, I. 499, 504, II. 29, 30, 58—60.

Groß=Mejeritsch, M., I. 106, 443.

Groß=Pöchlarn, s Arelape.

Großpold (-Cedoniae), Sbb., I. 176, 193.

Groß=Preslaw (einst Marcianopolis), II. 53.

Groß=Sáros, U., I. 530, IV. 36.

Großschenk, Sbb., I. 571, 572, III. 160, IV. 423.

Groß=Schlagendorf (Szalók), U., I. 517.

Groß=Schlatten, s. Abrudbánya.

Großsonntag, St., I. 331, 334.

Großsleifelsdorf, s. Rima=Szombat.

Großwardein (Nágy=Várad), I. 109, 541, II. 281, 303, 305, 565, III. 133, 153, 200, 218—220, 228, 372, 374, 385, 386, 458, 513, 517, 587, 588, 596, 662, 663, 664, 671, 677, 678, IV. 386, 548; (Bischöfe v. —) s. auch: Czibak, Forgács, Lósy, Emerich, Telegdy, Bitéz von Zredna; — (Domherrn v. —) s. auch: Roger & Rogerius.

Grottau, Bö., I. 395.

Grottkau, Schlei., III. 86, 443.

Grub, Schweiz, II. 268.

Grubenhagen, protest. Theologe von Wittenberg, III. 207.

Gruber, Michael, Bauernanführer, II. 637, 639, 640.

Grün, Anastasius (Gf. Anton Auersperg), Dichter, IV. 631.

Grünbeck, Hofkaplan, II. 496, 604, 606.

Grünberg, Geb. b. Reusohl i. U., I. 485, II. 411.

Grünbüchel, s. Hofmann.

„Gründe", oder „Gründnergemeinden", i. Zipser Comitate, U., I. 524, 529.

Grünne, ö. Heerführer, IV. 236; — Philipp, Gf. v. —, ö. Staatsmann, IV. 590; — Gf., IV. 646.

Grulich, Bö., I. 388, 398.

Grumbach, Ritter Wilhelm v. —, ostfränk. Ritter, III. 258, 271.

Grumbkow, v. —, preuß. Gl., IV. 90, 129, 131.

Grumes (Grameys), T., IV. 398.

Grundemann v. Falkenberg, Constantin, ts. Rath, III. 446.

Gruner, Karl J., preuß. Polizei=Präs., IV. 696.

Grynäus, Simon, Theologe, II. 654.

Grynwald, s. Greifwald.

Gschwind, ö. Gl., IV. 46.

Gschwindt v. Beckstein, Geschützmeister, III. 658.

Gualterio, Karb., IV. 115.

Guarini, Jesuit, IV. 196.

Guarnero, Golf, (Sinus Flanaticus), I. 162; — Inseln des —, III. 547.

Guasco, ö. Genie-Oberst, IV. 280, 295, 298.

Guastalla, IV. 74, 80, 94, 239, 257, 278, 560, 609; Tr. b. — (1734), IV. 133; (Regentinnen v. —) s. auch: Maria Luise, Pauline; — s. Weiteres auch: Parma-Piacenza.

Gubaßóczy, B. von Fünfkirchen & Waizen, III. 618, 625.

Gubußkamer, südslav. Volksstamm, I. 278, 343.

Guebriant, frz. F. M., III. 503, 521, 522, 524—526.

Güldenstern, russ. Akademiker, IV. 493.

Guelfen, s. Welfen.

Guelfia, geh. Gesellschaft in It., IV. 620, 623.

Günderode, Hz. v. —, III. 381.

Güns, Fl., U., I. 493.

Güns (Gins, mag. Küszeg oder Köszeg), Stadt, U., I. 494, II. 7, 345, 408, 488, IV. 399, 431.

Günther (Gunther), Einsiedler, I. 382, 420, II. 32; — v. Schwarzburg, deutscher Wahlkönig, II. 165; — Gf. v. Andechs=Hohenwart, Mkgf. b. n. Mark (Untersteier), I. 336; -- Secretär Kf. Joseph's II., IV. 482.

Güssing, Güssingen (Német=Ujvár, Deutsch=Reuburg), U., I. 494, II. 401, 402, 430; — Grafen v. —, I. 494, 653, 669, II. 7, 8, 11, 17, 104; — Heinrich v. —, III. 155; — Nikolaus v. —, Sohn Iwan's, II. 8.

Güstrow, III. 472.

Gusidann, T., I. 304.

Guisbauner, ad. Geschl., T., I. 304, II. 141, 254, 394.

„Gugler" („Malandrinen, Britten", Söldnername), II. 190.

Guicciardini, H., II. 582.

Guido, päpstl. Legat, II. 40; — v. Crema; s. P. Paschal III.

Guidoto, venet. Dipl., II. 654.

Guillen, Don, s. S. Clemente.

Guilliman, H., I. 13, 654.

Guinegate, Schl. b. — (1479), II. 501 (1513), II. 522.

Guisen, s. Lothringen.

Gumpoldskirchen, N.=Oe., I. 166.

Gundaker, Gf., ostmärk. Gf., I. 282, 283.

Gundelfingen, Chronist, II. 55.

Gundl, Philipp, Dr. aus Passau, Humanist, III. 264.

Gunther, s. Günther, Eremit.

Gunther, B. v. Gurk, I. 600.

Guntram, Gf. im Elsaß & Schwabenland, Ahnherr der Habsburger, I. 654.

Gunzo, Herz. v. Alemannien, I. 256, 257.

Gurgl, Dorf, T., I. 309.

Gurglthal, T., I. 316.

„Gurgler Lake", T., I. 94.

Gurk (Curca, Kurka), Fl. K., I. 168, 322, 324, 329, 338—340; — =thal, II. 465.

Gurk, Bisthum, I. 325, 335, 599, 606, II. 151, 272, 327, 553, 597, III. 17, 39, 55, 70, 581, IV. 151, 397; — (Bischöfe v. —) s. auch: Gunther, Johann, Lang Mathäus, Scholdermann; — (Vogt v. —) s. Sonne.

Gurkfeld (Krsko), Kr., I. 341, 594, II. 277, III. 208, 392.

Gurkthal, I. 323, 324, 326, 332.

Gurnitz, K., I. 324.

Gusić, ab. Geschl. Alt=Kroatiens, I. 360.

Gustav I. (Wasa), III. 170; — II., Adolf, Kg. v. Schweden, III. 404, 405, 427, 459, 467, 471, 472, 477, 478—482, 484; — VI., Adolph, Kg. v. Schweden=Norwegen, der letzte Wasa, IV. 560.

Gutenberg, Erf. d. Buchdr., III. 111.

Gutenegg a. Karst, I. 346.

Gutenstein, II. 656.

Guthkeled (Gutkeled), n. Geschl., II. 72, III. 151.

Gutschmid, H., I. 70.

Guttenberg, schwäb. Zeitung, II. 529;

Guttenstein, bö. Adelsherr, II. 452, — ö. Gl., IV. 47, 48.

Guttenstein (Gutenstein), N.=Oe., I. 115, II. 271.

Gutwasser, Bö., I. 391.

Guzman, Frh. v. —, k. Oberst, III. 254.

Guzmics, H., I. 65.

„Gwild" (Außer= & Innergfeld), Bay., I. 382.

Gyalogok (Fußgänger), Szekler=Abth., I. 564.

Gyalu, Sbb., a. Szamos, III. 224, 587.

Gyarmat, U., Frb. v. — (1625), III. 460.

Gybe (Geil), s. Geib.

Gyergyó, Ebene i. Sbb., I. 551; — — =Kászon, oder Csikstuhl, (die „Csit"), Sbb. I. 565; s. auch: Csik=Gyergyó=Kászon.

Gylas, s. Gyula.

Sz. György, i. d. Háromszék, Sbb. I. 569.

Sz. Györgymezeje, U., I. 490.

Gyula (Gylas, „Dewir"), I. 554, II. 60, 67, III. 113.

Gyula (Német=, Deutsch-Gyula) & — (Magyar=, Ung.=Gyula), U., I. 541, III. 423, 671, IV. 154.

Gyulafalva (Sugatag), U., I. 538.

Gyula=Fehérvár, s. Weißenburg.

Gyulafi, H., I. 25.

Gyulafi, die Gem. Stephan's II. Tötöltyi, III. 627.

Gyulai, ö. Gl., u. Dipl., IV. 585, 586, 596; — ö. Feldzeugm., IV. 647.

Gyöngyös, U., IV. 59, 61.

H.

Haag (Hag), Franz v. —, nie.=ö. Adel, Söldnerführer; u. Feldhauptmann K. Mathias v. U., II. 390, 417.

Haag (Holland — b. Amsterdam), III. 430, 443, 468, 576, 577, 645, 661, IV. 12, 17, 20, 41, 51, 80, 85, 87, 88, 92, 112, 197, 234, 521; — =er Accord (1790), IV. 553; — =er Concert (1659), III. 572, (1710), IV. 90; — =er Congreß, (1790), IV. 553.

Habaner, Name der mährischen Wiedertäufer i. U., I. 480.

Habechsburg, Habichtsburg, s. Habsburg.

Habelschwerdt oder Erlitz, Bö., I. 388, 389.

Habenichts, Walther v. —, Kreuzfahrer, II. 79.

Haberfeld (Habernfeld), Haberwaschl, (Hoberwaschl, Haberbeschl, v. Habernfeld (Haberfeld). Andreas, Arzt & H., I. 18, 19, III. 40.

Habordanacz (Habordansky), Botsch., III. 192.

Habordansky, s. Habordanacz.

Habrer= (Habr=) Steig, Bö., I. 411.

Habrich, H., I. 46.

Habrowaniten, Wiedertäufersekte, III. 205, 265.

Habsburg (Habichtsburg, Habechsburg), Burg i. d. Schweiz, I. 654, II. 21, 25, 26.

Habsburg (Habsburger), Dynastie, I. 40, 309, 315, 327, 328, 342, 343, 351, 366, 368, 369, 376, 393, 429, 430, 475, 507, 510, 653—657, 659, 671, II. 21, 22, 25, 26, 100 bis 102, 108, 109, 111, 115, 116, 118—127, 129—133, 135—151, 154—159, 164, 169—172, 188 bis 194, 217, 218, 220, 221, 226, 249 bis 251, 257, 259, 260, 263, 267, 268, 269, 271, 275, 278, 312, 320, 322, 325—328, 343, 353, 378, 379, 395, 396, 399, 426, 427, 475, 490, 491, 492, 508, 512—515, 523, 527, 558, 561, 562, 569—571, 600, 613, 614, 619—621, 625, 640, 657, III. 12, 13, 15, 27, 34, 38, 41, 43—46, 84, 169—173, 182, 191, 198, 217, 218, 228, 259, 295, 296, 348, 350, 356, 357, 366, 392, 393, 395, 402, 526, 536, 537, 573, 646, 671, IV. 8, 9, 42, 77, 91, 98, 111, 198, 224, 257, 258, 310, 340, 342, 356, 374; — (Gin. v. —) s. auch: Albrecht, Ferdinand, Friedrich, Guntram, Heinrich, Joseph, Karl, Leopold, Rabbod, Rudolph, Elisabeth, Maria u. s. w.

Habsburg = Laufenburg, Rheinfelden. Nebenlinie d. H., I. 655, II. 130.

Hacke, Jurist, Vertheid. d. Tortur, IV. 447.

Haczeg, s. Hatzeger Thal.

Hadab, U., I. 550.

Hadersdorf (Habersfalva), U., I. 525.

Hadbik, ö. Gl., IV. 286, 297, 298, 249, 351, 361, 480, 532.

Hadolt, s. Hahot: — Graf v. Orlamünde (?), angebl. Stammv. e. deutschbürt. Magn.=Fam. i. U., I. 495.

Hadrian, röm. Kj., I. 181, 183.

Hadusfalva, s. Hadersdorf.

Hadwig, v. Lavantthal, Gem. Engelberts v. Sponheim = Ortenburg, I. 325.

Hadwiga, U., I. 483.

Hähnen, von den —, Patrizierfamilie i. Prag, II. 103.

Haen, van der —, Mediz., Wiener U. Professor, IV. 327, 469.

Haeften, van —, holl. Dipl., IV. 554.

Häusser, H., I. 75.

Hassner, Dr., Führer d. ob.-ö. Bauern-deputation, III. 449.

Hafner, Jakob, k. Hauptmann bei der Verth. Wiens 1683, III. 658.

Hag, s. Haag.

Hag, N.-Oe., III. 75.

Hagen, ö. Chronist, II. 55, 219, III. 74; — Frh. v. —, Reichs-Hofraths-Präses, IV. 480; — Clara v. —, aus Pösing, Gem. Laudon's, IV. 282.

Hagenau i. Elsaß, I. 663, II. 10, 125, 190, 379, 513, 514, 539, III. 71, 176, 220, 508, 537, 580.

Hagenbach), Peter v —, Statth. Karl's d. Kühnen, im Breisgau, II. 437, 440.

Hagenmüller, K. Rudolph's II. Rath, III. 376, 377.

Hahilinga, ab. Geschl. Alt-Bayerns, I. 249.

Hahn, H. I. 42.

Hahot (Hadolt, Haholt), U., I. 495.

Haj, Leopold, P. v. Königgräz, IV. 497, 509.

Hajduken, U., III. 367, IV. 32, 144; — -städte, I. 540, III. 596, IV. 421, 425.

Hasek v. Liboczan, Propst & Chronist, I. 8, 44, II. 28, 55, 197, 209, III. 101.

Haigerbach, vorderösterr. Grafschaft, II. 189.

Haimburg (Heimburg (?), Burg Hei-mo's), N.-Oe., I. 166, 373, 384, 474, 626, 632, 638, 668, II. 115, 337, 388, 461, 468, 570, III. 28, 29, 66, 183, 184, 429, 657.

Hajnóczy, Joseph, ung. Literat, IV. 575, 576.

Hainsbach, Bö., I. 395.

Hakes, preuß. Gen., IV. 227.

Halannen, kelt. Volksstamm in Noritum, I. 191.

Halberstadt, III. 403, 522, IV. 278; (B. v. —) s. auch: Christian, Hz. v. Braunschweig.

Halbgebachsen, Heinrich, Magist., Rector zu Großschnal i. Ebb. III. 160.

Halicanum, s. Neu-Limbach.

Halitsch (Galicz), I. 431, 443, 449 bis 452, 456—458, 460, 461, II. 43, 62, 85, 86, 89—92; (Fürsten v. —) s. auch: Andreas, Georg, Leo, Romanus, Wladimir; (Burggraf v.—)

s. auch: Benedikt; (Eb. v. —) s. auch: Georg.

Hall, b. Admont, I. 335; — i. O.-Oe.. I. 366; — i. T., I. 307, II. 139, 257, 262, 476, 528, 606, 642, III. 64, 67, 250, 305, 321, 418, IV. 46.

Halle, Sachsen, IV. 149, 278.

Halle. (Gm. v. —., III. 53.

Hallein, S., I. 170, 319, IV. 148.

Haller v. Hallerstein (Hallertö), Hanns, III. 663, 668, 669; — Frh. Stephan, IV. 62.

Halloy, holländ. Dipl., IV. 197.

Hallstadt, O.-Oe., I. 142, 169, 191, 366, II. 16, 637, III. 30, 318, IV. 150.

Hallwich, H., I. 63.

Halmi, U., I. 535.

Halom, Szétler-Geschl., I. 564.

Hals, Nieder-Bay., I. 382, IV. 79.

Halznow, s. Alzenau.

Hambach —er Putsch (1832) IV. 626.

Hamburg, III. 430, 431, 440, 468 480, 519, 522, IV. 56, 243, 267 461, 518.

Hamel, du —, frz. Dipl., III. 490.

Hamel-Bruyninr, J., holländ. Botsch., IV. 18, 49, 59, 66, 97, 206.

Hamersdorf, St., I. 172, 194.

Hamilton, Gf., And. v. —, Gl., IV. 146.

Hamlesch, s. Omlasch.

Hammer-Purgstall, H., I. 71.

Hammerle, k. Oberstlieuten., III. 501.

Hampo, s. Sigmund, Ernst.

Hamjabeg, U., III. 662.

Hanau, Wulfing v. —, hzgl. Burg-hauptm. zu Graz, II. 14.

Hanau, IV. 221, 224, Schl. b. —. (1813), IV. 608.

Hanel oder Handel, Patricier i. Lem-berg, I. 455, 456.

Hanelshof (Closto), I. 456.

Haner, M. G., sbb. H., I. 25; — G., bgl., I. 52.

Hanewald (Huniwald), Reichshofraths-Secret., III. 364, 376, 377.

Hanka, H., I. 63.

Hankendorf (Heinzendorf), Schles., I. 435.

Hann, Hanns, kj. Hauptm., II. 598.

Hanna, Ebene, M., I. 407, 414.

Hannaken, mähr. Volksstamm, I. 407, 414, IV. 641.

Hannart, kj. Rath, II. 624.

Hanneshäu, U., I. 485.

Hanibal, Gonzaga, Marchese de —, fj. Conferenzrath i. Milit., III. 554.

Hannover, III. 635, 637, 638, IV. 44, 69, 85, 126, 129, 131, 149, 204, 211, 216, 231, 273, 276, 279, 285, 329, 524, 525, 613, 615, 616, 622, 632, 636; f. auch: England & Großbritannien; — (Kf. & Kge. v. —) f. auch: Ernst August, Georg, Johann Friedrich, Sophie; (Vice-Reg. v. —) f. auch: Hz. v. Cambridge.

Hannsdorf, f. Ganocz.

Hanns, Gf. v. Görz, II. 366, 541.

Hánjág, Sumpfgebiet am Neufiedler-See, II., I. 91, 493.

Hansdorf, f. Hannsfalva.

Hansestädte, III. 433.

Hanfiz, H., I. 37.

Hanthaler, H., I. 36.

Hannsfalva (Hansdorf), I. 531.

Haraly, d. steinerne Thurm b. —, Sbb., I. 567.

„Harambascha", türk. Bezeichnung e. Freischaaren- od. Räuber-Anführers, I. 548.

Haramien, Abtheilungen der Uskoten-miliz, III. 311.

Haram, fj. Gf., III. 644.

Harbach, Sbb., I. 571, 572.

Harcourt, Henry d' — (Marquis de Beuvron & Thury-Harcourt), franz. Votsch., IV. 11—15; — frz. Feld-herr, IV. 217.

Hard, V. A., I. 314, II. 530.

Harbeck (Harbegg), Ad.-Geschl., I. 410, III. 244; — Graf v. Maidburg, Feldhauptmann K. Ottokar's II., I. 643; — Gn. v. — (Trüschenk mit dem Prädikate v. Harbeck), I. 438; — Joh., Gf., ö. Gf., IV. 596; — f. auch: Prüschenk.

Hardenberg, preuß. Staatskanzler, IV. 611, 613.

Haren, f. Zwier.

Harklau (Harklawa), Polen, I. 448.

Harley (Oxford), Lord, engl. Minist., IV. 93.

Háromszék, Ebene, Szeklerland, Sbb., I. 176, 551, 565, 566, 569, IV. 67.

Harrach, Gf. Alois Raimund v. —, Vicekönig v. Neapel, IV. 146; — Bernhard Karl, Gf. v. —, III. 511; — Ernst v. —, Eb. v. Prag, III. 435, 438, 439, 553; — Ferdinand, Gl.-Statthalter b. Niederlande, IV. 258, 259, 263; — Ferdinand Bo-

naventura, Graf v. —, ö. Votsch., Geheimrath, ꝛc., III. 632, 633, IV. 10—12, 16, 17, 75; — Friedrich, Gf. v. —, ö. M., IV. 188, 191, 201, 232, 245; — Joseph, Graf v. —, fj. F. M., IV. 146, 188, 201, 274, 297; — Karl, Gf. v. —, fj. Kämmerer, III. 462; — Leonhard, III. 260, 462; — Ludwig, Gf. v. — (Sohn d. Vorigen), IV. 10, 12, 14, 17, 21, 40, 59, 236; — Isabella, Katharina (Tocht. d. Vorigen), III. 462; — Gräfin Marimiliane v. —, Gem. Adam's Gf. Tref a's, III; 485; — ö. Regiment, IV. 280.

Harris, John, (Earl v. Malmesbury, engl. Votsch., IV. 368.

Hárjany, Berg, b. Mohács, II., I. 497.

Harsch, Mil., IV. 94, 227; — Gf., schlef. Gouv., IV. 481.

Hartberg, St., I. 166, 329, 596, II. 431, 505, IV. 58.

Hartenberg, T., II. 262.

Harteneck, f. Sachs.

Hartenstein, Bay., I. 383.

Hartwig, (Gf. ö. Votsch., IV. 355; f. Enkel; Gf. Franz, ö. Staatsm., IV. 633.

Hartmanic, Bö., I. 382.

Hartmann, Sohn K. Rudolph's I. v. Habsburg, I. 667, II. 2, III. 117; — Bischof v. Chur, II. 250, 251; — Propst v. St. Blasien, dann Abt v. Göttweih & St. Lambrecht, III. 70.

Hartnid v. Pettau, I. 642.

Hartung, f. Kluts.

Hartwich, (Eb. v. S., I. 320; — (Hart-wig), Walporo, I. 324, III. 39.

Hartwig b. Mönch, III. 149.

Harzgebiet, I. 575.

„Haseldorf", f. Liska-Olaßi.

Haselgruber, Bauernanführer, 317.

Hasenberg, Propst, III. 325.

Hasenbüchel, II. 19.

Hasenburg, ad. Geschl. Bö., II. 290, 313, 349, III. 99, 460; — Wenzel Bajec v. —, III. 265; — Zbynek, v. —, (Eb. von Prag, II. 233; — Mitgl. d. kathol.-böhm. Herrenbundes. II. 418.

Hasen- (später Margarethen-) Insel b. Buda-Pesth, I. 503.

Hasiber, Laibacher Domherr, III. 247.

Haslacher-Klause, T., I. 345.

Haspinger, Joachim (Pater Joachim), Kapuziner, IV. 599, 600.

Haſſan Paſcha, III. 278, türk. Botſch., 559, 560.

Haßberg, Hſchft. Kr., I. 342.

Haſſelaeer, holländ. Dipl., IV. 238.

Haſſenſtein-Lobkowic, Bohuslaw Felix v. —, Oberlandsrichter, III. 275.

Haßler, H., I. 60.

Hatház, U., I. 540.

Hatſel, frz. Unter-Intendant v. Straßburg, IV. 222.

Hatßeg—er Thal (b. Haczeg), I. 576.

Hatwan, U., I. 308, 505, 655, III. 308, IV. 522.

Hatzfeld, k. Gſl. i. dreijährigen Kriege, III. 494, 498, 504, 520, 527, 530, 571, 584; — Graf, Karl Friedrich v. —, IV. 306, 319, 443, 444, 482.

Haubold, prot. Theologe i. Oeſterr., III. 272.

Hauenſtein, Schloß i. T., II. 265; — Grafſchaft a. Rhein, III. 538.

Hauer, Grazer Jeſuiten-Rector, III. 342.

Haug, Wiener Rathsherr, II. 391.

Haugwitz, Hanns v. Seybelsdorf, („d. weiße Haugwitz“), II. 417, 466; — („d. ſchwarze“), II. 417, 466; — Joachim v. —, Landeshauptm., III. 363; — Tobias, Frh. v. —, kſ. Sendbote, III. 521; — Graf F. W. v. —, IV. 245, 265, 266, 289, 304, 305, 309 322, 435—437; — preuß. Min., IV. 570.

Hauppold, T., (Schildhof), I. 311.

Haus, i. Ennsthal. St., II. 640, III. 335.

Hausbrun (Ujobrui), Zupe, M., I. 413.

Hauseck, Ob.-Pfalz, I. 384.

Hauska (Loquis), huſſit. Theologe, II. 290.

Hausmann, Sabina, tirol. Edelsfrau, II. 265.

Hausner, Ludw., ſtm. Adel, II. 431.

Hausruck Gebirge, O.-Oe., I. 366; — -Viertel, O.-Oe., I. 366, III. 316, 450, IV. 396.

„Hausstein“, d. —, i. d. Donau b. Grein, I. 369.

Hautefort, frz. Geſ., IV. 264, 265.

Hawraner — (ſpäter Podiebrader —, dann Nimburger Zupe, Bö., I. 395.

Hawliček (Borowsky), IV. 634.

Hay, Lord James, v. Doncaſtre, engl. Dipl., III. 419.

Hayden, b. Peutelstein (Ampezzo), T., IV. 398.

Haydn, ö. Tonkünſtler, II. 469, IV. 471, 602.

Haynau, ö. Gſl., IV. 643—645.

Hebenſtreit, angebl. Wiener Agitator i. d. Jakobinismus, IV. 575.

„Hechtl“, der —, Freibeuter, II. 225.

Heczey (Heczey), Propſt. v. Erlau, III. 237.

Hebeaner-Zupe, Bö., II. 33.

Hederich, ſ. Hedevary.

Hedersdorf, ſ. Hedri.

Hebevary (Hederich), u. Geſchl., III. 151; — Ladislaus v. —, u. Pal., II. 93, 334, 342, 344; — Hedri (Hedersdorf), U., I. 530.

Hebrichsburg, ſ. Hebervár, U., I. 491.

Hedwig, Kgin. v. Polen, Tocht. Kg. Ludwig's I. v. Ungarn, Gem. Jagjiel's, II. 201, 207, 208; — Tochter Kaſimir's v. Polen, II. 423; — v. Sagan, 3. Gem. Kaſimir's d. letzten Piaſten, II. 183; — Tochter d. Teſchener Piaſten-Hz., Gem. Steph. Zápolya's, II. 560; — Gem. d. Brandenburger Kf., III. 282.

Heem, Temeſcher Graf, I. 548.

Heemskirchen, Vertreter der Generalſtaaten, III. 679.

Heſt, Ab.-Geſchl., I. 370.

Hegau, II. 634.

Hegyallya (Hegyallja), Gebirge, U., I. 96, 510, 532, 533, II. 214, III. 154, 454, 545.

Heidelberg, II. 191, 232, 379, III. 271, 356, 409, 411, 414, 419, 436, 470, 638, IV. 62; — (Diakon a. d. Kirche) ſ. auch: Clebitius.

Heidendorf, ſ. Beſſenyö.

Heidenſchaft, Kr., I. 181.

„Heidenweg“, Straße, K., I. 167.

Heilbronn, II. 101, 635, III. 419.

Heiligenblut, K., I. 320, 321.

Heiligenkreuz, N.-Oe., I. 372, 620, III. 26, 54, 66, 69, 643.

Heiligenſtadt b. Wien, I. 227.

Heilwiga, Gem. Albert's IV. v. Habsburg, I. 655.

Heimbach b. Speier, II. 103.

Heimburg, ſ. Haimburg.

Heimburg, Gregor v. —, II. 325, 327, 395, 405, 407, 411, 412, 414, 419, 425, 450; — Heinrich v. —, Dichter, II. 1.

Hein, Reichsrathsabgeord., IV. 543, 648.

Heinke, k. Hofrath, IV. 496.

Heinrich, deutſche Kaiſer & Kge.: — I., I. 291, 293, II. 30; —

II., „d. Heilige", I. 325, 587, 591, II. 32, 68; — III., I. 306, 369, 431, 474, 492, 493, 592, 593, 595, 596, II. 33, 34, 61, 69, 71, 73, III. 118, 149; — IV., I. 306, 310, 340, 350, 385, 387, 492, 593, 597—604, II. 35, 36, 72, 73, 134, III. 11, 15; — V., I. 599, 604, 605, II. 36, 75; — VI. I. 611 bis 616, II. 39; — (VII.) (Sohn ꝛc. Friedrich's II.), I. 619—623; VII. — (aus dem Hause Luremburg): — II. 42, 101, 102, 107, 116, 119, III. 12, 14, 16; — Kge. v. Eng= land: — III., I. 619; — VII., II. 492, 506, 515; — VIII., II. 514, 517, 521, 522, 524, 572, 611, III. 169, 190; — Kge. v. Frankreich: — II., III. 174, 212, 213, 232; — III., III. 283, 284; — IV., III. 356, 359, 367, 403; — Baben= berger: — Mkgf. v. Nordgau, II. 32; — Markgrafen d. Ostmark: — I. (Sohn Leopold's I.), I. 585, 586, 589; — II., „Jasomirgott", I. 592, 606, 608—610, 612, 613, II. 82—84, 134, III. 53; — „d. Grausame" (Sohn Leopold's VI.), I. 619; — Habsburger: — „d. Freundliche" (Sohn Albrecht's I. v. Habsburg), II. 99, 101, 111, 115; — Görzer, Hzge. v. Kärnten= Tirol: — II. 19, 20, 25, 100, 101, 103, 104, 108—111, 113, 122 bis 125, 142, 145, III. 12, 22; — Görzer (jüng. Linie s. Albrecht II.), II., II. 109, 110, 141, 142, III. 32; — III., 142, 143; — IV., I. 346, II. 194, 257, 282, 331; — Andechs=Meran: (Gf. v. —. I. 342, 350, 617, II. 88; — Ep= penstein: — v. —, I. 602, 603; — Bayern (Sächsisch. Haus): — I., I. 293, 294, 349, 383, 584 bis 587, III. 113; — II., I. 296, 583, 586, 591; — (Welfen): „d. Stolze", I. 606—608, 610; — „d. Löwe", I. 608, 610, 612, 615, III. 11; — (Wittelsbacher): I. 642, 646, 651, 661, 662, 664, 665, 669, 671, II. 2, 225, III. 9; — Braunschweig: — Hz. v. —, III. 175; — Julius v. —, III. 359, 380; — (Piasten): Breslau: — I., Herz. v. —, I. 433, II. 43; — II., I. 434, II. 43; — III., II. 45; — IV., I.

438, II. 45, 48; — VI., I. 436; — (Kn. v. Luremburg:— v.—, I. 592, II. 21; — Neissen: — Mkgf. v. —, I. 386, 624, 625; — Münsterberg = Frankenstein: Hzge.: — „Hynek" (Sohn Georg Podiebrad's), Hz. v. —, I. 438, II. 402, 404, 422, 459; — Preußen: — Prinz v. — (Bruder Kg. Fried= rich's II.), IV. 292, 298, 341, 344, 345, 347, 348, 355, 359—361; — Sachsen: — Julius, Hz. v. —, III. 485, 497, 499, 501; — Geistliche: — B. v. Brixen, III. 21; — B. v. Chur, II. 530; — Bretislaw, B. v. Prag, II. 38, 39; — B. v. Seckau, I. 626; — B. v. Trient, I. 600, 606; — Abt von Admont, II. 3, 7, 10—13, 15, 18; — Abt v. Mondsee, I. 270; — v. Aoyta, Prof. d. Th. zu Wien, III. 76. — „der Findling", Gründer d. Straße und des Hospizes am Arl= berge, I. 311.

Heinrich, H., I. 58.

Heinrichau (Heinrichsau), Schles., I. 433, 438.

Heinsius, niederländischer Staat=Min., (Großpensionär), IV. 13, 20, 50, 87, 88.

Heinzendorf, Schles., I. 425.

Heinzendorf, s. Hankendorf.

Heisler, kais. Gl., III. 672, 674, 676 bis 678, 680, IV. 33.

Heister, Sigbert, k. Gl., III. 588, 592, 613, 618, 658, 677, 682, IV. 19, 48, 60, 61, 67, 68, 105, 106, 115, 116; — Gf. —, o.=ö. Statth. zu Innsbruck, IV. 481.

Heistermann, Ferdinand, Hauptm. b. d. Berth. Wiens 1683, III. 658.

Heizmann, Neusohler Bürger, I. 485.

Heizmannsdorf, U., I. 485.

Hell, Mar, Wiener Astron., IV. 470, 517.

Helbling, Seifried v. —, angebl. ö. Dicht., II. 16, III. 19, 57, 73, 81.

Helcel, H., I. 70.

Held, Dr. Mathias —, Geschäftsträger K. Karl V., III. 202, 203.

Heldenburg, die —, Sbb., I. 567.

Heldenreich, Präc. Wallenstein's, III. 460.

Heldensteiner, Protestant, IV. 149.

Helena, Mutter Constantin's d. Gr., I. 184 („Lepa" = „d. Schöne"), Tochter Kg. Bela's I. v. U., Gem.

Zwonimir's, König v. Kro., II.
78; — Gem. Kg. Bela's II. v. U.,
II. 82; — v. Zrinyi, zuerst Gem.
des Rakoczy, dann Gem. Emerich's
Tökölyi, III. 616, IV. 96.
St. Helena, Insel, IV. 612.
Helfenberg, s. Dworsky.
Helfenstein, s. Lacet.
Helfenstein, (Gln. v. —, Ad.=Geschl., I.
529; — Gebhard v. —, (Eb. v. S.,
s. da.
Helfert, Frh. v. —, H., I. 72.
Helgoland, J., Seegefecht b. —, IV. 651.
Heliano, frz. Votsch., II. 518.
Heliogabalus, s. Elagabalus.
Heltau, Meister Niklas v. —, Prof.,
III. 159.
Heltai, Chronist, II. 397.
Helwand, s. Inwald.
Helwig, aus Thüringen, I. 647.
Hemma, „d. ältere" (v. Liebing), I.
325, 335; — „d. jüngere" oder
„Heilige" (v. Gurkhofen), I. 325,
326.
Henchmann, Gf. zu Rodna i. Sbb.,
I. 561.
Hendl, kf. Obstwachtm., IV. 47.
Henel (v. Hennenfeld), H., I. 22.
Henel, Jude, („Graf"), in Komorn,
III. 141.
Hengistburg, s. Hengstburg.
Hengistfield, s. Hengstfelden.
Hengstgau I. 333—335; — s. auch:
Hengstburg, Hengstburg, Henstfelden.
Hengstberg, b. Wildon, St., I. 333.
Hengstburg (Hengistburg), I. 286, 333,
395. (Graz?).
Hengstfelden (Hengistfeld), I. 286, 333,
595.
Hentel, Beichtvater d. Kgin. Maria v.
U., II. 651, III. 236.
Hentel v. Donnersmark, ung.=ö. Ad.=
Fam., IV. 459.
Henneberg, Berthold v. —, Eb. von
Mainz, II. 479, 506, 511, 531,
537, 577; — Berthold, Gf. v. —,
Statth. v. Bö., II. 104, 108; —
Gf. Hermann v. —, I. 634; —
Gschft., IV. 80.
Hennegau, der, II. 500.
„Hennenkrieg", der —, zw. Engad. &
Bündtnern, II. 472.
Hennersdorf, (Henrikesdorf), Schlesien,
I. 423, Herrschaft, IV. 207.
Henning v. Voltenhagen, Rector der
Prager Universität, II. 236, 237.

Henning, (Kokos=Hahn), ab. Geschl. i.
U., Zips, I. 517, 523; — Fam. i.
Sbb., I. 561.
Henning v. Petersdorf, ab. Sachsen=
Geschl. Sbb., I. 575; — Gf. v. —,
I. 575.
Henning v. Winz, ab. Sachsen=Geschl.
Sbb., I. 575; — Herbord, (Gf. v. —,
I. 575.
Henningsdorf, Gut b. „Kellinger", Sbb.,
I. 575.
Henrikesdorf, s. Hennersdorf.
Henriette, Tocht. Friedrich's V. v. b.
Pfalz, III. 559.
Henschau, U., I. 522.
Henßelmann, H., I. 67.
Henton, Michael, IV. 64.
Henul (Johann), s. Göbel.
Heppach, West. D., IV. 25.
Heräus, Numismat., I. 37.
Heraklius, gr. Kf., I. 253, 254.
Herberstein, Ad.=Geschl., II. 272, III.
319, 538; — Friedrich Leopold v. —,
Min., IV. 19, 60, 75, 183, 188;
— Georg v. —, Feldhptm., II. 598,
618, 639, III. 251; — (Frei-
herr) Sigismund v. —, Votsch.,
II. 547, 550, 551, 554, 573, 574,
598, 607, 616, 617, 623, III. 170,
185, 195, 223, 227, 264; — (Gf.
Joseph v. —, Gl., III. 608, 610,
611, 683; — Gf. Johann v. —,
Staatsmann, IV. 305; — Gf. —,
Vice=Statth. i. N.=Oe., IV. 481; —
Reichsgf. v. —, B. v. Laibach, IV.
497; — Georg v. —, Dominikaner,
ö. Dipl., III. 525.
Herberstorf, Adam, (Gf. v — , bayer.
Statth., III. 416—419.
Herbeville, kf. Gl., III. 672, IV. 19,
68, 97, 104.
Herbordsdorf, Gal., I. 417.
Herculia, s. Sár-Pentele.
Herculius Marimimanus, rö.Kf., I.173.
Hercynisch-judetische Länder, I. 83.
Herden, (E. Frh. v.—, Publicist, III.
581.
Herhei, U., I. 531.
Heriold, Eb. v. S., I. 294, 589.
Heristall—er Erekution, IV. 197.
Herkules II. v. Este, III. 173.
Herkules III., Reinald v. Este, zuerst
Hz. v. Modena, dann Regent von
Breisgau & Ortenau, IV. 559,
560.
Hermagor, K., I. 321.

Hermagoras, Kirche d. heil. —, i. Aquileja, I. 588.

Hermann, Mkgf. v. Baden, I. 634, 636, 637; — Markgf. v. Baden-Durlach, Hofkriegsraths-Präs., III. 574, 595, 631, 633, 640, 655, 659, 667; — I., Gf. v. Cilli, II. 155, 275; — II., dgl., II. 213, 214, 216, 224, 275–278, 281, III. 126; — III., dgl., II. 276, 277; — Hz. von Kärnthen, I. 320; — von Luxemburg, IV. 601, 603; — v. Salza, Hochmeister d. deutschen Ordens, I. 567; — Sachsenbischof i. Sbb., III. 588; — v. Altaich, bayerischer Chronist, I. 630; — „d. Lahme" v. Kloster Reichenau, Chronist, III. 70.

Hermanie, Bö., III. 460.

Hermanrich, Kg. d. Ostgothen, I. 224, 225.

Hermannstadt (Cibinburc, Sibinburg, Siebenburg, Cibinium, magy. Nagy-Szeben), Sbb., I. 98, 176, 530, 553, 558, 571–574, II. 339, 416, 621, 654, III. 124, 125, 138, 155, 157, 219, 233, 237, 306, 383, 384, 585, 668, 669, 674, 677, IV. 63, 66, 117, 151, 423, 427, 428, 431, 513, 514; — (Pfarrer v.) s. auch Zabanius.

Herman-Tapli, U., I. 531.

Hermsdorf (Ermindorf), Östr. kais. Hoftag zu —, II. 38.

Hermunduren, germ. Volksstamm, I. 214, 219, 222, 228.

Hernád (Konrat, Hornata, Kunbert), Fl. i. U., I. 510, 512, 513, 515, 529, II. 171, IV. 100; — -thal, U., I. 478, 510.

Hernals b. Wien, III. 445.

Héron, du —, frz. Ges., IV. 38.

Herrengrund, U., I. 485.

Herrenhaus —er Bündniß (1725), IV. 129.

Herrgott, Martw. H., I. 10, 654.

Herrmann, H., I. 73.

Herrns-Kretschen'(Hrensko), Bö., I. 404.

Hersfeld, Lambert v. —, Chronist, I. 340, 600.

Hertenstein, Bö., I. 384.

Hertnet, U., I. 531.

Hertzberg, preuß. Min., IV. 299, 524, 528, 539, 553.

Heruler, german. Volksstamm, I. 226, 230, 233, 234.

Hervartó, U., I. 531.

Hervoja, bosnischer Woiwode & „Hz. v. Spalato", II. 214, 215, 282, 283.

Herz, H., I. 70.

Herzegowina, I. 356, 358, II. 76, 282, III. 117, 671, 674, 675, 678, IV. 457, 656.

Herzelles, Marquise d' —, IV. 327.

Herzogenburg, Herzogenberg, N.-Oe., II. 57, 388.

Hesdin, Frkr., II. 499.

„Heß", s. Bemelberg.

Heß, Wiener Univ.-Professor, IV. 468; — Gl., IV. 647.

Hessen (-Darmstadt, -Cassel, Kur-Rheinfels-Warnsried), II. 537, 539, 624, III. 175, 195, 206, 207, 210, 212, 213, 297, 405, 467, 488, 489, 519, 574, IV. 34, 80, 232, 276, 288, 328, 329, 523, 524, 583, 589, 615, 622, 636; (Fürsten ꝛc. v. —) s. auch: Ernst, Georg, Karl, Ludwig, Magdalena, Moriz, Philipp, Wilhelm.

Heßler, fj. Potsch., II. 499.

Hesychiasten, Secte, II. 181.

Héthárs (Siebenlinden), I. 531.

Hetrurien, Königreich (Toskana), IV. 559; („Kg." v. —) s. auch: Ludwig, I., Erbprinz v. Parma.

Hettin, U., Schl. b. —, III. 681.

Hetzendorf, b. Wien, IV. 611.

Hetzer, Wiedertäufer, II. 633.

Heuield, Wiener Publizist, IV. 518.

Henglin (Huglin), Johann, gtl. Bauernführer, II. 634.

Heunburg (Hünnenburch, Hunnenburg), Ad.-Geschl., ꝛc., I. 326, 336, 602, II. 277; — Hermann v. —, II. 274; — Katharina v. —, Gem. Ulrich's von Sonnek, II. 274; — Ulrich, Gf. v. —, Landeshauptmann i. K., I. 652, 666, II. 3, 14, 15, 102, 271.

Heurassel, Eremitenkloster, i. Böhmerwald, I. 382.

Hevenessi, H., I. 48, 66.

Heves, Hevesch, U., I. 503, 505, 506, 535, 542, III. 650.

Heydeck, Hanns v. —, Feldhauptm., III. 203.

Heyperger, Leopold, kaiserl. Amtmann, III. 264.

Heyrenbach, Hist. Professor, I. 42, IV. 358, 469.

Hibbe, s. Geib.

Hibvég, s. Fierstenbriech.

Hienzenboden, U., I. 493.

Hieronymus v. Prag, II. 232, 236, 241, 242, 247, 248, 284, 296, III. 108.

Hierotheus, gr. Mönch & jßb. Apostel, II. 60.

Hiezing, b. Wien, II. 383.

St. Hilaire (Zanthelier), Oberst, III. 419.

Hilarius, Propst v. Leitmeritz & Administrator d. Prager Erzbisthums, II. 410, 415.

Hildburghausen, Prinz v. —, Feldherr, IV. 140—143, 285.

Hilbebrand, s. P. Gregor VII.

Hilbebrand, Künstler, IV. 465.

Hildesheim —er Annalen, II. 67.

Hill, engl. Ges., IV. 50.

Hillebrand, Frh. v. Prandau, ö. Botschafter, IV. 211, 212.

Hiller, ö. Gl., IV. 594, 610.

Hiltbrant, Prager Patriziers-Familie, II. 103.

Himmelreich, Tiburtius, u. Hoftanzlei-Secret., III. 373.

Himperg, s. Hintberg.

Hinderbach, Joh., B. v. Trient, Gesch.schr., II. 385, 386, 429, 472.

Hintmar v. Rheims, II. 54.

Hinto, Bandenführer, II. 384, 387.

Hintperg (Himperg, Hintberg, Himberg), N.-Oe., I. 626, II. 227, 271; — ab. Geschl., III. 54; — Konrad v. —, I. 626.

Hinterwalden, s. Zaleszyti.

Hipler, Wendelin, Hohenlohe'scher Kanzler, II. 634.

Hippolithus a Lapide (wahrscheinlich: Pseudonym des Bogislaw Philipp v. Chemnitz), H., III. 523.

Hippolit, ital. Pächter b. Kremnitzer Münze, III. 161.

Hirsch, H., I. 75.

Hirschau, schwäb. Kloster, I. 325, II. 217; (Abt v. —) s. auch: Trithem, Herrschaft, I. 384.

„Hirschbühelfeste", i. Stannern, M., I. 412.

Hirschburg, Grafen v. , I. 383; — Gebhard, Gf. v. —, I. 309, 658, s. auch: Elisabeth.

Hirschenschlag, Bö. I. 399.

Hirschfeld, Schlei. IV. 279.

Hirzelm, Chronist. II. 19.

Hlawsa v. Libočan, Johann, II. 652, III. 181, 204.

Hlinica, Bach i. d. Bukowina, I. 460.

Hlubschice, s. Leobschütz.

Hnic, Gal., I. 457.

Hnilec, s. Göllnitz.

Hoberweschl, s. Haberweschl.

Hočava, s. Falučsta.

Hochberg, babnischer Dipl., IV. 611.

Hoche, frz. Gl., IV. 572.

Hocheneck, P. A., II. 381.

Hocher, Joh. Paul, kj. Hoftanzler, III. 566, 569, 575, 579, 610, 617, 622, 631.

Hochgolling, Berg i., St. I. 328.

Hochtirch i. d. Lausitz, IV. 289; Schl. b. — (1758), IV. 289, 301.

Hochkirchen, der —, auf Kapfenberg, Raubritter, II. 272.

Hochlantsch, Gebirge, St., I. 166.

Hochschwab, Gebirge, St., I. 328.

Hochstädt, s. Höchstädt.

Hochstätter, Elias v. —, k. Hofrath, IV. 323.

Hochstraten, Kölner Dominitaner, II. 581.

Hochwald, M., I. 422.

Hock, Agent d. Ftn. Christian v. Anhalt, III. 366.

Hobermarsti (Hobrmarsty), gr. unirter Pfarrer, IV. 104, 253.

Hobitz, Gf., Freimaurer, IV. 513.

Hobonin, s. Göding.

Hobos —tö, s. Hööb.

Hobritz, Hobritsch, b. Schemnitz I. 487.

Hobritscher Berg, U., I. 483, 486; — Hobritsch-Schemnitzer Bergrevier, I. 486, 487.

Hobža, u. Slovakenführer. IV. 642.

Höchst, P. A., I. 314, II. 267, 381.

Höchstädt (Hochstädt), Schlacht b. — (1703 & 1704), IV. 51, 61.

Hoff, chursächsi. Hofprediger, III. 414, 420.

Höflein, M., I. 422.

Höfler, H., I. 63, 71, 75.

Höller, Pater Ignaz, Jesuit, IV. 311.

Höllensteinpaß zw. Friaul & Tirol, I. 300.

Hörberg, St., I. 335, II. 597.

Hörnigl (Hornegt) v. —, Schtst., I. 17, IV. 157.

Höwen, Heinrich, B. v. Chur, II. 527.

Hofeck, s. Spindler.

Hofer, Andreas („Sandwirth v. Passeyr"), IV. 599, 600.

Hoffmann, ö. Dipl., IV. 17; — Georg, kj. Rath, IV. 25; — ö. Professor, IV. 575.

Hoftirchen, ö. Ab.-Fam., III. 540; — Wolfgang v. —, III. 362.

Hofmann, s. Stephan.

Hofmann, Johann Fh. von Grünbüchel, Rath Ferdinand's I., II. 617, III. 199, 246, 263, 264, 266; — Adam (Sohn d. Vorigen), III. 263, 264; — Sophie, s. Gem. Stephan's I. Tötöln, III. 627.

Hof-Rechau, Bö., I. 385.

Hofstätter, augsburg. Familie, II. 636, 641; — Er-Jesuit, IV. 575.

Hohenaltheim —er Synode (916), I. 291.

Hohenau, N.-Oe., I. 374; — M., I. 411.

Hohenbach, Gal., I. 448.

Hohenberg, Grafschaft, II. 189, 380, 475, 621, IV. 398.

Hohenberg, Albrecht Gf. v. —, II. 9; — Wilhelm v. —, II. 381.

Hohenbruck, Bö., II. 290.

Hohenburg, a. d. Unstrutt Schl. b. —, (1075), I. 598, 601; — schwäbische Herrschaft, III. 508.

Hohenburg, Stephan v. —, Kanzler, II. 391.

Hohenburg-Treffen, Grafen v. —, I. 602.

Hoheneck, Frh. v. —, I. 39.

Hohenegg, St., II. 275.

Hohenelbe, Bö., I. 388, 396, 403, IV. 360.

Hohenems, V. A., III. 26, 532, IV. 399, 586.

Hohenfels, Min. v. Pfalz-Zweibrücken IV. 357, 362, 524.

Hohenfels, Bö., I. 384.

Hohenfriedberg, Schlacht b. — (1745), IV. 230.

Hohenfurt, Bö., I. 105, 382, 390, 400,

Hohenhauser, v. —, Mil. IV. 47.

Hohenlinden, Bay., Schl. b. — (1800), IV. 581, 590.

Hohenlohe, Georg B. v. Passau, II. 179, 317; — Wolfgang, Gf., Gl., III. 595.

Hohenmauten, Bö., II. 348, III. 97.

Hohensalzburg, Festung, II. 637, 640.

Hohenstadt (Zabreh) a. d. March, M., I. 406, 414, IV. 214.

Hohenwart, Norbert v. —, B. v. Chur, I. 600; — Gf., ö. Min., IV. 656.

Hohenwart-Audechs, ab. Geschl., I. 603.

Hohenzollern (-Brandenburg, -Anspach, schwäbisch. Fürsten-Geschl.), I. 383, 129, 655, 657, 670, II. 111, 137, 239, 240, 292, 322, 406, 414, 436, III. 659, IV. 40, 74, 340, 526; — (Fürsten v. —) s. auch: Albrecht, Beatrix, Friedrich, Joachim, Karl, Leopold.

Hohenzollern, ö. Gl., IV. 594.

Holb-tó, s. Hóob.

Holenberg, Bö., I. 384.

Holenburg, N.-Oe., II. 218, 598, III. 26; s. auch: Dietrichstein Sigmund v. —.

Holitsch, U., I. 480, II. 342, 347, IV. 273.

Holte (Holk), Gf. Heinrich, Feldherr, III. 485, 486, 489.

Hollabrunn, N.-Oe., III. 659.

Hollach, Gf., Gl., III. 429, 430.

Holland, I. 574, 634, II. 20, 317, 501, III. 404, 427, 433, 440, 456, 464, 467, 535, 558, 572, 574, 576 bis 578, 580, 581, 621, 644, 645, 656, 672, 685, 686, IV. 9, 11 bis 13, 18, 20, 41, 44, 45, 49—51, 61, 65, 84, 87, 88, 91—93, 95, 105, 106, 111, 112, 123, 125, 127 bis 132, 134, 149, 158, 180, 181, 191, 192, 196, 197, 204, 216, 222, 226, 227, 232, 233, 236—239, 263, 279, 292, 365, 461, 479, 493, 520 bis 522, 524, 525, 531, 535, 536, 549, 553, 554, 581, 582, 616; — vergleiche auch: Niederlande; — (Gf. v. —) s. auch: Florenz; — (Kg. v. —) s. Wilhelm.

Holleschau, M., I. 408.

Hollós, s. Corvin.

Holnstein, Ob.-Pfalz, I. 384.

Holóssy, s. Corvin.

Holstein, III. 450, 595, 675, 676, 678, IV. 158, 195, 285, 292; — Adolph, Hz. v. —, III. 450; — s. auch: Karl Friedrich & Peter.

Holub, bö. Söldnerführer, II. 431, 432.

Holyk, Georg, bö. Erulant, III. 440.

Holzapfel (Melander), Söldnerführer, III. 395, 530.

Holzer, Konrad, Hubmeister, II. 366, 376, 659; — Wolfgang, Viehhändler, II. 375—387, 389—391; — Grazer Stadtrichter, III. 334.

Holzmeister, joseph. Beamte, IV. 539.

Homberg, U., I. 523.

Hommel, Michael, Beichtvater K. Wladislaw's v. Bö. & U., II. 563, 568.

Homonna (Humelau), Ort i. U., I. 534.

Homonna, Homonnay (s. Drugetto);

Homonnay, Valentin (aus dem ab. Geschl. Drugetto), III. 354, 355, 370, 371; — Georg, Bruder des Vorigen, III. 386, 388, 397, 398, 421—424; s. auch Drugetto.

Hompesch, Frh. v. —, kj. Rath, IV. 357, 539.

Hondt, Peter de —, s. Canisius.

Honnecourt, Villard de —, frz. Baumeister, Erbauer des Domes zu Kaschau i. U. III., 157.

Honorins III., P., I. 569, 619, 620.

Honrat, s. Hernad.

Hont, Hont-er Comitat, U., I. 483, 484, 486, 507. 508, III. 650.

„Honter", Groß Johannes, Reformator Kronstadt's, III. 238.

Hontheim, Joh. von — (Justus Febronius), Weihbisch. v. Trier, IV. 440.

Hóod (Hobos-tó, Hold-tó, Mondsee), U., I. 564.

Hope, holländ. Ges., III. 671.

Hopf, mähr. Fabrikant, IV. 492.

Hoppe, H., I. 70.

Horaten („Bergler"), M., I. 405, 407.

Horányi, H., I. 51, 52.

Horazdiowic, Bö., I. 400.

Horebiten, hussit. Secte, II. 445.

Horja, Bauernanführer, IV. 538.

Horfa, U., I. 525.

Horka, s. Pardus v. —.

Horty, H., I. 58.

Hormayr v. Hortenberg, Frh. v. —, tirol. Kanzler, IV. 447, s. Enkel, d. H. & Publiz. — Jos., I. 55, 56, IV. 174, 584, 599, 605, 610.

Horn, N.-Oe., I. 375, 376, III. 314, 369, 374, 404, 428; — (Gfn. v. —, I. 375.

Horn, schwed. Gl., III. 484, 492, 502.

Horneck, s. Hoernigt.

Hornstein (Szarvkö), U., I. 492, IV. 399.

Horom, U., I. 511.

Horosedel, Bö., I. 153.

Hortenstein, Bö., I. 384.

Hortis, H., I. 71.

Hortobágy, Pußta, U., I. 92.

Horvát, Johann, Banus v. Kro., II. 200, 201, 204—207; Paul, B. v. Agram, II. 200, 201, 205; — Kaspar, III. 185; — Stephan, Gl. III. 454; — Kuruzzenführer, IV. 38, 117; — serb. Auswandererführer, IV. 255; — Stephan, H.,

I. 65, III. 150; — Michael, dgl., I. 67, IV. 642.

Horvát v. Lomnicza, Zipser Propst, III. 237, 276.

Horvát v. Palocsa, I. 522, 523.

Hoschütz, Schles., I. 425.

Hosemann (Hoffmann), Abrah., H., I. 22.

Hosius, Karb.-B. v. Ermeland, III. 269.

Hostialek, Mar, Primator v. Saaz, III. 437.

Hoszufalu, s. Langendorf.

Hoßumezö, U., I. 538, III. 136.

Hostein, Bg. b. Bistritz, I. 416, II. 44.

Hostelec, U., I. 525.

Hostiwit, II. 29.

Hotze, Gl., IV. 580.

Hotzenplotz (Hotzenpla, Husoblaha), Bzablaje), O. u. Fl. i. Schles., I. 423, 425.

Honnolbesdorf b. St. Lorenzen a. d. Drau, St., I. 334.

Hoyos, ö. Grundherr, III. 317; — Gf., kj. Regierungsrath, III. 643.

Hrabisici, ab. Geschl., III. 99.

Hrabschidze, s. Gabsdorf.

Hrabek, s. Gräz.

Hrabek, s. Reuhaus.

Hrabek, Samuel v. —, Prager Oberbürgermeister, II. 449.

Hrabisch, s. Ungar.-Hradisch.

Hrabowa, -Burgberg (Alt- oder Obertaschau), U., I. 510, s. auch Kaschau.

Hradschin, s. Prag.

Hrau, s. Wut.

Hranic, s. Sandal.

Hranice („Grenzort"), (nachmals: Weißkirchen), M., I. 415.

Hreben, s. Witowec.

Hrensko, s. Herrns-Kretschen.

Hrobgaud, Hz. v. Friaul, I. 274.

Hron, s. Gran.

Hronburt (Burg b. Hronowe), Bö., I. 395; s. auch: Rumburg.

Hronowe, s. Hronburt.

Hrozinkau, M., I. 418; — -er Paß, I. 480.

Hrubnik, s. Gröbming.

Hruby, ö. Dipl., IV. 593.

Hrzan-Harras, Gf. Franz, Karb., IV. 497, 498, 503.

Huber, H., I. 71.

Hubertsburg, Frd. v. — (1763), IV. 299, 303, 319.

Hubmaier (Hubmayer), Dr., Balthasar,

Anabaptist (Wiedertäufer), I. 421,
II. 633, III. 244, 245.
Huculen, s. Huzulen.
Hueber, H., I. 34.
Hübner, Sigmund, Botsch., III. 443.
Hülst, i. b. Gisch. Jülich, III. 524.
Hüningen, a. Rhein, III. 582.
Huerta, Don Martin be —, III. 434.
Huet, Sachsengraf i. Sbb., I. 24, III.
301, 302, 355, IV. 459.
Hüttau, I. 168.
Hüttelborf, N.=De., II. 271.
Hüttenberg, K., I. 168, 323, II. 596,
III. 64.
Hüttenborf, G. v. —, III. 442.
Hugenotten, III. 257, 284, 286, 467;
— =trieg, III. 271, 404.
Huglin, s. Heuglin.
Hugo, B. v. Briren, I. 341; — B.
v. Constanz, II. 529; — I. v. Mont=
fort („Gf. v. Bregenz"), I. 315; —
II. v. Montfort (Gründer dreier
Linien), I. 315; — Gf. v. Mont=
fort, II. 440; — VIII., Gf. Mont=
fort=Bregenz, III. 73.
Hutbert, Theubebert's Sohn, I. 261
bis 263.
Huler Prager Bürger, II. 198.
Hultschin, Schles., I. 425, 427.
Humboldt, W. v. —, preuß. Staats=
mann, IV. 611.
Hummelau, s. Homonna.
Humpolez, Bö., I. 398, 411.
Humwalb, Bö., I. 400.
Hund, Karl, Frh. v. —, Freimaurer
IV. 514.
Hundsborf, Gal., I. 448; — U., I.
514, 517, 529.
„Hundswärterborf", s. Schmögen.
Hunewalb, Aquitanr=Hz., I. 264.
Hunsalvy, H., I. 68.
Hungari, s. Ungari.
Hunwalb, s. Hanewalb.
Hunnen, I. 225, 242, II. 52, 54, 57.
Hunnia (Avaria) =Land i. Osten b.
Gms bis z. Raab, I. 274.
Hunt, ab., Geschlecht i. U., I. 486; s.
Ahnherr; — Hunt (Kunz), Leibwachen=
führer Stephan's I., II. 66.
Hunyad, s. Bänfi=Hunyad.

Hunyab, i. Sbb., I. 553, 565, 572,
576, 577, III. 220, IV. 422.
Hunyady, Johannes, der Corvine,
Gubern. & Felbhptm., U., I. 545,
562, II. 334, 335, 339, 340—342,
344—347, 351, 357, 358, 360, 362,
364, 365, 367—372, III. 117, 125;
— Labislaus, 1. Sohn des Vorigen,
Banus v. Kroatien=Slavonien, II.
346, 360, 373- 375, 398; — Mat=
thias, Bruder des Vorigen, (vgl. Page.
II. 360, 376; vgl. Mathias).
Hunyabvár, Herrschaft, I. 576.
Hunost, ab. Geschl., Bay., I. 249.
Hurban, u. Blt., IV. 642.
Hurter, H., I. 71.
Husinec, Bö., I. 390, II. 231, 287;
— s. auch: Bistma.
Husing, Grenzgraf der Longobarden i.
Trient, I. 262.
Husoblaha, s. Hozenplotz.
Huß, Johannes, I. 399, II. 231—234,
236—238, 240, 241, 242, 244 bis
248, 283—289, III. 108 363.
Hussiten, I. 394, 415, 507, 511, II.
45, 286, 289, 290, 292, 293, 299,
300; — Hussitentriege, I. 390, 398,
412, 413, 417, 421, 507—509, II.
265, 272, 283, 443, 477, 584, III.
83, 100, 110, 157; — Hussitenthum
(Hussitismus), I. 413, 443, 444,
445, 449, II. 313, 315, 317, 322,
336, 350.
Hußt, U., I. 536, 538, 539, III. 136, 387.
Hustopec, s. Auspitz.
Huter, Jatob, Anabaptist, II. 643,
III. 250.
Hutiten, Wiedertäufer, III. 205.
Hutten, Ulrich, II. 573, 581, 585,
630—632.
Hurelles, b' —, Marschall, IV. 88.
Huyn, tj. Gl., III. 672.
Huzulen (Huculen), „Räuber"=, Gal.
Volks=Name, I. 458, 463.
Hwozbet, Gal., I. 457.
Hyber, Ali, ostinbischer Sultan, IV. 493.
Hynet (Sohn Georg Bobiebrab's), s.
Heinrich, Hz. v. Münsterberg.
Hynbforb, John Carmichael, Carl v. —,
IV. 196, 199, 207, 215.
Hywseeg, s. Ecseb.

J.

Jáab, Sbb., I. 561.
Jablonowöty, Mil., III. 659; —
Ab.=Gschl. i. Galizien, IV. 334.

Jablunta —er Paß, I. 480, III. 106,
IV. 193.

Jabornegg=Altenfels. H., I. 73.

Jacobäi, H., I. 18.
Jacobäus, Jakob, Magister, III. 440.
Jacobellus, s. Jakob b. Kleine.
Jacobi, preuß. Botsch., IV. 538.
Jacopo, v. Carrara, II. 280.
Jaber, s. Zara.
Jäger, Alb., H., I. 60, 61, 71, 74; — J., dgl., I. 72.
Jägerndorf (sl. Krnow), Schles., I. 106, 422—424, 426—430, III. 431, 437, 443, 453—455, 583, 644, 647, IV. 191, 231, 410, 420; — (Markgf. v. —) s. auch Johann Georg.
Jaffé, H., I. 75.
Jagbberg, W. A., II. 267.
Jagel, Treffen b. — (1864), IV. 651.
Jagello, s. Jagiel.
Jagellonen, poln. Dynastie, I. 428, 429, 444, 447, 450, 457, 461, 492, II. 202, 314, 421, 451, 457—459, 461, 483, 523, 563, 574, III. 96, 109, 147, 159, 160; s. auch: Sigismund August.
Jager, s. Erlau.
Jagiel (Jagello), Wladislaus, Kg. v. Polen, I. 456, II. 201, 206, 208.
Jagodina, III. 673.
Jahn, IV. 622.
Jahns, Grenzer Oberst, IV. 285, 288.
Jaicza, Bosnien, II. 409.
Jajus, Jes., III. 252, 253.
Jakob I., Kg. v. England, III. 403, 409, 416, 431; — II., dgl., III. 578, 672, IV. 324; —, b. Kleine v. Mies, (Jacobellus), II. 232, 242, 284, 289, 445; — Bruder —, Vertreter b. Amositen-Secte, II. 448, 449.
S. Jakob i. b. Schweiz, II. 326.
Jakobaki, Nijo, Schwiegervater des molb. Hosp. Ghita's, IV. 366.
Jakobiner-Complot i. Wien (1793 bis 1794), IV. 575.
Jacobsau (Jakubjan), U., I. 521.
Jacobell, s. Jakob b. Kleine.
Jaksic, B. v. Karlstadt, IV. 256.
Jakubjan, s. Jakobsau.
Jamnitz (böhm. Jemnice, Jama), M., I. 408, 409, 411, II. 34, III. 97.
Jamometovic, Geschl. i. Dalm., I. 360.
Janestorf, Schles., I. 423.
Janitscharen-Aga, IV. 119.
Jantau, Bö., Schl. b. — (1645), I. 401, III. 527, 528.
Jantau, Schles., III. 93.
Jantovec, U., I. 520.

Jantovich, H., I. 65, 66.
Janopol, s. Boros-Jenö.
Janopole a. b. Temesch, U., I. 546.
Janoschatz, Handelscompagnie i. —, IV. 460.
Janowic (Janowici), bö. Fam., III. 99.
Janowo, III. 146.
Janus Pannonius, s. Gesänge.
Japoden, I. 210.
Japybien, Dal., I. 162, 163.
Jarcke, ö. Staatsmann, IV. 619.
Jarmogins, Frühlingsgott b. Alpentelten, I. 197.
Jaromer (im Königgrätzer Kreise), Bö., I. 403.
Jaromir, s. Gebhard.
Jaropolk, Bruder Sviatopolk's, I. 452.
Jaroslaw, Gal., I. 452, 458.
Jaroslaw, Fst. v. Wladimir, Sohn b. Großfst. Jjaslaw's v. Kiew, I. 458.
Jaroslawow, Pol., IV. 107.
Jarousch, s. Geras.
Jaquin, Botaniker, IV. 470.
Jasielkor, Fl. i. Rothrußland, I. 453.
Jaslo, Gal., I. 449, 457.
Jász-Kunság, IV. 421.
Jászai, Jászay, ung. Landt.-Abgeordn. H., I. 66, IV. 388.
Jászberény, U., I. 542.
Jäßen, u. Bogenschützen, III. 133.
Jassenovac, I. 364, III. 688, IV. 120.
Jászó (Jóß, Johau, „Schützendorf"), U., I. 511, III. 136, 354.
Jassy, I. 463, III. 306, IV. 117, 143; Frb. v. — (1792), IV. 555.
Jauer, schles. Fstth., I. 436, II. 168, 175, 415, 421, 452, III. 86, 443, 537, IV. 227, 420.
Jausen, Gebirge i. T., II. 125, 128; — -Thal, I. 306; — -Paß, I. 306, 309.
Jaunstein (Juenna), K., I. 167, 172.
Jaunthal, K., I. 102, 326, 328, 332, II. 596.
Jazlowiec, Gal., I. 452.
Jazygien, U., I. 503, 542, IV. 421, 425; — Jazygier, I. 215, 219, 220, 222, 542.
Jbell, Min., IV. 622.
Jbelsheim, Bö., Capitulation v. — (1704), IV. 53.
Jbn Dasta, arab. Geograph, III. 113.
Ibrahim (slavon. Renegat), türk. Großvezier, III. 312, 313, 351; — dgl., III. 172, 191, 194, 197—199, — Vezier-Pascha v. Ofen, III. 651 bis

653, 664, 665; — Jbrahim Pascha, türk. Großvezier, IV. 119; — Sohn Mehemet Ali's Pascha's v. Egypten, IV. 634.

Jba, Mutter d. Mfgin. Leopold III. (IV.), I. 604; — v. Bregenz-Pfullendorf, Mutter Gf. Rudolph's „b. Alten", I. 654.

Jbka, goldene —, s. Arany-Jbka.

Jbria, Fl. u. O. i. Kr., I. 90, 338. 339, 344, 346, III. 64, IV. 397.

Jbrio, See i. T., I. 304.

Jbungspengen, R.-De., I. 671.

Jegen, Osman, vorher Pascha v. Rumelien, III. 674.

Jekaterinoslaw, russ. Gouverment, IV. 255.

Jetel, H., I. 70.

Jekelsdorf, U., I. 512.

Jelek, Sohn Arpád's, II. 59.

Jellačić, Banus, IV. 642—644.

Jelowee, Kro., I. 142.

Jennice, s. Jamnitz.

Jena, III. 637, Schl. b. — (1806), IV. 591.

Jenitale, Türk., IV. 120.

Jenö, Geschl. d. Székler, I. 564.

Jenö, U., I. 549, 550, III. 385, 585, 671, IV. 154; — s. auch: Boros-Jenö.

Jenones Pier, span. Geogr., II. 605.

Jenopolis, s. Boros-Jenö.

Jenstein (Jezenstein), Johann v. —, Eb. v. Prag, II. 197, 198, 233.

Jeremias, s. Bogomil.

Jerney, H., I. 65.

Jérôme (Napoleon), Kg. v. Westfalen, IV. 559.

Jerusalem, II. 119, 232.

Jesenicke hory, mähr.-schles. Gesenke, I. 414.

Jessenák, ung. k. Protonotar, IV. 255.

Jeÿ, B. II. 8.

Jessenic, Freund des Huß, II. 232, 241, 242.

Jessenius v. Jesenow, Rector d. Prager Universität. III. 412, 437.

Jessenßky, Ablegat des ung. Palatins, Eszterházi IV. 68.

Jesuiten, III. 256, 272, 274, 302, 303, 306, 322, 328, 329, 333, 342, 345, 372, 373, 382, 397, 411, 423, 434, 438, 440—442, 444, 447, 469, 512, 513, 539, 545, 579, 621, 627, 631, 637, 667, IV. 33, 35—38,

46, 60, 73, 74, 104, 148, 151, 152, 250, 253, 306, 441, 442, 469, 648.

Jgen, s. Magyar-Jgen.

Jgion, s. Königswald.

Jgl, Fl. i. M., I. 515.

Jglaháza, s. Jgló.

Jglau (Jglawa, Jgl), Fl. i. M., I. 105, 389, 411; — (Jihlawa), Stadt, M., I. 103, 389, 406, 408, 109, 111, 122, 515, II. 2, 46, 284, 301, 314, 364, 401, 415, 423, 450, 451, 477, 651, III. 28, 90, 92, 97, 109, 134, 368, 381, 441, 442, 528, 540, IV. 213, 214, 410, 419.

Jglawa, Jihlawa, s. Jglau.

Jgló (Jglaháza, „Neudorf", Nová wes), U., I. 515, 526, II. 280, 339, III. 136, IV. 351.

Jičin (Jičin, Alt-Titschein), M. Herrschaft der Pnowicer, I. 416.

Jičin (Jitschin), Bö., I. 395, 396, 397, III. 91, 462, 473, 501.

Jihlawa, s. Jglau.

Jilg, tj. Söldnerführer, II. 468.

Jilowe, s. Eule.

Jireček, Hermann, H., I. 63.

Jiskra, (Gistra), Johann (Jan) von Brandeis, hussit. Söldnerführer, habsb. Feldhptm. & Statth. i. De-U., II. 336, 338, 339, 340, 342, 346, 347, 375, 384, 400, 402, 408.

Jitschin, s. Jičin.

Jlancau — er Moor, U., I. 548.

Jlanz, Schweiz, II. 268, 528.

Jlašowce, s. Sperndorf.

Jlauf, Feldherr d. Gothen, I. 236.

„Jlderim" (Beiname), s. Bajazid.

Jlgen, preuß. Min., IV. 85.

Jll, Fl., I. 312, II. 251.

Jller, Fl. IV. 585.

Jllésfalu, s. Sperndorf.

Jllésházy (Jllyesházy), Stephan, H. & u. Pal., I. 23, 476, III. 350, 353, 356, 360, 365, 366, 371, 372, 374, 436.

Jllo, s. Jlow.

Jlok, Berg i. Sl., I. 363; Herrschaft, I. 364.

Jllösvay, Brüder —, IV. 102.

Jllova, s. Jlova.

Jlluminaten, IV. 575.

Jllye, Sbb., I. 565.

Jllyesházy, s. Jllésházy.

Jllyrer, I. 210.

Illyricum, s. Illyrien.

Illyrien (Illyricum), I. 179, 242, 364, III. 676, IV. 249, 250, 257, 550, II. 65, 602, 603, 610, 611.

Illyrischer National=Congreß zu Temes= vár (1790), IV. 550.

Illyro=Romanen, Volksstamm, II. 65.

Ilmmünster, Abt v. —, s. Lullus.

Ilova, Fl., St., I. 363, IV. 154.

Ilow (Illo), Christian, Frh. v. —, Feldherr, III. 485, 495—500.

Ilšva, Fl. i. Kro., III. 310.

Imbst, s. Imst.

Immenstadt, Bay., I. 164.

Imola, s. Gualterio.

Imoschi (Imošti, Imotšti), Dal., I. 356, 357, 359.

Imošti (Imotšti), s. Imoschi.

Impirg (Judenburg), Herrin v. —, s. Gertrude v. Möbling u. Juden= burg.

Imre, Emerich, Ung., III. 230.

Imreffy, Gabr. Báthory's Potsch., III. 383.

Imst (Imbst), T., I. 316, II. 641, III. 25.

Ingelheim, Bay., I. 296.

Ingelram, s. Coucy.

Ingenhouß, Wiener Prof., Phys. & Mediz., IV. 469.

Ingering (Undrima), Fl., St., I. 333.

Ingeringgau (Undrimagau), St., I. 333.

Ingolstadt, Bay., I. 271, 316, II. 318, 536, III. 245, 252, 337, 342, IV. 52.

Ingrowitz, M., I. 389.

Inn, Fl., I. 144, 163—165, 170, 227, 274, 290, 307—310, 365, 645, 658, II. 110, 536, III. 534, IV. 80, 599; —kreis, I. 368; —thal, I. 99, 164, 263, 306—308, II. 251, 256, 257, 262, 264, 265, 332, 643, 646, 647, III. 17, 21, 55, IV. 17, 398; — =Viertel, I. 366, III. 29, IV. 79, 361, 362, 586.

Innerberg, St., II. 637, 638, III. 317.

Inner=Stolnok= (Zonnuk) —er Com., Sbb., I. 550, 553, 558.

Innichen (Aguntum? u. Mommsen: Littamum) T., I. 100, 163, 167, 251, 269, 276, 306, 307, 316, 341; — s. auch Aguntum und Lienz.

Innocenz. III., P., I. 617, II. 40, 86—88; — IV. (Sinibald, aus d. Hause Fieschi), dgl., I. 628, 632 bis 634, 636—639, 655, II. 44; — VII. (Coseno Migliorati), dgl., II. 234, 235; — VIII., dgl., II. 483; — X., dgl., III. 528; — XI. dgl., III. 637, 648, 649, 661; — XII., dgl., IV. 41.

Innsbruck, T., I. 307, 309, II. 115, 123, 124, 139, 257, 258, 262, 267, 329, 380, 394, 395, 475, 476, 486, 526, 529, 532, 545, 551, 590, 592, 600, 604, 615, 616, 642, 645 bis 647, III. 23, 25, 35, 45, 55, 67, 80, 195, 196, 213, 251, 321, 413, 486, 639, IV. 46, 317, 402, 405, 434, 435, 453, 464, 510, 513, 599, 643.

Innovezgebirge, U., I. 477.

Intercisa, s. Duna Pentele.

Inwald (Helwald), Gal., I. 444.

Inzersdorf, N.=Oe., III. 445.

Joachim II. v. Hohenzollern=Branden= burg, II. 611, 612, III. 175, 176, 181, 224, IV. 177.

Joachimsthal (früher Konradsgrün), Bö., I. 386, 393, III. 542.

Joantovič, Joh.=B. v. Menjatz, IV. 550.

Joannitius, s. Malo=Joannes.

Jobst (Jobst), Sohn des Mkgf. Joh. Heinrich v. Mähren & Kf. v. Branden= burg, I. 422, 427, II. 200, 203, 205, 207, 210—213, 215—217, 219, 222, 224, 234, 238—240, III. 84.

Jöchl, tir. Gewerkensam. III. 65.

Jöchlinger, Dr., st. Reg.=R., III. 334.

„Jörg Frknappe", oder „Jörg v. Stall", ti. Söldnerführer, II. 468.

Jörger, ö. Ab.=Fam., III. 362, 388, 445, 540; — Christoph, III. 244; — Karl v. —, Feldhauptm., III. 417, 418; — Gf. Joh. Quirin, Hof= kammer=Vice=Präs., III. 570, 634, 643, 653, 654, IV. 17.

Johann, a) weltliche Fürsten: 1. Kaiser: — VI., byzantinischer Kf., II. 181; — VII., dgl., II. 180; — Wien=, Bulgaren=Czar, II. 93; — 2. Könige: — v. Böhmen, v. (Luxemburger), I. 385, 387, 426, II. 102—104, 108—110, 113, 115, 119, 122—127, 129, 144, 145, 160—164, 171, 172, 207, III. 84, 86, 88, 90, 92, 106; — Polen: I., Albrecht, II. 486, 487; — II., Kasimir, Kg. v. Pol. (a. d. Hause

b. Waſa), I. 456; — Sigismund a.
b. Hauſe b. Waſa, Kg. v. Polen &
Prät. d. Krone Schweden, III. 357;
— Portugal, III., Kg. v., III.
174; — IV., dgl. (vorher Hz. v.
Braganza). III. 547; — VI., dgl.,
IV. 560, 616; — Schweden, III.,
III. 283, 301; — 3. Fürſten:
— Prinz v. Aſturien, Sohn Ferd.
v. Aragonien & Iſabella v. Caſtilien,
II. 556, 558; — Hz. v. Auſchwitz,
I. 414; · (v. Wittelsbach) Hz. v.
Bay.-München, II. 194, 199; —
Hz. v. Bay.-Straubing (früher P.
v. Lüttich), II. 318, IV. 356, 358;
— Alexander, Czar v. Boſnien,
II. 180, 182; — Georg, v. Bran=
denburg=Anſpach, Markgraf von
Jägerndorf, III. 431, 443, IV. 177;
— v. Braunſchweig, III. 212;
— v. Görlitz & Neumark, Bruder
Wenzel's IV. & Sigismund's, Kg's.
v. U., II. 205, 210; — Heinrich,
Gf. v. Görz, Gem. d. Anna (Tocht.
K. Friedrich's d. Schönen), II. 142;
— Mainhard, Sohn Mainhard's
VII., Graf v. Görz, II. 194; —
dgl., „Hannß", Sohn d. Gfn. Heinr.
IV., II. 377, 475; — (Parricida),
Sohn Rudolph's II. v. Habsburg
& Agnes v. Bö., II. 21—26; —
a. b. Hauſe b. Habsburg=Lauſen=
burg=Rheinfelder Linie, II. 130,
131, 189; — Habsburg=Loth=
ringen, (Ehz. v. Oe., Sohn Kaiſ.
Leopold's II., I. 58, IV. 565, 581,
585, 590, 594—597, 599, 600,
605, 610, 642, 644; — Friedrich,
Hz. v. Hannover, III. 637; —
Johann, Sohn Niklas' II. v.
Troppau, I. 427; — III. v. Troppau=
Leobſchütz, I. 428; — Heinrich,
Mrgf. v. Mähren, Sohn K.
Joh. v. Bö., I. 422, II. 124, 125,
127, 128, 146, 153, 169, 193,
III. 22, 84, 88, 106; — v. Me=
dici, II. 324; — Albrecht, Hz. v.
Mecklenburg, III. 467; — Ka=
ſimir, v. d. Kurpfalz, Oheim Friedr.
IV., III. 297; — Wilhelm, von
Pfalz=Neuburg, IV. 49, 79; —
v. Sachſen, Wahlfſt., I. 661; —
b. Beſtändige", Kf. v. Sachſen, III.
175, 181; — Friedrich, dgl., II.
612, III. 181, 204, 206, 207, 209,

212; — Georg, dgl., III. 478, 483;
— Ernſt v. Weimar, III. 465, 466;
— Corvinus, Herzog, unehel. Sohn
b. ung. K. Mathias I. 428, II. 470,
482—489, 559, 560; — b) Päpſte &
geiſtliche Fürſten: — VIII.,
P., I. 287, II. 76; — X., dgl.,
II. 76; — XIII., dgl., II. 31; —
XXIII. (Balth. Caſſa), dgl., II.
112, 114, 235, 236, 238, 243, 245,
246, 258—260, 311; — B. v.
Agram, II. 317; — V., Patriarch
v. Aquileja (nat. Sohn Joh. Hein=
rich's, Mtgf. v. Mähren), II. 193,
282; — v. Brixen, Hofkaplan Main=
hard's III. v. Tirol, II. 139; —
Eb. & Primas v. Gran, II. 89, 90;
— v. Gurk, Kanzler Rudolph's IV.,
II. 140; — B. v. Leitomiſchl, II.
241; — B. v. Lüttich (vgl. oben
J., Hz. v. Bayern=Straubing); —
Eb. v. Mainz, II. 236; — Abt v.
Kremsmünſter, II. 616; — Dom=
propſt am Wyſſegrad, II. 47; —
v. Nepomut (Pomuk), General=
Vikar, II. 197—199; — v. Capi=
ſtrano, II. 370—372; — v. Selau,
Prediger zu Maria=Schnee (Prag),
II. 288, 290, 291, 293; ſ. auch:
Thurzó, Vittring & Vitéz; — c)
Diverſe: — Sohn b. Patha, ung.
Parteihaupt, III. 150.
S. Johann, zwiſchen Rietz & Lauſen,
St., I. 198.
Johanna I., Königin v. Neapel, Gem.
b. Prinzen Andreas v. U., II. 175
bis 177; — II., Königin v. Neapel=
Sizilien, II. 324, 508; — Tocht.
Karl's d. Kurzen, Gem. Wilhelm's
v. Oe., II. 221; — Sophie, Tocht.
Hz. Albert v. Bay., Gem. Albrecht's
v. Oe., II. 222, 223 318; — 1.
Gem. Kg. Wenzel's IV. v. Bö., II.
199; — Tochter Ferd. d. katholiſchen
v. Aragonien & Iſabella v. Caſtilien,
Gem. Philipp's d. Schönen, II. 510,
514, 515, 556, 610; — Tochter d.
Kaiſerin Maria Thereſia, IV. 340;
Johannes, Latinus, I. 571; — v.
Gmunden, ſ. Gmunden; Chroniſt v.
Venedig, I. 236, 237.
Johanniterritter, geiſtl. Ritter=Orden,
III. 152.
Johu, ö. Gl. & Min., IV. 656.
Jolanthe v. Brienne, Tochter Peter's

v. Courtenai, (Gem. Kg's. Andreas II. v. U., I. 537, II. 91.

Joſau, Jólśva, U., I. 508, 509; — Fl. U., I. 508; — Thal, I. 508.

Jomini, frz. Gl., IV. 608.

Jonas, Dr., Jakob, Profeſſor, III. 264.

Joniſche Inſeln, IV. 605.

Zoo, tö. u. Perſonal, III. 353, 354.

Joob, U., I. 538.

Jopia, ſ. Salzburg.

Jordan, H., I. 14; — Gſ., Ahnherr d. Görger oder Görgey, I. 525.

Jordanis (Jornandes), Geſchtśchr., I. 227, 230, 232, 235.

Jordanow, Gal., I. 413.

Joſeph I., Habśb. dtſch. Kaiſer, III. 633, 638, 669, 670, 672, IV. 17, 21, 44, 49—51, 58, 59, 66, 68, 72, 75, 76, 78—82, 84—87, 89—91, 98, 102, 106, 107, 110, 123, 124, 127, 155, 378, 379, 385, 420, 433, 434, 439; — II., Habśb. Loth. dgl., I. 107, 132, 369, 462, 508, 528, IV. 74, 201, 206, 213, 265, 278, 289, 296, 300, 302, 309 bis 317, 319—327, 329, 330, 336, 337, 340—343, 345, 347—349, 351, 354, 355, 357, 359—364, 367, 368, 438, 443, 444, 449, 467, 477, 479, 481—518, 520—524, 526 bis 532, 534—541, 543—545, 548, 549, 551, 555, 556, 563, 566, 569, 618, 635, 657; (ſ. auch: Gſ. Falkenſtein); — Ezh. v. De., Pal. v. U., Sohn Kſ. Leopold's II., IV. 565, 590, 632; — Ferd., ſ. Ferdinand, Sohn Kſ. Leopold's II.; — Ferdinand, Kurprinz, Sohn d. Kſ. Mar Emanuel v. Bay., IV. 10, 12, 13; — (Bonaparte) Kg. v. Neapel, dann v. Spanien, IV. 559, 560, 581, 584.

Joſeph, des Hl., Freimaurer-Loge, IV. 252.

Joſephsdorf, Gal., I. 418.

Joſephſtadt, Bö., I. 389.

Jóſita, III. 305, 307; — ſiebb. Hoſtanzler, u. Plt., IV. 645.

Joß (Joßau), ſ. Jáßó.

Joſt (a. d. Hauſe d. Roſenberger), B. v. Breslau; — Agneta, Bürgerśtocht. v; Leutſchau, III. 237.

P. Joſua, u. Pfarrer und Bandenführer, III. 623, 627.

Joubert, frz. Gl., IV. 579.

Jourdan, irz. K. M., IV. 571, 579.

Jouy, Frkr., IV. 269.

Jovan, d. Schwarze, ſerb. Bandenführer, III. 186, vgl. auch Fetete.

Jovanović, Belgrad-Karlowicer Gb., IV. 156, 157.

Joviacum b. Schlögen, O.-Oe., I. 169.

Jovian, röm. Kſ., I. 241.

Jowa „Czar", ſ. Jovan.

Jowernitz, O.-Oe., I. 368.

Jpolja, ſ. Eipel.

Jpolyi, H., I. 68.

Jpoly, ſ. Eipel.

Jpolyság, U., I. 486.

Jppek (Pec), Serb., III. 672, 673, 675, 677; (Patriarchen v. —) ſ. auch: Czernojević & Marimin.

Jps, ſ. Ybbs.

Jrdning, St., II. 12, 639; (Pfarrer v. —) ſ. auch: Gerſarb.

Jrenäus, B. v. Sirmium, I. 241.

Jrimbert, Abt v. Admont, III. 71.

Jrinyi, u. Journal- & Parteiſ., IV. 641.

Jrſchings, Bö., I. 105.

Jſaak II. Angelos, byzant. Kſ., I. 621. II. 85; — Komenos, byzant. Herrſcher, II. 72.

Jſabella, v. Caſtilien, (Gem. Ferdinand's d. Katholiſchen v. Arragonien, II. 513, 556—558; — Infantin, Tocht. d. Vorigen, (Gem. Emanuel's v. Portugal, II. 556—558; — Tocht. Philipp d. Schönen, Gem. Chriſtian's II. v. Schweden, II. 610; — Wittwe nach Joh. Galeazzo Sforza, II. 571; — Tocht. Kg. Sigismund's, Gem. K. J. Zápolya's, III. 217, 220—228, 231—233; — v. Parma, Gem. Kſ. Joſeph's II., IV. 289, 316; — Königin v. Spanien, IV. 616, 637.

Jſakdorf, ſ. Eisdorf.

Jſanrich, Sohn Aribo's, Obergrafen d. Oſtmark. I. 287.

Jſaslaw, Großfürſt v. Kiew, I. 458.

Jſchl (Jſtala), O.-Oe., I. 169, 366, II. 637, III. 30, 318.

Jſel, Berg, I., IV. 599, 600.

Jſelthal, T., I. 321.

Jſer, Bö., I. 388, 395, 403, 430.

Jſta, Fl. i. Kr., I. 174.

Jſtala, ſ. Jſchl.

Jſtenber Paſcha, III. 385.

Jſtadi-Paß, ſ. Trajanspforte.

Jſmael, Schah v. Perſien, II. 517.

Ismaeliten i. U., III. 149.

Isny, Johann v. —, Gl.=Vikar & B. v. Trient, II. 264.

Isola, Istr., I. 350, 351, II. 159, 426.

Isola, Baron de l' (dell' Isola, L' Isola, Lisola), kj. Dipl., III. 525, 558, 574, 576, 577.

Isolani, bö. Landstand, IV. 417.

Isolani (Isolano), Giovanni Ludovico, Gl., III. 487, 501.

Isonzo, Fl., I. 90, 338, 346, 657, II. 142, 542, 546, III. 67, 393, 394; — Isonzokanal (Finnicello), III. 393.

Issa, s. Lissa.

Isterreich, I. 352, II. 155, 621.

Isthuansius (Isthvánisy), H., I. 23, II. 574.

Istrer, I. 210.

Istrianin, Stipan oder Stephan, „Comes", III. 248.

Istrien, I. 73, 102, 118, 161, 165, 178, 237, 249, 272, 338—340, 342, 345, 352, 589, 602, 603, 617, 657, II. 88, 141, 155, 158, 159, 194, 268, 281, 282, 543, 546, 550, 551, 586, 587, 620, III. 9, 10, 17, 21, 32, 34, 60, 66, 249, 308, 393, IV. 397, 485, 581, 586, 598, 603, 611; s. auch: Azzita, Fortunatus, Heinrich von Eppenstein, Wecelin.

Istrogranum, s. Gran.

Istvánisi, Werth. v. Sziget, III. 279.

Italicus, markom.=quad. Soldfürst, I. 171.

Italien, II. 60, 63, 109, 124, 125, 159, 162, 168, 176, 218, 220, 235, 280, 317, 322, 324, 431, 465, 506, 508—510, 512, 517, 518, 523, 526, 541, 543, 544, 548, 554, 618, 624, 625, III. 11, 12, 21, 42, 60, 66, 78, 154, 155, 159, 212, 259, 339, 396, 404, 471, 524, 685, IV. 14, 21, 33, 41, 43, 50, 51, 53, 82 bis 84, 90, 93, 94, 111, 118, 128, 132—134, 136, 141, 150, 160, 200, 201, 210, 223—226, 232, 235, 237, 245, 257, 261, 281, 325, 461, 479, 559, 560, 578, 580, 585, 586, 594, 595, 610, 611, 616, 623, 626, 630, 633—635, 637, 642, 647, 649, 650, 653—655, 657, 658; s. auch: Pipin.

Italiener i. U., I. 513, 526, III. 149.

Judenburg, St., I. 197, 330, 330, 337, 652, 666, II. 2, 3, 14, 140, 431, 639, III. 66, 71, 332, 335, 615, IV. 396, 572.

Judendorf (villa ad Judaeos) b. Graz, St., III. 57, 67.

Jubilarien, T., I. 163, 300, II. 643.

Judith (Welfin), 2. Gem. K. Ludwig's b. Frommen, I. 279; — bayer. Herzogin, I. 591.

Jülich'scher Erbstreit, III. 258, 390, 379, 556, IV. 178, 189, 355.

Juenna, s. Jaunstein.

Juffré, Carl, mailänd. Stadtpräfekt, II. 548.

Jugilbach, s. Julbach.

Jugrien, Land a. Atil, II. 93.

Jugur, avarischer Würdenträger, III. 113.

Julbach (Jugilbach), O.=Oe., III. 53.

Julian, röm. Kj., I. 198, 221, 241; — Karb., II. 339, 341.

St. Julien, frz. Dipl., IV. 581.

Julium Carnicum, s. Zuglio.

Julius Caesar, röm. Kj., II. 134; — Capitolinus, I. 219, 222; — II. (Julian della Rovera), P., II. 513, 514, 516—521, 535, 543, 544, 582, 583, III. 172; — III., P., III. 231.

Jungbunzlau (M. Boleslawa), Bö., I. 395, 396, II. 449, III. 91, 97, 198, 207, 225, 274, 275, 439.

Junis=Beg, italienischer Renegat, türk. Oberdolmetsch, III. 198, 225.

Jura, Gebirge, I. 256.

Juri, sv. v. —, s. S. Georgen.

Jurišić, Niklas, ö. Feldhauptm., III. 200, 644, III. 247, 309, 310.

S. Just, Kloster i. Sp., III. 215.

Justi, Professor, IV. 294.

Justingen, Anselm v. —, Reichsmarschall, I. 623, 624.

Justinian I., röm. Kj., I. 235—239, 242.

Justinopolis, s. Capodistria.

Jutakes, Sohn Arpád's, II. 59.

Juthungen, I. 230.

Jutta, Tocht. Rudolph's v. Habsburg, verlobt mit Wenzel II., I. 667, 668, II. 2, 18, 47—49; — die ostfränkische Braut Bretislaw's I. v. Bö., II. 32; — Schwester Wenzel's I., Gem. Hz's. Bernhard v. K., II. 41.

Juvavo, Juvavia, s. Salzburg.

Ivančica, Kro., I. 142, 362.

Jvančice, ſ. Eibenſchütz.
Jvanic, Kro., I. 496.
Jwan I., Waſiliejwič, ruſſ. Czar, II. 569; II. Waſiliejwič „d. Schreckliche", dgl., III. 170, 282—284; — III., Czar von Rußland, IV. 197; — Vater Nikolaus von Güſſing, II. 8; — Gſ., Verſchwörer, II. 81;

— „Fürſt" (Knez) v. Sign & Modruſch, II. 215.
Jvanowič Waſiliei, ruſſ. Czar, Nachfolger Jwan's I., II. 569, 570, 573.
Jwanowna, ſ. Anna.
Jza, Kl. i. U., I. 537, 538.
Jzbenczy, v., IV. 252, 482, 545.

C & K.

Kaaden (Kamburg), Bö., I. 152, 394, II. 18, III. 91, 206, 478, 527, IV. 417; — Frb. (1534), III. 176, 198.
Caballis, Anton be —, Mönch & frz. Agent, II. 515.
Kaal, U., I. 506.
Kabaren, Volksſtamm, II. 53, 58, 59.
Caboga, Senator zu Raguſa, I. 358.
Kabold, ſ. Kobersdorf.
Cabrera, Don J. Th. C. de —, Hz. v. Rioſecco, Almirante v. Caſtilien, IV. 50.
Kabsdorf (Kabusdorf, Kápoßtaſalva, Hrabſchicze), U., I. 516, 526, 527.
Kačič, tro. Adels-Geſchl., I. 360.
Kacze, U., I. 521.
Kaczvin, ſ. Katzwinkel.
Kadan, Mongolenführer, II. 94.
Kadlubet, poln. Chroniſt, I. 70.
Kabober, T., I. 304.
Kabolach, Verwalter d. Friauler Mark, I. 278.
Cadore, I. 94, II. 142, 145, 146, 149, 282, 545, 551; — ſ. auch: Kaianiers.
Kadſand, Holl. Flandern, IV. 149.
Cäcilia Renata, Tocht. Ferdinand's III., III. 457, 459.
Caelina O. i. Veneter-Lande, I. 182.
Kärnten, I. 28, 73, 101, 118, 274, 292, 316, 321, 327, 331, 339, 341, 342, 584—587, 589, 592, 594, 595, 602, 608, 609, 626, 628, 643, 650, 651, 653, 664, 665, 667, 670, III. 9—13, 20, 21, 23, 30, 31, 34, 37, 45, 49, 55, 57, 58, 61, 64, 66, 67, 70, 246, 249, 326, 333, 335, 338, 340, 392, 417, 538, 543, 621, IV. 150, 151, 250, 391, 392, 397, 399, 401, 448, 485, 500, 506, 516, 585, 503; ſ. auch: Karantanien, Eppenſtein & Sponheim-Ortenburg; (Herzoge v. —) ſ. auch:

Adalbero, Arnulph, Bernhard, Berthold, Engelbert, Heinrich, Hermann, Konrad, Liutold, Markward, Otto, Philipp, Rudolph, Ulrich, Welf; (Landeshauptmann v. —) ſ. auch: Pfannberg; (Landesverweſer v. —); ſ. auch: Melzer.
Cäſar, Julius, röm. Kſ., III. 15, 16; ſ. auch: Julius Cäſar.
Cäſar, H., I. 38.
Caesarianae b. Nagy-Báſony, U., I. 172.
Käsmark (Kaißmarkt, Kümark, Caseoforum), U., I. 108, 518, 526 bis 528, II. 297, 317, 337, III. 136, 159, 626, 627, IV. 100, 251, 458; ſ. Katharina.
Kaſſa, Kl. Aſien. II. 282.
Cahera Gallus, utraq. Adminiſtr., II. 651, 652, III. 204.
„Kahle", die —, ſ. Cola.
Kahlenberg, U., I. 522.
Kahlenberg (Kahlengebirge) b. Wien, I. 371, 585, II. 16, III. 643, 659.
Kainach, Kl., St., I. 168, 336.
Kainardſchi, ſ. Kutſchuk-Kainardſchi.
Kains (Camina), T., I. 262.
Kairo, IV. 493.
Kaijer, H., I. 74.
Kaisersberg, Burg, I. 666; — a. d. Sottla, II. 463, III. 330; — deutſche Reichsſtadt, III. 537.
Kaiserslautern, II. 19.
Kaijerſtein von —, bö. Hofkanzleileiter, IV. 209.
Kaißmarkt, ſ. Käsmark.
Kato, Sohn des Friauler Hz. Giſulf, I. 251.
Catovac, ſ. Tſchatathurn.
Calabrien, III. 106.
Kalafat, Tr. b. — (1790), IV. 553.
Galais, Krtr., II. 317.
Kalbe, i. der —, T., I. 311.
Calcinato, It., Tr. b. — (1706), IV. 83.

Galbara, Componist, IV. 166.
Galbiero, Jt., IV. 585.
Galbinätich, j. Galdonazzo.
Galdonazzo (Galbinätich), T., II. 146, 252, IV. 398.
Kalisch, Polen, II. 201.
Kalirt, Franziskanermönch, III. 244.
Kalirtiner, Kelchner-Secte, II. 293, 295, 349 351, 445.
Galirtus III., Gegenpapst Alexander's III., I. 611; — III., P., II. 401, 438.
Galirtus (Amurad), II. 438; j. auch: Amurad.
Galles, H., I. 36, 37. Z. 3.
Galliano, j. Stein a. Gallion.
Kálló, j. Nagy-Kalló.
Kálnásy, ung. Adeliger, III. 281.
Kalnikgebirge, Kro., I. 362.
Kálnoky, I. 24; — Rátóczianer, IV. 97.
Galó, Ab.-Fam. i. Triest, IV. 409.
Kalocsa (Kolocsa), U., I. 499, 503, II. 89, 105, 373, 457, III. 133, 199, 372, 513; (Erzbischöfe v. —) j. auch: Berchthold (Perthold), Dras-kovich Georg, Frangepani, Klobu-ficzky, Kollonich, Napragy, Szécsényi, Telegdy, Tomory, Várdai.
Kalo-Joannes (Joannitius), Bulgaren-fürst, II. 87, 88.
Kalteisen, Heinrich, II. 297, 298.
Kaltenmartter, Dr., III. 243.
Kaltern, T., II. 257.
Kaluger, j. Basiliten.
Calvin, III. 205, 239, 240, 271.
Calviner, III. 205, 239, 302, 349, 426, IV. 30.
Kalytadnos, j. Selef.
Kamaldulenser, III. 445.
Cambray, III. 157, 232; Liga (1508), II. 517, 518, 548, 549, 581; Congreß (1517), II. 584; Friede (1529), III. 172, 174, 175; Congreß (1724), IV. 128.
Cambridge, Hz. v. —, Vice-Kg. von Hannover, IV. 615.
Kamburg, j. Kaaben.
Kamcija, Fl. i. Bulg., II. 53.
Kamelis, Joh. Jos., B. v. Munkács, IV. 253.
Kamenec, Bö., I. 395.
Kamenic, Bö., I. 401.
Kamenica hora, Kro., I. 142.
Kamenz, i. d. Lausitz, I. 387; — a. d. Neiße, I. 437, 438, II. 162.
Camerarius, Joachim, Professor, III.

468, 272, 273, 184; — Dipl., III. 109, 111.
Camesina, N. v. Sanvittorei, H. Z. 3.
Kamieniec, Kastellanei an —, Polen, III. 301. 648; (Bischof v. —) j. Krasinsky.
Camina, j. Mainz.
Gaming, engl. Min., IV. 624.
Camino, Herren von - -Basallen Fried-rich's b. Schönen, II. 110.
Camisac, Kro., III. 220.
Camisarden-Krieg i. d. Sevennen, IV. 53.
Kamm, „böhmischer" i. Glaz, I. 388.
Kammerbüchl, Bö., I. 96.
Campeggio, päpstl. Legat, II. 624, III. 175, 231.
Kamp, große & kleine, Flüsse N.-Oe., I. 374, 375, III. 61.
Kampen, kelt. Volk a. d. Kampflüssen, I. 374.
Kamplmüller, Ignatz, Beichtvater Maria Theresia's IV. 244.
Campo, Gf. v. —, j. Gallas.
Campochiaro, neapolitanischer Dipl., IV. 578, 612.
Campoformio, Frd. v.—, (1797), IV. 573, 574, 577, 578, 581, 582.
Camporeale, Fst., neapolitanischer Ges., IV. 315.
Camposanto, Schl. b.—, (1743), IV. 224.
Camus, de — j. Browne.
Kamuthy, Wolfgang, III. 457.
Kampyk, Bö., I. 401, III. 97.
Kanal (Donau-Elbe), I. 93; — (Ober-March), I. 93; — (Schwarzenberg), I. 93; — (Wiener-Neustädter) I. 93.
Canal bei Castelli, Dalm., I. 356.
Canal bi Farasina, Jst., I. 348.
Canale, (Fz., I. 90; — (Konalij), Dalm., I. 358.
Kanalthal, K., I. 321, 324, 328.
Canara, Ostindien, IV. 493.
Canarische Insel, III. 574.
Candale, Anna v. —, Gem. b. Kg's. Wladislaw v. Bö., II. 560.
Candelare, b. Pesaro, I. 613.
Candia, III. 393, 619, 658, IV. 529.
Kandler, H., I. 73, 75.
Caneto, D.-Jt., III. 471.
Cangrande, j. Scala della.
Kanischay (Kanizsay), Johannes, Eb. v. Gran, Primas v. U., II. 208, 214.
Kanischa, Groß-, I. 495, 496, III. 351, 587, 650, IV. 422; — Klein-,

Karczag-Ujßálás, I. 542.
Cardona, sp. Feldherr, II. 522, 553, 554; — Fst. v. —, IV. 110, 127.
Care, magyarischer Volksstamm, II. 53.
Carrhodunum. I. 217.
Caretto, bei —, s. Grana.
Karfreit, (Ghz.), I. 90.
Cariglia (Carigli), Alfonso, Jesuit, III. 302, 304, 373.
Karin, See, Dalm., I. 359.
Karl, fränkische Kge. & Kaiser: — d. Große, I. 266, 270, 271, 320, 349, 586, 588, II. 29, III. 49; — d. Dicke, I. 284, 285; — d. Kahle, I. 279; — deutsche K. & K.: — IV., II. 93, 94, 124, 126—131, 133—135, 137—140, 144—146, 148, 149, 153, 156, 162—170, 174, 175, 189, 195, 207, 211, 229, 237, 275, 303, 310, 312, 322, 383—387, 391, 393, 395, 422, 326, 436, III. 12, 15, 17, 84, 85, 86, 88, 90, 92, 95 bis 97, 102, 106—108, 164, IV. 350, 380, 381; — V., I. 135, II. 510, 514—516, 520—521, 523—525, 559, 562, 571, 592, 602, 604, 610 bis 615, 617—619, 621, 623, 624, 632, 644, III. 13, 169, 170, 172 bis 177, 181, 185, 186, 193, 194, 199, 200, 202, 203, 208, 209, 211, 212—215, 218, 220, 224—227, 268, 393, IV. 8, 176, 377, 386, 445; — VI., I. 104, 134, 554, 555, III. 669, 672, IV. 10—12, 14, 15, 17, 21, 48, 49—51, 54, 81—84, 86—95, 101, 106, 109 bis 111, 118, 119, 122—124, 126 bis 130, 132, 134—136, 139—143, 145, 148—152, 155—159, 161, 170, 172, 173, 176, 177, 184, 188, 191, 193, 195, 197, 198, 200, 224, 229, 230, 239, 249—251, 259, 311, 376, 378, 390—395, 397, 401, 402, 406, 409, 421, 422, 425, 427, 429, 433, 439, 445, 449, 452, 461, 464, 466, 468, 493, 521; — VII., Albert, IV. 133, 172, 173, 176, 203—212, 217, 219—221, 225, 226, 229, 230, 316; — österr. Fürsten: — II., (Ehh. III. 59, 260—262, 311, 325—329, 332, 334—336, 393, IV. 397, 422, 501; — (Ehz., P. v. Breslau, dann Brixen, endlich Hochmeister d. btsch. Ordens, III. 507,

508, IV. 379; — 3. Sohn Kais. Ferdinand's III., III. 561; — Joseph, (Ehz., 2. Sohn d. Ki. Maria Theresia, IV. 310, 316; — (Ehz., Sohn Ki. Leopold's II., K. M., IV. 565, 568, 571, 572, 579—581, 584, 585, 590—598, 633, 634, 611; — Baden: — Leopold, (Großh. v. —, IV. 615; — Leopold Friedrich, dgl., IV. 615; — Burgund: — d. Kühne, Hz. v. —, II. 436, 441, 452, 458, 460, 472, 489, 498 bis 501, 602, 603, 624; — England: — I., Kg. v. —, III. 455, 459, 561; — II., dgl., III. 576—578, 644; Frankreich: — IV., Kg. v. —, II. 112, 114, 123; — V., „d. Weise“, dgl., II. 162; — VI., II. 197, 203, 583; — VII., dgl., II. 323, 330, 399, 405; — VIII., dgl., II. 477, 499, 503, 504, 506, 508, 509, 512, 514, 557, 558; — IX., dgl., III. 271, 280, 283, 284; X., dgl., IV. 615, 624, 625; Geldern: — Egmont, Hz. v. —, II. 528, 531; Hessen-Rheinfels-Warnfried: — Landgf. v. —, IV. 34; — Hetrurien (Toskana): — Karl Ludwig, Kg. v. —, IV. 559; Holstein-Gottorp: — Friedrich, Herzog v. —, IV. 158; Lothringen: — V., Hz. v. —, fs. Gl., III. 492, 503, 639, 640, 642, 656, 657, 659, 660, 668, 684, IV. 231, 232, 234, 244, 259, 274, 280, 281, 283, 285—287, 363, 523, 524, 534, 569; Mantua: Hz. v. —, IV. 80, 81; Münsterberg (Schlef.), III. 180; Pfalz: — Ludwig, Pfalzgraf, III. 520, 525, 536, IV. 75; — Philipp, Kf. v. d. —, IV. 130; — Theodor v. d. —, IV. 354—357, 359, 362, 364, 523, 524, 559; Pfalz-Neuburg: — v. —, Schwager Ki. Leopold's I., III. 682; Pfalz-Zweibrücken: — Hz. v. —, IV. 326, 355, 362, 524; — August v. —, IV. 357, 359; Polen: — Ferdinand, Prinz v. —, P. v. Breslau, III. 443; Rumänien: — (von Hohenzollern), Fst. v. —, IV 637; Sachsen-Zeitz: — August, Herz. v. —, P. v. Raab, dann Primas v. Ungarn, IV. 27, 76; Sardinien (Savoyen); — Emanuel I., III. 416,

420, 471; — Emanuel **III.**, Kg.
v. —, **IV.** 134, 222—224, 234
bis 236, 289, 326; Emanuel **IV.**,
Kg. v. —, 559; — Albert, Kg. v. —,
IV. 635, 642, 645; Schweden:
— **X.**, Gustav (Pfalzgraf), Kg. v. —,
III. 534, 535, 558, 560, 584; —
XII., Kg. v. —, **IV.** 21, 38, 60,
65, 75, 84, 85, 90, 102, 105, 112;
— **XIII.**, dgl., **IV.** 560, 616; —
XIV., Johann, dgl., **IV.** 616;
Spanien: — **II.**, Kg. v. —, **III.**
557, 573, 646, **IV.** 8—15; — **IV.**,
dgl., **IV.** 560; — Ungarn: — Mar=
tell, Kg. v. —, **I.** 256, 258, 263,
264, **II.** 8, 96; — Robert, Sohn
d. Vorigen, Kg. v. —, **I.** 485, 494,
499, 510, 514, 520, 522, 523, 526,
536, 545, 558, **II.** 20, 96, 104,
105, 110, 171—173, 177, **III.** 115
bis 117, 121, 134, 136, 155, 157,
161; - d. Kurze, K. v. Neapel &
Ungarn (Haus Durazzo, Sohn Hz.
Ludwig's), **II.** 177, 200—204, 207;
— v. Valois (d. „Thuland", senzaterra), **II.** 100; — Thomas,
Prinz v. Vaudemont, **IV.** 19,
42, 53; — Weimar: — August,
Hz. v. —, **IV.** 525, 539; Würtem=
berg: — Ferdinand, Hz. v. —,
III. 658; — Friedrich **I.**, Kg. v. —,
IV. 615.

Carletti, frz. Agent, **IV.** 571.

Carli, Bö., **I.** 411.

Carlier, Aegidius, Concilgesandt., **II.** 297.

Carlmann, Sohn Karl Martell's, **I.** 257,
362, 263; — Bruder Karl's d.
Großen, **I.** 266; — Sohn Ludwig's
d. Deutschen, **I.** 281, 284.

Carlopago (Karlwang), **I.** 354, 355,
III. 394.

Carlos, Don —, Sohn, Philipp's **II.**,
III. 261; — Sohn Philipp's **III.**,
III. 390; — sp. Infant, als Karl
IV., Kg. v. Neapel, **IV.** 278; —
Sohn Philipp's **V.**, **IV.**, 128, 129,
132; — sp. Kronprätendent, **IV.**
616; dgl., **IV.** 637.

Carlovic, **I.** 357, 364, 545, **III.** 687,
688, **IV.** 29, 33, 112, 139, 144,
643; (Metropolit v. —) s. Putnik.

Carlovic Torquato, Graf v. Krbava
o. Corbavia, **III.** 309.

Carlovitz, Frh. v. —, **III.** 179.

Carlsbad, Bö., **I.** 96, 393, **IV.** 516;
Conferenzen v. — (1819), **IV.** 622.

Karlsberg, ab. Geschl., K., **I.** 327, **II.** 15.

Karlsberg, Bö., **I.** 391.

Karlsburg, Sbb., **I.** 554, 555, **II.** 67.
III. 153, **IV.** 427; s. auch: Apulum
& Weißenburg.

Karlstadt, **I.** 332, 364, 496, **III.** 311.
312, 608, **IV.** 250, 256, 603; (B.
v. —) s. Jakšić.

Karlstadt, Seetirer, **II.** 630, 633, 643.

Karlstädter Grenze, **IV.** 422, 423.

Karlstein, Bö., **I.** 400, **II.** 167, 211,
270, 292, **III.** 95, 107, 182, 264.

Karlstein, Stammhaus d. Peilstein=
Pleien, S., **I.** 319.

Karlwang, s. Karlopago.

Carmagnola, **II.** 323.

Carmeliter, **III.** 69.

Carmichael, s. Hyndford.

Karnburg, K., **I.** 322, 324, **II.** 4.

Karneid, T., **I.** 305, **II.** 254.

Karner=Vellach, **III.** 340.

Carnea, Carnia (Carnea), Karnien, das
Bergland, Friauls a. d. cadorischen
Alpen, **I.** 300, 337. **II.** 144, 541.

Carniola (Krain), **I.** 266, 337, 340.

Karnkowski, Eb. v. Gnesen, **III.** 301.

Carnot, frz. Kriegsmin., **IV.** 568, 571.

Carnuntum (b. Petronell), Römerstadt
a. d. Donau, **I.** 166, 171, 172, 181,
185, 188, 191, 373. Z. G.

Caro, H., **I.** 70.

Karoline (Auguste), Tocht. Kg. Mar' **I.** v.
Bay., 4. Gem. Kj. Franz' **I.** v. Oe.,
IV. 565, 618; — Gem. Kg. Fer=
dinad's **IV.** v. Sicilien, **IV.** 611.

Karolinger, Dynastie, **I.** 375, 385,
589, 657, **II.** 33, **III.** 36, 39, 48,
118, 182.

Károlyi, u. Magnaten=Geschl., **I.** 540,
Ladislaus, **III.** 667; — Michael,
Schwager Gab. Bethlen's, **III.** 457;
— Alexander, **IV.** 27, 31, 38, 39,
57, 58, 65, 97, 99—103, 106,
107, 117, 118, 152.

Károlyvár, s. Weißenburg & Karlsburg.

Karpathen, **I.** 84, 98, 221, 225, 229,
230, 237, 373, 406, 408, 430, 442,
443, 445, 454, 473—475, 477,
478, 504, 531, 532, 534, 535, 551,
578, **II.** 43, 52, 53, 54, 55, 58, 64,
90, 92, **III.** 674.

Karpathensueven, Volksstamm, **I.** 229.

Karper (Karpater), Volksstamm, **I.** 222.

Karpfen (magy. Korpona, sl. Krupina),
U., **I.** 484, **III.** 134, 137, 360.

Carpi, a. Po, **IV.** 42, 224.

Karpodaten, Volksstamm, I. 225.
Carrara, Paduan. Dynastie, I. 364, II. 110, 141, 145, 146, 148—151, 156, 157, 166, 178, 179, 188, 220, 252, 280; — Marsilio v. —, II. 282; — Alphons v. —, III. 248.
Carrara, H., I. 70.
Carrodunum, I. 173.
Karst (Carsia), Karstboden & Karst-land, I. 337, 338, 340, 344—347, 350, 352, 355, II. 155, 546, 547, 551, 620, 621, IV. 397. Z. 19.
Carteret, engl. Min., IV. 215, 224, 230.
Karthäuer, III. 69.
Carus, röm. Kj., I. 221, 222.
Cajale, It.. III. 471, IV. 234.
Cajalis, Ritter Georg —, engl. Dipl., III. 190.
Cajanova, ö. Dipl., III. 606, 607, 609.
Kaschau („Korbdorf", „Binsendorf", mag. Kassa, sl. Kaschawa, Koschice), U., I. 108, 505, 510, 524, 531, II. 171, 183, 280, 281, 336, 338, 347, 487, 567, III. 134, 136, 137, 155, 156, 159, 227, 233, 236, 239, 305, 313, 349, 354, 355, 360, 364, 371, 374, 421, 454, 458, 587, 601, 604, 609, 622, 623, 642, 650, 652, IV. 38, 99, 351, 458, s. auch Hradowa.
Kaschnitz, Frh. v. —, IV. 489, 539.
Case, magy. Volksstamm, II. 53.
Caseoforum, s. Käsmark.
Cajerta, s. Natolb.
Kasim-Beg, türk. Heerführer, III. 195,
Kasimir, II. Hz. v. Oppeln & Beuthen, III. 86; —, I. Hz. v. Polen. I. 431; „d. Große" (d. letzte Piast), I. 119, 446, 447, 449, 450, 454, 455, II. 172, 175, 183, IV. 350; —, Bruder Wladislaus (Jagellone), Kg. v. Polen, II. 314, 315, 399, 408, 414, 423, 450—452, 457, 478, 482, 486, 487; Johann II. —, Kg. v. Polen, (d. letzte Wasa), III. 558, 560, 575, 584, vgl. auch Johann II. Kasimir; — Urenkel Premko's, Hz. v. Teschen & Glogan, I. 437.
Casma, Kt., Slav., III. 310.
Kaspar, Hofmeister d. Ladislaus, Posth., II. 357.
Kaspi-See („Rundes Meer"), II. 52, 57.
Cassiano, It., Schl. b. — (1705), IV. 82.
Cassel, III. 657, IV. 298, s. Hessen.
Cassier, de —, niederländ. Gl. Schatzmeister, IV. 534.

Cassiodor, Theodorich's Min., I. 237.
Kászon, s. Csik Gyergyó Kászon.
Kászony, U., I. 535.
Kászonyi, Griesuit & Propst v. St. Georgen, III. 589, 594, 610.
Caitaldo, Marchese v. Cassiano, k. Gl., III. 227—229, 231, 232.
Castelalto, L., I. 304; Franz v. —, Feldhauptm. K. Ferdinand's I., III. 203.
Castelbaldo, It., II. 145.
Castelbarco, Schloßa. Gardasee, II. 145.
Castelbarco, ad. Geschl. i. L., I. 303, 304, II. 145; — Grafen v. —, II. 472; — Gf. v. —, k. Verweser, IV. 80.
Castelcorno, s. Lichtenstein-Castelcorno.
Castelfranco, It., II. 550.
Castella, B. v. —, II. 485.
Castellaro, Marchesat, I. 600.
Castello Romano, L., II. 265.
Castellnuovo, a. Karst, I. 345, 346, II. 426, 542, 550, III. 394; — (Crezeg Novi) Dalm.; I. 91, 94, 356, 358, II. 142, 179.
Castelotto, Friaul, II. 281.
Castel Rodrigo, Marchese di —, span. Botsch., III. 585.
Castelrutt, L., I. 304.
Kastels, Schweiz, II. 268.
Castelvenere, Istr., I. 350.
Kastenbauer, s. Agricola Stefan.
Castiglione, It., II. 554, IV. 43.
Castiglione, s. Pius VIII.
Castilien, II. 492, 501, 507, 513, 514, 558, 611; (Regenten v. —) s. Alphons & Isabella; vgl. auch Arragonien; Almirante v. —, Cabrera, IV. 50.
Castlerreagh, engl. Dipl., IV. 611, 624.
Castra Trajana. Sbb. I. 176.
Castriota, Georg (Skanderbeg), Fst. i. Croja, I. 341.
Castua (Köstan), Istr., I. 348, III. 67, IV. 397, 598.
Castuanerwald a. Karst, Istr., I. 347.
Catalaunische Gefilde, Frkr., s. Châlons.
Catalonien, III. 524, 665, IV. 83, 86, 91, 93, 94.
Cataisers (Valle di Cadore), L., II. 146; s. auch Cadore.
Catapan, Statthalter i. Dal., II. 78.
Kátay, Kanzler, III. 360, 370.
Katharina, brandenburgische Für-

stentochter, Gem. Gab. Bethlen's, III. 516, 517, 519; — Brankovič, Tocht. d. Serbenfürsten, Gem. d. Gf. Ulrich II. v. Cilli, II. 278, 376, 377; — Tocht. Rudolph's v. Habsburg I. 664; — v. Braunschweig, Gem. Wilhelm's v. Rosenberg, III. 265; — Tocht. des Mörzer Gf. Main- hard VII., Gem. Hz. Johann v. Wittelsbach (Bayern-München), II. 194; — v. Habsburg: Schwester Kg. Friedrich's III. & Gem. Karl's Mtgf. v. Baden, II. 391; — Tocht. Philipp's d. Schönen, Gem. Kg. Johann's v. Portugal, II. 562, 610—612; — Tocht. Ferd. I., Witwe des Mantu- aner-Hz. Franz dann Gem. Sig- mund August's Kg. v. Polen (b. letzten Jagellonen), III. 259; — Schwester Sigmund August's (b. letzten Jagellonen) Kg. v. Polen, Gem. Johann's II., Kg.v.Schweden, III. 282; — Tocht. Karl's des Luremburgers, Kg.v.Bö., II.130, Gem. H. Rudolph's IV. v. Oe.; — Mauroceua (Morosini), venet. Patriziers-Tocht., Gem. Stephan's, Sohn des Kg. Andreas, II. v. U., II. 92; — v. Medici, Gem. Hein- rich's II. v. Anjou, III. 171, 257, 283; — Tocht. Georg's v. Podie- brad, Gem. Mathias Corvinus, II. 398, 399, 404, 408, 409, 456; — I., Kaiserin v. Rußland, IV. 129, 130; — II., dgl., IV. 229, 269, 270, 277, 285, 286, 297—299, 333 bis 335, 341—347, 361, 362, 364, 366, 367, 368, 524, 528, 529, 554, 582; — v. Sachsen, 2. Gem. Hz. Sigmund's v. Tirol, II. 474, 475; Loran, Muhme der Philippine Welser, III. 260.
Catharte, engl. Dipl., IV. 611.
Catinat, frz. Feldherr, III. 685, IV. 41, 42, 44.
Catinelli, Gf., IV., 605.
Katona, H., I. 51.
Katsch, St., I. 334.
Katscher Bezirk, s. Weyßer B.
Katschianit, Tr. bei —, III. 676.
Katualda, Besieger d. Marbod, I. 215.
Cattalinich, H., I. 53.
Cattaro (Acruvium, Acrivium, Kotor, Dekatera), I. 94, 162, 355, 356, 358, 360, II. 75, 77, 178, 180, 204, 283, III. 144, 146, IV. 592, 611.

Katzenstein (Wigann), II. 315.
Katzianer v. Katzenstein, Hanns, Feld- herr, II. 649, III. 195, 196, 199, 200, 220, 280, 309, 310; — Franz, B. v. Laibach, III. 247.
Katzwinkel (Kaczvin), U., I. 522.
Cauca. s. Kofel.
Caucaladensis terra. s. Kaukaland.
Kaufbeuern, II. 535, III. 35.
Kaukaland, (Kotelland), I. 223, 225.
Kaukanesier, (Kaukalandbewohner), I. 225.
Kaukasus, II. 52.
Kaunitz, Schloß i. Bö., III. 481.
Kaunitz, ab. Fam., III. 99; — Christoph Gf., III. 649, 658; — Gf. Domi- nik Andreas, Reichsvicekanzler, IV. 14, 16—18, 40, 59, 67, 223, 224, 233, 234, 238, 239, 261; — Mar Ulrich, IV. 261; — Wenzel A., Sohn d. Vorigen, ö. Staatskanzler, IV. 245, 259, 261—268, 270, 274, 278, 280, 283, 284, 287, 289, 292 bis 296, 299—301, 304—306, 318, 320, 322, 323, 326, 334—337, 339, 340, 342—349, 353—355, 357, 360—363, 365, 366, 435, 440, 443, 444, 481, 497, 500, 504, 505, 519, 521—523, 527—529, 531, 535, 540, 544, 545, 552—554, 563, 565 bis 568, 570, 582, 589, 605; — Gf. Johann, Sohn des Vorigen, Ges., IV. 481.
Kaurzim (einst Zlicto), Bö., I. 400, 401, II. 293, 300, III. 97, IV. 409.
Cavalese, T., I. 303, IV. 398.
Cavalli Marino, venet. Botsch., Z. 20.
Cavour, it. Min., IV. 649, 650.
Cavriani, Otto, III. 359, 360; — Gf. L., bö. Oberstburg-Gf., IV. 481.
Kawat, s. Ainali-Kawat.
Kay, Tr. b. — (1759), IV. 291.
Kayserlingk, russ. Botsch., IV. 196.
Gazan A. v. —, Tirol. Landsturman- führer, IV. 47, 48.
Kazárvar (Kozárvár, Kozarivár), Sbb., I. 559.
Kazi (Kazy), Jesuit & H., I. 48, III. 626.
Kazi, sagenh. Tocht. Krok's, II. 29.
Kazimierz, (Kazmierz), Gal., I. 446, 447.
Kazin, Bö., I. 401.
Kean, Wiffeneufürst, II. 67.
Čebrowský Philipp, I. 528.

Kechety, Martin, Bisch. zu Veßprim, III. 237.

Cechoslaven i. U., III. 119.

Cecil, Lord (Burleigh), engl. Staats-sekretär, III. 261.

Kecskemét, U., I. 542.

Keczer u. Magn. Fam. A., III. 620; — Melchior, III. 622.

Cecko v. Pirnomiric, Sölbn. Hptm., II. 336.

Cedoniae. s. Neußmarkt.

Keeß, Hofrath, IV. 487, 545.

Kehl, III. 686, IV. 15, 95.

Kehlheim, Bay., I. 621.

Keiblinger, H., I. 72.

Keith, engl. Ges. IV. 267, 270, 504, 554; - Marschall, IV. 275, 284.

Keizber (Kapitel), Sbb. I. 572, Z. 10.

Kéftö (Blauenstein, sl. Modry kamen), U., I. 489.

Celeja (Stadtgottheit), I. 198.

Celeja. s. Cilli.

Celle, Braunschweig. Fütth., III. 637.

Kelemen, u. Rechtsgel.. I. 66.

Kelling, Craien-Geschl. i. Sbb., I. 575.

Kelp, H., I. 25.

Kelten, Celten, I. 208, 210.

Celtes, Humanist, II. 604, 606, III. 76, 77.

Kelto-Rhäten, III. 60.

Keltsch, Herrschaft i. M., I. 422.

Cembra, T., I. 303, IV. 398; — -Thal, I. 300, 304.

Kemej, U., I. 542.

Keménnyi, ab. Geschl., Sbb., I. 559; — III. 232; — Johann, Feldherr, I. 26, III. 529, 546, 559, 584, 586, 588, 589; — Simon, Sohn d. Vorigen, III. 589; — Gf. Josef, H. I. 68, 69.

Kemenye, Schloßherrschaft, Sbb., I. 559.

Kempen, ö. Min., IV. 646, 647.

Kempten, Bay., III. 248, 470.

Kende, Kendi, (Kendy), Magnaten-Fam., III. 233, 238, 303, 382, 609, Gebrüder —, u. Aufständische. III. 622; — Gabriel, III. 622.

Ceneda, It., II. 188.

Cenek v. Wartenberg, II. 285, 290 bis 292.

Kenesse, u. III. 199.

Kenner, H., I. 71.

Kenty (Liebwerde) Gal., I. 411.

Kenzingen, i. Breisgau, III. 538.

Kepler, J., III. 338, 340, 343, 447, 461, IV. 463.

Cerbagne, Gisch., II. 524, 557, IV. 91.

Kerekgyártó, H., I. 65.

Keremnice, s. Kremnitz.

Kereßt a. d. Gran, U., III. 595.

Kereßtes. Sbb., I. 565.

Kereßtes-Komlös, U., I. 522.

Kereßtesi, calvinischer Pastor, IV. 548.

Kereßtur (Kisjö, Udvarhely) Sbb., I. 176, 180, 565; — U., I. 486, III. 454, 607.

Keriatovich (Koriatovich), Ruthenenfst., I. 532, 534, 536, 538.

Kerka (Kirka, Titius), Fl. i. Dal., I. 143, 154, 162, 355—357, 359, II. 76.

Kerlink, U., I. 487.

Kerneza, Bergname i. Buk., I. 460.

Cernin, Diwisch, v. Chudenic, Prager, Schloßhauptmann, III. 437.

Cerniceff, russ. Gl., IV. 296, 298.

Cernovici, böhm. Gemeindename, III. 103.

Cerreto, a. Karst, I. 317.

Cerroni, H., I. 47, IV. 507.

Certia s. Magyar-Egregy.

Cerva (Tubero) H., I. 10.

Kéry, Gf., III. 612.

Kerz, Cist. Abtei i. Sbb., I. 573.

Cesar, preuß. Potsch., IV. 572.

Cesarini Julian, Karb., II. 295, 298, 339, 340, 342.

Keßelsdorf, Schl. b. — (1745), IV. 232.

Keßlerwald b. Engelhardszell, I. 368.

Cetium (Citium) (Zeiselmauer?, Mautern?), N.=Oe., I. 169, 180, 183, 185, 240, 371, Z. 32.

Cettina (Czettina, Cettinja), Fl., Dal., I. 117, 277, 355—357, 359, II. 75, 76.

Kentschach Leonhard, Eb. v. S., II. 636, 637, 640, III. 30.

Ceva, Heinrich & Gauthier, Setten-stifter, II. 228.

Kewe, s. Kowin.

Keyßla, s. Gisela.

Keyßer (Katicher), Bez. Schlef., I. 423.

Kéza, u. Chronist, II. 54, 57, 58, III. 127, 130, 148, 150.

Kezdi-Orbai, s. Szepsi-Kezdi-Orbai.

Kezdi-Väsärhely, Sbb., I. 176, 565, 566.

Chabert, H., I. 61.

Chablais, Hz. v. —, Sohn Karl Emanuel's III. v. Sardinien, IV. 326.

Chager, Stifter d. Benedikt.=Klosters Obernburg, I. 343.

8*

Khatan (Chakan), Fürstenname b.
Avaren, III. 113.
Chalhoch v. Falkenstein, I. 368.
Chalkokondylas, byzant. Chronist, II.
334.
Chalons, Frtr., I. 226, 657.
Chamb, Cham, Grafschaft, IV. 79;
Gjen. v. —, Pohburg, I. 382 bis
384, 392, II. 348, 479, III. 492; f.
auch Diepold.
Chambord, Tractat v. — (1552), III.
213.
Chamois, frz. Sendbote, IV. 41.
Champagny, frz. Dipl., IV. 597, 598.
Charbonnier's (Köhler), frz. Freimaurer
& Republikaner, IV. 623.
Charleroi, Niederlande, IV. 236.
Charlotte v. d. Pfalz, Herzogin v.
Orléans IV. 75.
Charnacé, frz. Gef., III. 477.
Charolais, Grafschaft i. Burgund, II.
502, 506.
Chartres, Frtr., I. 261.
Chartres, Mademoiselle du —, Tocht.
des Hz. v. Orleans, projektirte
Braut Kf. Joseph's, II., IV. 326.
Charvatici, slav. Caustamm, III. 103.
Chasteler, ö. Gl., IV. 596, 599.
Chatam, Lord —, f. Pitt, William.
Chateaubriand, frz. Botsch., IV. 624.
Chatelet, Marquis de —, frz. Botsch.,
IV. 334.
Chatillon, Congreß zu — (1814), IV.
609.
Chatillon, frz. Gl., III. 524.
Chaumont, Vertrag v. — (1814), IV.
609.
Chaumont, frz. Heerführer, II. 552.
Chauz, Frh. v. —, H., I. 43, Z. 3.
Chavannes, Gf. v. —, savoy. Dipl.,
IV. 238, 239.
Chavigny, frz. Dipl., IV. 234.
Chazaren, Volksstamm, II. 52, 53, 58.
Chazarenburg, Sbb., I. 559; f. Kozar-
burg.
Chazarenreich, III. 140, 147.
Cheb (Eger), Bö., I. 383.
Cheitumar, f. Chotimir.
Chelcic, f. Peter.
Chelm, (Chulmia) Fürstenthum, I.
277, 456, 457, II. 88, 205, 206,
III. 117; (Fürst v. —) Wuk Gran.
Chelmice, f. Kulm.
Chelmice Deutsch, f. Deutsch-Chelmice.
Chemnitz, Sachsen, I. 386.
Chemnitz, Bogislaw Philipp (Hippoli-

tus a Lapide), H., I. 15, III. 523;
— Martin, Vater des Vorigen, III.
523.
Kherling, f. Kerling.
Cherlitz, Herrschaft i. M., I. 422.
Cherso (Krt, Crexi), Insel, I. 154, 348,
361, II. 75, 77, 178, III. 33, 144.
Cherson, IV. 493, 530.
Chetardie, Marquis de la — IV.
198, 229.
Khevenhüller (Khevenhiller), ad. Geschl.,
III. 538; — Johann, H., I. 14; —
Franz C., Frh. v. —, I. 13 u. f., III.
391, 395, 427, 463, 470; — Georg,
Rath Khz. Karl's II., III. 334; —
Obersthofmeister d. Kaiserin (Gem.
Ferdinands II.), III. 510; — ö.
Gef. i. München, III. 532; — L.
Andr., Gf., Hofkriegsraths-Vice-
Präses, IV. 160, 194, 205, 210
bis 213, 217, 220, 222, 226, 281;
— Hanns Gf., a. o. Bevollmächtigter
a. Berliner Hofe, IV. 196; —
-Mätsch, Gr. Joh. Jos. (seit 1764
Kst.), ö. Min., IV. 244, 265, 268,
275, 324.
Chevert, frz. Comm., IV. 217.
Cheynow, Bö., I. 399.
Chiarabadda, f. Agnabello & Chira-
badba.
Chiaramonte, f. Pius VII.
Chiari, Kt., IV. 42.
Chiemsee, Bav., I. 641, II. 256, III.
55; (Abt v. —) f. Tobba.
Chierasco, Frb. v. — (1631), III. 471.
Chieja, bö. Landstand, IV. 417.
Khiesel, Jakob, „Gf. v. Gottschee", III.
510.
Chigi, päpstl. Nuntius, III. 537.
Chigny, Grafschaft, II. 367.
Childebert, Franken-Kg., I. 250, 251;
— III., Merow. Kg., I. 258.
Childerich, I. 517.
Chimay, niederl. Hsch., IV. 278.
Chioggia, Kt., II. 158.
Chizzola, L., I. 303, IV. 398.
„Chlap", poln. Leibeig. o. Bauer.
Khlesl, Kard.-Min., III. 294, 315,
318, 319, 338, 339, 360, 362, 365,
369, 371, 374, 386—391, 395, 397,
398, 411—414, 445, IV. 387.
Chlodwig d. Merowinger, I. 229, 234;
— III. Merow. Kg., I. 258.
Chlorus, röm. Kj., I. 184.
Chlotar I., d. Merowinger, I. 249;
- II. Franken-Kg., I. 251.

Chlum, Bö., I. 389; - Heinrich v. — & Johann v., bö. Ad., II. 244 bis 246; s. auch Slavata.

Chlumec, Bö., II. 449.

Chlumeczky, H., I. 64.

Chmel, H., I. 59, 71.

Chmielnicki, Bohdan, Russinn, III. 560.

Chmielnik, Gal., II. 43.

Chocen, Bö., II. 449.

Choczim, Gebiet, v. —, III. 578, 624, IV. 529, 531, 532.

Chodkiewicz, Joh., poln. Starost, III. 283.

Choiseul de —, frz. Premier-Min., IV. 234, 287, 289, 290, 293, 295, 341, 344; — Gf., Hz. v. Praslin, Vetter d. Vorigen, frz. Botsch., u. Min., IV. 287, 293—295, 337, 347.

Chomotov, s. Komotau.

Chorwaten=Kroaten, I. 238, 253 bis 255, 275, 359, 395, 398, 445, 451; — =Dalmat.: (Guduskaner oder Gacter) I. 278; — pannonische, I. 278.

Chorwatien, I. 277, 431.

Chosru, Perser-Kg., I. 253.

Chotebor, Bö., III. 92.

Chotek, Gf. Rudolph v. —, IV. 218, 245, 266, 305, 306, 435, 545; — Gf. Rudolph, d. jüngere, Hofkammer-Präs., IV. 566.

Chotimir (Cheitmnar), Neffe Boruta's, d. Karantanenfürsten, I. 267—269.

Chotusitz, Bö., Schl. b. — (1742), IV. 215.

Chrapundorf, s. Magyar Igen.

Chrelic, Crelic, Chryssz, s. Cues, Cusanus.

Chreina (Chreina Marche), s. Krain.

Chrenzpeck, ritt. Weltfahrer, III. 73.

Christallnigg, kärtn. Ad., I. 28.

Christian v. Anhalt, Gf., III. 297, 356, 366, 370, 377, 378, 422; — Hz. v. Braunschweig, B. v. Halberstadt, III. 403; — d. jüngere, v. Braunschweig, III. 465, 456; — II., Kg. v. Dänemart, II. 610, 624, III. 170; — IV., dgl., III. 404, 459, 472, 485, 487, 488; — VII., dgl., IV. 560; — VIII., dgl., IV. 616; — Hz. v. Holstein, tj. Gf., III. 595, 675, 676, 678; — I., Ksn. v. Sachsen, III. 297; — II., dgl., III. 376, 377, 411 bis 416, 420, 437; — v. Prachatic Hußens Anhänger, II. 242.

Christine, (Erkönigin v. Schweden, III. 568, 575; — Erherzogin, Tocht. Ksin. Maria Theresia's, Gem. Albert's, Prinz v. Sachsen-Teichen, IV. 476, 522, 534, 535, 543—545, 549, 590.

Christoph, Hz. v. Bayern, II. 315, 488; — v. Würtemberg, III. 214, 260, 261; — B. v. Laibach-Seckau, III. 185.

Chrobry, s. Boleslaw.

Chrön, s. Krön.

Chrudim, Bö., I. 397, II. 38, 314, 448, 449, III. 90, 91, 93, 437, IV. 214; (Theilfürsten v. —) s. Dipolt & Sobeslaw.

Chrudimka, Fl., Bö., I. 389, 403.

Chryssz, s. Cues.

Chrzanow, Gal., I. 451.

Khuen, tj. Rath, III. 319, 411.

Chnenring, Burgruine, N.-Oe., I. 375.

Chnenring (Knenring, Chnopharn) ö. ab. Geschl., I. 375, 376, 622, 638, 669, II. 2, 16, 17, 219, III. 53, 55; — Adalbero o. Albero V. v. —, I. 636; — Agnes v. —, I. 644; — Hadmar I., Stifter Zwettl's, I. 609; — Hadmar III., Marschall u. Verweser Oesterreich's, I. 622; — Hadmar II. v. Chnenring-Weitra, I. 375, 376; — Heinrich II. v. —, I. 622; — Heinrich II. (IV.) v. Weitra-Seefeld, I. 669, II. 2; — Heinrich III. (V.), Sohn d. Vorigen, II. 2; s. auch Azzo; — Leutold I. v. —, II. 16, 17.

Chulmia, s. Chelm.

Chuognica (dtsch. Funell), Ul., I. 479.

Chnopharn, s. Chnenring.

Chnphi v. Traù, Rheder, II. 282.

Chur (Curia), I. 163, 164, 241, 302, 309, 310, 314, II. 4, 141, 249, 250, 258, 260, 262, 263, 267, 268, 327, 527, 529, 533, 534, III. 10 bis 12, 44, 398; (Bischöfe v. —) s. Hartmann, Heinrich, Höwen, Hohenwart Norbert, Konrad, Lucius „d. Heilige", Ortlieb, Werdenberg.

Churchill, John, Earl v. Marlborough, s. Marlborough.

Chur-Rhätien, I. 603, 654, II. 250.

Churwalchen, Churwalhengau, die rhein. Ostschweiz, Bündtnerland, I. 314 II. 250, 472.

Chussal, Magyaren-Häuptling, I. 289.

Khurtz Ferd. Sigm., Gf. v. —, Reichs-Vicekanzler, III. 553, 566, 571.

Chwoinic, U., I. 479.
Chynow, Bö., III. 97.
Chytil, H., I. 64.
Chyträus, David, Theol., III. 272, 273.
Cibalis s. Vinkovce.
Cibin (Zibin, Sibin) Fl., Sbb. I. 553, 571.
Cibinburc, s. Hermannstadt.
Cibin-Gebirge, Sbb., I. 551.
Cibinium (majus), s. Hermannstadt.
Cibinium (minus), s. Zeben.
Cicala Mohamed, Renegat, III. 312.
Cicogna, bö. Landstand, IV. 417.
Ciblina (Cyblina, „kleine Elbe) Fl., Bö., I. 396, 403.
Kiejstut, Lithauerfürst, II. 183.
Kielmannsegge, Frh. v. —, III. 658.
Kienmayer, öst. Gl., IV. 594.
Kiew (Kijew) Gal., I. 450. 453, II. 43, 58, 83, 86, 93, III. 65; (Großfürst v. —) s. Wladimir; — s. auch Swiatopolk.
Cisnentes, Jesuit, Beichtvater Kg. Karl's II. v. Sp., IV. 15.
Kikinda (Nagy-Kikinda, Echechiba), U., I. 546—548, IV. 421.
Cikola, Nebenfluß d. Kerka, I. 355.
Kilia, Kilianowa, an der Donaumündung, IV. 460, 493.
Ciliola, Nichte Francesco's v. Carrara, II. 188, 493.
Cille (Celeja, sl. Čele), St., I. 7, 101, 167, 168, 172, 182, 183, 185, 186, 191, 197, 199, 200, 242, 243, 327, 334, 337, 343, 362, II. 155, 225, 259, 262, 274, 275, 277, 303, 369, 372 bis 377, 462, 463, 588, 596—598, 621, III. 32, 39, 55, 58, 74, 245, 311, 333, 543, IV. 396, 405, Z. 6; (Grafen v. —) s. Anna, Barbara, Elisabeth, Friedrich, Hermann, Ulrich.
Cimbern, germ. Volksst., I. 214.
Cimburg, mähr. ad.-Geschl., III. 99; — (Ctibor v. —, Herr v. Tobitschau, I. 414, II. 371, 415, 424, 449, III. 89, IV. 446; — Johann v. —, Vater d. Vorigen, II. 415, 450; — Johann Jaroš v. —, II. 449.
Cimburgis, Prinzessin v. Maiovien, II. 270, 273, 489.
Cinafra, Sarmaten-Häuptling I. 224.
Kinczel, s. Künzel.
Kindberg, St., III. 57.
Kindermann, Schtst., IV. 517, 518.
Kinisi Paul, Magnat, I. 544, II. 466, 488, 489, III. 159.

Kint, H., I. 74.
Kinnamos, byz. H., III. 115.
Kinsti, (Wchynic), ad. Geschl., III. 411; — Wenzel v. Wchynic, III. 376, 377, 381; — Rad. v. Wchynic, III. 440; — Gf. v. Wchynic, Schwager Wallenstein's, III. 494, 495, 499, 500, 501; — Franz Ulrich, Gf., Min., III. 581, 632, 633, 671, 680, 686, IV. 11, 16, 25; — W. Octavian, Oberstburggraf v. Bö., IV. 75—77, 79, 110; — Gf., Franz Ferdinand, bö. Obersttanzler, IV. 146; — Gf. Philipp, Oberstburggraf v. Bö., IV. 183, 188, 191, 194, 201, 209, 245; Z. 29. — Stephan Gf., IV. 218.
Cinizyn, s. Teschen.
Cipriano, Guido, Dominikaner, III. 393.
Király-Erdö, s. Königswald.
Király-Nemeti, auch Baierdorf, (Querali), Sbb., I. 559.
Királyhág, s. Königswald.
Királymező, (Königsfeld), U., I. 539.
Kirchberg, I., II. 536, 621.
Kirchdorf-Ramsau, O.-Oe., I. 168.
Kirchbrauf, U., I. 514, 524, 526, III. 137, 157, 512, 545.
Kirchenstaat, röm., IV. 623, 637.
Kirchheimer, Hanns, Arzt, II. 386, 391.
Kirchhofer, Bürgermeister v. Wien, II. 622.
Kirchling, N.-Oe., II. 271.
Kirchmayr v. Ragen, H., I. 7, II. 555, 609, 623, 642, 643, III. 250.
Ciriat, Martin, III. 236.
Kiritz, Tr. b. — (1635), III. 504.
Kirknitzer-See, Kr., I. 341.
Kirn (sl. Kurinjan), (Villa s. Quirini), U., I. 516, 526, 527.
Cirpi, b. Byssegrad, U., I. 172.
Kiß, Albert Kuruzzenführer, IV. 38; — Stephan, v. Szegedin (auch „Szegedy" genannt), III. 238.
Kis-Szamos, Sbb., I. 193.
Kis-Szeben, s. Zeben.
Kis-Varad (Klein Wardein), U., I. 540.
Cissa, b. Rovigno, Jn., I. 318.
Cissoes, U., I. 525.
Cistercienser, III. 69, 152.
Kiucza, Fl., U., I. 481.
Citium, s. Cetium.
Città nova, Jn., I. 237, 347, 349 bis 351, II. 159, III. 32.

Kittse (Köpcsény), U., I. 492, II. 461, III. 656.

Kitzbühel, T., I. 308, II. 154, 536, 537, 588, III. 22, IV. 213.

Civezzano, T., I. 303, IV. 398.

Cividale, (Forum Julium, Julii.), I. 161, 185, 346, 622, 649, II. 143, 148, 159, 193, 235, 270, 272 542, 551—553.

Civrano, venet. Feldhauptmann, II. 552, 553.

Kladowa, Wallachei, I. 159.

Kladsko, I. 389, s. Glaz.

Clausli, s. Nikolaus v. Straßburg.

Klagenfurt, K., I. 322, III. 31, 66, 246, 332, 338, 616, IV. 79, 151, 397, 600.

Klamm, Herren v. —, III. 51.

Clam = Martiniz, ö. Staatsmann, IV. 633.

Clancarte, engl. Dipl., IV. 611.

Klapka, u. Gl., IV. 642.

Clara Isabella Eugenie, Infantin v. Sp., Schwester Philipp's, III., III. 357.

Clara tumba, s. Mogyla.

Clara, bö. Landstand, IV. 417.

Klastorisko (Klosterberg), U., I. 516.

Klattau, Bö., I. 391, II. 345, 418, IV. 410.

Claudia, Tocht. Kg. Ludwig XII. v. Frkr., II. 510, 512, 514, 515; — Gem. Ezh. Leopold's v. Tirol, I. 304, III. 508, 509; — Felicitas, 2. Gem. Kj. Leopold's, I., III. 570, 578, 579, 639.

Claudius, röm. Kj., I. 165, 168, 182, 200, 225; — II., dgl., I. 221.

Klaus, B. A., II. 251.

Klausen (Tutatio), N.=De., I. 168; — (Sabione), T., II. 643, III. 64, 249.

„Klausen, augustinische" schwäb. tir. Gebirgspässe, I. 230.

Klausenburg (Napoca, Koloszvár, Vorort der Gespanschaft, Culos, Culus, Kolos, Clus), Sbb., I. 110, 175, 176, 183, 185, 553, 557, 558, 577, II. 397, 398, 416, III. 138, 157, 227, 228, 233, 240, 302, 371 bis 373, 385, 386, 458, 588, 589, 664, 668, 669, IV. 66, 104, 427, 431, 551; s. auch Davidis.

Klebelsberg, Gj., ö. Hofkammer=Präs., IV. 630.

Clebinius, Diakon, III. 271.

Klein, H., I. 55; — Magnus, Abt v. Göttweih & H., I. 35.

Kleinasien, I. 609, II. 180, 585, III. 688.

Klein=Kumanien, IV. 29.

Kleinmayern v. —, H., I. 29.

Klein=Nicopel oder Turnt, II. 208.

Klein=Ostheim a. Main, IV. 221.

Klein=Polb (Polb, Klein —?), s. Arnhold.

Klein=Polen (jetzt: Westgalizien), I. 426, 432, 434, 443, 446, 447, 482, 488, 519, 529, II. 43, 48, 85, 86, 90, III. 156, 283; s. auch Leszek.

Kleinschelfen, Sbb., I. 176.

Klein=Schnellendorf; Vertrag von —, IV. 207—209.

Klein=Schlatten, s. Zalatna.

Klein = Schögen, s. Sächsisch = Klein= Schögen.

Kleinseite, s. Prag.

Klein=Wardein, s. Kis=Várad.

Kleist, preuß. Gl., IV. 298, 608.

Klek, Dalm., I. 356, 358, IV. 649.

Klemann, s. Gemona.

Klemberk, U., I. 530.

Clemens V., P., II. 24, 100, 106, 112, III. 115, Z. 15; — VI. dgl. (s. Avignon), II. 129, 165; — VII., (Giulio v. Medici), dgl., III. 171—174; — VIII. (Aldobrandini), dgl., III. 306, 340, 357, 358; — XI. (Albani), IV. 15, 41, 62, 81, 82, 85, 106, 116; — XIII. (Conti), IV. 254, 441; — XIV. (Ganganelli), dgl., IV. 222, 325, 440; — Kst. v. Köln, IV. 21, 44, 77—80, 92, 94, 211, Prinz v. Lothringen, IV., 170.

Clement, Hz. v. Bay., IV. 357; — Meister — v. Graz, III. 111; — (Klement) Unterhändler Franz Rákóczy's II., IV. 106, 114, 126, 127.

Clemente, Don Guillen de San —, sp. Botsch., III. 358, 359, 364, 368.

Clementine, Erzherzogin, Tocht. Kj. Leopold's II., (Gem. Franz' I., Kg. v. Neapel=Sicilien, IV. 565.

Clementis, Joh., siebenb. Reformator, III. 237.

Klemm, Wiener Publizist, IV. 518.

Klenau, s. Klibik von.

Klenau, ö. Gl., IV. 596, 608.

Klenowsky, Gabriel, bö. Ständeführer, III. 208.

Kleparow (Klopperhof), b. Lemberg i. Gal., I. 456.

Kleparz, b. Krakau, I. 446.

Clerfait (Clairfait), ö. Gl., IV. 532, 553, 567—569, 572.

Clermont, frz. Heerführer, IV. 287, 288.

Cles, T., I. 303, IV. 398; — Bernhard v. — (Cles, Clöes), B. v. Trient, Staats-Min., II. 607, 642, 617, 654, III. 174, 199, 263.

Klettgau, Schweiz, II. 530.

Cleve, Philipp v. —, Anführer der antihabsburg. Partei, II. 504; — b. Landgräfin Adelheid v. —, I. 392, III. 632, IV. 189, 278, 299.

Klieb (sl. Sebeklib), U., I. 488.

Klinecz, U., IV. 39.

Clingelandt, s. Suys.

Klingen, Herr v. —, I. 661.

Klingenberg, Bö., II. 348.

Klinggräf, preuß. Ges., IV. 270, 275.

Klingstein, bö. Adels-Fam., III. 99.

Clissa, (Kliß), I. 357, 361, II. 177, 204, 283, III. 199, 309, 337; s. auch Marcus & Mladin.

Klobouk, M., I. 417.

Klobusiczky, B. v. Fünfkirchen, dann Eb. v. Kalocsa, III. 620, IV. 103, 254.

Klöch, St., III. 335.

Klösterlein, Schweiz, II. 647.

Klösterli, P. A., II. 258.

Clairvaux, s. Bernhard.

Klopp, Onno, H., I. 75.

Klopper, Patrizier v. Lemberg, I. 456.

Klopperhof, s. Kleparow.

Klopstock, s. Gl., IV. 471, 516.

Klose, H., I. 48.

Klosta, wall. Bauernaufstandsführer, IV. 538.

Kloster, Schweiz, II. 472.

Klosterberg, s. Klastorisko.

Klosterbruck, M., I. 214.

Klostergrab, Bö., I. 394, III. 408.

Kloster-Hradisch, M., I. 413, 414.

Klosterneuburg, I. 370, 371, 376, 606, 665, II. 356, 388, 461, 605, 615, 619, 620, III. 29, 40, 57, 69, 70, 75, 79; (Prälat v. —), s. Otto.

Klosters, Schweiz, II. 268.

Klosterthal, B. A., I. 312.

Kloß, deu. Philol., IV. 516.

Clugny, Frtr., IV. 115.

Klutnau (Fleckenau, sl. Klutnowa), U., I. 512, 513.

Klutnowa, s. Klutnau.

Kluts, Hartung v., k. Comm. —, II. 303.

Klun, H., I. 73.

Clus, s. Klausenburg.

Klussenbach, Gebrüder, Erzgießer, III. 107.

Knabl, H., I. 73.

Knanz, H., I. 66, 68.

Knecht, josephin. Beamter, IV. 539.

Knesebek, preuß. Dipl., IV. 597, 606.

Knićanin, u. Serbenführer, IV. 642.

Kniesen (Gniezda), U., I. 519, 520.

Kniezen (Kniesen), I. 445, s. Gnesen.

Knight, Wilh., engl. Dipl., III. 190.

Knin (Tenin, Tzina), Dal., I. 356, 357, 359, II. 177, III. 146, 186, 257, 309, 635; (B. v. —), s. Royas v. Spinola.

Knittelfeld, St., I. 330, 652, III. 57, IV. 572, 610.

Knocke, niederländ. Fort, IV. 95, 278.

Knoll, H., I. 58.

Knorr, Martin, Magister z. Klagenfurt, III. 246; — Baron Bartenstein's Schw. Sohn, IV. 146.

Knyphausen, preuß. Botsch., IV. 359, 360.

Kob, Jakob, Publizist, IV. 575.

Kobal, Berth. v. Sziget, III. 279.

Kobb, v. Nendingen, ö. Gl., III. 623.

Kobelsdorf, U., II. 345, 408.

Kobenzl, (Kumbenza), St., I. 333.

Cobenzl, Johann (Hanns), Deutschordenscomthur zu Laibach, III. 334, IV. 422; — Karl, Gf., niederländ. Statth., IV. 266, 582; — Joh. Philipp, Gf., ö. Botsch., IV. 355, 359, 360, 362, 368, 482, 503 bis 505, 531, 536, 552, 566, 567, 582; — Ludwig, Dipl., IV. 570, 573, 578, 581—584, 589, 605.

Kobernauser Wald, O.-Oe., I. 366.

Kobersdorf (Kabold), U., I. 492.

Kobilić, Milosch, Serbe, II. 206.

Coblenz, I. 280, 608, II. 439, 506, 582, IV. 605.

Koboker, Volksstamm, I. 219.

Coburg, IV. 80; — F. Josias, Prinz v. —, ö. Befehlshaber, IV. 532, 568, 569.

Kobyla, s. Racek.

Koch, M., H., I. 60, 71, 231; — J. E. v. —, Hofrath, IV. 244, 469.

Koch-Sternfeld, H., I. 72.

Kochan, mähr. Herrschaft, I. 422.

Kochan, s. Wrschowec.

Cochläus (Dobenek v. Wendelstein), H., I. 9.
Kocka, Kl., II. 465.
Koczta (Szöllösn), IV. 117.
Codroipo, Friaul, I. 345, II. 142, 542.
Köd, U., I. 550.
Köffiller, Fabrikant i. Brünn, IV. 492.
Köflach, St., I. 331.
Köhalom, s. Reps.
Köhlerberg, dorf, Schles., I. 96, 423.
Kökényesdy, Petes, Ladislaus v. —, ráf. Agent, IV. 68, 69, 98, 101.
Cölestin, IV., P., I. 628.
Coliers, Collier, Gf., holl. Dipl., III. 687, IV. 119.
Köln, I. 574, 575, 608, 645, 653, 665, II. 100, 101, 109, 111, 168, 169, 174, 212, 232, 234, 239, 240, 327, 439, 440, 478, 480, 499, 531, 539, 561, 562, 579, 582, 583, 611, III. 13, 14, 65, 470, 533, 555, 635, 645, IV. 41, 94, 133, 158, 211, 329, 363, 364, 440, 524, 525; (Eb. & Kft. v. —), s. auch Engelbert, Gebhard, Mar. Clemens.
Kölpény, s. Lippa.
Kömlöd (Lussobium), U., I, 172.
König v. Kronberg, Kabinets-Sekretär, IV. 304, 306, 443.
König, Urban (Urbanus Regius), prot. Pred., II. 642.
Königgrätz (Königingrätz, Králové Hradec), Bö., I. 389, 396, 397, 403, II. 216, 293, 449, 651, III. 90, 91, 97, 438, 439, 478, 542, IV. 215, 231, 275, 288, 360, 409, 410, Schl. b. — (1866), IV. 654, 656, (B. v. —) s. Haj Leopold.
Königinhof (Králodvor), Bö., I. 397, II. 44, III. 104.
Königsberg, Johann v. — (Regiomontanus), III. 76.
Königsberg (Uj-Bánya, „Neue Grube"), I. 108, 485, 488; — T., I. 304; — St., II. 597; — Ostpreußen, III. 274, 410, IV. 287.
Königsboden, Sbb., I. 572.
Königsbrunn, bair. Kloster, II. 536.
Königsegg, Bö., I. 399.
Königsegg, J. L., Gf., v. —, F. M. & Reichsvicekanzler, IV. 27, 133, 134, 142, 146, 160, 188, 194, 201, 216, 234, 244, 256, 280, 283; Z. 28. — S. W. Gf., Sohn d. Vorigen, ö. Botsch., III. 569, IV. 17, 129.

Königsegg-Rothenfels, Reichsgraf v. —, Mar Friedrich, Eb. v. Köln, IV. 363, 364.
Königsfeld, s. Királmezö.
Königsfelden, Kloster, Schweiz, II. 130.
Königsmark, schwed. Gl., III. 522, 529, 530, 532, 534, 535.
Königsaal (Aula regia, Zbraslaw), I. 400, II. 101—103, III. 106, (Abt v. —) s. Konrad, Peter.
Königstein, Bö., I. 405.
Königstein, Berg, Sbb., I. 566.
Königstetten (Gumeoberg), N.-Oe., I. 285, 371.
Königswald (Király-Hág, Király-Erdö, Igfon), Ung.-siebenb. Grenz-Wald i. U., I. 552.
Köpcsény, s. Kittse.
Köpferschlag, Bö., I. 399.
Köpfe, H., I. 75.
Köprili Ahmed, Großvezier, III. 586, 589, 590, 592, 594, 601, 608, 622, 624, 676; — Mustafa, dgl., III. 676—678.
Körmend, U., I. 493, II. 403, IV. 595.
Körmöcz-Bánya, s. Kremnitz.
Körömy, s. Sajó-Körömierfeld.
Körösbánya (dtsch. Altenburg), Sbb., I. 175, 557, s. auch Altenburg a. d. Körös.
Körösch (Gerasus), Fl., I. 175, 180, 541, 548, 549, 551, 554, 557, 558, IV. 154.
Körösköz, Ung. Grenzgebiet, I. 549.
Köszeg, s. Güns.
Kössen, T., III. 418.
Köstau, s. Castua.
Kötsch, St., I. 334.
Kötschka, Fl. i. O.-Oe., I. 368.
Kövár, U., I. 541, 549, 550, 577, III. 303, 387, IV. 422, 426; (Hauptmann v.) s. Teleki.
Köváry, H., I. 69.
Kosel, s. Cosolo.
Coglio, Landschaft i. Gz., I. 311, 346.
Koháry, Stephan, III. 652, IV. 57.
Kohlbach, Kohlbacherthal, U., I. 96, 529.
Kohlen-Pribram, Bö., II. 419.
Kojata, Sohn d. Crabis, III. 91.
Coigny, frz. F.-M., IV. 222.
Kotel (röm. Cauca), 2 Flüsse i. Sbb. I. 176, 556, 557, 565, 572, 575.
Kotelburg, s. Kütöllö.
Kotelgebirge, I. 572.

Colatio, f. Windischgraz.
Kolb, kj. Gl., III. 529, 594; — tirol.
Patriot, IV. 600.
Kolberg, IV. 294, 295.
Colbert, III. 568.
Kolba auf Náchod, bö. Adelige, II. 348.
Kolbin, bö. Jurist, IV. 446.
Collier, holländ. Dipl.; — Gf. Jakob,
Sohn d. Vorigen, ebenfalls holländ.
Dipl., f. Coliers.
Coligny, frz. Feldherr, III. 594, 595.
Kolin (auch Neu=Kolin), Bö., I. 401,
403, 412, II. 104, 300, 302, 451,
452, 652, 656, III. 180, 478;
Schl. b. — (1757), IV. 284, 285, 301.
Colin v. Mecheln, Bildhauer, III. 80.
Kolinovich (Kolinovics), H., I. 48, IV.
101.
Koll, H., I. 72.
Collalto, die —, ab. Geschl., II. 110,
316; — Hofskriegsraths=Präs., III.
413, 424, 429, 453, 454, 469, 471.
Kollár, F. A., H., I. 49, 50, IV.
306—308, 343; — Wenzel, Kupfer-
stecher, III. 440; — J., IV. 470.
Collarinus, Peter, Lehrer K. Maxim.
II., III. 268.
Collenbach, H. Gabr. v., Hofrath, IV.
299, 323, 481, 566, 584.
Koller, Franz, Fh. v. Nagy=Mánya, kö.
u. Personal=Hofr. d. ung. Hofkanzlei,
IV. 257, 308, H., I. 51.
Collin, ö. Dichter, Gebrüder: Matthäus
u. Heinrich, IV. 471, 602.
Collimitius (Georg Tannstätter), Ma-
thematiker & Astronom, III. 77.
Kollmann, T., I. 305.
Kollonich, Kollonitsch, u. fro. Adelsgeschl.,
Oberst, III. 318; — Leopold, Gf. v.
—, B. v. Neutra, Raab, Wien,
dann Kard. Eb. v. Kalocsa, & Pri-
mas v. U., III. 619—621, 633,
638, 658, 680, IV. 24—28, 33,
75, 106.
Colloredo, Gf. Rudolph, Feldherr, III.
487, 494, 531, 554; — Joh.,
Kammerherr Karl's III., Kg. v.
Sp., IV. 109; — Rudolph Gf.,
(später Fürst), Reichshofraths=Vice-
Präses, IV. 116, 201, 229, 263,
328, 335, 480; — Franz Gf. (später
Fst.), Ajo b. Kj. Franz I., später
Min., IV. 563, 566, 583, 584,
589; — ö. Gl., IV. 608: — bö.
Landstands=Familie, IV. 117; —
ö. Regiment, IV. 595.

Kolmar im Elsaß, I. 659, 670, II.
440, III. 537.
Colmo (Mitterspill) in Friaul, II
551.
Kolocsa, f. Kalocsa.
Kolobief, Stefff v. —, bö. Arzt, III.
440.
Koloman, Kg. v. U., I. 360, 519,
605, II. 73, 74, 79, 80, 81, III.
114, 117, 119, 127, 128, 130, 149,
150; — Hz. v. Kroatien=Slavonien,
Bruder Béla's, IV. II. 90, 94.
Kolomea (Kolomya), Gal., I. 454,
457, 458.
Colonia, Julia, Parentium, f. Parenzo;
- Pietas Julia. f. Pola; — Ulpia
Trajana, Poetovio, Petovio, f.
Pettau.
Colonialsperre gegen England, IV.
598.
Colonna, Guido v. —, Chroist, III.
111, röm. Adelsfam.; — Otto, f.
Martin, V. P.; — Prospero, Heer-
führer, II. 555.
Colonna, f. Böls.
Kolos, Com., Sbb., I. 569, IV. 422,
(vgl. Klausenburg).
Kolos (Kolos=afna), Sbb., I. 558.
Kolosmonostor, Kloster b. Klausenburg,
I. 558, II. 416, III. 372, 513.
Kolosvár, f. Klausenburg.
Kolosváry, Großprobst, III. 619.
Kolowrat, ab. Geschl., II. 313, 349,
III. 99; — Gl., II. 656; — Jo-
hann (Hannß), III. 182, 190; —
Botsch., III. 368; — Gf. Philipp,
IV. 210, 218, 256, 375; — =Kra
kowsky, Leopold, ö. Min., IV.
545, 589; — =Libsteinski, oe. Min.,
IV. 629, 630, 632, 633.
Kolschitzky, f. Kulczycki.
Columban, irischer Missionär, I. 256
bis 258.
Columbus, III. 169.
Comagene. f. Tuln
Comacia, Rö. O. a. d. nie.=ö. Donau;
3. 32.
Komárócz, U., I. 525.
Komárom, f. Komorn.
Komárony, Mil., IV. 194.
Komárow, f. Kumrowitz.
Contbi, H., I. 74.
Combur, Kl. i. Dalm., II. 179.
Comen, a. Karst, görz. Besitzung, I.
346.
Komenský v. Nivnic, f. Comenius.

Comenius, Amos (Komensky), I. 18, 20, 416, III. 442.
Komhajek, Anhöhe b. Kolin, IV. 284;
Comidava, dacische Stadt., I. 225.
Commachio, IV. 81, 94.
Commendone, Franz, päpstl. Legat, III. 256, 270, 273, 283, 284.
Commercy, Gf., III. 682, IV. 42.
Commodus, röm. Kj., I. 220.
Communi sette, I. 300, II. 345; — tredici, I. 300.
Komnena, s. Theodora.
Komnenos, s. Alexis & Emanuel.
Como (Comum), I. 158, 164, II. 516, IV. 399.
Komorn (Komárom), U., I. 477, 490, III. 134, 141, 184, 185, 280, 360, 365, 569, 587, 593, 619, 650, 678, IV. 255, 595.
Komorn, Klein —, U., III. 587.
Komorowice, s. Batzdorf.
Komorowski, II. 375.
Komotau (Komotov), Bö., I. 386, 394, III. 91, 478, IV. 417.
Compiègne, Frkr., I. 265, 269.
Comum, s. Como.
Konarski, poln. Botsch., III. 281.
Concini, ö. Gf., III. 487.
Concordia, Bisthum v. —, II. 148.
Condé, Prinz Ludwig v. —, III. 575, 578; —, Gf., IV. 298.
Condino, T., I. 303, IV. 398.
Condolmieri, päpstl. Legat, II. 341.
Conegliano, Friaul, II. 188, 282, III. 67.
Konias, Jesuit, III. 440.
Konitz, M., I. 152.
Konrad, Weltliche Fürsten: deutsche Könige u. Kaiser I., I. 291; — II., I. 306, 592—594, II. 32, 33, 69, III. 25; — III., I. 605, 606, 608, 609, 612, II. 82; — IV., I. 383, 623, 626, 637, 641, 644, 655; II. 43; — älterer Sohn Heinrich's IV., I. 603, 604; — Sohn Kj. Friedrich's I. (Barbarossa), I. 392; — v. Franken, Hz. v. Bay., I. 595; — Fürsten v. Böhmen, I. Premysliden, (I. Sohn Bretislav's I. v. Bö.), I. Hz. v. Bö., I. 601, II. 31, III. 105; — Otto (Premyslide), Hz., v. Bö. II. 38; — I., Sohn Otto's v. Rheinfranken, Hz. v. Kärnten, I. 594, 602; — II. (oder Kuno), dgl., I. 594, 595, 602; — III., dgl., I. 596; — v. Kujavien (Piast), I.

568; — Geistliche: B. v. Chur, III. 11; — B. v. Lavant, dann Gb. v. S., II. 12, 14—18; — Sohn Leopold's III. (IV.), B. v. Passau, dann Gb. v. S., I. 606, 612, III. 17, 26; — Abt v. Königssaal, II. 101; — Gb. v. Prag, II. 287, III. 102; — Probst v. Brünn, I. 652; —, Hubmeister, II. 102; — aus Schwaben, II. 642; „—", Herr, Minnesänger aus Steiermark, III. 72; — Meister, Stadtschreiber v. Wien, I. 667.
Konradin, Sohn Konrad's, IV. I. 641, 645, IV. 174.
Konradsdorf, kl. Polen, I. 447.
Konradsgrün, s. Joachimsthal.
Consalvi, Karb., IV. 611, 623.
Consbruck, ö., Min.-Secretär, IV. 17.
Constans, rö. Kj., I. 193.
Constantia (Constanze), a) Schwester Friedrich's II. b. Streitbaren, Gem. d. Markgf. Heinrich v. Meißen, I. 624, 638, IV. 195; b) T. des Mtgfen. Otto v. Brandenburg, Gem. desgleichnam. S. K. Bélas IV. I. 644, vgl. Stammtafel 3, III. Bd., Nr. 4. Arpáden, vgl. Constanze.
Constantia, s. Constanz.
Constantin I. b. Große, I. 177, 181, 184, 221, 222, 241, II. 368; — VII. Porphyrogen. byz. Kj., I. 231, 254, 284, 359, II. 53, 58—60, 77, III. 112, 147; — VIII. byz. Kj., II. 73; — IX., Paläologos, dgl., II. 368; — — Wojw. der Moldau, III. 382; — Wojw. der Wallachei, IV. 142. —
Constantin, s. Cyrill.
Constantinopel, I. 238, 278, 609, 612, II. 53, 85, 89, 282, 368, 585, III. 192, 196, 217, 224, 232, 385, 424, 454, 651, 655, IV. 35, 97, 136, 141, 342, 361, 365, 367, 457, 493; (Patriarch v. —) s. Gennadios.
Constantius Kj., I. 223, 241; — II., I. 173.
Constanz (Constantia, Kostnitz), I. 224, 313, 314, 655, II. 18, 26, 130, 243—246, 252, 258—260, 262 bis 264, 283, 285, 286, 316, 317, 379, 471, 515, 528, 529, 533, 534, 544, III. 379, 544, 580, IV. 392, 398, 440, 586; (Bischöfe v. —) s. Hugo, Salomon.

Constanze (Arpadin), Schwester Kg. Emerich's v. U., Gem. Kg. Otakar's I. v. Bö. I. 417, 476, II. 40, 41, 43; — Gem. Kg. Emerich's v. U., I. 618; — die Prinz. aus d. Hause Babenberg, IV. 195; s. o. u. Constantia.

Consul, s. Istrianin.

Consulate, ö., s. Sachreg.

Contades, frz., F.=M., IV. 288, 291.

Contarini Andrea, Doge v. Venedig, II. 156; — Gl., II. 547, 548, 551, 552; — Venetianer, III. 510, 535, 633, 654, 655; — venet. Botsch., IV. 311.

Konth, Feldherr, II. 176.

Conti, franz. Prinz v., —, III. 682, IV. 38, 220, 231, 265, 268.

Conti, kj. Gl., III. 487, 534, 535; — Adelsfamilie i. Triest, IV. 409.

Contra-Acincum, röm. Donaukastell, I. 222, 500.

„Kopaczen", Wieliczka, Salzarb., I. 447.

Kopacsy, Stephan, Franziskaner=Mönch, III. 236.

Kopaß, Ladislaus, Vetter Kg. Stephan's I. v. U., II. 69.

Kopeczky, H., I. 65.

Kopenhagen, III. 568, 647, IV. 17, 582.

Kopidlno, Bö.

Kopidlansky v. Kopidlno, II., 651.

Copinitz, s. Mert & Capinius.

Kopp, H., I. 40.

Koppy, schwed. Comm. v. Eger, III. 534.

Kopreiniz, Kro., I. 496, III. 186, 200, 308—310, IV. 643.

Korabinsky, IV. 517.

Korana, Fl., I. 364, III. 311, s. auch Unna.

Koranda, Taboritenführer, II. 290; — Pole, IV. 467.

Korbavia, Korbavien, Krbava, Kro., die Grafen v. , III. 186; vgl. Karlowic.

Korbes, Lord, ö. Marinedir., IV. 451.

Korbinian, fränkischer Glaubensbote, I. 261, 262, 590.

Korczyn, „d. neue Stadt", Gal., I. 449.

Korcyra, s. Curzola.

Kordona, Don Antonio Folchy —, (Gb. v. Valencia, IV. 109; — Jo= seph Folchy, Admiral, IV. 91; — Raymondo,— sp. Staath. v. Neapel, II. 520.

Kordova, IV. 92.

Korenicathal, Kro., I. 354.

Koreth, Rechtsschftst., IV. 446.

Korfiz, s. Uhlefeld.

Korgniale a. Karst, I. 346.

Kortontier, Volk, I. 216, 218, II. 28.

Kormons, I. 344—346, II. 148, 542, 546, 551, III. 32, 394.

Cornari Angelo, s. Gregor XII., P.

Cornaro (Corner), Federigo, venet. Botsch., III. 632, 671, IV. 26, 457; — Giorgio, venet. Gl., II. 545—547; —istr. Provvedatore, III. 394.

Corneto, Adrian v., Karb., II. 519, 582.

Kornenburg, St. i. N.Oe., I. 371, 374, II. 362, 389, 390, 430, 461, 468, 469, III. 55, 57, 68, 251.

Cornides, H., I. 51.

Kornia, Wall., IV. 142.

Kornis Sigmund, III. 305, 382, 430.

Cornova, H., I. 19, 46.

Korntanern, Gebirge, K., I. 167.

Coron, Griechenl., III. 197.

Coronini, Gf., H., I. 37, 39, 73; — Gf., IV. 397.

Korotnok, U., I. 529.

Korpona, s. Karpfen.

Korsakow, russ. Gl., IV. 580.

Corsika, II. 324, IV. 132, 234, 342.

Corsignano, Geb.=Ort des Aen. Sylv., II. 326.

Cortalba, Istr., I. 350.

Cortenuovo, It., I. 627, 658.

Corten, U., (?) I. 498.

Cortez, III. 169.

Corvinen, u. Dynastie, I. 576.

Corvinus, s. Johann & Mathias.

Korybut, s. Sigismund.

Korzensky, Gf., IV. 266.

Kosjaccia Stephan, Herrscher in der „Herzegowina", Z. 17.

Kosjaten, III. 427.

Koschunberg, s. Slavata.

Koscziusko, poln. Gl., IV. 569.

Cosconius Aeneus, röm. Proc., I. 155.

Kosber (Kapitel), Sbb., I. 572, Z. 10.

Kosel, Schles., III. 86.

Cosimo o. Cosmo v. Medici, I. H. v. Florenz, II. 324; — d. „Große" (II.), III. 172.

Cosmas, Chronist, I. 8, 213, 409 bis 411, 418, II. 27, 30, 33—37, 43, III. 84, 101, 103, 104.

Koß, U., I. 479.

Cosja Balthasar, Karb. Legat, II. 235.

Cossonio, Cinj. Haupt. der kaif. ge=

...innen Emigranten des Comer See-gebietes, Z. 27.

Kossowo, s. Amselfeld. Serbien.

Kossuth, u. Plt., IV. 641—645.

Costa, H., I. 74.

Kostainica, Kr., I. 364, III. 220, 676, 686.

Kostel (Podiwin), M., I. 411, III. 91.

Kostelec, Bö., I. 398.

Kostelgebirge, I. 362.

Kostka, Johann, Palatin v. Sandomir, III. 284; — v. Postupic, II. 296—298, 447; — Rechtsschrift-steller, IV. 447.

Kostnitz, s. Constanz.

Kostoboker (Kistoboker), I. 219, 225.

Kostolan, U., I. 480, II. 416.

Cotino, i. Quadent. I. 216, 220, 240.

Kotromanovic, Ban. v. Bosnien, II. 178, 179, 205.

Kotschau i. d. Lausitz, III. 360.

Kotschin, i. d. Wall., IV. 143.

Kottaner, Helene, Kammerfrau d. Königin Elisabeth, III. 335, 336.

Kottulinski, Frh. v.—, III. 658.

Kotzebue, russ. Staatsmann, IV. 622.

Kounice, s. Kanitz.

Coucy Ingelram oder Engelhard von—, II. 190.

Kounici, bö. Geschl., III. 99.

Courtenai, Peter v. —, Gf. v. Aurerre, II. 91.

Coutances, Philibert v. —, B., Basler Concilges., II. 298, 299, 302.

Kovacevic Dujschan, tro. Knes, I. 355.

Kovachich, jun., H., I. 51; — jenior, dgl., I. 51, 52.

Kovács, H., I. 69.

Kovacsóczy, H., I. 65; — Kanzler G. Bethlen's, III. 303, 459.

Kovári, slav. Gem. Name, III. 103.

Covolo (Kosel), T., I. 304, II. 146, 552, 555; — Paß, I. 300, II. 146.

Kowin (Kubin, Kewe), U., I. 543, 546.

Core, H., I. 57.

Kozárvár Kozarburg (Chazarenburg), Sbb., I. 559.

Kozel, Sohn Priwina's, I. 281, 282, 495.

Kozy, s. Seifriedsdorf.

Krachenberger (Gracchus Pierius). Rath Kj. Mar' I., III. 76.

Krait, ö. Hofrath, IV. 568.

Kragujevac. Wall., II. 370.

Krajina, Gebiet i. U., I. 534, 536.

„Krajnik", ruth. Landpfl. N., I. 457.

Krajinn, Grenzland, I. 457.

Krajir, mähr. ad. Geschl., III. 99, 210.

Krain (Carnia, Chreina, Chreina Marche, Krajnsko; tro. Kranjsko), I. 28, 29, 73, 102, 118, 167, 266, 274, 279, 331, 337—340, 342, 585, 587, 589, 591, 619, 650, 651, 664, 667, II. 2-4, 100, 122, 125, 126, 133, 141, 142, 155, 194, 268, 271, 352, 363, 388, 389, 462 bis 464, 468, 544, 546, 551, 586 bis 589, III. 9, 10, 12, 17, 20, 21, 23, 30, 31, 34, 39, 45, 55, 66, 246, 247, 249, 308—310, 326, 327, 335, 338, 340, 392, 417, 538, 543, IV. 391, 392, 397, 399, 401, 407, 418, 485, 506, 546, 598, 602, 603, 620; (Mkgf. & Pfalzgf. v. —), s. Eberhard & Wernhard.

Krainburg (Kreinburg) Kr., I. 329, 340, II. 352, 596, III. 66, 67, 333.

Krajnsko i. Krain.

Krajowa, Wallachei, II. 306.

Krakau, I. 107, 426, 434, 443—447, 449, 450, 457, 519, II. 43, 48, 183, 201, 295, 297, 314, 334, 371, 451, 457, 570, 571, III. 135, 155, 156, 159, 236, 239, 283, 284, 301, 373, 584, 648, IV. 338, 350, 351, 571, 598, 634. Herz. v. K. o. Kl. Polen, s. Boleslaw, Leszek, Zborowski, Mustata, Soltyk, Zbynek.

Krakau, St., III. 138.

Krakko (Karako, Krako) Sbb., I. 556, 572, III. 138, Z. 10.

Krako, myth. Kg. d. Weiß-Chorwaten, II. 28.

Krakow (Krakowec, Rothschloß), i. Bö. I. 402, II. 242.

Krakowec, s. Krakow.

Krakowsky (Kolowrat), s. Kolowrat.

Crammichis, Frankenhäuptling, I. 249.

Crane, Joh., Reichshofrath, III. 526.

Kranichsfeld (Racje) St., I. 609, 611.

Kranjsko, s. Krain.

Kranowitz, Schles., I. 425.

Krapf, J., Hofkriegsrath, IV. 25.

Krapina, Fl., Kro., I. 362.

Krascha, s. Karasicza.

Krasikow, Bö. Fam., III. 99.

Krasinsky, B. v. Kamienic, IV. 334, 335, 337.

Krajina, Krasna, U., I. 541, 549, 550, III. 126, 281, IV. 421, 422, 426.

Krasnahora, Bö., I. 391.

Krasnahorka, U., I. 500.
Krajonicky, Laurenz, Parteihaupt der böhm. Brüdergemeinde, II. 448.
Kraiowski, poln. Adel, III. 283.
Krassó (Maraš, Karač), Fl. i. U., I. 547, III. 684.
Krassó, Krassowa, Com. u. Ort, U., I. 543, 544, 547, 548, 577, IV. 421.
Grato, Joh. v. Grasstheim, kf. Hofarzt, III. 274, 275.
Kratowa, in Serbien, III. 146.
Kratz, ö. Oberst, III. 430.
Kratzau, Bö., I. 395, 396.
Kratzer, luth. Prädit., III. 333.
Kraubat, St., I. 324.
Kraus, Georg, sbb. Chronist, I. 25, III. 559.
Krause, H., I. 42.
Kray, Fh. v., ö. Gl., IV. 549, 581.
Krawař, ab. Geschl., M., I. 415, III. 99; — Wok. v., auf Rentitschein, I. 427; — Lacek auf Helienstein, Bruder d. Vorigen, I. 427, II. 285.
Krawarn, Stammsitz d. Krawař, Oe. Schles., I. 415.
Krbava, s. Corbavia.
Krčelić (Kerchelich) H., I. 53, IV. 308.
Krebs, (Cresiz, Chresiz, Chrysiz), Nikolaus — s. Gnes, Cusanus.
Krebs, Maria, angebl. Mutter d. Joh. Korvinus, II. 482.
Grecy, frz. Votsch., III. 648.
Grecy, Frhr., Schl. b. — (1346), II. 162, 165.
Greda, Gz., I. 90.
Grefeld, Tr. b. — (1758), IV. 288.
Kreidel, Schles., III. 93.
Kreig, kärnt. ab. Geschl., II. 154.
Kreilsheim, Pfalz, III. 416.
Kreitmeyer, bay. Min., IV. 357, 523.
Grema, Ital., II. 549.
Kremnica, s. Kremnitz.
Kremnitz, Fl., U., I. 485.
Kremnitz (mag. Körmöcz-Banya, slav. Kremnica, (Keremnice) U., I. 108, 479, 484, 485, 488, II. 297, 346, 347, III. 161, 236, 237, 627, 650; (Kammer-Grafen v. —) s. Alexius, Georg (III.) & Thurzo.
Gremona, It., II. 324, 549, III. 20, IV. 42, 223, 235, 642.
Krempach, U., I. 521, 522.
Krempel, Wiener Bürger, II. 391.
Krems, Fl., N.-Oe., I. 375.
Krems (sl. Kremže), Stadt in N.-Oe., I. 151, 295, 366, 370, 375, 644,

651, 667, II. 3, 324, 352, 356, 365, 388, 461, 469, 619, 620, III. 26—28, 57, 75, 195, 318, 528, IV. 208.
Kremsbrück, Kä., III. 67.
Kremsier (Kroměřiž), M., I. 414, 422, II. 383, IV. 613, 644.
Kremsmünster, I. 101, 269, 366, III. 61, 69, 74, 77, 79, 449; (Abt v. —) s. Johann.
Kremwald, der, a. b. Pella, O.-Oe. I. 368.
Kremže, s. Krems.
Krenberg, kais. Rath. III. 319.
Crequi, franz., F.-M., III. 580.
Kresimir, kro. Großzupan, II. 76; — II., „Kg." der Kro., II. 69; — III., o. letzte kro. Großzupan & 1. Kg. Kroatiens, II. 77, 79.
Kresomysl, sagenh. Böhmenherzog, II. 29, s. Premysliden.
Crespy, Frd. (1544), III. 177.
Kressel, J. A., Frhr. v. Gualtenberg, IV. 443, 444, 482, 496, 545.
Kreta (Eb. v. —), s. Landus Hieronymus.
Kreuz, s. Krieg.
Kreuz, von —, bayr. Oberst, III. 532.
Kreuz, Kro., I. 496, III. 186, IV. 421.
„Kreuz", am schwarzen —, O. IV. 47.
Kreuzberg, Kr., I. 167, III. 67; — Schles., I. 434.
Kreuzburg, Sbb., I. 567.
Kreuzen (Kroutzen), Fl. O.-Oe. I. 368.
Crexi, s. Cherso.
Kribaja, s. Krbava.
Krieg (Kreuz), U., I. 522.
Kriekehay (sl. Handlova), U., I. 479.
Krim, IV. 361, 530.
Krim-Krieg (1783), IV. 529 (1854), IV. 647, 649.
Krimler — Tauern, I. 320, II. 140, III. 67.
Crineiius, böhm. Gel., III. 440.
Krisba, Sbb., I. 567.
Krisan, wall. Bauernaufstands-Anführer, Sbb., IV. 538.
Cristiani, Gf., IV. 258.
Krivoscie, Dalm., I. 359, II. 179.
Krivvan, oder Mincow-Gebirge, U., I. 482.
Krivoklat (Burgelin, Burgeleis, Pürglitz), Bö., I. 402.
Krizanić, Kro., III. 311.
Krt, s. Cherso.

Krtonoš, s. Riesengebirge.

Croaten, Kroaten (Hrwati), I. 277, 278, II. 68, 77, 94, IV. 652.

Kroatien, I. 27, 53, 69, 116—117, 142, 331, 344, 352, 354, 359, 360, 362, 363, 369, II. 68, 72, 74—76, 201, 214, 467, 587—592, 597, III. 67, 116, 117, 143, 155, 185, 200, 287, 308, 309, 337, 423, 513, 603, 610, 678, IV. 14, 117, 140, 154, 247—250, 391, 393, 394, 399, 421, 428—431, 485, 538, 548, 598, 603, 643, 648.

Kroatien, Türkisch-, IV. 532, 592.

Kroatische Grenze (Banal-Grenze), I. 496.

Croato-Serben, II. 75, 77.

Croce, della—, H., I. 74.

Kroczka, Tr. b. — (1739), IV. 143.

Krön (Chrön), Thomas, B. v. Laibach, III. 342, 344.

Kroisbach, U., I. 198.

Kroissenbrunn, I. 644.

Krot (myth. Kg. der Czechen), II. 28, 29.

Croll, Dr., Arzt, III. 366.

Cromer, Rathsschreiber, III. 137.

Krompach (Krumbach), U., I. 513.

Kronberg, s. König.

Kron-Metz, T. Mezzo.

Kronstadt (Brassóvár), Sbb. I. 565, 567, 568, 570, II. 416, III. 124, 125, 138, 155—157, 219, 238, 353, 383, 421, 588, IV. 97, 423; s. auch Brassó & Burzenland, dann Lupinus.

Kropisberg, T., II. 262.

Krojel, s. Zachez.

Krosnostaw, Gal., I. 457.

Krossen, Schles., I. 432, III. 93, IV. 278.

Krouzen, s. Kreuzen.

Grovatigan, K., I. 324.

Croy, Hz., tj. Gl., III. 677, 681.

Croy o. Croyy-Chanel, frz. Prinzen —, angebliche Nachkommen der letzten Árpáden, IV. 539.

Krucjóer Banat, U., I. 544.

Cruger, H., I. 9.

Krum, die „Griechengeißel", Bulgarenfürst, I. 275, II. 52.

Krumau (Krumlow), Bö., I. 390, 391, II. 45, 363, 371, III. 510, 535; s. auch Budiwoj & Wittingau.

Krumbach, Se., II. 262.

Krumbach, s. Krompach.

Crumerum. s. Neudorf.

Krumpipen, niederl. Staatssekretär, IV. 534.

Krupa, Gf. von — II. 462.

Krupina, s. Karpfen.

Kruščilach (Birnbaum), Kloster i. Kr., I. 341.

Krušić, Berth. v. Clissa, III. 199.

Cjabrag, U., I. 488.

Csák, Csáky (Chák), ung. Magn. Geschl. Mathäus (Máté), Gf. v. Trentschin, Magnat, I. 481, 510, 526, 671, II. 104, 106, 110, 171, III. 155; v. Keresztes. Zweig der Erüren. Fam., I. 513, 528. — Grafen-Geschl., III. 151, 233; — Franz, III. 604; — Gf. Joh., IV. 351: — Georg, III. 279; — Ladislaus, III. 672, 673; — Michael, Rakoczianer u. Emigrantenführer, IV. 56, 137, 142, 143; — Stephan, III. 352, 516, 518, 667; — Nikol., Eb. v. Gran, IV. 254.

Csáktornya, s. Tschakathurn.

Csallóköz, s. Schütt.

Csanád, U., I. 109, 543, 544, 548, 549, II. 60, 68, 301, 566, III. 118, 133, 149, 235, 257, 308, 688; (B. v. —) s. Gerhard (oder Gemardo).

Csánn, u. Chronist, III. 642.

Császár, Peter, u. Rebellen-Anführer, III. 544.

Csebe, U., I. 175.

Csech, s. Szilágy Csech.

Csejthe, U., III. 385.

Csellye, U., II. 657.

Csengiz, s. Tschentendorf.,

Csepel, Insel b. Buda-Pesth, U., I. 92, 503, II. 656.

„Cserehát", Cserhát, die —, Gegenden i. U., („Eichengewälde") Neogr. Com., I. 489; Abaujv. Com., I. 510.

Cserey, sbb. Chronist, I. 26, III. 651, 676, 684, IV. 64, 65, 100.

Cserniebach, Sbb., I. 556.

Csernojević (Crnojević), Arsen, Patr. b. Serben, IV. 154.

Csesinge, Johannes (Janus Pannonius), B. v. Fünfkirchen, II. 456, III. 159.

Csetatye, Berg i. Sbb., I. 190, 556.

Csetnek (sl. Stitnik), U., I. 508, 509.

Gsicsó, s. Kereßtur.
Gsüt, Landschaft i. Szeklergebiete, Sbb., I. 551, 552, 565.
Gsüt-Gyergyó-Kászon (Gsütkühl,) drei vereinigte, einst gesonderte Gebiete, Sbb., I. 565, IV. 422.
Gsüt-Szereda (Gsüt-Szerdal), Sbb., I. 176, 565.
Gsötörtetfalva, s. Donnersmarkt.
Gsongrád, U., I. 541, IV. 249.
Gsorna, U., I. 493.
Gsibor, s. Gimburg.
Kubani, Berghöhe des Böhmerwaldes, Bö., I. 381.
Kubin, s. Kowin.
Kubin, U., I. 482, 544.
Gucelin, Gal., I. 458.
Cucci (Jllok), U., I. 173.
Kuchel (Cucullis, Cucullae), S., I. 168, 227.
Kuchnya, I. 538.
Gues, Niklas, von, s. Kues.
Cucullae, s. Kuchel.
Cucullis, s. Kuchel.
Kuczurmare, Buk., I. 462.
Kublich, Hans, Reichstags-Abgeordneter aus Schlesien, IV. 643.
Gudomirič, tro. Grafen-Geschl., I. 360.
Kübeck, ö. Staatsmann, IV. 633.
Kühn, Elias, III. 658.
Küküllö (Rotelburg), Sbb., I. 553, 557, 565, IV. 422.
Kümark, s. Käsmark.
Künigl, Kaspar, II. 648.
Kuenring, s. Chuenring.
Künzel (Kinczel), U., I. 485; — Künzelsdorf, U., I. 485.
Künßen (Quintanis), Bay., I. 227.
Kürenberger, der — Dichter, III. 71.
Kürschner, H., I. 64.
Kürsinger, H., I. 72.
Kues (Gues, Cusa), Niklas Chrysis, Chreisz (Krebs) von — (Cusanus) Kard.-Legat und Bischof v. Brixen, II. 298, 326, 327, 393—396, 436, 471, III. 34.
Küstenland, troatisches, I. 338.
Küsten-Serben, I. 277, II. 76, 77.
Küszeg, s. Güns.
Kufstein, I., I. 307—309, II. 154, 536, 537, 588, III. 22, 67, IV. 16, 48, 599.
Kufstein, ö. Adels Geschl., III. 540; Gf., o.-ö. Landeshauptmann, III. 497; — Gräfin, Gem. des Frhr. Leopold v. Kollonich, III. 619.

Kuhhorn, Geb. i. Sbb., I. 560.
Kuhländchen, M., I. 105, 415, 416, 423, 427, 429, II. 449, III. 541.
Kujawien, I. 445, II. 49, III. 283; s. auch Maiowien; (B. v. —) s. Karakowski.
Kukar, tro. Grafen-Geschl., I. 360.
Kukuljevič-Sakčinski, H., I. 69.
Kulczycki (Kolschitzky), raicz. oder poln. (?) Kfm. i. Wien, III. 658.
Kulin, Ban. v. Bosnien, II. 87.
Kulm (Chelmiec), Gal., I. 448.
Kulm, Bö., I. 387, 648, II. 37, III. 91; Schl. b. — (1813), IV. 608.
Kulmbach, —er Land, III. 541.
Kulmbacher, der — (Herzog Albrecht v. Brbbrg.- Kulmb.), III. 208, 213.
Kulm—er Land, I. 568.
Kulpa, Fl., Kro., I. 117, 144, 338, 359, 362, 364, II. 75, III. 133.
Kulparkow, s. Goldperghof.
Kulpen (Kölpény), s. Lippa.
Kumanen(Kunen), (Falwen, Polowczer), I. 458, 461, 506, 542, 545, 563, 564, 566, 568, II. 44, 47, 55, 59, 65, 67, 72, 93, 95, III. 133, 149, 154.
Kumanerfeld, IV. 154.
Kumanien, Land zwischen Sereth, Pruth, Don & Aluta, I. 461, 542; — Schwarz- (Moldau), I. 461; — Groß & Klein (Kunság), ung. Landgebiet, I. 542, IV. 421, 425.
Gumberland, Hz. v. —, IV. 221, 237, 285.
Gumeoberg. s. Königsstetten.
Kummerner See, III. 91. Z. 3.
Kumrowitz, sl. Komárow, „Gelsendorf", M., I. 419.
Kun, Emil v. Kunstat, Botsch., III. 196.
Kundert, s. Hernad.
Kunen, s. Kumanen.
Kunersdorf, Schl. b. —, IV. 291, 301.
Kuneschhän, U., I. 485.
Kun-hegyes, i. Kumanien, I. 542.
Kunibert, Pektari's Sohn, Longob.-Fürst, I. 262.
Kunigunde, Gem. Boleslaw's des Keuschen (Sztydliwi) v. Krakau, I. 519, 520; — T. des stauf. K. Philipp; Verl. u. Gattin K. Wenzel's I., II. 40; — Enkelin K. Belás IV. v. U. Gem. Kg. Stotar's II., I. 425, 644, II. 2, 16, 47; — J. K. Stotar II. K. v. Bö. I. 667, 668.

Kunhuta, erste Gem. Georg Podie-
brab's aus dem Hause Sternberg,
II. 348; Tocht. des Habsburgers
Kf. Friedrich's III., vermählt mit Hz.
Albrecht IV. von Bayern-München,
I. 442, 443, II. 462, 475, 478,
480.

Kunrent, Bö., I. 392.

Kunság, f. Kumanien.

Kunstadt, M., I. 413, 415, II. 199,
219, 221, 290, III. 442.

Kunstat, m. Fam., III. 99; f. Boček,
Podiebrad.

Kunter, Heinrich, Boßner Bürger, I.
305.

Kuntersweg, T., I. 305.

Kunwald, Bö., I. 398, II. 446.

Kunz, f. Hunt.

Kunzdorf (Lipnik), Gal., I. 444.

Kunzendorf, Schlef., I. 435; (Medzwna)
Gal., I. 441.

Kuppa, Sohn des „tahlen" Zirin, an-
geblicher Name eines aufständischen
Magyaren-Häuptlings, II. 66.

Cuppae, f. Golubaz.

Curäus, schlef. Chronist, I. 9.

Kurhessen, f. Hessen.

Curia, f. Chur.

Kurimjan, f. Kirn.

Curland, IV. 277, 336; f. auch Biron.

Kurpfalz, III. 296, 376.

Kurrheinischer Kreis, II. 584.

Kursanes, Magyaren-Häuptling, II.
59.

Curtugermati, Magyaren-Stamm u.
Horde, II. 53.

Kurz, Ferd. Gf. v. —, Reichsvize-
kanzler, III. 520.

Kuruzzen, II. 566, 567, III. 577,
580, 618, 623—626, 646, 652, 654,
656, 660, 662, 677, IV. 30, 38,
39, 55—57, 116, 117.

Kurz v. Senftenau, III. 532.

Kurz, H., I. 57, 68.

Curzola (Karkar, Coreyra), I. 154,
355, 359, II. 178, 283, 607, III.
146.

Cusa Nikolaus, f. Cues.

Cusa, rumänischer Fürst, IV. 637.

Cusanus, f. Cues.

Kuschwarda, Bö., I. 381, 382.

Cuspinian (Spießhammer), Humanist,
I. 6, 7, II. 562, 568, 570, 571, 603,
606, 607, 613, III. 76.

Custozza, IV. 642, Schl. b. — (1866),
IV. 654, 656.

Cusum, f. Peterwardein.

Kut, Sbb., I. 575.

Kutahijah (Kleinasien), IV. 644.

Kuthen, H., I. 8; — Kumanenfürst,
II. 93—95.

Kutur (ri) -guren, Volksstamm, I. 238.

Kutschut Kainardschi, Friede zu —,
IV. 352, 365.

Kuttenberg, Bö., I. 103, 398, 412,
487, II. 20, 102, 103, 205, 212,
217, 221, 222, 236, 284, 286, 291,
296, 297, 314, 350, 445, 450, 651,
III. 92, 105, 107, 111, 180, 437,
439, 440, 478, IV. 284, 417.

Kuttnauer, Joh. v. Sonnenstein, Bürgm.
der Prager Altstadt, III. 437.

Kuttenplan, Bö., I. 391.

Kutusow, ruff. Gf., IV. 585.

Kuwrat, Bulgarenanführer, I. 253, II.
52.

Cuzol, Ifl., I. 350.

Kwětnica, M., I. 420.

Kyblin, bö. Rechtsschftst., IV. 446.

Kyburg, schweiz. Adelsgeschl. I. 655,
II. 22, 116, 117, 130, 190; —
Hartmann v. —, Oheim Rudolph's
III. v. Habsburg, I. 655, 656.

Kyjow, f. Gaya.

Cypern, II. 274, 517, IV. 529.

Cyrill (Constantin), Slaven-Apostel, I.
282, II. 54.

Cyrus, Abt v. St. Vinzenz in Breslau, III. 283.

Czach, U., I. 479.

„Czar Jowan", f. Fekete.

Czar, „d. weiße", f. Rußland

Czarnowski, pol. Magnat, III. 284.

Czartoryiski, lith.-pol. Ab. Fam.,
IV. 335; — ruff. Dipl. & Min.
IV. 611.

Czaslau, Bö., I. 396—399, 412, II.
290, 291, III. 97, 368, 369, 644,
IV. 215, 409.

Czech, H., I. 65.

Czech, Stammheros d. Czechen, I. 213,
II. 28—30, III. 104.

Czecho-Slaven, (Czechen, I. 103, 106,
114—115, III. 149, IV. 635, 652;
f. i. Allg. Böhmen.

Czechow, Krakauer L.Bezt.(powiat), I.450.

Czegew, sbb. Fam., I. 562.

Czegléd, U., I. 503, II. 566.

Czelber Urban, IV. 152.

Czéles, u. Jesuit, IV. 104.

Czenstochau, Gal., III. 221.

Czerna (Tsierna), Fl. i. Sbb., II. 62.

Czernagora, I. 277, II. 76; s. Monte-negro.

Czernawoda, Türkei, IV. 143.

Czeremoß, Fl. i. b. Buk., I. 459, 463.

Czernichow, Gal., I. 450.

Czernin, Fß., dann Gf. Hermann, ö. Botsch., III. 388. 527; — Oberst-burggraf v. Bö., IV. 76.

Czernojevič Arsen (Czrnowič), Patr. v. Ippek, III. 672, 673, 675, 677.

Czernowitz (Cernovic), (ruthenisch: Czer-nauß), Buk., I. 107, 460, 463, IV. 624.

Czernowicz Michael, Gef. K. Maximilian's II., III. 278.

Czerwen, Gal., I. 452.

Czerwenka, H., I. 13.

Czerwenogrod i. Rothrußland, I. 452.

Czerweno Ruß (Rothrußland, s. Lo-domerien).

Czerweny Kamen, s. Rothenstein.

Czettin, Czettina, Burg u. O. i. Kro-, Ständetag zu, III. 186.

Czettina, Joh., Gf. v. — & Glissa, II. 283.

Czettina (Cettin), Fl., Dalm., I. 117, 277, 355, 356, 357, 359, II. 75, 76, 283.

Czibak, B. v. Großwardein, III. 197, 198, 221.

Czinar, H., I. 66.

Cziriaky Martin, u. Reformator, II. 654.

Czobor, u. Abel, II. 416.

Czörnig, Frh. v. --, H., I. 71, 73.

Czorba, u. serb. Hauptm., IV. 157.

Czorstyn, Zornstein, Gal., IV. 343.

Czudar, Peter v. —, Olnod (Onód), Besitzer v. Tokaj, I. 533.

Czwilin, s. Lobenstein.

Czwittinger, H., I. 52.

L.

Laa, N.-Oe. I. 671, II. 6, 388.

Laas, Kr., I. 392.

Laar, rhät. Grafschaft, II. 119.

Labauczen, die „Fußknechte", Parteibez. der „Kaiserlichen" i. U., III. 623, IV. 38.

Labe, s. Elbe.

Labiau, Vertrag v. — (1656), III, 558.

Labrador, sp. Gef., IV. 611, 612.

Labß, U., I. 522, 523.

Laciacum. s. Pöflamarkt.

Lack (Bischofslack), Kr., I. 340, III. 30, 247, 340, 341, IV. 397.

Lack, Nagy=, U., I. 549.

Lackenbach (Lotháza), U., III. 429.

Laczko, s. Ladislaus u. Laczkófi.

Lacus lugeus, s. Zirknitzer See.

Lacy (Lascy), Franz, Moriz, Gf. v. —, IV. 134, 275, 283, 289, 291 bis 293, 295—297, 324, 325, 343, 360, 361, 444, 451, 480, 530 bis 532, 539, 544, 566, 579, 584; — Peter, IV. 324.

Laczfi, s. Laczkófi.

Laczkovics, Joh., IV. 575, 576.

Ladendorf (Leutócz), U., I. 525.

Labier, Volksstamm, i. h. Bosnien, I. 162.

Ladiner (oder Rhäto=Romanen), I. 97, 100, 301, III. 62.

Ladislaus I., Kg. v. U. („der Heilige"), I. 418, 496—498, 515, 541, 554, 555, 564, II. 60, 72—74, 78, 79, III. 114—116, 119, 140, 147, 149; — II., dgl., II. 82, 83, 88; — III., dgl., III. 115; — IV., dgl., I. 479, 561, 544, II. 7, III. 115, 121, 139, 148, 154, 155; — V., dgl., I. 493, 653, 668, 671, II. 95. 104, 105, III. 115, 116; — Posthumus, Kg. v. Bö. & U., I. 438, 527, II. 336—340, 343, 344, 346, 347, 351, 353, 355, 357—368, 372—379, 398, 429, 430, III. 85, 102, 122; -- v. Neapel, II. 207, 213—215, 370; — (oder Lacko, Laczko), siebb. Wojw. & Ban. v. Zeurin, I. 570.

Laburner, H., I. 74.

Labwenko (Wancho), Wladwänét, Söldnerführer & Wegelagerer, II. 366.

Lälius, Secten=Stifter, III. 240.

Lägerthal, s. Val di Lebro.

Lähn, s. Valan.

Lämmermann, Lamormain, Lamor-maini, aus La=Moire=Mannie i. Luremb., Beichtv. K. Ferdinand's II., H., I. 15, III. 469, 491, 493, 496, 512, IV. 439.

Längensee, K., III. 70; s. auch St.-Georgen a . Längensee.

Lafnitz, Fl. i. St., I. 329, 493.

Lagaris, L., 94.

Lago, H., I. 70.
Lago-Maggiore, It., IV. 224.
Lagosta, Insel, Dalm., I. 355, 360.
La Grange Marie, Gem. des Joh. Sobieski, Kg. v. Polen, IV. 11.
Lahn, Rudolph v., III. 609, 612.
Lahnstein i. Kurmainz, II. 212.
Laibach, Alt u. Neu- (Nauportus, Aemona), Kr., I. 102, 166, 174, 180, 197, 323, 338, 339, 340, 342, 343, II. 144, 157, 268, 273, 463, 596, 598, 599, 620, III. 31, 59, 66, 75, 246, 247, 251, 332, 337, 342, 575, IV. 397. 422, 497, 526, 605, 611, 623, (Bischöfe v.), s. Christoph, Herberstein, Katzianer, Konrad, Krön, Rauber, Seebach & Urban.
Laibach, Fl. i. Kr., I. 197, 338.
Lainez, Mitnister des Jesuitenordens, III. 252.
Lakits, u. Rechtshistoriker, IV. 470.
Lala Mohamed, u. Bezierpascha, III. 351.
Lamarmora, it. Gl. & Min., IV. 655.
Lamb, kais. Komm. z. Kaschau, III. 652.
Lambach, O.-Oe., I. 169, 367, III. 37, 68, 69, 77, 79.
Lambacher, H., I. 42.
Lambeck, H., I. 18.
Lamberg, Hans Sokol von —, Söldnerführer, II. 219, 373, u. Wegelagerer ("Scheckel").
Lamberg, Gf. Hans, III. 183, 185, 195; — Johann Max, III. 566, 569, 579, 607, IV. 74; — Sigmund, III. 631, 644; — Franz Joseph, IV. 74, 76; — Leopold Math., IV. 74, 79, 80; — N. Landeshauptmann v. Gz., IV. 481; — t. Gen. & Komm. i. U., IV. 643; — Kard., IV. 74, 76; — Philipp, B. v. Passau, IV. 17.
Lambert, Abt v. Ostrow i. Bö., I. 402; — o. Ludbrecht, angebl. Gründer der deutsch. Col. i. Bereghszász (Luprechtháza?), I. 535.
Lamberti, ö. Gl., Adjutant, IV. 563.
Lambertháza, v. Luprechtháza? U., I. 535, s. auch Bereghszász.
Lamboy, ö. Gl., III. 502, 520, 524, 533; — bö. Landstand, IV. 417.
St. Lambrecht, St., I. 329, 330, 335, 336, III. 70, 77; (Abt v. —) s. Hartmann.

La Mine, Erzieher K. Joseph's II., IV. 313.
La Moire-Mannie, i. Luxemburg, IV. 139.
Lamormain, s. Lämmermann.
Lamparter, Gregor, Doctor, Jurist, II. 535.
Lampert, Sohn Bela's I. v. U., II. 72.
Lampertsdorf, s. Oláh-Patak.
Lambrecht, H., I. 72.
Lanczinski, russ. Ges., IV. 228.
Landau, Bay., II. 108, 125, III. 537, IV. 44, 53, 94, 95.
Landeck, Schlei., I. 427; — T., I. 307, II. 251, 531, 532, IV. 47.
Landok (Landek), U., I. 521, 522.
Landenberger (Hermann), Adel. Günstl. Hz. u. K. Albrecht's I. v. Habsburg, II. 7, 14, 17.
Landerer, Kurat. i. tirol. Befr.-Kr. 1703, IV. 47.
Landeshut (Lanczut), Gal., I. 449.
Landestrost, s. Landstraß.
"Landl", O.-Oe., I. 368.
Lando Pietro, Doge v. Venedig, III. 172.
Landsberg, Windisch-, s. Windisch-Landsberg.
Landsee, U., I. 492.
Landshut, Bay., II. 318, 535, 536, III. 203, 502; — Schles., IV. 285, 292, 301; s. Georg.
Landskron, Bö., I. 397, 408; — Gal., I. 415, 449.
Landstein, Herren v., i. Bö. —, II. 45. 199, III. 99.
Landstraß (Landestrost), Kr., III. 31, 392.
Landus Hieronymus, Eb. v. Kreta, II. 415, 456.
Lang Mathäus, Eb. v. S., II. 517, 519-521, 553, 570, 573, 583, 602, 607, 612, 617, 636, 640, 649, III. 30, 174, 243; — Elias, prot. Glaubenpred. i. U., III. 236; — Philipp, Kammerd. u. Günstling K. Rudolph's II., III. 358, 365.
Langenau, ö. Gl., IV. 608.
Langendorf (Hosszúfalu), Sbb., I. 570.
Langenstein, Heinrich, III. 76.
Langell, ö. Dipl., IV. 94.
Langhals, Peter, niederl. Rath Maximilian's I., II. 503.
Langobarden (Longobarden), I. 220, 230, 233, 237-239, 249, 251, 261, 267, III. 48.

Langsee, Längensee, K., I. 327.

Langwies, Schweiz, II. 268.

Lannoy, Philipp, Karl's V. Statth. i. Neapel, III. 178, 203, 252.

Lantbert, Agilolfinger, bay. Fst., I. 260.

Lantfried, Agilolfinger, bay. Hzg., I. 257.

Lantbieri, Gf., öst. Hofzensurpräses, IV. 469.

Lanzelin, s. Kanzelin.

Lanzengan, Schweiz, II. 530.

Lapac v. Karina, Altkroat. Geschl., I. 360.

Lapide, Hippolitus a — Pseudonym, (Chemnitz), H., I. 15.

..Lapidem ad XI=. s. Monfalcone.

Lappitz, ad. Geschl. i. Oe., II. 619.

Lapianskzy, Schriftst. d. ung. Protest.= Tribunals 1673-4, III. 620.

Lapšina, N., III. 606.

Laredo, Sp., II. 558.

Largiana. s. Zutor.

Larix b. Eisnitz, Kr., I. 167, 174.

Laskaris, Theodor, I. 621, II. 91.

Laschtan, M., I. 152.

Lasco, s. Lacy.

Laski (Lasky), Eb. v. Gnesen, II. 571; — Hieronymus, Palatin v. Sieradien, Diplom., I. 523, 527; III. 191, 195, 198, 199, 217, 218, 228, 283.

Lastien, Dimitri, russ. Botsch., II. 569.

Las Minas, sp. Heerführer, IV. 85, 223.

Lasnišič, kro. ad. Geschl., I. 360.

Lasser, ö. Abgeo., Stadth. & Min., IV. 643.

Lassnitz, Fl., St., I. 331.

Latein, M., II. 219.

Laternserthal, N. A., I. 314.

Latisana, Friaul, I. 345, II. 142, 542.

Latobiker, Volksstamm, I. 198.

Latobici., s. Trefsen.

Latomus, Kaplan i. Laibach, Reform.= Freund, III. 217.

Latorcza, Fl., U., I. 454, 532, 534.

Latour, Max, Gf., ö. Kriegsmin. K. Franz I., IV. 589; — d. jüng. IV. 605; — ö. Kriegsmin. 1848 erm., IV. 642, 643.

Latour du Pin, frz. Bevollm. IV. 611.

Latsch, T., I. 310, II. 532.

Latschberg, Schw., II. 531.

Latzkofi (Laczko), II. 179, 201, 213.

Laubau, Lausitz, I. 387, III. 183.

Lauda, Huss. Theol., II. 299.

Laudon, Gerhard Otto, IV. 281; — Gideon, Frh. v., s. Sohn, ö. Gl., IV. 281—284, 288, 289, 292 bis 295, 297, 298, 323, 360, 361, 532, 539, 553, 584.

Lauer, ö. Gl., IV. 581.

Laufen, Baden, I. 170; — O.=Oe., III. 30.

Laufenburg, Schweiz, I. 655, II. 189, 259, III. 538, IV. 398.

Laufenburg=Rheinfelden, Seitenlinie d. Habsburger, I. 655, II. 189, 191; s. auch Rudolph.

Laun, Bö., I. 394, 404, II. 315, III. 91, 478.

Laun, der — zu Pütten, abel. Wege= lagerer, II. 272.

Laupen, Schweiz, II. 130.

Laupheim, würtemb. Amt, III. 277.

Laureacum. Lauriacum. s. Lorch.

Laurenz, Priester, Kuruzzen=Anführer 1514, II. 565.

San=Laurenzio, Istr., I. 350.

Laurin, Berg b. Kremnitz, I. 485.

Lausanne, Schweiz, I. 662, II. 328, 498.

Lausitz (Lužice: „Auland"), I. 387, 395, 396, 430, 431, II. 166, 167, 169, 213, 240, 294, 415, 421, 423, 452, 453, 487, III. 87, 200, 410, 427, 428, 440, 456, 486, 489, 503, 522, 525, IV. 283, 288, 289, 292, 360, 379, 380, IV. 405, 411, 412.

Lauterburg, Elsaß, IV. 245.

Lauterer, ö. Großhändler, IV. 493.

Lauterhofen, Bay., I. 271.

„Lautschburg" die —, s. Luciona.

Lavalette, Frkr., IV. 84.

La Palette, Kard., III. 503, 504.

Lavamünd, K., I. 102, 323.

La Valliére, franz. Maitr., III. 641.

Lavant, Bisthum, K., I. 325, 335, 641, 646, II. 12, III. 39, 55, IV. 397; (Bischöfe v. —) s. Rudolph & Stobäus.

Lavant, Lavantthal, Dynasten v. —, I. 325, III. 38, s. Sponheim=Ordenburg.

Lavant (Lasent) Fl., K., I. 168, 325.

Lavantthal, I. 323, 325, 326, II. 463, 596, III. 66.

Laveld, Niederl., Schl., b. —, IV. 237.

Lavis, trient. Bisthumsherrschaft, T., I. 303, IV. 398.

Larenburg, kj. Schloß b. Wien, II. 343, 384.
Larenburgerin („Alt-Puberin") Rosina, Geliebte Mar'. I., II. 500.
Lazar, Serbenczar, II. 182, 204, 206.
Lazarević, Stefan, Sohn d. Serbenczars Lazar, II. 296, 304, III. 117.
Lazarić, ö. Hptm. IV. 611.
Lazius (Laz), W. H., I. 7, 12, II. 606.
Lebedia, Stammsitz d. Magyaren, II. 53.
Lebedias, Magyaren-Fst., II. 53.
Lebenwald, st. Landschaftsphysicus, IV. 465.
Leble (Loeble), Hanns, kais. Rath, III. 264.
Lebrecht, H., I. 52.
Lebus, B. v. —, I. 456.
Lebzeltern, ö. Dipl., IV. 607.
Lech, Fl., Bay., I. 144, 158, 163, 232, 256, 271, 294, II. 110, 189, 536, III. 553.
Lechen (Polen), I. 431, 445, II. 28, 29, 31.
Lechfeld, Schl. a. — (955), I. 375, II. 60.
Lechgemünde, bayr. Grafen v. —, I. 317, 602.
Lechleitner, A., k. tir. Revierjäger, IV. 47.
Lechnitz, Kloster, U., I. 522, 523; — Ort i. Sbb., I. 560.
Lechones. s. Lechen.
Lechthal, T., I. 99, 316.
Lecourbe, frz. Gl., IV. 580.
Ledec, Bö. I. 398.
Lede, Marquis v. —, span. Feldh., IV. 111.
Ledenic, s. Zawisch.
Lederer, August v. —, Hofrath, IV. 423, 481.
Ledro, See, T., I. 304, s. auch Val di Ledro.
Lefébure (Hz. v. Danzig), frz. Gl., IV. 599, 600.
Lest, Heinrich, v. Lazan —, II. 242, 244.
Leganez, Marquez, span. Gen., Gouv. v. Mailand, IV. 12.
„Legion, die schwarze —" K. Mathias' Corvinus, II. 183, 187, 655.
Legis-Glückselig, H., I. 63.
Legnano, O.-Ital., I. 612, II. 552.
Legrab, U., I. 495, 496.
Lehel, sagenhafter u. Heerfürst, II. 59.

Lehmann, H., I. 41; — Hauptmann, i. W. Neust. Kastell, IV. 36.
Lehrbach, Gf., ö. Dipl. IV. 355, 357, 359, 523, 578, 579, 582.
Leibitz (Libica), U., I. 518, 526, 527.
Leibnitz, G. W. v. —, I. 33, 34, III. 582, 672, IV. 464.
Leibnitz, St., I. 168, 169, 330, 334, II. 14, 355, 388, 431, (Pfarrer v. —). s. Mosolenz.
Leicester, engl. Staatsmann, III. 261.
Leimbauer, Martin, Rebell, III. 543.
Leiningen, Generalwachtmeister, III. 683, IV. 53; — ö. Gsf., IV. 649.
Leipa, böhm., Bö., I. 395, III. 452.
Leipnik (Lipnik), M., I. 105, 152, 415, 416, III. 541, IV. 193, 214.
Leipzig i. Sachsen, I. 386, II. 413, III. 137, 474, 477, 489, 525, 638, IV. 227, 261, 517, 608, 612; Schl. b. —, IV. 608; s. auch Camerarius.
Leisnitz, Fl., N.-Oe. I. 375.
Leisser Ulrich, k. Feldzeugmeister, III. 193.
Leitersdorf, Schlej., I. 423.
Leitha, N.-Oe., I. 99, 373, 474, 492, 585, 593, 600, III. 348, IV. 620; — Schl. a. d. —, IV. 630.
Leitmeritz (Litoměřice), Bö., I. 103, 394, 404, II. 284, 652, III. 90, 91, 97, 104, 206, 208, 209, 439, 478, 489, 502, 520, 541, 542, 644, IV. 409, 410; (Propst v. —) s. Hilarius.
Leitomischl, Bö., I. 389, 397, 398, II. 449, III. 91; (Bischof v. —) s. Johann.
Leitomischl, Johannes v. —, B. v. Olmütz, II. 285, 286.
Leleß, Kloster, U., I. 534.
Lelow, Powiat v. Krafau, I. 450.
Lemberg, Lwow, Gal., I. 443, 450, 453, 454, 456—458, II. 202, III. 99, 233, IV. 341, 351, 367, 467.
Lemberg (Lengenburg) b. Cilli, St. II. 271.
Lemnius, schweiz. Dichter, II. 532.
Lemuzer, Volksstamm, I. 395.
Lenau, Dichter, IV. 631.
Lengenfeld i. N.-Oe., III. 75.
Lenkovič Hanns, III. 310, 311.
Lentenet, jbb. sächs. Erbgrafen, I. 562.
Lenor (Eleonore) v. Portugal, Gem. K. Friedrich III. (II.), II. 353, 356, 385, 386, 387, 389, 391, 474, 603.

Lenthe, hannov. Ges. i. Wien, Z. 29.
Lentia, s. Linz.
Lentulus, Gal., IV. 194, 207.
Lenz, Gerichtsort im rhät. Prätigau, II. 472.
Lenzburg, Schweiz, I. 656, II. 260; — Grafen v. —, I. 603, II. 116.
Leo X. (Medici), P., II. 521—524, 564, 584, 585, 611, 612, 614; — XII. (Gengo), P., IV. 616; — Byzant. Kf., II. 54, III. 147; — (Lew) Fst. v. Halitsch, I. 453—455.
Leoben (Lindina, Linbana, Leuben), St., I. 330, 333, 335, 639, 643, 652, II. 14, 355, 357, 467, 638, 639, III. 57, 58, 66, 74, IV. 572 bis 574; s. auch Aribo.
Leobschütz (Glubcicich, Naglubcicich, Hlubschice), Schles., I. 422, 423, 425—428, 430, III. 90, 92.
Lewburg, s. Lemberg.
Leonfelden, O.-Oe., III. 450.
Leonhard, — Pfalzgraf v. Bz., III. 475, 541, 542 —; v. Reutschach, Eb. v. S., III. 30; — I., v. Colonafels, III. 264, 266; s. auch Pels.
St. Leonhard, K., III. 31, 64; — i. den windischen Büheln, III. 340.
Leonore, s. Eleonore u. Lenor.
Leonstein, K., II. 596.
Leontium, Z., I. 167.
Leopold, deutsche Kaiser: — I., I. 354, 480, III. 556, 564, 568, 571, 572, 574, 577, 579, 580, 582, 586, 594, 601, 605, 607, 609, 611—614, 616, 618, 624, 625, 627, 631, 633, 635, 638—640, 642, 644, 646, 648—651, 655—657, 661—663, 669, 670, 672, 674, 675—680, 682, 686—688, IV. 8 bis 10, 12—14, 16, 20, 22, 25, 28, 29, 31, 37, 40, 44—46, 48—52, 54, 56—58, 61, 63, 68, 72, 73, 77, 78, 123, 124, 154, 155, 178, 261, 379, 388, 389, 394, 410, 418, 421, 429, 432, 433, 439, 447, 448, 452, 456, 460; — II., IV. 310, 316, 319, 323, 539, 541—550, 552—556, 559, 560, 563—566, 575, 657; österr. Fürsten: Babenberger: — (I.) I. 584, 585; — (II.) I. 592, 593; — II. (III.) I. 601, 604; — III. (IV.) I. 604, 605, 606; — IV. (V.) I. 606, 608; — V. (VI.) I. 613—616, III. 10, 19; — VI. (VII.) I.

342, 616, 618—620, III. 54, 71; Traungauer, b. Starke, I. 609, 613, III. 9; Habsburger: — I., II. 99, 101, 111—115, 119 bis 122, 126, 190; — III., II. 133, 150, 153—158, 174, 188—193, 201, 202, 218, 220, 250, 275, 379; — IV., II. 192, 220—224, 226, 227, 249, 251, 253, 254, 256, 268, 271, 273, III. 22, 27, 55, 63; — V., Bruder K. Ferdinand's II., & B. v. Passau, III. 362, 374, 375, 377, 379, 418, 419, 422, 456, 469, 472, 507—509, 639; — Wilhelm, Sohn Kj. Ferdinand's II., III. 508, 521, 524—526, 528, 530, 531, 563, 565, 571; — Sohn Kj. Karl's VI., IV. 124; — Sohn Kf. Leopold's II., IV. 550, 565; Anhalt-Dessau: Prinz — ("d. alte Dessauer"): IV. 52, 82, 90; — Baden: — Wilhelm v., III. 594, 640; Hohenzollern: — sp. Kronprätendent, IV. 637; Lothringen: — Joseph Hyac., IV. 170; Sachsen-Coburg: — v., IV. 616; — B. v. Seckau, — II. 13, 16.
Leopoldsdorf, s. Loipersdorf.
Leopoldstadt, U., I. 480, III. 596, 620.
Leopolis, s. Lemberg.
Lepanto, Seeschl. b., II. 511.
Lepar, H., I. 65.
Lepes, B. v. Vesprim, III. 368.
Leporini, J. A., Lehrer K. Joseph's II., IV. 313.
Lermoos (Leermoos), T., I. 165.
Lescen, Burg im alten Bö., I. 401.
Leschkirch (Sachsenstuhl — Ort i. Sbb.), I. 571, 573, IV. 423.
Leichthal, K., I. 328.
Lesczinski, Stanislaus, Wojw. v. Posen, Wahlkö. v. Polen, Hzg. v. Lothr. u. Bar, IV. 60, 102, 105, 132 bis 134.
Lesina, Dalm. J. (Pharus. fl. Hwar), I. 355, 359, II. 178, 283, III. 146, 157.
Lesto, s. Leßek.
Leslie (Lesleu), III. 488, 500, 501, 528, 601, 657, IV. 417.
Lessing, G. E., IV. 471, 516.
Lestocq, russ. Czarengünstling, IV. 229.
Leßek (Lesto), Hzg. v. Kleinpolen, I. 446, 449, II. 48, 90; — I.

Przemislaw, sagenhafter Chorwaten-Hzg., II. 28.

Leszczyństi, Raphael, Votsch., II. 423, 571.

Pettowitz, M., I. 408.

Leubing, Propst, sächs. Agent, II. 398.

Leubus, Schles., I. 433.

Leuchtenberg, deu. fstl. Gesch., I. 384.

Leuchtenberg, bayr. Grafschaft, III. 295, IV. 79.

Leucker, Dr., bayr. Agent, III. 427.

Leubischer (Leutscher), luth. Pr., III. 236.

Leuka, s. Lockenhausen.

Leutharis, Feldherr, I. 237.

Leuthen, Schl. b. —, IV. 286, 287, 301.

Leutkirch, Schwaben, III. 244.

Leutold, s. Pöttau.

Leutrum, savoy. Feldherr, IV. 224, 235.

Leutschau (magy. Löcse, sl. Lewoče), U., I. 12, 108, 514, 515, 526—528, 531, II. 347, 487, III. 136, 155, 156, 159, 236, 373, 466, 618, 621, 650, 656, 661, IV. 100, 458; s. auch Hentel.

Leutschau, Nikolaus v. —, u. Künstler III. 157.

Leutsch-Bach, U., I. 514.

Léva (Lewa), s. Lewenz.

Levante, III. 145, 155, IV. 493.

Levente, Sohn Vazul's? oder Ladisl. Kopasz's?, II. 69—71.

Levico, T., I. 303, II. 146, IV. 398.

Levócz, s. Labendorf.

Lewendal, Schles., mähr. Enklave, I. 423.

Lewenz (Léwa), U., I. 488, III. 587, 593, 602.

Lewoče, s. Leutschau.

Lewygrad, s. Legrad.

Lewy-Hradek, s. Prag.

Lexington, Lord —, engl. Votsch., III. 635.

Leyden, Holland, IV. 62, 261.

Lhemming, Leonhard v. —, B. v. Passau, II. 326.

Lhenier, Jurist, Vertheid. d. Tortur, IV. 447.

Lhota b. Reichenau, Bö., II. 447.

Ljaschina, Ljeschina-Polenland, I. 457.

Libeth-Bánya, I. 484.

Libethen (magyarisch Libeth-Bánya, sl. Labintowa oder Lubjcha), U., I. 108, 484, 488.

Libic, Bö., Czasl. Kr., Burgherrsch., II. 446, 447.

Libica, s. Leibitz.

Libice im Bitschower. Kr., Hauptburg b. Slawnik i. B., I. 395, 411.

Libočan, II. 652, III. 181; (Propst v. —) s. Hajek.

Libochory, Gal., I. 457.

Liburner, I. 210.

Liburnia, s. Tiburnia.

Liburnien (kroat. Küstenland), I. 162, 236, 274.

Libussa, mythische Tocht. Krok's, II. 28, III. 104.

Licek (Lecek), A. Leo, v. Riesenburg auf Pernstein, III. 460; s. auch Riesenburg.

Lichner, H., I. 67.

Lichnowsky, Fst. Maria, H., I. 60.

Lichtenburg, Liechtenburg, bö.-mähr. ad. Gesch., I. 410, 438, II. 219, III. 99; — Heinrich v. —, auf Pöttau, II. 410; — Ulrich v. —, II. 103; s. auch Pöttau.

Lichtenecker, der —, ab. Wegelagerer in St., II. 272.

Lichtenstadt, Vö., I. 393.

Lichtenstein-Castelcorno, tirol. Gesch., III. 65.

Lichtenwald, St., III. 392; — böhm. sächs. Grenzort, IV. 275.

Licinius, röm. Imperator, Schwager Constantin's d. Gr., I. 172.

Licka, Briccius v. —, bö. Rechtsge-lehrter, IV. 418, 446.

Liebau, M., I. 388, 414.

Liebenau, Bö., I. 395.

Liebenberg, Bürgermeister v. Wien, III. 658.

Liebenthal, Schles., III. 78.

Liebwerde, s. Kenty.

Liechtenburger, die — s. Lichtenburg.

Liechtenstein, Fürstenthum, I. 314.

Liechtenstein, steier., öst., mähr. u. tirol. Ad.-Gesch.; — a) Die steier. Liech-tensteiner mit dem Haupts. auf Muran, I. 336, II. 272, 431, III. 54, 55; Ditmar v. —, I. 636; — Niklas (II), II. 467, 468; Otto (II), S. Ulrich's (I.), I. 648, 666, II. 3, 10, 11; — Otto (VI.), III. 251; Ulrich (I.), I. 631, 636, 639, 642, 648, 649, 666, III. 71, 72; — b) die österr.-mähr. L. mit dem Haupts. auf Nikolsburg, I. 638, II. 217, 254, 333, 391, 429, 461, III.

99, 210, 363, IV. 606; — Heinrich v. —, I. 421, II. 458; — Karl, Fst. v. —, I. 429; — Anton Florian, Fst. v. —, IV. 17, 21, 75 bis 77, 86, 109; — Georg (Jörg VI.), v. —, II. 533, 545, 550, 552; — Gundaker v. --, III. 368, 510; — Hanns (Johann VI.) v. —, III. 245; — Johann, Fst. v. —, Gl., IV. 586, 594, 598; s. auch Georg, B. v. Trient; — Karl v. —, III. 412, 433, 435, 437, 438, 443, 444, IV. 177; - Leonhard (I.) v. —, III. 245; — Mar v. -, III. 441; — Wenzel, Fst. v. —, Botsch. & Gl., IV. 159, 175, 235, 264, 274, 284, 317, 451; — c) tirol. Liechtensteiner, II. S. 254, Andreas v. —, II. 546; — Paul v. —, K. Marimilian's I. Rath u. Günstling, II. 519, 520, 543, 548, 582, 607.

Liechtenstein, ö. Regiment, IV. 46.

Lieding, K., I. 325, III. 70.

Liefland (Lievland), Rußland, II. 569, IV. 324.

Liegnitz, Schles., I. 432, 434, 436, II. 43, 516, III. 86, 93, 205, 443, 511, 537, 583, IV. 177, 191, 293, 420.

Lienz, T., (Aguntum o. Leontium?), I. 167, 316, 317, 320, II. 542, 621, III. 67, IV. 610.

Lier, kurbayer. Kammerrath, IV. 78.

Liesganig, Geograph. IV. 517.

Liesing, St., I. 333, II. 10.

Lievland, s. Liefland.

Liezen, St., I. 168.

Ligne (Ligny), Fst. v. —, Mil. Dipl. & Schftst., IV. 536, 612.

Ligurische Republik (Genua), IV. 560; s. auch Genua.

Likater (Lechanwohner), Stadt der —; s. Damasca.

Likawa, U., I. 482, 483, III. 627.

Litta (Litza), Kro. I. 354, 359, 364, III. 308, 309, IV. 282, 423; — b. Grafen v. --, I. 360.

Lilienberg, Erzieh. Tötölyi's, III. 627.

Lilienfeld, N.=Oe., I. 36, 370, 651, III. 317, 510, IV. 503; s. auch Strauch.

Lilienstein, der —, in Sachsen, IV. 276.

Lille, Niederlande, II. 558, IV. 86, 87.

Limbach (Alsó=Lindva), U., I. 495.

Limburg, II. 109, 501, IV. 259, 523; s. auch Schenk.

Limigantes, s. Sarmatae, I. 223.

Limone, Ober=, a'. Garbasee, T., I. 304.

Linck, H., I. 36.

Lindau, II. 509, 533, 577, III. 35, 532, IV. 586.

Linden, württemberg. Bevollmächtigter, IV. 611.

Lindló, bayr. Gl., III. 450.

Lindner(Grichjon),den.Publizist,IV.623.

Lindva, Alsó, s. Limbach.

Lindva-er, die —, u. ab. Geschl., II. 373; s. auch Bánffy.

Linné, IV. 517.

Linser, Wirth & Posthalter zu Landeck i. T., IV. 47.

Lint, St., I. 333, 334.

Linz, O.=Oe., I. 108, 169, 289, 365, 367, 665, II. 15, 19, 125, 126, 194, 287, 383, 461, 469, 470, 483, 619, 620, 622, III. 30, 32, 57, 64, 65, 68, 176, 183, 213, 251, 262, 273, 318, 359, 360, 386, 389, 428, 447, 451, 504, 528, 545, 643, 657, IV. 18, 36, 37, 204, 212, 220, 387, 405, 453, 492, 508, 568; s. auch Berg.

Linzer, der —, ab. Wegelagerer, auf Hirnstein, II. 272.

Lipa, Kl., Gal., I. 452.

Lipa, die von —, o. die Lipauer, bö. Fam., II. 249, III. 99; — Heinrich v. —, II. 101, 102, 103, 161.

Lipan b. Kaurim, Bö., I. 401, II. 300.

Lipcje, U., I. 483, 488.

Lipncz, Gal., I. 457.

Lipnik, s. Leipnik.

Lipnik, s. Krumsdorf.

Lippa (Kölpénn, Kulpen), U., I. 545, 546, 548, II. 304, III. 230, 308, 385, 388, 677, 688.

Lippay, Primas v. U., (Eb. v. Gran, III. 556, 586, 602; — Haiduken= Oberst, III. 355.

Lippe, Fl. i. Den., I. 270.

Lippe=Schaumburg, IV. 276.

Lippert, H., I. 63.

Lipszky, ung. Karto= u. Geograph, IV. 517.

Liptau (Liptó), U., I. 482—484, 504, 506, 517, III. 135, 373, 422, IV. 63.

Liria, Hz. v. —, span. Vertreter, IV. 132.

Lifer, Fl., K., I. 321, 329.

Liska, v. Liska-Slaki (d. wälsche Liska oder „Hajeldorf"), I. 533.

Liste, H., I. 70.

Lissa, Kl. i. Gal., I. 454.

Lissa i. Polen, III. 442.

Lissa (Issa), Insel i. Dal., I. 154, 355, 360, IV. 605; — Schl. b. —, (1866), IV. 654, 656.

Lissabon, I. 95, IV. 17, 50, 83, 461, 560.

Lissapaß, U., I. 480.

Lissus, a. b. Grenze des röm. Dalmatiens u. Macedoniens, I. 156, 162.

Litmanau (Litmanowa), U., I. 521.

Litomérice, Liutomérice, s. Leitmeritz.

Littau, M., I. 414, III. 92, I. 360.

Litthauen, I. 454, 457, 464, II. 162, 164, 183, 242, 281, 297, 305, 569, III. 282—284, IV. 334; (Großf. v. —,) s. Withold.

Littorale, IV. 422, 457, 592, 598; s. auch Croatien.

Ljubić, H., I. 70.

Liudewit, panon. Slavenfürst, I. 277, 278, 586.

Liutina, Sohn Arpád's, II. 54, 59.

Liutbirga, Liutberge (Luitbirga), T. des Longob. K. Desiderius (I. 265).

Liutold (Luitold), d. Eppensteiner, Hz. v. Kä., I. 340, 602, 603.

Liutpold (Luitpold), Hz. v. Bayern, Ahnh. d. Scheyern-Wittelsbacher; Vater Hz. Arnulf's v. Bayern, I. 288, 289, 290, 586; s. auch Leopold, Leupold.

Liutpram (Luidpram), longob. K., I. 262, 263, 267; — Eb. v. Salzburg, III. 78.

Livačko, Dalm., I. 357.

Livinalongo, s. Buchenstein.

Livorno, St., II. 356.

Lizzana, T., I. 94.

Loban, ö. Donau-Insel, IV. 595.

Lobenstein (Czwilin), Schlef., I. 428.

Lobkowitz (Lobkowice), Ab. Geschl., v. Stamme des Popiel, Bö., I. 304, II. 290, III. 210, IV. 190, 606; — Herren u. Grafen: Bohuslav v. —, auf Hassenstein, II. 477; — Hanns

(Johann II.) v. —, auf Zbirow, III. 264; — Johann v. , auf Inn, III. 264; — Wladislaus, Ladislaus (II.) v. —, auf Chlumec, III. 265, 275; — Wilhelm v. ·, III. 396; — Polyxena, III. 410; — Wilhelm Popel, b. Aeltere, III. 411, 437; — Fürsten (s. 1624): L. Oberstkämm. Erster Fürst: Zdenko Adalbert, III. 359, 363, 364, 376, 377, 396, 408, 440, 441, 511; s. Gem. Polyxena; — Wenzel Eusebius, Fü. v., S. Zdenko's —, III. 554, 556, 566, 568—571, 573, 575 bis 579, 605, 607, 611, 612, 617, 621, 631, 646, IV. 8, 10, 75, 110; — Ferdinand August Leopold (der Jüngere), S. Wenzel's, IV. 110; — Christian, Fü., ki. General, IV. 209, 217, 224, 234, 236; s. auch Hassenstein.

Lobminger, der —, steierm.Ab. —, II.272.

Lobositz, Schl. b. —, I. 394, IV. 275, 276, 283, 301.

Lobotku, K. Joh. (Zápolya's) Agent, III. 190.

Locatelli, ki. Obst., III. 606.

Lochau, Sachsen, II. 612, III. 212.

Locher, Hoffriegsrath, IV. 106.

Loches, Frtr., II. 520.

Lockum i. Hannover, Abt zu —, s. Molanus.

Lösmand (Lutschmannsburg), U., I. 493.

Lobenic, M., Schl. b. —, I. 421, II. 38.

Lodi, It., II. 554, IV. 571, 642.

Lodomerien, I. 443, 451, II. 96, IV. 490; s. auch Wladimir.

Lodron, ad. Geschl., I. 303, II. 264, 265, 267, III. 55, IV. 451, 398, 417.

Lodron, Regiment, IV. 46.

Lodrone, „Grafschaft", I. 304, IV. 398.

Lobygowice (Ludwigsdorf), Gal., I. 444.

Löbau, Laufiz, I. 387, II. 162, IV. 289.

Löbl, ki. Oberst, III. 450, 451, 486; — Marie Sophie v., III. 616.

Löcje, s. Leutschau.

Löderer, Paul, tir. Rebellenführer, III. 418.

Löffelholz, fj. Gl., IV. 116.
Löhner, ö. Reichstagsabg., IV. 643.
Löhr, J. Frh. v., Hoskanzlei=Rath, IV. 443, 482.
Löwen, f. Lemberg.
Löwen, Brabant, II. 499, 500.
Löwen, theolog. General=Seminar, i.—, IV. 534.
Löwenberg, Schles., III. 93, 443.
Löwenberg, Nikl. v. —, kärntn. Abel, I. 651.
Löwenbahl, frz. Gl., IV. 237.
Löwen-Gansbeke, f. Beatrix.
Löwenhielm, schwed. Staatsm., IV. 611.
Löwenstein, Gl., IV. 283; — Werth=heim, Gf., IV. 78, 79.
Löwenthal, H., I. 74.
Löwenwolde, russ. Dipl., IV. 132.
Loser, S., I. 320; — L., II. 637.
Losers, f. Lovere.
Lößk, Staudestl. b. d. Szeklern, I. 564.
Logischan, f. Loran.
Lohelins, Gb. v. Prag, III. 388, 438.
Loiben, Waldenser Gemeinde, III. 75.
Loibl, Berg i. K., I. 174, 324, III. 66.
Loipersdorf (Leopoldsdorf), U., I. 491.
Loitsch (Longaticum?), Kr., I. 174.
Lokenhausen (Leuta), f. Pfalz, U., I. 491.

Loket. f. Elbogen.
Lotháza, f. Lackenbach.
Lotietek, Wladislaw, Hz. v. Polen, II. 48, 171, 172.

Lokum, Abt von —, f. Molanus.
Lombardei, II. 220, 444, 577, 619, 623, 626, 627, III. 34, IV. 53, 133, 199, 223, 235, 257, 258, 392, 399, 449, 467, 480, 485, 502, 548, 579, 611, 614, 632, 636, 637.
Lomellina, oberit. Geb., einst mailän=bisch, IV. 80.
Lomnica (Quadrata?) Kro., I. 173.
Lomnica, f. Lomnitz.
Lomnicky, Simon, III. 438.
Lomnicza, f. Horváth.
Lomnitz, U., I. 517.
Lomnitz, m. Fam., III. 99.
London, II. 316, 317, 522, 525, 576, 577, 617, IV. 12, 14, 17, 20, 75, 85, 88, 89, 159, 201, 237, 262, 295, 549, 568, 584, 589.
Longaticum. f. Loitsch.
Longobarden, III. 24, 34.
Longueval v. Bouquoi, Gf., III. 36.

37, 415, 416, 418, 419, 421, 422, 428—430.
Longwitz, O.=Oe., I. 368.
Lonja, kro. Fl., III. 310.
Lonka, f. Lack.
Lórántfy, Lorandfi, u. Geschl., III. 151, 237; Susanna, III. 457, 560.
Lorch b'. Enns, O.=Oe. (Laureacum, Lauriacum), I. 169, 181, 183, 188, 191, 199, 228, 241—243, 275, 369, 590, III. 32.
Loredano Leonardo, venet. Doge. II. 157, 158, 283, 516, 518; — Lo=renzo. II. 518.
Loretto, It., III. 339.
Lorenz, H., I. 61, 71, 75.
St. Lorenz b. Tien, U., III. 220.
St. Lorenzen a. d. Drau, St., I. 334.
Lorenzo, Istr., II. 159.
Lori, bayr. Rath, IV. 356, 357.
Lorich (Kloster), a. Rhein b. Worms, I. 271.
Los Rios, Regiment, IV. 280.
Loschütz, M., I. 105.
Loierth, H., I. 63.
Loslau, schlef. Herrschaft, I. 427.
Loissonez (sl. Lučenec), U., I. 489.
Loß, Oberst, III. 501.
Lojo Emerich, B. v. Großwardein, III. 513.
Lojonczy, Berth. v. Temesvár III. 232.

Lothar fränk. Kaiser a. d. Karol. Haufe: I., Sohn Ludwig's d. From=men, I. 277, 280; — aus d. H. Burgund=Arles: Lothar II. K. v. Italien (S. Hugo's); — den. Wahlk. u. Kaiser a. d. Hause Supp=linburg: 349; — II., I. 387, 606, 607, II. 37, 82.
Lothringen, Land & Dynastie, I. 280, 293, 592, 654, II. 109, 437, 438, III. 13, 524, IV. 636.
Lothringen, Kard. v. —, III. 261. f. auch Clemens, Franz, Stephan, Karl.
Louéna, Fl., Bö., I. 389.
Louis Philipp v. Orlean's, Kg. v. Frkr., IV. 615, 634.
Louise, v. Parma, IV. 316; — Kö=nigin v. Preußen, IV. 597; — v. Savoyen. II. 511; — Christine v. Savoyen=Carignan, III. 640; — Marie, aus dem Hause Stuart, ver=ehelichte Fürstin Salm, IV. 73; —

Hollandine, T. Friedrich's V. v. d. Pfalz, (Erzh. v. Böhmen, Aebtissin v. Montbuisson, III. 637, 638.

Louvois, frz. Min., III. 578, 641.

Lovere (Losers), Südtir., II. 555.

Lovrana (Lauran), Istr., I. 348. 351.

Lovau (Logiczan), Georg, III. 260.

Lubaczow, Gal., I. 457. 458.

Lubietowa, s. Libethen.

Lublau (Lubowla, Lublyó), U., I. 450, 519, 520, 521, 526, 528, 529, II. 281, III. 134, 156, IV. 335, 338, 339, 347, 351, 421.

Lublin, poln. Palatinat, I. 450, IV. 571.

Lublyó, s. Lublau.

Lubochna, U., I. 482.

Lubomirski, poln. ad. Geschl., I. 528, III. 584, 620, 626, IV. 434, 435; — Sebastian, I. 528; — Stephan III. 656.

Lubossin (alte Pfalz), Bö., I. 401.

Lubowla, s. Lublau.

Lubring, Kro., I. 496.

Lubtscha, s. Libethen.

Luca, de—, H., I. 43, IV. 513, 517, 518.

Lucane, Lucaner, Bö., I. 394, III. 103.

Lucca, Fürstenthum, It., II. 145, 324,

Lucennec, s. Lossoncz.

Lucheñi, ö. Mil., IV. 275, 280.

Luchesini, preuß. Dipl., IV. 553, 554, 570.

Luciensteig, Schweiz, II. 529.

Lucinigo, b. Görz, II. 541.

Lucio (Lucius), H., I. 28. 50.

Lucius II., P., III. 17; — heiliger, B. v. Chur, I. 240.

Lucivna, U., I. 517.

Luck, M., I. 410.

Luczko, Bö., I. 394.

Ludanic, Wenzel v.—, III. 209, 265.

Ludbrecht, s. Lambert.

Ludewig, H., I. 42.

Ludmilla, d. Heilige, Gem. Hz. Bořiwoy I. v. Bö., II. 30; — Tocht. Kg. Georg Podiebrad's, II. 421.

Ludolph v. Schwaben, I. 294.

Ludwig: Karolinger: — b. Fromme, I. 277, 279, 349, 478, II. 29; — b. Deutsche, I. 277, 279, 284; — b. Jüngere (Sohn Ludwig's d. Deutschen), I. 284; — II., I. 349; — b. Kind, I. 288, 291, 306, III.

56. — Deutschland. Deutsche Kaiser & Könige: „d. Bayer", I. 131, 342, II. 108—115, 120, 122, 124, 130, 137, 138, 145, 164, 165, 167; österr. Erzherzoge: — Sohn Kj. Leopold's II., IV. 565, 594, 633; Baden: — Mtgf. v. —, III. 640, 642, 659, 664, 668, 670—678, 682, IV. 18, 21, 44, 45, 49, 51, 52, 84; — Groß-Hz. v. —, IV. 615; — Bayern: Hz. v. —, I. 620—622, II. 40, 167, 260, 262, 263, 331, 383, 404 bis 406, 411, 421, 449, 471, 640, III. 171, 175, 181, 184, 190, 195, 197, 198; — I. Kg. v.—, IV. 615; — Brandenburg: v. —, II. 128, 129, 131, 139, 140, 146, 167, III. 22; — Braunschweig: v.—, IV. 292; — Cilli: (Sohn Hermann's II.) II. 276; — Görz: II. 15, 123, 541; — Hessen: Landgf. v. —, II. 325; — I. & II., Groß-Hzge. v. —, IV. 615; — Nassau: v. —; — Pfalz: Pfalz = Gf. a. Rhein, I. 661, 666, II. 9, 10, 238, III. 492; — Würtemberg: v—, fj. Gf., IV. 132—134, 326; — Frankreich: Könige: VII.—XI., I. 609, II. 323, 326, 330, 409, 421, 437, 439—441, 450, 492, 498 bis 502, 557; — XII., II. 510 bis 515, 517, 518, 520—523, 543, 545, 548, 550, 579, 582, 583; — XIII., II. 470, 472, 504, 537; — XIV., III. 557, 564, 571, 573 bis 578, 582, 583, 604—606, 608, 624, 625, 627, 640—642, 644—648, 655, 659, 661, 671, 685, 686, IV. 8, 9, 11—15, 20, 21, 35, 38, 40, 41, 50, 57, 60, 68, 77, 83, 84, 87 bis 89, 94, 97, 103, 114, 233, 582; — XV., IV. 132, 200, 217, 226, 268, 269, 278, 284, 287, 293, 326; — XVI., IV. 234, 276, 326, 356, 552, 560, 566, 568, 612; — XVII., IV. 612; — XVIII., IV. 560, 612, 615, 624; — v. Orléans (Bruder d. frz. Kgs. Karl's VI), II. 203; — Niederlande: Bonaparte, Kg. v. —, IV. 560; — Parma: I., Erbprinz v. —, IV. 559; — Portugal: (Luiz) Kg. v.—, IV. 637; Savoyen: Julius (Bruder Eugen's v. Savoyen), III. 641, 642, 657; — Tarent: v. —, II. 176; Un=

garn: Kg. v. —: L. b. Große. I.
124, 447, 456, 458, 461, 463, 464,
480, 487, 499, 536, 538, 541, 544,
547, 558, 570, 572, II. 137,
146, 148, 149, 156, 157, 171 bis
184, 200, III. 116, 117, 121, 122,
124, 125, 136, 137, 142, 147, 155
bis 157, 164, 308; — II., I. 492,
II. 561—563, 570, 571, 612, 613,
619, 651, 652, 656, III. 116, 117,
123, 140, 142, 163, 180, 182 bis
184, 204; — Bischöfe v. Trient
(Madruzzo), III. 322; — Worms:
Ludw. Anton., III. 639.

Ludwigsdorf, s. Lobygowice.
Lübeck, III. 29, 35, 440, 468, 471.
Lueg, Kr., I. 342, II. 468.
Lueg, Lueger (Luogar), Erasmus v. —,
(b. Lueger), II. 468; — Niklas, II.
427, 428.

Lügenfeld b. Colmar, I. 279.
Lüneburg, Hz. v. —, III. 471, 486.
Lützen, L., II. 643, III. 249.
Lüttich, Niederl., II. 36, 438, 439,
503, III. 104, 149, IV. 36, 523;
— (Bischof v. —) s. Johann.
Lützen, III. 481, 486, 487; — Schl.
b. — (1813), IV. 607.
Lützelberg, S.-Oe., I. 169.
Lützelburg, Luxemburg, II. 438; Bal-
duin v. —, B. v. Trier, II. 24, 100,
109; — Gf. Heinrich v. —, als K.
Heinrich VII., II. 100; — Wolram,
s. Bruder, II. 103; s. u. Luxemburg.

Lützow, fj. Reichshofrath, III. 522.
Lugano, It., IV. 258.
Lugio, s. Szegejö.
Lugniz, Schweiz, II. 268.
Lugos, U., I. 544, 547, III. 681,
688, IV. 531; (Ban. v. —,) s.
Barcsay.

Luitbirge, s. Liutbirga.
Luitold, s. Liutold.
Luitpold, s. Liutpold.
Luitpram, s. Liutpram.
Luitprand, s. Liutprand.
Lukas v. Prag, Haupt der böhm. Brü-
der, II. 448.
Lullus, Abt v. Ellmünster, Gefährte
Virgil's, B. v. S., I. 268.
Luminica, s. Lomnitz.
Luna-Wald (Manhartsberg?), I. 217,
218, 223.
Lund (Eb. v.), s. Weše.
Lundenburg, M., I. 408, 409, 417,

418, 649, II. 34, 41, 42, III. 97,
528.
Luneville, Frb. v. — (1801), IV. 581
bis 583.
Lungau, S., I. 100, 267, 318—320,
643, II. 467, III. 30, 37, 67.
Lunzersee, N.-Oe., I. 370.
Luogar, s. Lueger.
Lupač, Husitenführer, II. 297, 299,
300; — böhm. Chronist, I. 9.
Lupiglava, Friaul, II. 541.
Lubinus, Christian, sbb. Chronist, I. 25,
III. 383.
Luprecht, s. Ludprecht.
Luprechthaza (Lamberthaza, Luprecht-
ház), Sbb., I. 535, III. 135.
Lupul, Verlobte Zig. Rakoczy's, III.
559.
Lurnfeld (Lurngau, Stadtbezirk o. Re-
gion des alten Tiburnia (s. da.),
Liburnia), Kt., I. 316, 327, 328,
341.
Lurngau, s. Lurnfeld.
Lurngau v. Lurnfeld-Heimföls, Grafen
v. —, I. 317, 327, 345, 605, 657,
III. 10, s. Görzer.
Luschin, R. v. Ebengreuth, H., Z. 3.
Lusignan, Hz. v. —, II. 215; Johann
v. —, Hz. v. Baruta, Z. 17.
Lussin, grande, Istr., I. 348, II. 75,
77; — piccolo, I. 348, II. 75, 77.
Lussobinn, s. Römlöb.
Lustnau, W. A., I. 314, III. 26.
Luten, Volksstamm, I. 216.
Luther Martin, II. 525, 585, 628,
630—633, 652, III. 15, 171, 204,
205, 235, 239, 241.
Lutonwerde, s. Luttenberg.
Lutschmannsburg, s. Löcsmand.
Luttenberg (Lutonwerde), St., I. 334,
495, III. 31, IV. 289.
Lutter am Barenberg, Schl. a. —, III.
465.
Luxemburg, Hzgthum., I. 574, II. 499,
501, IV. 12, 199, 278, 380, 523,
536; Dynastie: I. 393, 422, 436,
574, 592, 601, II. 21, 108, 127,
128, 138, 162, 168, 169, 174, 175,
212, 216, 239, 240, 322, 367, 452,
III. 87, 88, 100, 140, 163, 647;
s. auch Heinrich, Hermann, Johann,
Katharina, Sigismund.
Luzern, Schweiz, I. 655, 656, II. 117,
118, 119, 130, 190, 259, 263, 471,
529.
Lužicer, slav. Volksstamm, I. 387.

Lužnic, Kl., Bö., I. 390, 399, 400.
Luzzara a. Po, Schl. b. —, IV. 43.
Lwow, s. Lemberg.
Lygier, Volksstamm, I. 215.
Lunar, dän. Dipl., IV. 341, 344.

Lyon, Frkr., I. 628, 633, 662, 663, II. 512, 583, III. 75.
Lyfa, Bö., III. 439.
Lyfa Gora, Berg i. Gal., I. 130.
Lyntta, s. Lissa (Gal.).

M.

Maas, frz. niederl. Kl. u. Barriére, IV. 278. 559.
Mabillon, H., I. 33.
Macarsca, D., I. 357, 359, III. 146.
Maccanaz, Don Melchor de — span. Ges., IV. 237.
Macdonald, frz. Gl., IV. 579.
Macedoniai, Ladislaus, Probst v. Fünfkirchen. III. 484.
Macedonien, III. 676.
Machalfalva, s. Michelsdorf.
Machault-Rouillé, frz. Regierungs-Partei, IV. 265.
Machaut-Guillaume, frz. Chr., II. 162.
Machelm v. Wels. Gf. i. Traungau, I. 270.
Machland, O.-Oe., III. 543; s. auch Mühlviertel; — Herren v. —, I. 335, 367, 376, III. 53.
Machow (Mácsó, Mácswa), Banat, I. 543. II. 204, 206, 215, 304, 346.
Mack, v. —, ö. Gl. IV. 572, 579, 584, 585.
Mac Mahon, frz. Gl. u. Präs. d. R., IV. 637.
Mácsó, Mácswa, s. Machow.
Maczieiowski, poln. ad. Geschl., I. 528.
Mäd, U., I. 533.
Maber, Pet., ö. Waffenschmied, II. 590.
Madrid, Sp., II. 559, III. 171, 173, 325, 358, 395, 467, 576, 646, 649, IV. 8, 9, 10, 12, 14, 16, 83, 89, 111—113, 129, 176, 267.
Madruzzo, Christoph v. —, dgl. v. Briren & Trient, III. 263, 321; — Ludwig, Frh. v. — Card. B. v. Trient, III. 296; — Karl Emanuel v. —, B. v. Trient, III. 486, 509; — Johann Gaudenz v. —, Gl. III. 486; — Ferdinand, Gf. v. —, Mil., III. 486.
Mähren (Morawa, Marchland), I. 21, 22, 44, 46, 47, 58, 64, 96, 105, 114—117, 152, 192, 280, 284, 288—290, 374, 380, 405, 409, 421, 423, 426, 430, 431, 451, 474, 477, 487, 488, 628, 640, 666 bis 668, II. 1, 2, 32, 35, 38, 41—45, 69, 100, 101, 164, 166, 169, 202, 219, 221, 254, 288, 290, 292, 294, 296, 313, 371, 382, 401, 408, 415, 417, 423, 444, 446, 451 bis 453, 477, 484, 487, III. 57, 68, 84—86, 89—91, 96, 97, 100, 103, 109, 110, 196, 206, 209, 210, 218, 250, 265, 274, 362, 363, 367, 375, 377, 389, 398, 410, 412, 414, 426 bis 428, 440—441, 453, 454, 525, 527, 540, 543, 593, 647, 659, IV. 57, 124, 199, 204, 207, 209, 213 bis 215, 224, 288, 304, 325, 341, 359, 360, 375, 379—381, 385, 392, 393, 405, 410, 412, 413, 418 bis 420, 446, 450, 457, 458, 460, 461, 463, 479, 485, 488, 490, 492, 507, 531, 547, 585, 596, 641; s. auch Johann Heinrich, Konrad, Mojmir, Protop, Sobieslaw, Wladislaw Heinich.
Mähr. Kromau, M., I. 408; — Neustadt, M., I. 414, III. 541, IV. 343; — Ostrau, M., I. 408, 422, 437; — Nican, I. 408; — Trübau, M., I. 413, III. 541.
Märtensdorf, Pol., I. 447.
Mästlin, Lehrer Kepler's, III. 340.
Mätsch, ?., I. 310, 311; — Herren v. —, II. 141, 254, 255; — Ulrich v. —, II. 140; — Gaudenz v. —, II. 528.
Magdeburg I. 411, (Maidburg, s. Anh.), 604, 634, II. 198, III. 90, 91, 135, 137, 226, 277, 296, 297, 404, 472, 478, IV. 277, 278; s. auch Dietrich.
Magenta, Schl. b. — (1859), IV. 647, 650.
Magnesia, Kleinasien, II. 341.
Magni, Valer. —, III. 439; — J. Bat. de —, III. 442.
Magnus, Hz. v. Braunschweig-Lüneburg, II. 167; — Jesuiten-Provincial, III. 328.
Magócsy, u. Magnat, III. 237, 355.
Magura, Uk., I. 460, 482, 516, 519, 521, 522.
Magyar, Blasius, III. 487.

Magyar= (Ungar.) =Gyula, I. 541.

Magyar=Egregy (Certia), U., I. 176.

Magyar=Igen (Grabendorf, Chrapun=dorf), Sbb., I. 556, III. 138. Z.

Magyaren (Agareni Hunni), I. 286 bis 290, 293, 295, 464, 474, 501, 506, 507, 535, 536, 539, 541, 545, 549, 577, 578, 584, II. 30, 52, 53, 55, 58 bis 60, 67, 313, 654, III. 123, 125, 147, 154, 219, 302, 349, 355; f. auch Ungarn.

Magyaró, Sbb., I. 559.

Magyarn, Prädikant, III. 374.

Mahmud II., Sultan, IV. 560, 615.

Mahmud, Pascha v. Skodra (Skutari), IV. 530.

Mährenberg, St., II. 271.

Mährenberg, Seifried v. —, I. 642, 652, 655.

Majas (Mais, o. Alt=Meran i. West=Tirol, I. 94, 239, 262, 263.

Maidberg, f. Danzig.

Maidburg, W., I. 411, III. 528.

Maidelberg, Schl. Johann Hsch., I. 423.

Maihau, Kr., II. 567.

Mailand, II. 150, 151, 193, 211, 260, 281, 323, 324, 509, 510, 512, 514, 515, 518, 520—524, 526, 527, 531, 533, 545, 554, 592, 603, 625, III. 169, 172, 176, 491, 574, IV. 12, 14, 19, 20, 42, 49—51, 84, 88, 93, 94, 109, 111, 127, 128, 134, 176, 223, 224, 235, 257, 258, 554, 623, Frd. (1649), 637, 641, 642; f. auch Bianca, Sforza (Statthalter v. —,); f. auch Vau= demont.

Mailáth, Gf., Johann H., I. 60, 67; — Gf., Stephan, III. 198, 219, 220, 221, 222.

Mailberg, N.=Oe., I. 374, 601, II. 130, III. 619, IV. 396.

Maillebois, frz. Gl., IV. 204, 217, 219, 235.

Main, Fl., II. 109, IV. 221, 613.

Mainati, H., I. 74.

Mainhard II., Gf. v. Görz, I. 303, 307, 309, 317, 617, 635—637, 611, II. 3, 4, 11; III., dgl. I. 657, 658; — IV. (II.), Gf. v. Görz & Tirol, I. 345, 658, II. 111; — (III.), letzter v. Görz Tiroler Hause, S. Margaretha's "Maultasche", II. 129, 138—140, VII., Gf. v. Görz, II. 112, 113, 147, 150,

155, 156, 158, 194; — f. Bauern= führer, II. 464.

Mainizza, Venet., II. 544.

Maintenon, Madame —, IV. 15.

Mainz (Erzstift & Kurfürstenthum), I. 288, 650, 665, II. 15, 18, 19, 23—25, 40, 100, 101, 104, 108 bis 110, 168, 190, 211, 212, 234, 236, 238—240, 327, 549, 579, 582, 611, 614, III. 83, 175, 414, 470, 508, 516, 536, 603, 639, 645, 684, IV. 211, 212, 276, 329, 525, 591; f. auch Richspalter, Berthold, Gf. v. Henneberg, Dietrich, Elz, Gerhard v. Eppenstein, Gerlach, Jo= hann, Lothar, Schönborn, Werner.

Majos, Kuruzzenführer, IV. 38.

Mairania, f. Meran.

Maisoneuve, frz. Botsch., IV. 555.

Maithényi, Johann, U. kö. Personal, III. 619.

Matlár, U., I. 505, IV. 105.

Mató, U., I. 549.

Matowica, U., I. 531; — (Hz. v. —,) f. Rakoczi.

Malachowski, Gf. Stanislaus, III. 687.

Malamocco, f. Venedig.

"Malandrinen", Söldner, II. 190.

Malaspina, päpstl. Nuntius i. Graz, III. 307, 333, 336.

Malatesta, ital. Adelige, II. 220, 280, 281.

Malborghetto, K., I. 102, 324, III. 66.

Maldonero, Rechtsgel., IV. 447.

Malé, T., I. 303, IV. 398.

Malesana, Jst., I. 350.

Maleschevaz, b. Bosnier, III. 248.

Malfetta, Jt., III. 146.

Malmesbury, Carl v. —, IV. 368.

Malnitzer=Tauern, K., III. 67.

Malo, San=, di —, Card., II. 583.

Malorca, sp. J., IV. 91.

Malplaquet bei Mons, Frkr., Schl. b. — (1709), IV. 88.

Mals, T., I. 310, 311, II. 526, 531, 532.

Malserheide, T., I. 300, 309, 310, II. 531.

Malta (Maltein), K., I. 94, 324.

Malteser=Orden, IV. 580, 605.

Maltzahn, pr. Dipl., IV. 270.

Malvazzi, ö. Botsch., III. 225, 228, 232.

Managetta, ö. Vice=Präj., IV. 266.

Mancera, fp. Gef., IV. 9.

Mancini Olympia, III. 611; — =Mazarin, IV. 269.

Manderfcheid, Gf. v. —, Gb. v. Prag, IV. 209.

Manbling, St., I. 318, 333, II. 11, 637, 639; — =Paß, I. 318, 636.

Manfred, K. Friedrich's II. natürl. S., I. 637.

Mangalora, oftindifcher Hafen, IV. 493.

Mangart, Kr., I. 338.

Mange, Berthold v. —, II. 279, 333.

Manhartsberg, N.-De., Viertel ob & unter —, I. 151, 152, 374, 376. III. 245, IV. 396.

Manichäer, Secte, II. 87.

Manin, Ludovico, venet. Doge, IV. 574, 637.

Manlius, Genealoge, II. 606.

Mannersdorf, N.-De., III. 336.

Mannheim, IV. 355, 357.

Mannsfeld, bö. Adels-Gefchl., III. 510, 640, 649, IV. 417; — Ernft, Gf. v. —, III. 277, 312, 403, 404, 409, 414—416, 418—420, 427, 429, 431, 437, 438, 448, 456, 458, 461, 465, 466, 486; — Bruno, Gf. v. —, III. 511; — F. H., Gf. v. —, IV. 9, 17, 21, 43, 48, 59, 75, 76, 110; f. auch Glifabeth.

Manftein, pr. Gl., IV. 283, 570.

Manteuffel, pr. Botfch., IV. 646.

Mantua, It., I. 555, II. 394, 404, 511, 521, III. 160, 172, 176, 258, 325, 404, 471, IV. 41, 43, 90, 94, 133, 222, 223, 235, 399, 548, 558, 571—573, 600; f. auch Clonora.

Manuel, byz. Kj., II. 81—85.

Manz, Wiedertäufer, II. 633.

Maquire, ö. Gl., IV. 283.

Mara, Fl. i. U., I. 537.

Marabas. Don Balthafar, III. 394, 395, 433, 434, 479, 487, 488, 494, 497, 498, 502; als böhm.Landftand, IV. 417.

Marano, ö. Friaul., I. 354, II. 158, 553, 621, III. 66, 393, IV. 397.

Marari, Mraxi — f. Mratefch, III. 181.

Marbach, Bündniß v. —, II. 234, 235.

Marbod, Markomannenfürft, I. 210, 214.

Marburg (Marfburg), St., I. 101, 334—336, 636, II. 463, 464, 467,

587, 588, 593, 597, 598, III. 55, 58, 66, 67, 195, 333, 609, IV. 397.

Marca, griech. nicht un. Kl. Slavonien, III. 308, IV. 249, 250, 256.

Marcal-Congregationen, Sbb., Szekler-land, IV. 426.

Marc-Aurel, röm. Kj., I. 164, 165, 171, 172, 183, 200, 219, 220, 222.

March (Morawa), I. 84, 107, 214, 215, 274, 275, 374, 375, 405, 406, 413, 504, 574, 585, 593, 668, 671, II. 30, 444, 449, III. 153, 359, IV. 288.

Marchegg, N.-De., II. 374, 388.

Marcheville, frz. Dipl., III. 471.

Marchfeld, N.-De., I. 180, 372, 405, 411, 438, 474, II. 4, 219, 340, III. 68, 657, 659, IV. 214.

Marchgraber, Bauernanführer, III. 317.

Marchina, f. Monte-Brandono.

St. Marco, T., I. 94.

Marcio (Macia), f. Marca.

Marcus, u. Chronift (Chron. Hung. u. a. 1358), III. 148; — v. Klis (Klifa), II. 597.

Marcy, Abbé —, Dir. IV. 318.

Marczali, Emerich, II. 281; — Dionys, II. 282.

Mardefeld, pr. Gef., IV. 197, 198, 228, 229, 232, 233.

Marenfels, f. Marano.

Mareng, Schweiz, II. 532.

Marengo, Schl. bei —, IV. 580.

Mareri, f. Marari.

Margaretha, Tochter Belá's IV., I. 503; — Tochter Leopold's VI. b. Babenb., I. 619, 622, 632—634, 638, 644; — v. D. „Maultafche", I. 477, II. 122, 124—129, 138 bis 141, III. 22;—v. Habsb. De. T.-H. Albrecht's II., Gem. Mainhard's III. v. Tirol, als Wittwe, 3. Frau des Luremb. Joh. Heinrich v. M., II. 153; — Tochter Karl's IV., II. 174; — v. Stettin, Gem. Hz. Ernft's v. De., II. 273; — Tocht. K. Maximilian's I., Gem. u. Wittwe des Infanten Johann v. Spanien, II. 502, 506, 517, 520, 558, 582; — Schwefter Georg's b. Reichen, Hzgs. v. Bayern-Landshut, II. 535; — v. Port, II. 501; —

natürl. Tocht. Kf. Karl's V., III.
172; — Braut Kg. Philipp's III.
v. Spanien, III. 343.
Margaretheninsel b. Pesth-Ofen, I.
503.
Margarita Gonzaga, Hzgin v. Lothr.,
III. 471; — Theresia, Infantin v.
Spanien, Gem. K. Leopold's, III.
570, 605, 640, IV. 8, 9.
Margeczau, U., I. 512, 529.
Maria, Schwester Kg. Stephan's I.
v. U., II. 69; — Tocht. d. byz.
Kf. Manuel, II. 83; — Schwester
Kg. Johann's v. Pö., II. 123; —
Wittwe Hzg's. Ludovico v. Durazzo,
II. 176; — Tocht. Ludwig's I. v.
U., u. Königin, I. 456, II. 175,
184, 200, 201, 203, 204, 208, III.
116, 121; — Tocht. Karl's d.
Kühnen, Gattin K. Max' I., II.
441, 477, 498, 500—502, 557,
602, 608; — 3. Tocht. Philipp's
d. Schönen, Königin v. U. u. B.,
dann Statth. d. Niederlande, II.
515, 562, 563, 571, 572, 610, 619,
653—656, III. 183—185, 189,
193, 194, 202, 203, 211, 212, 236;
— „Tudor", Tocht. Heinrich's VIII.
v. England, II. 522; — „Stuart",
Königin, III. 261; — Tocht. K.
Karl's V., Gem. Max m. II., III.
268; — (v. Bay.), v. Bayern, Gem.
Karl's II., III. 261, 328, 333, 336,
337, 343; — I., Königin v. Portugal, IV. 560; — II., dgl., IV.
616, 637; — Amalia, Tocht. Kf.
Joseph's I., G. Karl Albert's, Kurf.
v. Bayern u. d. K., IV. 173; —
Tocht. Karl's VI., I. 123; — Tocht.
K. Maria Theresia's, IV. 326; —
Anna, Tocht. K. Ferdinand's II.,
III. 504, 579; — v. Bay., Schwester
des Kist. Max Emanuel's, III.
640; — v. Pfalz Neuburg, Gem.
Karl's II. v. Spanien, IV. 14, 15;
— Tochter K. Karl's VI., IV. 125,
178, 233, 234, 259; — Antonia,
Tocht. K. Leopold's I., IV. 9, 10,
12; — (Antoinette) Tocht. Maria
Theresia's, Gem. Ludwig's XVI.
v. Frkr., IV. 326, 355, 478, 552,
568, 609; — Beatrice, Enkelin
Hz. Francesco's III. v. Modena,
IV. 258, 278; — Bianca Sforza,
Gem. Kf. Max m. I., II. 526; —
Carolina, Gem. K. Ferdinand's IV.

v. Neapel, IV. 325; — Christine,
Tocht. Erzh. Karl's II., Gem. S.
Báthory's, III. 304, 305; — Tocht.
Maria Theresia's, Gem. d. Prinzen
Albert v. Sachsen (-Teschen), IV.
316, 326, 480; — T. K. Franz' I.
v. Neapel, 4. Gem. des sp. Kg's
Ferdinand VII., IV. 615; —
Elisabeth, Tocht. Maria Theresia's,
IV. 326, 327; — Josepha, Gem.
August II. v. Sachsen-Polen, IV.
195; — Tocht. Kf. Karl's VII.,
Gem. Kj. Joseph's II., IV. 326;
— Schwester Kj. Joseph's II., IV.
326; — Louise, Gem. K. Karl's II.
v. Sp., IV. 8, 9; — Gem. Napoleon's I., IV. 603, 605, 607, 609;
— Ludovika, 3. Gem. Kj. Franz' I.
v. De., IV. 565, 593, 597; —
Magdalena, Großtante & Er-
zieherin Kf. Joseph's II., III. 370;
— Theresia, Tocht. Philipp's IV.
v. Sp., Gem. Ludwig's XIV. v.
Frkr., III. 557, 573, IV. 8; —
Theresia, Kö. v. U. U. & B. &
Kaiserin, I. 134, 354, IV. 117,
124, 125, 133, 139, 145, 151 161,
169—173, 176, 178, 182,—187,
188, 191, 194, 197, 199—205,
215, 216, 218—221, 225, 233,
235, 239, 243—255, 257—259,
260, 261, 263—265, 267, 270,
272—274, 280, 282—284, 286,
287, 289, 293, 295, 298—300,
302, 304—319, 321—323, 325,
326, 330, 334, 336, 339, 341 bis
343, 345, 347—349, 351, 357,
361—364, 368, 393, 422, 423,
429, 432 ff., 439, 446 ff., 451 ff.,
466—468, 476, 481, 495, 497,
501, 502, 509, 518, 534, 547, 568,
605; — 2. Gem. Kj. Franz I. v.
De., IV. 564, 565; — Tocht. Kj.
Leopold's II., IV. 564.
St. Maria, T., II. 592.
Mariabrunn, N.-De., IV. 505; —
b. Landstraß, Kr., I. 343.
Maria Inn. K., I. 326.
Mariana, span. Chr., II. 558.
Maria-Rast, St., I. 198.
Maria-Saal, K., I. 268, II. 4.
Maria-Schlag, N.-De., I. 368.
Maria-Teresiopel (Szabadka), U., I.
543.
Maria-Zell, St., I. 370, 651, II.
182, III. 643.

Marica, Kl. i. Serbien, II. 182.
Marienabtei b. Hundsdorf, U., I. 517.
Marienbad, Bö., I. 393.
Marienberg, Benedittiner-Stift, T., I. 310, 658, 659.
Marienburg (Mergenburg, Erdenburg, Fölbvár), Sbb., I. 196, 567, 570, III. 384.
Marietti, Jes., Beichtv. Basta's, III. 352.
Marignano, Schl. b. —, II. 523.
Marin, irischer Priester, Gefährte Virgil's, I. 268.
Marini, Anton, ital Rath K. Georg's v. B., II. 405, 409.
S. Marino, ital. Staat, IV. 637.
Marino Giorgi, venet. Botsch., IV. 457.
Maripetro, Doge v. Venedig, II. 396.
Mariß, Ulrich, v. Schan, II. 530.
Mark, windische, s. windische Mark.
Markersdorf, N.-Oe., II. 481.
Markold, Taborit, II. 297.
Markomannen, germ. Stamm, I. 210, 216, 219, 222, 226.
Markward III. v. Eppenstein, I. 602, II. 72; — von Randek, Patr. v. Aquileja, III. 21.
Markwartici, bö. Geschl., III. 99.
Marlborough, (Churchill) —, IV. 44, 51—53, 83—89, 91, 97, 110.
Marly, IV. 115.
Marmarosch, Landschaft Comitat, U., I. 457, 459, 536—538, 550, 552, 577, II. 62, 64, III. 136, 281, 373, IV. 38, 39, 152, 421, 466.
Marmont (Hz. v. Ragusa), frz. Gl., IV. 603.
Marmora-Meer, IV. 120, 135.
Marnfels, Hz., II. 551, IV. 397.
Marchiai, Franziskaner-Mönch, II. 313.
Marotto, IV. 141, 493.
Marosch, Fl. i. U. & Sbb., I. 175, 176, 180, 199, 542, 544, 545, 548, 549, 551, 554, 556, 564, 565, 571, 572, 576, III. 688, IV. 154, 156.
Marosch-Vásárhely, Sbb., I. 176, 565. III. 586, 588, IV. 100, 422, 427.
Maroscher-Grenze (serb. —), IV. 422, 423.
Maróthy, Ban v. Macsó, II. 215, 304.
Marsaglia, It., Schl. b. — (1693), III. 685.

Marjan, sarb. Ges., IV. 612.
Marschall, Frh. v. —, IV. 288.
Marseille, Nfr., IV. 461.
Marsigli, Gf., III. 665, 687.
Marsigli, Kartograph, IV. 451.
Marsigner, Volksstamm, I. 216.
Marsilius Ficinus, III. 159.
Marsin, frz. Gl., IV. 51, 52, 82.
Marsonica (Brood), U., I. 173.
Marstetten, Schwab., II. 189.
Martignac, frz. Min., IV. 624.
Martigny, Gl., IV. 118.
Martin V., P., II. 248, 263, 286, 294, 319, IV. 499; — Wiener Schotten-Abt, I. 524.
St. Martin, Sz. Mártón, T., I. 198, 483.
Martinengo, III. 232.
Martini, K. A., Frh. v. —, IV. 468, 469, 482, 487.
Martinic, bö. adel. Fam., III. 99; — Johann, Burggf. am Karlstein, III. 264, 265; — Borita v., erster „Graf" b. H. —, III. 364, 376, 377, 381, 396, 408—410, 433, 511; — Gf. Valentin Mar v. —, III. 554, 570, 632, 648; — Gf. Georg Adam v. —, III. 512, IV. 41, 75, 77, 110.
Martinischtje, Schl. b. —, IV. 532.
San Martino, It., I. 350; — Tr. b. — (1859), IV. 647.
Martinovics, Joseph, u. Republ. o. Jakobiner, IV. 575, 576.
Martinsberg, Reichsabtei, U., III. 132, 152, 491, 620.
Martinsbruck, T., I. 310, II. 527.
Martinswand, T., I. 307, II. 602, IV. 47.
Martinus, B. v. Tours, Heil., I. 239.
Martinuzzi (Georg Utjessenich), I. 555, 559, III. 192, 200, 218—221, 222, 224—226, 228—231, 238; s. auch Georg.
Sz. Márton, s. St. Martin.
Martperger (Mailberger), ö. Stände-bündniß, II. 354.
Maruso, genuesischer Adm., II. 158.
Maruscha, b. Windin, III. 340.
Marzina Math., Görzer Pf., III. 326.
Marzio Galeotto, ital. Gel., III. 158.
Masconnais, Grafschaft i. Burgund, II. 502.
Majolen, ö. Milizen, III. 311.
Masones de Lima y Sottomayor, span. Gesandte, IV. 238.

Majowien, poln. Fürth., II. 574, IV. 571.

Majowien-Kujawien, Theilfürsten v. —, I. 445; s. auch Kujawien.

Massaro, venet. Dipl., II. 654.

Massena, frz. Gl., IV. 580, 585.

Mastai-Feretti, s. Pius IX.

Majtalier, ö. Literat, IV. 467, 516, 518.

Majtin II. della Scala, Dynast. v. Verona, II. 145.

Majtricht, Niederlande, IV. 237 bis 239, 522.

Mäst (b. Preßburg), U., I. 180.

Sz. Máté, Sbb., I. 559.

Matheócz, s. Matzdorf.

Mathias, d. Kaiser, Habsburger, III. 294, 300, 312, 315, 319, 324, 351, 354, 355, 358, 359, 361, 364 bis 366, 368, 371, 373—376, 379 bis 381, 382, 384, 386, 390, 397, 398, 409—411, 417, 454, IV. 383, 386, 387; — Corvinus, Kg. v. U., I. 354, 428, 436, 437, 476, 478, 480, 499, 507, 527, 544, 546, 562, 570, 571, 573, II. 346, 377, 382, 383, 397—404, 408, 409, 411, 412, 416—423, 430, 432—436, 438, 449—453, 455—462, 465, 466, 468—470, 475, 477—486, 489, 505, 559, 560, 562, 565, III. 85, 110, 116, 117, 122, 125, 140, 142, 147, 157—159, 163, 308, IV. 375.

Mathias, Dom —, natürl. Sohn Rudolph's II., III. 394.

Mathias von Kunewald (bö. Brüderhaupt), II. 446—448.

Mathilde, d. Welfin, Gem. Gebhard's II., (Gf. von Sulzbach), I. 383: — v. Thuscien, I. 603.

Matiajchowsky, Joh., k. Kammerproc., III. 441.

Mattovič, H., I. 70.

Mátra, Gebirge, U., I. 96, 505, III. 669.

Matrai, s. Rutger von —.

Matray-Windisch, s. Wind.-Matray.

Matrei (Matreium), T., I. 164, III. 55, 67, IV. 46.

Matrica, U., I. 172.

Matsch (Mätsch), tirol. Ad. Geschl., III. 55; — Ulrich v. —, II. 381; Gaudenz v. —, II. 472—474.

Matthesen, Frh. v. —, ö. Mil., IV. 282.

Mattigau, S.-Oe., I. 366.

Mattighofen, Bay., IV. 362.

Matucajum (Treibach?, Unzdorf?), St., I. 167.

Matula, u. Anständischer, IV. 156, 157.

Mátyus, H., I. 68.

Mátyusföld, U. (d. südliche Waag-Gebiet), I. 481.

Matzau, U., I. 522.

Matzdorf, Gal., I. 445; — (Matheócz), U., I. 516, 526, 529.

Matzelgebirge, Kroa., I. 362.

Matzen, T., II. 257.

Mauerbach, Karthäuser-Kloster b. Wien, I. 115.

Mauerkirchen, Bay., IV. 79, 362.

Mauerstetten, Bay., II. 536.

Maultasch, s. Margaretha.

Maura, Seeschl. b. — (1538), III. 217.

Mauren, I. 619, II. 164, 507.

Maurin, Gefährte Virgil's, B. v. Salzburg, I. 268.

Mauritius v. Heraclea, Doge v. Venedig, I. 272.

Mauritius, byz. Kj., I. 243, 251.

Mauro Christoforo, Doge v. Venedig, II. 396.

Mauroblachien, s. Schwarz-Blachien.

Maurocena, Katharina, II. 92.

Maurocordato, Aler. Scarlatsade, türk. Dolmetsch., III. 687; — Hospodar b. Wallachei, IV. 116, 119.

Mautern, N.-Oe., I. 287, 370, II. 461, 468, III. 29, 40, 57, 66; s. auch Cetium.

Mauterndorf, Salzburg, II. 14.

Mauthen, K., I. 167.

Mauthhausen, N.-Oe., III. 65, 79.

Maren, a. d. sächsisch-bö. Grenze, IV. 291, 301, 360.

Marentius, Parr. (Bischof) v. Aquileja.

Marimian, Herk., rö. Kj., I. 173, 184.

Marimilian I., Kj., II. 303, 304, 317, 385, 388, 389, 423, 438, 441, 461, 470, 476—480, 483, 485, 486, 488, 489, 491, 498—513, 515 bis 526, 528, 530—555, 557—564, 568—575, 577—585, 587—595, 597—609, 611, 612, 614—616, 620, 641, 649, 652, III. 13, 22, 23, 45, 59, 65, 76, 80, 169, 170, 174, 309, 315, 319, IV. 384, 404, 438, 445, 452; — II., dgl., III.

211, 212, 248, 257, 262, 268, 269, 271—275, 278-286, 304, 305, 311, 314, 319, 321, 322, 327, 329, 359, 366, 367, 369, 377, 379, 391, 396, 398, 409, 411, 413, 417, 418, IV. 374, 382, 386, 405, 416, 422, 433; — ö. Fürften: (III.), Erzh. v. Oe., III. 294, 300, 301, 312, 324, 337, 338, 352, 358, IV. 379; — Ernft, Ehz., III. 392; — Kft. v. Köln, ö. Erzh., Sohn Maria Iherefia's, IV. 363, 364; — Bruder des K. Franz Jofeph v. Oe., Kf. v. Merico, IV. 652; — bayr. Fürften: Hz. v. Bay., III. 297, 358, 359, 366, 367, 389, 419, 420, 427, 446, 456, 464, 469, 470, 471, 480, 482, 484, 491, 492, 504, 521, 522, 525, 531—534; — II. (Emanuel), Kft. v. Bay., III. 571, 640, 641, 645, 646, 649, 656, 659, 661, 664, 668, 670, 685, 686, IV. 9, 11, 21, 40, 41, 45—47, 51, 52, 57, 69, 77—80, 87, 92—94, 103, 173, 220, 230, 356; — Jofeph, desgl., IV. 229, 230, 353; — I. (IV.) (Zweibrücken-Birkenfeld), Kg. v. Bay., IV. 559, 565, 615; — II., Kg. v. Bay., IV. 615; — Diverfe: Graf v. Flandern.

Maximilian, b. H., chr. Glaubensbote, Märtyr., I. 240, 243, 267.

Maximin, Patr. v. Jppef, III. 673.

Maximus, B. v. Aemona, I. 242, 243.

Maximus, röm. Imperator, Gegner des Theodofius, I. 168.

Maximinus Thrax., röm. Kf., I. 222.

Mayer, Rath v. Kurköln, IV. 524; — Kajetan. ö. Abg., IV. 643; — Karl, Poftmeifter, IV. 452; — H., I. 61; — tirol. Patriot, IV. 599.

Mayr, Jörg, tirol. Bauernrebell, III. 250.

Mazarin, frz. Min., III. 525, 533, 535, 572, 588, 641, IV. 8, 269.

Mazzini, ital. Agitator, IV. 635.

Mecheln, II. 504, 521, 531, IV. 534.

Mechthilde, Wittwe, Hz. v. Würtemberg, dann Gem. Hz. Albrecht's VI., II. 380.

Mecklenburg, III. 297, 404, 467, 483, 520, IV. 126, 358, 524, 591; — Fürften v. —, II. 516, III. 212; f. auch Bogislav, Johann Albrecht.

Medavi, frz. Gl., IV. 83.

Mediafch (Medwifch, Medgyes), Sbb., I. 564, 572—574, II. 116, III. 124, 125, 198, 239, 240, 302, 383, 585, 588, 589, IV. 423.

Medici, II. 324, 521, III. 172, 173, IV. 134, 172, 278; f. Alexander, Cofimo, Giovanni Cosmo, Giulio (Clemens VII., P.), Katharina.

Mediolanum, I. 164, 177, 196, 221, 241, 242, 611, II. 119; f. auch Mailand.

Mednyánszky, Baron, H., I. 56.

Mednyánszky, Jonas, fiebb. Agent, III. 560, 561.

Medzwra (Kunzendorf), Gal., I. 444.

Meer, d. schwarze —, II. 52.

Meerfen, Vertrag v. —, I. 280, 290.

Meerich, van der —, niederl. Republ., IV. 535, 536.

Megere, mag. Stamm, II. 53.

Megerlin, Ulrich, III. 643, f. auch Abraham a. s. Clara.

Meggau, ö. Adels-Geschl., III. 319, 374, 446; — Bernhard, Hellfeld, Gf. v. —, III. 510.

Megifer, H., I. 28.

Mehadia (Ad Medias), U., I. 175, 193, 547, IV. 117, 118, 142, 531, 532.

Mehemed Pafcha, III. 589, IV. 116.

Mehemed —, Ali, Pafcha v. Aegypten, IV. 615, 634.

Mehrerau, Klofter, B.-A., I. 313.

Meidling, N.-Oe., I. 166.

Meiller, H., I. 60, 71, 72.

Meinau, Vorder-Oe., IV. 586.

Meinert, H., I. 58.

Meiffau, N.-Oe., I. 374.

Meiffau, ö. Ad. Geschl., I. 374, 376, II. 2, 219, 226; f. Otto.

Meiffen, (Sachsen), I. 385, 386, 387, 600, 634, 638, 652, II. 23, 30, 31, 36, 103, 168, 200, 213, 215, 295, III. 92; (Mfgf. v. —) f. Wilhelm.

Meißner, Gottl., ö. Schriftft., IV. 471, 518.

Mela Pomponius, rö. Geogr., I. 211.

Melas, ö. Gl., IV. 579, 580.

Melanchthon, II. 652, III. 204, 212, 236, 239, 268, 271.

Melander (Holzapfel), III. 395, 530, 532, 533.

Meleda, f. Melita.

Melegnano, Schl. (1859), IV. 647.

Melgar, Gf., Almirante v. Caftilien, IV. 13.

Meliodunum b. Olmütz, I. 217.
Melita (Meleda), Insel, Dal., I. 94, 154, 395.
Melk (Stift), N.-Oe., I. 34, 370, II. 385, 388, 433, III. 54, 57, 66, 69—72, 74, 77, 317, IV. 503.
Melk, Heinrich v. —, III. 70—72.
Mellingen, Schweiz, II. 260.
Melnik, Bö., I. 400, 403, 404, II. 314, 348, III. 106, 478.
Melzer, Veit, kärntn. Landesverweser, II. 598.
Melzi, Fst., Ital., IV. 257.
Memmingen, Schw., III. 472.
Mencken, H., I. 42.
Mendel, Vorst. b. Judengem. z. Ofen, III. 112.
Menegatti, Jesuit, Beichtv., III. 635, IV. 34.
Mengsdorf (Mengusfalu), U., I. 517.
Menhardsdorf, U., I. 516, 526.
Menin, f. Menitz.
Menin, Flandern, IV. 95.
Menitz (Menes, Mönin), M., I. 421.
Mensdorf-Pouilly, ö. Min., IV. 653.
Mentschikof, russ. Min., IV. 130.
Menzel, oberung. Familie, IV. 459.
Menzel, ö. Freischaarenführer, IV. 210, 212, 213, 222.
Menzel, Fr. W., Schreiber des sächs. Minist., IV. 269, 270.
Menzesbach b. Regensburg, Bay., Schl. b. — (1504), II. 537.
Meran, T., I. 300, 305, 306, 308, 310, 605, 642, 645—647, II. 139, 151, 258, 261, 262, 266, 329, 476, 621, III. 25, 55, 68, 249.
Mercaba, ö. Mil., III. 231.
Mercoeur, Hz. v. —, III. 351.
Mercy, Grafen v. —, III. 521, 526, 527, 529, 530, 645, IV. 88, 111, 116—118, 133, 194, 296, 298, 335, 341, 522, 524, 553, 568.
Mere-Hussein, türk. Großvezier, III. 457.
Mergen, Schwab., IV. 398.
Mergenburg, f. Marienburg.
Mergentheim, III. 472, 529.
Merian, typogr. Firma, I. 29.
Mertle, H., I. 74.
Merode, ö. Mil., III. 171.
Merseburg, I. 293, II. 40; (Bischof v. —), f. Thietmar.
Mert, Dr. „Siebenbürger", II. 616 bis 622; f. auch Capinius.
Merveldt, IV. 572, 574.
Meše, H., I. 70.

Mesto Hz. v. Ratibor, I. 434.
Mészáros, ung. Gl. u. Kriegsmin., IV. 643.
Messendorfer Kegel, b. Freudenthal, Schles., I. 96.
Messerschmied Mathias, tir. Wiedertäufer, II. 643.
Messina, Sicilien, IV. 112. 134.
Mesta, Fl. i. Serbien, II. 180.
Mestre b. Venedig, II. 553.
Mestrianae. f. Zalabér.
Metastasio, Componist, IV. 466.
Metellus, röm. Feldh., I. 155.
Metho, T., I. 165.
Method, Slavenapostel, I. 282, 284, 286, 287, 416, 419, II. 29.
Metkovič, Dal., I. 356, 357.
Metlik, f. Möttling.
Metransky, W., Wallensteins Famulus, III. 460.
Mettau, Nebenfl. b. Elbe, Bö., I. 388, 396, 403, IV. 231.
Metternich-Winneburg, v. —, b. ältere, ö. Dipl., IV. 364, 578; — Clemens Lothar, ö. Staatsmin., IV. 364, 579, 584, 592, 597, 605—607, 610, 612, 624—626, 629, 632—634.
Mettersdorf, Sbb., I. 562.
Mettia, röm. Fam., I. 194.
Metullum. Japodien, I. 155, 174.
Metz, Lothringen, II. 438, III. 212, 214, 277, IV. 87, 569; (Bisch. v. —), f. Georg.
Metz, Deutsch-, T., I. 301; f. auch Deutsch-Metz und Mezzo-Tedesco.
Metz, Kron-, T., I. 304; — Walther & Herwart v. —, III. 73.
Metz, Welsch-, f. Mezzo-Lombardo.
Metzenseifen, Ober- & Nieder-, U., I. 511, 512.
Meuzel, H., I. 43.
Merito, f. Almonte.
Merito, Kaif. v. —, f. Maximilian.
Meyer, Martin, turmainz. Dipl., II. 405, 411.
Meyern, kaif. Botsch., III. 586.
Meynert, H., I. 60.
Mezibbeg, türk. Mil., II. 339.
Mezőteréptes, U., Schl. b. —, III. 312.
Mezőtövesd, Vertrag von — (1450), II. 347.
Mezőség, Sbb., I. 559.
Mezzo-Lombardo (Welschmetz), T., I. 301, 303, IV. 398.
Mezzo-Tedesco (Deutschmetz), T., I. 301, f. auch Metz-Deutsch & Deutsch-Metz.

Miaskoviè, wallach. Bisch., III. 610.

Miawa, Fl., U., I. 475; — Ort i. U., I. 480.

Michael I., griech. Kj., I. 273; — VII., Parapinakes, byz. Kj., II. 73; — Narentanerfürst, II. 76, 77; — (Waida), wallach. Woiwode, III. 305—307, 351, 352; — Obrenoviè, serb. Fst., IV. 616, 637; — b. Pope (Pap), Kuruzzenführer, IV. 38; — Haupt b. Kunewalder Brüdergemeinde, II. 446—448.

St. Michael a. b. Liesing, St., I. 333, II. 10.

Michaelsberg, s. San Michele.

Michailoviè, Diener, III. 658.

Michelbeuern, Kloster, Bay., III. 74.

Michele, venet. Gl., II. 156.

S. Michele (Michaelsberg), Jst., I. 391, II. 144.

Michelsdorf (Machalfalva), U., I. 516, 525, 526, 529.

Michieli, Dom —, Doge v. Venedig, II. 81.

Michieli, venet. Botsch., III. 634, IV. 457.

Michna, Paul, v. Wacinow, III. 434, 483, 534.

Michne, Wojw. b. Wallachei, III. 383.

Michnay, H., I. 67.

Michon, Kr., I. 342.

Miechow, Gal., I. 446, 448, 522.

Mieczyslaw I. v. Polen, I. 445, II. 31; — II. v. Polen, I. 431; — II. Hz. v. Oppeln, I. 444; — Hz. v. Teschen, I. 444.

Mieders, T., III. 418.

Miebinger, IV. 47.

Miereisch, Sbb., I. 572, III. 219.

Mies, Bö., I. 385, 391, 400, II. 295, III. 499, 501.

Migazzi, Ef., Karb., IV. 307, 442, 498, 501, 534.

Migliorati Cosenc, Karb., II. 234, 235; s. auch Innocenz VII.

Mignano, Gefecht b. —, IV. 612.

Miguel, Don — v. Portugal, IV. 616, 625.

Miguelisten, portug. Partei, IV. 637.

Mihald, s. Mehadia.

Sz. Mihály, U., I. 552.

Mihoberka, Moldau, I. 460.

Mihobra, Moldau, I. 460.

Mihowa, Moldau, I. 460.

Mikes, III. 474; — Michael, Gf.,
IV. 67; — Kelemen v. Zágony, IV. 135, 142, 143.

Sz. Miklós (Nikelsdorf), U., I. 483.

Mitlosich, Gal., I. 337.

Miklósvár, Sbb., I. 565—567, IV. 422.

Mitò, H., I. 25; — bgl., I. 69.

Milan I., Obrenoviè, serb. Fst., IV. 616; — II., Obrenoviè, bgl., IV. 637.

Milèaner, Slavenstamm, I. 387, II. 30, 31.

Miles, fächf. Chronist, I. 24, 25, III. 303.

Miliè v. Kremfier, II. 230, 231.

Milice (Militjch), poln. Schlef., I. 432.

Militärgrenze, I. 355, 364, IV. 399, 422, 423, 490.

Milintinoviè, serb. Gl., IV. 611.

Miltowia, wallach. Bisthum, I. 563.

Miller, Jesuit, III. 635.

Millstadt, K., III. 70, IV. 151, 175.

Millstädter See, K., I. 322.

Milofch, Obrenoviè, serb. Fst., IV. 616, 636, 637.

Milota v. Diediè & Benefchow, I. 664, 666, 671.

Miltenberg im Odenwald, II. 634.

Milzicner, Slavenstamm, I. 385.

Mimigliano, Jstr., I. 352.

Minas, s. Las Minas.

Mincio, Fl., Jt., I. 160, 300, II. 145, 193, 252, 280, 323, 553.

Mincow-Gebirge, U., I. 482.

Mindelheim am Neckar, IV. 52.

Minden, Schl. b. —, IV. 291.

Mineti, Bürger v. Eger, III. 674.

Miniati, ö. Gl., III. 525.

Minkwitz, bayr. Agent, III. 190.

Minorca, span. Insel, IV. 278.

Minoriten-Orden, II. 112.

Minoriten, III. 69, 445.

Minto, Carl, engl. Staatsmann, IV. 634.

Minuzzi, bayr. Gl., IV. 220.

Mirabeau, franz. Staatsm., IV. 522.

Miramare, Schloß b. Triest, IV. 652.

Mirandola, Jt., II. 248, IV. 41, 94.

Miriquibi, s. Fichtelgebirge.

Mirisslò, Sbb., Schl. b. —, III. 352.

Miroslaw, kroat. Großzupan, II. 76.

Mifching, M., I. 106.

Misfuri (Mecn), Bukowina, I. 460.

Miskolcz, U., I. 507, IV. 58, 59.

Misor, die Herren v. —, Schweiz, II. 250, 268.

Mistelbach, N.-Oe., I. 375, III. 54, 529.

Mistopol Joh., Ukraq., III. 205, 273.

Mitchel, engl. Ges., IV. 273.

Mitrowic, Kro., I. 364.

Mitrowic, Christoph, Wratislaw v. — (Mitrowsky), III. 439, 441.

Mittelberg, s. Feljöbanja.

Mitteldorf, M., I. 412.

Mittelszolnot, U., I. 541, 549, 550, III. 281.

Mittelwalde, Schles., I. 389.

Mitterburg (Pisino), Istr., I. 102, 345, 347, 350, 351, II. 271, 426, 547, 552, 559, 621, III. 66, 67, 611, IV. 397.

Mitterfill, I. 318, 320, II. 637, III. 30, 67.

Mitterspill, s. Colmo.

Mittrowsky, Gf., I. 64, vgl. o. Mitrowic.

Mladenowic, bö. Literat, II. 242, 246.

Mladin II., Gf. v. Zara, Ban. v. Kroatien, I. 361; — III., Gf. v. Klissa, (Klis), I. 361, III. 178; — IV., Gf. v. Skardona (Skradin), I. 361, II. 178.

Mladota, bö. Kreishptm., IV. 210.

Mlodzieiowski, poln. Grosskanzler, IV. 343.

Mlynari, slav. Ortsname, III. 103.

Mnisek, s. Einsiedel.

Mnissek, poln. Senator, IV. 342.

Mocco, b. Triest, II. 157, 553.

Modena, Ital., IV. 238, 239, 258, 278, 300, 310, 559, 560, 565, 581, 583, 616, 637; s. Franz III., Marie Luise, Herkules v. Este, Ezh. Ferdinand Karl Anton, Francesco, Leopold & Maria Beatrix.

Modern (Modor, Modra), U., I. 475, 476, III. 353.

Modestus, taraut. Wanderbischof, I. 268.

Moblisch, N.-O.

Modor, s. Modern.

Modra, s. Modern.

Modrusch, Kro., I. 363, 496, II. 94, 215; — Hans v. —, II. 277; s. Frangepani, Herrn v.

Modrusch-Peglia (Frangepani), s. Elisabeth.

Mödling (Medelik), N.-Oe., I. 372, 373, 619.

Möhner, Reginbold, Vened., III. 543.

Möll, Fl., K., I. 316, 321.

Möllendorf, preuss. Gl., IV. 360, 569.

Möllthal, K., I. 167, 328, 341.

Möotis (Asow'sches Meer), II. 52.

Mörsburger, tirol. Abel, II. 381.

Mösien (Serb.-Bulg.), I. 162, 175, 222, 225, 238, II. 62, 65.

Möttling (Metlik), I. 338—343, 345, II. 194, 586, 587, 621, III. 21, 310, 333, 392, IV. 397.

Mogentianae b. Keszthely, U., I. 172.

Mogila, Jeremias, III. 307.

Mogoria am Kaspi-See, II. 57.

Mogorovizi, s. Muric.

Mogyla (Claratumba) Kl. b. Kratau, I. 446, 447.

Mogyoród b. Pesth, U., I. 503, Schl. b. —, II. 72.

Mohács (Altinum), U., I. 173, III. 308, 678; Schl. b. —, I. 562, II. 651, 656, 657, III. 160, 184, 185, 218, 235, 309, 668.

Mohács-Sziget (Mohácser Insel), I. 496.

Mohamed II., türk. Sultan, II. 368, 371, 438; — IV., dgl., II. 653, 656.

Mohamedaner i. U., III. 149.

Mohi, Puszta, Haide, U., I. 507, II. 94; Schl. b. —, I. 507, II. 94.

Mohr v. Sonneg, Tiroler, IV. 47.

Mohr v. Waldt, ö. Obst., III. 486, 498, 501.

Mohra, Fl., Schles., I. 414, 424.

Mohylew, Russland, IV. 367.

Mojmir, Mährerfürst, I. 280, 281, 478; — II. dgl., I. 287.

Motranowski, poln. Gl., IV. 341.

Motrin, U., I. 548.

Molanus, prot. Abt i. Lotum, III. 637.

Molart, Mollart, Gebrüder —, ö. f. Räthe, III. 360, 374; — Joh. v. —, III. 386, 397, 461.

Moldau (Moldawa), Land, I. 304, 413, 459—463, 551, 570, 577, II. 62, 179, 206, 207, 281, 564, III. 117, 198, 219, 304—307, 351, 388, 559, 585, 586, 604, 654, 671, 679, IV. 116—119, 142, 339, 346, 348, 350, 365, 366, 529, 531, 532, 625, 637; s. Aaron, Alexander, Bogdanovic Stephan, Constantin, Giurgi Stephan, Peter d. „Lahme", Rares, Stephan.

Moldau, Fl. i. Bö., I. 381, 390, 399 u. ff., 404, IV. 461.

Moldau-Bukowina, I. 457.
Moldauer Zupe, Bö., I. 401; Kreis, Bö., IV. 409, 410.
Moldautein, Bö., I. 400.
Moldawa, Fl. i. Bukowina, I. 459 bis 461
Moles, Hz. v. —, span. Grande, IV. 75, 86, 91.
Molin, vener. Mil., II. 156; — venet. Botsch., III. 565, 566.
Mollwitz, Schles., Schl. b., IV. 195.
Mommsen, H., I. 74.
Monaster, Cermow, ruthen. Ansiedlung, I. 457.
Monate. vorm. Römerort, St., I. 168.
Monbjee, O.-De. (Maninsee, Kloster), I. 265, III. 69, 70, 74; Abt v. —, s. Heinrich.
Mond-See, s. Höob.
„Mondwald" b. Ptolomaeus; Man-hartsgebirge? I. 374.
Monfalcone (ad undecimum lapidem, Neumarktl) Gz., I. 174, 344, II. 282, 541, 551, 553, III. 66, IV. 598.
Mongolen, I. 453, 501, 507, 509, 511, 513, 514, 516, 525, 532, 533, 536, 559, 560, 627, 628, II. 43, 44, 93, 94, III. 115, 121, 139, 147, 153; s. Timur.
Monino, ö. Mil., III. 231.
Monostor, Sbb., I. 543, III. 668.
Mons, Frkr., IV. 88.
Mons aureus (Goldberg), U., I. 173.
Mons Cetius (Kahlenberg), I. 165, 166.
Mons Ocra, Kr., I. 174.
Mons refugii (Schauberg), U., I. 514, 525.
Monse, v. H., I. 46, 47.
Monjetice, Oberit., II. 552.
Montafun, B.-A., I. 312, II. 251, III. 26, IV. 600.
Montagna, ital. Arzt, III. 158.
Montagna, Canal de la —, Dal., I. 355.
Montague, s. Worthley-Montague.
Montani, ab. Geschl., T., II. 254.
Montazet, frz. Dipl., IV. 293.
Montbuisson, Aebtissin v. —, s. Louise Hollandine.
Monte Albano, bö. Landstand, IV. 417.
Monte Balbo, T., I. 304.
Montebello, Schloß b. Mailand, IV. 573.

Monte-Brandono, (Marchina), Jakob de, II. 305.
Montecassino, It., I. 6.
Montecavo, Kastell b. Trien, II. 426.
Montecuculi, Ernst, Gf. v. — III. 413, 487; — Raimund, Gf. v. —, III. 487, 533, 565, 567, 569, 571, 572, 577—580, 588—593, 607, 631, 639, 640, 654, IV. 56, 57, 194.
Montelongo, Gregor v. —, Patr. v. Aquileja, I. 649, 650, 657.
Montenegro (Czernagora), I. 277, 356, 358, III. 147, IV. 530, 592, 648; s. auch Danilo.
Monte Roja, Gebirge, II. 521.
Montesanto, Gf. v. —, s. Villajor.
Montespan, Geliebte Ludwig's XIV., III. 641.
Montesquien, IV. 545.
Montferrat, III. 171, 471, IV. 80; Grafen von —, I. 606.
Montfort, I. 240, 315, II. 189, 250, 251, 267, 381, III. 55; s. auch Elisabeth, Hugo, Rudolph, Wilhelm.
Montgelas, bay. Min., IV. 599.
Montijo, Gf. v. —, span. Ges., IV. 211.
Montluc, Juan, B. v. Valence, III. 283.
Mont-Martre, b. Paris, III. 252.
Montona, It., I. 237, 350, II. 159, III. 32.
Montpellier, Frkr., II. 162, 164.
Montpreis, St., I. 335, II. 144.
Monyokerök, s. Ellerbach.
Monzambano Severinus a. — (Pseudon. f. Pufendorf), III. 646.
Monzona, Gf., Vertreter Modena's, IV. 238.
Moosbach, Bay., I. 384; Pfalzgraf v. —, s. Otto.
Moosbrunner, II. 224.
Moosburg, K., I. 287, 324, 657.
Moosburg, b. Szalavár, U., I. 281.
Moraczky, s. Morawsky.
Morava, serb. Fl., I. 276, 543, II. 370, III. 673, IV. 119, 120, 141.
Morawez, H., I. 47.
Morawsky (Moraczky), III. 318.
Mordaunt, Charles, Carl v. Peter-borough, IV. 83, 86, 89, 112.
Mordtmann, ö. Botsch. III. 505.
Moré, Thomas. ung. Parteiführer, III. 186.
Morea, III. 172, IV. 112, 119, 529.

Moreau, frz. Gl., IV. 571, 572, 579 bis 581, 608.
Morgarten, Schweiz, Schl. b. —, II. 120, 121, 190, 191.
Mori, T., II. 552, 555, IV. 398.
Morigliano, Friaul., II. 542.
Moriz v. Sachsen, III. 176, 203, 207 bis 214, 224, IV. 87, 209, 217, 219, 234—237, 259; — v. Nassau, IV. 226, 237.
Morizeno, Paolo, venet. Dipl., II. 396.
Morlacca, Canal bi —, Dalm., I. 355.
Morlaken, III. 394, 612.
Morlakkia, II. 65.
Morlin, bö. Landstand, IV. 417.
Moro, Ludovico, s. Sforza.
Morone, päpstl. Legat, III. 258.
Morosini, Katharina, II. 92; — Roberto, II. 282; — venet. Botsch., III. 617, 621.
Morovič, U., III. 688.
Morters, T., I. 310.
Morzinai Katharina, II. 334.
Morzin, k. Felboberst, III. 501.
Moser, H., III. 581; — Bürgermeister v. Wien, III. 419; — Friedrich Karl v. —, IV. 328; — Joh. Jakob v. —, IV. 328.
Moštau, II. 573, IV. 367, 603.
Moslavaner-Gebirge, s. Garičberge.
Mosony (Wieselburg), U., I. 475.
Mossorgebirge, Dalm., I. 355.
„Motzen"(Berg-Walachen), siebb.Volksstamm, I. 557.
Moys, Preußen, Schl. b. —, IV. 286.
Moysin, U., I. 538.
Mozart, W. A., IV. 471.
Mrakesch (Merari, Mrari), v. Nastau, ö. Agent, III. 181.
Mržnica, Nebenfluß d. Kulpa, I. 364.
Mstaw, Kloster i. Gal., I. 446.
Mstislaw, Großfürst v. Nowgorod, II. 90.
Muchar, v. H., I. 73.
Müglitz, M., I. 105, IV. 360.
Mühlbach, T., 305, 306, 317, III. 67; — Ebb., I. 564, 572, 573, 574, III. 157, 219, 220, 586, 680; (Pfarrer v. —) s. Zabanius.
Mühlberg, Schl. b. — (1547), III. 209—211, IV. 382.
Mühldorf, Bay., I. 170, II. 111, 636.
Mühlenbach, U., I. 517, 526, 565; Ebb., III. 227, 228, 281, III. 668, IV. 423.

Mühlhausen, Sachsen, III. 360, 428, 469.
Mühlhausen, Gerlach v. —, III. 106.
Mühlheim, II. 440.
Mühlviertel, O.-Oe., I. 367, 376, III. 29, 61, 316, 450, IV. 396.
Müllinenwiese, V. A., I. 314.
Müllenhoff, H., I. 231.
Müller, siebenb. H., I. 69; — Joh. v., Historiker, IV. 43, 568, 584; — v. Lindau, Spekulant, III. 568; — P. Philipp, Jes., III. 569; — Kartograph, IV. 451; — Adam (Ritter v. Ritterdorf), ö. Staatsbeamte und Publizist, IV. 619.
München, Bay., II. 114, 115, 138 bis 140, II. 318, III. 29, 190, 333, 366, 389, 420, 472, 532, 533, IV. 48, 51, 78, 79, 173, 201, 204, 211, 213, 217, 220, 229, 317, 357, 505.
Münchengrätz, Bö., I. 396, III. 91, 437, 462, 626.
Münchhausen v. —, hannov. Dipl., IV. 328.
Münnich, ö. Dipl., IV. 87, 130, 197, 198.
Münnichschlag, Bö., I. 399.
Münster, Westph., III. 522, 525, 526, 530, 531, 533—535, 537 IV. 81, 364; (Bisch. v. —) s. Anton, Ehz.
Münster, Gf., engl. Bevollmächtigter & hannov. Min., IV. 611, 632.
Münsterberg, schles. Fürstenthum, I. 427, 428, 436, 438, II. 415, 478, 482, III. 86, 511, 537, 553, IV. 190; Fürsten v. —, s. Podto, Karl & Weichard.
Münster i. St. Gregorithal, V.-Oe. III. 537.
Münsterlingen, Kloster, II. 263.
Münsterthal, Schweiz, II. 251, 268, 527, 529—531.
Münzer, Thom., Wiedertäufer, II. 633, 634.
Müran, mähr. Herrschaft, I. 422.
Mürz (Muoriza), Fl., St., I. 328, 330.
Mürzthal, St., I. 328, 329, 333, 334, 336, II. 431, III. 66.
Mürz- & Ennsthal-Viertel, St., IV. 396.
Mürzzuschlag, I. 330, II. 588, 600, III. 23, 57.
Muggia (Mugla), Jst., I. 237, 349, 350, 363, II. 159, 426, 553.

Muglen, Heinrich v. —, Dichter u. Chronist, II. 57, III. 157.

Mumelter v. Sebenthal, H., I. 41, 469.

Muncimir, kro. Großzupan, II. 76.

Munderkingen, schwäb. Kr., IV. 398.

Mundi, m. Fabrikant, IV. 492.

Mundzuk, Hunnenführer, I. 226.

Mundt, Dr., engl. Agent, III. 260, 261.

Munkács (Festung u. Städtchen, ruth. Fürstenth.), U., I. 464, 505, 535, 536, II. 304, 346, III. 236, 454, 527, 612, 613, 651, 662, 667, 670, IV. 33, 35, 39, 56, 254, 423, 610, 624; — Bisch. v. —, f. Habrmarsky Kamelis, Olsavsky Manuel, Petrovič.

Muoriza, f. Mürz.

Muorizafimundi, f. Bruck a. Mur.

Muotarn, f. Mautern.

Mur, Fl., I. 92—94, 168, 266, 318, 328—331, 333—335, 495, 587, 588, 640, II. 10, 11, 15, 140, 355, 431, 455, 463, 467, 638, III. 30.

Mur, Viertel zwischen —, & Drau, St., IV. 396.

Murach, i. d. Oberpfalz, I. 384.

Murad I., Sultan, II. 181, 206, 278, 316, 340, 346; — V., dgl., IV. 637.

Muratöz, f. Murinsel.

Murány, Schloß, U., I. 508, III. 604, 613.

Murat, Joachim, Kg. v. Neapel-Sicilien, IV. 559, 585, 611, 612.

Muratori, H., I. 34, 39.

Murau, (Immurium? richtiger vielleicht Tarnasicum), St., I. 168, 336, 638, II. 431, 466—468, III. 57, 64, 78, 245.

Murbach, Stift b. Muri, Schweiz, I. 656, II. 116, 117.

Murboden, III. 66.

Mureck, St., I. 168.

Murcola? b. Leibnitz, St., I. 169.

Muri, Kloster i. d. Schweiz, I. 654, II. 116.

Murič (Mogoroviži, Murithi), kro. Grafen-Gesch., I. 360.

Murinsel (Muratöz), I. 331, 362, 363, 495, II. 76, III. 606, 656.

Murithi, f. Murič.

Murray, Gf. v. —, IV. 535.

Mursa. I. 173, 183, 200, 363; f. auch Essegg.

Mursella (Lovas-Patona), U., I. 172.

Murten, Schweiz, II. 121.

Murteza türk. Pascha, III. 465.

Murthal, St., I. 328, 330, 332, 334.

Muschau, M., I. 192, 411.

Muschler, III. 269.

Mustata, Joh., Bisch. v. Krakau, I. 446.

Mußyna, U., I. 529.

Mustafa Bey, III. 585; — Pascha, III. 661, 662, IV. 118, 119; — IV., IV. 550.

Mutenum (Bruck a. d. Leitha?), I. 171.

Mutina, Thomas v. — (Modena), Künstler i. Bö., III. 107.

Muttendorf, St., I. 194.

Muttersdorf, Bö., I. 391.

Muzzana, Friaul., II. 554.

Myrcea, Ban v. Zeurin, II. 179, 206—208.

Myselburg (Wieselburg), U., I. 600; f. Wieselburg.

Mysien, III. 676.

N.

Načerad, bö. Adel, II. 37.

Nachod, Bö., I. 389, II. 43, IV. 275; — Fam., III. 99.

Nadányi, H., I. 24; — Hajduten-oberst, III. 385.

Nádasd, U., I. 493.

Nádasdy, Adelsgesch., I. 24, 480, IV. 633. — Thomas, II. 654; — Franz, III. 560, 594, 601, 603 bis 608, 611—616; — Elisabeth, III. 385; — Thom., III. 185, 226 bis 228, 237, 239; — Leop., Gf., IV. 252.

Nadler, Ofner Bürger, II. 337.

Näfels, Schw., Schl. b. —, II. 192, 250.

Naglubcicich, f. Leobschütz.

Nago, I., II. 550, 555.

Nagy, H., I. 68; — Hajdutenobst., III. 383, 384; — Krz., III. 604, 613; — Andr., III. 618; — Paul, IV. 255.

Nagy, Alitja, Gferey v.—, siebb. Chronist, III. 676.

Nagybánya (Asszonypatal, Frauen-bach, rivulus dominarum), U., I.

540, 550, 560, III. 161, 278, 589, 650, IV. 38.

Nagy-Berezna, U., I. 535.

Nagy-Enyed (Bruela), Sbb., I. 175, 188, 555, IV. 427.

Nagyfalu (Apafalva), I. 558.

Nagyfalvy, V. v. Syrmien, III. 513.

Nagy-Hárfany, U. Schl. b. —, III. 668.

Nagy-Kálló, U., I. 540, III. 421, 587, 602, 650.

Nagy-Károly, U., I. 540, III. 421, 587, IV. 107.

Nagy-Kikinda (Echechiba), U., I. 547.

Nagy-Lak, U., I. 549.

Nagylucfa, U., III. 626.

Nagy-Mánya, U., IV. 308.

Nagy-Mihály, U., III. 156.

Nagy-Olaszi, U., I. 483.

Nagy-Röcze (Rewucze, Rauschenbach), U., I. 508.

Nagy-Szász, s. Arbó.

Nagy-Szeben, s. Hermannstadt.

Nagy-Szöllös, U., I. 536.

Nagy-Szombat, s. Tyrnau.

Namara (b. Melk), N.-Oe., I 169.

Namiest, M., III. 442.

Namslau, Schl., I. 434, III. 93

Namur, Ndl., II. 500, IV. 236, 523, 536.

Nánás, Hajdutenstadt, U., I. 540.

Nani, ven. Ges., IV. 456.

Nantelreuter, s. Antelreuter.

Nanker, V. v. Breslau, II. 162.

Napajedl (Napagedl), M., I. 106, 417, 422.

Napoca (Kolos-vár, Klausenburg), Sbb., I. 175, 176, 183, 185, 557; s. auch Klausenburg.

Napoleon I., frz. Kf., IV. 559, 560, 571—574, 578, 580, 582—587, 590—600, 602—613, 618, 626; — II., IV. 609, 625, 626; — III., IV. 626, 636, 648—650, 655, 656.

Napragy, Eb. v. Kalocsa, III. 397.

Narbonne, Frkr., II 317.

Narenta, Fl. & Thal i. Dal., I. 117, 277, 353, 355, 357, II. 80, 204.

Narentauer, I. 277, 357, 360, II. 76, 77, 283.

Narister, germ. Volksst., I. 246.

Narn, Fl. i. S.-Oe., I. 367.

Naro, Julia de —, III. 615.

Narona, ill. röm. Vorort, Dalm., I. 162, 184, 188, 200.

„Narrenburg", s. Pecsko.

Narringer, stm. Adelsgeschl., II. 431, 433, 434.

Narses, byz. Feldh. u. Exarch, I. 236, 237, 239.

Nas, Joh., tir. Bischof, III. 322.

Nasaden, Nasabisten, ung. Flotillensoldaten, III. 310.

Naseblovic, M., IV. 586.

Naso, Prager Theol., II. 242.

Naskau, s. Mratesch.

Nassau, III. 511, IV. 622, 636; s. auch Adolph, Heinrich, Ludwig, Philipp.

Nassau-Diez, s. Moriz.

Nassenreith, T., II. 592.

Nassfeld, K., I. 318.

Nassöd, Sbb., I. 577.

Najuh, Großvezier, III. 384.

Natali, Hieron. —, Jes., III. 328.

Natiso, Natisone, Fl. i. Öz., I. 90, 160, II. 142.

Natternbach, O.-Oe., III. 447.

Natzmer, pr. Gl., III. 665.

Nauclerus (Vergen.), Chron., I. 5.

Nauders, T., II. 68, 533.

Nauendorfi, ö. Gl., IV. 340.

Naumburg, Conv. z. —, III. 256.

Nauportus. s. Alt-Laibach.

Navagero, ven. Botsch., II. 263.

Navarra, II. 522, 524, III. 574.

Naym, s. Pordenone.

Nayssé, IV. 249.

Neapel, Kt., I. 161, II. 8, 172, 173, 175—177, 200, 204, 208, 217, 238, 324, 356, 508, 509, 511—513, 522, 524, 560, 616, III. 169, 194, 574, 621, 634, IV. 12, 20, 41—43, 81, 84, 86, 87, 94, 100, 110, 115, 128, 133, 134, 141, 146, 159, 221, 225, 226, 236, 257, 267, 278, 289, 315, 325, 326, 559, 578, 611, 612, 616, 623; s. auch Beatrix, Ferdinand, Franz, Joachim Murat, Johanna, Joseph Bonaparte, Ladislaus, Robert.

Neapolitaner, Kriegsknechte, II. 531.

Nebi, Alamanensst., I. 257.

Nebojsa, Pet., ung. Magnat, II. 340.

Nece, Magyarenstamm, II. 53.

Neckar, IV. 52, 134.

Nedek (Dunajec), U., I. 523.

Negau, St., I. 194, II. 181.

Negomir, K., I. 324, III. 39.

Nehre, U., I. 518, 519.

Neideck, Gg. v. —, B. v. Trient, II. 582, 607.

Neidhard (Mitarb.), Jesuit, III. 564.

Neidperg, f. Nidberg.

Neidstein i. d. Oberpfalz, I. 383.

Neipperg (Neuberg). Albr. v. --, II. 274; — Hanns —, II. 326, 354, 357; — Ef. v. —, Cℓ., IV. 143, 160, 193, 194, 202, 207—209, 221, 274, 281 — 283, 297; — Wilhelmine, Ejin. v. —, IV. 245.

Neiring (Nirina), Fl. i. Kr., I. 334, 339, 340.

Neisse, Schles. I. 387, 389, II. 451, III. 341, 443, IV. 190, 194, 195, 207, 208, 289, 337, 340, 341, 344, 410, 420.

Neklan, Přemyslide, II. 29.

Nelepič, Ef. v. Knin, II. 177.

Nellenburg, Cisch., II. 189, 475, 621, III. 508, IV. 136, 398, 586; — Burkhard v. —, I. 602; — Eberhard v. —, I. 603.

Nellingen, J. A. v. Widmanstet a. —, III. 264.

Nemanjaden, serb. Dyn., II. 68, 76, 183.

Nenechi, f. Nimptsch.

Nemecka-Lipče, f. Deutsch-Lipče.

Nemeschow, f. Klarer-Paß.

Németfalu, U., I. 531.

Német-Gyula, U., I. 541.

Németh, Blasius, Hajd.-Obst., III. 355.

Németi, f. Querali.

Németi, f. Szatmár-Nem.

Német-Lipče, f. Deutsch-Lipče, -Pécsvár, I. 497, -Ujvár, U., I. 494, II. 401.

Nenadovič, Paul, Serbe, IV. 256; — Aler. —, IV. 522.

Nennlingen (Franken), IV. 584.

Nenu, Ef. --, niederl. Staatsm., IV. 534.

Neográd (Nowy-Grad), U., I. 489, 506, 508, III. 126, 308, 465, 593, 596.

Neplacho, bö. H., III. 106.

Nepomuk, f. Johann.

Nepos, Jul., röm. Kj., I. 201, 228.

Nera, Fl. i. U., I. 547, III. 684; — i. Jt., IV. 225.

Nereznice-Aljó, I. 539.

Nero, röm. Kj., II. 134, III. 16.

Nescharta-Lužnic, Nebenfl. d. Moldau, Bö., I. 389.

Nesle, f. Blondel.

Nesselrode, russ. Dipl., IV. 607, 611.

Nesselwang, Bay., I. 164.

Nešmély, U., II. 316.

Nestor, russ. Chroniſt, I. 213, 453, II. 59.

Netad, Fl., Pann. o. Dacien?, I. 226.

Netolic, Schl. b., Bö., III. 419, 461.

Neu, Oberſt. IV. 489; — Balth., Anhalt. Dipl., II. 416.

„Neu-Grube“, f. Uj-Bánya.

Neuberg, Kr., II. 271.

Neu-Biſtritz, Bö., I. 399.

Neuburg a. Inn, II. 536; — i. Breisgau, III. 521, 532, 538; — Pfalzgiſch., III. 568, 571, IV. 357, 396; f. auch Philipp, Wilhelm, Wolfgang.

Neuburg, f. Klosterneuburg.

Neuburg-Formbach, Ef. v. —, I. 336, 594, 602.

Neu-Castilien, IV. 83.

Neuching, Bö., I. 269.

Neudeck, Bö., I. 393; — M., I. 192; -- Sachſ., I. 368.

Neudörfel, Gal., I. 448; — N.-De, I. 171.

Neudorf (Crumerum), U., I. 172.

„Neudorf“, f. Jglő.

Neuenburg, Fürſtenth., IV. 269.

Neuenburg-Falkenstein, bayr.-ö. Abelsgeschl., I. 295.

Neuschateau, frz. Votſch., IV. 578.

Neufeld, Schulmeister z. —; G. Steinhauer, III. 317.

Neugaren (nogait. Tartaren), II. 95.

Neugart, Trudpert, H., I. 58.

Neugeboren, H., I. 68.

Neugedein, Bö., I. 385.

Neuhäusel, U., I. 478, 480, III. 454, 465, 587, 592—594, 596, 662, IV. 99.

Neuhäusl, M., I. 410.

Neuhaus, Bö., I. 383, 399, IV. 33, 209; — Herren v. —, I. 399, II. 45, 219, III. 364; — Meinhard v. --, II. 295, 299, 300, 313, 315, 347—350; — Prokop v. —, II. 448; — Heinrich v. —, II. 449; — Joh. v. —, II. 554; — Adam v. —, III. 180; — d. Abt v. --, II. 437.

Neuhaus, O.-Stm., II. 12; — N.-De, IV. 459.

Neu-Jllyrien, f. Jllyrien, Neu-.

Neukirch, Jes., Rector, III. 342.

Neukirch, Deutsch-, f. Deutsch-Neukirch.

Neumann, Mil., III. 500.

Neumart, II. 205, 210; f. auch Joh. v. Görlitz.

Neumarkt, Bö., I. 381, 382, III. 484; — Gal., I. 443, 446, 447, 448, 451, 482, IV. 343; — Schlj., I. 432, II. 44, III. 93, IV. 420; — Sbb., III. 233, 240; — St., I. 323, 336, 624, II. 355, 467, 666, III. 66, 316, 344; — T., III. 68.

Neumarktl, j. Monfalcone.

Nennkirchen, N.-Oe, I. 166, II. 224, IV. 504.

Neuperg, j. Reipperg.

Neureisch, M., I. 413.

Neusandecz, Gal., II. 208.

Neusatz, U., I. 543, IV. 255, 550.

Neu-Seblec, j. Austerlitz.

Neusiedel, U., IV. 596.

Neusiedlersee (Fertó), I. 91, 107, 474, 491, 492, II. 225.

Neusohl (Besztercebánya, Banska-Bystrica), U., I. 484, III. 156, 157, 160, 161, 236, 306, 423, 458, 605, 612, 650.

Neuß a. Rhein, II. 439, 440.

Neustadl, U., I. 480.

Neustadt, Pfalz, I. 384; — Bö., III. 478; — Schlej., III. 443.

Neustadt-Mährisch, II. 420, 429, 449.

Neustadt, Wiener, j. Wiener-Neustadt.

Neustadtl (Rudolphswerth), Kr., I. 339; — M., I. 389.

Neustift, M., I. 397; — T., I. 307.

Neusziget, U., III. 239.

Neutitschein, M., I. 405, 407, 415, 416, 422, III. 541, IV. 214.

Neutra, U., Kl. (Nitra), I. 108, 477 bis 479; — Stadt, I. 109, 280, 475, 477—479, II. 457, III. 126, 133, 153, 157, 235, 373, 513, 593, 602, IV. 69, 388; — R. v. —, j. Forgach, Kollonich, Radojchina, Telegdy, Thurzo, Wiching.

Neu-Wardein, I. 541.

Nevers, Hzgin. v. —, III. 459.

Neviodunum (Gurkfeld?), I. 173, 182, 186.

Newa, Kl. i. Rußl., IV. 367.

Newcastle-Fitt, IV. 285.

Nezampil, Premyslide, II. 29.

Nicolaiten, Sekte, II. 445.

Nicolaus, j. Nikolaus.

Nidau, Schw., II. 192; — Gfen. v. —, II. 130.

Nidberg (Neidperg), B. A., II. 252, 267.

Nidwalden, Schw., II. 113, 118, 119, 523, 529; j. auch Unterwalden.

Niederdorf, j. Leobschütz.

Niedergrund, Bö., I. 404.

Niederlande (Generalstaaten, Holland), I. 604, II. 162, 461, 476, 501, 503, 504, 510, 512, 528, 557, 558, 578, 603, 619, 620, III. 169, 211, 214, 271, 285, 294, 312, 327, 357, 390, 492, 530, 573, 574, 653, IV. 43, 44, 51, 82, 83, 86, 88, 90—93, 110, 111, 135, 159, 172, 173, 180, 181, 200, 201, 230, 233, 234, 236, 239, 245, 257 bis 259, 262, 281, 290, 305, 325, 560, 611, 612; — österr., IV. 9, 12, 14, 20, 94, 95, 111, 127, 128, 131, 199, 233, 234, 278, 289, 359, 374, 392, 449, 480, 485, 487, 521, 523, 530, 531, 533—537, 552, 553, 568—570, 572, 590, 657.

Niederlausitz, III. 183; j. auch Lausitz.

Nieder-Pölla, Oe., III. 428.

Niederrhein, I. 575, II. 584.

Niedersachsen, I. 574, 575, 584, III. 404.

Niederschönfeld, Bay., IV. 230.

Niemes, Bö., I. 395, 396.

Niemierow, Pol., IV. 142.

Nienport, Nbld., IV. 234, 278.

Niger, Mathem., III. 158.

Nigrelli, ö. Gl., III. 678, IV. 38, 56, 57.

Nigrinus, Schriftst., IV. 46.

Nikelsdorf, j. Sz. Miklós.

Nikephoros, byz. Kj., I. 273, II. 273.

Niklas, j. Nikolaus.

Nikobaren, Ins., IV. 464.

Nikolaus, Päpste: III., I. 669; — IV., III. 115; — V., II. 327, 356, 393, III. 315; — Kj. v. Rußland: I., IV. 615, 624—626, 633, 647, 648; — außereh. Sohn K. Ottokar's II., I. 425, 426, 644, II. 2, 47, 48, Hz. v. Troppau; — II., I. 426, 427; — III., I. 427; — nat. Sohn K. Joh's. v. Luxemb., Patr. v. Aquileja, II. 144; Palat. v. U., II. 91; — v. Straßburg (Gänsli), II. 228; — v. Wlasinec, II. 445.

Nikolsburg, M., I. 105, 421, II. 254, III. 245, 441, 442, 454, 455, 528, IV. 655, 656.

Nikomedien, Kleinai., IV. 33, 96.

Nikopolis, Bulgar., II. 208, 213, 276, 341.

Nimburg, Bö., I. 395, II. 103; s. auch Nymburg.

Ninerius, Mathem., III. 158.

Nimptsch (Nemechiá, Schles., I. 431; — Gf. —, IV. 127.

Niš, s. Nissa.

Nišaner, slav. Volksst., I. 387.

Nisiocty, Stanisl., Pole, III. 233, 278.

Nissa (Niš), Serb., II. 340, III. 674, 676, 677. IV. 118, 142.

Nissawa, Fl. i. Serb., III. 674.

Nitardi, s. Neidhard.

Nithart, Höfischer Sänger, III. 71.

Nitra, s. Neutra.

Nivernois. Barbon-Mancini-Mazarin, Hz. v. —, frz. Btsch. in Berlin, IV. 269.

Nizankowice (Szerczecz), Gal., IV. 490.

Nizza, It., III. 176, IV. 236, 645.

Noailles, frz. Gf., IV. 133, 221, 222, 611.

Noce (Rosbach), T., I. 94, 300.

Nördlingen, Schl. b. — (1634), III. 404.

Nösen & Rösnergau, Sbb., I. 110, 559, 560, 561, 573, 577, II. 416; s. auch Bistritz.

Nogaredo, T., I. 303, IV. 398.

Nogarola, ö. Botsch., III. 195, 198.

Noja-Carassa, Hz. v. —, IV. 43, 133.

Nollendorf, Bö., I. 387, IV. 608.

Nomi, T., IV. 398.

Nona (Nin), Dal., I. 359, 361, II. 78, III. 144, 146, 178, 281.

Nonsberg, T., I. 300, II. 253, 256, 643, 645, 647, III. 263.

Noot, van der —, niederl. Republikaner, IV. 535, 536.

Nordbund (1866), IV. 636.

Nordgau, altbayr., I. 382, 392, 584; — babenberg., I. 383, II. 32; — i. Ostfranken, II. 166.

Nordmark, karoling. I. 382.

Nordsee, III. 467, 468.

„Nordwald" (Böhmerwald), I. 375, 381, III. 61.

Noreja, I. 167, 183, 184, 198, 323.

Noricum. I. 163, 165, 166, 178, 182, 221, 211; — ripense, I. 165, 166, 169, 170, 179, 181, 184, 189,
227 229, 233, 240, 369, 590; — mediterran., I. 165, 170, 184, 227, 316, 373.

Norithal, T., I. 305, 306, II. 394.

Normannen, II. 78, 79.

Norjaver (Sachsen?), I. 236.

Rosbach, s. Noce.

Nositz, bö. Adelsgeschl., Joh. Hartw., III. 554, 632, 646; — Otto, III. 511, 512; — ö. Gf., IV. 608.

Rosyblo, Wenzel, bö. Chronist, III. 440.

Novä i. Unt.-Pannon., I. 229.

Novara, Jt., IV. 134, 135; — Schl. b. —, IV. 642, 645; — Bartolom. v. —, II. 314.

Novi, Bosn., I. 364, III. 309, 394, 688, IV. 120, 532.

Novibazar, Serb., III. 676.

Novigrad, Dalm., II. 203, 204, 215, III. 126.

Noviodunum (Karlstadt?), I. 173.

Nowawes, s. Iglö.

Nowy Mĕsto, s. Neustadt.

Nowgorod, Rußl., II. 90; s. auch Mstislaw.

Nowobrdo, Dalm., III. 146.

Nowy Zamek, s. Neuhäusel.

Noyes, Frkr., II. 502.

Noyous, Frb. z. —, II. 524.

Nürnberg, Bay., I. 618, 655, 662 bis 664, II. 23, 103, 108, 112, 137, 138, 225, 294, 317, 322, 330, 405, 406, 452, 458, 478, 481, 523, 530, 533, 537, 578, 624, III. 12, 14, 15, 91, 106, 111, 247, 410, 484, IV. 79, 189.

Nugent, Gf., ö. Botsch., IV. 336, 355; — ö. Gl., IV. 597, 605, 606, 611, 612.

Nura, Fl. i. Jt., IV. 641.

Nußdorf b. Wien, II. 391.

Nyagova, Sbb., I. 538.

Nyárn, u. Magn., III. 355, IV. 641.

Nyeresnicze, Sbb., I. 538.

Nyir-Bátor, Sbb., I. 540, III. 226.

Nyitra, s. Neutra.

Nymburg, Bö., I. 403, III. 90, 97, 430, 479; s. auch Nimburg.

Nymphenburg, Bay., IV. 208.

Nymwegen, Geldern, III. 581, 582, 627, 632, 639, 642, 644.

Nystädt, Finnld., Frb. z. —, IV. 126.

Nyulat, u. Mil., IV. 156.

O.

Obbach, St., I. 168, 323, III. 66.

Obelerius, Hz. v. Ben., I. 273.

Oberburg, St., Klost., I. 343, II. 275.

Oberdrauburg, K., II. 621; s. auch Drauburg, Ober-.

Oberehnheim, beu. Reichsstadt, III. 537.

Oberg, hannov. Gf., IV. 298.

Obergeldern, Quartier-, IV. 278.

Oberhalbstein, Schw., II. 249, 532.

Oberhausen, Bay., II. 536.

Oberitalien, s. Italien, Ober-.

Oberleiß, N.-Oe., I. 375.

Obermeyer, kurpfälz. Dipl., IV. 356, 557.

Oberrhein, Städtebund am --, II. 190, 268; — Kreis, II. 584, 647.

Oberstein, Kr., II. 271; s. auch Stein.

Obervatz, Schweiz, II. 249.

Oberwiesenthal, Sachs., I. 386.

Oberwölz, St., III. 335.

Obier, Volksst., I. 220.

Obran, Klost., M., I. 420.

Obrenowic, serb. Fstgeschl., s. Milan, Milosch & Michael —, IV. 636.

Obreskow, russ. Dipl., IV. 299.

Obrowitz (Zabrdowice), M., I. 420.

Obrud (Abrudbanya), s. Abrudbanya.

Obwalden, Schw., II. 116, 118, 119.

Ochsenthal, B. A., I. 312.

Ochtina, s. Achten.

Ocko v. Blaschim, Eb. v. Prag, II. 233.

Ocra, — silva (Birnbaumer Wald), I. 181, 190, 197, 338.

Oczkay, u.Insurgent., IV. 57, 105.

Octavian, P., (Victor IV.), I. 611; -- röm. Kj., I. 155.

Oczakow, Rußld., IV. 529.

Odenwald, II. 634.

Oder (Viadus, Viadrus, Jadua, slav. Obra), Fl., I. 212—214, 414, 423, 425, 429, 431, 432, 445, II. 31, 43, 168, III. 61, 504, IV. 207, 291.

Odilo, bav. Hz., I. 263--265, 267.

Odiva, ostgoth. Gf. i. Dalm., I. 235.

Odoaker (Odovachar, Otaker), Rugierfst., I. 228, 229, 233, 235, II. 63.

O Donell, ö Gf., IV. 295, 297; -- Tyrconel, ö. Min., IV. 604.

Odorin, Zips, I. 526, 527, 529.

Odrau, M., I. 415, 416, 429.

Odrowacz, Andr. —, I. 156.

Oedenaker, Hanns, Wiener Bürger, II. 386.

Oedenburg (Soprony, Scarabantia), U., I. 166, 171, 185, 475, 492, 628, II. 338, 345, 402, 488, 561, III. 141, 149, 157, 184, 185, 194, 232, 236, 421, 560, 587, 609, 627, 642, 645, 649, 650, 661, 670, IV. 29, 388, 458.

Oelhütten, Schlf., I. 423.

Oels, Schlf., I. 432, 436, III. 86, 93, 537, IV. 190; — Hz. v. —, I. 427, II. 318, 422, 478, 482, III. 443.

Oelsler, Dr. Jat., II. 573.

Oelsnitz, Sachs., I. 386.

Oen, Steph., Wiener Bürger, II. 470.

Ör (Nehre), Zips, I. 518.

Oesterreich, Gesammt —, I. 585, 629, 633, 634, 640, 644, 662, 664, 667, 668, II. 3, 4, 6, 23, 34, 40, 42, 49, 51, 53, 82, 102, 108, 126, 131, 133, 140, 154, 169, 171, 192, 212, 217, 219, 224, 249—251, 293, 295, 319, 321, 322, 338, 347, 359, 484, 496, 507, 527, 528, 542, 543, 549, 572, 578, 584, 593, 600, 601, 613, 614, 638, 649, III. 12, 14, 15, 16, 18, 19, 44, 218, 243, 268, 361, 364, 388, 412, 454, 483, 523, 525, 530, 537, 543, 558, 571, 573, 574, 577, 578, 582, 644, 646, 648, 659, 661, 672, 673, 676, 680—682, 686—688, IV. 7, 8, 14, 20, 40, 49, 50, 65, 77, 78, 80, 89, 90, 93, 94, 99, 100, 102, 105, 111, 112, 113, 115, 118—123, 125, 126, 128 bis 133, 139, 141—144, 146, 147, 157, 159, 173, 178, 179, 181, 184, 191, 196, 197, 204, 211, 214, 215, 220--226, 229--236, 238, 239, 242, 243, 257—265, 267, 269, 273, 274, 276—279, 282, 286, 287, 289, 292—296, 298, 300, 301, 329, 336, 337, 338, 341—350, 352, 354, 355, 357—360, 362, 364—366, 368, 374 bis 379, 398, 490, 555, 557, 571, 575, 578; — Nord, II. 9, IV. 571; — Süd, II. 620; — Inner, I. 316, 364, 651, 669, II. 2, 144, 150, 267, 268, 272, 378, 379, 460 bis 464, 481, 488, 545, 546, 548, 552, 554, 555, 586—588, 593, 620 bis 622, III. 30, 59, 60, 66, 261,

308, 309, 325, 332, 337—339, 345,
361, 363, 388, 391, 538, 539, IV.
147, 149—151, 172, 250, 375, 378,
394, 396—398, 401, 402, 450, 452,
479, 455, 501, 506, 517, 572, 595,
632; Land- u. Ländergruppe,
Nieder-, I. 72, 95, 97, 103, 115,
142, 151, 365, 373, 374, 381, 644,
II. 154, 218, 294, 345, 356, 363,
382, 383, 388, 389, 483, 488, 586,
588, 600, 615, 617, 619—521, 623,
625, 637, 649, III. 13, 23, 26, 28,
45, 55, 56, 62, 68, 71, 75, 78,
251, 273, 361, 388, 390, 417, 418,
447, 537, 539, IV. 57, 173, 183,
189, 199, 205, 391, 392, 396, 399,
401, 403, 448, 450, 452, 485, 501,
502, 575, 585, 644; Ober- — I.
72, 97, 100, 101, 142, 292, 365,
368, 651, 664, 665, 669, II. 2.
356, 363, 382, 586, 588, 615, 619,
620, 637, 649, III. 13, 23, 29,
46, 68, 273, 318, 361, 390, 418,
427, 446—448, 451, 497, 527, 528,
534, 535, 537, 539, 543, IV. 45,
51, 79, 123, 147, 150, 203, 209,
211, 392, 396, 398, 399, 401 bis
403, 448, 450, 453, 485, 598;
Vorder- — II. 159, 189, 192,
249, 379, 380, 392, 472, 474, 475,
541, 549, 586, 620, III. 23, 46,
IV. 123, 201, 209, 398, 401, 402,
453, 485; — Italien IV. 258
bis 262, 571, 572, 623.
Oetſcher-Berg, N.-O., I. 370.
Oettingen, Bay., I. 233, III. 78;
Wolfgang Gf. v. — III. 687; N.
Gf. v. — IV. 17, 75; Ernſt Gf.
v. — -Wallerſtein, III. 566, 607,
634.
Oetzthal, T., I. 94, 99, 308, 399; —
— -Stubayer, T., III. 34.
Oeverſee, Tr. bei —, IV. 654.
Oſalu (Altdorf), U., I. 519, II. 280;
ſ. auch Altendorf.
Oſen (Buda, Budavár, Buda-Peſth,
Acincum, Etzelsburg), U., I. 475,
500—503, 640, 641, 643, 644, 652,
II. 57, 60, 95, 105, 106, 175, 178,
181, 203, 213, 227, 269, 277, 281,
296, 305, 313, 333, 337, 339, 340,
367, 368, 373, 375, 376, 399, 409,
416, 451, 453, 482, 483, 487, 488,
505, 564, 613, 652, III. 121, 123,
134, 142, 148, 156, 157, 158, 184,
194, 218, 222, 223, 224, 232, 236,

237, 239, 308, 313, 360, 517, 518,
587, 588, 594, 601, 620, 651, 653,
661, 662, 664, 665, 678, IV. 19,
99, 155, 157, 248, 425, 435, 453,
458, 467, 470, 490, 491, 645; P.
v. — ſ. Stratimirović.
Oſſenbach i. d. Ortenau, III. 538.
Oſſenbánya (Oſſenburg), Sbb., I. 556,
666.
Oſſermann, mähr. Fabr.-Firma, IV.
492.
Oſterdingen, Heinr. v. — ſagenhafter
Minneſänger, III. 71.
Ogara, Fre, Günſtling Franz Stephan's
v. Lothr., IV. 244.
Ogilvy (Oſtleben), ö. Gl., III. 529,
IV. 209, 227.
Oglio, Fl., I. 302, IV. 42.
Ognate (Oñate), Gf., ſp. Geſ., III.
396, 413, 455, 458, 493, 497.
Ogulin, Kro., I. 355, 364, 496, IV.
423.
Ohlau, Schlſ., III. 93, IV. 193, 194.
Oitóz, Paß i. Sbb. I. 565.
Okolicſányi, IV. 59, 60, 61, 97, 102.
Olah (Blach, Blachos, Romäne),
Volksname, II. 66; — Nitl., Primas
v. U., H., I. 11, 23, 50, 545, 548,
549, II. 334, III. 184, 253, 276,
372; — -Patat (ſl. Wlachowo),
U.
Olaſzi, U., I. 513, 533; ſ. auch Lißka-
—, Wallendorf.
Olbersdorf, Schl., I. 425.
Oldenburg, Lit., III. 511, IV. 591.
Oldenburger, Ph. A. —, Lit., I. 16,
III. 621, IV. 457.
Oleśnic, ſ. Oels.
Oleſznicki, poln. Kanzler, II. 334.
Oliva, Frb. z. — (1660), III. 572.
Olivarez, Min., III. 455.
Olivos, Cavallieros de los — IV. 417.
Olkuſz, Gal., I. 447.
Olmütz (Olomutici, Holomouce), M.,
I. 103, 105, 142, 407, 409, 413,
414, 422, 423, 426, 432, II. 34,
43, 44, 284, 383, 401, 415, 420,
448, 453, 454, III. 85, 90, 92, 96,
97, 100, 109, 183, 190, 418, 440
bis 442, 460, 525, 526, 528, 540,
541, 639, 659, IV. 213, 214, 275,
288, 381, 410, 413, 419, 464, 470,
510, 597, 643—645, 647; B. &
Eb. v. — ſ. Bruno, Dietrichſtein,
Dubravius, Leitomiſchl J. v., Paw-
loſki, Protaſius, Rudolph Ehz.,

327, 602, II. 216, 225, 240, 270, 272, 275, 276, 282, III. 53.

Ortenburger, I. 341.

Ortlieb, B. v. Chur, III. 527.

Oscar I., K. v. Schwed. Norw., IV. 616.

Osef, Fam., III. 99; (Riesenburg), Bö., I. 393, s. auch Slawek.

Osen, Volksst., I. 216, 219.

Ossero (Ossero, antiker Name: Apsoros), s. auch Apsoros, Ins., I. 360, 361, II. 33, 77, 144, 178, III. 144.

Osgnau, U., I. 508, III. 355.

Oslawan, M., I. 420.

Osman, s. Amurad Othman.

Osmanen, I. 549, II. 180, 183, 323, III. 146, 309, 312, 350; s. auch Türkei, Türken.

Osnabrück, III. 470, 522, 525, 526, 537, 637.

Osoppo, Friaul, II. 554.

Ossinitz, Kr., III. 340.

Osset b. Liegnitz, Preuß., III. 205.

Ossiach, K. Klost., III. 70; er See, I. 322.

Ossolinski, poln. Dipl., III. 504.

Ossorio, it. Dipl., IV. 224.

Ossuna, Gf., span. Ges., III. 459.

Ostein, Gf., ö. Ges., IV. 141, 196.

Ostende, IV. 127, 234, 278, 461, 493, 522; ostind. Handelscompagnie s. —, IV. 521.

Osterburg, Fam., III. 244.

Osterland, Sachs., I. 386.

Ostermann, Gf. —, russ. Staatsm., IV. 130, 158, 159, 198.

Osterwitz, K., I. 324; — Kr., II. 275, 277.

Ostfranken, I. 279, 657, II. 30, 168, 562; ostfränk. Mark, I. 382, 383.

Ostgothen, I. 224, 226, 227, 233.

Ostheim, Bay., IV. 221.

Ostiglia, It., IV. 48.

Ostindien, IV. 461, 493; ostind. Compagnie, IV. 127—129, 131, 521.

„Ostland" O.-Italiens (Austria Italiae), I. 274, 295, 585; s. auch Friaul. Mark.

Ostmark, I. 274, 288, 289, 296, 372, 375, 584, 590, 592, 593, 600, 601, 605, 610—612, II. 69, III. 9, 26, 53; s. auch Aribo.

Ostoja, bosn. „Kg.", II. 214, 215.

Ostrom, III. 114; s. Byzanz.

Ostro Patata, U., I. 192.

Ostrorog, Mart., III. 301.

Ostrov, Bö., Klost., I. 401; Abt v. —, s. Lambert.

Ostrowizza, Dalm., I. 361, II. 177, 281, III. 309.

Ostsee, III. 467, 472, IV. 90.

Osun, s. Assuin.

Oswald, Hubmeister Albr. V., II. 333.

Oswiecim (Auschwitz), Gal., I. 433, 436, 444, III. 86, IV. 351; s. auch Auschwitz.

Ota, Tochter Theodo's v. Bay., I. 260.

Otakar, s. Ottokar.

Otawa, s. Wottawa.

Otfried, Wanderbischof, I. 258.

Othemochow, s. Ottomachau.

Othman (Osman), s. Amurad.

Otho, röm. Ks., I. 171.

Otočać, s. Ottočać.

Ottendorf, Bay., IV. 79.

Ottenschlag, Bö., I. 399.

Ottensheim, O.-Oe., I. 365, III. 30.

Ottersdorf, Theob. Sirt v. —, Prager Primator, III. 208, 210, 437.

Otto, dtsche. Kaiser: — I., d. Gr., I. 293, 294, 584, 588, 590, III. 9, 39; — II., I. 296, 326, 340, 349, 583, 584, 587; — III., I. 587, II. 30, 66, III. 113; — IV., I. 617, 618, II. 30, 40, 41; — v. Schwaben, Hz. v. Bay., I. 586; — Habsburger, d. „Fröhliche", Sohn K. Albr. I., II. 99, 102, 115, 125 bis 127, 144, 145, 150, 275; — Wittelsbacher, bayr. Fürsten: Pfalzgf., I. 608, 610, II. 84, III. 11; — Hz. v. Bay., Sohn Ludw.'s, I. 383, 623, 627, 635—37, II. 12, 14, 19, 23, 24; — Sohn Heinrich's, Hz. v. Bay., Enkel K. Béla's IV. v. Ungarn, I. 664, 665, II. 106; — Mkgf. v. Brdbg., Sohn K. Ludwig's, I. 384, II. 167, 168; — Hz. v. Bay., II. 483; — Prinz v. Bay. & Kg. v. Griechenland, IV. 616, 637. — v. Brandenburg, „der Lange", I. 666, II. 1, 2, 46; — Hz. v. Braunschweig-Grubenhagen, II. 177. — v. Franken-Lothringen, I. 586, 587, 602; — Görzer, Hz. v. Kä., Sohn Mainhard's II. v. T. K., I. 326, II. 15, 123; — (V.) v. Andechs-Meran, I. 312, 621, 657, III. 26; — v. Meissau, II. 279; I. Pfalzgf. v. Moosbach, Enkel Ruprecht's III., I. 384; — Premisliden, böhm. Hzge. I., Sohn Bretislaw's, Hz. v. Bö., II. 34; II. d. „Schwarze" (Ottf), Brud.

Swatopluk's, II. 37; — Geist=
liche: Kardinallegat i. Dtschld., I.
620; — Sohn Leopold's III.,
Probst v. Klosterneuburg, Geschicht=
schreiber; — v. Sau Blasien, Chro=
nist, I. 611, II. 116; — B. v. Frei=
sing, I. 606, 608, II. 82, III. 70,
150.

Ottobon v. Torcii, Sölbnerf., II. 253.

Ottočač (Ottošač, Gačkathal), kro.,
I. 354, 359, 496, IV. 423.

Ottočauerbezirk, M. G., I. 355, 364.

Ottokar (Otakar), Traungauer: I.
587, 594, 596, 613; — IV. (VI.),
I 602; — V. (VII.), I. 609, 613,
III. 9, 53; — VI. (VIII.), I. 613
bis 615, III. 9, 10, 12, 29, 54.
Böhmenkönige: — I., III. 91;
— II., I. 104, 393, 396, 413, 415,
421, 425, 438, 492, 645, II. 44,
45, III. 19, 27, 28, 31, 43, 57, 90,
92, 95, 105; s. auch Přemysl; —

steierm. Reimchronist, I. 553, 638,
640, 648, 651, 652, 660, 663, 665,
671, II. 2, 4, 7, 8, 10—13, 15,
16, 23, 24, 95, 102, 156, III. 19,
72, 74, 81, 154.

Ottomachau (Othomochow), Schlf., I.
431, IV. 193.

Ottomanische Pforte, s. Türkei.

Ottowalsky v. Streitberg, Grnst —,
fk. O.=L., III. 534.

Oudenarde, Rdlde., Schl. b. —, IV.
86, 234.

Outleben, s. Ogilvy.

Ovár, s. Altenburg, Ung.

Ovilaba. Ovilabis, s. Wels.

Owersperg, s. Auersperg.

Orenstierna, schwed. Kanzl., III. 485,
490, 499, 503, 524, 531, 533.

Orford, Gngld., II. 232, 238, IV. 93.

Ozora, U., II. 280; Fippo Solari v.
—, II. 270, 280, 281.

Ozoray, Gmerich —, III. 236.

P.

Paar, Frh. v. —, Postmeister, IV.
452.

Pace, engl. Botsch., II. 614.

Pachaly, H., I. 48.

Pacher, Mich. —, ö. plast. Künstler,
III. 79.

Pachhelbel, Aler., Bgm. v. Eger, III.
500.

Pack, St., I. 329.

Pack, Dr. Otto, jsä. Rath, III. 175.

Padua, It., II. 141, 145, 146, 149,
252, 327, 517, 550—553, 581, 591,
592, IV. 554; s. Francesco.

Pagano della Torre, Patr. v. Aqui=
leja, II. 110, 143.

Paget, Lord —, engl. Ges., III. 679,
686, 687.

Pago, Inf., II. 74, 178, 215, III.
144.

Pátay, k. Personal, III. 398.

Pats, U., IV. 59.

Palacky, H., I. 62—64, 71, 252, IV.
641, 643.

Paläologen, byz. Dyn., II. 180, 181,
303.

Paläologus, Manuel, II. 303.

Palanka, Bu., I. 460; — (Szegedin),
U., I. 542, s. auch Szegedin.

Paleč, Steph., bö. Theol., II. 232,
233, 242—245.

Pálffy (Pálfi), u. Adelsgeschl., I. 475,

476, III. 151, 672, IV. 606; Nikl. —,
III. 312, 313, IV. 19, 42, 43, 57,
60, 141; Paul —, III. 556, 560,
IV. 116, 146; Thomas —, III.
619, 620, 633; Joh. —, IV. 106,
107, 202, 203, 205, 206, 246, 254;
G. —, IV. 480.

Palizna, Johann, Prior z. Brana,
II. 200, 201, 204, 215.

Palkovič, griech.=un. B., IV. 256.

Pallasch, Serb., IV. 532.

Pallavicini, Sforza, III. 231; —, Adm.,
IV. 143; P. Gf. v. —, IV. 224;
Joh. Gf. v. —, IV. 258.

Pallhausen, H., I. 231.

Palm, Joh. Tav. v. , III. 680,
IV. 145.

Palma, Tirt —, bö. Verleger, III.
363.

Palmannova, O.=It., III. 393, 394.

Palmata b. Palmannova, III. 393.

Palmburg, G. Stobäus v. —, s. Sto=
bäus.

Pallmella, port. Ges., IV. 612.

Palmes, engl. Ges., IV. 130.

Palmerston, engl. Min., IV. 634, 649.

Palmsdorf, U., I. 526.

Palocfa, U., I. 520, 522, 523, 529,
531.

Palóczen, I. 506, II. 59.

Palomar, Basler Concilgej., II. 297, 299.

Palota, U., III. 312.

Paltenthal, St., I. 168, 334, 640, II. 467, 641, III. 61.

Paltram, Stadtrichter i. Wien, I. 665, 667, 669, II. 6; — Pazzo & — v. Holzmartt, Patrizier i. Wien, II. 6.

Panajotti, türk. Dolmetsch., III. 606.

Panaro, Fl. i. It., IV. 224.

Panaß, Pet. Pázmán v. --, j. Pázmán.

Pancjowa, U., I. 544, 548, III. 684, IV. 117.

Pangerl, H., I. 63.

Pangrießer, Grazer Stadtschr., III. 334.

Panin, russ. Staatsszler., IV. 333, 334, 366.

Panisto, ung. Feldhptm., II. 417, 466.

Pantraz b. Prag, Schl. b., II. 291.

Pannonien, I. 162, 165, 167, 170, 178, 181, 182, 184, 189, 210, 221, 235, 241, 287, 585, II. 58, III. 148, Z. 5.

Pantaleon, ö. Botsch., II. 573.

Panziera, Anton (II.) —, Patr. v. Aquil., II. 235, 270.

Pap, Mich., Kuruzzenführer, IV. 38.

Pápa, U., I. 198, II. 214, III. 222, 587.

Pápai, H., I. 26.

Paphos a. Cypern, I. 604.

Papina, U., I. 534.

Papiria. tribus —, 165, 200.

Pappenheim, Gottfr., Gl., III. 430, 450, 451, 481, 484, 486; — böhm. Lbstb., IV. 417.

Pappus, Domherr, Geschschr., III. 501, 502.

Paprocky, H., I. 20.

Paprutowič, Berth. v. Sziget, III. 279.

Paracelsus, Theophrastus —, IV. 465.

Parabeiser, erzh. Oberst i. Stm., III. 342, 343.

Parapinakes, Kg. Michael VII. —, II. 73.

Parathalassia. j. Primorje.

Pardubitz, Bö., I. 153, 396, 403, IV. 215; j. auch Arnest v. —.

Pardus v. Horta, Laboritenführer, II. 297.

Parentucelli, j. Nicolaus V., P. —.

Parenzo (Colonia Julia. Parentium).

Istr., I. 161, 237, 348, 350, 351, II. 159, III. 10, 32, 33.

Paris, Frkr., I. 606, 623, II. 126, 163, 231, 232, 317, 502, III. 151, 395, 472, 624, 640, IV. 86, 89, 115, 130, 135, 223, 265, 299, 511, 581, 582, 592, 603, 609, 610, 612, 613, 617, 625, 647, 649.

Bártány, U., I. 489, 490, III. 660.

Parkstein, Oberpf., I. 383, 384, II. 18, 109.

Parler (Parlier) (Arler), bö. Baumeister, Peter —, III. 107.

Parma, It., II. 521, III. 172, 173, IV. 49, 81, 132, 135, 199, 222, 223, 235, 239, 257, 278, 289, 290, 326, 560, 609, 637; j. auch Elisabeth, Ferdinand, Isabella, Louise, Marie Luise, Philipp.

Parmäkampen, felt. (?) Volksst., I. 216, 374.

Parndorfer Haide, U., I. 191.

Partenkirchen, Bay., IV. 48.

Partistagno, friaul. Geschl., II. 147, III. 393.

Partschins, T., I. 163, 165, 310.

Paschal III., P. —, (Guido v. Crema), I. 611.

Paschek v. Wrat, Joh., Haupt der kath. Partei i. Prag; Primator, II. 651, 652, III. 180, 181, 204.

Pastiewič „Grimansti", russ. Gl., IV. 641, 645.

Passariano b. Udine, IV. 573.

Passaro, Cap, IV. 111.

Passarowitz, Serb., I. 357, 544; Frb. z. --, IV. 119, 122, 136, 139, 140, 142, 154, 421, 493.

Passau (Bojodurum, Batava castra, j. auch dieses), I. 169, 179, 263, 269, 276, 287, 289, 292, 295, 365, 367, 369—371, 375, 382, 584, 586, 589, 590, 599, 601, 627, 634, 641, 616, 647, 664, 665, 669, II. 12, 126, 223, 225, 286, 355, 444, III. 17, 22, 39, 46, 214, 244, 272, 314, 315, 379, 380, 418, 508, 533, 648, 657, IV. 44, 51, 79, 80, 203, 212, 220, 396, 508, 586; B. v. —, j. Altmann, Hohenlohe Georg, Konrad, Lamberg, Leonhard Leopold, Leyming, Peter v. Breslau, Piligrim, Livilo, Wladislaw; Domherr v. — j. Lageno.

Passer, Fl. i. T., I. 262, 309, II. 527.

Passeyer Thal, T., I. 100, 306, 310,

Pásztó, U., I. 535.
Pásztory, IV. 156, 157.
Pasubio, Paß —, I. 300.
Páta, Sbb., IV. 66.
Patačić, Berth. v. Sziget, III. 279.
Patacich, Gf. —, IV. 249.
Patak, U., I. 532, 533, III. 651, 652.
Patarener, Sette, II. 87, 174, 305.
Paternion, K., I. 327, IV. 151.
Pateryk (Heiligenleg.), I. 452.
Patinho, span. Min., IV. 129.
Patschtau, Schlej., I. 438.
Patzinatitoi, s. Petschenegen.
Paul, Päpste: — II. (Pietro Barbo), II. 410—412, 422, 423, 432, 456; — III. (Aler. Farnese), III. 173, 174, 176; — V. (Borghese), III. 254, 255, 357; — Kais. v. Rußld. — I., IV. 560, 580; — Gßfst. v. Rußl., IV. 564.
St. Paul, K., I. 323, 325, 335, III. 70, 77.
Paula v. Gonzaga-Mantua, Gem. Leonhard's, Bfgf. v. Gz., II. 542.
Paulaner, gstl. O., III. 445.
Pauli, de —, bö. Lbstd., IV. 417.
Paulikianer, Sette, II. 87.
Pauline, Fstin. Bacio, Schwester Napoleon's I., IV. 560.
Paulinus, Patr. v. Aquileja, I. 589.
Paulinus, Gb. v. S., I. 274.
Paulmy, frz. Gesl., IV. 335.
Paulus Diaconus, I. 227, 231, 249, 251, 262, 263.
Paulus Dux, byz. Statth. i. Dalm., I. 273.
Pauja, Sachs., I. 386.
Pavesics, Greg., ö. Agent, III. 655.
Pavia, It., III. 172, 173, IV. 223, 224, 258, 517, 554.
Pavić, H., I. 70.
Pawel, Karl, pfälz. Agent., III. 411, 415.
Pawlowitz, Paulowitz, Schlej., I. 423.
Pawlowski, B. v. Olmütz, III. 301.
Paro, Dolm. d. Pforte, IV. 66.
Payne, Pet., hussit. Theol. Engl., II. 290, 293, 297, 445.
Pázmán, Pet., Gard.-Primas, I. 23, II. 66, III. 373, 374, 397, 398, 411, 421, 423, 424, 454, 458, 460, 474, 482, 512, 513, 518, IV. 466.
Pázmán, Leibw.-Führer K. Stephan's v. U., I. 486.
Pazmannerthal, T., I. 99, II. 254.
Peć, s. Ippet.

„Pechdorf", s. Schmöllnitz.
Peckach, s. Peggau.
Pécs, s. Fünfkirchen.
Pécsvárad, Abtei i. U., I. 497.
Pécsy, Sim., u. Magn., III. 430; — IV. 104; — IV. 255.
Péczely, H., I. 65.
Pedena, s. Piben.
Pedro, Don, Kf. v. Brasilien, IV. 616; — V., port. Kg., IV. 637.
Peggau (Petkah), die v. —, steierm. Adelsgeschl., I. 336, III. 54.
Peilstein, St., I. 334, 335.
Peilstein, bayr. Adelsgeschl., I. 319, 320, 367, III. 62.
Peischwitz, Schlf., I. 423.
Peistretscham, Schlf., I. 435.
Pekry, Gf. Lorenz, siebb. Magn., IV. 64, 66, 97.
Pektari, langobard. Kg., I. 262; — u. Hofmann, IV. 526, 623.
Pelhřimow, s. Pilgram.
Pelsöcz (Pleschiwec, Pleißnitz), U., I. 508, 509.
Peltendorf, Sbb., I. 561.
Peltew, Fl. i. Gal., I. 453.
Pelzel, H., I. 45, 62.
Pemmo, friauler Hz., I. 267.
Pempflinger, Marcus, siebb. Sachsengraf, II. 654, III. 185, 219, 237; — Stephan, III. 185.
Penczinger, ö. Mil. IV. 256.
Pender, Pet., ö. Resid. i. Venedig, II. 549.
Penede a. Gardasee, II. 550.
Pentler, Frh. v., ö. Internuntius, IV. 299.
Penneranda, Gf., sp. Ges., III. 564, 565, 575.
Penserjoch, T., I. 306.
Péntek, s. Száß Péntek.
Pentenrieder, ö. Dipl., IV. 94, 175.
Pera, die Fremden-Vorstadt in Constantinopel, IV. 17.
Perasto, Dalm., II. 178, 179, IV. 574.
Percanja, Dalm., I. 358.
Perchtoldsgaden, s. Berchtesgaden.
Peres, s. Vámos Peres.
Peregrin, Patr. v. Aquileja, I. 343, 657.
„Verethaimer, Kaspar —", (Pseudonym des K. Mar I.), II. 500.
Perén v. Enyiczke, U., I. 511.
Perényi, Mitl., I. 532—534, II. 457, 487; — Emerich, II. 563, 574, 575;

Peter , II. 214, 654. III. 184, 198, 200, 221, 222, 224, 235, 237, 355, 421.

Pérényi,u.Adelsgeschl.,s.o.Perén, I.511.

Perg i. O.-Oe., III. 30; Herren v. —, I. 367, III. 53, 54.

Pergauer, der —, ö. Raubritter, II. 272.

Pergen, J. A. Gf. v. —, ö. Staatsm., IV. 266, 317, 322, 323, 328, 329, 349, 351, 413, 509, 575.

Perger, H., I. 65; — Bernhard, Univ.-Prof. i. Wien, III. 76.

Pergine (Persen), T., I. 303, 304, II. 146, 253, III. 34, IV. 398.

Perisierius, prot. Theol. i. Oe., III. 272.

Perkins, Warbeck, engl. Prätend., II. 506.

Perlach, Schl. b. —, I. 233.

Perlas, Don Ramon de Vilana —, span. Günstling K. Karl's VI., IV. 109, 115, 127, 145.

Permann, Wiener Patrizier, II. 469, 470.

Perneck, Herren v., i. Oe. u. Stmt., II. 10, 226, III. 54, 55.

Pernet, ö. Hptm., IV. 530.

Pernstein, M., I. 408, 415, 420; Joh. v. —, I. 438; Wilh. v. —, II. 486, 651, III. 99; Adalbert v. —, III. 180, 181; Hans v. —, III. 205, 209, 218; Jaroslaw v. —, III. 264, 265; Wratislaw v. —, III. 274, 275, 283, 460; — Ung.-ö. Grenzort, IV. 399.

Pero (Pera) „Kapetan"; serb. Oberst u. Rebellenführer i. U.

Peronne, Frkr., II. 499.

Perpignan, Frkr., II. 235, 262, 316.

Perschauer Geb., Sbb., I. 567.

Perschling, Kl. i. N.-Oe., III. 61.

Persien, s. Pergine.

Persenbeug (Pösenbeug), N.-Oe., I. 369, 651, III. 317.

Persien, s. Ismael.

Persferin, s. Prierend.

Peruja, It., III. 471; Gf. v. —, bayr. Botsch., IV. 173, 174.

Perušić, Pet., kro. Adel, III. 235.

Pertholdsdorf b. Wien, II. 461.

Pertz, H., I. 59.

Perugia, It., II. 370.

Peschiera, It., II. 554, IV. 573.

Pesenta, altdalm. Landschaft, I. 359.

Pesinek, s. Bösing.

Peßnitz, Ulr. v. — , II. 431, 463.

Pesstna, H., I. 21, 22.

Pesth, U., I. 109, 475, 500, 502, II. 94, 457, 487, 565, III. 134, 142, 156, 222, 650, IV. 247, 643, 645, 656; s. auch Buda —, Ofen.

Pesther Comitat, I. 499, 503, 542.

Pesty, Caisp., Sekr. Martinuzzi's, III. 230.

Pet Kosteln, s. Fünfkirchen.

Petazzi, Gf., Gl., IV. 256, 282.

Petena (Erzst. Salzburg), I. 243.

Peter, Kg. v. Rußld.: I., I. 134, III. 673, 682, 687, IV. 103, 105, 112, 118, 119, 153; — II. IV. 130; — III., IV. 229, 270, 277, 285, 286, 292, 296, 297; Kg. v. U.: — I. 593, II. 33, III. 114, 118, 149; — Wojwode b. Moldau: I. 562, II. 202, 207, III. 305; — Doge v. Venedig: Orseolo, II. 69, 70, 77; — Geistl.: Card. v. St. Angelo, II. 242; — B. v. Augsburg, II. 298; — v. Breslau, B. v. Passau, I. 647; — B. v. Triest, II. 617; — v. Amiens, II. 79; — v. Königs-saal (Zittau), Chronist, II. 101, 104, 443; — v. Saaz, Chronist, II. 297; — Propst v. Wissegrad, I. 615; — v. Znaim, böhm. Theol., II. 243; — v. Chelčic (Chelčicky), II. 445—447, 475; — de Vineis, I. 624, 629.

St. Peter i. Sannthal, St., I. 168; — a. Kammersberg, St., I. 329, 334; — i. Holz, K., I. 268, 316; — a. Windberg, O.-Oe., III. 316.

Peterborough, Lord —, IV. 83, 86, 89, 112.

Petermann v. Schenna, tir. Adel, II. 140.

Petersburg, Rußld., IV. 129, 141, 228, 238, 256, 260, 261, 270, 277, 285, 288, 290, 294—297, 324, 344, 346, 348, 359, 364, 366, 367, 493, 570, 582, 589, 592, 593, 625.

Petersdorf, Schl. I. 435; — (Piotro-wice), Gal., I. 445; — (Bertholds-dorf), N.-Oe., II. 332.

Peterswalde, Bö., I. 394; —, Schl., I. 423.

Peterwardein (Cusum), I. 173, 364, 542, II. 656, III. 229, 668, 687, IV. 116, 138, 141, 423.

Peterwitz s. Petrowitz.

Pethe (Pethö), Ladisl. —, III. 397.

Pethö, H., I. 24.

Petipesky, Ritt. —, III. 209.

Petnehazy, Ung., III. 662, 665.

Petrarca, it. Dichter, II. 134, 166, 170, 195, 233; III. 107.

Petrajch, ö. Gl., IV. 116.

Petrajchto, wall. Wojw., III. 306.

Petrinja, Sl., I. 364.

Petronell (Carnuntum), N.-Öe., I. 166, 167, 171—173, 181, 183 bis 185, 187, 188, 191, 198, 215, 220, 224; III. 429, 657.

Petrovič, Ban. —, III. 220, 221, 225, 226, 228, 233, 238; — Parthenius, B. v. Munkács, IV. 253.

Petrovo Polje, Dalm., I. 356.

Petrowiz (Peterwiz), Schl., I. 423.

Petroczy, Steph. —, u. Kuruzzenführer, III. 622, 662.

Petrus, päpstl. Legat, I. 634; — Cölestinerprovincial, II. 444; — Martyr, sp. Chron., III. 202.

Petrujchta, Bu., I. 460.

Petscheuegen s. Bissenen; — -Wald (Schwarzwald), I. 458, 567, 570; II. 65.

Pettau (Colonia Ulpia Trajana, Petovio, Poetovio), St., I. 101, 166 bis 168, 170, 171, 162, 183, 185, 188, 191, 198—200, 226, 241 bis 243, 331, 334, 588, 642; II. 102, 466; III. 32, 58, 67, 609, 643; IV. 105; B. v. — s. Valens & Victorin; Herren v. — I. 336, 642, 648; Hartnid v. —, I. 642; Friedr. v. —, I. 648, 664, 666, s. auch Friedrich).

Pettauerfeld, St., I. 331.

Pettauer-Mark, I. 334.

Pettenbach, O.-Öe., I. 168.

Peuciner, Volksst., I. 219.

Peuerbach, O.-Öe., III. 448; Georg v. —, III. 76.

Peuscheldorf s. Penzone.

Peutelstein (Podestagno), T., I. 300, 304; II. 442, 446, 546, 547, 552, 555.

Peutinger, Conrad —, II. 604, 607.

Pez, Bernh. & Hieron., H., I. 34, 35.

Pfäffers, Schweiz, I. 314; Conr. v. —, Chronist, I. 620.

Pfaffendorf b. Stannern, M., I. 412.

Pfaffenhofen, N.-Öe., II. 556.

Pfalz, Kur- & Ober-, I. 383, 384, II. 239, 537, 539; III. 22, 297, 366, 368, 409, 414, 416, 418, 427, 451, 462, 497, 537, 637, IV. 21, 41, 79, 94, 133, 158, 211, 220,

225, 232, 238, 329, 355, 357, 362, 523; Kf. v. b. —, I. 665, 669, II. 19, 100, 108, 109, 168, 212, 239, 263, 611, III. 214, 356, 359, 415, 419, 420, 422, 442, 443, 645; Kf. Friedr. v. b. —, III. 474, 489; s. auch Anna, Charlotte, Friedrich, Johann Wilhelm, Karl Gustav, Karl Ludwig, Karl Philipp, Karl Theodor, Ludwig, Philipp, Rudolph, Ruprecht.

Pfalz-Neuburg, III. 556, 632, 639, 659, 661, IV. 158, 159; s. auch Eleonore, Franz Ludwig, Johann Wilhelm, Karl, Ludwig Anton, Maria Anna.

Pfalz-Wittelsbach, III. 522, IV. 130.

Pfalz-Zweibrücken, IV. 359, 362; s. auch Alexander, Hohenfels, Karl, Karl August.

Pfannberg (Montfort, s. auch dort), St., Gfen v. —, I. 315, 336, 636, 648, 649, II. 14, III. 54, 55; Bernhard v. —, I. 649, II. 14; Heinr. v. —, I. 666; Ulr. v. —, II. 274, 275.

Pfanzer, Prot., III. 249, 269, 274.

Pfeffertorn, getaufter Israelit, II. 581.

Pfingstthal (Grossernthal), T., II. 538.

Pfinzing, Melchior, II. 601, 607.

Pfirt, Gfsch. —, II. 189, 437, 472.

Pfitsch, T., I. 306.

Pflug v. Rabitein, Heinr. —, II. 198, 299; Kaspar —, III. 208, 209.

Pfraunberg (Primda), Bö., I. 385, 391.

Pirimberg, Bö., III. 91.

Pfütschner, Frh. v. —, IV. 318.

Pful, schwed. Gl., III. 522.

Pfullendorf s. Bregenz.

Pfyn (ad fines), Schw., I. 163.

Phalitis, Enkel Arpáds, II. 59.

Phara s. Curzola.

Pharus-ia (Hvar, Lesina), s. Lesina.

Philargus v. Candia, s. P. Alexander V.

Philipp, deut. Kf. (v. Schwaben, von Staufen, I. 392, II. 40, 88; Kg. v. Frkr.: — IV., II. 20, 24, 100; Kg. v. Span.: Sohn K. Karl's V., — II., III. 173, 211, 212, 214, 215, 254, 261, 271, 285, 292, 327; — III., III. 343, 357, 376, 390, 396, 427; — IV., III. 482, IV. 8, 112; — V., IV. 15, 16, 20, 40, 83, 87 bis 89, 94, 111, 114, 122, 136, 326; — Infant v. Spanien, IV. 128, 129, 222, 232, 235, 239, 278; — — d. Gütige, Hz. v. Burgund, II. 227, 313, 328, 366, 405, 421, 422,

441; — b. Schöne, Sohn :c. Mar. I., I. 437, 477, II. 502—504, 506, 509, 510, 512—515, 557, 558, 610; — Lbgf. v. Heißen, III. 175, 206, 207, 209, 212; — v. Nassau, II. 503; — Hz. v. Parma, IV. 289; — Kf. v. d. Pfalz, II. 511, 535 bis 537, III. 192, 212; (Geistl.: päpstl. Legat, III. 154; Eb. v. S., I. 633, 635, 640—643, 647, 649 651, 664, II. 3; Bruder — v. Judenburg, geistl. Dichter, III. 71.

Philipp v. Alençon s. Alençon.
Philipp August, Kg. v. Frk., I. 614.
Philipp Wilhelm, Pfgf. v. Neuburg, III. 575.
Philippi, ö. Gl. —, IV. 142.
Philippine Welser, III. 259, 260.
Philippisten, bö. Secte, III. 205.
Philippsburg, Rheinfestung, III. 686.
Philippopel, II. 182, IV. 119.
Philippsreut, Bay., I. 382.
Phosphorus Austriacus (pseudon.), I. 16.
Piacenza, It., II. 521, III. 172, 173, IV. 49, 81, 135, 222, 223, 225, 235, 239, 257, 278, 609.
Piano s. Eppan.
Piaristen, III. 545.
Piasten, poln., schlei. Dynastie, I. 607, II. 28, 31, 43, 68, 168, 171, 172, 183, 563, II. 162, III. 283, 284.
Piatra da Corvo (Rabenfels, Hollókö), Wallachei, II. 335.
Piatraosia, Wallachei, I. 225.
Piave, Fl. i. It., I. 301, II. 145.
Piben (Pebena), Ist., I. 237, 351, II. 327, III. 67, IV. 397, 399.
Piber, St., I. 333; —, obern. Fam., IV. 459.
Pica (Elster), Balthas., luth. Prädikant, III. 245, 246.
Picardie, Frk., II. 499, 522.
Picarditen, Secte, II. 228, 292, 443, 444, 446, 448, III. 205.
Piccolomini, Card. Franz —, II. 424; Ottavio — (Hz. v. Amalfi), III. 487, 489, 494, 496—499, 501, 521, 524, 525, 530, 534, 553, 656, 675; Enea Silvio —, III. 644, 669, 670, 672, 673, 675, 676, IV. 175, s. auch Aeneas Sylvius, Pius III.; Fürst —, Feldzeugmeister, IV. 193, 275; — bö. Lbsfd., IV. 417.
Pichler, H., I. 72.
Pickhel s. Celtes.

Piemont, II. 324, III. 171.
Piemonte (Poymont), Ist., I. 351, 352.
Pieninenschloß b. Sandec, Pol., II. 43.
Pieniny, poln. — u. Grenzgeb., I. 522, 523.
Pienzenauer, bayr. Komm. v. Kufstein i. T., II. 537.
Pierius, comes —. I. 229.
Piesting, Fl. i. N.-Oe., I. 373, III. 53.
Pietas Julia s. Pola.
Pietra di Calliano s. Stein am Callian.
Pietro, San —, T., I. 304.
Pieve da Cadore (Pleibs, Pleiß), T., I. 304, II. 146, 546.
Pignatella-Belrignardo, Gsin., IV. 109.
Pignatelli, Ist. —, IV. 579.
Pignerol, Frkr., III. 471.
Pikarden s. Picarditen.
Pikócz (Pikendorf), U., I. 525.
Pilarz, A. —, H., I. 47.
Pilat, J. —, ö. Hofr. & Publicist, IV. 619.
Pilchau, U., I. 521.
Pilgersdorf, Schls., I. 423, 425.
Pilgram, Bö., I. 389, II. 349, 350.
Pilgram, Niel. v. —, II. 242, 290, 293, 297.
Pilgrim, Gf. v. Andechs-Hohenwart, I. 336.
Pilgrim, B. v. Passau, I. 590, 630; — Eb. v. S., III. 22.
Pilis, U., III. 650; — -Sz. Kereszt, U., I. 503; — -Vörtefer Höhen, U., I. 489.
Pillersdorf, ö. Min., IV. 641, 642.
Pillersee, T., III. 418.
Pillnitz, Sachs., IV. 555.
Piloio, Astolfo, itr. Abel, II. 157.
Pilsen (Plzeň), Bö., I. 103, 152, 380, 390, 391, III. 97, 102, 111, 416, 429, 437, 439, 492, 494—496, 498, 499, 501, 527, 533, IV. 409, 410, 417, s. auch Protop.
Pilsen, Deutsch-, s. Deutsch-P.
Pilsno, Gal., I. 449; — Powiat v. Krakau, I. 450.
Piltrube (Pilichtrube), Gem. b. bay. Fsten. Grimwald, I. 262, 263.
Piltsch, Schls., I. 425.
Pineum s. Grabischtje.
Pinguente, Ist., I. 347, 350, III. 248; s. auch Piquentum.
Pinta, Nebenfl. d. Raab, I. 107, 493.
Pinkafeld, U., I. 493.

Pinkas, bö. Plt., IV. 641, 643.
Pinnes, Sohn d. Illyrertgs. Agron, I. 155.
Pintak, Sbb., I. 560.
Pintye, wallach. Räuber, IV. 38.
Pinzgau, I. 316, 318, 319, 320, II. 637, 648, III. 30, 37, 67.
Pio, Oberst, III. 593, 595; — Card., III. 671.
Piotrkow, Gal., II. 341.
Piotrowice, s. Petersdorf.
Piper, schwed. Kanzler, IV. 60.
Pippin v. Heristal, I. 255, 256, 258; — d. Kleine, I., 264; — Sohn Karl d. Gr., I. 273, II. 29; — Sohn Ludw. d. Fr., I. 277, 279.
Pippiniden, I. 255, 256, 264, 269.
Pippo, s. Ozora.
Piquentum (Pinguente), I. 161, 237, 347, II. 159; s. auch Pinguente.
Pirano, Jst., I. 161, 237, 347, 349 bis 351, II. 159, 426.
Pirkheimer, Willibald —, Chronist, II. 530, 532, 533, 534, 581.
Pirkstein, bö. Adelsfam., II. 99; s. auch Ptacek.
Pirmin, fränk. Missionär, I. 257.
Pirna, Sachs., I. 386, 387, 404, III. 208, 440, 502, IV. 275, 360.
Pirnitz, M., I. 422.
Pirotorto (b. Zwentendorf), N.=Oe., Z. 32.
Pisa, It., II. 509, 519, III. 146; — Concil zu —, II. 235, 520, 564, 582, 583, 629.
Pisani, venet. Adm., II. 158; — Vittore, Genueser, II. 158.
Pisarzowice (Schreibersdorf), Gal., I. 444.
Pischelsdorf, U., I. 491.
Pisek, Bö., I. 391, 400, III. 90, 97, IV. 209, 415.
Pisino, s. Mitterburg.
Pistna, Mtl. —, II. 287, 290.
Pitigliano, Orsini Nicolo v. —, venet. Feldhptm., II. 545, 549, 551.
Pitschen, Schles., I. 434.
Pitt, William —, d. ält., engl. Min., IV. 276, 279, 290, 295, 296.
Pitten, s. Pütten.
Pivka Planina, s. Poit.
Pius, P., II., II. 559; — III., II. 513, s. auch Aeneas Sylvius, Piccolomini; — IV., III. 255 bis 258, s. auch Aquileja; — V., III. 270; — VI., IV. 504, 505, 536,

559; — VII., IV. 616; — VIII., IV. 616; — IX., IV. 616, 635, 641, 642.
Piwnicza, U., I. 520.
Pirendorf, Nueber v. —, s. Nueber.
Pizkerstorf, s. Petschwitz.
Pizzoli, Vicario i. Triest, II. 428.
Plachy, Jesuit, III. 534.
Plaien, Playen, Gen. v. —, I. 295, 335, 367, III. 53, 54.
Plan, Bö., I. 391.
Plan du Carpin, Domin., II. 93.
Planian, Bö., IV. 284.
Planina, Kr., III. 340.
Plankensteiner, Adelsgeschl., II. 226.
Plantagenet, Haus —, I. 615, 616, II. 165, 324.
Plateis v. Plattenstein, J. G. —, III. 442.
Plattensee, U., I. 107, 166, 170, 281, 282, 494, 496, 498.
Plauen, Sachs., I. 386; — Heinr. v. —, II. 325; s. auch Reuß.
Plawec, s. Dietrichsstein.
Pleckenalpe, friaul.=kä. Grenzberg, I. 167.
Pleibs, Pleiss, s. Pieve di Cadore.
Pleischer, Gg. —, II. 616.
Pleißnerland, Sachs., I. 386, 387, II. 9.
Pleißnitz, s. Peljöcz.
Pleistein i. d. Oberpfalz, I. 384.
Pleschiwec, s. Peljöcz.
Pleß, Schles., I. 434; — Friaul, III. 393; s. auch Flitsch.
Pleßmann, k. preuß. Sekr., IV. 270.
Plettriach, Kr., I. 343.
Plintenburg (Byssegrad), I. 499, II. 483, III. 157; s. auch Byssegrad.
Plittersdorf, Frh. v. —, ö. Botsch., III. 574, 603.
Pljeschivica, Kro., I. 352.
Plotho, preuß. Rath, IV. 149, 317.
Pnowitzer, m. Geschl., I. 416.
Po, Fl. i. It., II. 145, IV. 42, 48, 129, 223—225, 571.
Poebene, I. 300.
Pocutien, Gal., I. 450, 459, IV. 351, 365.
Pobbrder=kreis, B., IV. 409, 410.
Pobbuch, Pol., I. 457.
Pobdniestrzann, Gal., I. 143.
Podebrad, Bö., I. 395—397, 649, III. 91; s. auch Podiebrad.
Podestagno, s. Peutelstein.
Podewils, Gf. Heinr. v. —, preuß.

Dipl., IV. 179, 180, 184, 192, 215, 230, 232, 243, 245, 311.

Pobgorje, Kro., I. 355.

Pobgorze, Gal., I. 459, IV. 351; f. auch Zbrusz.

Pobhrab, Bö., I. 400.

Pobhradec, U., I. 514.

Pobhradcty, H., I. 65.

Pobiebrad, Georg, Herr von Kunstatt auf —, Kg. v. Bö., II. 300, 303, 313, 317—351, 357—362, 364, 365, 367, 371, 373, 376, 377, 382 bis 384, 389, 392, 397—425, 428, 436, 438, 442, 143, 146, 448, 449, 657, III. 85, 88, 97, 109, 163, IV. 413, Z. 18.

Pobiwa, „der Jude", I. 411.

Pobiwin, M., I. 411.

Poblachien, Pol., I. 450, IV. 571.

Pobmajerz, Gal., I. 448; f. auch Neudörfel.

Pobmanicky, Aler. —, IV. 252.

Pobolien, I. 442, 443, 457, 459, II. 281, III. 648, IV. 336, 350, 351.

Pobolinec, f. Publein.

Podrama, Ban. v. —, I. 360.

Podravina, Kro., I. 363.

Pobfela, Cz., I. 90.

Pobstacki-Liechtenstein, Gf. Alois —, IV. 481.

Pöck, J. G. v., Prof. —, IV. 313, 314.

Pöchlarn, Groß- (Bechilaren, Arelape), I. 169, 181, 369, 631, III. 317; f. auch Arelape.

Pögstall, N.-Oe., III. 317, 318.

Pöliß, H., I. 57, 61.

Pölla, Nieder-, f. Nieder-Pölla.

Pöllau, St., III. 54.

Pöls (Pelissa), St., I. 197, 333.

St. Pölten, N.-Oe., I. 371, II. 225, 383, 385, III. 26, 57, 317, IV. 508.

Pömmerle, Bö., I. 404.

Pörtschach, K., I. 167, 324, III. 39.

Pösenbeug, f. Perienbeug.

Pösing, Gf. v. —, II. 373, 429, III. 99; — Joh., Gf. v. —, II. 416; f. auch Bösing.

Pöstöny, U., I. 576.

Pötovio, f. Pettau.

Pötting, Gf. —, III. 614, 615.

Pöttinger, Dompropst, III. 319.

Pogazion, f. Pozsega.

Poggio v. Mirandola, II. 248.

Poglebič, Zrinyi's Unterh., III. 611.

Voglizza, Dalm., I. 357, 360.

Pohrliß (Pohořelice), M., I. 420 bis 422.

„Poigreich", N.-Oe. (Besiß d. Gin. v. Bogen), I. 367, 375, 376.

Poik (Pinka Planina), Kr., I. 338, 340—342, II. 552, 586, IV. 397.

Poisdorf, N.-Oe., I. 371.

Pokutien, f. Pocutien.

Pola (Colonia Pietas Julia), Jst., I. 161, 199, 200, 237, 348—351, 609, II. 158, 159, 426, III. 10, 32, 33.

Polauerberge, M., I. 105, 142, 152, 192, 411, III. 528.

Polčic, Christoph Herrant v. —, III. 437.

Polb & Klein-Enyed, Gin. v. —, siebenb. Adelsgeschl., I. 575; f. auch Arnold.

Polen, I. 430, 431, 432, 434, 443, 444, 445, 446, 447, 482, 488, 519, 520, 522, 529, 605, 607, 670, II. 28, 32, 33, 36 41, 43, 48, 49, 70, 71, 74, 82, 90, 125, 162, 164, 168, 169, 183, 200, 201, 208, 223, 235, 238, 242, 280, 281, 289, 294 bis 297, 304, 305, 314—316, 322, 335, 341, 346, 400, 409, 411, 422, 423, 451, 452, 457, 477, 482, 483, 492, 573, 574, 656, III. 86, 117, 149, 170, 181, 184, 186, 190, 193, 232, 233, 258, 280, 282, 283, 284, 300, 305, 351, 354, 357, 388, 423, 429, 443, 464, 475, 503, 520, 526, 555, 558, 561, 572, 576, 578, 601, 604, 626, 627, 648, 656, 659—661, 671, 682, 687, IV. 36, 38, 59, 60, 85, 115, 117, 132, 134, 350—352, 364—366, 458, 530, 552—555, 560, 568—570, 592, 594—597, 604, 613, 626, 630; f. auch Alerander, August, Boleslaw, Elijabeth, Friedrich August, Friedrich Christian, Hedwig, Johann, Johann Kasimir, Kasimir, Mieczyslaw, Poniatowski, Sigmund, Sigmund August, Sobieski, Stephan, Wladislaus, Zamojski.

Polesina, II. 554.

Polgár, Sbb., I. 540.

Polheim, ö. Adelsgeschl., II. 226, III. 55; — Eberhard v. —, II. 616; — Sigm. v. —, II. 463, 181; — Ciriak v. —, III. 244; — S. L. v. —, III. 251; — Kasp., Frh. v. —, III. 264.

Poljanen, f. Polen.

Polič, f. Poglizza.
Poličta, Bö., I. 389, 397.
Polje, Dalm., I. 357.
Polignac, Abbé —, IV. 88; — frz.
Min., IV. 624.
Polna, Bö., I. 398.
Polonja, Gal., I. 457.
Polowczer (Kumanen), I. 506, III.
133, 149.
Polsterau, U., I. 495.
Pommerellen, II. 49.
Pommern, I. 431, 648, II. 168, 444,
III. 404, 467, 468, 519, 520, 572,
645, IV. 285, 295; Hz. f. Pogislaw.
Pommerswitz, Schlef., I. 425.
Pompadour, Marquise —, IV. 265,
267—269, 277, 287, 289.
Pompomne, frz. Potsch., III. 582.
Pongau, S., I. 100, 318—320, II.
637, III. 30, 37.
Pongrácz v. Sz. Miklos, I. 483, II.
340, 342, 347, 352, 355; — ung.
Rebellenführer, IV. 152; — B. v.
Waizen, III. 649.
Poniatowski, Kasimir —, I. 528; —
Stanislaus (II.) Aug., Kg. v. Pol.,
IV. 326, 334, 335, 339, 343, 347;
— Gl., IV. 594—596.
Ponigl, St., I. 334.
Pons Aluti, Sbb., I. 176.
Pons Drusi. f. Bozen.
Pons Sontii (Grabista?), I. 174.
Pontafel, f. Ponteba.
Pontalt, Schwz., I. 310, II. 251,
527, 530.
Ponte, Ant. be —, Patr. v. Aquil,
II. 235.
Ponteba (Pontafel), K., I. 174, 321,
323, 324, 328, II. 142, III. 66.
Pontlaß, I., IV. 47.
Popiel, sagenh. Gründer d. chorw.-poln.
Fürstenhauses, I. 445.
Popina-Paß i. Dalm., I. 355.
Popovich, III. 248.
Popper, f. Poprad.
Poppo, Reichsbeamt., I. 340.
Poprad (Popper), Fl., U., I. 447,
448, 513—517, 519, 520, 526,
529, IV. 339.
Pordenone i. Friaul., I. 613, 622,
650, 667, II. 3, 142, 144, 268,
282, 542, 546.
Pořič (Deutschendorf), b. Prag, I. 403.
Porin, f. Porna.
Portulab, Amtsvorstand i. Czernowitz,
I. 163.

Porolyssum, Dacien, I. 174, 176,
179, 186.
Porpeto, Friaul., III. 393, IV. 397.
Porphyrogenetes, Constantin —, II.
53; f. auch Constantin.
Portenau, f. Pordenone.
Portocarrero, Carb., IV. 10—15.
Portogruaro, Ven., II. 235, III. 66.
Portolo, Istr., I. 350.
Porto-Ré, Kro., I. 354, IV. 423,
493.
Portugal, II. 324, 557, 618, III.
174, 508, 629, IV. 13, 50, 93,
132, 316, 560, 597, 611, 612, 616,
623, 625, 637; f. auch Emanuel,
Johann, Leonore, Maria, Miguel,
Dom —, Pedro, Don —.
Poruba, U., I. 479.
Porzia, Gf. Reichsfst., ö. Min., III.
555, 556, 565, 591, 593.
Posacza, U., I. 544.
Posawina, Kro.-Bosn., I. 362.
Posen, II. 314, III. 194, 274, IV.
60; f. auch Malachowski, Stanislaus
Lesczinski.
Posnitzer, Konr. —, bay. Agent, III.
190.
Posonium. f. Preßburg.
Posruckgebirge, St., I. 333.
Possemünter, Alb. v. —, I. 627,
628; o. Albertus Bohemus, Albert
von Beham, f. dagegen den Anhang.
Postupic, Koňka v. —, II. 296, 297,
447.
Posusje, Dalm., I. 357.
Potaissum, f. Thorda.
Potendorfer, Adelsgeschl., II. 102,
226, 384, 391, 430, III. 55, 607,
613; — Jörg v. —, II. 458; —
Friedr. —, II. 458.
Potenstein, N.-Oe., II. 271, III. 99.
Poterat, Marquis —, IV. 571.
Potocky, III. 659, IV. 105, 334.
Potóczy, III. 233.
Potsdam, Preuß., IV. 270.
Pottendorfer, f. Potendorfer.
Ponmont, f. Piemonte.
Poznan, f. Pážnán.
Poszega (Pogarion), St., I. 360, 363,
III. 308, IV. 29, 218, 421.
Poszony, f. Preßburg.
Pozzo bi Borgo, ruß. Dipl., IV. 592,
611, 625.
Praben, U., I. 479; f. auch Deutsch-
Praben.
Prachatic, Bö., I. 382, 390, II. 231,

242, III. 90; f. auch Christian v. —.

Prachin, Bö., I. 391, II. 45, 445, 448.

Prad, T., I. 310.

Prämonstratenser-Orden, III. 69, 152.

Präneste, Jak. v. —, II. 92.

Prätigau, Graub., I. 311, II. 268, 472, 527, 528, 531.

Prag (Praha), Lbshptst. v. Bö., I. 61, 103, 387, 396, 400—403, 451, 452, 638, 648, 653, 668, 670, II. 18, 22, 31, 33, 36, 38, 42, 47, 48, 102—104, 136, 164, 166, 167, 169, 199, 208—210, 212, 216, 230 bis 233, 236—243, 278, 284—291, 293, 295, 296, 298—302, 314, 315, 350, 376, 389, 398, 405, 420, 423, 445, 449, 450, 452, 486, 651, 652, III. 90, 95—97, 101, 102, 104, 107, 111, 180, 183, 204—210, 253, 258, 262, 274, 281, 293, 303, 305, 308, 319, 324, 333, 334, 339, 343, 350, 352, 358, 360, 361, 363, 367, 368, 376, 379—382, 389, 405, 410, 412, 417, 419, 420, 424, 426, 429, 437, 439, 478, 479, 483, 489, 498, 502, 503, 520, 526—528, 534, 541, 642, IV. 33, 74, 158, 208, 209, 217—219, 227, 280, 283, 284, 301, 335, 381, 405, 410—412, 414, 417, 418, 433, 453, 464, 470, 510, 513, 517, 518, 526, 567, 608, 626, 633, 642, 655, 656; f. auch (Bischöfe & Erzbisch.) Adalbert, Arnest v. Pardubitz, Daniel, Harrach (Ernst v. —, Hasenburg, Heinrich Bretislav, Johann v. Jenstein, Konrad, Lohelius, Manderscheid, Odto v. Walschim, Rokyczana, Unicow, Wolfram, Zbynek, Brus, Franz, Zidek.

Prager Burg, f. Wyssegrad.

Praha, f. Prag.

Praising, Gf. —, IV. 9, 173.

Pram, D.-Oe., III. 450.

Prampergo, Friaul. Adelsgeschl., II. 147, 148.

Prandau, Hillebrand Frh. v. —, IV. 211—213.

Prank, Adelsgeschl., II. 640.

Praslin, Hz. v. —, f. Choiseul.

Prato, welschtirol. u. friaul. Geschl., I. 303, II. 147, IV. 398.

Prázsmár, f. Tartlau.

Pray, H., I. 50, 51.

Prebacina, Jst., I. 90.

Prebichl, St., I. 330.

Precenico, Friaul., I. 345.

Prebazzo, T., I. 301.

Prebil, K., Paß-, I. 174, 324, III. 67.

Preblitz, St., I. 318, 328.

Predslawa, Gem. d. u. Kgs. Koloman, II. 80.

Pregall, Schw., II. 268.

Preiner, f. Brenner.

Prem, Kr., I. 346.

Premgarten, Schw., II. 260.

Premto (Primislaus), Hz. v. Teschen, I. 427, 437.

Premysl, Stammv. d. bö. Dyn., II. 28, 29; — Mtgf. v. Mähr., 3. S. K. Pr. Ottokar's I., II. 41, 42, III. 84; Ottokar I., II. 39—42; — Ottokar II., I. 383, 412, 421, 424, 637 bis 639, 643—653, 656, 661—671, II. 1, 39—42, 46, 95, III. 84; f. auch Ottokar; — iden.bö.Dyn., I.284,383, 385,418,428,449,451,504,607,622, 632, 633, 638, II. 8, 27, 29—31, 35, 38, 40, 41, 72, 90, III. 83, 84, 100, 101, 105; f. auch Boleslaw, Boriwoj, Bretislaw, Jaromir, Dipolt, Friedrich, Konrad, Otto, Ottokar, Sobeslaw, Spitihnew, Swatopluk, Wladislaw, Udalrich, Wratislaw, Wenzel.

Premyslaw, großpoln. Hz., II. 48.

Preuner, Bgrmstr. i. Wien, II. 385, 386.

Prépostváry, u. Magnat, III. 517, 518.

Preradoviz, u.-serb. Ausw.-Führer, IV. 255.

Prerau (Prerow), M., I. 407, 415, 422, II. 448, 449, III. 92, 97, IV. 214, 410.

Prejeta, die —, Schlef., I. 434, 438.

Presow, f. Eperies.

Preßburg (Posiony, Posonium), II. I. 109, 365, 474, 475, 477, 490, 644, 651, II. 8, 57, 82, 216, 218, 241, 295, 317, 318, 340, 343, 347, 357, 360, 362, 417, 488, 505, 559 bis 562, 570—572, 574, III. 135, 141, 142, 148, 155, 157, 158, 185, 196, 218, 236, 279—281, 354, 355, 366, 371, 384, 398, 421—424, 451, 465, 512, 540, 545, 590, 593, 607, 618—620, 626, 656, 659, 669, IV. 24, 29, 57, 68, 98, 104, 113, 202,

205, 246, 247, 307, 308, 388, 389, 391, 405, 421, 429, 430, 433, 435, 458, 518, 550, 585, 586, 589, 590, 592, 599; ſ. auch Ampringer, Baláſſy, Georg.

Preßlaw, ſ. Groß-Preßlaw.

Pretlak, ö. Gl., IV. 276, 280.

Preuenhuber, H., I. 39.

Preußen, I. 431, 438, 644, 648, 656, II. 154, III. 84, 283, 523, 572, 578, IV. 40, 41, 44, 65, 82, 85, 90—93, 102, 103, 105, 106, 125, 126, 129, 132—134, 149, 153, 181, 198, 199, 201, 209, 214—216, 224, 226—230, 232, 233, 239, 256, 263, 267—270, 273, 274, 276—280, 287—294, 296—301, 304, 328, 329, 333—337, 341, 344, 345, 347, 355, 357—360, 362—364, 366, 409, 416, 520—524, 526—531, 535, 538, 539, 548—550, 552—555, 559, 566—571, 574, 578, 583 bis 586, 589, 591, 593, 595, 597, 604, 606—608, 611—613, 615, 622, 623, 625, 626, 634, 636, 645, 646, 652—658: ſ. auch Auguſt Wilhelm, Friedrich, Friedr. Wilhelm, Heinrich, Luiſe, Wilhelm, Wilhelmine.

„Preußler", die —, ö. Adelsgeſchl., I. 629.

Pribeken, ſüdſl. Räuberhorden, IV. 144.

Pribik v. Klenau, huſſ. Adel, II. 299.

Pribislaw, Bö., II. 292, 293.

Pribislawic, M., I. 412.

Pribor, M., I. 416.

Pribram, Bö., I. 100; — N. v. —, II. 295, 299, 300.

Prié, H. F. Marquis v. —, Vizeſtatth. d. ö. Ndlde., IV. 82, 110, 127, 128.

Priebus, Fſtth., III. 227, 467.

Prierend (Perſeria), Türkei, III. 675.

Prieſt, Mich. v. —, kö. Notar, II. 244; — Marquis de —, frz. Botſch., IV. 361.

Primda, ſ. Pfraunberg.

Primislaus, ſ. Premko.

Primislaw, Bö., I. 398.

Primör, T., I. 304, IV. 610.

Primorje (Parathalassia), Dalm., I. 357—360, Z. 17.

Priorato, Gualdo —, H., I. 14.

Prista, ſ. Ruſtſchuk.

Priſtina, Serb., II. 182, III. 675, 676.

Pritz, H., I. 72.

Friuli, venet. Botſch., IV. 449, 450.

Privigne (Priwice), U., I. 479.

Priwina, ſl. Fſt., I. 280, 281, 494, 495.

Probus, röm. Kf., I. 173, 189, 221, 222.

Procopius, (Prokopios) v. Cäſarea, byz. Hiſt., I. 229, 230, 237, 431.

Procui, ſ. Enula.

Probian, Dalm., I. 356.

Pröckl, H., I. 63.

Profeſch-Oſten, Frh. v. —, ö. Dipl., IV. 624.

Profop, Sohn Joh. Heinr., Mkgf. v. M., I. 422, II. 203, 205, 207, 213, 215, 216, 218, 219, 221, 222, 239, III. 84; — b. „Große", Huſſitenführer, II. 289, 290, 293, 295 bis 299, 337; — b. „Kleine" (Prokupek), Huſſitenführer, II. 293; — v. Pilſen, II. 299; — b. Einſiedler, I. 401.

Proli, ö. Großhändler, IV. 493.

Pröna, ſ. Deutſch-Praben.

Prónay, u. Proteſt.-Führer, IV. 252, 617.

Proſtkowsky, bö. Rechtsgel., IV. 446.

Proßnitz, M., I. 414, III. 91.

Proßowice, Gal., I. 450.

Protaſius, Gb. i. Olmütz, II. 410, 415, 417.

Protoſpatharius, byz. Titel e. Statth., II. 79.

Provence, Frkr., II. 176, IV. 236.

Provera, ö. Gl., IV. 571.

Prowna, ſ. Deutſch-Praben.

Prückelmayer, J. M., ö. Hoſk., III. 553.

Pründl, Pründlein (Brinje), Kro., I. 496, II. 463.

Prüſchenk, Sigm. v. —, Frh. v. Stettenberg, II. 500, 607.

Pruß, u. Biſch., II. 483, 562.

Pruth, Fl., I. 224, 442, 443, 459 ſſ.

Prne, Card., II. 583.

Przemyſl, Fſtth. & Stadt i. Gal., I. 452, 453, 456—458, II. 90.

Przemyslany, Gal., I. 452.

Pſchowaner, Slawenvölk., Bö., I. 395.

Pſohlawci (ſl. Bez. b. Mongolen), I. 509.

Ptaček (Ptarsko) v. Pirkſtein, Heinr. —, II. 300, 303, 313, 314, 317, 318.

Ptolomäos, Geogr., I. 212, 216, 374, II. 28.

Ptolemaïs, ſ. Akkon.

Pubitſchka, H., I. 44.

Puch, Schwaben, II. 154, 189, 536.
Puchenstein, T., II. 116, IV. 610.
Puchheim, Herren v. - , i. De., II.
  226, 333, 430, 620, 622, III. 55,
  244; - G. v. , III. 181; —
  Tilgr. v. —, III. 251; — J. Ch.
  Gf. v. —, III. 527, 530, 534, 535,
  554; — A. v. —, II. 17.
Puchnik, bö. bisch. Vicar, II. 198.
Pudlein (Podolin), U., I. 96, 450,
  519, 520, 526, III. 135, 512, IV.
  338, 351, 421.
Puebla, Gf. de la —, IV. 270.
Puechhaim, s. Puchheim.
Püchler, Hanns —, III. 310.
Pürgg, St., IV. 151.
Pürgliß, s. Krivoklat.
Pütten (Putina, Pitten), Marf —, I.
  171, 332, 333, 336, 337, 373, 596,
  602, 613, 639, II. 224, 269,
  III. 37, 53; — Gsen. v. —, s.
  Formbach = Neuenburg, Ortenberg,
  Elbert.
Pufendorf, Samuel —, III. 524, 553,
  646, 647; — Esaias —, III. 565,
  567, 569, 621, IV. 448.

Pukanzer-Berg, s. Batabánya.
Pulcinico, friaul. Geschl., II. 147.
Pulkau, N.-De., I. 142, 374, 375,
  III. 57.
Pulkawa, bö. Chronist, II. 41, 233.
Pultawa, Schl. b. - , IV. 90, 105.
Pultust, III. 300.
Puntwa, Kl. i. M., I. 413.
Pusch, H., I. 37.
Pusterthal, I. 100, 163, 250, 251,
  305, 306, 316, 317, 327, 657, II.
  140, 150, 262, 592, 621, 643, 645,
  647, III. 34, 67, 214, 250, IV.
  398, 610.
Pustomer, Bö., I. 414.
Putna, Bu., Kl., I. 460; — Kloster,
  I. 462.
Putnif, Moses —, IV. 550.
Putnof, U., I. 509, III. 421.
Pußfleur, Marquis v. —, frz. Dipl.,
  IV. 236.
Pyhrn, Paß zw. O.-De. u. St., I.
  168, 367, III. 61.
Pyrenäen, Geb., II. 557, 572, IV. 87.
Pyrker, Lad. —, l. 36.
Pytel, Hussit, II. 287.

Q.

Quaden, germ. St., I. 214, 216, 219,
  222, 223, 226, 234.
Quadrata. h. Vrginmost i. Kro., I.
  173.
Quarin, Leibarzt K. Jos. II., IV. 540.
Quarnero, Golf v. - , I. 162, 346,
  II. 77, 178.
Quarnerische Inseln, III. 33.
Quarnerolo, Dalm., I. 355.
Quartinus. Breone, I. 305, 317.
Queis, Sachs., I. 387.
St. Quentin, Frkr., II 490.
Querali (Király, Németi, Baierdorf),
  U., I. 559, 562.
Querceto, Dalm., I. 347.

Questenberg, Kasp. v. —, III. 438,
  439, 473, 480; — Hermann v. —,
  III. 489; — Gerhard v. —, III.
  492, 510.
Quieto, Fl. i. Kst., I. 347, 348, II.
  552.
Quinque ecclesiae, s. Fünfkirchen.
Quintoforum, s. Donnersmarkt.
Quirina. Tribus, I. 200.
Quirini, ven. Orator, II. 511.
Quirinus, B. v. Siscia, I. 211.
Quiroga, span. Kapuz., III. 493.
Quißman, H., I. 231.
Quosdanovich, ö. Gl., IV. 571.

R.

Raab (Arrabona), U., I. 107, 109,
  172, 272, 329, 333, 334, 491, 493,
  596, II. 217, 338—340, 344, 345,
  357, 400, III. 133, 232, 235, 280,
  312, 512, 513, 639, 650, 656, 657,
  678, IV. 255, 585, 596; s. Bischöfe
  v. - , Dallos, Karl August, Kollonich,
  Sennyey.
Raabs (Rakouz), N.-De., I. 374, 410,
  II. 28; s. auch den Anhang.

Raabthal, St., III. 595.
Rab, s. Arbe.
Raba (Raaba), Kl. i. Gal., I. 445,
  447, 482.
Rabalöz, U., I. 493.
Rabatta, ö. Gl., III. 394, 187.
Rabenhaupt, t. Comm., III. 184.
Rabenseifen, M., I. 108.
Rabenspurg, M., III. 528.
Rabenstein, M., I. 422.

Rabenstein, Burkhard v. —, ö. Abel, II. 270.

Rabi, Bö., II. 292.

Rabnitz (Repcze), Nebenfluß der Raab, I. 493, III. 592.

Rabstein, Prokop v. —, ö. Dipl., II. 326, 355, 407, 413.

Rabstun, U., I. 520.

Rabuner, Name der Patarener, II. 87.

Rabutin de Bussy, H. & Landes-Commandant v. Sbb., I. 26, III. 681—684, IV. 19, 57, 62-66, 67, 73, 97, 99, 115, 129.

Raby, Lord —, engl. Botsch., IV. 105.

Racet Robyla, bö. Hofdiener, II. 286.

Rachwins, Grafschaft i. d. f. Stmk, I. 334.

Racse, u. Name i. Kranichsfeld i. St., III. 609.

Racki, H., I. 70.

Rácz, wall. Anführer, III. 352.

Rácz-Pécsvár, U., I. 497.

Raczinsti, poln. Botsch., III. 671.

Radatitz, der von —, mähr. Freibeuter, II. 209.

Radantz (Radauc), But., I. 459, 460.

Ráday, Paul, Anh. Rátóczys II., IV. 58, 60, 61; — Gedeon, Führer d. kalv. Part. i. U., IV. 252.

Rabbod, Obergraf der Ostmark, I. 280.

Rabboto, Sohn Kanzelin's, Habsburger, I. 654.

Radel, die —, steierm. Gebirgssattel, I. 329, 333.

Radetzty, ö. Gl., IV. 597, 608, 641, 642, 645.

Radhost, M., I. 115, 416.

Radicati, ö. Gl., IV. 151.

Radich, Nitol., Wojw. der Uskoten, III. 394.

Radics, H., I. 73.

Radtersburg, St., I. 101, 172, II. 272, 315, 466, III. 31, 58, 251, 333, 335, 344, 609.

Radmannsdorf, Kr., II. 596, III. 31, 67, 333, 335.

Radnot, U., I. 557.

Radolfszell, Ratolfszell a. Bodensee, I. 313.

Radomer Ständetag u. Bündn. Polen, IV. 336.

Radonja, Schl. bei Budaschki a. der —, III. 332.

Radonic, Andr. A. v. —, bö. Grulant, III. 440.

Radojchnia, B. v. Neutra, III. 374.

Rabost, M., I. 115, 416.

Rabowa, Fl. i. U., I. 510.

Rabowez, Bö., I. 388.

Rabowiz, preuß. Staatsm., IV. 619.

Rabstatt, S., I. 319, II. 11, 17, 140, 640, 648, III. 67.

Rabul, Bruder d. Wallachenfürsten Dan, II. 304.

Rabul, s. Scherban.

Radziwill v. Clinta, litth. Fürstengeschl., III. 283; — die beiden --, Litthauer-führer, III. 301; — Fürst Karl, IV. 335.

Räll, salzb. Hofkanzler, IV. 148.

Räthjel, H., I. 9.

Raisil, tir. Spion d. Franz., IV. 600.

Raiselstätten, a. d. Donau, Zollstätte, I. 289.

Ragogna, friaul. Geschl., II. 147.

Raghil, Großvezier, IV. 299.

Ragundo, s. Windisch-Feistritz.

Ragusa (Dubrovnik, Rausium), Dalm., I. 94, 125, 255, 358, 360, II. 75, 77, 80, 177, 178, 283, 369, 377, III. 144—147, 653, IV. 457, 461, 574, 603, Z. 17; — Hzg. v. —, s. Marmont.

Ragusa, Alt- (Ragusa vechia, Epidaurus — um), Dalm., I. 91, 162, 255, 356, 358.

Ragusio, Johannes de —, II. 297.

Rahó, U., I. 507.

Raigern, s. Rangern.

Rain, Bay., III. 77, 482, IV. 220.

Ragivic, u. serb. nicht u. Gb., IV. 641.

Rainer, Ezh., Sohn Ks. Leopold's II., IV. 565, 620, 632; — Ehzg., IV. 648; — ö. Regiment, IV. 595.

Rainoldi v. Lugano, Postb., IV. 258.

Raizen, slav. Volksstamm, III. 673, 677, IV. 104, 248.

Rakanac, Dalm., I. 355.

Rakauer, telt? Volksst., I. 217, 218, II. 28.

Rátóczy, ibb. Fürstenfam., III. 385; — Sigismund, III. 371; — Georg I., I. 557, 559, III. 281, 405, 420, 421, 517, 518, 519, 524, 526, 527—529, 544—546, 559, 560, IV. 422; — Georg II., Sohn Georg's I., III. 442, 558—561, 571, 584—586; — Sigismund, dessen jüng. Bruder, III. 559, 560; — Franz I., Sohn Georg's II., III. 559, 587, 601—603, 605, 606, 608, 609, 611, 612, 627, IV. 32,

33; — Franz II., Sohn d. Vorigen, I. 26, 531, 533, 534, 536, 550, IV. 26, 32—39, 55—62, 65—69, 85, 90, 94, 96—108, 112—117, 119, 120, 135, 136, 152—157, 250, 253, 376; — Georg, Sohn des Vorigen, IV. 135, 143; — Joseph, Bruder des Vorigen, IV. 135, 136, 141—143; — Juliane, Schwester Franz II., IV. 33, 98.

Rátóczyaner, IV. 56, 60, 64, 66, 67, 97, 113, 118, 142, 156.

Ratonitz, Bö., II. 350, III. 97, 429, IV. 409, 410.

Rátos-Csaba, U., I. 502.

Rátos-Feld b. Pesth, U., I. 502, II. 106, 157, 486, 655, III. 184, IV. 334.

Rátos-Kereßtur, U., I. 502.

Ratonie, fl. Stamm d. V. Oesterreich, II. 28.

Rátowsky, Ablegat. d. Thuróczer Comitates, IV. 102.

Rama, bosnisches Flßth., III. 117.

Rambach, der — i. T., II. 531.

Rambouillet, Frtr., IV. 115.

Ramée, Lorenz, Oberst, III. 379 bis 381.

Ramerschlag, Bö., I. 399.

Rami Mohamed, türk. Abgesandt., III. 687, 688.

Ramillies i. Flandern, IV. 83; — Schl. b. —, IV. 87.

Rampersdorfer, Wiener Bürger, II. 224.

Rams, Sbb., I. 555, 572, III. 138, Z. 10.

Ramschwag, Voralb., II. 267.

Ramser, Math., III. 239.

Ranarigl, Herrsch. i. O.=Oe., II. 536.

Randek, Marquard v. —, Pat. v. Aquileja, II. 155, 157—159.

Randena=Thal, T., I. 244.

Rangoni, Gabriel, päpstl. Legat & B. v. Erlau, II. 415, 422, 459, 461.

Ranke, H., I. 74.

Rankonis v. Erizio, Theol., II. 230.

Rantweil (Vinomna), B. A., I. 314, II. 251, 267, 530, III. 26.

Rann, St., I. 332, II. 596—598, III. 308.

Ranna, Bö., IV. 509.

Ranzano, H., I. 10, 49, III. 158.

Rapotenkirchen, III. 54.

Rapp H., I. 74.

Rapperschwyl, Schweiz, II. 131, 252; f. auch Rudolph.

Rares, Peter, Wojw. d. Moldau, III. 199, 219.

Rasch, Maximil., Bgm. v. Zürich, II. 544.

Rascien, I. 546, II. 479, 480, 304, III. 117, 146, 676, 678.

Rashin, Zar. Sexuna v. —, bö. Adel, III. 479.

Rashiza b. Auersperg, Kr., III. 246, 247.

Rasp, H., I. 70.

Raspe, Hermann, Landgraf v. Thüringen, I. 619, 630; f. auch Hermann.

Raspurgo (Raspo), Istr., II. 550, 551.

Rastatt, beu. Rtgstdt., I. 633, IV. 52, 94, 173; — Congreß v. —, IV. 578, 579, 581.

Rastislaw (Rastiz), I. 281—283, 474.

Rasumowski, russ. Bevollm., IV. 611.

Raszyn, Schl. b. —, Polen, IV. 595.

Rath, H., I. 68.

Rathenow, Schl. b. — (1675), III. 580.

Rathold, Frh. v. —, Dipl., III. 586.

Ratibor, Schles., I. 427, 428, 430, 432—435, III. 86, 93, 226, 227, 281, 304, 443, 454, 458, 508; f. auch Niklas, Nikolaus.

Ratiboržic, Bö., I. 399.

Ratimir, Bulgarenfürst, I. 281.

Ratkay, H., I. 27.

Ratold v. Cajerta, I. 532, 533; — b. Geschl. i. U., III. 151.

Ratolecky, Söldnerführer, II. 416.

Ratolfzell a. Bodensee, IV. 398.

Ratschach, Kr., III. 333.

Ratschky, J. F., Schftst., IV. 471, 518.

Rattenberg, T., I. 308, II. 154, 536, 538, 643, III. 22, 64, 67, IV. 46, 47.

Ratnit de Souches, fj. Oberst, III. 528, 529.

Rauber, Nikolaus, fj. Hptm., II. 547, III. 309; — Christoph, B. v. Laibach, Admin. v. Seckau (Admont), II. 550, 554; — Kasper, train. Feldhptm., II. 587, 649; — Leonhard, Hofmarschall, II. 616; — Adam, innerö. Feldhptm., III. 337.

Rauch, H., I. 42, 43.

Raucour, Schl. b. —, Niederlande, IV. 236.

Raudnic (Raudnitz), Bö., I. 404, III. 91, 478, 579; — M., IV. 325.

Rauhe Alp, I. 210.
Rauhenstein, Bö., I. 411.
Raunacher, Bernard, Verth. v. Adelsberg, II. 547; — Bernhardin, k. Rath, II. 616.
Raupowa (Ruppa), Wenzel, bö. Adelsgeschl., III. 364, 376, 414—416, 420; Wilhelm v. —, III. 441.
Rauris, S., I. 170, 318, 320, II. 636, 648, III. 30, 64, 67.
Rauschenbach (Magy Röcze), I. 508, 519, 520.
Rauschenberg, Feldzeugmeister, III. 527, 529.
Rauscher, Othmar, Karb., IV. 647.
Rautenstrauch, Abt v. Brannau, IV. 469, 496.
Ravazzone, Fr. b. —, II. 473.
Ravenna, I. 236, 622, III. 14.
Ravensburg, I. 335, II. 102; s. auch Dietho.
Ravenstein, IV. 130.
Raygern (Raigern, sl. Rayhrad), M., Bened.-Kl. z. —, I. 152, 415, 420, II. 44, 422, III. 103, IV. 214.
Raynald, Graf, I. 524.
Rebenac, Gf., franz. Ges., III. 645, 648.
Rebgau, ab. Geschl., I. 375.
Rebig, Gz., I. 90.
Rechberg, Herrschaft i. Istr., I. 345.
Rechberg, bayr. Bevollmächtigter, IV. 611; — Gf., ö. Min., IV. 647, 649, 653.
Rechnitz (magy. Rohoncz, sl. Rohanecz), U., I. 494, II. 345, 408.
Rechperg, Herren v. i. Oe. —, III. 54.
Rechteren, van —, holl. Ges., IV. 18, 97, 98.
Recina (Fiumara), I. 353; s. auch Fiumara b. Fiume.
Reckerode, Georg von —, deu. Abel, III. 212.
Reczer, deu.-ung. Fam., IV. 459.
Redau, k. Comm. Klausenburg's, III. 589.
Redelsdorf, U., I. 485.
Redjched Pascha, III. 671.
Reede, de —, holl. Ges., IV. 553.
Reen, Sbb., I. 559, 560.
Reenmarkt (Száß Regen), I. 176.
Regécz, u. Herrschaft, III. 545.
Regen, Nebenflüsse d. Donau, I. 382, 601.
Regensberg, Vg. i. d. Schweiz, II. 252.

Regensberger, ab. Geschl. i. d. Schweiz, I. 602.
Regensburg, Bay., I. 233, 260, 263, 269, 276, 292, 295, 309, 310, 367, 369, 373, 382, 454, 584, 590, 600, 609, 610, 615, 618, 641, 665, 669, II. 8, 29, 31, 34, 38, 74, 125, 300, 407, 436, 463, 479, 480, 536, 537, 579, 624, III. 13, 15, 17, 22, 39, 65, 67, 78, 79, 91, 106, 176, 177, 203, 251, 285, 325, 332, 367, 389, 390, 404, 447, 456, 468, 471, 472, 489, 498, 501, 507, 516, 522, 528, 556, 580, 581, 645—647, 661, IV. 44, 74, 78, 139, 148 bis 151, 250, 262, 294, 357, 385, 583; Bischof v. —, s. Gebhard.
Regenstauf, Bay., III. 522.
Reggio, It., II. 145, 521, IV. 211.
Regino, Chronist, I. 324.
Regiomontanus, s. Johann v. Königsberg.
Regius, s. König.
Rehhorn, goldenes — (Bergwerk), Bö., I. 396.
Reichenau, Schweiz, I. 257; — Klost., I. 313, III. 70; — Bö., I. 398, II. 447, 449; — U., I. 512, 513.
Reichenau, Hermann v. —, Chr., III. 118.
Reichenbach, Abtei, I. 392.
Reichenbach, bö.-säch. Gzort., I. 396, 438, IV. 298.
Reichenbach, in pr. Schles. Kr. Breslau, Congreß i. — (1790), IV. 549, 553; — Convention v. — (1813), IV. 607.
Reichenberg, Bö., I. 388, 395, 396, III. 392, 462, 541, IV. 360, 460, 492.
Reichenburg a. d. Save, Kr., II. 598.
Reicheneck, oberpfälz. Hsch., I. 384.
Reichenfeld, Hermann v. —, Rechtsgel., IV. 446.
Reichenfelser-Klamm, K., I. 325.
Reichenhall, Bay., I. 170, 259, II. 537.
Reichenstein, oberpfälz. Hsch., I. 384, 437.
Reichenthal, Ulrich v. —, Domherr, II. 243.
Reichersdorfer, sbb. Topograph, I. 566.
Reichsheim, Gal., I. 148.
Reichsstadt, Bö., I. 395; Hz. v. —, s. Napoleon.
Reisenegg, Kr., I. 338.

Reißenberg a. Karst, I. 316, II. 546.
Reimboto, Wiener Patrizier Stadtr., II. 6.
Rein (Reun, Runa) Cisterz., Wien. v. — Rebeul. d. Eppensteiner, I. 605; — Kloster b. Graz, I. 666, III. 328.
Reiners, bö. Glazer (Ez.=O.), I. 389.
Reinhard, schweiz. Bevollm., IV. 612.
Reinhold, Philosoph, IV. 517.
Reinprecht v. Reichenburg, Feldhauptmann, II. 481.
Reischach, Frh. v. —, IV. 292; — Theobor, Frh. v. —, Vicekanzler d. Hoffanzlei, IV. 480, 482, 545.
Reißenburg, Diepold Stein v. —, II. 497.
Reka, Fl., Küstenland (Recca, Rjeka), I. 91, 338, 347, 353.
Rekel, Ftr., I. 351.
Remete, s. Einsiedel.
Renaldus, Pfalzgraf, I. 524.
Renata (Renée), Prinzessin v. Frkr., II. 521, 522, 571, 611.
René v. Lothringen=Anjou, II. 508.
Renée, s. Renata.
Renfriedsdorf, Schles., I. 423.
Renier, venet. Ges., III. 510, IV. 326.
Reninger, Simon, tj. Botsch., III. 554, 590, 592, 596.
Renner, Hanns, k. Rath, II. 607, 612, 616.
Repcze, s. Rabnitz.
Repnin, russ. Feldherr, IV. 238, 336, 337, 346, 361, 362.
Reps (Köhalom), I. 572, 573, IV. 423.
Resch, H. I. 38, 39; — Gregor, Karthäuser, II. 601.
Reschenscheideck, I. 300, 309, II. 531.
Rethenbrot (Maybrot?), I. 447.
Retz (oder Rötz, Ragaz), I. 374, II. 294, 622, III. 315, 428; vgl. Auh.
Retzbach, R.=Ve., II. 151.
Retzner, Wiener Schftst., IV. 598.
Reuchlin (Capnion), II. 581.
Reutschl, Wolfgang, Staatsbuchhalter, III. 688.
Reuß, Fl. i. Schweiz, I. 656.
Reuß, Grafen, Fürsten v. —, I. 383; — Heinrich v. —, Hochmeister d. dtsch. Ordens, IV. 280; — Prinz, ö. Dipl., IV. 553.
Reußendörfel, Sbb., I. 577.
Reußmarkt (Cedoniae), Sbb., I. 176, 570, 572—574, IV. 423.
Reuttl, steierm. Bauernanführer, II. 638.

Reutlingen, Wbg., III. 243.
Reutte, T., I. 165, 316, III. 35.
Rével, Gf., fz. Komm. i. Cremona, IV. 42.
Reventlow, dän. Gl., IV. 83.
Reviczky, Gf., ö. Ges. in Warschau, IV. 350.
Revó, T., II. 647.
Rôwa v., o. Rôvay, ung. Adelsgeschl., Franz, III. 184, 185, 237; — Peter H., I. 24; — Paul, IV. 202.
Rewuze, s. Nagy=Röcze.
Rerin, preuß. Botsch., IV. 293, 298.
Rezwan, s. Stephan.
Rezzonico della Torre, mail. Adelsgeschl., IV. 257.
Rhabegais (Ratager), Germanenführer, I. 226.
Rhätien, I. 163—165, 178, 181, 182, 221, 229, 239, 241, 279, II. 119, 249, 268, 472, III. 11.
Rhätier (Rhäsener), I. 209, 210.
Rhäto=Romanen, I. 99, 301, II. 63, 64.
Rhäzüns, Frh. v., II. 250, 268.
Rhöden, Franz, Magn. & Fürst, Sbb., III. 422, 585; dessen S., III. 571.
Rheims, Frkr., II. 211.
Rhein, I. 314, II. 19, 110, 317, 437, 529, 533, 577, 671, 678, 685, 686, IV. 34, 41, 51, 52, 82, 84, 91, 92, 94, 134, 200, 204, 217, 222, 226, 227, 246, 282, 287, 288, 571, 573, 574, 580, 581, 583; s. auch Niederrhein.
Rheinach, Schweiz, II. 534.
Rheinach, Heinrich, Frh. v., Feldzeugmeister, III. 520.
Rheinbund (1658), III. 571, 572, 602 (1805—1806), IV. 591, 598, 608, 623.
Rheinegg, Ost=Schweiz, II. 251, 252, 267.
Rheinfelden, Schweiz, II. 4, 22, 26, 379, III. 520, 538, IV. 398.
Rhein= oder Wahl=, Walchengau, Ost=Schw., Vorarlb., I. 314.
Rheinhessen, II. 19.
Rheinische Kurfürsten, I. 659, 660, II. 100; Nation a. d. Univ. Wien, III. 75, 77.
Rheinpfalz, II. 161, III. 536, 537.
Rheinthal, V. A., I. 314, 315; — Schweiz, II. 250, 252, 267, 529, 530.
Rheinwald, der, Ost=Schweiz, II. 250.

Rhense b. Mainz, Wahlort, II. 100, 162, 164, 212.

Rhode, preuß. Ges., IV. 336, 345.

Rhodiser-Ritter, III. 309.

Rhöna, Fl. i. U., I. 538; — Aljó —, O. ebda.

Rhönaßét (Salzgrube), U., I. 538.

Rialp, Marchese bi —, s. Perlas.

Ribald, böhm. Söldnerf. i. O.-U., II. 336.

Ričan, M., I. 408.

Ričan, bö. Fam., III. 99, 420; — Paul v., 111, 437.

Ricci, Bischof v. Pistoja, IV. 543.

Richard (Löwenherz), Kg. v. England, I. 370, 614, 615, 616, II. 197, 232, III. 12.

Richard v. Cornwallis, Br. K. Heinrich's II. v. E., den. K., I. 645, 653, 662.

Richel, Dr., bayr. Resident i. Wien, III. 493, 496, 497, 503, 522.

Richelieu, frz. Staatsmann, III. 403, 456, 459, 467, 470, 471, 490, 494, 495, 505, 520, 523, 525; — Hzg., frz. Heerführer, IV. 285, 286.

Richerfeld, das —, Friaul., II. 143.

Richia v. Polen, bö. Kön., s. Elisabeth.

Richter, H., I. 58.

Richthofen, Bay., II. 536.

Richwald, U., I. 531.

Richwin, taront. Adel, I. 596.

Riditae (St. Danilo b. Sebenico), Dalm., I. 161.

Ribnannthal, T., I. 306.

Riebel Balthasar, Gf. Tattenbachs Diener, III. 610.

Rieblingen, Schwaben, IV. 398.

Ried, die Freien v. —, III. 53.

Ried, tirol. Kammerschreiber, III. 80.

Ried, ober-ö. Marktort, IV. 79, 362, 608.

Rieder, Jesuit, IV. 282.

Riederer, Ulrich, kais. Rath, II. 326.

Riedesel, Fh. v., IV. 362.

Riedmart, De., I. 367, 376.

Rieger, Ladislaus, bö. Plt., IV. 641, 643.

Riegersburg, Stm., I. 333, II. 271.

Riegersdorf, Schles., I. 435.

Riegger, H., I. 46, IV. 469, 496.

Rieta, Fl. a. Karst, s. v. Reta.

Rienz, Fl., T., I. 250, 305, 316.

Rienzi, Cola bi —, II. 166, 176.

Riesdorf (Rißdorf, Rüstendorf), U., I. 519, 526, 527.

Riesenburg (Riesenberg), bö. Fam., aus dem Herrenstande, II. 46, 199. III. 99; — Aleich v. —, II. 299; — Boreich v. —, II. 46, III. 105; — Wilhelm v., II. 415, 450; — Smichow, III. 264.

Riesengebirge, I. 212, 218, 312, 381, 388, 403, 430, II. 28, 43.

Rigó-mező, Amselfeld, Kosowo, II. 182.

Rima, Nebenfl. d. Sajo, U., I. 507, 508.

Rima-Szombat (Großsteffelsdorf), I. 508.

Rimabánya, U., I. 507.

Rimabrezó, U., I. 507.

Rima-Szombat (Rimawska Sobota), U., I. 508.

Rinchnach, Bay., I. 382.

Rinck, H., III. 635.

Rincon, Anton, frz. Botsch., III. 190.

Ringelkirch, Sbb., I. 575.

Rinner, Bürger v. Wien, II. 620, 622.

Ripperda, Joh. Wilhelm v. —, span. Min., IV. 112, 128, 129.

Risano (Formio, Formione), Fl. i. Gz., I. 160, 161, 347.

Risano, Dalm., I. 162, 200, 356, 358, III. 146, IV. 574.

Riso, s. Jakobati.

Ritschen b. Brieg i. Schl., I. 431.

Ritten, T., I. 305.

Ritter, T., I. 305.

Ritter, ö. Staatsbea., IV. 308; — kurpfälz. Botsch., IV. 355.

Ritter, H., I. 46, IV. 633.

Rittberg, Gräfin v., Mutter d. Stkzl. Kaunitz, IV. 264.

Riva, T., I. 303, 304, II. 145, 252, 253, 548, 550, 552, 555, III. 471, IV. 46, 398.

Rivigrano, Friaul., II. 142.

Rivoli, Schl. b. - (1797), IV. 416, 571.

Rivulus dominarum. s. Nagybánya.

Roas, Hunnenfürst, I. 226.

Robert, Kg. v. Neapel, II. 175.

Roberjot, frz. Congreßdep., IV. 578, 579.

Robinson, Thom. (Lord Grantham), engl. Botsch., IV. 131, 171, 182, 196, 201, 215.

Roborella Laurentius, Karb., II. 417, 420, 450.

Roboreto a. Karst, I. 347.

Rocca v. Bragus, T., II. 265.

Roccabruna, Südtir., I. 304, II. 146.

Rochelle, la —, Frkr., III. 467.
Rochemont, schweiz. Bevollm., IV. 612.
Rock, Wiener Bürger, II. 224.
Rochlitz, Sachsen, III. 208.
Robana, s. Robna.
Robel, Kl., C.=O., I. 365.
Roben, s. Robna.
Robeneck, T., I. 304, II. 140.
Robisfurt, Bö., I. 392.
Robna (Roben, Robana), Sbb., I. 176, 551, 559, 560—562, 570, II. 94, III. 138, 156.
Robosto, Tü., IV. 120, 136, 137, 141.
Rohr, Haupt d. bö. Brüderunion, III. 274.
Römer, die —, i. Herrschaft, I. 154 bis 202, 208.
Römer, Joh. v., ö. Gl., IV. 195.
Römerstadt (Ramerstadt), I. 414, III. 442.
Römischer Staat, s. Kirchenstaat.
Römischer Stuhl, IV. 526.
Roepell, H., I. 70.
Roer, Hieron. v. — (Rorarius), pä. Legat, III. 199.
Rösler, Prof. z. Tübingen, H., I. 42, II. 64; — R., dgl., 68, 71, 72.
Rößler, H., I. 63.
Röthelstein, St., I. 332.
Rosreit s. Roveredo.
Rogendorf, Christoph v. —, III. 222, 223; — Wilhelm v. —, III. 222, 223; — ö. Grundherr, III. 317.
Rogendorfer, II. 552, III. 194.
Roger, Domherr v. Großwardein, II. 94, III. 153.
Rogerius, s. Roger.
Roggendorf, Wilhelm I. v. —, II. 617, III. 199, 244, 264, 266; — Wilhelm II. v. —, III. 272.
Roh, Senior d. bö. Brüder, III. 274.
Rohač, Wegelagerer, III. 302.
Rohan, Karb., II. 550.
Rohanecz, s. Rechnitz.
Rohitsch, St., I. 334, 362, II. 257.
Rohoncz, s. Rechnitz.
Rohr, II. 460.
Rohrspitz, B. A., I. 314.
Rojas, Franz v. —, sp. Botsch., II. 558.
Rothner Vinzenz, II. 607.
Rokyczana, Eb. v. Prag, II. 295 bis 302, 348, 349, 351, 361, 364, 365, 371, 377, 400, 407, 410, 414, 424, 445, 446, 418, III. 90, 525.
Rokytner Zupe, Bö., I. 402, 411.

Rokyzaner, die , Patriz. Fam. i. Prag, II. 103.
Roland, s. Alexander III. P.
Rolewnik, Schstr., I. 574.
Rollin, Franzv., fj.Gl.=Adj., IV. 563,566.
Rom (i. MA. Pabstthum), I. 262, 282, 286, 598, 611, II. 8, 36, 40, 42, 66, 67, 71, 77, 78, 87 bis 90, 92, 93, 104, 105, 112, 113, 128, 129, 138, 150, 162, 172, 174, 175, 176, 181, 199, 216, 218, 229, 238, 281, 294, 305, 319, 324, 325, 327, 380, 394—396, 401, 403, 404, 406, 407, 411—414, 416—423, 431, 446, 448, 453, 483, 491, 508, 509, 511—515, 518, 520, 521, 523, 543, 548, 551, 553, 560, 563, 564, 581—585, 612—614, 629, 658, III. 14, 34, 60, 83, 119, 120, 154, 172—174, 190, 199, 203, 228, 231, 252, 255—258, 261, 269, 270, 282, 283, 284, 301, 303, 306, 339, 340, 345, 374, 393, 397, 403, 413, 427, 455, 459, 513, 537, 555, 565, 636, 637, 648, 661, IV. 17, 33, 40, 41, 74, 77, 80—82, 94, 110, 141, 223, 251, 252, 253, 262, 325, 440, 506, 526, 534, 543, 603, 611, 634, 652; Kg. v. —, s. Napoleon II.
Romäerreich, I. 609; s. Byzanz.
Romagna, It., II. 513, IV. 573.
Roman, Fst. v. Halitsch, I. 453, II. 90.
Romanen, I. 97, 100, 301, II. 62, 63, 65, 94, III. 48, 60, 62, 78.
Romanos Diogenes, byz. K., II. 72.
Romanow, russ. Dynastie, II. 90; s. auch S.
Romanowitsch, Daniel, Halitscher Fürst, II. 90.
Romanus, Fst. v. Halitsch, s. Roman.
Romanzow, s. u. Rumänzow.
Romona, Sarmaten=Häuptling, I. 224.
Romok, s. Rams.
Romula, U., I. 173.
Romulus Augustulus, letzter weström. K., I. 201, 228.
Rongstock, Bö., I. 404.
Ronow, bö. Adelsgeschl., III. 99.
Ronya, U., I. 532.
Ronzina, Gz., I. 346.
Roo, van —, H., I. 6, 390, 546.
Rojazzo, Kl. i. Friaul, II. 551.
Roschmann, H., I. 40; — Patriot, IV. 605, 610.
Roscopoglis, Dalm., I. 357.

Rosen, Kunz v. der —, Marim. I. lustiger Rath, II. 503, 504, 570, 571; — Baron von, IV. 282.

Rosenau (Roznabánya, Roznawa), U., I. 508, 509, III. 136, IV. 100, 102.

Rosenau —er Burg, Sbb., I. 567, 570.

Rosenberg, Bö., I. 384, IV. 390; — ab. Geschl. (die Witigonen), I. 390, 666, II. 45, 164, 199, 215, 225, III. 99, 364; — Boso v. —, I. 645, II. 45, 46; — Peter v. —, II. 164, 613, 651, III. 88; — Ulrich v. —, II. 272, 285, 290, 291, 292, 294, 300, 313, 315, 347 bis 351, 357; — Heinrich v. —, II. 350, 652, 656, III. 180; — Peter, III. 180; — Johann v. —, II. 449; — Jost v. —, III. 180; — Peter Wok v. —, III. 366, letzter s. Geschl.

Rosenberg, ö. Adelsfam., Grafen & Fsten. von —, III. 244; — Wilhelm v. —, III. 265, 282—285; — Gf. Wolfgang, III. 570, 633, 646, IV. 228, 282; — ö. Gl., IV. 594, 596; — Fst. v., Oberstkämmerer, IV. 544, 566.

Rosenberg, M., I. 105.

Rosenberg, U., I. 482, 483, III. 627.

Rosengarten, T., I. 301.

Rosenheim, Bay., I. 163, 164.

Rosenthal, kais. St.-Archivar, IV. 313, 343, 435.

Rosenkreuzer i. Wien, IV. 575.

Rosières, wallon. Abel., IV. 244.

Rosolenz Jakob, Probst v. Stainz, III. 342, 344, 392.

Roßbach, Schl. b. —, IV. 286, 287, 300.

Rossetti, H., I. 77.

Rossitz, Bö., I. 153.

Rossitz, M., III. 367, 442.

Roßheim, i. Vorberö., Reichsstadt & habsb. Vogtei, III. 537.

Roßwald, Schles., I. 423.

Roßwein, St., I. 334.

Roßwurm, ö. Gl., III. 350, 351.

Rostislaw (Roscislaw), rothruss. Fürst, I. 452.

Rostislawič, Iwanko, ruth. Fst. i. d. Moldau, I. 460.

Rostislawiczen, Nachkommen der Rostislaw, vgl. Roman.

Rostof, III. 467.

Rostoka, Kro., I. 359.

Rot, Kl. i. Bay., I. 335.

Rotenburg, Schweiz, II. 191.

Rotenburg a. d. Tauber, II. 633. III. 247, 415, 422.

Rotenstein, Voto. Gf. von —.

Roth. jbb. Königsrichter, III. 233; — ö. Commandant v. Reisse, IV. 193.

Rothburg, Schweiz, II. 119.

Rothenburg, ö. ab. Geschl., II. 210.

Rothenstein, d. Herren v. —, U., I. 476.

Rothenthurm (Vörösvár), U., I. 494.

Rothenthurmpaß, Sbb., I. 176, 551, 571.

Rothseal, ö. Geschäftsträger, IV. 367, 554.

Rothlew, Prager Patrizier, III. 107.

Rotho, Gf. v. Rodna, Sbb., I. 561.

Rothrußland, Rothrussen, Cerweno Rus, Russinien, Ruthenien, Russia rubra, Halitsch, Wladimir, I. 443, 451—454, 456—460, 463, 534 bis 536, 538, II. 43, 82, 86, 90, 93, 183, 202, 207, 208, 281, 297, III. 117, IV. 350.

Rothschloß, I. 402, s. Krakow.

Rothwasser, Bö., I. 389.

Rottal, Gf., ö. Reg.-Comm. i. U. & Mil., II. 615, 622, III. 605, 607, 609, 613, 618.

Rottel, Joh., B. v. Brixen, II. 330, 393.

Rottenbühel, Kr., II. 596.

Rottenburg, T., II. 253, 254; — ab. Geschl., II. 253—256, 262, 308, 588; — Heinrich v. —, II. 140.

Rottenmann (richtiger: Rotenmann), St., I. 640, II. 467, 639, 641, III. 57, 335, IV. 235.

Rouchowan, M., I. 422.

Rouen, Eb. v. —, s. Amboise.

Rouillé, Min., IV. 265, 268, 269, 277.

Rouna a. Karst, I. 346.

Roupowa, Wenzel, III. 479.

Roussel, Jakob, engl. Botsch., III. 474; — engl. Minister, IV. 235.

Roussillon, sp.-frz. Grenzgsch., II. 524, IV. 91.

Rouvroy, ö. Mil., IV. 289.

Rovera, s. Sirtus IV. P. u. Julius II. P.

Roveredo, T., I. 94, 100, 304, II. 264, 473, 517, 545, 550, 552, 555, III. 68, 321, IV. 42, 54, 398, 651.

Roveretti, Friaul, II. 542.

Rovigno, Istr., I. 237, 348, 350, 351, II. 159, III. 32, 146, 394.

Rovigo, It., IV. 642.

Rovna, Bö., I. 152.

Rorolanen, sarm.-slav? Volksst., I. 219, 224.

Royas v. Spinola, Christoph, Franciskaner, W. v. Wiener Neustadt, III. 635 ff.

Royto, H., I. 46, IV. 516.

Rozgony, U., I. 526, II. 171, III. 155.

Rozgonyi, ab. Geschl., I. 527, 534, II. 373; — W. v. Erlau, II. 331; — Reinold, u. Magnat, II. 457; — Stephan, II. 487.

Rozluky, Gal., I. 157.

Rozmital, Fam., III. 99; — Johanna v. —, Gem. Georg's Podiebrad, II. 377, s. auch Johanna; — Leo v. —, Bruder d. Vorigen, II. 421, 449, 651, 652, III. 110, 180 bis 182.

Roznau, M., I. 115, 416.

Roznawa, s. Rosenau.

Roznobánya, s. Rosenau.

Roznyai, ung. Dipl. u. Chronist, III. 608.

Roznyó, s. Rosenau.

Rubeis, de —, H., I. 38.

Rubbia, Jst., III. 249.

Rubein, Burggraf v. Lienz, tir. Minnesänger, III. 73.

Ruda, U., I. 175.

Rudelsdorf, U., I. 485.

Rudhardt, bayr. Hist., I. 56.

Rublin, Neusohler Patriz., I. 485.

Rudnok, U., I. 511, III. 136; s. Göllnitz.

Rudolph, deutsche Kaiser & Könige: I. (v. Habsburg), II. 322, III. 12, 14, 19—21, 27, 31, 115; — II., I. 370, 384, III. 270, 271, 276, 285, 286, 293, 303—307, 311, 312, 314, 317, 323, 336, 337, 338, 344, 350, 353, 354, 357—361, 361—370, 375—382, 388, 408, 413, IV. 177, 375, 383, 385, 411, 415, 416, 464, 483, 507; — v. Schwaben, Gegenkönig K. Heinrich IV., I. 601; — Grafen von Habsburg: I. „D. Alte", I. 654, 655, II. 116; — II., I. 655, III. 117, 130; — Herzöge v. Oesterreich: III. (I.), I. 130, 383, 386, 393, 421, 422, 426, 655, 656, 659 bis 671, II. 1—10, 12, 20—23, 46—48, 99, 117—119, 122; — (II.), II. 3, 4, 21, 22; — IV., I., 303, 327, II. 127, 130, 132 bis 141, 143, 144, 146—155, 168, 175, 189, 194, 250, III. 17, 22, 25, 27, 32, 44, 45, 52, 75, 77; 3.35. — ö. Erzherzog, Eb. v. Olmütz, Sohn Ki. Leopold's II., IV. 565; — diverie: v. Anhalt, ti. Feldhauptmann, II. 552; — v. Montfort, I. 315; — V., Gf. v. Montfort, II. 250; — I. Rfst. v. d. Pfalz, II. 19, 108; II. 7, 11, 12; — v. Rappersschwyl, II. 117; — v. Sachsen, II. 234; — v. Sachsen-Wittenberg, II. 109; — Gf. v. Wart, II. 25; — Geistliche: v. Rüdesheim, W. v. Breslau, II. 422, 450; — W. v. Lavant, II. 410, 415; — v. Hoheneck, tö. Kanzler, Eb. v. Salzburg, II. 11—12, III. 30; — von Bellinzona, Anf. d. Trienter Bgicht., II. 253.

Rudolfswerth, Kr., I. 339, II. 352, III. 32, 392; s. auch Neustadtl.

Rudolstadt, Bö., I. 391.

Rueber Hanns v. Pirendorf, Fh., ö. Gl., III. 278, 281.

Rückenburg, Bay., IV. 79.

Rüdiger, Mtgf., jagenh. Pers. z. PecheLären i. Oe., I. 631.

Rübiger (Rutnkerus), Erbbf. d. Lebenburg, III. 141.

Rüetel, Sbb., III. 138.

Rügen, Insel, III. 477, 486.

Rüstendorf, s. Riesdorf.

Russio, neapol. Gel., IV. 612.

Rugen (Rugier), germ. Volksstamm, I. 224, 226, 227, 230, 233.

Rugusfer, kelt? Volksst., I. 366.

Rukavina Jurko, troat. Knes, I. 355.

Rumanianische Thalwiese zwischen Trient & Verona, I. 262.

Rumburg, Bö., I. 395.

Rumänen (Romänen, Walachen), I. 457, 461, 463, 537, 538, 549, 570, 576, 577, II. 62, 63, 341, IV. 254, 642, 652.

Rumänien, IV. 637; s. auch Karl.

Rumänzow, russ. Gel., IV. 524.

Rumelien, III. 674, 675.

Rumi, H., I. 65.

Rummel, Franz Ferd., Frh. v. —, Lehrer Joseph's I. & W. v. Wien, IV. 73. 74.

Rumpf, Hofr. K. Rudolph's II., III. 293, 359.

Runa, s. Renn, Rein.

Runa= ober Renngau b. Graz, I. 334.

Rungelstein (Runklstein), T., II. 256, 605, III. 73, 79.

Rungory, Gal., I. 458.

Rungury, Buk., I. 457.

Ruppa, s. Raupowa.

Ruprecht, P. v. Worms, I. 258; — Fräntischer Mkgf., 270; — Pfalzgraf, Gegentönig Wenzel's b. Luxemburger, I. 384, II. 210—213, 215, 216, 220, 221, 234—236, 238, 239, 251, 252; — Kurprinz v. b. Pfalz, II. 110, 111, 535—537, 539.

Sct. Ruprecht b. Bruck, St., I. 333.

Ruprechtstein, Schl. Hsch. i. b. Oberpfalz, I. 384.

Ruremonde, sp. Rieblbe., IV. 95.

Rurif, Waräger= o. Russenführer, I. 253.

Ruritiben, russ. Dyn., III. 170.

Rusbach, I. 520; s. auch Rauschenbach.

Rusca, frz. Gl., IV. 600.

Rusdorf, kurpfälz. Dipl., III. 524.

Rusinow, Gal., I. 457.

Ruska wies, Gal., I. 457.

Rußbach, N.=Oe., I. 375.

Russinien, s. Rothrußland.

Rußland, II. 31, 75, 90, 93, 242, 492, 523, 569, 570, 573, III. 170, 306, 418, IV. 21, 85, 90, 112, 125, 126, 129, 130, 132—134, 139 bis 141, 144, 156, 158, 180, 191, 195, 196, 198, 221, 225, 228, 230 bis 233, 238, 255, 256, 261, 263, 267, 269, 276, 277, 279, 285, 287, 288, 290, 292, 296—298, 300, 314, 324, 333—337, 340, 342, 344 bis 349, 355, 358, 359, 361, 362, 364 bis 368, 490, 520, 524, 525, 528 bis 532, 554, 555, 560, 566—570, 578—580, 583—587, 591—593, 596, 598, 603, 605—608, 611, 613, 615, 622—627, 632—634, 637, 648, 649, 657, 658.

Rußmarkt, s. Reußmarkt.

Rustem, Großvezier, II. 225, 230, 232, 234.

Rustschut, Wall., IV. 493.

Rutenstein, M., I. 422.

Rutger (Rüdiger, Ruotger), v. Matrai i. T., ung. Colonisator, I. 513, 514, 516, 517, 523, 525, III. 152.

Ruth=Deutsch, s. Deutsch=Ruth.

Ruthenen, III. 149, IV. 56, 104, 152, 250, 253, 648, 652.

Ruthenenmarkt, s. Reußmarkt.

Ruthenien, s. Rothrußland.

Rutilus, chr. Märtyrer, I. 241.

Rutilius Claudius, Namatianus, röm. Dichter i. Gallien, I. 201.

Rutowski, sächs. Gl., IV. 209, 276.

Ruttenschlag, Bö., I. 399.

Ruyter, holl. Adm., III. 621.

Ruzzini, venet. Ges., III. 633, 686, 687, IV. 16, 17, 72, 74, 109, 119.

Rychwald, U., I. 522.

Rychwald, Gal., I. 444, 448.

Rynnit (einst: Burrinava), I. 176.

Ryphäische Gebirge, I. 212, II. 573.

Ryswick, Frb. v. — (1697), III. 685, 686, 688, IV. 7, 11, 95; — Friedensconf. v. 1759, III. 292.

Rzewuski, poln. Magn., III. 659, IV. 335; — Gf., poln. Emissär, IV. 547.

Rzeszow, Gal., I. 457.

Rzip, der Berg —, Bö., I. 404.

S.

Saal.reis, IV. 277.

Saale, Fl., I. 318.

Saalfeld, Thür., IV. 294.

Saalfelden, I. 320.

Saar (Zbiar), M., I. 389, 413, III. 91.

Saaz (Zatec), Bö., I. 394, II. 297, 315, III. 91, 97, 206, 437, 478, 611, IV. 409, 410, 417; s. auch Peter.

Zaba, II. 179, 282; s. auch Chelm.

Sabacz (Schabacz), U., II. 653, IV. 118, 144, 531, 532.

Sabaria, s. Steinamanger.

Sabatinca, St., I. 168.

Sabbatsdorf, s. Sobotischje.

Sabiona, s. Säben.

Sabioncello, Dalm., I. 356, 357.

Sabionetta, It., IV. 80.

Sacco, T., I. 94.

Sachez Wladislaus oder Krojel, dalm. Emporkömml., II. 283.

Sachia, s. Scaccia.

Sachs, Neusohler Altbürger, I. 485.

Sachs v. Hartenek, Ritter (Joh. Zabanius), sbb. Sachsengf., IV. 63, 64; — dessen Gattin, IV. 63, 64.

Sachsen, Königreich (Kurfürstenthum rc.), I. 322, 367, 386, 387, 586, 588, 589, 591, 598, 634, II. 273, 322, 350, 367, 404, 408, 478, 612,

614, 624, III. 34, 61, 75, 90, 106, 183, 203, 296, 297, 367, 368, 405, 428, 431, 438, 440, 443, 467, 477, 480, 483, 488, 490, 493, 502—504, 520, 525, 530, 536, 595, 621, 637, 659, IV. 40, 85, 106, 130, 131, 153, 158, 159, 180, 183, 195, 196, 199, 209, 211, 213, 214, 216, 217, 221, 226, 227, 230, 231, 232, 233, 238, 263, 269, 270, 273, 275—278, 284, 288 bis 290, 292, 294, 295, 298, 299, 334, 347, 355, 360, 362, 411, 524, 525, 559, 591, 598, 599, 611, 613, 615, 626; — K. v. Polen, IV. 21, 38, 85, 90, 102, 126, 176, 196, 199, 225, 231, 232, 261; — Herzoge, Kurfürsten, Könige, s. auch Albert, Albrecht, Anton, August, Christian, Ernestine, Friedrich, Friedrich August, Georg, Heinrich Julius, Johann, Johann Friedrich, Johann Georg, Katharina, Maria Theresia, Moritz, Rudolph, Wilhelm, s. auch Niedersachsen.

Sachsen-Coburg, s. Leopold; — -Gotha, IV. 276; — -Lauenburg, II. 109, III. 511, 525; s. auch Friedrich, Franz Albert; — -Teschen, s. Albert; — -Wittenberg, s. Rudolph; - - -Zeiß, s. August.

Sachsen, die—, in Siebenb., I. 279, 291, 295, 382, 386, 396, 524, 550, 553, 564, 571, 585, 592, II. 9, 86, 100, 105, 305, III. 123—125, 138, 226, 233, 238, 302, 355, 386, 559, 679, 680, IV. 339, 427, 652.

Sachsenburg, K., I. 321.

Sachsendorf, U., I. 485.

Sachsenfeld, St., I. 168, 334.

Sachsenspiegel, Rechtsbuch, III. 18, 137.

Sachsenstein, s. Szászkő.

Sacken, Freiherr v. —, H., I. 71.

Sodaqura, But., I. 164.

Sadovský v. Sloupna, Georg, böhm. Adel, III. 442.

Sadowa, Schl. b. — (1866), IV. 654, 656.

Säben (Sabiona), T., I. 242, 243, 292, 294, 301, 302, 305, 306, II. 125, III. 17, 21, 64, 73.

Sächsisch-Klein-Schögen, Sbb., I. 559.

Sächsisch-Regen, Sbb., I. 559, 563.

Säckingen i. Breisgau, IV. 398.

Särenthein, Cyprian v. —, Geh. R.

Mar I., II. 548, 606, 607, 617; — Kaspar, II. 612.

Sävacum, T., I. 165.

Safran, böhm. Söldnerführer, III. 431.

Sagan, schl. Fstth., I. 4, 36, 86, 226, 227, 467, IV. 190, 227, 606; s. auch Anna, Hedwig (Abt v.), s. Felbiger.

Saggathal, Stm., II. 596.

Sagrabo a. Ajonzo, Gz., IV. 397.

Sagredo, venet. Botsch., III. 595, 600, 603, 609, 610.

Saiba i. Kl.-Asien, IV. 634.

Sailern, Joh. Friedrich, Frh. v. , ö. Staatsmann, III. 686, IV. 75, 76, 79, 110, 124, 146, 245.

Sajó (fl. Slanat), Fl., I. 506—508, 532, II. 94, 171, IV. 100; — -Gömör, I. 509; — -Körömy, IV. 100, 101; - -Láda, II., III. 221.

Sajpusch (Scipnisch), Gal., I. 443.

Saint-Hillier (Santhelier), ö. Oberst, III. 419.

Salaburg, Gf. v. —, Hofkammer-Präs., IV. 16, 21, 43, 49.

Salacho, tarantanischer Untergraf, I. 281.

Salamanca, Gabriel, K. Ferd.'s I. Min., II. 623, 641, 643, III. 263.

Salamon, H., I. 68.

Salankemen (Slankamen), Türkenschl. (1691), III. 616, 678.

Salazar, kj. Unterstallm., III. 231.

Salburg, Gf. v. —, IV. 274.

Saldenhofen, St., I. 332, II. 596, 598.

Saldern, russ. Botsch., IV. 346.

Salfelden, III. 30, 176.

Satier, I. 591, 592, 597, 605.

Salina vetus - , U., I. 172.

Salinae (ad salinas. Felvincz), Sbb., I. 175, 176, 565.

Salins, Fstr., II. 502, III. 576.

Salis, schweiz. Bevollmächtigter, IV. 612.

Salle (Zala Levö), U., I. 172.

Salm, Niklas v. - -, kj. Feldhptm., II. 554, 639—641, 648, 655, III. 226, 227, 309, 556, IV. 221; — Karl Th. Otto, Fst. v. , III. 633, IV. 16—18, 59, 73, 75, 76, 83; — Bischof, IV. 498.

Salmeron, Jesuit, III. 252.

Salmuzes, s. Almos.

Salome, verlobt mit Koloman, Sohn Kg. Andreas' II. v. U., II. 90.

Salomo, Kg. v. U., I. 600, II. 71 bis 73, III. 114, 149.

Salomon, B. v. Konstanz, I. 288.

Salomon „der edle Jude", III. 141.

Salona, Dalm., I. 155, 162, 163, 179, 184, 187, 199, 200, 236, 240, 255, 356.

Salonichi, IV. 493.

Salonta, Gal., I. 457.

Saltaus, T., I. 311.

Salurns, T., I. 100, 249, 301.

Salva b. Gran, U., I. 172.

Salviati, Tonkünstler, IV. 282.

Salvins, Dr., III. 519, 522, 531, 535.

Salza, U., I. 506; s. auch Sajo.

Salzach (Salza), Fl. i. S., I. 94, 259, 316—319, III. 30.

Salzburg (Juvavo, Jopia? Juvavia, Hochstift, Bisthum, Erzbisthum, Kurfürstenthum, Stadt, Land), I. 39, 72, 100, 101, 164, 167—170, 182, 183, 191, 199, 200, 227, 228, 259, 263, 264, 267, 269, 274, 276, 282, 283, 288, 292, 295, 306, 309, 310, 316—318, 320, 321, 325 bis 327, 334, 341, 366, 584, 588, 589, 590, 599, 606, 609, 613, 626, 627, 633, 636, 637, 641, 646, 647, 658, 663, II. 7, 10, 11, 12, 14—17, 23, 102, 108—111, 225, 258, 260, 263, 331, 383, 393, 396, 402, 430, 459, 467, 539, 588, 600, 624, 636, 637, 639—641, 648, 649, III. 10, 17, 22, 23, 30, 31, 33, 38, 39, 41, 44, 46—48, 53, 55, 58, 64, 67, 74, 79, 80, 246, 257, 258, 326, 328, 419, 470, 685, IV. 79, 125, 147, 148, 149, 230, 397, 399, 496, 497, 508, 523, 526, 559, 573, 583, 586, 598, 600, 610, 620; Erz- bischöfe (Metropoliten) v. —, s. Abinsberg, Adalbert, Adalwin, Arn (Arno), Detensloer, Bernhard, Burk- hard, Eberhard, Erhard, Firmian Leopold, Friedrich, Gebhard, Gf. v. Helfenstein, Hartwich, Heriold, Keut- schach, Konrad, Lang, Luitpram, Paulinus, Philipp, Pilgrim, Rudolph, Sittich, Theotmar, Thiemo, Walchen, Wladislaw, Wolf Dietrich; — Dom- probst v. —, s. Ebran, Stuben- berg Kaspar; — Abt, s. Thiemo.

Salzburg-Kuchel-Gau, I. 320.

Salzburg, Ebb., 530, 565.

Salzer, Ambros, Wiener Domherr, III. 264.

Salzkammergut, O.-Oe., I. 337, 366, II. 637, III. 30, 362, IV. 150, 396.

Samabor, Kro., I. 362.

Samaborer Bergland, I. 362.

Sambor, Gal., I. 452, 457, 458, 535, III. 658.

Samo, Slavenfürst, I. 251.

Samogitien (Sameiten), II. 154, III. 283.

Samuel, vgl. Aba —, u. Reichsschatz- meister, II. 91, III. 141; — von Hradet, Prager Oberbürgermeister, II. 449.

San, Fl. i. Gal., I. 94, 111, 114, 442, 445, 449, 450, 453, 454, 464, II. 31.

Sand, Georg, polit. Schwärmer, IV. 622.

Sandal Hranić, Vanus, Herr v. Saba, II. 282.

Sandberg bei Neujohl, U., I. 485.

Sandec (Sandecz), Gal., I. 107, 443, 447, 448, 450, 451, 457, 519, II. 43, IV. 343.

Sandhofen a. Rhein, III. 685.

Sandiwog, Kastell. v. Kalisch u. Krakau, II. 201.

Sandomir (Sendomir), Kleinpoln. Fstth., I. 445, 446, 449, 450, II. 43, III. 138, 275, 284, IV. 351, 571.

Sándor, Abges. d. Kuruzzen, III. 624.

Sandwich, Lord —, IV. 236—238.

Sanek (Sounek), St., II. 274.

Sann (Adsaluta), Fl. i. St., I. 168.

Sannthal (Sanngau), I. 329, 330, 331, 332, 334, 339, 587, 595. Z. 6.

Sanok, Gal., I. 455, 457, 458.

Sanseverino, venet. Heerführer, II. 214, 473, III. 651.

Santhelier, s. Saint-Hillier.

Santicum, s. Villach.

Sapieha, poln. Heerf., III. 659.

Saponara, ö. Feld-Ob., III. 651, 655.

Saragossa, Sp., IV. 89.

Sarazenen, I. 455.

Sarca, Fl. i. T., I. 300.

Sarbika, Concil zu —. II. 84.

Sarbinien, II. 324, III. 169, 374, IV. 82, 94, 111, 112, 134, 140, 181, 222—225, 234, 235, 236, 239, 267, 289, 326, 358, 359, 362, 559, 560, 567, 571, 597, 611, 612, 649; s. auch Savoyen; — Könige v. —,

i. Karl Albert, Karl Emanuel, Victor Amadeus, Victor Emanuel.

Sargans, II. 251, 252, 264, 267; — Johann, Gf. v. —, II. 249; — Georg v. —, II. 474, 528, 529.

Sarbene, u. Münzmeister, III. 141.

Saris, s. Sáros.

Sárkány, Juder-Curiae v. U., II. 653.

Sárkány-er Bezirk, U., I. 567.

Sármasságy, ibb. Adel, III. 388.

Sarmaten, I. 211, 219, 222 224, 330, 442, 451.

Sarmato-Slaven, I. 225, 226, 238, II. 59.

Sarmizegethusa (Ulpia-Trajana), I. 175, 183—185, 187, 188, 200, 576.

Sarnicki, poln. Geschichtschr., I. 458.

Sarnthal, T., I. 306, 309.

Sarolta, Gyula's T., II. 61, 67.

Sáros (Saris), Comitat i. U., I. 511, 512, 520, 524, 529, 530, II. 336, III. 236, 373 IV. 338.

Sáros-Patak, U., I. 532, III. 192, 236, 442, 517, 603, 604, 609, IV. 31, 105.

Sároly, u. Adel, IV. 35, 36.

Sarpi Paolo, III. 357, 409.

Sarazin (Saracenus), Joh., III. 235.

Sár-Pentele (Herculia), U., I. 172.

Sárrét, Fl. i. U., I. 498, 542.

Sartschitz, M., I. 152.

Sárvár, U., III. 587.

Sárviz, Fl. i. U., I. 496.

Sastö, s. Adlerberg.

Saßbach, Pfalz, III. 580.

Sattl, die —, s. Sottla.

Sátoralja-Ujhely, U., I. 532.

Sattelbach, N.-Oe., I. 372.

Satundschi, Osmanenführer, III. 312, 351.

Saurau, ab. Geschl., III. 538; — Emerich v. —, III. 343; — franz. Gf. v. —, IV. 572, 575, 589, 590.

Saurer, Kaspar, hzgl. Burgpfl. a. Gösting, II. 270.

Saujal, Gegb. i. St., I. 331.

Sava, ö. Sphragistiker, I. 60, III. 673.

Savagnac, frz. Günstl. Karl's v. Lothr., III. 640.

Save, Fl., I. 102, 143, 144, 166, 329, 332, 334, 337—339, 359, 362, 543, 587, II. 75, 81, 84, 274, 275, 455, 598, III. 67, 116, 133, 153, 155, 308, 510, 678, 688, IV. 116, 154, 461 598.

Savelli, tj. Gf., III. 520.

Savia, pannon. Ldsch., I. 170, 172, 177, 184, 362.

Savona, It., II. 235, 515, 543.

Savorgnano, ab. Geschl., II. 149; — Franz v. —, II. 148; — Friedrich v. —, II. 193; — Tristan v. —, II. 282; — Girolamo, Gf. v. —, II. 545, 546, 549, 553.

Savoyen, I. 657, II. 130, 131, 324, III. 171, 456, 555, 640, 641, 672, IV. 41, 74, 80, 93, 94, 111, 127, 129, 132, 176, 180, 195, 199, 221, 223, 224, 234, 235, 237, 239, 649; s. auch Amadeus, Beatrix, Emanuel, Eugen, P. Felix V., Karl Emanuel, Louise, Louise Christine, Ludwig, Julius, Thomas, Thomas Franz, Victor Amadeus.

Sar, die Herren v. —, graubbtn. Adel, II. 250, 268.

Sazawa, Fl. i. Bö., I. 400; — Ort i. B., I. 400, 401; — der Mönch v. —, II. 37.

Sbardellati, ö. Diplomat, III. 226.

Scaccia (Sachia), Ubineser, III. 393.

Scala, della — (Scaligeri), ab. Fam. i. Verona, II. 141, 145, 252, 595; — Francesco I. (Cangrande v. Verona), II. 110, 143, 145, 151, 157, 166; — Antonio, II. 193; — (Scala) Brunoro, II. 280; — Nicodemo, B. v. Freising, II. 326.

Scalvinioni, Baron, IV. 58.

Scarabantia. s. Oedenburg.

Scaramuzza, ö. Mil., III. 231.

Scardona (Scradin), Dalm., I. 182, 184, 356, 359, 361, II. 177, 178, 205, 281; s. auch Mladin.

Scarlati, Componist, IV. 466.

Schallenberg, ibb. Agent b. b. Pf., III. 416.

Scolari Pippo, Feldh. u. Gh. v. Ozora i. U., II. 270, 280.

Scopoli, J. A., Naturforscher, IV. 517.

Scultetus, Hofpr. b. Chf. v. b. Pfalz, III. 422, 426.

Scusia, H., I. 74, 75.

Seyrer, germ. Volksit., I. 226.

Scythien, II. 57, 58.

Sezircz, poln. Abtei, I. 521.

Schabácz, s. Sabácz.

Schachenhof, vom — Sebald, ö. Bauern=
anführer, III. 317.
Schäffer, bayr. Kriegskomm., III. 351.
Schäffle, ö. Min., IV. 656.
Schännis, Schweiz, I. 314, 656.
Schärding, Bay., II. 454, 536, III.
22, IV. 212, 220, 362.
Schärfenberg (Schärffenberg, Scherffen=
berg), innerö. ab. Geschl. I. 327, 341,
II. 454; Wilhelm v. —, I. 654,
666; Gf. v. —, ö. Gl., III. 658,
663, 669.
Schärtlein v. Burtenbach, Feldhptm.,
III. 203.
Schäßbach (Schaaßbach), I. 572.
Schäßburg, I. 440, 572—574, III.
425, 240, 386, 517, 559, 589, 668,
IV. 63, 423. Z. 10.
Safařik, H., I. 62, 63.
Schaigotsch, Gf., Gl., III. 486, 504; —
Gf., B. v. Breslau, IV. 251; —
Gf., Oberburggraf v. Bö., IV.
218.
Schafhausen, Schweiz, II. 259, 379,
534, III. 174.
Schaidpöck, ö. Regier.=Kanzler, II. 615,
617, 622.
Schala — Burghausen, bayr. ö. ab.
Geschl., I. 355, 375; — Grafen
v. —, II. 53; — Gottfried v. —,
III. 621, 658.
Schallthal, Stm., II. 274.
Schallenberg, ö. Ständebote, III. 446.
Schaller, H., IV. 517, I. 46.
Schamers, Bö., I. 399.
Schams, Schweiz, II. 249.
Schandau, Sachsen, IV. 275.
Schanfigg, Schweiz, II. 268, 472.
Schapellerr (Schapler) Christoph, Bauern=
anführer, II. 634.
Schar—bagh, Balkan=Geb.=Zug, III.
675.
Schariff (Schuriff), II. 616.
Schariffenberg, Joh. Ernst v. —, ö.
Oberü. III. 486.
Scharnhorst, preuß. Gl., IV. 593.
Scharnitz, T., I. 269, 308, 368, IV.
46, 48.
Schaichet, bö. Edelm., II. 421.
Schattenburg, B.=Arlb., II. 254.
Schatzlar, bö. Grenz=O., IV. 360.
„Schauberg" (mons refugii), U., I.
514, 525.
Schauenberg (Schaumburg) Grafschaft,
O.=Oe., III. 39; — Schloß i. O.=Oe.,
II. 216; — gräfl. Geschl., I. 367,

II. 154, 155, 194, 275, 333; —
Heinrich Gf. v., II. 155, 361; —
Johann Gf. v., II. 356, 357, 381,
388, 430; s. auch Elisabeth.
Schaunit (Stiawnit), Cisterz. Abtei
i. U., I. 515.
Schebel (Colby), H., I. 67, 502.
Schebius, H., I. 54.
Scheßilarn (Szailarn), i. Kl.=Pol., Gal.,
I. 448, 521.
Scheiblingskirchen, N.=Oe., I. 166.
Scheidt, Mathias, B. v. Seckau, II.
468.
Schelde=Fl.=Sperre die, IV. 521, 522.
Schelhin Balthasar, sm. Landschafts=
kaplan, III. 246.
Schelken, Sbb., I. 572, IV. 423; s.
auch Markt=Schelten.
Schelfingen, Grafschaft a. Bodensee,
II. 621, IV. 398.
Schellenberg, Familie, III. 99; —
Johann v. —, I. 428; — Georg
v. —, Sohn des Vorigen, I. 428,
429.
Schellenberg, Sbb., III. 307.
Schellenberg bei Hochstädt, IV. 54, 61.
Schemnitz (sl. Stiawnica, Sebnitz, mag.
Sebnich, Selmecz), Flüßchen, I. 487;
Bergort (Selmecz; Bánya, slav.
Stiawnica), U., I. 408, 231, 412,
484, 486—488, II. 347, III. 92,
134, 154, 156, 236, IV. 66, 67,
517.
Schenk, s. Groß=Schenk. (Z. 10.)
Schenk, Forstmeister Hzg. Leopold's IV.,
II. 226.
Schenk v. Limburg, Albrecht, III. 370.
Schenck, Wiener Bürger, II. 469.
Schenna, Herr v. —, tir. A., II. 144.
Schepper, Cornel v. —, habsb. Dipl.,
III. 196, 197, 218, 220.
Scherban, Radul, Wojw. d. Wall., III.
352, 382, 383, 386, 388; — Con=
stantin, dsgl., III. 585, 586.
Scherenck, Franz R. Zrinyi's Kämmer=
ling, III. 279.
Scherffenberg. s. Schärfenberg.
Scherer, Franz, Gl., IV. 579.
Scherschnit, Gf., I. 58.
Scherzer, Baron, k. Obristwachtmeister,
IV. 256.
Scheßäus, H., I. 42.
Schevitz, Obstl. ung. Serbe, IV. 157,
255.
Scheyb, ö. Dichter, IV. 516.

Scheyern-Wittelsbach, bay. Ab. Geschl., I. 608.

Schickfus, v. —, H., I. 22.

Schiefer, Aug. (Severus), Erz. K. Mar. II., III. 268.

Schiers. Schweiz, II. 268.

Schildberg, Bö., I. 104, 105, 192.

Schilhertäber i. Kr., II. 552.

Schilling, Stadtschull. i. Gmunden, O.-Oe., III. 244.

Schimmer, H., I. 72.

Schindler, Ferdinand, bö. Gerichts-zeuge, IV. 218.

Schinnern, Math., v. —, Kard.-B. v. Sitten, II. 520.

Schintau (Sempte), U., I. 480, 528, III. 593.

Schlackenwald, Schlaggenwald (böh-misch: Slawkow), Bö., I. 393. II. 318.

Schladming. I. 329, II. 638—641, III. 64, 245, 392, 440, IV. 151.

Schlagendorf, U., I. 526, 527, 529.

Schlägl, Abtei O.-Oe., I. 368, IV. 204.

Schlager, H., I. 72.

Schlagles, Bö., I. 399.

Schlammersdorf, Balthasar v. —, bö. Dipl., III. 411.

Schlan, Bö., I. 394, 402, III. 97, 439, 478, IV. 409, 410.

Schlanders, T., I. 310.

Schlandersberg, T., II. 254, 265.

Schlaning (Szalonak), U., I. 494, II. 345, 429, 434.

Schlapanitz, Bö., I. 398.

Schlatten, Schles., I. 423.

Schlatten (Klein-), s. Zalatna.

Schlegel, Friedrich v. —, IV. 619.

Schlehdorf, Bö., I. 269, 308.

Schlemberg (Szlemberg), Gal., I. 448.

Schlern, T., I. 301.

Schlesien, I. 9, 22, 47—48, 58, 65, 96, 106, 114, 115, 388, 396, 406, 430—436, 451, 474, 488, 670, II. 45, 162, 166, 169, 213, 294—296, 315, 417, 421, 423, 451, 453, 477, 478, 482, 484, 487, III. 86, 87, 89, 93—95, 97, 137, 183, 190, 209, 281, 377, 398, 402, 410, 412, 414, 420, 427, 428, 442, 443, 444, 465, 466, 486, 489, 502, 524, 534, 537, 544, 558, 571, 586, 621, 647, 648, IV. 85, 124, 129, 131, 134, 143, 178, 179, 180, 183, 189—190, 192, 193, 196, 197, 199, 205, 207, 209, 215—216, 217, 224, 225, 227,

228, 229, 231, 232, 236, 239, 261, 263, 272, 273, 276, 278, 281, 282, 286, 288, 290, 293—295, 297 bis 301, 325, 336, 340, 348, 379 bis 381, 385, 392, 405, 410, 412 bis 414, 420, 458, 460, 461, 479, 485, 528, 547; s. auch Polko.

Schlesinger, H., I. 63, 64.

Schlettstadt, II. 440, III. 537.

Schlick, patr. u. ab. Fam. i. Egerlande, I. 385, 393, II. 651; — Kaspar v. —, II. 300, 302, 303, 316 bis 320, 325, 326, 328, 330, 343, 352, 436, 584; — Stephan, Gf. v. —, II. 656; — Joachim auf Schwan-berg, III. 265; — Joachim Andreas v. —, III. 364, 376, 378; — Andreas, Gf. v. —, III. 420, 430, 437; — Gf., III. 485, 496; — Gf. v. —, III. 492, 493, 510, 521; — Leopold zu Bassano & Weis-kirchen, Mil., III. 687; IV. 44, 57, 67, 110; — Gf., IV. 643, 647.

Schliessen, hess. Min., IV. 523.

Schlingenberg, II. 532.

Schlögl, s. Schlägl.

Schlözer, H., I. 513.

Schluckau, Schles., I. 423.

Schluckenau, Bö., I. 395, III. 91, 478.

Schmalkalden'scher Krieg, III. 175 bis 177, 190, 195, 197, 203, 225, 265.

Schmalz, Professor, IV. 622.

Schmaus, Dr., Tir. Geh.-Rath, III, 509.

Schmeisel, Wolfg., Schulm., I. 372.

Schmerling, ö. Min., IV. 643, 644, 646, 648, 651, 652.

Schmettau, Samuel v. —, ö. Gf., IV. 132, 133, 140, 143, 160, 284, 289, 290.

Schmid, Johann (Faber), B. v. Wien, III. 244, 245; — Comes, ibb. Plr., IV. 652; — B., Professor d. Geich. i. Wien, IV. 469.

Schmidegg, u. Fam., IV. 459.

Schmidfeld, Komm. z. Peterwardein, IV. 550.

Schmidt, Gf., III. 623; — v. Schwar-zenhorn, Rudolph, h. Botsch., III. 554, 586.

Schmidtshäu (Tussina), U. I. 479.

Schmiechen, Bay., II. 536.

Schmitovsty, bö. Adel & Söldnevi., II. 384.

Schmögen (il. Smizany, mag. Somogy,

latein. Villa Caniferorum), U., I. 515, 529.

Schmöllnitz (Schmöllenz, slav. Smolemica), Fl. i. U., I. 512; Szomolnok, Smolenice, „Pechdorf"), Ort i. U., I. 108, 512, III. 136.

Schneeberg, im Karst. I. 338, 347; — i. S., III. 92.

Schneeperger, Kr. Abel, II. 463.

Schneidau, ö. Gl., III. 589, 592.

Schneider, Dr. Vorarlb. Injurr.=Ant., IV. 600, 610.

Schnellendorf, Klein=, Burg. von —, IV. 207.

Schneller, H., I. 57.

Schnitzenpaumer v. Sonnegg, k. Hauptmann z. Pettau, ö. Dipl., II. 569.

Schögen, Sbb., I. 559, 563.

Schökel, Berg b. Graz, St., I. 166.

Schönanger, Colonie i. Tarnower Kr., I. 448.

Schönberg, M., I. 105, 414; — i. Sachsen, I. 386, 393, 396.

Schönborn, Grafen v. —, ö. Ad. Geschl., I. 536; — Friedrich Karl, Gf. v. —, Reichsvicekanzler, IV. 76, 77, 79, 110, 146, 211; — Lothar v. —, Kf. v. Mainz, IV. 91; — Franz Georg, Kf. v. Trier, IV. 211, 212.

Schönbrunn, kl. Luitschloß, IV. 282, 594, 597, 626; Friede v. —, IV. 598.

Schöning, preuß. Gl., III. 685.

Schönleben, H., I. 13, 28.

Schönsperger, Buchdr. z. Augsb., II. 602.

Schönstein, M., I. 423; —, St., II. 275.

Schönwald, Gal., I. 448.

Schönwis, U., I. 531.

Schönwiesner, u. Numism., I. 51.

Scholdermann, B. v. Gurk, II. 352.

Scholten, U., I. 573.

Schomburg, holl. Heerführer, IV. 83.

Schorsten, Sbb., I. 573.

Schottwien, N.=Oe., I. 337, 651, III. 66, 358, 605.

Schramb, H., I. 34.

Schramowice, Gal., I. 522.

Schranz, Wolfgang, steierm. Kanzler, III. 328, 334, 337.

Schratt, Achaz, Heerführer, II. 639.

Schrattenbach, Balthasar, Frh. v. —, III. 339.

Schreckenstein, Bö., I. 401.

Schreiber, Jakob (?), II. 433, 434.

Schreibersdorf, Gal., I. 444.

Schreiner, H., I. 73.

Schremser, ö. Bauernanführer, III. 317.

Schrith, ö. Arzt, II. 392.

Schrötter, Franz Ferd., H., I. 41, 43, IV. 323, 354, 481.

Schümeg, U., II. 488.

Schütt, Insel i. U., I. 92, 107, 474, 490, 491, II. 561, III. 196, 223, 657, IV. 286.

Schüttenhofen, Bö., I. 152, 391, 400, 437.

Schulenberg, sächs. Bevollmächt., IV. 611.

Schulenburg, ö. venet. Gl., IV. 119, 223, 234, 567.

Schuler v. Libloy, H., I. 69.

Schuller, H., I. 68.

Schuller, Joh., Bürgermeister v. Schäßburg, IV. 63, 64.

Schultis, Prim. o. Kuttemberg, III. 437.

Schulz, kj. Gl., III. 657.

Schumbert (Sichelburg), I. 344, 496, III. 310, IV. 256, 399.

Schupanct, Gefecht b. —, IV. 531.

Schurfi, ö. Potsch., II. 616, 640.

Schuster, Stephan, Wiener Stadtbea., III. 658.

Schwalow, russ. Adels=Fam., IV. 277, 292.

Schwaben, Land, Volk, I. 256, 290, 293, 314, 548, 585, 591, 592, 654, II. 70, 111, 153, 189, 190, 379, 380, 473, 475, 477—480, 504, 509, 510, 517, 527—533, 537, 578, 584, 640, 644, 649, III. 11, 13, 15, 18, 34, 48, 190, 203, 213, 502, 508, 647, 659, IV. 41, 149, 392, 398, 586; Schwäbischer Volksstamm, I. 575, Schwäbische Fürsten, I. 669, II. Schw. Hohenzollern; s. auch Friedrich, Konrad, Ludolph, Otto, Philipp, Rudolph.

Schwabenberg, M., I. 105.

Schwabendorf (Svabócz), U., I. 529.

Schwabenspiegel, deu. Rechtsbuch, III. 35.

Schwabi b. Sovár, U., I. 530.

Schwachheim, ö. Internuntius, IV. 299.

Schwaderloch b. Constanz, II. 530.

Schwäbisch=Hall, III. 366.

Schwaidler, s. Schwedler.

Schwamberg, Schwanberg, Ad. Geschl.

i. Bö., II. 290, III. 99, 181, 265, 335, 345.
Schwandtner, H., I. 49, 50.
Schwanenstadt, O.-De., I. 169.
Schwartner, H., I. 52, 65.
Schwarz, H., I. 49.
Schwarza, Schwarzawa, Schwarzau, Fl. i. M., I. 105, 389, 407, 411, 419.
Schwarzach, S., IV. 148.
Schwarzburg, Sbb., I. 567.
Schwarzburg, s. Günther.
Schwarzenau (Streun, Frh. v.), I. 5, 7.
Schwarzenbach, Stm., I. 610.
Schwarzenberg, Nr., I. 338.
Schwarzenberg, Reichsgfen. u. Fürsten-Geschl., I. 390, III. 312, 434, IV. 417; — Adolph, Reichs Gf., III. 312, 313, 350; — L. August v. , III. 467; — Johann Adolph, Reichs-hofraths-Präs., III. 520, 523, 565, 569, 577, 579, 607, 631; — Ferdinand, Fst. v. —, Obersthofmeister, III. 633; — Ferdinand Wilhelm, Gf. v. —, III. 643; — Fst. Karl, ö. Gl., IV. 585, 593, 603, 606, 608, 612; — (Fst. Felix), ö. Min., IV. 643, 644, 646.
Schwarzenegg a. Karst, I. 346.
Schwarzkumanien (Moldau), III. 117.
Schwarzwald, der —, ob. Petschenegen-wald, Gal., I. 458.
Schwarzwald, der —-, B.-De., II. 380, 472, 538, 644, IV. 149.
Schwarzwasser, ö. Schles., I. 106.
Schwaz, T., I. 308, II. 253, 642, 643, III. 64, 65, 67, 214, 250, 418, IV. 47.
Schwechat, N.-De., I. 169, IV. 643.
Schweden, III. 284, 404, 405, 431, 464, 468, 470, 471-473, 480, 482, 490, 494, 500, 503, 516, 518, 519, 522, 526, 529—533, 535 bis 537, 539, 571, 574, 576, 579, 582, 594, 603, 645, 647, IV. 80, 85, 90, 102, 105, 112, 149, 180, 198, 221, 278, 279, 285, 294, 528, 531, 548, 560, 611, 616; Könige v. —, s. auch Christian, Friedrich, Gustav, Gustav Adolph, Johann, Karl, Katharina, Oscar, Sigismund.
Schwedisch-Vorpommern, IV. 278, 285.
Schwedler (Schwaibler), U., I. 512.
Schweickle, Pfarrer i. Gmalz, II. 174.
Schweidnitz, I. 132, 436, II. 168, 175, 235, 415, 421, 452, III. 86, 443, 489, 525, 537, IV. 286, 295, 297,

298, 301, 420; s. auch Agnes, Anna, Wolfo.
Schweighardt, k. Conferenzrath, IV. 17.
Schweikhart, Brünner Fabrikant, IV. 492.
Schweinfurt, I. 383.
Schweiz, I. 314, 654, II. 21, 110, 112, 115, 117, 121, 122, 127, 130 bis 132, 159, 189 192, 249, 250, 259, 262, 263, 267, 268, 324, 326, 327, 331, 379, 380, 395, 437, 438, 441, 455, 460, 461, 466, 467, 471 bis 473, 501, 509, 516, 520—523, 527—531, 533, 534, 544, 549, 554, 555, 578, 580, 603, 614, III. 171, 174, 503, IV. 65, 153, 342, 356, 360, 578—581, 611, 612, 616.
Schwendi, Lazar v. —, k. Feldhauptmann, III. 277--281, 285.
Schwenkfeld, Kaspar, Settenstifter, III. 205.
Schwerin, pr. Heerführer, III. 647, IV. 87, 184, 195, 213, 275, 276, 280.
Schwicker, H., I. 68.
Schwichelt, v. —, hannov. Dipl., IV. 199.
Schwiebus, III. 662, IV. 178.
Schwoy, H., I. 47, IV. 517.
Schwyz, Schweiz, I. 655, II. 116 bis 131, 130, 131, 191, 250, 323, 471, 523, 529, III. 174.
Schylthal, Sbb., I. 551.
Scythische Steppen, III. 148.
Sdraga, Kro., I. 359.
Sebastiansberg, Sachsen, I. 386.
Sebeklieb (Klieb), U., I. 488.
Sebenico (Sibnik), Dalm., I. 125, 356, 357, 360, II. 81, 89, 177, 178, 205, 214, 281, III. 144, 146; — Gf. v. —, s. auch Domalbus.
Sebinow, s. Zeben.
Sebenstein, N.-De., IV. 610.
Sebes, Szász-, s. Mühlbach.
Sebestényi, ung. Bischof, III. 651, 652.
Sebestyén, magy. Injurg., IV. 156, 157.
Sebotendorf, Gal., I. 445.
Sebus, terra, Szöllerland, s. Mühl-bach.
Sebusvár, s. Karansebes.
Secesko, Schles., I. 432.
Sechelles, Gf., IV. 213, 259.
Sechia, Fl. i. It., IV. 133.

Sechsstädte, i. d. Lausitz, II. 453, 487.

Seckau, Bisthum, I. 335, 635, 646, II. 12, 14, 18, III. 39, 54, 80, IV. 396; — Bischöfe v. —, s. auch Arzt, Brenner, Christoph, Heinrich, Leopold, Scheidt, Traumannsdorf, Ulrich, Wernhard.

Seckendorf, Frh. v. —, kf. Botsch., IV. 129, 131, 136, 141; — Gl., IV. 133, 134, 141, 142, 160, 193, 219, 220.

Seckenheim, Pfalz, II. 406.

Seckingen, a. Rhein, II. 517, III. 538.

Sedan, Frkr., III. 524, IV. 115.

Sedlec, Bö., I. 392, 398, II. 2, 46, 102.

Sedlec, Neu=, s. Austerlitz.

Sedlniczki, Gf., ö. Poliz.=Min., IV. 630.

Sedmihradsko, slav. N., s. Sbb.

Seeau, Gf. v. —, ob.=ö. Adelsfam., IV. 150, 204, 213.

Seebach, B. v. Laibach, III. 247.

Seeberger Paß, Karaw. Paß, I. 338.

Seeburg, ö. Dynasten, I. 370.

Seefeld, N.=Oe., I. 374, II. 130, 137; — T., IV. 48; — bayr. Gf., IV. 357.

Seeger, v. —, ö. Mil., IV. 313.

Seel, H., I. 74.

Seeland, II. 501.

Seelau (Zeliwo), Bö., I. 398, 399, 411, II. 288, 290; s. auch Johann.

Seelfisch, Buchdrucker, III. 249.

Seendorf, s. Zolna.

Seewalchen, S.=Oe., I. 169.

Seewies, Ost=Schweiz, II. 268.

Segeberg, Congreß v. —, III. 431, 455.

Segeste, Stdt. b. Karner, I. 182.

Segner, Arzt u. Naturf., IV. 517.

Ségur, frz. Befehlshaber, IV. 211, 212, 555.

Seibersdorf, s. Seifriedsdorf.

Seidenberg, Schles., I. 396.

Seidl, H., I. 71.

Seidlwinkelthal i. d. Tauern, III. 67.

Seifried, H., I. 13.

Seifriedsdorf (Seibertsdorf), Schles., I. 435; — Gal., I. 444.

Seilern, s. Sailern.

Seilerthal, T., I. 306.

Seinsheim, v. —, Gf., IV. 356.

Seisenberg, Kr., I. 342.

Seisenstein, N.=Oe., III. 317.

Seiseralpe b. Botzen, T., I. 301.

Seitendorf, M., I. 105.

Seitenstetten, N.=Oe., III. 74, 75, 317, IV. 539.

Seivert, H., I. 52.

Seiz, Karth.=Kloster, St., III. 215.

Sekten, U., I. 487.

Selb, Bö., I. 392.

Seld, Dr., Reichs=Vice=Kanzler, III. 254.

Seldenhofen, s. Saldenhofen.

Selef (Kalykadnos), Fl. i. Kl.=Asien, I. 614.

Selgersdorf, s. Spernsdorf.

Selig=Cassel, H., I. 68.

Seligmann, Dr. in Hall, II. 642.

Selim I., türk. Sultan, II. 564, 587, 653; — II., dgl., III. 280; — III., dgl., IV. 560.

Selingirai, Tartarenführer, III. 687.

Selisct, Sbb., I. 573.

Selk, s. Schelk.

Sellye, U., III. 373.

Selmecz=Bánya, s. Schemnitz.

Selowitz, M., III. 528.

Selvo (Silf, Silva), T., II. 146.

Selyf, s. Markt=Schelken.

Selz, Verhandlungen zu —, IV. 578.

Semendria (Smederovo), Serb., II. 316.

Semgallen, Rußl., IV. 277.

Semler, H., I. 42.

Semlin, U., I. 364, II. 79, 373.

Semering, Bergh. & Paß i. St., I. 101, 166, 330, 333, 372, 596, 640, 651, II. 14, 102, 140, 154, 269, 481, 588, III. 66, IV. 460, 504.

Semnonen, germ. Volksstamm, I. 230.

Sempach, Schweiz, II. 191, 192, 250, III. 277.

Sempte, s. Schintau.

Sempt=Ebersberg, bayr. Ab.=Geschl., I. 295, 308, 370.

Semsenberg, Frh. v. —, H., I. 40, 41.

Sendlingen, Bay., IV. 79.

Sendomir, s. Sandomir.

Senes, Schl. b., III. 578.

Senftenau, B., III. 532.

Senftenberg, Bö., I. 398, III. 446, 449.

Senftleben, M., I. 105.

Senj (Zenia), s. Zengg.

Sente, Neumarkter —, St., I. 332.

Senlis, Frb. v. —, II. 506, 508, 557.

Sennyey, u. Adel=Geschl., III. 382; —

Stephan, B. v. Waizen, Vesprim & Raab, u. Kanzler, III. 459, 513.

Senonago, angebl. den. Gau, I. 252.

Senojetsch a. Karst, I. 346.

Sentius, Saturninus, röm. Feldherr, I. 214.

Sepekow, Vö., II. 46.

Seppeville, frz. Ges., III. 645.

Sepii, Sbb., IV. 422, 427.

Septemcastrensis, terra, Sbb., I. 552, 553.

Septemviraltafel, oberster Gerichtshof i. U., IV. 430.

Septimius Severus, röm. Kf., I. 164, 175, 183, 186. Z. 6.

„Seppenec" (Siebenbürgen), I. 462.

Serajevo, Bosnien, III. 683.

Serbelloni, ö. Gl., IV. 280, 284, 295, 298.

Serben, Volk (Serbler), I. 238, 253 bis 255, 278, 357, 364, 385, 445, 497, 543, 545, 546, 549, 550, 597, II. 68, 76, 87, III. 306, 310, 672, 673, 674, 678, IV. 56, 104, 136, 153—156, 203, 248—250, 255, 256.

Serbien (ehem. Servien, vgl. Rascien), I. 543, II. 68, 76, 80, 87, 88, 177, 179, 180, 182, 206, 316, 334, 341, 346, 369, 372, III. 117, 147, 308, 535, 671, 676, IV. 119, 120, 140 bis 142, 247, 248, 255, 348, 532, 570, 592, 616, 637; s. auch Katharina, Milan, Milosch, Nenadovitsch, Stejan, Urosch).

Seredy, Kaspar, Feldhptm., III. 219, 220, 224, 237.

Serena, venet. Baumeister, I. 557.

Sereni (Szörényi), Gf., III. 658.

Serentheim, s. Särentheim.

Sereth, Fl. i. Gal., I. 442, 459, 460 bis 464; — Ort i. Buk., I. 463.

Sergia, Gens, I. 200.

Serinwár (Zrinyivár), U., III. 590, 595, 596.

Sernatingen a. Bodensee, II. 634.

Serponte, Schstr., IV. 146.

Serravalle, T., I. 303, II. 188, 282, IV. 398.

Sertorius, II. 634.

Servatus, Dux Rhaetiae, I. 230, 235.

Servet, Sectenstifter, II. 240.

Servien, s. Serbien.

Servitiana (Gradišta?), I. 173.

Servolo i. Triestiner Gebiet, II. 426, III. 394.

Sesaiso i. It., I. 237.

Sesia, Fl. i. It., IV. 50.

Sesory, Gal., I. 457.

Sesselschreiber, Hofmaler, III. 86.

Sesyma v. Raschin, Jaroslaw, bö. Erulant, III. 479.

Seuse, Heinrich der — (Suso), Mystiker, II. 228.

Sevater (=Sävater), ill.-pann. St., I. 165, 244.

Sevennen, IV. 53, 88.

Severin, b. Heilige, (Glaubensb. in Noricum, I. 227, 233, 242.

Severin, Saint —, frz. Dipl., IV. 238, 239.

Severin, kleine Walachei, II. 93.

Severin, Kro., IV. 249, 423.

Sevilla, Tractat v. — (1729), IV. 130.

Serthenthal, T., III. 67.

Seydlitz, Freibeuter, II. 225.

Seyssel, Gräfin, IV. 357.

Szécin, Dionys, Karb. Primas v. U., II. 335, 343, 365.

Sforza, Francesco, II. 323, 324, 545, 625, III. 172; Z. 18. — Johann, Galeazzo, Hz. v. Mailand, II. 458, 460, 461; — Ludovico, II. 509—511, 520, 526, 527, 534, 545, 625, III. 172; — Ascanio, Karb., II. 511; — Massimiliano, II. 520—523, 545; — Bona, Gem. K. Sigismund, III. 217; s. auch Maria Bianca.

Shakespeare, IV. 516.

Siebenburger=Siebenburger, I. 554.

Sibidad, s. Cividale.

Sibin, s. Cibin.

Sibinburg, s. Hermannstadt. (Z. 9—10.)

Sibrik, k. Botsch., III. 226.

Sicco, II. 252; s. auch Caldonazzo.

Sicco, Botsch., III. 225.

Sichelburg, s. Schumbert.

Sicilien, I. 615, II. 324, 508, 524, III. 574, IV. 12, 20, 94, 111, 112, 128, 134, 159, 200, 597, 611, 612, 616; s. auch Alfons, Clementine, Karoline, Maria Therese.

Sickel, H., I. 61, 75.

Sickingen, II. 614, 624, 629, 632.

Siculi (Szétler, Szétlerland), I. 563, 564.

Sid, Berg i. Slavonien, I. 363.

Sido, martom. Goldfürst, I. 171, 215.

Siebenbürgen (rum. Ardjal), I. 12, 52, 53, 68, 69, 85, 96, 98, 143, 174, 176, 192, 200, 218, 222, 224,

225, 238, 380, 459, 537, 549 bis
552 ff., 571, 573, 577, 578, II. 57,
59, 60, 62, 63, 64, 67, 74, 94,
106, 305, 316, 416, 560, 566, 654,
III. 116, 117, 123, 125, 137, 154,
156, 159, 200, 218—220, 227,
228, 232, 237, 238, 240, 281, 282,
306, 307, 351, 353, 358, 359, 364,
365, 370, 382, 384, 385, 387, 417,
474, 475, 513, 516, 539, 558 bis
560, 584—588, 590, 592, 599,
609, 620, 622—624, 627, 654, 660,
663, 664, 668— 670, 676—678, 680,
681, 683, 688, IV. 57, 60, 62, 64
bis 67, 97, 98, 100, 103, 107, 117
bis 119, 142, 150, 151, 250, 305,
339, 364, 389, 392, 393, 421 bis
423, 426—428, 446, 456, 458 ff.,
463, 479, 485, 490, 499, 513, 537,
538, 551, 643, 644, 647, 648, 651,
652.

Siebenburg, s. Hermannstadt.

Siebeneich, T., II. 266.

Siebenlinden, s. Héthárs.

Siegel, H., I. 72.

Siegelsberg (Sieglitz), U., I. 487.

Siegfried, B. v. Augsburg, I. 587.

Sieglitz, s. Siegelsberg.

Siena, It., II. 294, 317, 356.

Sieniawski, Palt. v. Belcz, IV. 38,
39.

Sievering b. Wien, I. 227.

Sievers (Sieviesz), Schles., I. 134,
137, 144, 450.

Sigbert (Sigibert), merov. Fürst von
Austrasien, I. 238, 256.

Sigehard, Patr. v. Aquileja, I. 310.

Sigfried v. Anhalt, I. 659.

Sighart, Ahnh. d. Sempt-Ebersberger,
I. 288.

Sigler, H., I. 25.

Sigmund (Sigismund), — K. v. U.
den. Rö., deutscher Kaiser u.
K. v. Böhmen (Luremburger), I.
131, 393, 422, 456, 462, 480, 481,
497, 502, 508, 522, 532, 533, 540,
545, 546, 558, 561, 569, 570, 574,
II. 168, 169, 175, 184, 200—210,
212, 214, 216—227, 234, 238 bis
240, 243—247, 257—266, 269 bis
271, 273, 275, 276, 279, 281 —283,
285 —287, 289—296, 298—305,
312, 316—318, 322, 334, 335,
345, 361, 652, III. 85, 116, 117,
122, 125, 126, 137, 138—142, 147,
153, 157, 217, 224, IV. 356; Z. 17. —

habsb.-österr. Fürst, v. Tirol,
II. 40, 320, 326, 328—332, 366,
378—384, 389, 392—396, 423,
437—441, 471—476, 479, 480,
499, 504, 541, III. 22, 34, 55,
61; — poln. Könige: — a)
Jagellonen. I. 128, II. 563, 564,
568—570, 572—574, 613, III. 170,
181, 186, 190; — August, d. letzte
Jagellone. III. 259, 282; — b)
Waja, III. 300, 301, 302; — III.,
III. 417, 422, 428; — Korybut,
Prinz, Neffe Withold's v. Litthauen,
II. 292, 294, 296; — Sigmund
Franz, (Ehz., Sohn Ehz. Leopold's
V., III. 639, IV. 379.

Sigmund Ernst (Hampo), B. v. Fünfkirchen, III. 160.

Sigmundskron, Sigmundslust, Schlösser
i. T., II. 476.

Sign, Dalm., I. 356, II. 202, 215.

Sigovejus, Gallierfürst, I. 151.

Sijo, Fl., I. 496.

Siklós, U., I. 497, II. 213, 276.

Siklósi, Michael, protest. Prädikant,
III. 236.

Silberberg, Bö., I. 391, 438.

Silbergrund, Silberwald, Montan-
grund i. U., I. 516.

Silian (Sillian), T., IV. 610.

Silicano, Ehz., IV. 397.

Silinger, Vandalen-Stamm, I. 431.

Silistria (Durostorum), I. 175, II.
53.

„Silistrien", als landsch. Bezeichnung,
III. 676.

Silius, P., illyr. Proconsul, I. 157.

Sill, Fl. i. T., I. 305, 307, II. 641.

Sillein (Szolna, Zilina), U., I. 95,
96, 481, III. 137, 397.

„Silvö", s. Selau.

Simeon (Sova), Brankovic, B. v.
Janopol, III. 673.

Simmering b. Wien, II. 384.

Simon, Coloniegründer i. Gal., I.
448; — Banus, II. 89.

St. Simon, Hz. v. , IV. 114.

Simontornya, Ort i. U., I. 496.

Simontornyai, ung. Parteiführer, II.
213.

Simpach, Bay., IV. 220.

Simplicius, Stadtvikar v. Rom, I.
200.

Simsdorf, Schles., III. 441.

Sinabene, byz. Prinzessin, Gem. K.
Geisfa's I. v. U., II. 73.

Sinan Pascha, Großvezier, III. 306, 307, 312.

Sincére, ö. Feldzeugmeister, IV. 289.

Sindelburg, Oe., III. 75.

Sinelli, Emerich, B. v. Wiener-Neustadt, III. 569, 571, 579, 621, 626, 631, 635.

Sineus, Warägerführer, I. 253.

Singidunum, I. 170, 173, 175; f. auch Belgrad.

Singler, U., I. 530.

Singriener, Buchdrucker i. Wien, III. 78.

Sinj, Dalm., I. 357.

„Sion", huff. Raubschloß b. Kuttenberg, II. 302.

Sion, f. Sitten.

Sinzendorf, ö. Ad.-Geschl., III. 540; — Johann Joachim, Gf. v. —, III. 566; — Georg Ludwig, III. 566 bis 568, 570, 626, 631, IV. 75, 458; — Albert, Gf., III. 569, 631; — Philipp Ludwig, Gf., IV. 17, 75, 76, 79, 92, 93, 110, 134, 146, 175, 183, 188, 191, 201, 204, 205, 213, 221, 245; — Rudolph, Gf., IV. 109.

Sinzheim, Schl. b. —, III. 578.

Sipar, Istr., I. 348.

Sipontum (Manfredonia), I. 255.

Sirt, Jakob, Erzb. v. Köln, II. 404.

Sirmien, Syrmien (Frankenland, Fraukochorion), Szerém, Löschjt. u. Comitat i. Slavonien, I. 278, 360, 363, 546, II. 68, 81, 83—85, III. 116, 191, 513, 668, 674, 678, IV. 29, 119, 154, 248, 424, 592; — Georg von (Szerémy), Chronist, II. 653.

Sirmium b. Mitrovic, U., I. 167, 173, 174, 177, 179, 182, 184, 185, 196, 199, 200, 226, 241—243, 363; Bischöfe v. —, f. auch Anthemius, Irenäus.

Siscia f. Sissek, B. v. —, f. Quirinus.

Sisman v. Bulgarien, II. 206, 207; — III., Herr v. Trnowo, II. 87, 182.

Sismaniden (Azaniden), bulgar. Dynastie, II. 180.

Sissek (Siscia), I. 172—174, 178, 179, 182—184, 199, 242, 243, 278, 362, 364, II. 68.

Sistow, Bulgarenstadt, Friedens-Congreß i. —, IV. 554, 592.

Sitten (Sion), Schweiz, II. 520; B. v. —, f. Schinnern.

Sittich, Kr., I. 343.

Sittich, Jakob v. Ems, II. 592; — Marr v. Ems, II. 546, 550, 555; vgl. o. Ems.

Sittich, Marr, Gb. v. S., III. 390.

Sirtus IV., P., II. 151, 458, 461; — V., dgl., III. 296.

Skala, H., I. 18, III. 363, 430, 440.

Skalic, Bö., I. 152, 389, II. 46, 287.

Skalic (Stalitz, Szakolcza), U., I. 418, 480, III. 155, 421, IV. 458.

Standinavien, II. 323, III. 170, 404, 433, IV. 149.

Skardona, f. Skradin.

Scaurus, Aem., I. 157.

Skawa, Gal., I. 443.

Skleno, U., IV. 470.

Skodra, f. Skutari.

Skordister, kelt. Volk, I. 210.

Skotschau, Schlef., I. 106.

Skradin, Dalm., III. 309.

Skué, Bö., II. 449.

Skutari (Skodra), i. Alb., I. 143, 155, 162, 277, 353, 355, II. 76, 542, IV. 530.

Slanak, f. Sajo.

Slankamen (Szalankemen, Acumincum), U., I. 173, II. 304.

Slatina, Berge, Bu., I. 460.

Slatkonia, B. v. Wien, II. 616, III. 243.

Slatuga, Gefecht b. —, IV. 531.

Slawata, Wilhelm, Gf., bö. Oberlehensherr, Hofkammerpräf., dann Oberhoffanzler, Geschichtschr., I. 18, III. 364, 367, 376, 377, 381, 396, 408 bis 411, 433, 439, 441, 460, 461, 510, 511; — Albrecht v. —, auf Koschumberg, III. 460.

Slawen (Slowenen, Winden, Wenden), I. 208, 238, 240, 277—279, 289, 363, 368, 375, 385, 387, 388, 431, 526, II. 29—31, 65, 68, III. 48, 49, 60, 62, 89, 103, 148, IV. 250.

Slawnif (Slawnik), bö. Geschl., I. 390, 395, II. 31, III. 104.

Slavonien, I. 27, 53, 69, 116, 142, 360, 362, 363, II. 31, 75, 276, 369, 489, 548, III. 116, 117, 125, 126, 138, 143, 185, 199, 200, 287, 423, 603, 610, 668, 678, IV. 140, 154, 203, 248, 643; f. auch Koloman, Ujlaki.

Slawec, Bach i. d. Bu., I. 460.

Slawek v. Riesenburg, bö. Herr, I. 393.

Slawizo, kroa. Usurpator, II. 78.

Slawkow, s. Austerlitz.

Sleingt, s. Schlaning.

Slezane, s. Schlesier.

Slezko, s. Schlesien.

Sljena=Vrh, Kro., I. 362.

Slowaken, I. 407, 409, 507, II. 30 bis 32, 67, 69, IV. 58.

Slowenen, s. Slawen.

Slověnici, bö. Gauvolk, III. 103.

Sluha, Franz, k. u. Protonotar, IV. 393.

Sluin, Mil.=Grenze, I. 364, 496, IV. 399, 423.

Sluys, Niederl., II. 504.

„Smečanský“, s. Martinic.

Smerekowec, s. Fichtenberg.

Smitowski v. Saar, huss. Söldnerf., II. 336.

Smiřicki, bö. Adel, II. 364; — Margaretha v. —, Mutter A. Wallenstein's, III. 460; — H. A., III. 462.

Smith, A., Nat.=Oekon., IV. 494.

Smizany, s. Schmögen.

Smolenica, s. Schmölnitz.

Smolensk, Pol., II. 570, IV. 367.

Smolka, H., I. 70.

Smyrna, Kl.=As., IV. 493.

„Snaidholzer“, die —, Adels=Verbindung i. T., II. 255.

Sob, Schloß i. Gal., I. 454.

Sóbánya, Sbb., I. 530, IV. 152; s. auch Salzburg.

Soběslav, Bö., I. 152.

Soběslaw I. (Sobieslaw), Hz. v. Bö., I. 387, II. 37; — II., dgl., I. 612, II. 38, 84, III. 90; — Theilfürst v. Chrudim (Tipolnice), II. 38, 39, 41; — Sohn Johann Heinrich's, Mkgf. v. M., I. 422, III. 84.

Sobiesta, Thereja, Tocht. Johann Sobiesti's, IV. 11.

Sobiesti, Joh., Kg. v. Pol., III. 575, 578, 624, 625, 647—649, 655, 659, 660, 682, 684, IV. 11.

Sobolte, Schl., I. 131.

Sobotischje (Zabbatsdori), U., I. 180.

Socinus, Sectenstifter, III. 240.

Sodan, s. Ludun.

Sobeger v. Tyto, Trienter Podestà, I. 658.

Söbing, Kl. u. S., St., I. 336.

Söll, prot. Prädikant, II. 643.

Sötern (Söters), Philipp v. —, Kfst. v. Trier, III. 490, 504.

Sófalva, Sbb., I. 176, 538.

Sofia, Türk., III. 674.

Sohl (Neu= und Alt=), U., I. 108, 484, 485, 488, II. 347, III. 373.

Sohrau, Schl., I. 427.

Sois, de —, bö. Landstand, IV. 417.

Soissons, Schl. b. —, I. 229.

Soissons, Eugen Mauritius, Gf. v. —, III. 641; — Olimpia Mancini, Gem. des Vorigen, III. 641.

Sokol, Hans, Ritter v. Lamberg, II. 219, 221, 225, 287.

Sokolnice, Schlef., I. 432.

Sola, Fl., Gal., I. 443.

Solari, tj. Gl., IV. 47, 48.

Solentia (Solta), Dalm., I. 154.

Solferino, Schl. b. — (1859), IV. 647, 650.

Soliman I., türk. Sult., II. 180; — II., dgl., II. 653, 655, 656, III. 170, 176, 191, 195, 198, 217, 223, 224, 225, 277, 279, 308, 312.

Solitro, H., I. 70.

Solmar (Solyomvár), U., I. 503.

Solms, Gf., pfälz. Großhofmeister, III. 114; — Gf., III. 659; — preuß. Gef., IV. 366.

Solothurn, Schweiz, II. 121, 130, 131, 190, 471, 530.

Solstein, T., I. 307.

Solt, U., I. 503.

Soltyk, B. v. Krakau, IV. 335, 336.

Soltykoff, russ. Feldherr, IV. 291, 292.

Solymos, U., I. 545, 549.

Solyomtö, U., III. 135.

Solyomvár, s. Solmar.

Somersberg, T., I. 304.

Somlyó, I. 540, 550, III. 668, IV. 33.

Sommacampagna, It., Schl. b. —, IV. 642.

Sommer, H., I. 46, IV. 517.

Sommerau, ö. Staatsmann, IV. 590.

Sommersberg, H., I. 44.

Sommerein, U., I. 491.

Sommerstein, Sommersteinhof b. Lemberg, I. 456.

Somogy, s. Schmögen.

Somogy, s. Sümegh.

Somogni, H., I. 25.

Sona, It., IV. 642.

Sonabender, Lorenz, Grazer Stadtpfarrer, III. 342.

Sonnenberg, B. A., IV. 398; — Ulrich, tf. Rath, II. 326.

Sonnenburg, Nonnenstift, T., I. 304, II. 393, 394, 643, III. 73.

Sonnenfels, J. v. —, IV. 447, 469, 471, 482, 494, 518.

Sontheim (Sonthem, Sunthem), Labislaus v. —, Abt, Genealoge, I. 5, II. 605.

Sonthofen, Bay., I. 164.

Sópatak, s. Salzburg.

Sophie, Tocht. Kf. Heinrich's III, I. 600; — Tocht. des Griechenkaisers Theod. Laskaris, I. 621; — Tocht. Hz. Johann's v. Bay., II. 290; — Markgräfin v. Brandenburg, III. 265, 282; — Nichte Gabriel Báthory's, Mutter Rákóczy's, III. 385, 612; — Gem. Ernst August's v. Hannover, III. 637; — v. Anhalt-Zerbst (f. Katharina II.), IV. 229.

Sopianae, U., I. 172, 497.

Soprony, s. Oedenburg.

Sorbait, Paul, k. Leibarzt, III. 658.

Sorben (Surben), fl. St., I. 254, 385.

Sorbenmark, I. 382, 385.

Sós, ung. Feldherr, II. 176.

Sossed, Kro., III. 330.

Sottla, Fl., Kr., I. 362, II. 463.

Soubise, frz. Heerführer, IV. 285 bis 287, 289, 295, 298.

Souches, de —, Gf., Gl., III. 528, 529, 572, 578, 580, 587, 593, 595, 658, 678.

Sonne, Mtgf v. —, Vogt v. Gurt, I. 602.

Sonne-Friesach-Zeltschach, Wilhelm I., Gf. v. —, I. 335, 587; f. auch Wilhelm, Elisabeth.

Sonneck (Sonnet), d. Freien v. —, später Grafen von Cilli, I. 336, II. 274, 277, III. 54, 72; — Ulrich v. —, II. 274; — Friedrich v. —, II. 274; vgl. Cilli.

Sóvár, I. 530, III. 626; f. auch Salzburg.

Sowinec, mähr. Adelsgeschl., III. 99.

Soyu, f. Sajó.

Spalato, Dalm., I. 125, 255, 278, 356, 357, 360, 361, II. 75—77, 79, 81, 89, 177, 178, 205, 214, 283, 572, 630, III. 143, 144, 146, 147; — Eb. v. —, f. Zane; — Erzpriester v. —, f. Thomas.

Spangár, Chronist, I. 24.

Spanheim, Professor, III. 523.

Spanien, II. 60, 324, 491, 492, 507, 508, 510—513, 515, 517, 520 bis 524, 237, 543, 546, 548, 554, 556 bis 559, 603, 616, 629, III. 145, 168, 169, 172, 211, 215, 256, 270, 271, 357, 359, 361, 374, 376, 377, 390, 395, 396, 403, 413, 455, 456, 459, 466, 471, 482, 483, 491, 495, 521, 522, 524, 526, 530, 531, 535, 557, 558, 572, 573, 574, 577, 582, 646, 648, 649, 661, 662, 685, 686, IV. 8, 10, 11, 13, 14, 44, 50, 82, 85—89, 91—94, 111, 112, 128 bis 130, 132, 141, 145, 159, 160, 173, 180, 181, 199, 200, 222 bis 224, 233—235, 237, 267, 292, 316, 374, 560, 582, 597, 611, 612, 615, 616, 623, 624, 637; — Könige v. —, f. Amadeo, Carlos, Ferdinand, Johanna, Joseph Bonaparte, Isabella, Karl, Louise, Maria Christine, Maria Theresia, Margerita Theresia, Philipp.

Spanioler, =span. Söldner, III. 310.

Spantau, ö. Gl., III. 612, 622, 623.

Sparr, Georg v. —, Gf., Feldherr, III. 483, 486, 499, 501, 595.

Spašta, Berg, Bu., I. 460.

Spat, David, ö. Bauernanführer, III. 450.

Spaur (Spor, Sporo), Fam. i. T., I. 303, II. 264, IV. 398; — Peter v. —, II. 254, 256, 261, 264, 265, 267; — Gf. v. —, III. 322.

Speckbacher, Joseph, IV. 599, 600.

Speier, II. 101, 103, 190, 245, 537, III. 195, 281, 282, 322, 470, IV. 222.

Spener, Theologe, III. 637.

Spening, Lorenz, Baum. a. Wiener S. Steph., III. 79.

Speratius, f. Spretten.

Sperges, Joseph v. —, auf Palanz, Hofrath, IV. 323, 481.

Spervogel, Chronist, I. 12, II. 655, III. 105.

Sperndorf (Selgersdorf), U., I. 515, 516, 526, 527.

Spielberg, Festung b. Brünn, M., III. 529, IV. 610.

Spielfeld, St., I. 101.

Spielmann, ö. Staatsm., IV. 323, 481, 552, 553, 566—568.

Spieß, Anna, II. 474

Spieß, Dr., Gel., IV. 541.

Spießhammer, f. Cuspinian.

13*

Spilimbergo, Friaul, I. 345, II. 142, 143, 150.
Spindler v. Hoseck, J. B., Hofkammer-rath, III. 446.
Spinelli, kj. Obst., III. 487.
Spinola, sp. Feldherr, III. 427, 456.
Spinola, B. v. Wiener-Neustadt, s. Royas.
Spista sobota, s. Georgenberg.
Spisska stolyca, s. Zipser Com.
Spital, ꝛc., I. 321, 327, II. 464, 465, III. 67, 316, IV. 151.
Spitignew-er Zupe, M., I. 416.
Spitignew, Spitihněw I. (Premysliden), S. Borinvoj's, Hz. v. Bö., I. 290, II. 30; — II., Sohn Bretislaw's I., Hz. v. Brünn, II. 34, 39, 72, III. 105.
Spitz, N.-De., II. 536, III. 317.
Spön, niederl. Bevollm., IV. 612.
Sponer, u. Fam., IV. 459.
Sponheim-Ortenburg-Lavantthal, Grafen dann Herzoge v. Kärnten, I. 325, 327, 336, 341, 605, 613, 620, 657, III. 9; — Bernhard, Gf. v. —, I. 609, 613, 617; — Engelbert, Gf. v. —, I. 325, 350, 602, 606; — Ulrich II., Hz., I. 617; — Ulrich III., Hz. auch von Lundenburg i. M., I. 342, 417, 636, 641—643, 649, II. 41, 42; — Philipp, I. 646, 647.
Sporf, ö. Reiter-Gl., III. 532, 533, 592, 595, 613.
Spornhau, Paß, Bö., I. 388.
Spoß, Herrsch. i. d. Ostpfalz, I. 384.
Sprenger, Hanns, ö. Feldhptm., II. 545.
Sprenz, Sebastian, B. v. Brixen, II. 642, 643.
Spretten (Speratus), prot. Pred., II. 636, 651, 654, III. 243, 244.
Sprinzenstein, ö. Botsch., III. 446.
Spytek v. Melsztyn, gal. Magn., I. 458.
Srebernik, serb. Silberbgw., III. 146.
Sjulu-Derbend, Balkanpaß, II. 340.
Staatz, N.-De., I. 374, 644.
Stab, Johann (Stabius), H., I. 5, II. 604, 606, III. 76.
Stablowitz, mä.-schl. Enclave, I. 423.
Stackelberg, russ. Bevollm., IV. 611.
Stadecker, der Minnes., III. 72.
Stadion, Philipp, Gf., ö. Min., IV. 481, 566, 583—586, 589—595, 597,

598, 605, 607, 630; — Gf. (Franz), gal. Gouv., IV. 643, 644.
Stablau, De., I. 624, II. 217; — Joh. v. —, II. 102.
Stabloo, schl. b. —, III. 458.
Stämpfl, B. v. Brixen, II. 266.
Stättenberg, St., II. 271.
Stäublein, Wiedertäufer, II. 633, III. 65.
Stagno, Dalm., I. 356, III. 146.
Stahremberg, Starkenberg, Storchinberg, Schl. i. O.-De., ad. Geschl., I. 358, 616, II. 210, 226, III. 55, 540; — Gundaker v. —, I. 626, 661; — Hanns v. —, III. 181; — Erasmus v. —, III. 251; — Gottfried v. —, III. 316, 362, 388, 417; — Richard, Gf. v. —, III. 417, 588; — Heinrich Wilhelm, III. 566; — Ernst v. —, III. 612; — Rüdiger, Gf. v. —, Berth. Wien's, III. 634, 643, 658, 661, 671, 681, 682, IV. 16—19, 76; — Bartholomäus, IV. 18; — Guido, S. des Barthol., Vetter Rüdiger's, III. 658, 665, 669, 670, 672, 677, 678, 682, IV. 18, 19, 42, 43, 48—50, 53, 75, 76, 82, 83, 86, 88—93, 99, 115, 133, 146, 160; — Gundater v. —, Hofkammerpräsident, IV. 49, 76, 77, 79, 110, 129, 134, 145, 146, 183, 191, 201, 245; — Max (Bruder Guido's), IV. 116, 284; — Georg, Fst., ö. Min., IV. 265, 267—269, 277, 287, 289, 290, 294, 296, 322—324, 443, 480, 534, 544, 566, 579.
Staika, Bergn. Bu., I. 460.
Stainville, kj. Gl., IV. 118; — Marquis de —, franz. Botsch., später Premier, IV. 234, 287, 289 — vgl. Choiseul.
Stainz, St., II. 342; — Probst v. —, s. Rosolenz.
Stair, Lord —, IV. 215, 221.
Stambul, s. Constantinopel.
Stampien, u., I. 180, 475.
Stampfer, Gf., IV. 481.
Stams, T., II. 526, 643.
Stanacum b. Engelhardszell, O.-De., I. 169.
Stanhope, engl. Feldherr, IV. 86, 89.
Stanislau, s. Stanislawow.
Stanislaus v. Znaim, II. 232, 234, 242, 243.

Stanislawow (Stanislau), Gal., I. 457, 458, II. 454.
Stannern, M., I. 106, 412.
Stanzerthal, T., I. 99, II. 251.
Staphyläus, röm. Legat, II. 564.
Staps, Friedrich, Attentäter, IV. 598.
Stara=wes, s. Altdorf.
Starbowa, U., I. 193.
Starkemberg, s. Starhemberg.
Starkenberg, s. Stahremberg.
Starkenberg, T., II. 254, 261, 266; — Ulrich v. —, II. 264, 265; — Wilhelm v. —, II. 265; — Hart= mann v. —, III. 73.
Stargard, III. 503.
Starzer, ö. Dipl., III. 424.
Statilev (Statilius), sbb. Bischof, III. 190, 200, 220, 221, 238.
Stattenberg, Fh. von —, s. Prüschenk.
Staufen, Fürsten=Geschl., I. 392, 606, 608, II. 42, 124; s. Friedrich, Konrad, Heinrich, Philipp.
Stechiof, russ. Botsch., IV. 361.
Steckborn a. Bodensee, IV. 398.
Stèkna, Eggenb. Herrsch., Bö., IV. 397.
San Stefano, Frd. v. — (1878), IV. 637.
Steffek, s. Kolodiet.
Steffeltau b. Schemnitz, I. 487.
Steffling=Regensburg, Grafen v. —, I. 606.
Steier (Steyer), Stadt i. O.=Oe., I. 328, 336, 367, 587, 594, II. 271, 356, III. 29, 30, 37, 61, 68, 79, 244, 252, 263, 264, 273, 318, 447, 449, IV. 405, 581.
Steiermark, I. 38, 39, 58, 72, 73, 101, 118, 144, 274, 276, 292, 318, 328, 331, 332, 336, 362, 367, 368, 373, 585, 587, 589, 594, 595, 596, 609, 613—615, 623, 626, 636, 639 bis 641, 643, 651, 653, 664, 665, 667, 670, II. 2, 3, 4, 9, 10, 12, 13, 19—21, 23, 31, 34, 39, 45, 49, 54, 64, 133, 148, 223, 224, 268, 269, 271, 339, 344, 380, 386, 388, 389, 428, 432, 434, 462, 463, 465 bis 469, 505, 586—589, 593, 596, 597, 599, 617, 620, 636—640, 649, III. 54, 57, 58, 65, 70, 71, 218, 245, 249, 308, 310, 325—329, 330, 333—335, 338, 340, 344, 358, 392, 415, 417, 418, 454, 538, 539, 543, 595, 621, 643, IV. 151, 391, 392, 396, 397, 399, 401, 406, 407, 438, 448, 452, 456, 485, 488, 489,

506, 517, 546, 572, 633; s. auch Karantanien; vgl. Traungauer, Babenberger, Otokar, Habsburger.
Steig, der „goldene" —, zwischen Bö. & Bay., I. 382.
Steigentesch, ö. Dipl., IV. 595.
Stein a. d. Donau, N.=Oe., I. 356, 370, 375, 388, 461, 469, 667, II. 224, III. 26, 31, 55, 57, 66, 251, 273, 318.
Stein, K., I. 326, 636, II. 271, 596.
Stein am Callian, T., II. 473, 547, IV. 398.
Stein, Jörg v. —, II. 430; — Die= pold v. Reißenburg, II. 497; — Fh. v. —, preuß. Min., IV. 525, 593, 604, 606, 613; — russ. Be= vollmächtigter, IV. 611; — ö. Re= giment, IV. 595.
Steinamanger (Sabaria), U., I. 166, 171, 172, 179, 182, 183, 185, 199, 200, 241, 242, 494, II. 488.
Steinau, I. 436, III. 86.
Steinbach a. Attersee, O.=Oe., I. 169.
Steinberg, Kro., I. 142.
Steinberg, Ritter v. —, Pamphletist, IV. 511.
Steine, bö.=schl. Gsl., T., I. 389.
Steinebach, H., I. 47.
Steinfeld, das —, bei Wiener=Neustadt, I. 366, 372, 596.
Steinhauer, Georg, ö. Bauernanführer, III. 317.
Steinkirchen, N.=Oe., I. 369.
Stèkna, Amos v. —, Secten=Vertreter (Amositen), II. 448, 449.
Stelbach (Stillbach), U., I. 531.
Stella, Gf. Rochus, III. 109.
Stenico, T., I. 303, IV. 398.
Stenzel, H., I. 48.
Stephan, ung. Könige: I., d. Heil., I. 418, 478, 486, 490, 491, 496, 498—501, 503—505, 540, 541, 548, 554, 560, 593, II. 32, 59, 60 bis 62, 66—70, 73, III. 113, 118, 119, 129, 147, 149; — II., II. 81, III. 116, 149, 152; — III., I. 612, II. 82—84; — IV., II. 82, 83, 115; — V., I. 488, 491, 510, 525, 532, 538, 558, 575, II. 92, 95, 642, 643, 650, 651, 653, III. 121, 136, 138, 157; — öst. Ehz., IV. 642; — bay. Hz., II. 12, 138—140, 167; — poln. Fst.: Oheim d. Kg. Sigismund, II. 302; Diverse: I., Fst. v. Bosnien, II.

275; — Tvrtko (Tvartko), II. 182; — „d. Große", Kg. (Hospodar) d. Moldau, I. 461, 462; — Banus, aus dem kro. Geschl. Subić, Statth. i. St., I. 641—643; — Sohn Kg. Karl Robert's, Woyw. v. Sbb., Banus v. Kro., II. 173, 203; — Hz., Neffe & Thronfolger Kg. Kresimir's v. Kro., II. 78; — Nemanja, I., & II., Fst. v. Serbien, — Serbenfürst & „Kj." v. Romanien, II. 87, 178; — Bruder Valk's, I. 538; — Urosch, II. 180; — Haupt d. ö. Waldenser, II. 418; — v. Klis (Klissa), II. 597; — „Rezwan" („Winzer"), auch Hofman, Usurpator d. Moldau, III. 306; — Michael, Rátóczyaner, IV. 64.

St. Stephan, Klost. b. Olmütz, II. 44.
Stepney, Georg, Lord, engl. Botsch., IV. 18, 49, 50, 53, 56, 57, 59, 66, 97—99.
Sterbohol b. Prag, III. 368, 369, 370, 387.
Sternberg, M., I. 105, 414, 415, 442, II. 418, III. 442, 541, IV. 193.
Sternberg, bö. Fam., III. 99; — Jaroslaw v. —, II. 44; — Adam v. —, III. 264, 376, 396; — Zbenko v. —, II. 407, 410, 420, 449, 457; — Ladislaus v. —, II. 613; — Albrecht v. —, III. 190; — Stephan v. —, III. 368, 376; — Gf. Wenzel, Oberfthofmeister, IV. 76; — Gf. Kaspar v. —, IV. 547; s. auch Aleich v. Sternberg, Divišow.
Sternberger, Gfn. v. Sternberg, ab. Geschl. i. st., I. 327, II. 44.
Sternheim, M., I. 105.
Sternstein i. d. Pfalz, I. 384.
Sterfen, Gregor, Pfleger i. d. Gotschee, II. 594.
Sterzica, Gr., I. 102.
Sterzing, L., I. 305, II. 588, 642, III. 25, 55, 67, 68, IV. 46.
Sterzinger, Mart. Andr., tirol. Landsturmanf., IV. 47.
Stettenberg, f. Früschenk.
Stettin, f. Margaretha.
Steub, H., I. 71.
Steinz (Stainz), St., I. 335.
Stewart, engl. Bevollm., IV. 611.
Steyerer, H., I. 36, 37.
Steyer, f. Steier.
Stiawnica, f. Schemnitz.
Stiawnik, f. Schaunik.

Stibor v. Stiborzicze, poln. u. Mgnat, Woyw. v. Sbb., I. 480, 481, II. 213, 214, 225, III. 156.
Stibor (Stiborius), Andreas, Akademiker, III. 76.
Stichel, d. „alte", Wiener Patrizier, II. 224.
Stiefel, Michael, protest. Theol., III. 244.
Stilicho, d. Vandale, I. 226.
Stier, Kartograph, IV. 451.
Still, Dynasten von —, vgl. Heft.
Stillach, s. Stellbach.
Stillfried, Oc., Schl. b. —, I. 180, 671.
Stippo, Alban., III. 676.
Stitné, Thomas v. —, bö. Adel u. Schftst., II. 230, III. 108.
Stitnif, f. Gjetnef.
Stimik, Oheim Thomas Krön's, III. 342.
Stirenstein, N.-Oe., II. 262.
Stobäus v. Palmburg, B. v. Lavant, III. 341, 345, 392.
Stobraz (Epetium), Dalm., I. 163.
Stock, Prof., IV. 469.
Stockerau, N.-Oe., II. 17, 383, 368.
Stockholm, III. 574, IV. 294.
Stober, O.-Oe., I. 101.
Stoderanerstamm, Slaven, II. 30.
Stöckel, Bürger v. Salzburg, II. 637; — tir. Gewerken, III. 65; — Bernhard, prot. Prädikant, III. 236.
Störk, tf. Leibarzt, IV. 510.
Stojesin, Buk., I. 464.
Stojkovice, Joh. (Johannes de Ragusio), II. 297, 298.
Stola, Benedict-Abtei, U., I. 517.
Stolberg, Prinz v. —, Heerführer, IV. 298.
Stolivo, Dalm., I. 358.
Stollnhofen a. Rhein, IV. 84.
Stolpe, i. Sa., IV. 288.
Stolz, Joh., v. Simsdorf, tf. Kammerprocur., III. 441.
Stomfa, f. Stampfen.
Stooß, U., I. 512, II. 251.
Stooß, Veit, Maler, III. 157.
Stormond, Lord, britt. Ges., IV. 290.
Sturdza, russ. Staatsrath, IV. 622.
Stracena, Fl., U., I. 516.
Strachotin, M., I. 111.
Stracimir, Czar zu Widdin, II. 182.
Straba, Geheimschreiber, IV. 258.
Stradioten, Söldner Venedigs, II. 544, 546, 549.

Strahlendorf (Strahlendorff), Reichs-hofraths-Vice-Präs., III. 164; — Heinrich, Frh. v. —, Vicekanzler, III. 511.
Strahlenfels, oberpf. Herrsch., I. 384.
Strahlenheim, Baron v. —, schwed. Ges., IV. 60.
Strahow, Abt v. —, s. Queitenberg.
Strain, s. Streun.
Stralsund, III. 468, 472, 485.
Stramberg, M., I. 416, II. 44.
Stransky, Paul, bö. Erulant u. H., I. 18, 46, III. 440.
Straßberger, Brgm. v. Graz, III. 334.
Straßburg i. Elsaß, II. 19, 111, 190, 440, 530, 537, III. 13, 296, 418, 470, 508, 645, IV. 52, 145; s. auch Nikolaus, Werner.
Straßburg, K., II. 596.
Straßengel, St., I. 333.
Strasser, ks. Oberst, III. 676.
Straßgang, St., I. 333, III. 54.
Straßoldo, ad. Geschl. i. Friaul, II. 117; — ö. Gl., III. 487, 623, 652.
Stratimirović, Steph., Metropolit, IV. 550, 592, 641.
Strattmann (Strateman), ö. Min., III. 580, 631—633, 646, 647, 671, 680, IV. 16, 33.
Straub, tirol. Landsturmmaj., IV. 599.
Straubing, Bay., II. 318, IV. 213.
Strauch, Cornel, Abt v. Lilienfeld, III. 528.
Strauß, Jakob, protest. Pred., II. 642.
Stražnic, M., I. 415, 417, 418, II. 399, 400.
Stražnic, Bedřich v. —, Hussitenführer, II. 297, 314.
Střebowsky, H., I. 22.
Strehl, Fl., Sbb., I. 551.
Strehlen, Schl., I. 438, IV. 195.
Streif, Hauptm., IV. 19.
Streitberg, von —, s. Ottowalsky, III. 534.
Strelci, bö. Gemeindename, III. 103.
Strelitz, I. 436, III. 86.
Streun (Strein, Strain), Herren v. —, III. 55; — Richard, Frh. v. Schwarzenau, ks. Rath u. H., I. 5, 7, III. 317.
Stricker, der mittelalt. Dichter —, III. 71.
Striegau (Strigoni), Schl., I. 432, IV. 230.
Strigonium, s. Gran.
Strobach, bö. Plt., IV. 641.

Strobl, A., Prot., III. 271.
Strobl a. Mondsee, O.-Oe., I. 169.
Strolz, Johann Christian, ks. Kammer-procur., IV. 218.
Strom, Baron, ks. Botsch., IV. 350.
Stropnica, Fl., N.-Oe., I. 375.
Stroßmayer, Bisch. v. Diakovar, I. 69.
Strozzi, Heerführer, III. 487, 594.
Strub-Paß, T., I. 318.
Struthahn, s. Winkelried.
Stry, Fl., Gal., I. 94, 193, 115, 451, 454, 457.
Stryer Kreis, Gal., I. 457.
Stryj, U., IV. 107.
Stuart, IV. 111, 141; s. Maria.
Stubalpe, St., I. 166.
Stubay, T., II. 643, III. 34.
Stubayerthal, T., I. 99, 309.
Stuben (Stubnica, Stubnya), Alt- & Neu-, U., I. 483, III. 603, 604; — T., s. Verena.
Stubenberg, ad. Geschl. i. St., I. 336, 636, 648, II. 15, 102, 226, 272; — Wulfing (Wülfing) v. —, I. 639, 649, 666; — Friedrich v. —, II. 13—15; — Hadmar v. —, II. 17; — Hanns v. —, II. 54, 55, 226, 431, 433—435, III. 538; — Ulrich v. —, II. 429; — Kaspar v. —, Domprobst v. S., III. 459, 466.
Stubnica, s. Stuben.
Stubnya, s. Stuben Alt- & Neu-.
Stülz, ö. Internuntius, IV. 592.
Stürzel, Konrad, ö. Kanzler, II. 559.
Stüssi, Brgm. v. Zürich, II. 326.
Stuhlweißenburg (Alba regalis, Szétes-fehérvár), U., I. 109, 498, 499, II 8, 72, 105, 106, 200, 203, 204, 301, 313, 336, 337, 402, 409, 460, 488, 505, 559, 603, 657, III. 120, 121, 133, 134, 142, 184, 220, 222, 308, 351, 387, 664, 670, 678, IV. 425; s. auch Gerendy.
Stuhm, Wassenstillstd. v. —, III. 471.
Stuhmsdorf, Vertrag v. —, III. 503.
Stumpf, H., I. 75; — Wiedertäufer, II. 633.
Stupan, Anton v. Ehrenstreit, ö. Staatsraths-Mtgl., IV. 304, 305, 444.
Stupawsky Zamet, s. Borostyánkö.
Stupica, Kro., III. 330.
Stur, Slovaken-Führer, IV. 642, 643.
Sturmi, Abt v. Fulda, I. 268, 270.
Stuttgart, IV. 645.

Styra, f. Steier.

Styrum, Gf., III. 430; — ö. Gf., III. 682, IV. 45, 51.

Suaben, f. Sueven.

Subić (Subich), Fam., I. 357, 360, II. 94, 177; f. auch Brebir.

Sublavio-ne, f. Säben.

Suchenwirt, ö. Spruchdichter, II. 154, 191, 275, III. 73, 81, 157.

Sucholaseb, Schlef., I. 423.

Suchomásly, bö. Gemeindename, III. 103.

Sudow, Commandant v. Belgrad, IV. 143.

Suczawa, Buk., I. 459, 460, 462, 463, 464, II. 207.

Suczawicza, Kloft. i. Buk., P. 462.

Sudeten, I. 94, 103, 366, 408, 430, 442, 450, III. 68.

Sudinen, flav.? Völkerstamm, I. 216.

Sudomer, Bö., II. 291.

Sueß, Schſſt., I. 72.

Sümegh (Somogy), U., I. 496, 505.

Sueven (Suaben, oder Schwaben), I. 210, 211, 219, 222, 223, 226, 234, II. 28.

Suevo-Sarmaten, I. 225.

Sugatag, f. Gyulafalva.

Sutow, Diat. Elifar —, ruff. Botjch., II. 569.

Suky, fiebb. Adel, II. 416.

Suleiman, f. Solyman.

Sulević, f. Kaplir.

Sulgau, schwäb. Donaustädtchen, IV. 398.

Sulin, U., I. 520.

Sulkowski, Franz, Fft. v. —, Erbh. v. Biala, IV. 337, 440.

Sulm, Fl., St., I. 168, 331, II. 596, 597.

Sulz, B. A., I. 314, III. 26.

Sulz, Bach i. O.-Oe., I. 366.

Sulz, Alwin, Gf. v. —, Hoftriegsrath, III. 379; — Rudolph v. —, II. 433, 437.

Sulzbach, i. d. Oberpfalz, I. 384, IV. 357; — Gſen. v. —, I. 295, 383, III. 595; f. auch Beringer & Gebhard.

Sulzberg (Val di Sol), T., I. 300, II. 253, 643, 645.

Sulzer, H., I. 53, II. 64.

Summerau, Kunrad (Konrad) v. —, I. 664, 665, II. 16, 17.

Sundgau, Vorb. Oe., II. 264, 380, 472, 475, 621, III. 508, 537, IV. 569.

Sunderland, Lord —, IV. 97.

Suntheim, f Sontheim.

Suplikać, ung.-ferb. Wojw., IV. 642.

Supplinburg, f. Lothar.

Surbaster, Johann, prot. Prädikant, II. 654, III. 237.

Surjer, Schweiz, II. 260.

Suselitz, Kl. i. Thür., I. 652.

Susice, I. 391; f. Schüttenjofen.

Susanna, Retterin Wenzel's IV. v. Bö., II. 210.

Sujo o. Seuje, Heinrich, den Mystiker, II. 228.

Sussicky, Simon, Primator v. Schüttenhof, III. 437.

Sutschawa, f. Suczawa.

Suttinger, ö. Rechtsschriftst., IV. 446.

Sutton, Robert, engl. Botsch., IV. 18, 119.

Suttorina, Dalm., I. 356, II. 179, IV. 649.

Suworow o. Suwarow, ruff. Feldherr, IV. 532, 579, 580.

Suys, Ernft v. —, tj. Gen., III. 487, 493, 494, 498, 499.

Svaböcz (Schwabendorf), U., I. 529.

Svatobor (heil. Hain), Bö., I. 152.

Svatopluk (Swentopluk, Zwentibold), großm. Fürft, I. 283, 284, 416, 478, II. 29, 30, 57, 59; — II., Sohn des Vor., I. 287; — b. Premyslide, Theilfürst in Mähren, dann böhm. Herzog, II. 36, 37; — von Zamnitz, mähr. Thlfst., II. 39.

Swabenić, mähr. Adelsgeschl., III. 99.

Swačić, tro. ad. Geschl., I. 360.

Swanhilde, die Agilolfingerin, I. 265.

Swehla, bö. Söldnerführer, II. 416.

Swiatopolk, Großfft. v. Kiew, I. 452, II. 75.

Swiatoslaw, Ruffenfürst, II. 61.

Swichowski, tj. Sendb., II. 574.

Swidrigal (Swidrighello), litth. Fft., II. 296.

Swieten, van —, Leibarzt, IV. 318, 335, 468, 469; — Gottfried, Sohn b. Vorigen, ö. Botsch., IV. 335, 345, 346, 348, 355; — Gf., IV. 468, 481, 513, 539.

Swichau, Wretislaw v. — (Swihowsky), III. 181, 182, 190.

Switawa, f. Zwitta.

Swojanow, Bö., I. 397.

Swratta, Fl., M., I. 420,

Syagrius, röm. Reichsh. i. Gallien, I. 229.

Sybel, H., I. 72, 75.

Sylva-Taronca, Manuel, Gf. de —, ö. niederl. Rathspräs., IV. 145, 245, 258.

Sylvester II., P., II. 66, 71, 114; s. auch Gerbert.

Symena, U., I. 529.

Symeon, Sohn d. Boris, Bulgarenfürst, II. 53.

Syrien, IV. 580.

Szababta, s. Maria-Theresiopel.

Szabó, H., I. 68; — u. Rebellenführer, IV. 156, 157.

Szabolcs (Zabolcs, Zabouch), u. Com., I. 540, 542, 578, III. 454, 545, 596, 650, IV. 421, 422, 548.

Szabellö, U., I. 509.

Szabvár, U., I. 509.

Szaflary (Schäflarn), Gal., I. 448, 521.

Szafál, Sbb., I. 559.

Szafolcja, s. Stalis.

Szalader Comitat, I. 494, III. 650.

Szalaházy, B. v. Erlan, III. 184, 239.

Szala-Zsiel, U., I. 465.

Szalánczy, Abg. des jüng. Zápolya, III. 233.

Szalavár, U., I. 281.

Szalay, H., I. 67, IV. 642.

Szalkán, Erzb. v. Gran, II. 613, 653, 655.

Szalonak, s. Schlaining.

Szalontay, u. Rebellenführer, IV. 31, 35.

Szamos, Fl. i. Sbb., U., I. 175, 176, 180, 539, 540, 551, 554, 557 bis 560, III. 149, 278, 585, 587.

Szamostörzy, H., I. 25.

Szamos-Ujvár, Sbb., I. 559, 564, III. 585.

Szántay, prot. Prädikant i. U., III. 236.

Szánto, U., IV. 157.

Szapáry, Gf., ung. Magn., III. 665.

Szaraniewicz, H., I. 70.

Szarmassághy, ibb. Magn., III. 382.

Szarvkö, s. Hornstein.

Száß, s. Kel-Száß, Nagy-Száß; — -Atna, s. Atna; — -Lánicza, Sbb., I. 559; — -Erked, Sbb., I. 559; — -Fülpös, Sbb., I. 560; - tö (Sachsenstein), U., I. 488; — -Péntet

-Pintet, Sbb., I. 560; — -Rögen, s. Reen; — -Sebes, Sbb., I. 564, 572, 573, III. 227; — -Zs. Máté, Sbb., I. 559; — -Uj-Tes, Sbb., I. 559; — -Zombor, Sbb., I. 559.

Szaszowa, s. Sachsendorf.

Szatmár (Szathmár), U., I. 505, 537, 539, 550, 560, 577, 578, III. 134, 149, 278, 373, 421, 454, 545, 586, 587, 588, 596, 602, 650, 652, IV. 107, 113, 153, 376, 389.

Szatmár-Németi, U., I. 539, 560, II. 346.

Szatmáry, B. v. Fünfkirchen, Erzb. v. Gran, II. 560, 562—564, 568, 613, 653.

Szeben, s. Kis-Szeben, s. Zeben.

Szécs, U., I. 508.

Szécsen, U., I. 489, III. 593, IV. 69, 96, 97, 104, 390; — ung. Staatsmann, IV. 470.

Szécsényi, Georg, Eb. v. Kolocsa, III. 620, 638, 670, IV. 27: — Paul, IV. 26—28, 58—61, 68, 69, 97; — Gf., Banns v. Kroatien, IV. 548; — Gf. Stephan, ung. Staatsmann, I. 66, IV. 630, 641, 642.

Szécsy, ung. Adels-Geschl., I. 508, II. 399, 488, III. 355, 421, 422; — Maria, III. 557, 616.

Szegcjö (Lugio), U., I. 172.

Szeged, s. Szegvár.

Szegebin, I. 92, 542, II. 106, 341, 342, 566, III. 238, 665,678, IV. 67, 644, 645.

Szegedinac Joanović, serb. Oberst, IV. 156, 157.

Szegedvár, U., IV. 35.

Szegedy, B. v. Erlan, III. 619.

Szegszárd, U., I. 496, III. 308.

Szegvár, I. 541.

Széf, Sbb., I. 569.

Szétely, Feldherr d. Corv. Mathias, II. 346; — Jakob, II. 466; — Mojes, III. 311, 352; — Michael, III. 351; s. auch Docsa.

Szételyhid, Sbb., III. 592, 596.

Szekér, H., I. 65.

Székesfehérvár, s. Stuhlweißenburg.

Szétler, Volksstamm, Sbb., I. 537, 559, 563, 564, 567, 572, 578, II. 59, 67, 305, 416, III. 113, 123 bis 125, 219, 226, 232, 302, 352, 355, 588, IV. 67, 100, 426, 427.

Szelepcsényi, Primas v. U., III. 561, 603, 605, 607, 618, 619, 620, 652.

Szelistye (Selischt), Sbb., I. 573.

Szemere, ung. Min., IV. 642, 643.

Szemere-Feld, U., IV. 61.

Szemowit (Piast), II. 201.

Szendrö, U., I. 507, II. 316, 339, III. 308, 677, IV. 339.

Sz. (Szent) Gaal. U., III. 149.

Sz.-Györgyi, Bisch. v. Waizen, III. 589.

Szepessy, Paul, Kuruzzenführer, III. 622.

Szepesvár-allja, s. Kirchdrauf.

Szepesvármegye, s. Zips.

Szepsi, U., I. 511; -- Sbb., I. 564, 569; -Szétler-Stuhl, I. 565.

Szepsi-Laczko, H., I. 25.

Széplak, U., III. 372.

Szerczecz, s. Rizautowice.

Szerdahely, Sbb., I. 572.

Szereda (Csit-Szerda), Sbb., I. 565, III. 355.

Szerem, s. Sirmien.

Szerémy György (Georg v. Sirmien), H., I. 10, III. 375.

Szerencs (Zerempct), U., I. 533.

Szerenczés, Emerich, ung. Reichs-Schatzmeister, II. 653.

Sziget, U., St. i. d. Marmarosch, I. 496; — Festung i. U.-U., I. 538, III. 279.

Szihalom (Erdburg, Földvar), U., I. 142, 506.

Szilágy, Fl., Sbb., I. 550.

Szilágy (sch), Sbb., I. 550.

Szilágyi, Michael, Oheim d. Mathias, I. 562, II. 374, 398, 399, 400, 184, III. 122.

Szilágyi, ung. Insurgentenführer, IV. 117; -- Alex, H., I. 68, 69.

Szilágyság, Sbb., IV. 421.

Sziláju, Haiduken-Oberst, III. 385, IV. 156, 157.

Szilicz, U., I. 509.

Szinna, U., I. 534.

Szinye, Ujfalu, ung. Magn., U., I. 529.

Szirmay, A., III. 652; — Stephan, Baron v. —, IV. 35, 36, 60, 97, 252.

Szitna, U., I. 488.

Szklabina, U., I. 483.

Szlatina, U., I. 538, 548.

Szlembarg, Gal., I. 448.

Szlemenics, P., Rechtshist., I. 66.

Szoboßló, U., I. 540, 564.

Szöllös, s. Groß-Nagy-Szöllös.

Szöllösy, s. Koczta.

Szöny, U., Friede v. —, III. 474, 544.

Szöreny, Zeurin-Comit. (Kl. Wallachei), I. 544.

Szotol, Serbien, II. 304.

Szofoli, Mehemed, serb. Renegat, III. 229, 230, 278.

Szolna, s. Sillein.

Szolnok, U., I. 511, 542, 549, 550, 553, 577, III. 287, 650, IV. 64, 421, 422, 426.

Szambathely, s. Steinamanger u. Tyrnau.

Szomolnok, s. Schmölnitz.

Szomszédvár, U., II. 304.

Szondy, Befehlsh. i. Tregely, III. 232.

Szramowicze, Gal., II. 280.

Szroda, s. Neumarkt.

Sztáray, Michael, Franziskaner, III. 159, 236.

Sztrimtura, U., I. 539.

Sztropko, U., III. 422.

Szuhay, Math., Kuruzzenführer, III. 609, 622.

Szutschan, U., I. 483.

Szwoßzowice, Gal., I. 443.

Szydlowiecki, poln. Vizekanzler, II. 570.

Szynwald, s. Schönwald.

Szcyreze, kleinpoln. Bezirt, I. 150.

Szyrzecz, kleinpoln. Cisterz.-Kl., I. 446, 447.

T.

Laasie, Patrik, Beichtvater Butler's, III. 499, 500; — Cf., III. 640.

Tabor, Bö., I. 398, 399, II. 293, 302, 315, 349, 351, 384, 428, 445, 446, 468, III. 437—439, 485, 541, IV. 410.

Taboriten, Hussitenpartei, II. 293, 295, 296, 300, 314, 336.

Tachau, Bö., I. 385, 391, II. 295, III. 91, 512.

Tageno, Domherr v. Passau, I. 614.

Tagliamento (Taliventus), Fl., I. 160, 174, 337, II. 142, 145, 270, 280.

Tahy, ung. Magnatenfam., Johann, III. 184; — Franz, III. 330.

Taifalen, oder Vittofalen, germ. Volksstamm, I. 223.

Tajo, Fl. i. Portugal, IV. 51.

Tatfony (Taris), Magyaren-Häuptling, I. 501, II. 59, 61.

Talaborfalva, U., I. 538; f. Dragomer.

Talajus v. Churow, huff. Söldnerhptm., II. 336.

Talenberg, Friedrich v. —, k. Comm., III. 439.

Taliuta (Milanovac), I. 175.

Tallard, frz. Marschall, II. 44, 51, 52.

Talleyrand, Karl, holländ. Botsch., III. 74; — frz. Dipl., IV. 175, 581, 582, 586, 609, 611, 613.

Tállya, U., I. 533, III. 613, 623, 627, 656; — Pfarrer v. —, f. Josua.

Talman, k. Dolmetsch., III. 697.

Talmáts (Talmetsch), Sbb., I. 573.

Talowec (Talowić), dalm.=ung. Abelsgeschl. (Thallóczy), II. 488; — Banus Matko — (magy. Thallóczy Máté), II. 369; — Franje (Franko) & Peter, Brüder d. Vorigen, II. 369.

Tamai a. Karn, I. 346.

Ez. Tamás, U., Tr. b. —, III. 307.

Tamsweg (Tamasica), S., I. 168, 318, II. 140, 638.

Tangl, H., I. 73, III. 65.

Tannberger, Sirtus, II. 460.

Tannbergthal, V. A., I. 316.

Tannenberg, Schl. b. —, II. 280, 287.

Tannendorf, Gal., I. 448.

Tannhauser, tf. Heerführer, II. 468.

Tannstätter, Georg, Gelehrter, III. 77; f. auch Collimitius.

Tanzenberg, K., I. 198.

Tapia, U., III. 517.

Tapli, f. Hermann=Tapli.

Tapoltschau, Gross=, U., I. 479.

Taraip (Taraspo, Trasp), die Herren v. —, rhät=tir. Ad.=Geschl., I. 240, 310; — Hschft., IV. 398.

Tarcza (Torisia), Fl. i. U., I. 526, 529, 530, II. 171.

Tarczal (Turzol), U., I. 533, III. 454, 545.

Tarent, f. Ludwig.

Tariani, magy. Stamm, II. 53.

Tarini, savoy. Gef., IV. 53.

Tarkatzes, Sohn Arpád's, II. 59.

Tarnanto, I. 169; f. auch Neumarkt.

Tarnopol, Gal., I. 457, 458.

Tarnow, Gal., I. 448.

Tarnowanerwald, Ez., I. 344.

Tarnowitz, Gal., I. 430, 442.

Taro, Fl. i. It., IV. 611.

Tarouca, Gf. von Sylva= (vgl. Sylva), IV. 45, 245.

Tarsatica b. Fiume, I. 163.

Tartaro= oder Mossor=Gebirge, Dalm., I. 355.

Tartaren (Mongolen, nogaitische Tartaren, Krimtartaren), I. 446, 448, 454, 455, 458, 461, 469, 539, 557, 561, 564, II. 44, 95, 180, 477, 483, III. 154, 313, 584, 585, 590, 592, 593, 676, 679, 687, IV. 117, 152, 293.

Tartarenchan, III. 385, IV. 361.

Tartlau (mag. Prázsmár), Sbb., I. 567, 570.

Tarvis (Ober= & Unter=), K., I. 174, 321, 322, 324, II. 465, III. 66 bis 68.

Tajo, Sohn Gisulf's des Longob. Hz., I. 251.

Táta, f. Totis.

Tatártö, Sbb., I. 567.

Tatern=Tartaren, Mongolen, III. 43, 45.

Tatár ülés, U., I. 491.

Tatijcheff, ruff. Gef., IV. 624.

Tátra, die, Geb. i. U., I. 96, 108, 113, 142, 473, 482, 483, 485, 488, 513, 514, 516, 517, 522, 529, II. 297, III. 153, IV. 420.

Tattenbach, rhein. innerö. Abelsgeschl., (Gf.), Wilhelm Leopold, III. 554; Erasmus, III. 602, 603, 606, 609, 610, 611, 614, 615; — bö. Landstand, IV. 417.

Tauber, Kaspar, prot. Bürger Wiens.

Taubermann, ö. Bauernanführer, III. 317.

Tauern, Gebirge, I. 165, 168, 170, 259, 318--321, 323, 328, 636, II. 648, III. 30, 60, 64, 67, IV. 148.

Taufers, T., I. 304, II. 140.

Taussierer, G., Großhändler, IV. 493.

Tauler, Mystiker, II. 228.

Taur, T., II. 643; f. auch Thaur.

Tauriöker, kelt. Volkst., I. 210.

Tauroggen, Convention v. (1812), IV. 604.

Taurunum, I. 173; f. auch Semlin.

Taus, f. auch Tauß.

Tauskim, Pß., I. 403.

Tauß (Tomažlice, Ingoń), Bö., I. 252, 385, 391, II. 111, 295, III. 91.

Taris, f. Taksony.

Techelsberg, St. Martin am —, K., II. 429; — Pfarrer von —, f. Unrest.

Teck, Hz., Konrad v. —, Landeshptm. i. T., II. 128, 129; — Ludwig, Hz. v. —, Patr. v. Aquileja, II. 271, 272, 282.

Teckendorf Sbb., I. 559, 563.

Tecsö (Teuchau), I. 536, 538, III. 136.

Tedeschi, savoy. Emissär, IV. 127.

Teel v. Bröos, sbb. Sachsenadel, I. 575.

Tessereggen, T., III. 67, IV. 148.

Tegetthoff, ö. Adm., IV. 651, 654, 656.

Teichner, Heinrich, Meistersänger & Dichter, III. 73, 81.

Teimer, tirol. Patriot, IV. 599.

Teindles (Tndleby), Bö., I. 390.

Tetelija, Ranko, serb. Hptm., IV. 156, 157; — Reise d. Vorigen, IV. 255.

Tetow (Tekowta stolyca), s. Parsch.

Tetuce, Buk., I. 460.

Telegdy, ung. Schatzmeister, II. 565, 566; — Michael, Humanist, III. 159; — Eb. v. Kalocsa, III. 397, 513.

Teletessi, Emerich, f. Feldhptm., III. 233; — B. v. Erlau, IV. 69, 106.

Telefy, Gf., H., I. 66; — Michael, Hptm. v. Kövár, III. 604, 617, 622, 624—627, 651, 663, 676, 677, IV. 64.

Telis, T., II. 267.

Telti-Bánya, U., I. 511, III. 136.

Tell, die Sage vom —, II. 118.

Telles, s. Taronca.

Teltsch, M., I. 389, 413.

Temes, Fl., U., I. 545, 547, 551, 566, III. 681; — er Comitat (oder Banat), U., I. 544, 545, 547, 548, 577, IV. 113, 421, 423.

Temesvár (Temeschburg, Tmesburt), U., I. 180, 545, II. 172, 375, 566, 567, III. 157, 232, 308, 587, 589, 592, 664, 671, 677, 681, 683, 687, 688, IV. 116, 142, 143, 421, 460, 490, 550; s. auch Loioncz.

Tempelfeld, Cantor v. Breslau, II. 422.

Tempelherren (Templer), III. 152; — i. Laibach, I. 313.

Tencin, Andr., v. Pelz, poln. Thron-Candidat, III. 284.

Tengnagel, Franz, Dipl., III. 384.

Temnth, Wiener Bürger, II. 170.

Temno, T., II. 145, 252, 253.

Tentschach, K., I. 198.

Tepence, s. Twingenberg.

Tepl (Warmdorf), Bö., I. 392—394.

Teplitz, Bö., I. 96, 386, III. 91, IV. 360, 606, 608, 622, 633.

Teratatrier, kelt? Stamm, I. 217, 218.

Teresböro, Bö., I. 384.

Tergeste, s. Triest.

Terglou (Triglaw), Kr., I. 338.

Tergowischtje, Wall., III. 307.

Teriolis (Burg Tirol), T., I. 163, 301.

Terlan, T., II. 266, III. 11.

Termoli, It., III. 146.

Ternitz, N.-Oe., I. 337.

Terra-Blaccorum, Walachen- ob. Rumänen-Land, I. 563, 570.

Terragnolo, T., IV. 42.

Terrouanne i. Flandern, II. 522.

Tersat (Tersato, Tersaz, i. tro. Littorale), I. 354, 496, III. 611.

Terteriden, humanische —, II. 180.

Tervijo (Terveis), Jstr., I. 352.

Teschen (bö. Tessin, poln. (Cieszyn), Schlej., I. 103, 106, 394, 396, 404, 406, 430, 432, 434, 435, 437, 442, 443, III. 86, 557, IV. 207, 215, 326, 337, 339, 340; — Friedens-Congreß (1779) & Friede, IV. 362, 410, 420: s. auch Albert, Hedwig, Mieczislaw, Premko, Viola, Wladislaw.

Teschen, Dorf i. Schlef., I. 423.

Teschenitz, s. Desnice.

Teschler, Münzmeister i. Wien, II. 386.

Tesein, s. Teschen.

Tessé, frz. Feldherr, IV. 42.

Tessin (Ticino), Fl. i. It., IV. 49, 50, 129, 224, 647.

Teta, Tocht. Krok's, II. 29.

Tetin, Bö., I. 401.

Tetschein, Esen. v. siebb. Sachsen-Abel, I. 576.

Tetschen (bö. Decin, Dečto), Bö., I. 394, 395, 478, III. 91.

Tettauer, corv. Feldhptm., II. 417, 459, 466, 467.

Tettnang a. Bodensee, IV. 586.

Teuchau, s. Tecsö.

Teufel (Teuisel), Erasmus, t. Senbb., III. 227; — Frh. Christ. v. —, III. 540.

Teufenbach (Teuffenbach, Tiefenbach), St., I. 332; — tf. Senbb., III. 280; — ab. Geschl., II. 272, III. 245; s. auch Tiefenbach.

Teuriochaimen. germ. slav.? Volksst., I. 216, 217.

Teurnia (Tiburnia, röm. St. i. K.), K., I. 167, 183, 185, 199, 227, 242, 243, 268, 316, 327.

Teuta, Wittwe d. Illyr. Kg. Agron, I. 155.

Teutates, nor. Gott d. Kaufleute, I. 197.

Teutoburgium (Dállya), U., I. 173.

Teutonen, germ. Volksst., I. 214.

Teutsch, H., I. 69.

Tezel, Gabriel, Nürnberger Patrizier, II. 421.

Thaja (Dije), Fl. i. Mähr., I. 105, 107, 215, 375, 389, 406, 410, 411.

Thajagraben, St., I. 329. III. 70.

Thaler, H., I. 74.

Thallóczy, s. Talowie.

Thalmann, k. Bevollm., IV. 119, 141; s. auch Talman.

Thaly, H., I. 68.

Thannhausen, k. Söldnerhptm., II. 648, 649; — Gf. v. —, III. 510.

Thannhuser, Minnesänger, III. 71.

Thareza, s. Tareza.

Thassilo, a. d. H. d. Agilolfinger, I., Hz. v. Bay., I. 250, 251; — II., Sohn Theodo's, I. 261, 269; — III., Sohn Odilo's, I. 265, 269, 270.

Thaulow, A. Th., v. Rosenthal, Archivar, IV. 343; s. auch Rosenthal.

Thaur, T., II. 262; s. auch Taur.

Theben (Towina, Dewina, Dêwin), U., I. 107, 281, 373, 406, 416, 474, 478, 623, II. 345.

Thebsa (Thebanus), III. 141.

Theil, du —, frz. Ges., IV. 172, 173, 236.

Theiner, H., I. 69.

Theiß, I. 92, 143, 159, 175, 180, 214, 215, 238, 272, 294, 473, 532, 534, 538, 541—543, 577, 578, II. 52, 54, 58, 83, III. 148, 223, 278, 587—589, 650, 670, 678, 683, 688, IV. 99, 156, 157, 245, 422, 423, 466.

Theißholz (Tisócz), U., I. 507.

Thengen, vorderö. Gfschft., IV. 398.

Theobald, H., I. 9; Hz. v. Alemannien, I. 264; — Theilfst. v. Chrudim, s. Tipolt; — Zach, bö. Erulant, III. 440.

Theodebald v. Austrasien, Merowinger, Sohn Theodebart's, I. 237, 242.

Theodebert, Merowinger, Sohn d. austrasischen Theoderich, I. 235—237,
242; — Enkel Sigbert's v. Austra, Sohn d. bayr. H. Theodo, I. 260, 261.

Theodelinde, Tocht. Garibald's, I. 250.

Theodemir, Ostgothenfst., I. 229.

Theoderich (Dietrich v. Bern), Ostgothen-Kg., I. 229, 233, 235, 242, 301; — v. Austrasien (Orléans), Theuderich), III., Merowinger-Kg., I. 258; — Sachsenfürst, I. 264.

Theodo (Diet), Agilolfinger, bay. Hz., I. 258—261, 266, 267; — II., S. u. Mitreg. Thassilo's III., I. 269; — sagenhafter Theodo I.—III. (Theodo), I. 233, 258.

Theodora Komnena, byzant. Kaiserstochter, Gem. d. Babenb. Heinrich Jasomirgott's, I. 609; — Tocht. Isaak Angelo's, Gem. d. Babenb. Leopold VI. (VII.), I. 620, 621.

Theodorichsburg, s. Dörzburg.

Theodorus, avar. Kapchan, I. 272.

Theodosius I., röm. K., I. 225, 226; — II., I. 162.

Theotmar, Eb. v. S., I. 287.

Theotwin, Kard. Legat, I. 608.

Therese, Erzh., Tocht. Ki. Joseph's II., IV. 327.

Theresienstadt, Bö., I. 394.

Thermopylen, I. 238.

Thernberg, N.-Oe., IV. 610.

Thessalonichi, Griechenld., I. 282.

Theudebert, s. Theodebert.

Theuderich, s. Theoderich.

Theudo, s. Theodo.

Theußen, K., I. 326.

Thiemo, Eb. v. S., I. 604, III. 79.

Thierheim, Gf., Landeshptm. v. O.-Oe., IV. 481.

Thiers, frz. Präsident, IV. 637.

Thiersheim, Bö., I. 385.

Thietbald, alem. Hz., I. 257.

Thietmar, B. v. Merseburg & Chronist, II. 31, 61, 67, III. 113.

Thionville, Lothr., III. 521.

Thörl, K., I. 102, II. 465.

Thomas, Erzpriester v. Spalato, I. 360; — Wojw. u. „Gf. v. Hermannstadt", I. 575; — Gf. v. Savoyen, II. 118; — Hz. v. Savoyen-Carignan, III. 640, 641; — v. Madruzzo, III. 322.

Thomasdorf (Groß- & Klein-), U., I. 526.

Thomasius, Prof. i. Halle, II. 197.

Thonradl, ö. Adelige, III. 510; — Frh. A. v. —, III. 417.

Thor, eiſernes b. Orſowa, I. 548.

Thorda (Thorenburg), ſ. Torda.

Thorn, Preuß., III. 440, IV. 613.

Thoroczkay, Peter, Rátoczyaner, IV. 64.

Thüngen, Hanns Karl, Gf. v. —, ö. Gl., IV. 19, 51, 84.

Thünſtein, Landvogt i. T., II. 261.

Thüringen, I. 238, 279, II. 20, 444, 633, III. 71, IV. 294; ſ. auch Eliſabeth d. Heilige, Hermann.

Thüringer (vgl. Hermunduren), I. 228, 232—235, 433.

Thugut, ö. Min., IV. 323, 337, 342, 345, 346, 361, 364—366, 481, 552, 568—574, 578—580, 582, 589, 597.

Thumbach, Bö., I. 384.

Thun, tir.-bö. Ad.-Geſchl., I. 303, II. 265; — Gſch. i. T., IV. 398; — Sigmund v. —, Concil's-Geſ., III. 256; — Franz Sigmund, Gf. v. —, tſ. Botſch.), III. 644, 647; — Alois, Gſ., Kammerherr K. Karl's III. v. Span., IV. 109; — Gf. Leo, bö. Plt., IV. 641, 645, 650.

Thur, Fl., Schweiz, I. 163.

Thurgau, Schweiz, I. 654, II. 116, 192, 250, 259, 263, 395, 529.

Thurmayer, ſ. Aventinus.

Thurn, innerö. u. bö. Ad.-Geſchl., III. 538; — (Georg v. —, II. 594, III. 249; — Erasmus v. —, Hptm. v. Bihač, III. 310; — Heinrich Math., Gſ., Burggf. v. Karlſtein, dann Oberſtlehenshofr. Bö., III. 319, 364, 376, 377, 396, 411, 415, 416, 418, 419, 421, 422, 429, 430, 457, 459, 479, 480, 489, 490; — Gf. Karl v. —, Landeshptm. v. Görz, III. 602, 615; — Gf. Mar, Geheimrath K. Joseph's I., IV. 25, 75; — Gſ., Feldmarſch. Lieut. & Oberſtkämmerer, IV. 319.

Thurn-Faß, T., III. 67.

Thurn-Taris, Erbpoſtmeiſter i. Deutſchland, IV. 452; Paul v. , dgl. ſ. T., IV. 452.

Thurndorf, Bö., I. 384.

Thurnschwamb, Fuggeriſcher Agent u. Chron., II. 654.

Thurócz, U., I. 477, 479, 482, 484, 504, III. 372, 373, IV. 102; — Probſt v. —, ſ. Pázmán.

Thuróczy, H., I. 40, II. 57, 320, 373, III. 111, 148; Benedikt, II. 355.

Thurſo, ſ. Thurzo.

Thury-Harcourt, ſ. Harcourt.

Thurzó (Thurſo), ung. Adelsgeſchl. (mit dem Präd. v. Bethlenfalva i. d. ung. Zips), I. 488, 527, 528, III. 160; — Alexius, II. 653, III. 161, 185, 220, 237, ſ. auch Alexius; Georg, III. 160; — Johannes II. v. —, III. 160, 161; — Johannes III., B. v. Breslau, III. 161; — Stanislaus, B. v. Olmütz, III. 161; — Franz, B. v. Neutra, III. 237; — Franz, Vater Georg's V., III. 374, 421; — Georg, Pal., III. 360, 367, 374, 383, 384, 391, 397, 421, 422, 436; — Niklas, III. 368; — Emerich, III. 454; — Stanislaus, u. Plt., III. 454, 455; — Katharina, Gem. Stephan's Tötölyi I., Mutter Stephan's II., III. 626, 627.

Thuscien, ſ. Mathilde.

Tibein, ſ. Duino.

Tiberius, röm. Kſ., I. 162, 182, 214.

Tibiscum, K., I. 175, 185.

Tiburnia, ſ. Teurnia.

Tichnär, ſ. Teichner.

Tichtl, Wiener Univ.-Prof. u. Arzt, II. 469, 470, 505.

Ticin, ſ. Attiſchein.

Ticino, ſ. Teſſin.

Tiefen, K., II. 147.

Tiefenbach (Teuffenbach), Chriſtoph v. —, tſ. Gl., I. 422, 486; — Friedrich v. —, III. 441, 444, 486; — Rudolph v. — (Teuffenbach), tſ. Gl., III. 478, 486.

Tiſſeruns, Mich., Prof. i. Tübingen, III. 247.

Tihany, U., I. 495.

Till, Congreß-Protofollführer, III. 687.

Tillier, ö. Heerführer, IV. 289, 290.

Tilly, Tſerklaes, Gf. v. —, tſ. Oberſt, dann ligiſt. Gl., III. 368, 428, 430, 437, 456, 458, 469, 472, 480—482, 485, 486.

Tilſit, Frd. v. — (1807), IV. 591.

Timavo, Fl. i. Jſtr., I. 90, 162, 338.

Timbler-Joch, T., I. 309.

Timok, K., I. 255, 277, 278.

Timon, S., I. 48, IV. 153.

Timona, Bach i. T.; I. 262.

Timotſchauer, ſüdſl. Stamm, I. 278.

Timur, Mongolenfürſt & Führer, II. 215.

Tindal, engl. Schriftſt., IV. 247.

Tiniec (Tymiec), Gal., I. 446, 448.

Tione, T., I. 303, IV. 398.

Tirol, Land, Essen. v. —, I. 38—40, 58, 74, 85, 97, 99, 100, 125, 142, 144, 158, 209, 210, 249, 266, 274, 292, 294, 300, 302, 308, 310, 311, 316, 321, 380, 552, 602, 605, 657, 659, II. 4, 64, 124, 125 -129, 140, 143, 146, 149,.151, 153, 159, 162, 164, 167, 189, 249, 252, 254, 257, 260, 262, 264, 267, 329—332, 379 bis 381, 393, 395, 396, 428, 471 bis 474, 476, 504, 510, 526—537, 539—542, 546, 547, 552, 555, 585, 586, 588, 589, 591, 592, 600, 615, 616, 620, 621, 623, 637, 638, 640, 642, 643, 647- 649, III. 10—13, 21—23, 25, 34, 38, 39, 45, 46, 48, 55, 56, 60—62, 64, 67, 73, 203, 213, 249, 251, 321, 322, 324, 359, 418, 456, 508, 539, 543, 639, IV. 42, 45—48, 51—54, 60, 123, 134, 149, 183, 209, 213, 356, 374, 378, 379, 392, 398, 399, 401, 403, 405, 450, 452, 485, 486, 501, 505, 507, 537, 546, 585—587, 590, 594, 595, 598—600, 605, 610, 620, 651; s. auch Essen. v. —, Albrecht, Görzer, (Wittelsbacher) Ludwig, Habsburg.

Tirschenreut, Bay., I. 383, 385.

Tischnow, Simon v. —, Hussens Anhänger, II. 242.

Tischnowitz (Tischnow), M., I. 420, II. 44, III. 91.

Tißa-Ujlak, U., I. 92.

Titel (einst Titul), U., I. 543, III. 687, 688.

Titionen, röm. Fam., I. 239.

Tittmaning, Salzb., II. 467.

Tobitschau (Towacow), M., I. 414, 430, II. 371, III. 109, IV. 446.

Tobl, St., I. 652.

Toblach, T., II. 588; — =erfeld, T., I. 158, 316.

Tochol, s. Totaj.

Tocnik, Bö., I. 400, III. 264.

Tötölyi (Tekeli), ung. Ad.=Geschl., I. 182, 518; — Sebastian, III. 626; — Stephan I., II. 602, 603, 605, 616, 622, 626, 627; — Sigmund, Sohn d. Vorigen, III. 627; — Stephan II., III. 627; — Emerich, I. 26, III. 616, 626—628, 646, 647, 649, 651—655, 659—663, 666, 667, 670, 672, 676—678, 680, 688, IV. 30, 33, 56, 65, 96, 97; — Helena, Gem. d. Vorigen, III. 667, 670, 678, 688.

Tötölyaner, IV. 64, 66, 97.

Török, Val., II. 654, III. 220, 223, 235; — Joseph, IV. 339, 343.

Törring, Gf., bay. Feldmarschall, IV. 200, 212, 213, 362.

Törzburg (Theodorichsburg, Dietrichsburg, Dietrichstein), Sbb., I. 551, 566, 567, 570, III. 156, 385, 676.

Töwies, Sbb., III. 668.

Toggenburg, ab. Geschl., I. 315, 656, II. 119, 120, 252, 267, 268, 318, 324; — Friedrich, Gf. v. —, II. 252, 263, 264.

Tohán (Tohány), Sbb., III. 677.

Totaj (Totota, Totol, Tochol), U., I. 533, II. 281, 304, III. 154, 183, 355, 384, 421, 454, 545, 587, 602, 612, IV. 31, 57, 58, 105.

Totaj, Franz, Aufwiegler, IV. 31, 35.

Toke, Gej. d. Basler Conzils, II. 299.

Totota, s. Totaj.

Toldalághy, III. 457.

Toldi, Ungarn, III. 158; — (Schedel), H., I. 67.

Toledo, Ferdinand v. —, s. Alba, Hz.

Tolentino, It., Sieg b. —, IV. 612.

Tollet, s. Jörger.

Tolmein, Gz., I. 90, 344, 346, II. 143, III. 393, IV. 397.

Tolmezzo (Tulmein), Friaul, II. 551.

Tolna (Alta ripa), U., I. 172, 496, II. 416, 653, 656, IV. 491.

Tolosanisches Reich, I. 234.

Tolvaj, Gabriel, Rakóczyaner, IV. 105.

Tomacelli, s. Bonifaz VIII.

Tomasbruck, s. Bötes.

Tomaschek, J. H., I. 72.

„Tomastö", Stephan, „König" v. Bosnien, II. 341, 346.

Tomet, H., I. 63.

Tomicki, Domdechant v. Krakau, II. 563, 564, 568, 570, 574.

Tomislaw, Kroatenfürst, 1. Kg. v. Kro., II. 76.

Tomory, Paul, Eb. v. Kalocsa, II. 656.

Tonazon, salzb. Priester, I. 268.

Topla, Fl. i. U., I. 534; — =thal, U., I. 531.

Toppeltin (Töppelt), H., I. 25, 49.

Topperts, U., I. 519, 520.

Topschcha, s. Topschau.

Torbole, T., II. 550, 555, IV. 16.

Torcii, s. Ottobon.

Torcy, frz. Min., IV. 87, 88, 115.

Torba (Thorba, Thorenburg), Sbb.,

I. 175, 176, 185, 553, 557, 564, 565, 569, 577, III. 123, 125, 138, 240, 302, 303, 352, IV. 422. 427.

Torgau in Sachsen, III. 175, 297; — Schl. b. —, IV. 293, 294, 301.

Toriija, j. Thareza.

Torna, Kl., U., I. 509; — (Trnawa, „die Tornau"), U., I. 509, 512, 513, 578, III. 544.

Tornallya, U., I. 509.

Tornavár b. Torna, U., I. 509.

Toroczfo, Sbb., I. 557, 564, III. 138.

Torontaler Com., U., I. 543—546, 548, 578, IV. 421.

Torquatus, ital. Platonifer, III. 158.

Torre, Fl. i. Gz., I. 90; — Jstr., I. 352.

Torre, della —, mail. friaul. Adels= geschl., Raimondo, Patr. v. Aquileja, I. 663, II. 143, 156; — Gaston, dgl., II. 110, 143; — Ludovico, dgl., II. 147—151.

Torricelli, päpstl. Legat, II. 415.

Torstensohn, Bernh., Gf. v. Ortala, III. 504, 524, 526—530.

Tortona, O.=It., IV. 135.

Tory, die —, engl. Staatspartei, IV. 87, 89.

Toscana, II. 518, III. 259, 359, 395, 471, 574, IV. 94, 132, 134, 171 bis 173, 199, 200, 222, 224, 225, 257, 278, 310, 358, 542, 543, 545, 559, 565, 581—583, 611, 616, 637; j. auch Ferdinand, Karl Ludwig, Ludwig, Medici.

Tost, Schlej., I. 435, 427.

Totfaln (Winschendorf), I. 522.

Totilas, Ostgothen=Kg., I. 239.

Totis (Táta), U., I. 490, II. 518, III. 222, 312, IV. 597.

Tót=Báradgya, U., I. 549.

Torleben, russ. Gl., IV. 295.

Toul, II. 138, 139, III. 212, IV. 87, 569.

Toulon, Frfr., IV. 53, 84, 236, 237.

Tournai (Tournay), Frfr., II. 499, IV. 234, 278.

Tours, Frfr., II. 515, 519.

Tournon, Gf., rátócz. Dipl., IV. 105.

Touisaint, Zahlm. Franz Stephan's v. Lothr., IV. 318.

Towaćow, j. Tobitschau.

Toris, j. Latsony.

Trabessa, Bach i. O.=Te., I. 368.

Tracht (Strachotin), M., I. 411.

Tractus bulgaricus, bulg. Landstrich, I. 570.

Trafoi, T., I. 100.

Trahof, K., I. 324.

Trajan, röm. Kj., I. 170, 183, 218; — =wall i. Mähren, I. 224, II. 340; — =straße, Sbb., I. 571.

Traisen, Kl. i. N.=Oe., I. 169, 295, 370; — =feld oder „Traismafeld= gau", N.=Oe., I. 370, 371.

Traisfirchen, Probst v. —, III. 54, 57.

Traismauer (Trigisamum, Faviana?), N.=Oe., I. 169, 227, 228, 280, 380.

Tramin, T., I. 303, II. 265.

Tramp, dän. Oberst, IV. 60.

Tranquillo, Andronico, Dipl., III. 217, 223.

Trans Aquincum, j. Pesth.

Transsylvanien, I. 551, 552, 554, 563.

Transtierna (Orsowa), I. 175, 177.

Trapp, Fam., T., I. 303, II. 545; — Gf., IV. 398.

Trajp, j. Taraspo.

Tratzberg, T., II. 257.

Trau (Trogir), Dalm., I. 125, 278, 356, 360, 361, II. 75, 77, 79, 81, 177, 178, 205, 214, 282, 283, III. 143, 146, 147.

Traun, O.=Oe., I. 168, 328, 365, 367; — =gau, O.=Oe. & St., I. 100, 260, 325, 335—337, 367, 368, 587, 595, 596, 605, 613, II. 142, III. 9, 10, 37, 38, 61; j. auch Leopold, Ottofar; — =freis, O.=Oe., I. 366, III. 29; — ober Gmund= nerjee, I. 366; — Viertel —, O.=Oe., IV. 396; — Ad.=Geschl., III. 540; — Hans v. —, II. 156, III. 73; — Gf. Otto, IV. 75, 77, 79; — Gf. Ferdinand, ö. Gl., IV. 133, 160, 223, 226, 227, 230, 231, 281; — =stein, Bay., III. 537, IV. 213.

Trausch, Jos., H., I. 68.

Traunsitz, Burg b. München, II. 112, 113.

Trautenau (Trutnow), Bö., I. 388, 396, III. 97, 542, IV. 231.

Trautmannsdorf, innerö. Adelsgeschl., III. 538; — bö. Landstand, IV. 417; — Christoph, B. v. Seefau, II. 466; — Freiherr v. —, Gl., III. 394, 395; — Gf. Mar, ö. Dipl. u. Staatsmann, III. 489, 496, 501, 510, 525, 530, 531, 553; — Mar b. Jüngere, Gl., III. 658, IV. 53;

— Gf., Civil=Gouv. der Niederlande, IV. 535, 536; — Fürst Ferdinand, IV. 582.

Trautson, ö. Ad.=Geschl., II. 265, 545; — Johann, Frh. v. —, III. 264; — Sixtus, kj. Feldhptm., II. 546; — Paul Sixt., Frhr. v. —, III. 293, 359, 360, 374; — Gf. Johann v. —, III. 553; — Gf. Johann Leopold, Reichsfürst, Geheimrath, IV. 74—76, 110, 124; — Gf. J. Wilhelm, IV. 244.

Trautwalt (Traunwald), I. 333, 334.

Trčka (Terzka), Gf. Adam, III. 480, 481, 487—489, 494, 496—501.

Trebesaccio, Prinz v. —, IV. 43.

Trebinje, Bosn., II. 76.

Trebisat, Dalm., I. 357.

Trebitsch (Trebič?, Trewištè), M., I. 106, 412, 413, II. 418, III. 368, 540, IV. 214.

Trebnitz, Nonnenkloster in Schles., I. 433.

Treboň, s. Wittingau.

Trebowaner, nordsl. Stamm, I. 388.

Trebunier, I. 277.

Treben (Ritschen), Schles., I. 431.

Treffen (Latobici oder Praetorium Latobicorum), Kr., I. 173, 184, 198, 200.

Treffen (Trewina), Grafschaft, K., I. 198, 327, II. 147, IV. 151.

Treilhard, frz. Dipl., IV. 578.

Treismaseldgau, s. Traisenfeld.

Treizsauerwein, Marr v. Ehrentreiz, II. 601, 602, 604, 607.

Tremblay, le Clerc du — („Pater Joseph"), frz. Dipl., III. 472, 490.

Trembowla, Gal., I. 452, 453, 457, 458, 460.

Tremeno (Tramins, Tramin), T., I. 303; s. auch Tramin.

Tremles, Bö., I. 399.

Trenck, Franz v. d. —, ö. Panduren= Oberst u. Freischaarenführer, IV. 210, 212, 282.

Trencsin, s. Trentschin.

Trentino, das —, IV. 651; vgl. Trient.

Trentschin, U., I. 436, 477, 480, 481, 504, 671, II. 205, 383, 408, III. 141, 155, 540, 603, 613, 650.

Treppig, Sbb., I. 562.

Tressini, kj. Hptm., II. 550.

Treskowič, M., II. 373.

Treuensteiner, st. Adeliger, I. 636.

Trevijo, Friaul, I. 274, 302, 658, II.

110, 145, 157, 188, 193, 280, 327, 517, 550, 552, III. 12, 66.

Tribec, Geb. i. U., I. 477.

Triberg, Herrsch. i. B.=Oe., II. 189.

Tribina, K., I. 324.

Tribß, U., I. 522.

Tribunia, dalm.=serb. Ftth.,I. 277.

Triebel, Bö., II. 533.

Triebensee, N.=Oe., I. 638, II. 17.

Trient (Tridentum), T., I. 100, 163, 164, 165, 184, 199, 230, 233, 240, 243, 249, 262, 300, 302, 303, 330, 592, 594, 605, 620, 658, II. 15, 124, 125, 127, 141, 145, 146, 151, 220, 225, 252, 253, 255—258, 260, 262, 264, 267, 327, 394, 510, 512, 516, 544, 545, 547, 548, 550, 581, 592, 645, 647, 648, III. 10—13, 17, 21, 25, 34, 38, 39, 44, 55, 58, 63, 68, 210, 240, 243, 249, 252, 255—258, 270, 276, 322, 333, 636, 637, IV. 48, 398, 399, 404, 583, 651; Herzoge u. Bischöfe, Aladis, Bannisis, Cles (Kles), Fundsberg, Gebhard, Georg v. Liechtenstein. Heinrich, Hinderbach, Jsny, Kappel, Ludwig, Madruzzo, Reideck, Pfinzing, Vigilius, Wangen.

Trier (Augusta Trevirorum), I. 210, 660, II. 100, 109, 110, 138, 212, 239, 327, 438, 439, 498, 524, 582, 583, 611, III. 470, 490, 536, 580, IV. 211, 329, 505, 525; — Kfsten. & Eb. v. —, s. Engelbert, Hont= heim, Balduin v. Lützlburg, Schön= born, Sötern.

Triest (Tergeste), I. 161, 184, 199, 237, 241, 346, 347, 350—352, 354, II. 155, 156, 158, 188, 268, 281, 327, 425, 427, 428, 541, 546, 547, 551, 586, 620—622, III. 10, 33, 34, 59, 66, 393, 621, IV. 392, 397, 399, 401, 408, 409, 415, 451, 453, 456, 457, 460, 461, 479, 485, 490, 493, 501, 598, 603, 652.

Triesting, Fl. i. N.=Oe., I. 373, III.

Trifels, Den., I. 623.

Trigisamum, s. Traismauer.

Tripolis, Afr., IV. 461.

Trips, ö. Gl., IV. 222.

Tristan, Augustin, Söldnerführer, II. 390.

Tritheim (Trithem, Trittenhem), Jo= hannes v. —, Abt v. Hirschau, II. 583, 607.

Trivulzi, Fürstin —, IV. 257.
Trivulzio, ital. Parteiführer, II. 548
Trixner= (oder Truchsenen=) Gau, Kä., I. 326.
Trnawa, Fl. b. Tyrnau, U., I. 476.
Trnawa, f. Torna.
Trnowo, Bulg., II. 87, 182, 370.
Trocnow, f. Žižka.
Tröster, H., I. 25.
Trogen, Ost=Schweiz, II. 647.
Trojanaberg, Kr., I. 338; f. auch Atrante.
Tromentina, röm. Stammtribus in Salona, Dalm., I. 200.
Tron, venet. Dipl., III. 287.
Trono, venet. Podestà, II. 158.
Troppau („In der Opau", fl. Opawa), I. 103, 106, 406, 414, 422—430, 432, 451, II. 2, 43, 211, III. 85, 92, 443, 444, IV. 177, 190, 207, 213, 215, 231, 410, 420; — Fürsten=Congreß in — (1820), IV. 623; — Fürsten von —, f. auch Johann Liechtenstein, Niklas, Nikolaus, Wilhelm.
Trostburg, T., I. 304.
Trozen, Liefland, IV. 281.
Trpimir, kro. Großzupan, II. 76.
Trstenic, Bö., I. 411.
Truber, Primus, evang. Glaubenslehrer, III. 247—249, 269, 327, 338.
Trübau, M., I. 389, 397, IV. 410.
Truhenbingen, Ab.=Geschl., I. 657.
Truns, Schweiz, II. 268.
Truwor, Warägerführer, I. 253.
Trzebinta, Gal., I. 451.
Tschakathurn (Csaktornya), U., I. 362, 495, 496, II. 276, III. 606, 611, 612.
Tscheitsch, M., I. 408.
Tschengls, T., II. 254.
Tschenkendorf (Gjengiz), U., I. 525.
Tschertlaës, f. Tilly).
Tschernembl, Kr., I. 198, 339, 340, 342, III. 392.
Tschernembl, Andreas v. —, ö. Ab.=Geschl., I. 16, III. 362, 366, 368 bis 370, 375, 417, 436; — Georg, II. 427, 428.
Tschinell (Zunalle, Zunellara), ital. Grafschaft, II. 149.
Tschischka, H., I. 72.
Tschitscher=Boden, a. Karst, I. 347, 348.
Tsierna (Tschernetz), I. 179, Walachei; f. auch Czerna.

Tudor, Dyn. i. Engl., II. 507, 515, 524; f. Elisabeth, Heinrich, Maria.
Tudun (Soban), avar. Fürstenwürde, III. 113.
Tübingen, I. 602, II. 379, 392, III. 243, 246, 247, 338, IV. 63.
Tüffer, Tiver, St., I. 334, 336.
Türk, H., I. 12; — tirol. Patriot, IV. 600.
Türkei, III. 146, 170, 217—219, 221, 222, 229, 232, 234, 281, 282, 306, 307, 349—352, 356, 357, 360, 365, 370, 371, 374, 383—388, 404, 405, 421, 423, 424, 446, 453, 458, 460, 473, 474, 516—519, 524, 526, 527, 529, 544, 546, 555, 558—560, 561, 572, 577, 578, 582, 584, 586, 588 bis 590, 592, 593, 595, 599—601, 603, 604, 606—611, 618, 622 bis 624, 626, 639, 642, 647, 648, 651 bis 653, 655, 657, 661, 663, 665, 668, 670—673, 675—688, IV. 19, 24, 25, 27, 30, 33, 35, 56, 57, 61, 65, 68, 105, 111—113, 115—120, 122, 136—144, 146, 152, 159—161, 172, 194, 233, 255, 261, 263, 281, 293, 299, 325, 335—338, 341, 342, 344 bis 349, 352, 358, 361—367, 461, 493, 529—532, 539, 552—555, 560, 591, 597, 615, 625, 634, 637, 647, 648, 656; — Sultane v. —, f. Abd-ul Asis, Ahmed, Bajazid, Abd-ul Hamid, Mahmud, Abd-ul Medschid, Mohammed, Murad, Mustafa, Selim, Soliman (Suleiman).
Türken, I. 549, II. 180, 183, 213, 215, 271, 283, 303, 304, 316, 317, 333, 335, 339, 340, 346, 347, 367, 368, 394, 403, 404, 408, 409, 411, 412, 417, 423, 436, 438, 451, 455, 456, 460—462, 465, 467, 468, 472, 483, 492, 508, 510, 511, 516, 525, 541, 542, 561, 564, 565, 572, 574, 579, 580, 584, 589, 612, 615, 652, III. 148, 170, 172, 176, 185, 219, 223, 225, 226, 229, 231, 234, 255, 262, 279, 285, 296, 303, 304, 306, 308, 312, 326, 330, 337, 353, 365, 465, 466, 472, 514; f. auch Osmanen.
Türkisch=Kanischa, I. 548.
Türkisch=Kroatien, IV. 532.
Türlin, Ulrich v. —, III. 105.
Türr, ung. Gl., IV. 642.
Türstein, Oswald v. —, II. 174.
Tugomirić, alt o. Geschl., I. 360.

Jugoſt, I. 385, 391; ſ. auch Lauß, Bö.

Julmein, ſ. Tolmezzo.

Juln (Comagene), N.-De., I. 169, 179, 227, 369, 371, 601, 627, 665, II. 356, 383, 385, 388, 391, III. 29, 32, 40, 55, 57, 61, 66, 659, IV. 396.

Junger, Arnold v. —, Dominikaner, II. 581.

Junis, III. 172, 176, IV. 493.

Jur, U., II. 304.

Jurčansta ſtolpca, ſ. Thurócz.

Jurcilinger, I. 226.

Jurenne, irz. Gl., III. 503, 529, 530, 532—534, 577, 578, 580.

Jurin, II. 158, 179, III. 409, 416, IV. 53, 82—84, 115, 235, 262, 634.

„Jürken", byz. Fen. der Magyaren, ſ. dort.

Jurnau, Bö., I. 395, 396, II. 449, III. 462.

Jurn-Severinul (Drobetae, Turris Severini), I. 159, 177, II. 93.

Jurnitz, N.-De., I. 651.

Juropolje, Landſchaftsdiſtrict i. Kro., I. 362, III. 133, IV. 422.

Jurul o. Kl. Nikopolis, Bulg., II. 208.

Jurzol, ſ. Tarczal.

Jusculano, Bernardino, päpſtl. Legat, II. 516.

Juſchnow, ſ. Tiſchnowitz.

Juſſina, ſ. Schmidtshäu. i. U., I. 479.

Juti, ſ. Dobba.

Juttlingen, III. 526, IV. 45.

Jvartko (Jvrdto), bosn. Fürſt, „König" I., II. 182, 183, 204—206; — Jv. St. II. „Schura", ſ. nat. S., II. 205, 215, 283, 316, 341.

Jwingenberg, ſ. Lepenec.

Jnnbart, Gal., I. 148.

Juto, Sodeger v. —, Podeſtà v. Trient, I. 658.

Jyrnau (Nagy-Szombat, Szombathely, Trnawa), U., I. 95, 476, 477, 564, II. 8, 137, 417, III. 134, 142, 155, 225, 372, 387, 397, 398, 422, 453, 454, 512, 529, 593, 618, 649, IV. 67, 98, 104, 153, 386, 431, 458, 470.

Jzenzine, Gau a. d. Czettina, Dalm., I. 359.

U.

Ubilla, Setretär Karl's II. v. Habsb.-Spanien, IV. 15.

Udalrich, prem. Hz. v. Bö., I. 401, II. 31, 32; — Mtgf. v. Kärnt. & Iſt., I. 340, 350; Gf. v. Krain, I. 340; — Patr. v. Aquileja, I. 326, 340.

Udersti, huſſ. Söldnerhptm., II. 336.

Udine (Weiden), Friaul, I. 274, II. 143, 144, 148, 235, 270, 272, 280 bis 282, 551, 552, 554, III. 14, IV. 573.

Udvard, U., II. 106.

Udvarhely, Sbb., I. 565, 576, III. 124, 125, 513, IV. 422, 427.

Ueberlingen a. Bodenſee, II. 531.

Uechtland, Schweiz, II. 118.

Uermènyi, Joſeph, Freiherr v. —, IV. 470, 549.

Ugarte, bö. Oberſttanzler, IV. 481.

Ugel (Wintel, Juglos), hinterkarp. Ldſchſt., II. 52.

Ugocſa (Ugathabung), U., I. 535 bis 537, 578, III. 123, 136, 454, 650.

Uhlefeld, Corfiz, ö. Dipl. & Hoftanzler, IV. 194, 221, 244, 245, 264—266, 324.

Uj-Bánya, ſ. Königsberg.

Uiheln, U. (Sátor-allja-U.), I. 532, III. 236, IV. 31.

Uilaty, Niklas, Wojw., II. 335, 336, 342—344, 367, 398—400, 402, 415, 457, 542, 603, III. 117; — Lorenz, Sohn d. Vorigen, II. 457, 489, 560.

Uj-Des, Sbb., I. 559.

Uj-Palanka, U., I. 547, III. 684.

Uj-Peſth (=Neuoſen), U., I. 501.

Ujvár, Burg & Geſpanſchaft, U., I. 510, 529, 530.

Ujvidét, ſ. Neuſatz.

Ukraine, III. 560, 648.

Uleiſia Castra (Sz. Endre), U., I. 172.

Ullersdorf, M., I. 389.

Ulm, Bay., II. 19, 108, 114, 115, 190, 191, 529, 537, 545, 579, III. 65, 106, 397, 428, 532, 533, IV. 44, 46, 78, 585.

Ulm, Baron —, Statth. in N.-De., IV. 481.

Ulmann, Neuſohler Patrizier, I. 485.

Ulman, P., Chroniſt, IV. 214.

Ulmannsdorf, U., I. 485.

Ulmerfeld, N.-De., I. 369.

Ulmeto a. Karst, I. 347.
Uloma-Beg, türk. Befehlshaber, III. 230.
Ulpia Trajana. I. 576.
Ulpia Victrix. I. 200.
Ulrich, Hz. v. Brünn, Premyslide, Sohn Konrad's, II. 36; — III. Hz. v. K., s. Sponheim-Ortenburger; — I., Gf. v. Cilli, II. 275, 303; — II., dgl., II. 278, 315, 335, 336, 338, 339, 341, 343—347, 352, 354—363, 365—369, 372—375, 385, 430; — Gf. v. Würtemberg, II. 137, 141, 614, 634, III. 190, 203, 533; — (Woldrich) II., Patr. v. Aquileja, I. 657; — B. v. Seckau, I. 641—643, 646, 647; — B. v. Briren, II. 253; — v. Habsburg, tirol. ständ. Feldhptm., II. 532.
Ultrainluanien, s. Transilvanien, Siebenbürgen.
Umagum (Umago), Jst., I. 161, 237, 350, 351, II. 159.
Unbrima (=Ingering), Al., St., I. 333.
Unbrimagau, s. Ingeringgau.
Unertl, bay. Kanzler, IV. 200, 220.
Ungarisch-Brod, M., I. 416—418, 480, II. 449, III. 454, 541.
Ungar.-Gyula, U., I. 541.
Ungar.-Hradisch (Hradischtje), M., I. 407, 409, 417, 422, II. 422, III. 91, 97, 104, 440, 441, 541, IV. 214, 410, 419.
Ungar.-Ostra (Ostrow), M., I. 417.
Ungarn, I. 10—12, 22—24, 26, 48 bis 52, 65—68, 96, 114—116 u. ff., 142, 174—176, 291, 329, 331, 354, 373, 374, 418, 473 u. ff., 519, 526, 535, 551, 577, 590, 593, 595, 605, 609, 612, 618, 623, 625—628, 637, 640, 642, 651, 653, 668, 670, II. 6, 7, 27, 32, 43, 49, 52 u. ff., 58, 62, 64, 68, 71, 72, 74, 80—83, 86 bis 88, 90, 92—94, 96, 104, 105, 115, 138, 158, 164, 168, 169, 171, 172, 174, 179—183, 200, 201, 203, 206—208, 210, 211, 213, 214, 217, 264, 272, 275, 279, 293, 295, 296, 303, 305, 312, 315, 316, 320, 321, 323, 328, 333, 334, 341, 342, 359, 363, 364, 371, 372, 377, 384, 411, 412, 418, 422, 436, 444, 450—452, 455—457, 461, 464, 466—468, 470, 477, 483, 486, 487, 489, 492, 499, 512, 548, 559—566, 570—572, 574, 575, 579, 584, 585, 587, 592, 603, 612, 613, 625, 650, 652—654, 657
III. 41, 75, 112, 115, 118—123, 126, 129, 132, 133, 136, 139, 140, 143, 147—149, 150, 152, 154, 156, 158, 163, 164, 169, 170, 183, 189, 194, 197—199, 218, 225, 227, 232 bis 236, 240, 253, 265, 276—279, 281, 282, 287, 307—309, 312, 349 bis 355, 363—365, 367, 368, 371, 374, 375, 382—384, 389, 402, 420 bis 422, 443, 447, 453, 454, 512, 543—545, 556, 558, 560, 572, 576, 577, 580, 586, 587, 590—592, 594, 596, 599—601, 606, 609, 610, 613, 614, 616, 617, 619, 620, 622, 623, 625—627, 642, 649—651, 654, 660, 662, 667—669, 672, 678—680, 684, IV. 21, 24, 26—32, 34, 38, 41, 51, 54, 56—59, 61, 65, 69, 82, 86, 90, 94, 98, 100, 102—107, 115, 117 bis 120, 147, 151, 152, 156, 159, 173, 184, 195, 199, 201—204, 216, 233, 245—249, 251, 253, 256, 257, 293, 295, 304—307, 325, 326, 338, 339, 350, 374—377, 379, 386 bis 389, 392, 399, 405, 420—426, 438, 442, 446, 450, 452, 453, 458, 463, 479, 485—487, 489, 490, 492, 499, 500, 506, 531, 537—539, 544, 545, 548—551, 565, 567, 572, 575, 593 bis 595, 604, 620, 630, 632, 633, 641—648, 650, 652, 655 bis 657; s. auch die einz. Herrscher aus dem Hause Arpád, Premysl, Anjou, Luremburg, Corvin, Jagello, Habsburg.
Ungh, U., I. 454, 534, 535, III. 650, IV. 35.
Unghvár (Ungvár), U., I. 535, IV. 35, 106, 253.
Ungnad, innerö. Ad.-Geschl., III. 538; — Hanns, II. 326, 329, 354, 648, III. 245, 246, 248, 249, 251, 269, 310; — Georg v. —, II. 390; — David v. —, III. 351; — Andreas v. —, III. 117.
Ungrischpacher, ö. Pfleger i. Cormons, II. 542.
Ungvar, s. Unghvár.
Uničow, s. Mähr.-Neustadt.
Uničow, von —, s. Albicus.
Unitarier (Socinianer, Antitrinitarier, Religionssekte), III. 302.
Unfelin, ung. Israelit, III. 141.
Unten, I., II. 637.
Unna, Al., Kro., I. 354, 364, 365, III. 309, 310, 688, IV. 120, 554, 592.

Unrest, Pfarrer v. Lechelsberg i. Kä., Chronist, I. 7, II. 4, 126, 269, 429, 431, 433, 456, 462, 464, 468—470, 490, III. 74, 81.

Unstrut, Fl. i. Thür., I. 598.

Unter-Drauburg, f. Drauburg Unter.

"Unterwald", Ebb. Sachsenland, I. 575, 577.

Unterwalden, Schweiz, II. 116, 118 bis 121, 130, 191, 471, III. 174; f. auch N. Oe. Niederwalden.

Unverzagt, Wolf, Frhr. zu Ebenfurt & Retz, ti. Hoffammer-Präs., III. 315, 319, 413.

Unz, Fl., f. Laibach.

Unzmartt, St., III. 66.

Upor, ung. Befehlshaber i. d. Wiener Burg, II. 505.

Upsala, Schweden, III. 410.

Ural, Gebirge, II. 52.

Urban, P., II., II. 36, III. 111; — V., dgl., II. 168; — VI., dgl., II. 159, 177; — VIII., dgl., III. 471, 482, 505; — B. v. Laibach, III. 247.

Urbate. röm. O. a. d. Save, I. 173.

Urdu, Mongolenführer, II. 43.

Uri, Schweiz, I. 655, II. 116, 118 bis 121, 130, 131, 191, 471, 529, III. 174.

Uroš (Urosius, Prozin), Serbenezaren d. N., II. 82; Sohn d. Duschan, II. 183; — II., Stephan, II. 180; f. auch Stephan; — III., Sohn d. Vorigen, II. 180.

Urospergo-Villalta, friaul. Geschl., II. 117.

Urslingen, Werner, Hz. v. —, Söldnerführer, II. 176.

Urio, hzgl. Hoftaplan, I. 268; — Patr. v. Aquileja, I. 274.

Ursula, Prinzessin v. Brandenburg, Tocht. Albrecht's Achilles, I. 114.

Usafer, Sarmatenhäuptling, I. 224.

Uschtüb (Skopi), Arlb., III. 675.

Ussieza, Bulg., IV. 142.

Usow, f. Aussee.

Uskof, U., I. 535.

Uskoken ("Flüchtlinge"), I. 354, III. 248, 310, 311, 357, 394, 395.

Utarapy, Gal., I. 457.

Utjesienich, f. Martinuzzi.

Utraquismus, III. 109, 204—206, 273, 377, 378.

Utraquisten, II. 296, 299, 301—303, 313, 349, 351, 365, 401, 407, 414, 420, 446—452, III. 180, 275.

Utrecht, Nrlde., II. 138, 139, 503, IV. 62, 92—94, 111, 114, 122.

Utriguren, ural. finn. Steppenvolt (Bulgaren?), I. 238.

V.

Vaquant, ö. Gl., IV. 595.

Vácz, f. Waizen.

Vabájs, f. Feliö-Vábáß.

Vabianus, f. Watt.

Vablert, Schl. b. —, U., IV. 105.

Vado, It., IV. 92.

Vaduz, Ländchen a. O.=Rhein, II. 251, III. 532.

Vág-Ujhely, f. Neustadtl.

Vágh=Duna, f. Waag.

Vaja, U., IV. 106.

Vajda Hunyad, Sbb., I. 176.

Vajta, U., I. 491, III. 133, IV. 421.

Vajolett-Alpe, T., I. 301.

Valan (Lähn), Schles., I. 431.

Val di Ledro (Vallis Lagarina), (Lägerthal), T., I. 163, 303, II. 253, 645, 647, IV. 398.

Val di Sol (Sulzberg), T., I. 300.

Valdona, Oit-Schweiz, II. 527.

Val Druschann (Vallis Drusiana, Drusenthal, Walgengau, Walgau), B.=A., I. 181, 312.

Valence, B. v. —, f. Montluc.

Valencia, Sp., IV. 91, 109; — Gb. v. —, f. Cordona Folch v. —.

Valens, röm. Ks., I. 224.

Valens, arian., B. v. Petovio, I. 226.

Hl. Valentin, B., I. 239, 242.

Valentin, ung. Pfarrer, Prot., III. 236.

St. Valentin, Waldenser Gemeinde, O.=Oe., III. 75.

Valentinian I., röm. Ks., I. 186, 221, 224; — III., dgl., I. 162.

Valenza, It., IV. 80.

Valeria, Landstrich in Panonien, I. 170.

Valerian, röm. Ks., I. 222; — B. v. Aquileja, I. 242.

Valerius, frz. Gschdch.-Setr., III. 579.

Val fredda, T., IV. 12.

Valfovár (Valfo, Valfow), f. Valpo.

Vallaria, T., IV. 12.

Valla, It., I. 350, 351, II. 159.

Valley, ad. Geschl. i. Bay., I. 398, 608.

Vallis Anaunia (Val di Non, Nons-berg), T., I. 163, 244, 300.

Vallis Uraniae, II. 116; s. auch Uri.

Valois, frz. Dyn., II. 162, 507, 514, 557, 611, III. 284; — Karl v. —, d. „Ohnland", „Senzaterra". II.100.

Valory, frz. Gef., IV. 199.

Valpo (Valkovár, Valtow, Valpowo, Valko), I. 363, 550, III. 116, 139, IV. 29.

Vals, Schweiz, II. 268.

Val Sugan (Ausugum), T., I. 163, 300, 304, II. 146, 149, 151, 188, 257, 473, 545, 550, 643, 645, 647, III. 34, 64.

Valvasone, Simon v. —-, friaul. Adel, II. 148.

Valvassor, Frh. v. —, H., I. 29.

Vámos Pércs, U., I. 540.

Vandalen, I. 219, 222, 430.

Vandalisches Gebirge (Riciengebirge), I. 388.

Vandamme, frz. Gl., IV. 608.

Van der Haßen, s. Haßn

Vangio, Schwestersohn des Vannius, I. 215.

Vannius, Kg. v. Quaden, I. 214, 215.

Vanotti, H., I. 74.

Var, Fl. i. Frkr., IV. 236, 237.

Várad, s. Grofwardein.

Várad, s. Kis-Várad.

Varannó (Wranow), U., I. 534.

Varano, Giulio Cesare di —-, venet. Heerführer, II. 472.

Varas, s. Vroos.

Várday, Paul, Primas v. U., I. 478, II. 409, 484, III. 184, 193.

Vári (Burgdorf), U., I. 535.

Varisker, Varisten, germ. Stamm, I. 216, 217, 219.

Varius, Clemens, röm. Feldherr, I. 200.

Varna, Türk., II. 341, 342, 345.

Vársány, U., II. 304.

Vásárhely, Sbb., I. 176, 565, III. 124, 168.

„Vaskapu" (Eisernes Thor), I. 490, 548.

Vasvár, U., III. 595, 600.

Vatha, magy. Aufstandsführer, III. 156.

Vatinius (Praeses Dalmatiae), I. 155, 156.

Vatzo, Wiener Patrizier, II. 1.

Vauban, frz. Ingenieur, IV. 86.

Vaubonne (Vaubou), kj. Gl., IV. 48, 94.

Vaudemont, Karl Heinrich, Prinz-

Statth. i. Mailand, IV. 19; — Thomas, Sohn d. Vorigen, Gl., IV. 19, 42, 53.

Vaulgrenant, frz. Dipl., IV. 232.

Vay, ung. Adel, IV. 35, 36; — Abraham, Prot.-Anh. Rákóczi's, IV. 98, 252; — Niklas, ung. Plt., IV. 647, 648.

Vazerol, Schweiz, II. 472.

Vazul, Vetter Kg. Stephan's I. v. U., II. 69.

Veglia (Curicta. Krka, Vija), I. 125, 154, 348, 354, 360, 363, II. 33, 75, 94, III. 33, 186, 394; s. auch Frangepani.

Veich, Konrad, prot. Prädikant i. U., II. 654, III. 237.

Veile i. Jütland, Schl. b. — (1864), IV. 651.

St. Veit, K., I. 322, II. 15, 144, 463, 468, 596, III. 31, 58, 66, 246, 251, 335.

St. Veit am Pflaumb, s. Fiume.

Veit, s. Vid.

Békonyi, ung. Adel, IV. 118.

Vel (Fel) (Ursinus Velius), H., I. 13, 50, III. 91.

Velascus, päpstl. Legat, II. 585.

Velbuzd (Köstendil), Bulg., II. 180.

Velden, Oberpfalz, I. 383.

Veldenz, Pfalzgraf v. —, II. 537.

Veldes, Kr., I. 102, 341, II. 596, IV. 397.

Veldidena (Wilten), T., I. 164, 185, 199, 307.

Velebit, Gebirge i. Littorale, I. 352, 355.

Velicsna, s. Welka Wes.

Velika (Veliza), s. Wölz.

Velina. röm. Tribus, I. 200.

Velius Ursinus, s. Vel.

Vella (Vötla), Fl., I. 366.

Vellach, K., I. 167, 320, 321.

Velle (eig. Velem im ung. Com. Eisenburg), II. 345.

Vels, s. Völs.

Veltlin, Schweiz, II. 531, 533, III. 503, 519, 539.

Veltvnt, tj. Votsch., III. 225.

Vena, die —, Landschaft, Jst., III. 66.

Venant, Frkr., IV. 89.

Venantius Fortunatus, I. 232, 239.

Vendégi, U., I. 509.

Vendôme, Hz. v. —, frz. Feldherr, IV. 42, 45, 48—50, 53, 82, 83, 86, 89, 93.

Venedig, I. 236, 237, 272, 273, 304, 322, 346, 351, II. 68, 75, 77 bis 81, 85, 86, 91, 141, 145, 147, 148, 155, 157—159, 175—180, 188, 193, 204, 205, 207, 213 bis 215, 219, 252, 253, 257, 263, 264, 269, 270, 272, 274, 280—283, 299, 323, 324, 363, 369, 409, 421, 426, 462, 466, 472, 473, 476, 484, 491, 492, 503, 508—513, 515—526, 529, 540—555, 563, 571, 581, 586, 588, 592, 593, 597, 602, 603, 612, 615, 621, 625, 647, 648, III. 10, 34, 58, 59, 64, 65, 109, 116, 144 bis 146, 155, 160, 172, 173, 184, 190, 192, 193, 217, 309, 339, 357, 392—394, 403, 413, 416, 427, 456, 457, 464, 466, 471, 555, 599, 600, 608, 615, 661, 671, 687, 688, IV. 105, 112, 119, 120, 139, 223, 234, 235, 341, 397, 408, 456, 457, 529, 560, 569, 570, 572—574, 581, 586, 611, 614, 632, 636, 637, 641, 642, 652, 656; (Dogen v. —), s. Contarini, Falieri, Foscari, Grimani, Gritti, Laudo, Loredano, Manin, Mauro, Maripetro, Michieli, Orbelaso, Orseolo, Peter, Venerio, Vitali; — (Hz. v.) —, s. Obelerius; — (Arzt), s. Zasfi.

Venediger Gletscher, T., I. 321.
Venerio, Doge v. Venedig, II. 204.
Veneter, oberital. Volksstamm, I. 210.
Venezuela, Spanisch-Amer. Col., III. 259.

Venezze, Castell i. d. Lombardei, I. 90.
Venier, venet. Ges., IV. 448, 457.
Veniers, venet. Botsch., III. 632, 633.
Ventimiglia, Savoyen, IV. 237.
Venturini, Kaufm. v. Zara, II. 282.
Venzone (Peuschelsdorf), Gz., II. 142, 144, 147, III. 66.
Veracruz, i. Merito, IV. 652.
Verantius (Wrancic), Primas v. U., ung. Geschichtsschr., I. 11, III. 206, 220, 232, 280, 281.

Verbas, Fl. i. Kro., I 171, 173, 354, 359, 365.

Verböcz (Verböczy), Stephan, ung. Staatsmann, und Rechtsgel., III. 123, 164, 184, 196, 200, 220, 223, IV. 421, 424, 446, 549.

Vercelli, It., I. 310, II. 324.
„Verdonnerte, die —", s. Detunata.
Verdugo, bö. Landstadt, IV. 417.

Verbun, I. 277, 590, III. 212, IV. 87, 569.
Vereczke, s. Alsó.
Verebély, U., III. 133, IV. 421.
Veresegyház, U., IV. 68.
Bergen (Nauclerus), H., I. 5.
Bergennes, frz. Min., IV. 337, 356, 522.
Bergerio, Paul, B. v. Capodistria, ung. Protestant. III. 248, 249.
Bergorac, Dalm., I. 356.
Beringen a. Bodensee, IV. 398.
Vermont, B.-A., I. 312.
Bernagtgletscher, T., I. 94.
Beröcze, Slav., I. 363, II. 116, IV. 29, 148, 421.
Verona (Welsch-Bern), I. 164, 262, 274, 279, 294, 300, 302, 339, 587, 588, 594, 595, 628, 629, 634, 635, II. 145, 151, 152, 252, 517, 533, 545, 550 - 555, 589, III. 9, 11, 12, 21, 41, 263, IV. 42, 624, 642; s. auch Otto.
Berospi (Uditore della Rota romana), III. 413.
Veruca, Feste b. Turin, IV. 53.
Versailles, Frkr., III. 576, 606, IV. 11, 14, 17—19, 36, 68, 103, 115, 268, 269, 278, 287, 289, 337, 636.
Vértes, U., I. 488, 490, 498; s. auch Pilis.
Vérteshegy, U., II. 71.
Vértesi, ung. Gelehrter, III. 159; — ung. Magnat, IV. 156.
Vervaur, Jesuit, III. 531.
Vervins, Friede v. — (1598), III. 356.
Verus, Luc., röm. Ks., I. 200.
Vespasian, röm. Ks., I. 171, 181 bis 182.
Veszprim (Vezprem, Vezprem), U., I. 109, 498, II. 487, 488, 565, III. 126, 133, 157, 308, 312, 513, 587; — Bischöfe v. —, s. Ergelich, Kechety, Viro, Sennyey, Szalaházy.
Veterani, Friedrich, Gf., ö. Gl., III. 662, 665, 669—676, 678, 681.
Vetonianae, röm. O. i. O.-Öc., I. 168, 169.
Vetturi, venet. Heerführer, II. 554.
Veveri, M., I. 408.
Vezprem, s. Veszprim.
Vezzano, T., I. 303, IV. 398.
Viale Prela, Karb.-Nuntius, IV. 647.
Viard, tj. Oberst, dann Gl., III. 683, IV. 105, 118.

Vibellius, I. 215.

Vicenza (Vinzenz), I. 300, II. 145, 517, 522, 545, 550, 552, 553, III. 176.

Victor IV., P., I. 611; s. auch Octavian; — Amadeus II., v. Savoyen, III. 685, IV. 15, 43, 48--50, 53, 82 bis 85, 88, 89, 111, 112, 127, 223; — Amadeus III., Kg. v. Sardinien (Savoyen), IV. 559; — IV., dgl., IV. 559; — Emanuel, Kg. v. Sardinien & Italien, IV. 637, 645, 653, 654.

Victoria, Kgin. v. Großbritannien, IV. 615, 616.

Victorin, Sohn G. Podiebrad's, I. 428 bis 430, II. 389, 414, 422, 423, 450, 451; — P. v. Pettau, I. 241.

Vid (Veit), II. 72.

Vibuarius, transjugithan. Quaden- oder Suevenfürst, I. 223.

Vierwaldstättersee, Schweiz, I. 654, 655.

Vigevano, It., IV. 134, 135, 223, 224.

Vigilius, B. v. Trient, I. 243, 244.

Vigles, U., I. 488.

Vigoureur, Rákóczy's Agent, IV. 136.

Vihnye, U., IV. 67.

Vija, s. Veglia.

Viktofalen, germ. Stamm, I. 219, 223.

Viktorin, s. Victorin.

Viktring, K., I. 324; — Johann v. —, Abt, II. 4, 126, III. 20, 73.

Világos-vár, U., I. 550, II. 304.

Vilana, s. Perlas.

Vilbach, Herren v. —, s. Oe., III. 54.

Vilgreit (Folgaria), deu.-ital. Enklave Süd-Tirol, IV. 398.

Villa ad Judaeos, s. Judendorf; -- antiqua, s. Altdorf; — Caniferorum, s. Schmögen; -- Durandi, s. Durlsdorf; — Isaci, s. Eisdorf; — latina, s. Wallendorf; — S. Quirini, s. Kirn; — Ruskini, s. Riesdorf; — Ursi, s. Sperndorf.

Villach (Santicum), K., I. 95, 167, 321, 322, 326, II. 357, 423, 464, 465, 596, 616, 617, III. 31, 66, 67, 214, 246, IV. 397, 465, 595, 598, 603.

Villacher Alpe, K., I. 102.

Villafranca, Lomb. Friedensprälim. v. --, IV. 637, 647, 650.

Villalar, Span., II. 611.

Villalta, friaul. Geschl., II. 143.

Villanders, Engelmar v. —, II. 129, 267.

Villanova, Gz., II. 542.

Villanueva, Arnold v. —, s. Arnold.

Villány, U., I. 497.

Villard de Honnencourt, III. 157; s. auch Honnencourt.

Villars, Heerf., III. 681, IV. 46, 51, 84, 87, 89, 92—94; — Marquis Louis H. v. —, frz. Botsch., IV. 18, 35, 135.

Villasor, Marchese, Gf. v. Montesanto, IV. 258.

Villaviciosa, Span., IV. 69.

Ville, de la —, Abbé, IV. 277.

Villeneuve, frz. Botsch., IV. 143.

Villeroi, frz. Gf., IV. 42, 52, 83.

Villéry, Beichtvater Kj. Ferdinand's II., IV. 439.

Villgratten, T., II. 643.

Villingen, Vorb.-Oe., II. 380, III. 538, IV. 586.

Villinger, Jakob, fj. Rath, II. 607, 612, 617.

Vils, T., III. 35.

Vilshofen, Bay., I. 365.

Viminacium (Kostolatz), I. 175.

Vinccia (Semendria), I. 175.

Vincz, s. Felvincz.

Vindelicien, I. 164, 177, 179, 182, 233, 239.

Vindeliker, I. 163.

Vindobona, s. Wien.

Vindonissa, s. Winterthur.

Vineis, Petrus de — (Pietro delle Vigne), kj. Geheimschr. & ital. Literat, I. 624, 629.

Vinkovce (Cibalis), I. 173.

Vinodol, s. Frangepani.

Vinstgau, s. Vintschgau.

Vintler, Konrad, III. 73, 79; — Nitlas, II. 193, 254, 256.

Vintschgau (Vinstgau), T., I. 158, 164, 262, 300, 305, 306, 309, II. 251, 256, 262, 527, 528, 532, 645, III. 17, 34, 37, 56, 64, 249, IV. 47, 398.

St. Vinzenz, Cyrus v. —, Abt von Breslau, III. 283.

Vinzenzio II., Hz. v. Mantua-Montferrat, III. 471.

Vio, Thomas de —, Papalist, II. 583.

Viola v. Teschen, Gem. Kg. Wenzel's III. v. Pö., II. 49.

Vipitenum (Sterzing), T., I. 164, 305.

Virág, ung. H., I. 65.
Virgenthal, T., III. 67.
Virgil, B. v. Salzburg, I. 267.
Viridis, Tocht. Bernabo Visconti's, Gem. Leopold's III., II. 150.
Virmont, ö. Gl., IV. 119.
Viroz, Fl. i. Polen, IV. 351.
Virozsil, ung. Rechtsgel., I. 66.
Virunum (Maria Saal), K., I. 167, 168, 172, 174, 182—184, 188, 191, 198, 200, 268, 322.
Viscellae. s. Zeiring.
Bücher, Kartograph, I. 30; — Peter, Erzgießer v. Nürnberg, II. 604, III. 80.
Visco, Gr., IV. 397.
Visinada, Istr., I. 352.
Visk, U., I. 536, 538, III. 136.
Visconti, mailänd. Fürstengeschl., I. 323, II. 112, 145, 147, 150, 153, 156, 166, 193, 510; — Bernabo, II. 147, 150; — Giovanni Galeazzo, II. 193, 220; — Galeazzo, II. 211, 216, 220, 257; — Philipp Maria, Hz. zu Mailand, II. 323.
Visio, Fl. i. U., I. 538.
San Vitale b. Ottoschacz (Arrupium), I. 162, 163; s. auch Arrupium.
Vitali, Doge v. Venedig, II. 85.
Vitelleschi, Muzio, Jesuiten Ordens-General, III. 397.
Vitelli, Alessandro, Anführer d. päpstl. Truppen, III. 224.
Viterbo, It., II. 356.
Vitéz, Johann, s. Zredna.
Vitiges, Nachfolger Theoderich's des Ostg.-Kg., I. 235.
Vitkovici (Witigonen), bö. Adelsfam., III. 99; s. Rosenberg.
Vitnyédy, Stephan, ung. Protest.-Führer, III. 560, 561, 591, 601 bis 606, 608, 609, 620.
Vitodurum. s. Winterthur.
Vitroburus, transjugithan. Quadenfürst, I. 223.
Vittsberg, N.-Oe., I. 151.
Vivenot, v. —, ö. H., I. 72.
Vivilo, B. v. Passau, I. 263.
Viza, ung. Probst, IV. 59, 97.
Vlahovic, Prediger, III. 249.
Vlajko, Ladislaus, Ban v. Zeurin, II. 179, 182.
Vlašim, mähr. Herrengeschl., III. 99.
Vlotho a. d. Weser, III. 520.
Vltava. s. Moldau.
Vocarium (Hieflau?), St., I. 168.

Voccio, Norikerfürst, I. 119, 157.
Vögelin, Humanist, III. 76.
Böttlabruck, O.-Oe., I. 366, III. 273, 447, 450.
Böttlamarkt (Laciacum), O.-Oe., I. 169, 366.
Böltermartt, K., I. 102, 324, 366, II. 432, 433, 460, 463, 596, III. 52, 58, 66, 246, 335.
Böls, Leonhard I. v. —, tirol. Ldshptm., II. 529—532, 555, 637, 644, 646; s. auch Fels, Colona; — Leonhard II., II. 200, 222, 224, III. 264, 364, 376, 377, 396, 411, 420; — Bernhard v.—, III. 199; — s. Georg, III. 621; s. auch Fels, Colona.
Vörös, Benedikt, Führer der aufständ. Ebbger., II. 416.
Vöröstö (Rothenstein), I. 476.
Vöröspatak, Sbb., I. 187, 556.
Vörösvágás, U., I. 193.
Böttau (Bytow), M., I. 410, 623; — Albert & Leutold auf —, II. 219; s. auch Lichtenburg.
Böttauer, der — Söldner-Rottenführer, II. 383, 390; s. auch Lichtenburg.
Vogel, H., I. 43; — Gabriel, f. Testamentsexecutor, II. 616.
Voglfang, ö. Regiment, IV. 595.
Vohburg, Gsen. & Mkgien. v. —, s. Chamb.
Voigt, H., I. 44, 45, 75.
Voigtsberg, Sachsen, I. 386.
Voigtland, I. 386, II. 168, III. 207.
Voitsberg, St., I. 252, 331, 652, III. 31, 58.
Volkmar, Kurruzzenführer, II. 79.
Volkmar, s. Burgstall.
Voltra, Gf. Otto, III. 181, 618, 619, 621.
Volland, Dr., erzb.-salzb. Rath, II. 637.
Volmar, schwedischer Oberstl., III. 534; — Isaak, tj. Dipl., III. 509, 526, 530.
Volpe, Tabbeo della —, venet. Feldh., II. 554.
Volta, It., IV. 642.
Voltaire, IV. 290, 508.
Voltelin, ung. Israelit, III. 141.
Volvold, Patr. v. Aquileja, I. 592.
Von den Hähnen, Patrizier-Fam. i. Prag, II. 103.
Vonck, niederl. Parteiführer, IV. 535.
Vopiscus, Flav., röm. Geschichtschr., II. 62, 63.
Vorarlberg, I. 74, 97, 158, 184, 256,

311, 602, II. 250, 252, 262, 267, 379, 380, 395, 621, III. 11, 26, 46, 60, 61, 418, 508, 532, 539, IV. 51, 123, 374, 392, 398, 399, 401, 586, 598—600, 610.

Vorau, St., I. 329, 337, III. 71, IV. 396.

Vordernberg, St., II. 638, III. 64.

Vorlande, österreichische, II. 141.

Vorlauff, Konrad, Bürgermeister v. Wien, II. 224, 225.

Voß, Heinrich, IV. 518.

Vossem, Friede v. — (1673), III. 577.

Vouglé, Gallien, Schl. b. —, I. 234.

Voyt, II. 335; s. auch Hunyady.

Vrana, Dalm., II. 178, 182, 200, 214, 215.

Vrana (Aurana), Johanniter-Priorat, von —, III. 152, 184; s. auch Bebek & Paližna.

Vrančić, s. Verantius.

Vratislaw, s. Wratislaw.

Vriczko (Friczko), U., I. 483.

Vrlika, Dalm., I. 356, 357.

Vrozin (Urosius), Serbenfürst, II. 82.

Vršovce, s. Wrschowce.

Vukassević (Bukassović), Hptm., IV. 530.

Vukovar, Slav., I. 363.

Vultan (Wlk), serb. Prätendent, II. 87.

Vultanpaß, Sbb., I. 551, 576.

Vyhorlet, U., I. 96.

Vypnjiek-Höhle, M., I. 142.

Vyssegrad, Alt-Prager Burg, I. 401, II. 29, 37, 291.

Vyssegrad (Plintenburg), U., I. 489, 498, II. 162, 171—173, 336, III. 184, 222.

Vzoblaze, s. Hohenplotz.

W.

Waadt, Waadt-Land, Schwz., III. 171.

Waag (fl. Vah), Fl. & Thalgebiet i. U., I. 108, 215, 275, 474, 477, 478, 480—482, 485, 490, 564, II. 73, 340, III. 153, 155, 422, 592, 652, 656.

Wachau, N.-Œe., I. 295, 375, 585.

Wachendorf, Gal., I. 448.

Wacho, Longobarden-Kg., I. 237.

Wachsenstein, Istr., I. 351.

Wachsmuth (Waksmund), Gal., I. 448.

Wachtel, M., I. 105.

Wachtendonk, kj. Oberst. IV. 132.

Wachtlechner, Christian, tirol. Rebellenführer, III. 250.

Václaw Wlk (Wulfo Watzla), kj. Söldnerführer, II. 467.

Wacinow, s. Michna.

Wacow, s. Waizen.

Wade, holl. Feldherr, IV. 226.

Wadna, Freiß. P., U., I. 507.

Wadowice (Watowice, Frauendorf), Gal., I. 445.

Wähing, Berthold v. —, II. 224; s. auch Berthold.

Wagen, Frhr. v. —, Mil., III. 394.

Wagenbrüssel, U., I. 512.

Wagner, Franz, Jes. u. H., I. 45, III. 582, 644, IV. 37, 44; — Karl, Jes. ung. Hist., I. 51, 52, 66; — Dr. jur., Baron v. Wagensels, Lehrer Kj. Josephs I., IV. 73.

Wagram, Schl. b. —, N.-Œe., IV. 596, 599.

Walchen, Walchen, s. Walgau.

Waiblinger, I. 606, 608, II. 124; s. Stauen.

Waida, Michael, III. 304, 608, 663.

Waidhaus, Oberpfalz, I. 385.

Waidhofen a. d. Jps, N.-Œe., II. 388, III. 29, 318.

Waifar, Aquitaner Hz., I. 265.

Wajk (Stephan I.). II. 61, III. 113; s. auch Stephan I., Kg. v. U.

Waiß, s. Weiß.

Waiß, H., I. 75.

Waizen (magy. Vácz, fl. Wacow), U., I. 500, 503, II. 400, III. 133, 513, 587, 625, IV. 106, 470, 498; — Bischöfe v., s. Almásy, Pongrácz, Sennyey; — Probst v. —, s. Balbus.

Waizenkirchen, O.-Œe., III. 448.

„Walaczen", Arb. im Wielicżka'er Salzbergw., I. 447.

St. Walburg, St., II. 10.

Walchen, Friedrich v. —, Eb. v. S., I. 663.

Walchendorf, s. Wallendorf.

Waldburg, Ort im Breisgau, III. 538.

Waldburg, Hanns, Truchseß v. —, II. 380, 473, 647.

Walddorf, Alt- & Neu-, U., I. 517.

Waldeck, Herrschaft in der Pfalz, I. 384; — Fsth., III. 511, IV. 524

Waldeck, bö. Adelsfam., III. 99.

Waldemar d. „Falsche", II. 167; f. auch Woldemar.

Walden. Schweiz. I. 655.

Waldenser, Secte, II. 228, 443, 444, 448, III. 75.

Waldgrave, engl. Potsch., IV. 131.

Waldhausen, Konrad v. — (Stiekna Konrad v. —), Prediger, II. 230.

„Waldland", f. Siebenbürgen.

Waldmark, N.-Oe., I. 375.

Waldrada, fränk. Fürstin, I. 310.

Waldrich (Ubalrich), Patr. v. Aquileja, I. 351.

Waldsassen, Bö., I. 384, 385, 392.

Waldsee, Schwaben, IV. 398.

Waldshut i. Breisgau, II. 19, 437, 471, III. 538, IV. 398.

Waldstädte (Waldstätten), I. 656, II. 110, 117—119, 121, 130, 472, III. 508, 538; vgl. Schweiz.

Waldstein, abl. Geschl. i. Bö., I. 397, III. 99, 210; — Albrecht (Wallenstein, d. „Friedländer"), f. Wallenstein; — Adam v. —, III. 438; — Wilhelm, Vater Wallenstein's, III. 460; — fj. Oberst, III. 528; — Gf. Mar, III. 553; — Gf. August v. —, III. 569; — Ferdinand Karl, Gf. v. —, III. 633, 648, IV. 17, 75, 76; — Gf. R. E., ö. Potsch., IV. 17, 50.

Walduch, tarantan. Fst., I. 269.

Walgatha, bö. Söldnerhptm., II. 336.

Walgau (Walhengau), Rheingau, I. 314, 315, II. 251, 263, 267, 530, 531, 533.

Wallachei, I. 544, 551, 570, 577, II. 93, 179, 206, 334, 372, 409, 564, III. 117, 304—306, 311, 352, 383, 559, 585, 610, 611, 625, 670, 671, 673, 676, 677, IV. 116, 117, 140 bis 142, 339, 346, 348, 349, 365, 366, 529, 531, 532, 592, 625, 637; Z. 28. f. auch Alexander, Michael, Michne, Scherban, Wlad Drakul.

Wallachen, I. 407, 416, 457, 463, 539, 563, 567, 577, II. 62, 304, 305, III. 388, 611, IV. 56.

Wallachisch-Meseritsch, M., I. 416.

Wallaßty, H., I. 52.

Wallendorf (Walchendorf, sl. Wlain, mag. Olaßi, Villa latina), U., I. 513, 524, 526, 562, III. 93.

Wallensee, Schweiz, II. 392.

Wallenstedt (Wallenstätt), Schweiz, II. 250, 267.

Wallenstein (Waldstein), Albrecht, Euseb. fj. Feldherr, III. 229, 395, 404, 434, 450, 458, 460—468, 470 bis 472, 474, 477, 479, 483, 485, 488—501, 591, IV. 417; Z. 26 u. Anh. f. auch Waldstein.

Wallenthal, T., II. 146.

Wallersee (Walchensee), S., I. 259.

Wallis, Schweiz, III. 171, 174.

Wallis, Gf., Heerführer, IV. 141, 143, 160, 193, 566; — Joseph, Gf., ö. Finanz-Min., IV. 604, 605.

Wallmoden, Gf., ö. Gl., IV. 605, 623.

Wallonen, fj. Reiter, Kürassiere, III. 149, 350, IV. 82.

Wallop, Joh., engl. Dipl., III. 190.

Walpole, engl. Staatsmann, IV. 196.

Walsee, N.-Oe., I. 369, II. 381.

Walsee (Wallsee), adl. Fam. a. Schwab., I. 354, 369, II. 7, 13, 17, 102, 219, 226, 270—272, 333; Z. 19. — Eberhard v. —, II. 13, 17; — Friedrich v. —, II. 224, 225; — Hanns v. —, I. 354, II. 17; — Heinrich v. —, I. 354, II. 17; — Reinprecht v. —, II. 223, 224, 226, 227, 269, 271, 279, 333, 335, 355; — Ulrich v. —, II. 102, 144, 275; — Wolfgang v. —, II. 355.

Walserthal, V. A., I. 312, II. 267.

Walther, Kammergf., I. 490; — Schftst., IV. 446.

Walther v. d. Vogelweide, mittelhochdeut. Dichter, III. 71.

„Waltherskrieg" zwischen Walther, B. v. Straßburg & d. Stadtbürger, I. 656.

Waltilo, Gangf. v. Kr., bö. Söldnerhptm. u. Wegelagerer, I. 340.

Wancho (Ladwenko), II. 366.

Wanczyn, Bukow., I. 160.

Wanda, sagenh. Tocht. des myth. Chorwatenkönigs Krok's, I. 445, II. 28.

Wangen, Friedrich v. —, B. v. Trient, III. 21, 63.

Wanjener Halt, der — im schles. Fstth. Münsterberg erzh., I. 438.

Wanzl, Primus, erzhzgl. Comm. in Glaubenssachen, III. 334.

Waräger-Normanen, I. 253.

Warasdin, Kro., I. 109, 173, 332, 354, 362, 496, III. 138, 139, 309,

310, 312, 330, 611, IV. 393, 421,
423; s. auch Aqua vetus.
Warbar, Fl. i. Serbien, II. 180.
Wardein, s. Groß-, Klein-, Neuwardein;
— Gf. Peter v. —, II. 88, 90.
Warenton, Barrièren-Fort, IV. 95.
Warkotsch, Frh. v. —, schles. Gutsherr,
IV. 295.
Warmien, Herzogthum, IV. 311, 345;
s. auch Ermeland.
Warner, germ. Stamm, I. 234.
Warschau, III. 283—285, 558, 575,
584, 625, IV. 38, 60, 136, 227,
228, 290, 294, 334, 336, 338, 346,
347, 349, 594, 595, 598, 632; s.
auch Zierovski.
Wart, s. Rudolph v. —.
Wartberg, U., III. 593.
Wartburg b. Eisenach, die —. III. 71,
IV. 622.
Wartenberg (Wartemberg), Bö., I. 395;
— adl. Geschl., III. 460; — Cennet
v. —, II. 285; — Heinrich v. —,
II. 102; — Johann v. —, II. 652,
III. 180, 210; s. auch Cenek; —
Anna v. —, II. 348.
Wartenburg, s. Polheim.
Wartensleben, fs. Gl., IV. 531.
Wartha (Warda), Schles., I. 431.
Wartha, Kl., IV. 194.
Wasa, schwed.-poln. Dynastie, I. 456,
458, III. 170, 575; s. auch Gustav,
Johann, Karl, Kasimir, Sigismund.
Wasner, ö. Dipl., IV. 175, 224, 225.
Wasiliej, s. Iwanowic.
Wasiliewic, s. Iwan.
Wassenaer, Gf., holl. Botsch., IV. 236,
238, 505, 521.
Wassermann, Johann v. —, fs. Verw.
in Triest, II. 128.
Wasserpolaken, M., I. 407, 410.
Wassenburg (Wasserburg), s. Wenzelin.
Waterloo, Schl. b. — , IV. 612.
Watowice, s. Wadowice.
Watt (Vadianus), Humanist, II. 606,
III. 76.
Wattenbach, Hist., I. 59, 74.
Watterot, ö. Prof., IV. 575.
Wawel b. Krakau, I. 446.
Wchynic, s. Kinsti.
Weber, H., I. 74.
Wecelin, Mkgf. v. Istr., I. 340.
Wechsel, Geb. i. St., I. 166, 333,
596.
Wedell, preuß. Gl., IV. 291.

Weger, Franz Joseph, Erzieher Ki-
Joseph's II., IV. 312, 313.
Weibern, O.-Oe., III. 450.
Weichs, Frh. v. —, o. ö. Adel, IV.
204, 213.
Weichsel, Fl., I. 145, 211, 213, 430,
431, 442, 443, 445, IV. 351, 598.
Weichselberg, Kr., I. 342; — Sigmund
v. —, Kapitän v. Agram, III. 310.
Weiden (Weyden), s. Udine.
Weiden, Herrschaft im Nordgau, Ober-
pfalz, II. 18, III. 484.
Weidenau, Schles., 410.
Weigand, Friedrich, kurmainz Kellerm.,
Bauernanführer, II. 634.
Weikard, Pater Ignaz, Jesuit, IV.
312, 313.
Weithartforst, Bay., IV. 79.
Weimar, sächs. Hzgth., III. 484, 489,
500, 502—504, 517, 524, 637; s.
auch Bernhard, Ernst, Johann Ernst,
Karl August.
Weimar-Orlamünde, adl. Geschl., I.
340, 350, 600; s. auch Wilhelm.
Weinecker, hzgl. Rath in Tirol, III. 34.
Weingarten, B. A., I. 311; — H., I.
13, IV. 446; — Mar v. —, ö.
Dipl., IV. 270.
Weingartskirchen, Sbb., I. 575.
Wein-Jenö, s. Boros-Jenö.
Weinisch, Pastor in Breslau, IV. 286.
Weinmeister, Dr., bayr. Dipl., III.
190.
Weinsberg i. Schwaben, I. 608.
Weinzettel, St., I. 194; — Weinzettel-
brücke b. Graz, III. 67.
Weißkirchen, St., I. 333.
Weißpriach, s. Weißpriach.
Weiß, Bürgermeister v. Kronstadt, III.
383, 384; — Hist., I. 72.
Weißbrunn, s. Veßprim.
Weißchorwatien, d. heutige Westgalizien,
I. 238, 431, 443, 445, 451, II. 31.
Weißenbach, T., III. 79.
Weißenburg (Fehérvár, Gyula Fehérvár,
Alba Julia, später „Karlsburg),
Sbb., I. 553—556, 567, 568, 577,
II. 67, III. 153, 220, 224, 227,
235, 281, 302, 304, 351, 372, 475,
513, 526, 585, 604, 610, 668, 669,
673, IV. 63, 66, 97, 422; —
Bisch. v. —, s. Gosttonvi, Karlsburg.
Weißenburg, deu. Reichsstadt, III. 536,
537.
Weißenburg, Griechisch-, s. Belgrad.

Weißenegg, st. Ab.-Geschl., I. 636; — Dietmar v. —, I. 639.

Weißenfelder, Hanns, bayr. Dipl., III. 181.

Weißeniels, Kr., III. 67.

Weißenselser Paß, I. 337.

Weißeniels, Hz. v. —, sächs. Heerführer, IV. 230.

Weißenhorn, schwäb. Herrschaft, II. 154, 189, 536.

Weißenstein, K., I. 327.

Weißer Berg b. Prag, Schl. am —, I. 386, 409, 416, III. 402, 403, 430, 444, 453, 498, 499, IV. 209, 375, 383.

Weißkirchen, Bö., I. 396.

Weißkirchen (Hranice), M., I. 105, 180, 415, II. 449, III. 91, IV. 214.

Weißkirchen b. Uj-Palanta, U., III. 683.

Weißkumanien, s. Wallachei.

Weißpriach (Weispriach), kärnt. Herrengeschl., Andrä, ksl. Söldnerführer, II. 388, 435, 465, 468; — Balth., II. 435; — Hanns, III. 251; s. auch Burkhard.

Weißwasser, Bö., I. 396, 403, III. 462.

Weiteneck, N.-Oe., II. 385, 391.

Weitersfeld, N.-Oe., I. 374, 375.

Weitmil (Weitmühl, Weitmül), Benesch v. —, bö. Chronist, II. 163, 230, 450, 452; — Sebastian, bö. ständ. Feldhptm., III. 207.

Weitmoser, salzb. Bauernanführer, II. 637.

Weitra (Weitrach), N.-Oe., I. 375, 390, II. 2, 388.

Weirelberger, Sigmund, ksl. Feldhptm. & Dipl., III. 184, 192.

Weirelburg, Kr., III. 333.

Weirler, prot. Pred. in Laibach, III. 327.

Weiz (Waitz), Stm., I. 231, 333.

Weizenegger, H., I. 74.

Welden, Frh. v. —, ö. Gl., IV. 643.

Welehrad (Welegrad), M., I. 281, 409, 416, 417; s. auch Hradisch.

Weleslavin, bö. H., I. 9.

Welfen, sächs. bayr. Dyn., I. 306, 308, 310, 335, 595, 601, 602, 606, 615, II. 82, III. 10, IV. 44.

Welf b. Alte, Hz. v. Kärnten, I. 595, 596, 602; — b. Jüngere, I. 601 bis 604; — VI., Bruder Heinrich b. Stolzen, I. 608; s. auch Heinrich, Mathilde, Otto.

Welhartic, Bö., I. 391.

Welta, s. auch Felta.

Welta Wes (Velicsna), U., I. 482.

Wellington (Wellesley), Arthur, Hz. von —, engl. Feldherr & Staatsmann, IV. 606, 611, 612, 624.

Wels (Ovilabis, Ovilaba, Welija, Weliza), O.-Oe., I. 168, 169, 183, 185, 199, 290, 293, 366, 367, 599, 623, II. 15, 19, 356, 600, 601, 649, III. 23, 29, 32, 37, 68, 77, 273, 417, 449, 575, 684; s. auch Machelm; — Lambach, Ab.-Geschl., I. 336, 587, 594, 595, III. 29; — Arnold, Gf. v. —, I. 594; — Gottfried, Gf. v. —, I. 596; — Adalbero, B. v. Würzburg, I. 599; s. auch Arnold; — Gf., ö. Dipl., IV. 17, 75.

Welsberg, Wilhelm, B. v. Brixen, III. 509.

Welsdorf, Bö., IV. 360, 361.

Welsch-Bern, s. Verona.

Welschland, II. 141, 175, 208, 216, 279, 416; s. auch Italien.

Welschtirol, s. Tirol.

Welser, Augsburger Kaufmannshaus, II. 636; — Philippine, III. 260, 274, 323; s. auch Philippine.

Welsperg, Sigmund v. —, tirol. Feldhptm., II. 529.

Welsperg, I., II. 643.

Wenceslaus, Sohn K. Maximilian's II., III. 295.

Wendelskirche, M., I. 411.

Wenden (Winden), I. 211, 238, 258, 385, III. 49, 61; s. auch Slaven.

Wengendorf, Kr., I. 342.

Wenger, o.-ö. Bauernanführer, III. 535.

Wengler, ksl. Oberst, III. 497.

Wenzel, ung. H., I. 68.

Wenzel, Hz. v. Bö., I. 401, II. 30; — Bruder Sobieslaw's, Hz. v. Bö., II. 38; — Könige Böhmens (Premysliden), I., I. 386, 387, 412, 624, 626, 627, 637, 638, 640, 667, 668, II. 2, 9, 40—43, III. 84, 90, 91, 105; — II., dgl. I. 383, 386, 400, 426, 449, II. 2, 8, 17—20, 22, 24, 47, 48, 49, 105, 106, III. 90 bis 92, 105; — III. (unter b. Namen Ladislaus V.), Kg. v. Ungarn, II. 20, 22, 23, 49, 101, 105, 106, III. 115; — IV. (Luremburger), Kg. v.

Bö., I. 395, II. 167—169, 189,
195, 202, 203, 205, 207—218, 220
bis 222, 229, 234—236, 238—250,
270, 285—289, 318, III. 97, 102,
108; — (Přemyslide) Sohn Nitlas
II., v. Troppau-Ratibor, I. 427; —
Hz. v. Zator, I. 444; — Biſch. v.
Olmütz, II. 286.

Wenzellin v. Waiſſumburg, ung. Heerführer, II. 66.

Werbach, Bay., II. 536.

Werda, Schwäbiſch-, II. 593.

Werdenberg-Rheinegg, Gﬂ. (Montforter
Zweig) v. —, II. 254, 268, 273;
— Hartmann, Gﬂ. v. —, B. v.
Chur, II. 249; — Hug oder Hang,
II. 479; — Johann, Gﬂ. v. —, II.
249; — Rudolph, Gﬂ. v. —, II.
250; — ö. Botſch., III. 173, 510.

Werdenburg, b. Hofrath, III. 680.

Werſen, S., I. 170, 319, 320, II. 639,
III. 67.

Werihem, Gﬂ. v. Friaul, I. 345, 350.

Werthauſen?, De., III. 79.

Werner I., Eb. v. Mainz, I. 659; —
Sohn Kanzelin's, B. v. Straßburg,
I. 654; — Hz. v. Urslingen, II.
176; ſ. auch Urslingen; — Georg,
habsb. Dipl., III. 226.

Wernhard, Bernhard, Pfalzgf. v. Krain,
I. 540; — B. v. Seckau, I. 662
bis 664.

Werſchetz, U., I. 548.

Werth, Johann v. —, bayr.-ö. Gl.,
III. 502, 504, 519, 520, 527, 529, 530.

Wertheimer, Wolf, Banquier, IV. 201.

Weſe (Weſſalius), Eb. v. Lund, III.
199, 200, 203.

Weſel, Deu., II. 612, IV. 299.

Weſen, Schweiz, II. 192, 252, 267.

Weſer, Fl. i. Deu., III. 524.

Weſſalius, ſ. Weſe.

Weſſely, M., II. 422.

Weſſelényi, Franz, ung. Magnat,
Palatin, III. 557, 561, 588, 591,
593, 594, 601, 605, 607; — Paul,
Mil., III. 622, 624—626, 654.

Weiſenberg, Frh. v. —, ö. Min., IV.
642.

Weſtfalen (Weſtphalen, I. 571, II.
584, III. 526, 536, 539, 551, 576,
IV. 77, 288, 290, 559, 569, 591.

Wengothen, I. 225; ſ. auch Alarich,
Athanarich.

Weſtindien, III. 574.

Wetzlar, Reichskammergericht zu —,
IV. 266, 385.

Weyeregg, S.-Oe., I. 160.

Whigs, engl. Staatspartei, IV. 44.

Whinworth, engl. Dipl., IV. 56.

Wiching, B. v. Neutra, I. 286, 287.

Wichſenſtein, Georg, Vicedom v. Bamberg, I. 322.

Wichſtadt, Bö., I. 388, 398.

Widdin (Bononia), Bulgarien, I. 175,
222, II. 67, 180, 182, 207, III.
674, 677, IV. 142, 290, 529; ſ.
auch Bubin.

Widmann, Dr., ö. Dipl., III. 190.

Widmannſtet (Widmannſtetten, Wid-
mannſtetter), Johann Alb. v. —, k.
Rath, III. 264; Georg, Typo-
graph i. Graz, III. 335.

Wiedertäufer, II. 447, 633, 643; ſ.
auch Anabaptiſten.

Wieland, H., I. 40.

Wielieszta, Gal., I. 443, 447, II. 297,
III. 648, IV. 351, 598.

Wellinger, Achaz, o.-ö. Bauernführer,
III. 450, 451.

Wien (Vindobona), I, 166, 169 bis
171, 173, 181, 183, 185, 199, 220,
228, 371, 372, 593, 615, 622, 626,
627, 638, 647, 665, 667—670, II.
1, 2, 6, 11, 12, 14, 16, 18, 23,
140, 141, 148—151, 216—218,
223—226, 243, 253, 264, 269, 271,
301, 315, 319, 328, 335, 349, 352,
354, 356, 360, 362, 366, 368, 371,
372, 376, 378, 382—391, 407, 422,
430, 432, 452, 456, 461, 468—470,
482, 483, 487, 488, 497, 500, 505,
523, 559, 562, 569, 571, 574, 593,
597, 601, 603, 606, 615, 617, 620
bis 622, III. 26—28, 32, 41, 51,
54, 57, 59, 65, 66, 68, 70, 74 bis
77, 79, 80, 106, 148, 154, 158,
159, 170, 175, 182, 192, 193, 195,
228, 233, 239, 243—245, 247, 251
bis 253, 257, 272, 278, 284, 314,
315, 328, 332, 355, 362, 364, 370,
371, 373, 382, 383, 385—389, 394,
414, 419, 421, 422, 437, 444, 445,
454, 458, 467, 471, 473, 484, 494,
496, 498, 513, 520, 525, 528, 529,
532, 533, 561, 579, 581—583, 590,
592, 594, 596, 599, 600, 601, 603,
604, 606—612, 615, 618, 619, 625,
631, 632, 635, 643, 645, 648, 651
bis 660, 663, 669, 670, 671, 673,
674, 676—681, 687, IV. 8, 9, 11,

12, 14, 18—20, 24, 26—28, 33
bis 36, 40, 41, 43—45, 49—52,
56—60, 62, 67, 68, 74, 77, 80, 83,
85, 87—90, 92, 93, 98, 99, 103
bis 106, 111—113, 115, 119, 125,
126, 127, 128, 130—132, 134 bis
136, 139, 141, 142, 145, 150, 153
bis 156, 158, 159, 161, 170, 172
bis 175, 177, 179, 181, 188, 189,
191, 192, 195, 196, 197, 201, 204,
207, 208, 211, 217, 223, 225, 226,
228, 233, 243, 248, 249, 251, 252,
254, 256, 258, 261, 263, 267, 270,
274, 275, 277, 278, 281, 282, 287
bis 289, 290, 292, 295—298, 306,
316, 317, 319, 323, 326—328, 333
bis 337, 339, 340, 345—348, 350,
355—360, 366, 367, 387, 391, 396,
401, 403, 405, 407, 408, 412, 433,
434, 442, 453—457, 459, 460, 464
bis 467, 469—471, 490, 492, 493,
501, 504, 505, 510—518, 523, 530,
531, 537, 538, 544, 549, 550, 554,
555, 563, 564, 568, 572, 574,
575, 578, 581—586, 592, 594, 597
bis 600, 602—607, 609—613, 617
bis 619, 622, 624—626, 634, 642,
643, 647, 651, 656; Z. 20. — Bischöfe
v. —, s. Migazzi, Rauscher, Schmid
(Faber), Slatkonia, Wollrath.
Wiener=Neustadt, N.=De., I. 95, 166,
330, 337, 366, 372, 373, 626, 628,
630, 638, 639, II. 6, 102, 154, 224,
269, 272, 331, 352, 357, 358, 360,
365, 370, 378, 382, 385—387, 391
bis 393, 396, 402, 404, 429, 435,
452, 453, 461, 470, 481, 488, 496,
498, 505, 561, 571, 597, 599, 600,
601, 615, 622, III. 19, 23, 28,
29, 57, 66, 75, 232, 266, 315, 501,
507, 569, 612, 613, 615, 619, IV.
36, 37, 281, 396, 470; — Bischöfe
v. —, s. auch Buchheim, Brus, Engel=
brecht Peter, Klesel, Royas v. Spinola.
Wiener=Wald, I. 371, III. 61, 245
317, IV. 396.
Wies, St., I. 331.
Wieselburg (Mosony), ehemals Wysen=
oder Wies=, b. i. Moosburg), N.,
I. 475, 491, 492, 600, 628, II. 72.
Wiesenthal, Sachsen, III. 440.
Wiesmayr, Bernhard, B. v. Brixen,
II. 593.
Wietanowice, s. Friedrichsdorf.
Wigand v. Liben (Theben?), Günstling
b. habsb. Hz. Otto b. Fr., II. 115.

Wilamow, Bö., II. 209, 418.
Wilamowice, s. Wilhelmsau.
Wildenau, Bö., I. 384.
Wildenberg, N.=De., II. 210.
Wildenschwert, Bö., I. 398.
Wildenthal, bö. Erzgeb.=Paß, I. 386.
Wildhaus, i. Stm., Herren v. —, I.
636, III. 55.
„Wildniß", die, Donauarm i. O.=De.,
I. 369.
Wildon (Wildonie), St., I. 330, 336,
II. 431, III. 54, 72; — Ad.=Geschl.,
I. 336, 648, II. 14; — Hartnid
v. —, I. 664, 666, II. 15; —
Harrand v. —, Minnesänger, III.
72.
Wildshut, Bay., IV. 79, 362.
Wildstein, Bö., Laibung zu —, II.
350.
„Wildwasser", das, Donauarm i. O.=De.,
I. 369.
Wilhelm, Gf. v. Holland, deu. Partei=
könig, I. 634, 639, 640, 644; —
I., Kg. v. Preußen, deu. Kaiser,
IV. 636; — III., Kg. v. Eng=
land, III. 635, 644, 645, 661,
672, 685, IV. 9, 12, 13, 43, 77,
197; — IV., dgl., IV. 616; — I.
(V.), Kg. b. Niederlande, IV.
560, 616; — IV., dgl., IV. 560;
— I., Kg. v. Würtemberg, IV.
615; — I., Kurfürst v. Hessen=
Kassel, IV. 559, 615; — II.,
dgl., IV. 615; — Hz. v. Bayern
(Wittelsbacher), II. 298; — dgl.,
III. 336, 337; — „d. Freundliche",
Hz. v. Oesterreich (Habsburger),
II. 157, 174, 192, 201, 202, 217
bis 219, 221—223, 249, 329, III.
27; — Hz. v. Sachsen, II. 398,
399, 414, 450; — Hz. v. Troppau,
I. 427; — Grenzgf. d. Ostmark,
I. 285; — v. Weimar=Orlamünde,
Mkgf. v. Meissen, I. 600, II. 200;
— II., Gf. v. Friesach=Zelt=
schach, I. 595; — Gf. v. Cilli,
Sohn Ulrich I., II. 275; — v.
Montfort=Breganz, II. 251.
Wilhelmine (Karoline), Nichte K.
Friedrich's II. v. Preußen, IV. 316.
Wilhelmsau (Wilamowice), I. 144.
Wilhelmsburg, N.=De., III. 317.
Wilhering, o.=ö. Kl., IV. 213.
Will, von der —, III. 640.
Willbirgis, I. 340.
Willershofen, ö. Großhändler, IV. 493

Williams, Sir Charles, Hamburg, engl. Geſ., IV. 243, 267.
Willimar (Wilimar), chriſtl. Prieſter & Einſiedler a. Bodenſee, I. 257.
Willimowec, Bö., I. 399.
Wilna, Litthauen, I. 457, II. 574.
Wilſon, ö. Feldoberſt, IV. 57.
Wilten, T., II. 123, IV. 319.
Wilmans, H., I. 75.
Wimpheling, Humaniſt, II. 582, 583, 604.
Wimpfen, ö. Gl., IV. 595, 647.
Windberg, O.-Oe., III. 316.
Windeck, Eberhard, Chr., II. 222.
Windegg, II. 252, 267.
Winden, ſ. Wenden.
Windiſch, ung. H., I. 54, IV. 517.
Windiſch a. d. Aaar, Schweiz, I. 654.
Windiſchdorf, ſ. Winſchendorf.
Windiſche Bühel, St., I. 333, 334.
Windiſch-Feiſtritz (Ragundo), St., I. 168, 172, II. 275, 431, III. 58.
Windiſch-Garſten (Gabromagus), I. 100, 168, 169, 316, 367.
Windiſch-Graz (Gräz) (Colatio), St., I. 172, 332, 335, II. 144, 271, III. 245, IV. 404, 585; — ſteierm. Ab.-Geſchl. (Herren, Gfn. & Fſtn.), III. 538; — Gottlieb, Gf., III. 576, 633, IV. 76; — Andreas, II. 597; — Wolfgang, II. 577; — Gf. Ernſt Friedrich, IV. 75, 76, 110; — Fſt., Gl., IV. 642—645.
Windiſch-Landsberg, St., II. 275.
Windiſch-Matrei, T., I. 317, 320, 321, 636, III. 67, IV. 148.
Windiſch-Praben (Prona), U., I. 483.
Windiſche Grenze, ſ. Sachregiſter.
Windiſche Mark, Kr. U.-Stm., I. 253, 266, 332, 339, 340, 343, 651, II. 2, 3, 100, 125, 127, 594, 596, 620, III. 21, IV. 397.
Winfried oder Bonifacius, Glaubens-Apoſtel, I. 263.
Winkelried, Arnold v. — (Struthahn), ſagenh. Perſönl., II. 191.
Winmand, Bürgermeiſter v. Pertholds-berg oder Petersdorf b. Wien, II. 390.
Winsheim, Veit, Theol. Prof., II. 654.
Winſchendorf (Windiſchdorf, Tótfalu), U., I. 522.
Winterberg, Bö., I. 382, III. 111.
Winterberger, Johann, Wien's 1. Buch-drucker, III. 78.

Winterfeld, preuß. Gl., IV. 286.
Winterthur, Schweiz, I. 654, II. 117, 120, 191, 395.
Winterthur, Johannes v. —, Chr., II. 120.
Winther, Mkgf. v. Iſt., I. 349.
Winz, ſ. Alvincz.
Winzenburg, ſächſ.-thür. Dynaſten v. —, I. 606.
Winzerer, Ritter Kaspar, bayr. Dipl., III. 190.
Winzingerode, ruſſ. Gl., IV. 584; — würtembergiſcher Dipl., IV. 611.
Wion (v. Montecaſſino), Mönch & Genealoge, I. 6.
Wippach, Kr., I. 90, 174, 338, 339, 344, 346, II. 144, 429, 468, 546, III. 66, 249, 333, 357.
Wippthal, T., I. 305, 309, II. 264, 645.
Wirbel i. d. Donau, am Hausſtein, I. 369.
Wirzburger, Vicekanzler b. Stm., III. 610.
Wiſchau, M., I. 407, 422, IV. 214.
Wiſell, St., II. 463.
Wiſendorfer, Wiener Bürger, II. 386.
Wislok, Fl., Gal., I. 449, 453.
Wisloka, Fl., Gal., I. 442, 449.
Wislowice, Gal., IV. 596.
Wismar, den. Küſtenſtadt, III. 467, 503.
Wiſniowiecki, Michael Thomas Korybut, Piaſt, III. 378, 575, 639.
Wiſtok, Schleſ., I. 423.
Witego, Landſchreiber b. Stm., I. 639.
Withold (Witolb), Großfſt. v. Litthauen, II. 269, 280, 281, 292, 294, 296, 304, 305.
Witigonen. Ab.-Geſchl. i. Bö., II. 45, III. 99.
Witigo's-Haus, ſ. Wittingau. Vgl. Roſenberg.
Witigo v. Prčic, Gründer d. Geſchl. d. Witigonen, II. 45.
Witkowberg (Zizkaberg) b. Prag, II. 291.
Witkowice, Stammhaus d. Witigonen, I. 390.
Witowec v. Hreben, bö. Feldhptm. d. Cillier-Gfn., II. 338, 352, 372, 376, 377, 389, 402, III. 110.
Witra, O.-Oe., I. 368.
Wittelsbach, ſ. Bayern.
Wittenberg, I. 386, II. 628, 631, 633,

652, III. 209, 236, 239, 243, 522, 528, 530, 535; f. auch Seelfisch.

Wittenweyer, Schl. b. —, III. 520.

Wittingau (Wittingshaus, Wittings-hausen, Witigoshaus), Bö., I. 380, 382, 390, 400, III. 370, 437.

Wittstock, Schl. b. — (1636), III. 405, 504.

Wlach (Nagy Olaßi), U., I. 483.

„Wlachen", die (Rumänen), II. 55, 63, 65. Vgl. Rumänen o. Walachen.

Wlachowo, f. Oláh-Patak.

Wlaiko, f. Ladislaus.

Wlad Drakul, wall. Wojw., II. 316, 340—342.

Wladimir, Großfst. v. Kiew, I. 443, 456, II. 183, 451; — Vater Roscis-law's, I. 452; — v. Halitsch, II. 82; — (Lodomerius), Erzb. v. Gran, II. 96; f. auch Andreas.

Wladimirien, I. 452, 453, 454; f. Lodomerien; vgl. Halitsch.

Wladimirko oder Wsjewolodomir, Fst., I. 453.

Wladislaus (Wladislaw), Bö. Fsten.: — I., I. 433, 437, 462, 605, 607, 609, 612, II. 37, III. 100; II. (I.) — Sohn Wladisl. I., II. 37, 38, 82, 83, III. 94, 105; — Sohn Premysl Otatar's I., III. 84; — Sohn Kg. Wenzel's, III. 84; — II. (Jagellone, Kg. v. Polen, Bö. & Ungarn), Sohn b. Polen-kg's. Kasimir, I. 428, 438, 486—488, 546, II. 420, 421, 423, 443, 449—453, 456, 459, 461, 462, 477, 478, 482, 499, 559—564, 567, 568, 571, 572, 575, 612, 651, 652, 654, 655, III. 99, 102, 116, 123, 139, 142, 160, 163, 182, 363, IV. 380; — mähr. Fst. (Premyslide) zu Olmütz, II. 39; — Heinrich, Mkgf. v. Mähren (Luremburger), I. 421, 629, 632, 633, II. 39, 41, 44, III. 84, 92; — Poln. Fsten., Piasten: II., Lotietek, II. 48, 171, 172; — Jagellonen: I., I. 527, II. 218, 258, 269, 271, 280, 281, 292, 296, 303, 304, III. 116, IV. 350; — II., (auch) Wahlf. v. Ungarn, Bruder K. Kasimirs), II. 122, 303, 333, 334, 336—342, 546; — III., Hz. v. Oppeln (Piast), I. 435, 441, II. 183, 201, 208.

Wladiwoj, Wahlfst. v. Bö., II. 32.

Wlahy, f. Wallendorf.

Wlarer Paß, U., I. 480.

Wlaschim, f. Octo.

Wlasenic, f. Nitlas.

Wlasta, fabelh. bö. Amazone, II. 29.

Wlastislaw, bö. Fst., I. 394.

Wlk, f. Brankowic.

Wltawa-er Zupe, Bö., I. 401, III. 97.

Wochein, Kr., I. 193, 339, 341, II. 594, 596.

Wobnian (Wobnan), Bö., I. 390, 400, II. 445, III. 532.

Wölka- (Welka-) Bäche, St., I. 334.

Wölz, St., I. 329, 333, 334.

Wörgl, L., I. 307, II. 588, IV. 599.

Wörthersee, K., I. 102, 167, 322, 324, II. 536, III. 39.

Wogastisburg (Tauß??), I. 251, 252.

Wohenski, Domherr v. Krakau, III. 606.

Wohlau, schles. Fstth., I. 436, III. 583, IV. 191, 420.

Wohleb, Heinz v. Chur, Schweizer Söldnerführer, II. 529, 530.

Wohlgemuth, Künstler, III. 157.

„Wojnici", südung. „Grenzer", I. 546.

Wojtech, f. Adalbert d. Heilige.

Wojtechow, Bö., IV. 509.

Wojwodina, die „serbische", I. 543, IV. 644, 647, 648.

Wojwodschaft, sbb., IV. 428.

Wojwodschaften i. Gal., I. 449.

Wof, Wofo v. Rosenberg, Statth. i. St., I. 645, II. 45; — Peter v. Rosenberg, III. 364, 365, 370; f. auch Rosenberg.

Wola Rusinowska, Gal., I. 457.

Wolchonski, russ. Botsch., IV. 346.

Woldemar (Waldemar), Mkgf. & Kurfst. v. Brandenburg, II. 109.

Wolf, A., H., I. 71.

Wolf, Dietrich, Eb. v. S., III. 389; — (Wolff), Jesuit, III. 635, IV. 40.

Wolfenbüttel, III. 430, 637, IV. 41, 80, 216, 316.

Wolfesdorff, engl.-hannov. Dipl., IV. 290.

Wolfgang, Hz. v. Bay., II. 536; — Pfalzgf. v. Neuburg, III. 390.

S. Wolfgang, O.-Oe., III. 79.

Wolfger (Volcher), Patr. v. Aquileja, I. 350.

Wolfhard, Söldnerbandenführer, II. 176.

Wolfold, Abt v. Admont, I. 336.

Wolfram, Eb. v. Prag, II. 215.

„Wolfram's" Dekanie, Kärn., III. 39.

Wolfau b. Wien, III. 528.

Wolfsberg, K., I. 323, 325, II. 463, III. 57, 58, 64, 66, IV. 397, 404.
„Wolfsberge", die, f. Beskiden.
Wolfseck, O.-Oe., III. 451.
Wolga, ruff. Strom, II. 57.
Wolhynien, Rußld., I. 456.
Wolkenstein, Ad.-Geschl., I. 304, II. 262; — Frh. v. —, H., I. 31; — Leonhard v. —, II. 266; — Michael v. —, II. 254, 261, 265, 267, 607, 612; — Oswald v. — (Minnesinger), II. 254, 255, 259—261, 264—267, III. 73.
Wolkenstein, Schloß im Ennsthal, St., I. 643.
Woltersdorf, N.-Oe., IV. 604.
Woltersdorfer, die —, ö. Abel, I. 664.
Wollrath, B. v. Wien, III. 510, 511.
Wolny, H., I. 58, 64.
„Wolochy", f. Wallachen.
„Woloschcyna", gal.-ruthen. Bezirk b. Butowina, I. 458.
Wolosja, Gal., I. 457.
Wolsey, engl. Karb.-Min., II. 522, III. 173, 190.
Worlik, Bö., I. 391.
Worms, I.598,599,604,605,615,623, II. 19, 190, 509, 521, 537, 548, 549, 555, 577, 581, 584, 592, 603, 619, 624, III. 13—15, 175, 177, 470, IV. 222, 224, 225, 235, 236, 239, 385, 397; — Bischöfe v. —, f. Ludwig, Anton, Ruprecht.
Woronecki, poln. Magnat, III. 301.
Woronzow, Michael, ruff. Vicekanzler, IV. 277, 286.
Worthley, engl. Botsch., IV. 117, 119.
Wosnicin, Bogdanowic, ruff. Botsch., III. 687.
Wotic, Gregor v. —, bö. Brüdersenior, (Amositen), II. 448, 449.
Wotsch, Gebirge, St., I. 334.
Wottawa (Ottava), Nebenfl. d. Moldau, I. 390, 391, 400.
Woseten, Arb. i. Wieliczka, I. 447.
Wrancic, f. Verantius.
Wrangel, Karl Gustav, schwed. Feldherr, III. 522, 530—534.
Wranow, f. Baranno.
Wrat, von —, II. 654, III. 180; f. auch Paschek.
Wrat, II. 209; f. auch Fitar.
Wratislaw, I. Hz. v. Bö., I. 290, 601, II. 30, 41; — II., Sohn Bretislaw's I., I. 385, 387, II. 34, 35, 36, III. 90.
Wratislaw, Joh. Wenzel, Gf. v. —,

IV. 17, 18, 20, 54, 75, 76, 85, 91 bis 93, 98, 110, 124, 196.
Wratislawa, f. Breslau.
Wratislawer Zupe i. Bö., I. 397.
Wrarall, engl. Dipl., IV. 203.
Wrbna, kj. Gl., III. 627; — Gf., ö. Min., IV. 351, 589.
Wrede, bay. Gl., IV. 599.
Wrschowce (Vrsovec), bö. Ad.-Geschl., I. 390, 404, II. 31, 33, 35—37; — Kochan v. —, II. 31, III. 104.
Wsehrd, Viktorin v. —, bö. Rechtsgel., III. 89, IV. 446.
Wsetin, M., I. 416.
Wülfing (v. Stubenberg), B. v. Bamberg, I. 326.
Wirben, Schlej., III. 93.
Würtemberg, II. 379, 383, 516, 537, 539, 644, III. 13, 359, 637, IV. 524, 559, 583, 586, 591, 594, 611, 613, 615, 636; — Landgft. & Hzge. v. —, f. Alexander, Christoph, Eberhard, Elisabeth, Friedrich, Karl Ferdinand, Karl Friedrich, Ludwig, Ulrich, Wilhelm.
Würth, ö. Rechtshist., I. 72.
Würzburg, I. 288, 366, 599, 616, 662, 664, 665, II. 537, III. 15, 366, 469, 470, IV. 146, 276, 559, 597; — Großft. v. —, f. Ferdinand (Joseph), Erzh. v. Oe.; — Bischöfe v. —, f. Adalbero, Embricho, Schönborn, Zobel.
Wucherer, Wiener Buchhändler, IV.511.
Wuf Gran, Fst. v. Chelm, II. 205.
Wulbersdorf (Wullersdorf), Landtag zu —, N.-Oe., II. 354.
Wullersdorfer, der —, k. Söldnerhptm., II. 467, 470.
Wut (Wlf), f. Brantovic.
Wunsiedel, Oberpfalz, I. 383.
Wurbain, d. Rechtsgel., I. 16.
Wurmbrand, J. Wilhelm, Gf., IV. 146.
Wurmser, Niklas, v. Straßburg, Künstler, III. 107; — Gf., ö. Gl., IV. 568, 571, 572.
Wurz, Grzesuit & Schrist., IV. 516.
Wurzen, Gebirgsgegend & Paß i. Kr., I. 324, 339, 341.
Wurzenland, f. Burzenland.
Wusterhausen, Tractat v. —, IV. 126, 129.
Wytlef, Reformator, II. 229, 232, 237.
Wyß, tj. Sendbote, III. 280.
Wsewolodomir, f. Wladimirto.

X.

Xiaż, L.=Bezirk ob. Powiat v. Kratau, I. 450.

Ximenez (Ximenes), Karb., Min. Ferbinand's b. Katholiſchen v. Span., II. 513, 559.

Y.

Ybbs (Xps, Isis, Pons Isidis), R.=Oe., I. 169, 369, 370, 665, II. 619, III. 29, 57, 61, 317, 375, IV. 208.
York, preuß. Gl., IV. 603, 608.

York, ſ. Margaretha.
Ypern, Rdlbe., II. 504, IV. 95, 278.
Ypſilanti, griech. Staatsm., IV. 624.
 Öſterreich, II. 547; ſ. auch Ißterreich, Iſtrien.

Z.

Zabanius, Johann (Sachs v. Hartenet), ſ. Sachs; — Iſaak, Pfarrer v. Mühlbach, Vater b. Vorigen, III. 680.

Zabrecz, Feſtung i. Serb., IV. 532.
Zabřeh, ſ. Hohenſtadt.
Zabrdowic (den. Obrowitz), Vorſtadt Brünn's, ehem. Prämonſt.=Abtei, I. 420.

Zach, Felician, II. 172.
Zach, ö. Regiment, IV. 595.
Zachlumer (B. Zachulmer, Chulmia, Chelm), I. 277, 360.
Zachlumien (Zachulmien, Zaculmia), II. 76, III. 147; ſ. auch Herzegowina & Montenegro.

Zabig (Zottik), Schleſ., I. 423.
Zähringer, Dyn., I. 654, 655; ſ. auch Verthold.
Zaiſi, Nicol., Arzt in Venedig, III. 621.

Zágony, IV. 435.
Zagorien („der Seeger"), Kro., tro. Grenzlbdſcht., I. 362, II. 276.
Zagoſč, Landſchft. a. b. Reiſſe, I. 387.
Zagreb, ſ. Agram.
Zagurie, Kr., II. 552.
Zagyva, Fl., U., I. 489, 505.
Zahn, H., I. 72.
Zahradecký, mähr.=ſtänb. Geſ., III. 368.
Zaiec (Zajic) v. Waldek, bö. Hochadel, II. 161; ſ. auch Haſenburg.
Zaka, ung.=ſerb. Oberſt, IV. 157.
Zákann, U., Ständetag zu —, III. 199.
Zala (Szala), U., I. 494.
Zala-Apáthi, U., I. 494.
Zalabér (Mestrianae), U., I. 172, 494.
Zala Egerszeg, U., I. 494.
Zala-Lövö, U., I. 494.

Zalatna (Zalatna-Bánya), Sbb., I. 96, 556, IV. 427; ſ. auch Ampelum.
Zalavár (Szalavár), U., I. 495.
Zalescyti, Gal., I. 459.
Zalog (Szalok), ſ. Groß=Schlagenborf.
Zalotia, Fl., Gal., I. 452.
Zaluſki, B. v. Ermeland (Warmien), IV. 336, 350.
Zamojſki, Joh., Caſtellan v. Velz, III. 284; — Großkanzler v. Polen, III. 300, 301, 305, 307, 461; — poln. Kriegsoberſt, III. 659.
Zamoſt, Gal., IV., 598.
Zane (Zuane), Bernard, Eb. v. Spalato, I. 357.
Zápolya (Szápolya), Dyn., II. 564, 612, 653, 655, III. 232, 319; — Emerich, I. 510, 518, 527, II. 416, 485; — Stephan, II. 466, 467, 484 bis 486, 487, 489, 560, 561, III. 159, 161; — Johann, Kg. v. Ungarn, I. 437, 527, II. 560—564, 566, 567, 572, 574, 656, III. 123, 159, 170, 175, 176, 182—187, 189 bis 200, 206, 217, 220, 221, 224, 228, 237, 238, IV. 386; — Johann Sig., Sohn b. Vorigen, I. 555, III. 220, 221, 224, 225, 227, 228, 231, 233, 257, 278, 280, 281; — Georg Bruder b. Vorigen, II. 560, 656.
Zaporoger Koſaken, III. 560, IV. 490.
Zara, Alt= & Neu= (Jader, Zabari). I. 125, 162, 200, 278, 356, 359 bis 361, II. 75, 77, 79, 81, 86, 177, 178, 201, 205, 214, 215, 281, III. 143, 144, 146, 147, 394, 466, IV. 603; ſ. auch Donatus, Mladin II.
Zara, Hieronymus v. —, ö. Dipl. & Adm., III. 196, 197, 309; — Vespasian, Sohn b. Vorigen, III. 197.

15*

Zarand, U., I. 541, 549, 577, IV. 157, 249, 421, 422, 426, 538.

Zarybnici, bö. Gemeindename, III. 103.

Zatec, s. Saaz.

Zator, Gal., I. 107, 433, 437, 443, 444, 450, IV. 350, 351; s. auch Auschwitz.

Zauchen, K., I. 102.

Zauner, H., I. 72.

Zavodszky, H., I. 24, III. 374.

Zawichost, Gal., I. 449, II. 90.

Zawidow (Sayda) i. Sachsen, I. 386.

Zawisch v. Ledenic, u. Falkenstein, aus dem Hause Rosenberg, I. 425, II. 46 bis 48.

Zawisch v. Grabow, b. „Schwarze", poln. Kriegsführer, II. 304.

Zay, Franz, k. Dipl., III. 232, 278; — (Emerich), IV. 143, 202.

Záz, ung. Walachenhäuptling, I. 538.

Zbaraz, Gal., I. 457, IV. 351.

Zboro, U., I. 531.

Zborowski, poln. Magnat, III. 283, 284, 300, 301.

Zbraslaw, s. Königsaal.

Zbruz (Podgorze), Grenzfl. i. Gal., I. 459.

Zbygnew, poln. Kronprätendent, I. 605.

Zbynek v. Hasenburg, Eb. v. Prag, II. 233, 234, 236—238, 240, 241; — B. v. Krakau, I. 444.

Zdenka, Tocht. Kg. Georg Podiebrad's, Gem. Albrecht, Hz. v. Sachsen, II. 104.

Zderas, Bö., III. 91.

Zdik, Heinrich, B. v. Olmütz, II. 36, III. 104.

Zditz, Bö., II. 293.

Zeben (Kis-Szeben, sl. Sebinow), U., I. 108, 521, 530, 531, III. 134, 236, IV. 100.

Zebinger, Walter (v. Zebing), k. Marschall, II. 320, 354.

Zebrat, Bö., I. 100.

Zebratenfelde, II. 116.

Zech, die —, b. Deutsch-Praben i. U., I. 479.

Zeche, Bergort i. Neutr.-Com., U., I. 408.

Zedtwitz, ö. Regiment, IV. 595.

Zegelin, preuß. Botsch., IV. 312, 364.

Zeibig, H., I. 72.

Zeiden (magy. Feketehalom, „Schwarzberg"), Sbb., I. 567, 570.

Zeier (Zeyer, Soura), Fl. in Kro., I. 337—339.

Zeiller, H., I. 29.

Zeiring (Viscellae), St., I. 168, 329, II. 467.

Zeiselmauer, N.-Oe., I. 371; s. auch Cetium.

Zeißberg, H., I. 70, 71.

Zet, Col.-O. i. Sbb., III. 138.

Zelelata, Sbb., I. 176.

Zeleny, ung. Söldnerführer, II. 417, 458, 459, 468.

Zelinka-Sazawa, Nebenfl. b. Moldau, I. 389.

Zeliwo, s. Seelau.

Zelting, ö. Adb.-Geschl., II. 102, 619; — Wilhelm, III. 185, 244.

Zell a. See, Salzb., I. 320, II. 537, III. 67, 316.

Zell a. Hammersbach, i. d. Ortenau, N.-Oe., III. 538.

Zeller, (Christoph, der „Miniwirth", o.-ö. Bauernanführer, III. 448, 450.

Zeltberg (Sátorhalom), I. 532.

Zeltschach (Zdelsach), K., I. 324; — Popo v. —, I. 600; s. auch Wilhelm.

Zelnitje, U., I. 538.

Zemlun, s. Zemplin.

Zemplin (Zemlun, Zemplén), U., I. 507, 510, 531, 532. III. 126, 373, 454, 544, 606, 609, 650, IV. 100, 335, 422.

Zengg (Zeni, Senia), I. 163, 354, 496, III. 308—311, 393, 394, 608.

Zenter, ö. Hofrath, IV. 446.

Zeno, Apostolo, ital. Schriftst., IV. 466.

Zentha, U., Schl. b. —, I. 543, III. 682, 683, IV. 138.

Zepfeleben, s. Beneschow.

„Zepus, d. Wald" (Szepes), I. 513.

Zermagna (Zermania), Fl. i. Dalm., I. 352, 353, 355, II. 78, III. 309.

Zermegy, H., I. 12.

Zernec, Graubdten., II. 527.

Zerneicht, Sbb., I. 566, 570, III. 677.

Zerotin, s. Zierotin.

Zeta (Dioclitia), Landschft. a. See v. Stutari, II. 76.

Zeugmin a. d. unt. Donau, II. 81.

Zeurin (Szöreny), I. 544, 547, 570, II. 93, 179, 206, 304; s. auch Dan, Myrcea.

Zeuß, H., I. 231.

Zeven, Klein-, Vertr. v., IV. 285.

Zevenberghen, M., II. 612, 614.
Zhor, s. Skala.
Zibin, s. Cibin.
Zichy, Karl, Gf., ö. Min., IV. 549, 589, 604, 629; — Franz, ung. Plt., IV. 645.
Zicken, Fl., U.,
Zibek, Domherr v. Prag, II. 424.
Ziegelbauer, H., I. 46.
Zieglauer, H., I. 69.
Ziegler, Niklas, ö. Regierungsrath, II. 617; — Prädikant, III. 272.
Zierotin (Zerotin), mähr. Ad.-Geschl., I. 415, III. 99, 442; — Johann, Baron v. —, I. 429; — Karl v. —, III. 265, 362, 363, 366, 367, 369, 370, 374, 387, 412, 414, 417, 431, 436, 437, IV. 375; — Friedrich v. —, III. 363; — Lad. Welen v. —, III. 441, IV. 419.
Zierowski, kf. Resident i. Warschau, III. 647.
Ziethen, preuß. Gl., IV. 288.
Zicken, Nebenfl. d. Pinka i. U., I. 494.
Zilach (Zilaj), s. Szilágy-Cseh.
Ziláh, Sbb., III. 228.
Zilina, s. Sillein.
Zillerthal, T., I. 316, 318, II. 536, 645, IV. 47.
Zillner, H., I. 72.
Zimmermann, H., I. 74.
Zimorowicz, Bartholom., Bürgermeister v. Lemberg, I. 455.
Zinnwald, Bö., I. 387, 394.
Zinzendorf, Ludwig, Gf., IV. 306, 319, 362, 443, 444, 482; — Gf. K., Gouverneur i. Triest, IV. 481, 494, 525, 545.
Zips (Szepes, Spissy), I. 450, 473, 474, 510—515, 518, 524—529, 560, II. 171, 281, 336, 365, III. 133—137, 153, 154, 156, 159, 185, 200, 236, 237, 373, 544, 620, 621, IV. 106, 126, 335, 338, 339, 341, 343—345, 347, 350, 351, 421, 425, 433, 458, 459; s. auch Barsony, Horváth, Sebestényi.
Zircz (Sezircz), Cisterz.-Abtei, U., I. 498, 521.
Zirknitz, Kr., III. 66; — Zirknitzer See (Lacus lugeus), I. 174.
Zirl, T., I. 307.
Zirona, Canal di —, Dalm., I. 355.
Zista, Johann v. Trocnow, II. 287, 289, 290, 292, 293, 444, III. 110.
Zizkaberg, Bö., II. 291.

Zistanesfeld, s. Zitilinesfeld.
Zistersdorf, N.-Oe., II. 21.
Zitilinesfeld, itm. Gaugebiet, I. 334.
Zittau, i. d. Lausitz, I. 387, 396, III. 97, IV. 279, 285.
Zittau, Peter v. —, bö. Chr., II. 101, III. 106; s. auch Peter.
Zizais, Sarmaten-Kg., I. 224.
Zizim, s. Dschem.
Zlatica, a. Balkan, II. 340.
„Zlicko", s. Kaurim.
Zloczow, Gal., I. 457.
Zmajevich, H., I. 53.
Znaim, M., I. 103, 106, 192, 199, 407, 409, 410, 422, 649, II. 20, 34, 209, 221, 222, 284, 303, 361, 401, 415, 418, III. 68, 90—92, 97, 109, 368, 441, 442, 483, 528, 540, IV. 209, 214, 410, 419, 596; s. auch Peter.
Znio Barallya, U., I. 482.
Zobel, Melchior, B. v. Würzburg, III. 258.
Zobor, U., I. 478, 479.
Zobor, Gf. —, IV. 85.
Zobten, Berg i. Schles., I. 433.
Zofingen, Schweiz, II. 137, 260.
Zollern, Gf. v. —, II. 503; s. auch Albert, Friedrich, Philipp u. Hohenzollern.
Zollfeld, K., I. 322, 324, II. 4, 126.
Zolna, s. Zolosum.
Zolosum (Zolna), I. 559.
Zoltan (Zaltas), Arpáden-Hz., II. 59, 113.
Zólyom, s. Sohl.
Zólyomy, sbb. Magnat, III. 517, 518.
Zombor i. Zempliner Com., U., I. 533; — i. Bodroger Com., U., I. 543, IV. 255; — Sbb., I. 559.
Zonzabari, Nuntius, IV. 535.
Zorndorf, Schl. b. —, IV. 288.
Zornstein (Szorstyn), Gal., I. 447, 449, 523, II. 410.
Zorzi, venet. Dipl., III. 581.
Zotmund, sagenh. ung. Krieger, II. 71.
Zottik, s. Zabig.
Zounuk, s. Szolnok.
Zpini, s. Schweidnitz.
Zrebna, Johann Vitez v. —, Eb. v. Gran, Primas v. Ungarn, II. 376, 377, 398, 412, 420, 450, 456, 457, 459—461, 466, 467, 480, III. 76, 159; s. auch Johann u. Vitéz.
Zrin, Schloß, kro., I. 361, 363.

Zrini (Zrinyi), Eis. v. , II. 489,
III. 186, 220; — (Nikolaus, Niklas,
b. ä., III. 278, 279, 309; — Niko-
laus, b. jü., Banus v. Kro., I. 495,
560, 561, 590, 591, 593, 595, 599,
600, 616;) — Peter, f. Bru., III.
600, 602—616; — Balthasar, Sohn
b. Vorigen, III. 612, 616; — Adam,
III. 616, 678, 687; — Katharina,
Mutter Georg Thurzö's, III. 374;
— Helena, III. 651, IV. 32, 33,
96, 97, 135.
Zrinyi-vár (Serinvar) ob. Neu-Zrin,
III. 590, 592, 595, 596.
Zriništigebirge, Slav., I. 364.
Zsablya, U., III. 688.
Ziaföcz, f. Eisdorf.
Zsámboky (Sambucus), H., I. 12.
Zsibó, Sbb., IV. 97, 100.
Zsitva, U., I. 365, 387.
Zsitvatorok, a. b. „Mündung b. Zsitva",
U., III. 394, 596.
Zubuslaus (Szoboszló), adel. Szekler,
I. 564.
Zuckmantl, Schles., I. 426, 427.
Zubermaresfeld, f. Ulmerfeld.
Züllichau, Schl. b. —, IV. 291.
Zülpich, Schl. b. —, I. 229.
Zürich (Zürch), Schweiz, I. 257, 655,
656, II. 108, 116, 118, 121, 130,
131, 190—192, 259, 263, 267, 324,
326, 379, 471, 529, 534, III. 174,
IV. 580, 637, 617, 650.
Zütphen, Nbldc., II. 438, 501.
Zufluchtsberg b. Leutschau, I. 514,
525; f. auch Schauberg.
„Zufluchtstein" (Lapis refugii), Kart-
hause i. U., I. 516.

Zug, Schweiz, I. 656, II. 118, 120,
131, 190, 471, III. 174.
Zuglio (Julium Carnicum), I. 161.
Zugo, I. 96.
Zumalle (Zumellare), f. Tschimell.
Zumbatheln, f. Szombatheln.
Zumjungen, tj. Gl., IV. 111.
Zuniga, span. Botsch., III. 390, 394.
Zunz, a. Rhein, II. 440.
Zurita, span. H., II. 582.
Zusmarshausen b. Augsburg, Schl.
b. —, III. 533.
Zutor (Largiana), Sbb., I. 176.
Zweibrücken, Pfalz-, deu. Dynastie- u.
Gebiet, III. 686, IV. 357, 359,
362.
Zwentibald, f. Swatopluk.
Zweter, Reinmar v. —, mittelhochdeu.
höfischer Sänger, III. 71.
Zwettl, N.-Oe., I. 36, 368, 375, 609,
II. 294, 388, 656, III. 54, 69, 375,
IV. 503.
Zwickau, Sachsen, I. 386, 395.
Zwiesel, Bay., I. 382.
Zwier, Onno de Haren, holländ. Dipl.,
IV. 238.
Zwingli, Huldrich, schw. Reform., III.
174, 239, 271.
Zwinglianismus, III. 239.
Zwitta (Zwittawa, Switawa), M., I.
389, 398, 405, 413.
Zwittau, M., I. 389, 397, 422.
Zwohlen, f. Sohl.
Zwonimir („Demetrius"), I. 272, II.
78, III. 116, 143; f. auch Demetrius.
Zwornik, Serb., III. 676, IV. 118.
Zybaczow, Gal., I. 457.
Zywiec, f. Saipusch.

Nachtrag.

Dobrilug, Kloster in der Lausiß, III. 207.
Eleonore von Portugal, Gemahlin König Friedrich's III., siehe unter Lenore.
Eizéfy, Bischof von Fünfkirchen, III. 220, 221.

B. Sachregister.

(Die anderen mit Eigennamen zusammenhängenden Artikel f. im Namenregister.)

A.

Abgaben, bäuerl., III. 317.
Abrahamiten (Secte), IV. 509.
Akademie, tj. —, b. Wiss., I. 60, IV.
464; — magyar., I. 65; — Prager
(t. bö. Gesellsch.), IV. 470; t. k.
oriental., IV. 435; — f. bild. Künste
(1704), IV. 466.
Abel, donatarischer i. U., III. 130.

Adelsbriefe, IV. 424.
Advocaten, Emporkommen der —, IV.
417.
Allianz, heilige — (1815), IV. 613,
622—626, 634. Vgl. Tripel-
Quadrupel-Allianz.
„Altschaft"(sbb. Gemeinbeausschuß), IV.
427.

Anabaptismus, Anabaptisten, s. Wiedertäufer.
Anlehen, s. Creditoperationen.
Annalen, I. 12, 370, 400, II. 93, III.
69; — Annalistik, klöst., III. 69 ff.,
74.
Ansiedlungswesen (Colonisten-
recht), I. 368, 393, 394, 395
bis 397, 404, 412, 423—425,
431 f., 444 ff., 455, 479, 481—482,
484—485, 487 f., 493—494, 512 ff.,
523—527 f., 553 ff., 571 ff. Vgl.
über die anderweitigen Ansiedlungen
das Namenregister Bayern, Flandern,
Sachsen, Schwaben, Czechen, Kroaten,
Polen, Ruthenen, Serben, Italiener,
Magyaren u. s. w.
Apologie d. bö. Stände I. II. (1618
und 1619), III. 411, 420, IV. 383.
Appellationskammer, kgl., IV. 412.
Archivswesen, ö., IV. 432, 435.
Armalisten, IV. 426.
Armee-Verhältnisse, s. Heereswesen.
Armeninstitut, joseph., IV. 511.
Artillerie (Arkelei), II. 591.
Aufgebote, Landes- —, III. 42, 45.
Ausschüsse, ständ. —, IV. 404.
Ausschußlandtage, III. 23, 251, 252,
IV. 404 ff.
Aviticitätsrecht i. U., IV. 424.

B.

Bäder u. Gesundbrunnen i. B., I. 393.
Banalgrenze, kroat., I. 496, III. 312,
IV. 423.
Banaltafel, kroat., IV. 430.
Bancaldeputation, IV. 435.
Bancozettel, IV. 454, 604.
Banderialmiliz, ung. —, III. 122.
Banniten (Banditen), s. Landstreicher.
Bannmeile, III. 63.
Bannrichter, IV. 400.
Bautaidinge, s. Weisthümer.
Banus (Banal-), III. 143, IV. 429,
430.
Bauern, deren Verhältnisse, Auf-
stände c., I. 310, 311, 385, 503,
II. 432, 465, 567, 592—599, 631 ff.,
III. 48, 49, 62, 98, 99, 128, 129,
146, 287, 316 ff., 330 ff., 446 ff.,
543, 544, 644, IV. 32, 57, 151,
172, 412, 418, 424, 426, 438, 538,
545.
Bauzunft (Bauhütten), III. 78, 79,
107, 156, 157, 159, IV. 464, 465.
Befestigungswesen, röm. —, I. 179.
Behörden. Vgl. Verwaltungswesen.
Bergbau, I. 190 ff., 318, 322, 329,
389, 391, 393, 394, 396, 398—400,
408, 411, 412, 424, 447, 485, III. 63
bis 65, 105, 160, 161, IV. 464,
470.
Bergrecht, s. Bergbau u. Weisthum.
Bergregale, III. 41.
Bergwerkswesen, I. 486 ff., 508, 509,
511, 512, 515, 516, 530, 537 ff.,
550, 556—560.
Besserungshäuser, s. Rettungshäuser.
Bibelübersetzung, slav. —, III. 248,
249.
Bibliothekswesen, III. 77.
Bildergallerie, kl. in Wien, IV. 466.
Bildhauerei, III. 80. Vgl. Kunstpflege.
„Blutpfennig" (Gerichtsgeld), III. 40.
Vgl. Wandel- und Fehnfall.
Blyde Inkomst (joyeuse entrée), IV.
259.
Bodengestaltung Oesterreichs, ihre Ver-
änderungen, I. 89 f. Vgl. Nachtrag.
„Borger" (sbb. Amtsdiener), IV. 427.
Börse, Wiener —, IV. 454.
Botanischer Garten, Wiener, IV. 466.
Broncefunde, antike in Oe., I. 191 ff.
„Bucharzt" (Bibliothekar), III. 77.
Buchdruck, III. 78, 110, 111, 158,
217, IV. 463.
Buchhandel, III. 78; — Organis.-
Project Metternich's, IV. 619.
„Buchsaga" (bayr. Landrecht), III. 22.
Bulle, die goldene — (deu.), II.
165, 613, III. 14, IV. 67, 384;
— (ung.), II. 86, 91, 92, 135 bis
137, III. 14, 119—121, 130, 139,
141, 423, 545, 670, IV. 429; —
päpstl. (sylvestrinische), II. 66; —
u. II. 105, 237, 238, 241, 291, 358,
291, IV. 106, 307, 498, 513.
Bünde: Völker-, Stamm-, Adels-,
Städte-, Gemeinde-, I. 214, 219,
221, 225, 611, II. 190, 223, 255,
256, 261, 263, 265, 266, 268, 276,
285, 410, 411, 413, 415, 432, 477
bis 480, 530, 531, 634, III. 15,
22, 190, 209, 214, 218, 571, 602;
s. auch Allianz, Liga, Union. Vgl.
auch das Namenregister.
Bundschuhadel (bocskoros), ung. —,
IV. 29.
Bürgerrecht, röm. —, I. 186.

Bürgerstand, III. 50, 51, IV. 545.
Burggrafenamt, Tiroler —, I. 301, 310, III. 55.

Burgtheater, fj., IV. 471. Vgl. Hoftheater.
Bursen, Universitäts —, III. 76.

C.

Camaralbehörden, IV. 401, 404.
Canabac, I. 60.
Carolina, s. Halsgerichtsordnung & Majestas.
Censur, IV. 468—469, 511.
Centenen (Hundertschaften), III. 37.
Christenthum, Verbreitg. desselb., I. 256 ff., 282 ff., 295, II. 74; s. auch kirchliche Verhältnisse.
Christenverfolgungen, I. 240, 241.
St. Christophsbruderschaft am Arlberg, I. 311.
Chroniken, I. 5, 7, 8, 10, 11, 22, 24 bis 26, 31, II. 163. Vgl. Annalen.
Civilehe, IV. 487.
Codex Wangianus, III. 21.
Codificirung des Rechtes, IV. 445.
Colonialhandel-Monopol, IV. 521.
Colonien, röm., s. Städtewesen.
Colonisationswesen, s. Ansiedlungswesen.
Comitatsverfassung, ung., III. 126 ff., IV. 421—423, 425.
Commerz-Collegium, IV. 460.
Commuueros, II. 611.
Comödianten, deu. in Wien, IV. 466. Vergl. Theater.
Compactaten, Basler —, II. 348, 349, 351, 400, 407, 413, 423, 451, 658, III. 182, 206, IV. 380.

Compagnie, ostindische —, IV. 127, 128, 131, 521.
Compilationscommission s. d. Codifiz. des bürgerl. Gesetzb., IV. 446, 486.
Concordate, I. 605, II. 42, 92, 327, IV. 647—649, 656; s. auch Reichssatzungen.
Conduitenlisten, IV. 485, 546.
Conferenz, geheime — (Geh. Cabinet IV. 443—444), IV. 432, 433.
Conferenzrath, s. Staatsconferenz.
Confession, helvetische —, III. 239, IV. 59.
Confiscationen i. 30jähr. Kriege, III. 432, 434, 437, 441.
Confiscationsrath, III. 511.
Congregationen, ständ. i. Kro.-Slav. IV. 125 (vgl. Landtage).
Conscription, IV. 537.
Contributionen, s. Steuerwesen.
Corpus evangelicorum, IV. 150, 151; — juris hungarici, III. 118, 123.
Correspondirenden, die —, s. Union.
Creditoperationen, finanz. —, IV. 455.
Creditsdeputation, IV. 436.
Cudar. s. Zupenverfassung.
Cultur, geistige —, s. die einz. Gebiete derselben, materielle, I. 87 f. u. die einz. Zweige derselben.

D.

Decennalrecesse, IV. 406.
Declaratorien u. Novellen z. bö. verneuerten Landesordn. (1640), IV. 384.
Defensionsordnungen, III. 45.
Deisten (Secte), IV. 508 ff.
Detanien (Glaubezirt), III. 37.
Delegationen, IV. 430.
Desiberaten Landtage, IV. 419.
Deputation, s. Ministerial-Banco-.
Deutschritterorden, I. 566—573, 634, 648, II. 91, 208, 217, 280, 287, 296, 317, 322, 340, III. 13, 14, 18, 22, 26, 33, 56, 152, 300, 470, 619, 639, IV. 29, 40, 363, 410, 422, 598.
Dichtung, deu.-ö. mittelalt. III. 71 ff., 158; — neuzeit., IV. 464, 471, 516 ff., 631; — bö., vgl. Literaturthätigkeit i. Oe.

Dicasterium (vgl. Gubernium, Statthalterei), IV. 412.
Diploma Leopoldinum, III. 680, IV. 389.
Directorium in internis in publicis et cameralibus, IV. 434—435.
Districte, privileg. i. U., III. 122 bis 123.
Districtualtafeln, kro.-ung., IV. 421, 430.
Dolmen (Tumuli, Heidenbüchel, Mugeln, Hügelgräber), I. 140 ff., 151, 153.
Donauflotille, röm. —, I. 181; — ung.-ö. (Najaden, Nasabinen), III. 310.
Donaugesellschaft, gelehrte —, II. 606.
Donauschiffahrt, IV. 461, 493. Vgl. Handel.
Dorfgenossenschaften, poln. —, s. Opole.
Dorfrechte. s. Weisthümer.

E.

Eblinger (Freibauern), IV. 438.
Ehepatent, josephin. —, IV. 487.
Ehedispensen, IV. 440.
Eidgenossenschaft, Begründg. d. schweiz.
—, II. 121, 250.
Einwanderung d. Völker i. der Urzeit, I.
143 f. Vgl. i. Namenregister d. einz.
Völker.
Eisenindustrie, steierm. —, IV. 456,
492; f. auch Bergbau u. Handels=
wesen.

Entwaldung, I. 93.
Erbfolgeordnungen, III. 88, 182, IV.
376 ff.; f. auch Sanction, pragm. —,
& Senioratserbfolgeordnung.
Erbhuldigung, II. 4, 618, 619, III.
338, IV. 378, 379.
Erbverträge, habsburgische —, II. 143,
194, 226, 380, 542, 571.
Erdbeben, f. vulkanische Gebiete, I. 94 f.
Erzherzogstitel, ö. —, II. 378, III. 12.
Excommunication, IV. 440.

F.

Fabrikswesen, IV. 460; f. auch Industrie.
Fasttage, IV. 440.
Februarpatent (1861), IV. 648, 651,
652, 655.
Finanzwesen, I. 178, II. 273, 382,
383, III. 45, 101, 151, 160, 321,
322, 327, 634, IV. 159, 305, 448 ff.
Findelhaus, IV. 511.
Flüße Oesterreichs, I. 91 f. Vgl. Handel,
Schiffahrt.
Forstwesen, IV. 338, 346; f. auch
Jagdwesen.
Freigelassene (frilassi), III. 48.
Freiheitsbriefe, f. Privilegien.
Freimaurerei, IV. 495, 512—515, 575,
623.
Freiorte, ung. —, f. Immunitäten.
Freisassen, bö. —, III. 100, IV. 438.
Friedensschlüsse, in ihren Punc=
tationen: Großwardeiner 1538, III.
200; — Nikolsburger 1621, III.
454; — Prager 1635, III. 502;
— Westfälischer (Münster, Osna=
brück) 1648, III. 537; — Eisen=

burger (Vasvárer) 1664, III. 596;
— Haller'scher 1686, III. 663; —
Karlowitzer 1699, III. 687; — Ra=
statter 1714, IV. 94; — Passaro=
witzer 1718, IV. 119; — Wiener
1735, IV. 134; — Belgrader 1739,
IV. 144; — Breslauer 1742, IV.
215; — Berliner 1742, IV. 216;
— Füssner 1745, IV. 230; —
Dresdner 1746, IV. 232; —
Aachener 1748, IV. 239; — Huberts=
burger 1763, IV. 299; — Teschener
1779, IV. 362; — Leobener 1796,
IV. 572; — v. Campoformio 1797,
IV. 573; — v. Luneville 1801, IV.
581; — Regensburger (Reichsdeput.
Hptschl.) 1803, IV. 583; — Preß=
burger 1805, IV. 586; — Wien-
Schönbrunner 1809, IV. 598. Die
andern nicht spezialisirten Friedens=
schlüsse f. u. den betr. Ortsnamen.
Funde, prähistorische —, I. 140 ff.,
375, 506.
Fürstentage, schlesische —, IV. 420.

G.

Gallicanismus, III. 323, 583.
Gastalden, III. 144.
Gaue, Alt-Kroatiens, I. 359.
Gauverfassung, III. 36—39; f. auch
Zupenverfassung.
Gebärhaus, Wiener, IV. 511.
Gebirgsgliederung Oe., I. 85 f.
Gefälle, Vgl. Regalien, IV. 452 ff.
Geheimraths=Collegien, III. 262, 401,
402.
Gelehrsamkeit, mittelalterl. —, III. 74,
158, 159.
Gemeinderechte, f. Weisthümer.

Generaleinnehmer, böhm. —, IV. 407.
Generallandtage, f. Ausschußlandtage.
Generalsteueramt, ständ. in Schlesien,
IV. 414.
Gerichtsbann, böhm. —, III. 40 ff.
Gerichtsboten, mähr. —, III. 100.
Gerichtsordnung, allgem. —, IV.
447, 487.
Gerichtstellen, bö.-mähr. —, IV. 413.
Gerichtswesen, I. 314, 349, III. 95,
98, 99, IV. 400 ff.
Germanisirung d. Alpenlande, I. 275 ff.
Geschichtschreibung, I. 4—75, III.

73, 104—106, 109, 158, IV. 470;
s. auch Annalen, Chroniken, Reim-
chroniken.
Geschwornengericht, IV. 643, 646.
Gesellschaft s. ält. beu. Geschichts-
kunde, I. 59.
Gesetzbuch, allgem. bürgerl. —, IV.
487, 630.
Gesetzsammlungen, s. Rechtsbücher.
Gespanschaften, s. Comitatsverfassung.
Gewerbwesen (Industrie), I. 187 ff.,
512, III. 63, 106, 155, IV. 455,
460 ff., 491 ff.
Gewissensrath, tj. —, III. 511.
Goldwäscherei, I. 391, 396, 399, 400.
Gräberfeld, Dalm., II. 94·

Grafen i. Sbb., I. 561, 569.
Greinen (Geraunen), das —, standr.
Verfahren, I. 223.
Grenzwehrsystem, s. Militärgrenze (Re-
gister I.).
Griechisch-Katholiken, oder unirte und
nicht-unirte Confessionsglieder, s.
Kirchenwesen und Secten.
Großhändlergremium in Wien, IV.
492.
Grundbuchswesen, III. 96, IV. 437,
445.
Grundherrschaften, IV. 400.
Grundholden, s. Bauern.
Gubernatur i. U. & Bö., s. Reichs-
verweserschaft.
Gylas, magy. Volkswürde, II. 59.

H.

Halbfreie, s. Bauern.
Halsgerichtsordnung, peinliche, Karl's V.
(Carolina), IV. 445.
Handelswesen, I. 195 ff., 274, 305,
319, 321, 322, 357, 370, 373, 382,
384, 389, 396, 424, 448, 455, 463,
477, 481, 487, 502, 510, 531, 542,
557, 570, 572, III. 42, 58, 65 bis
68, 104, 106, 146, 155 ff., IV. 127,
155, 491 ff., 521; — Handelscom-
pagnie, ostind. —, s. Compagnie; —
Handlungs- u. Falliten-Ordnung
(1758), IV. 446.
Handwerker als Ständetlasse, III. 49;
— Handwerkerordnungen, IV. 459;
— Handwerkswesen, s. Zunftwesen.
Hann (sbb. Ortsvorstand), IV. 427.
Hanjabund, I. 447.
Hansestädte, III. 467, IV. 128.
Hausgrafenamt, IV. 400.
Hausgenossen (Münzer), III. 41.
Hausordnungen, habsb. , II.
4, 151, 192, 378, III. 16, 262,
IV. 377.
Hausprivilegien, ö. —, s. Privilegien.
Heerbann, Heeresverfassung
(Kriegswesen), I. 179 ff., II. 590 bis
592, III. 42, 45, 140, 450, 451,
IV. 271, 324, 450; s. auch Kriegs-
wesen, Landesvertheidigung; - Heer-
schild, III. 50.

Heidenwege, I. 195.
Heiligenlegenden als mittelalt. Geschichtsquellen, I. 256 f.
Heroldsdichtung, III. 73.
Herrenstand, s. Ständewesen.
Hexen, Satzung, betr. —, III. 119.
Hintersassen, s. Bauern.
Hofämter, III. 53; — -commercien-
rath, IV. 436; — -commissionen,
IV. 480; — -gericht, III. 44; —
-kammer, ö. —, III. 23, 511, IV.
401; — ung. —, III. 651; —
-kanzleien (beu.-ö. & bö., galiz., ung.,
sbb.), IV. 306, 401, 412, 430, 432,
433, 435, 438, 485, 551, 651; —
-kapelle, tj. —, IV. 466; — kriegs-
rath, III. 262, 312, 432—434, 486;
-lehensgericht, III. 95, IV. 412;
— -rath, III. 14; s. auch Reichshofrath; — -rechnungskammer (oberste
ö.), IV. 486; — -rechte (Hoftaidinge),
IV. 401; — -system (b. Ansiedlungen), III. 60; — -tage, III. 53; —
— -theater, IV. 466; — -zensur,
s. Censur.
Homagium fidelitatis, IV. 424.
Holzungsrecht, s. Forstwesen.
Humanismus, II. 581, III. 76, 77,
159.
Hundertschaft (Sbb.), IV. 428.

J.

Immunitätsverhältnisse, weltl. i. U.,
III. 132 ff. Vgl. Comitats- u. Städtewesen.

Immunitätsverhältnisse, geistl. i. Deutschland, I. 195; — i. d. Schweiz, III.
116.

Inauguraldiplome, III. 84, 88, 116, IV. 379, 387, 549.
Incolat (Landsmannschaft, Landstand-schaft) i. Bö., IV. 417.
Incunabeln, s. Buchdruck.
Indigenatserklärung i. U., IV. 417.
Industrie, s. Gewerbe- u. auch Fabriks-wesen.
Injectionsordnungen, IV. 415.
Ingenieur-Akad. i. Wien, IV. 466.
Innungswesen, s. Zunftwesen.

Institut f. ö. Gesch.-Forschg., I. 61; — phys.-math. b. Jesuiten i. Wien, IV. 446.
Injurrectionsrecht, ung. —, III. 121, IV. 67, 376, 424.
Innudationsgebiete, I. 94.
Investiturstreit, I. 599, II. 42, 74.
Irrenheilanstalt, IV. 511.
Jsprawnik (Dwornik), Landesbeamter i. d. Butowina, I. 463.
Itinerarien, röm. —, I. 178, 195.

J. (J.)

Jagdwesen unter Kf. Max I., II. 615.
Jahrbücher, s. Annalen.
Jahrbücher, Wiener, s. W. u. L., IV. 619.
Jakobinismus i. Wien, IV. 575.
Jobágy (Jobagio), III. 127, 129, 130; — Jobagyonat. III. 129; — Jobagyonen, I. 497.
Joyeuse entrée(BlydeJnkomst),IV.259.

Josephinum s. Militärärzte i. Wien, IV. 510—511.
Juden (Jsraeliten); bürgerl. Verhältnisse u. Rechtswesen ders., II. 431, 465, 593, III. 44, 56 ff., 101, 102, 140—142, IV. 218, 489, 501 bis 502.
Justizstelle, oberste —, IV. 435, 446, 486.

K.

Kaiserrecht, kleineres —, III. 18, 137.
Kalandosok (ung. Adelige), II. 655.
Kalender, gregorianischer —, III. 296, 302.
Kammergericht, IV. 412.
Kammerknechte, s. Juden.
Karchan, magy. Volkswürde, II. 59.
Kartoffel, Einführung der —, IV. 461.
Kartographie, IV. 451.
Kastellaneien, poln. —, I. 449; — -verfassung, bö. —, III. 94, 95.
Kataster, IV. 451, 489.
Kassendeputation, IV. 414.
Keneziate i. U., IV. 431.
Keramik, röm. —, I. 194.
Kirchenmusik, III. 75.
Kirchliche Verhältnisse (kathol.-protest. griechisch-unirte u. nicht unirte), I. 240 ff., II. 31, 172, 174, 234 ff., 285, 319, 393 ff., 518, 519, 581 ff., 628 ff., III. 83, 146, 152, 153, 235 ff., 255 ff., 272, 311 ff., 332 ff., 340, 511—513, IV. 29, 58, 146 ff., 152 ff., 250 ff., 410, 438 ff., 495 ff., 631; s. auch Christenthum, Religionsverhältnisse, Secten.

Kleiderordnungen, IV. 462.
Klosterwesen, I. 433, 462, III. 80, 152, 340, 345, IV. 440, 441, 503, 506 ff.; — -aufhebungen joseph., IV. 506—507; — -rath, III. 314.
Königsrichter (Sachsengraf), sbb. —, I. 572, III. 124, IV. 426, 427.
Krankenhaus, allgem. i. Wien, IV. 510.
Kreisämter, IV. 437, 462; — ein-theilung, deu. —, II. 318, 579, 584, III. 13; — -tage, bö. —, IV. 415; — -verfassung, bö. —, III. 96.
Kreuzzüge, I. 603—604, 609, 614 bis 615, 616, II. 79, 91; — gegen Bö., II. 289 ff., 418.
Kriegswesen, s. Heeresverfassung u. Landesvertheidigung.
Kroatisches Convict, IV. 466.
Kronsehen, bö. —, III. 95.
Kunst-Pflege, III. 78—80, 156, 157, IV. 471; — -gewerbe, bö. —, III. 107.
Kupfergeld, IV. 455.
Kur, bö. —, II. 453, 612, 613. III. III. 83, IV. 195, 211.

L.

Landboten, mähr. —, III. 100.
Ländergruppen Oesterreichs —, natürl. u. hist.-polit., I. 83 f.

Ländertheilungen, habsbg. —, II. 154, 192, 218, 223, 262, 274, 379, 380, 619—621, III. 323, 392, 508, IV. 377.

Landes-Aemter (-Hauptmann, -Marschall, -Profoß, -Verweser, -Vicedom), III. 53, 100, IV. 400 ff., 406, 407; — -ausschuß, IV. 412, 420; s. auch Ausschüsse; — -hoheit, I. 621, III. 14; — -ökonomie, ständ. ldsch., IV. 384, 406 f., 416 f.; — -ordnungen, II. 647; „vernewerte", bö. v. 1627, IV. 383 bis 384, 444; — -statuten, Brixener —, III. 21; — -vertheidigung, IV. 406; — -vertretung, III. 52 ff.

Landfrieden, II. 318, III. 15; — -gericht, oberstes —, III. 95; — (Landrecht) -ordnung desselben, IV. 444; — -gerichte, IV. 400; — -handfesten, I. 613, 614, III. 10, 18 ff., IV. 378; — -mannschaft (Landstandschaft), s. Incolat; — -marschallgericht, IV. 400; — -profoß, IV. 462; — -recht, ständ. —, IV. 400; — -rechte, Provinzial —, II. 16, 266, III. 18—22, 40, IV. 411, 413; — -schaft, I. 625, IV. 403, 406, 407; — -stände, III. 14, 53; s. auch Ständewesen; — -streicher, IV. 462; — -tafel, bö. —, III. 96, IV. 412; — -tafelfähigkeit d. Städte, IV. 417; — -tage, einz., s. d. Namenregister; — -tagswesen, II. 599, III. 22, 53, 101, 251, IV. 404 ff., 428, 486, 546 ff.; s. auch Ausschußlandtage; — -wirthschaftswesen, IV. 461.

Lanzenträgerorte, kgl. i. d. Zips, I. 525, 527, III. 133.

Lanzknechte unter Kf. Max I., II. 592.

Lech (Lech. Stammhäuptling), III. 98.

Latein u. Grammatikalschulen, IV. 466. Vgl. Schulwesen.

Legenden, christl. —, I. 240, II. 44.

Leges: Alamannorum, Bajuvariorum, Longobardorum. s. Volksrechte.

Lehensgericht, IV. 400; s. auch Hoflehensgericht; — -satzung v. 1136, III. 14.

Lehenswesen, bö. —, III. 95.

Leibeigene, III. 49, 50; — -eigenschaft, II. 567, III. 50, IV. 424, 488. Vgl. Bauern.

Libelle, böhml. —, III. 23, 45.

Lieder, geschichtl. —, I. 158.

Liga, kathol. (1468 f.), II. 417, 420, 421, 450; Erste Heil., II. 508—510, 558; v. Cambrai, II. 517, 563; Zweite Heil., II. 521, 526, 553, 554, 558; kathol. (1609), III. 366, 389, 390, 402—404, 420, 427—430, 458, 463, 468, 477, 481, 486; Heil. v. 1684, III. 661; Plan e. kathol. 1687; III. 671; s. auch Bünde.

Literaturthätigkeit i. Oe., II. 601, III. 69 ff., 104 ff.; — i. Bö., III. 104—106, 107—108, 109, 110 bis 111; — i. U., III. 148, 149, 158. Vgl. auch o. Geschichtschreibung.

Loca gallica (Wallonenorte), III. 158 ff., IV. 464 ff., 516 ff., 631.

Locator (Kolonistenansiedler oder Ansiedlungsagent), III. 89.

Lottowesen, IV. 453.

Lurnssteuern, IV. 452. Vgl. Steuerwesen.

M.

Magnaten, IV. 426; — -tafel, IV. 429; — -verschwörung (ung.), III. 601 ff.

Majestas Carolina. III. 88.

Majestätsbrief Kf. Rudolph's II., III. 376—378.

Malefizordnung, tirol. —, III. 22, IV. 445. Vgl. Strafrecht.

Malerei, III. 79, 107, 157, 159.

Mambournie, s. Vormundschaft.

Marcalcongregationen, Sbb., IV. 426.

Marderfellabgaben(Mardurinae),Slav., III. 125.

Marinewesen, IV. 451.

Marten-System, I. 274 ff., 292.

Marktordnung, IV. 445.

Marktrechte, s. Weisthümer.

Mathemathische u. Kriegsbaukunstschule, ks. i. Wien, IV. 466.

Mautwesen, I. 179, III. 41, 42, 44, IV. 453; s. auch Zollwesen.

Meergrenze (milit.), I. 496.

Meistergesang, III. 73.

Memorandenbücher Kf. Mar' I., II. 604.

Militärakademie, Wien-Neust., IV. 470.

Militare ordinarium, extraordinarium. IV. 452.

Militärgrenze (theresianische), IV. 423. Vgl. Windische Grenze.

Militärgerichtswesen, IV. 447.

Ministerrath, s. Conferenz, geheime.

Ministerialen, III. 47, 53, 54, 98, 129.

Ministerialbanco=Deputation, IV. 435, 480.
Minnegesang, III. 71 ff., 105.
Münzrecht, böhm. —, III. 11.
Münzenfunde, antike i. Oe., I. 193.
Münzwesen (Münzwährungen rc.), II. 383, III. 44, 151, 152, 161, IV. 453, 454, 604.

N.

Najaden, Najadisten, s. Donauflottille.
Nationalbank, ö. —, IV. 630.
Nationalitäten, s. Volksstämme.
Nationalkirche, deu. —, IV. 526; — =Concur b. jbb. Sachsen, IV. 428; — =verein, deu. —, IV. 649.
Nekrologien, III. 69.

Munizipienr., s. Städtewesen.
Musenalmanache, IV. 518. Vgl. Zeitungswesen.
Musik, III. 75, IV. 466; s. auch Kirchenmusik.
Musik — Imposto — (Steuerwesen), IV. 452.

Nibelungenlied, I. 371, 590, II. 57, III. 71, 148.
Niederlagsrecht, Wiener —, II. 6.
Notitia dignitatum imperii, I. 178, 184.
Novellen z. bö. L.=O., s. Declaratorien.

O.

Octoberdiplom (1860), IV. 648, 651.
Ofol, Bezirk i. d. Bukow., I. 463.
Opole (poln. Dorfgenossenschaften), I. 419.
Ordale (Gottesurtheil), III. 29, 88.

Orden, geistl. —, III. 69—71, 103 bis 104, 452, IV. 252; vgl. d. Namenregister u. d. einz. geistl. ob. Mönchsorden; s. auch Deutschritter-orden.
Ortsnamen, bö. —, III. 103.

P.

Palatin, bess. Stellg., IV. 430.
Palatinate, poln. —, I. 449.
Panteidinge, s. Weisthümer.
Papiergeld, ö. —, IV. 454.
Patente, IV. 445, 461—463.
Patriziat i. Dalm., III. 145.
Patti, s. Weisthümer.
Pázmaneum, theol. Inst. i. Wien, IV. 468.
„Peen" (Gerichtsgeld), III. 40.
Pensionsnormale, IV. 485.
Personalstädte, ung. —, IV. 425.
Personalunion zw. Ung. & Pol., II. 183, 200, 333, 341; — zw. Oe., Bö. & U., II. 312; — zw U. & Bö., II. 187.
Pestjahre, II. 176, III. 543, 642, 643.
Peutinger'sche Tafel, I. 178.
Pfahlbauten, I. 140ff., 150.
Pfalzgrafenamt, kt. —, III. 10.
Pilgerfahrten nach Rom, Aachen, Köln, IV. 440.
Plastik, mittelalterl. -, III. 79, 80, 107.
Podestà, IV. 144.

Polizeiwesen, IV. 445, 462, 575.
Popolaren i. Dalm., III. 145.
Portulab, s. Ispravnit o. Dwornik.
Postulatenlandtage, IV. 419.
Postwesen, II. 592, IV. 452, 453.
Powiat, poln. —, I. 449.
Pragmatische Sanction, s. Sanction.
Primatoren, Stadtvorsteher i. Bö., III. 437, IV. 418.
Prinkipili. b. d. Széklern, I. 564.
Prädialisten, ung. Adelsklasse, III. 133.
Privatgesellschaft, gelehrte —, I. 45.
Privilegien, ö. —, I. 611, 621, 629, 633, 639, II. 6, 133ff., 135, 378, III. 10, 15, 20, 646.
Prolocutoren i. Sbb., I. 569.
Protestantismus, III. 228, 265, 268, 302, 314, 341, 349, 426, IV. 30, 147, 250ff., 499f. Vgl. Kirchenwesen.
Provinzialverwaltung, röm. —, I. 177—179.
„Pucharzi" (Bibliothar), III. 77.
Punzirungsamt, IV. 459.
Purkrecht, s. Weisthümer.

Q.

Quadripartitum, s. Rechtsbücher.

Quadrupelallianz, IV. 111, 228.

R.

Rabonban, jagenh. Oberhpt. d. Szötler, II. 67.

Raitkammer, II. 622, III. 44, 46.

Realhandelsakademie i. Wien, IV. 467. Vgl. Handelswesen.

Recht, Privatbearb. deff., IV. 446; — röm. —, III. 34; — sächf. magdeb., III. 91. Vgl. Volksrechte, germ.

Rechtsbewidmungen, III. 35; — bücher, I. 414, 430, III. 88, 89, 109, 118ff., 123, 137, IV. 446, 447: f. auch Landrecht, Codex Wangianus, Majestas Carolina; — wesen, III. 24ff., 87ff., 117ff., IV. 444ff.

Regalien, lösffl. —, III. 16, 41, 44, IV. 452. Vgl. d. einz. Mauth, Zoll, Münze u. f. w.

Regalienrecht, III. 14.

Regimente (Regierungen), II. 615, 623, IV. 401.

Requicolardeputation v. 1698, IV. 28.

Reichsabschiede, f. Reichssatzungen.

Reichsdrittel. ung., II. 83.

Reichshofrath, II. 579, 620, 623, III. 45, 296, 511, IV. 432, 480;

— kammergericht, III. 15, 296; — satzungen, allgem. den. —, III. 14, 15; — bö.-mähr., III. 82ff.; — ung., III. 118—123; — tage, ung. —, IV. 129; — theilungen, I. 277, 280, 282, 284.

Reichsverwejerschaft i. d. ben.-ö. LL., I. 626, 635, II. 2; — bö., II. 46 bis 47, 350ff., 361ff.; — ung. (Gubernatur), II. (342) 344ff.

Reimchroniken, III. 72, 105.

Religionsfond, IV. 507.

Religionsverhältnisse, I. 197ff., II. 86, 87, 181, 228ff., 443—449, 628ff., III. 235ff., IV. 58; f. auch Confession, kirchliche Verhältnisse, Protestantismus, Secten.

Restitutionsedict v. 1629, III. 648, 649.

Rettungshäuser, IV. 511.

Rimboscamento, f. Forstwesen.

Ritterbündnisse, adelige —, f. Bünde.

Ritterakademie, savoyische —, IV. 470.

Ritterschlag, III. 50.

Robot-Abolitions-Patent, f. Urbariale.

Römerstraßen, f. Verkehrswesen, Heidenwege, Straßen, Römer-.

S.

Sachsenabel, sbb., I. 575—576, III. 124; — graf (Königsrichter), Sbb. I. 527, 572, III. 124; — spiegel, III. 18, 137.

Salzmonopol, III. 11.

Sanction, pragmatische —, IV. 123ff., 173, 174, 378ff., 551.

Sanitätsanstalten, IV. 510, 511.

Schatzkammer (Finanzamt), III. 46.

Schauspielergesellschaften, röm. —, I. 188.

Schiffahrt, f. Verkehrswesen.

Schildhöfe (tirol. Bauernlehen), I. 310.

Schreibwesen, mittelalterl. , III. 77.

Schulwesen, III. 74, 75, 108, 111, 159, 329, 330, 337, 338, IV. 465 bis 466, 509, 510. Vgl. Namenregister: Benedictiner, Jesuiten, Piaristen.

Schulzerei (Scultetia), Schulzenrecht, III. 89, 135—136, IV. 438.

Schwabenspiegel, III. 18, 48, 137.

Schwertleite, f. Ritterschlag.

Scultetia, f. Schulzerei.

Secten (Religions-Retzer-), I. 241, II. 87, 88, 180, 181, 228, 370, 443 bis 449, 633, 643, III. 204, 205, 209, 240, 244, 249, 340, IV. 509. Vgl. röm. Wiedertäufer u. d. Namenregister.

Seifen, f. Goldwäscherei.

Senioratserbfolgeordnung, bö. —, II. 34ff., III. 83, 84, 88.

Septemviraltafel, IV. 430.

Silber-Collecte (Steuerwesen), IV. 452.

Sklavenhandel, röm. —, I. 196.

Slavengraf, III. 114.

Söldnerwesen, II. 384, IV. 462.

Spiegel deutscher Leute, III. 18.

Spielgrafenamt, IV. 462.

Spitalwesen, IV. 466.

Sprachenfrage i. Bö., IV. 547.

Spruchdichtung, III. 73.

Staatsconferenz (Conferenz-Ministerrath), IV. 544, 545.

Staatshaushalt, f. Finanzwesen.

Staatskanzlei, t. t. Haus-, Hof- u., IV. 435.

Staatsrath, ung. —, III. 651; —
ö. —, IV. 304, 323, 432 ff., 443,
446, 480, 485.
Staatsschuld, ö. —, IV. 454.
Städtewesen, I. 160 ff., 184 ff., 523,
III. 25—33, 51, 96, 133 ff., 144,
145, 152, 540 542, IV. 417, 418,
419, 427; s. auch Weisthümer.
Stadtgerichte, IV. 400, 401.
Stadtrechte, s. Weisthümer.
Stammrechte, s. Volksrechte.
Ständewesen, III. 14, 47 ff., 53,
98 ff., 127 ff., 144 ff., 250 ff., 361 ff.,
IV. 305, 375, 382, 383, 402 ff.,
430, 486, 546 ff., 620; s. auch Land=
schaft, Landstände, Landtage.
Stapelrecht, III. 42.
Staroste (Starostien), poln. —, I. 449;
— butow., I. 463.
Statute, s. Weisthümer.
Statutarrechte. sbb., IV. 446.
Steinkohlenbau, s. Bergbau.
Stempelgefälle, IV. 452.

Steuerwesen (Steuer=Arten, Orb=
nung ꝛc.), I. 178, 625, III. 42, 44,
52, 97, 98, 262, 322, IV. 29, 451 ff.,
488 f., 546; s. auch Abgaben, Finanz=
wesen, Kataster, Regalien.
Stola=Tarordnung, IV. 440.
Strafgesetzbuch, s. Malefizordnung;
— =patent (Unterthans), IV. 488;
— =recht. gem. bürg., IV. 446, 487 f.
Straßen, Römer= —, I. 162 ff.; —
mittelalt., s. Handelswesen; — =karten,
s. Itinerarien; — =wesen s. 1526,
IV. 460; — =zwang, III. 41.
Studiencongreß, Osener (1778), IV.
467.
Studienhofkommission, IV. 468, 511.
Stuhlrichter & Stühle, s. Comitats=
verfassung.
Stylus curiae Graecensis. IV. 401.
Syndicus, lössstl. —, IV. 401.
Synoden, altbayr., I. 269; — salzb.,
III. 80.

T.

Tabak= appalto, =monopol, IV. 452.
Taidinge, s. Weisthümer.
Taubstummeninstitut, IV. 511.
Tavernicalstädte, ung. —, IV. 425;
— =versammlungen, ung. —, III.
139.
Taralorte, sbb. —, IV. 427.
Targefälle, IV. 452.
Theater, I. 188, IV. 466, 471.
Theilungsverträge, s. Ländertheilungen,
Reichstheilungen.
Theresiana, IV. 417.
Thesaurariat, IV. 431.
Theuerdant, II. 602. Vgl. Anh. S. 250.

Thronfolgeordnung, s. Erbfolgeordnung.
Tobitschauer Rechtsbuch, III. 89.
Toleranzedicte, ö. Patente, Kj. Jos. II.,
IV. 499 f., 534.
Tonkunst, s. Musik.
Töpferei, s. Keramik.
Tortur, Aufhebung der —, IV. 447.
Traditions= (Saal=) Bücher, III. 69.
Tribunal, mähr. —, IV. 113.
Tripartitum Verböczyanum. III. 123.
Tripelallianz, III. 574, 576, IV. 531,
569.
Tumuli, s. Dolmen.

U.

Udvornici („Hofhörige"), U., III. 128.
Ungeld (Trantsteuer), IV. 452.
Universal=Santalität, IV. 453.
Union, prot. pfälz., III. 237, 366,
370, 375, 377, 378, 381, 389, 402,
403, 409, 411, 428; — sbb. National=,
II. 305, III. 125, IV. 428; —
Brüder=, bö. =mähr., vgl. d. Namen
register „Bö.=mähr. Brüder u. w. u.
kirchl. Verhältnisse."
Unitarier (Antitrinitarier), III. 240.
Universität—en, II. 151, 233, 234, 236

bis 237, 284, 392, 606, III. 75 bis
77, 107, 159, 272, 335, 539, IV.
464, 466; — sächs. National — i.
Sbb., IV. 428.
Unterrichtswesen, s. Schulwesen, Uni=
versitäten.
Urbare (Saabücher), III. 69.
Urbariale, IV. 437; — Urbarial=
reformen, IV. 436 ff., 488; — Ur=
barialkommission, IV. 437.
Urbevölkerung, I. 140 ff. Vgl. d. einz.
Völker im Namenregister.

B.

Vereine, wissensch. —, I. 58, 60, 61.
Venetianische Relationen ob. Gesandschaftsberichte IV. 456 ff.
Verfassungswesen, III. 8 ff., 82 ff., 112 ff., 143 ff., IV. 374 ff., 402 ff., 420 ff., 483 ff., 641, 644, 651, 655.
Verkehrswesen, I. 305, 319, 321, 323, 324, 330, 382, 389, 396, 424, 463, 477, 481, III. 65—68, IV. 460 f., 491. Vgl. Handelswesen, Straßen.
Verordnetencollegien, IV. 400, 404, 406.
Verwaltungswesen, I. 178 ff., III. 36 ff., 45, 97 ff., 143 ff., IV. 400 ff., 411 ff., 420 ff., 432 ff., 485 f.
Viehzucht, I. 190.
Vita Caroli. II. 163.
Vitzthum, III. 46; s. auch Landesämter.

Vladyken, bö. —, III. 98, 99.
Vogteiverhältnisse, geistl. — i. b. Schweiz, II. 116.
Völkerwanderung, germ. slav., I. 207 bis 244.
Volksgesang, hist. —, I. 158; — rechte, germ. —, I. 249, 250, III. 21, 33 ff., 48, 118; — stämme, Gliederung u. Vertheilung, I. 98—126. Vgl. d. Namenregister. — zählung, IV. 537.
Verkaufsrecht, III. 42.
Vormundschaft, niederl. — (Mambournie), II. 502—504, 506; — streit, ö. — (1406—1411), II. 224 bis 227; — tirol. — (1443—1446), II. 328—332.
Vorsprecher (Sbb.), I. 569.
Vulkanische Gebiete, I. 94 f.

W.

Wahlcapitulations- u. Inauguralurkunden, IV. 379.
Waisenhaus, IV. 466.
Waldcultur, röm. —, I. 190.
Wallfahrten, s. o. Pilgerfahrten.
Wallonenansiedlungen i. S.-U. (loca gallica), III. 149.
Wandel (Gerichtsgeld), III. 40.
Wappenbichtung, III. 73.
Wechselordnung (1722), IV. 445 (1763), IV. 446.
Wehrgeld, III. 48.
Weinbau, I. 189, 104, 533, 536.
Weißkunig, II. 603.
Weisthümer, I. 325, 371, 385, 413, 418, 419, 424, 425, 475, 481, 484,

485, 486, 491, 493, 497, 499, 502, 508, 510—512, 518, 522, 525, 530 bis 532, 540, 541, 558, 561, 570, 572, III. 24—33, 35, 89—93, 133 ff., IV. 418, 446.
Wiedertäufer (Anabaptisten, Anabaptismus), III. 244, 249, 255, 442. Vgl. o. Secten.
Wiener Stadtbank, IV. 454.
Wildbann, III. 44.
Windische Grenze (innerö. kro. Militärgrenze), I. 496, III. 308—312, 326, IV. 422.
Wojwodschaften, poln. —, I. 449.
Wuchergesetze, IV. 487.

Z.

Zauberer, Satzung betr. —, III. 119.
Zeitungswesen, ö. —, IV. 517, 518.
Zemanen (bö. Klein-Grundbesitzer), III. 98, 99, IV. 416.
Zeughäuser, II. 590, 591.
Zinsbauern, s. Bauern.
Zinsfuß, mittelalterl. —, III. 58.
Zinnt (Distrikt) i. d. Butow., I. 463.
Zollwesen, I. 179, III. 41, 42, 44,

156, IV. 453, 491; s. auch Mautwesen.
Zollordnung, Raffelstettner —, I. 289.
Zollverein, den. —, IV. 649.
Zunftwesen, I. 187, III. 51, 63, 145, 156, IV. 491.
Zupan (Suppan), sl. Gaugraf u. Ortsrichter, III. 39, 94 f.
Zupenverfassung, I. 359, 422, II. 29, 66, 546, III. 39, 94—97.

Anhang
von sachlichen und literarischen Nachträgen.

(Derselbe erwuchs in der ziemlich langen Zeit, welche das Fertigbringen des Registers im Reindruck beanspruchte und reiht sich somit den beiden analogen Abschnitten vor dem Register Seite 1—38 an).

I. Band.

2. Buch. S. 76. Czörnig, Ueber die in der Grafschaft Görz seit Römerzeiten vorgekommenen Veränderungen der Flußläufe. Der Jsonzo als der jüngste Fluß von Europa. (Mitth. der k. k. geogr. Gesellsch. Wien 1876, XIX. Bd. N. F. 9, S. 49 ff.) — Blach, Die Ruthenen und ihre Wohnsitze auf den Karpathen nach Golowacki (ebendas. 88 ff).

3. S. 91. Hahn, Untersuchungen über das Aufsteigen und Sinken der Küsten (Leipzig 1879).

Hier wird (S. 204—209) der Niveauveränderungen und zwar insbesondere der Senkungen der abriatischen Meeresküste, nach den Zusammenstellungen Klöben's (Poggendorf's Ann. 42. Bd. 361 ff.), Berghaus' (Hertha X. Bd. S. 505) gedacht, z. B. an der istrisch-dalmatinischen Seite, bei Cittannova, Rovigno, Pola; — bei dem Prana-See, an dem Laguna-See bei Sepić. — Zara, Sebenico, Trau, Spalato, Ragusa, Lesina — haben je eine ältere, später des vordringenden Wassers wegen aufgegebene Stadtanlage. Der einstige römische Begräbnißplatz von Zara ist gegenwärtig überschwemmt, der Rest des alten Tragurium (Trau) befindet sich jetzt auf einer theilweise überschwemmten Halbinsel. Gebäudereste und Mosaikböden auf der Insel Lissa stehen gegenwärtig unter Wasser.

3. Buch. (S. 139.) Jenny, Das Zeitalter der Bronce mit besonderer Berücksichtigung ihrer Ueberreste in Vorarlberg und Lichtenstein (XVI. Rechenschafts-Bericht des Ausschusses des Vorarlberger Museums-Vereins in Bregenz 1875 76).

5. Buch. (568—976.) S. 247. In den gesammelten kleinen Schriften von Hermenegild Jireček (Spisy zábavné a rozprávné) 2. Bändchen, Prag bei Kober 1878, findet sich in böhmischer Sprache (S. 313—460) eine gute erzählende Uebersicht der Entwicklung des großmährischen Reiches und einer historisch-topographischen. national-kirchlichen und ethnographischen Verhältnisse.

6. Buch. (Historischer Boden der südösterreichischen Alpenländer). Zur Literatur S. 297. Krones, Zur Geschichte der ältesten, insbesondere deutschen Ansiedlung des steiermärkischen Oberlandes (Mittheilung des historischen Vereins für Steiermark. XXVII. Heft 1879; im Separat-Auszuge 78 S.).

Zu S. 340. Der erste eigentliche Markgraf von Krain seit 1040 Eberhard, vielleicht (wie Wahnschaffe vermuthet) ein Sempt-Ebersberger. Sein Nachfolger wurde wahrscheinlich Udalrich († 1070 als Markgraf von Istrien und Krain. Vergl. I. Bd., 350). Heinrich, der Eppensteiner, Bruder des Kärntner Herzogs Liutold, legte nach 1090 († Liutold) zufolge der Uebernahme Kärntens die Verwaltung von Krain und Istrien nieder. Wann er sie übernommen (1077? 1084?) ist fraglich, doch schwerlich gleichzeitig mit der Kärntner Belehnung seines Bruders Liutold. Poppo, Udalrich's Sohn, übernimmt dann Istriens und Krains Verwaltung.

S. 350. Poppo nach 1090 Markgraf von Krain und Istrien † vor 1108 (1104—5?); ihm folgte sein Schwager Engelbert II. von Sponheim-Ortenburg.

Die Verbindung Kärntens mit Istrien seit 1116 ist fraglich.

S. 344 f. Documenta Forumjulii. Patriarchatum Aquilejensem. Istriam. Goritiam spectantia. inde a recentiore tempore usque ad medium saeculum XV. regesta collegit Prof. A. S. Minotti. Doct. Dec. hist. trad. a veterum monumentorum Forojulii curatoribus propriis sumptibus edita. Vol. I. sectio 1. (Venetiis 1870 . . .)

S. 359. Eine erschöpfende Zusammenstellung der Topographie Altcroatiens, seines Binnenlandes, der Küste und Inselwelt siehe in den weiter unten citirten Docum. hist. Croat. nach den Angaben des Constantin Porphyrog. und mit nebenläufiger Rücksicht auf die Untersuchungen von A. Tomaschek in der österreichischen Gymnasial-Zeitschrift 1874 S. 682 f.

S. 371 f. Die örtliche Entwicklung Wiens bietet nach der klaren Zusammenfassung der bezüglichen Forschungen, insbesondere Hauslab's, Camesina's und Kenner's, durch A. Mayer (s. oben S. 33) bis zum Ende des XIII. Jahrhunderts folgende chronologische Hauptmomente: 1. Unter H. Heinrich Jasomirgott 1156 ff. Einbezug des östlichen Fremdenviertels (Regensburger, Kölner Hof), da Wien noch 1127 den gleichen Umfang wie in der Römerzeit aufweist. 2. Unter Herzog Leopold VI. († 1230) Stadterweiterung nach Süden (Verlegung der Hofburg vom „Hofe" an ihren gegenwärtigen Platz; Michaëlerkirche gegründet). 3. 1230 bis 1275 nach Norden, Süden und Osten.

S. 374. Ueber die Grafschaft Raabs ist man jetzt durch Wendrinski's Studien (s. oben S. 33) am besten unterrichtet,

welcher mit den Irrthümern in den Arbeiten von Haas aufräumte. Raabs, der uralte, feste Grenzort und kirchliche Mittelpunkt der Gegend, nicht Retz, erscheint als Besitz der Burggrafen von Nürnberg, zugleich Erbgrafen von Raabs (1100 . . . .), mit Konrad im Juni 1192 ausgestorben. Die hinterlassene Tochter, die „edle Gräfin" Sophie, 1221 „Gräfin von Ernstbrunn" genannt, und mit dem Burggrafen von Nürnberg — aus dem Hause Zollern — verbunden, brachte Raabs an diesen und wurde eine der Stammmütter der hohenzollern=brandenburgisch=preußischen Dynastie. Sie und ihr Sohn Konrad III., Burggraf von Nürnberg, verkauften die Grafschaft Raabs an Herzog Leopold VI. für 2000 Mark Silber. 1260—1282 wurde sie rosenbergisch. 26. März 1282 verkaufte Heinrich von Rosenberg dieselbe dem Habsburger Albrecht I., der sie dann an Otto von Meißen verpfändete.

Retz (Rötz) gehörte dagegen den Grafen von Pleyen= Hardegg, Burggrafen von „Maidburg", d. i. Magdeburg, nicht Feste „Maidburg" an der mährisch=böhmischen Grenze (wie S. 411 durch ein Versehen bemerkt erscheint). Sehr bedeutend war auch der Besitz der mit den von Kosheim und Teckendorf verwandten österreichischen Pernecker, besonders zwischen der Donau und dem mährisch=österreichischen Grenzorte Drosendorf. Es gab da einen comitatus de Pernekke mit dem oppidum Drozendorf, welches im Jahre 1220 bei dem Tode des letzten, geisteskranken Perneckers Ulrich III. an die Babenberger kam.

Die hohenzollern=brandenburgischen Lehen in Nieder=Oesterreich bildeten: Neusiedl an der Zaya, Ladendorf, Stetteldorf u. s. w. (zusammengestellt in den Blättern für Literatur Niederösterreichs 1873. Vergl. auch Wendrinski in seinen Abhandlungen über die Grafen von Raabs Sep.=Abdr. 17).

Zu S. 440. Literatur zur Landeskunde der Bukowina. Wickenhauser, Geschichte der Stadt Czernowiz und ihrer Umgebung mit Urkunden (Wien 1874). Von demselben: Moldawa oder Beiträge zum Urkundenbuche der Moldau und Bukowina. II. Abthl. Geschichte und Urkunde des Klosters Solka. (Czernowiz 1877, Selbstverlag.)

Zu S. 469. Vergl. II. Bd. S. 51—52. Zur Literatur der Rumänenfrage. Aus dem Nachlasse des verdienstvollen Sammlers und Arbeiters auf dem Felde rumänischer, politisch=ethnographischer Geschichte der Walachei, Moldau und Bukowina, Freiherrn Eudoxiu von Hormuzaki, erschien 1878 zu Bukarest: Fragmente zur Geschichte der Rumänen.

Hormuzaki berührt sich mit den Ergebnissen der Rösler'schen Forschung, wenngleich er die Tradition von der Auswanderung des

Wajda Radul Negru aus dem Fogarascher Gebiete festhält.
Die Stelle, welche Teutschländer in seiner neuen Monographie
(s. oben) anzieht, lautet: „Als in Mösien das bulgarische Reich all=
mählich entstand und an Macht zunahm, dehnte es seine Grenzen
auch über die Walachei aus und bevölkerte sie später mit zahl=
reichen Rumänen, die vom Hämus und Macedonien recht gerne
in die Ebenen des schönen Donaulandes hinabwanderten, wozu sie
übrigens durch die vielfachen Verfolgungen seitens der byzantinischen
Regenten genöthigt wurden. Später setzten sich die Petschenegen
auf walachischem Boden fest und wichen hierauf den Kumanen,
die daselbst geraume Zeit hausten. Auch während der Herrschaft der
Petschenegen dauerte der Zufluß rumänischer Ansiedlung aus Bul=
garien und Tracien in die Walachei fort.‟

Zu S. 492. Wie bedeutend die deutschen Ansiedlungen
auf dem benachbarten Boden Westungarns waren, zeigt nachstehendes
Verzeichniß von ungarischen Orten, welche Herzog Albrecht I. 1289
eroberte. (Contin. praedic. Vindob., Monum. Germ. XI., 715):

Mertinsdorf, Chervellenpurch, Norpach, Paumgarten, Walbramstorf,
Innerpudemstorf, Chreinstorf, S. Margareten, Oedempurch, Nekendorf,
Chobollstorf (Kaboldsdorf), Pinkevelde (Pintaselb), Peterschachen, Albern=
dorf, Stegraifenpach, Steinperge, Pilgreimstorf, Wilamstorf, Landeser, Traizzen=
dorf, Rebnicz (Rechnitz), Niklastnern, Sleunz, Pertholsdorf, Rumpoltstorf,
Neubaden, Wogestorf, Barmdorf, Wardeschirchen, Zu den Schutzen, Zuchan=
Ochien, Awet, Yieneinpurch (Eisenburg).

Zu S. 560 f. Die Ansiedlung der Deutschen im Rösner=
gau. Reschner behauptete die Anfänge derselben als vor den
Zeiten Gejsa's II. liegend; Seyvert legt dabei besonders auf
das strategische Moment Gewicht.

Reichner, Beiträge zur Hermannstädter Kirchengeschichte (1861 im Archiv
des Vereins für siebenbürgische Landeskunde). Seyvert, die deutschen Einwohner
in Siebenbürgen vor König Gejsa II. (Sächsischer Hausfreund 1875.)

7. Buch. S. 581. Zur Literatur. Emler (Sitzungsberichte der Prager
Akademie 1878 S. 340 f.) führt den Nachweis, daß der Verfasser der Ann.
Otocariani: Heinrich von Heimburg, als Cisterzienser Mönch von Saar (ge=
stiftet 1252), auch der Verfasser der Chronica domus Sarensis sei.

Zur Literatur S. 632. Die Marchfelder Schlacht von 1278 hat nun
den sachkundigsten Beurtheiler ihrer Quellen in der Abhandlung des General=
Majors Köhler in Breslau (Forschungen zur deutschen Geschichte. 1879, 9. Bd.
2. Heft. S. 307 ff.) gefunden.

II. Band.

7. Buch. (Schluß.) Zu S. 70. Sehr willkommen als Grundlage für die croatische und südslavische Geschichte überhaupt, gewissermaßen als eine Chrestomathie der bezüglichen Quellenstellen, — erscheint im VIII. Bande der von der Agramer Akademie herausgegebenen Monumenta spectantia historiam Slav. meridion. eine gut geordnete Sammlung der: Documenta historiae Croaticae periodum antiquam illustrantia. (Zagrabiae, 1877, XXXV. Bb. Regesten und 544 S. Text); Ausgangspunkt die Zeit von 548—611 .... Vgl. Rambaud, l'empire grec au X siècle. Const. Porphyrog. (Paris 1870). J. Hirsch, Kaiser Constantin VII. Porphyrog. (Berlin 1873, Progr.), von demselben: Byzantinische Studien (Leipzig 1876). Simonsfeld, Andreas Dandolo und seine Geschichtswerke (München 1876). Von demselben als I. Theil der venetianischen Studien: Das Chronicon Altinate (ebendas. 1878).

Zusatz zu S. 75 f. Die Invasion und Occupation der Croaten und Serben des Gebietes zwischen der Adria und dem Stromgebiete der Donau wird 610—635 angenommen. 758 war Sirmium ein avarisches Ansiedlungsgebiet. Der Häuptling desselben, Chuber, fiel von dem Avarenchan ab und übersiedelte mit seinem Volke nach Macedonien. Die ersten ernstlichen Conflicte zwischen Venedig und Croaten begannen 836—840. Unter Kaiser Michaël III. (842—867) sollen die Croaten, Serben, Zachlumiten, Trebuniaten, Canaliten, Diocletianer und Narentaner von Byzanz abgefallen sein (Const. Porphyr. c. 29 und Theophanes contin. III. c. 28). Die Sarazenenangriffe auf Dalmatien und Croatien begannen seit 840, besonders gegen Cattaro und Ragusa.

845—846 waren die Bulgaren mit den pannonischen Slaven befreundet und in politischer Feindschaft mit Serben und Croaten. 875—876 Dalmatiner (romanische) und Croaten erkennen wieder die byzantinische Herrschaft an und sind der griechischen Kirche zugethan. Die dalmatinischen Küstenstädte entrichten an croatische Fürsten Tribut. 878 Sedeslav wird Croatenherzog mit Hülfe des byzantinischen Kaisers Basil; sein Nachfolger, Branimir, versöhnt sich dagegen mit dem römischen Stuhle (Papst Johann VIII.). 873—894 Iwan, der croatische Herzogssohn, taucht schließlich als Anachoret im böhmischen Gebirge auf und wird hier vom Herzog Borivoj entdeckt.

Ein sehr interessantes Denkmal, die Evangelienhandschrift von Civi-dale (Neues Archiv der Gesellschaft für ältere deutsche Geschichte II. 113 ff., Abhandlung von Bethmann) führt in seinen Marginalnoten für die Zeit von 850—896 eine Reihe von fürstlichen Besuchern (slavischer Nationalität) eines

italienischen Klosters auf, darunter: Brazlawo, Kako (Cacatius?), Trpimir, Sa=lacho, Kozel, Priwina.

925 erfolgt ein Angriff der Bulgaren auf Croatien in der Zeit des „Königs" der Croaten Tomislaw, in dessen Zeiten Papst Johann X. keine Mühe sparte, um die Croaten von dem „slavischen" Ritus abzubringen und mit der römischen Kirche fest verbunden zu erhalten. Dem Könige Trpimir folgte Kresimir der „Aeltere", dessen Sohn Miroslaw beiläufig 950 vom Banus Pribina erschlagen wurde.

Vergl. die Abhandlung von Brasnić im Rad XXV.: Zupe u hrvatskoj državi za narodne dinastije (die Zupen in dem croatischen Staate unter der nationalen Dynastie).

In den spanisch=hebräischen Quellen des 9. und 10. Jahrhunderts, wie z. B. bei Josephus ben Goriza (Lelewel, Géogr. d. moyen âge Brux. 1852. III.), bei dem arabischen Geographen Al Majubi (ebendas.) erscheint Croatien: Crovati, Harvatin — genannt. Der Rabbi Hasdeu (Russische Revue 1875, VI. S. 71—79) spricht von Gebalim i. e. al Sclaborum neben (Ungarn und) Aškenazi = Teutschland also von den Südslaven (Mitte des 10. Jahrhunderts).

Der Angriff der Venetianer auf das dalmatinisch=kroatische Land erfolgte 997—998 einerseits durch Badoèr Bragadino gegen Lissa und andererseits durch Peter Orseolo II.

Der zweitgenannte Doge vermählte (1000—1008) seine Tochter Hicela mit dem Narentaner Könige Stephan. 1018 zog Doge Otto Orseolo den dalmatinischen Städten gegen Kresimir, den Jüngeren, zu Hülfe. 1035 leisteten die Croaten dem Kärntner Herzoge Adalbero in seiner Fehde mit König Konrad II. Hülfe. (Die bezügliche Quelle siehe Giesebrecht 2. Bd. IV. Aufl. 700 und Bü=dinger I. 460: confisus Crovatis et Myrmidonibus).

Bei dem Angriffe der Ungarn 1073 auf Thracien und Macedonien rührten sich auch die Chorwaten, Diocleaner und Scla=vinen (Niceph. Bryennios III. 1).

1079—1083. Zweifelhaft ist der Krieg Zwonimirs gegen Herzog Liutold von Kärnten mit Ungarns Hülfe.
(Siehe Thuróczy, Cap. 47. Megiser Ann. Car. I., S. 742—5).

8. Buch. (1308—1382.) Zu S. 147 ff. Die chronolo=gischen Hauptmomente im Streite zwischen Herzog Rudolph IV. und dem Patriarchen von Aquileja sind nach dem neuesten Stande der Forschung (Zahn) nachstehende:

1358 August. Die Städte Aquileja, Udine, Cividale und Ge=mona und eine Zahl Standesherren Friauls schließen nach dem Tode des

Patriarchen Nikolaus ein Bündniß zum Schutze der Rechte des Landes und des künftigen Patriarchen.

1359 20. Juni (Villeneuve): Papst Innocenz VI. ersucht König Ludwig von Ungarn, bei Herzog Rudolph IV. von Oesterreich auf die Rückgabe der dem Patriarchate vorenthaltenen Besitzungen: Windischgraz, Tiefen, Treffen, Wippach, Venzone und der Chiusa hinzuwirken.

1360 14. März (S. Veit in Kärnten): Waffenstillstand des Patriarchen Ludovico della Torre mit Herzog Rudolph IV. bis kommende Weihnachten.

1361 März bis Juni: Beschwichtigungen Venedigs durch den Patriarchen in Bezug seines Verhältnisses zu Franz von Carrara (wegen Cadore). — 1. August: Prag. Bündniß der Luxemburger mit dem österreichischen Herzoge wider Jedermann. — 2. August: Kaiser Karl IV. kündigt den Friaulern wegen Schädigung der österreichischen Besitzungen den Krieg an. Streng neutrale Haltung Venedigs. — August bis September: Friauler Krieg Rudolph's IV. mit dem Patriarchen. Rudolph's IV. Hauptanhänger unter dem furlanischen Adel die Spilimbergo, Pordenone, Prata und Ragogna. (Im September erkannten auch die Manzano, Cucagna und Partistagno den österreichischen Herzog, seine Brüder und Herren, als rechte Erben an.) — 15. September (vor Fagagna): Der Patriarch unterwirft sich dem Schiedsspruche des Herzogs von Oesterreich und des Kaisers. — (Ende September: Der besiegte Patriarch muß den österreichischen Herzog nach Wien begleiten. — Ende September, Anfangs October: Herzog Rudolph IV. in Venedig. — 27. September (Laibach), 8. October (Kindberg im Mürzthale) und 1362 Februar (Wien). Der Patriarch sendet Beschwerden heimwärts. (Die Geiseln: Franz von Savorgnano und Simon von Valvasone 2. März 1362 heimlich entwichen.) Meldungen des Patriarchen nach Friaul in Bezug der erlittenen Unbilden. — Ende December: Instruction der Gesandten des Patriarchen Ludovico an König Ludwig von Ungarn.

1362, März: Hoffnung des Patriarchen auf die ungarische Gesandtschaft. Krieg der Udineser, Cividaleser und Gemoneser gegen einzelne Adelsherren. 21. April: Wiener Vertrag zwischen Rudolph IV. und dem Patriarchen. — 2. Mai (Kaproncza): Modification dieses Vertrages zu Gunsten des Patriarchen durch ungarische Vermittlung. — 6. October: Beschluß Venedigs, zwischen dem Patriarchen und dessen aufständischen Unterthanen zu vermitteln.

1363, 24. Februar (Villach): Herzog Rudolph IV. sichert sich die Freundschaft Venedigs gegen Carrara. — 9. Mai (Kremsier): Kaiser Karl IV. benachrichtigt die Furlaner, daß er mit Herzog Rudolf IV. eine Waffenruhe auf gewisse Bedingungen abgeschlossen habe und fordert sie auf, mit jenem nicht einseitig abzuschließen, sondern das Ergebniß seiner Intervention abzuwarten. — 27. Juni (Venetien): Botschaft an Herzog Rudolph, betreffend das gemeinsame Vorgehen wider Franz v. Carrara. — August: Bewaffnete Forderungen Herzog Rudolph's IV. an den Patriarchen: (Wiedererbauung von Budrio, Rückstellung von Manzano, Belehnung mit den deutschen Lehen c.) — September: Neuer Krieg der Oesterreichischen im Friaul'schen.

1363, 8. September (Udine): Patriarch Ludwig und das Parlament

von Friaul bitten den Kaiser um Hülfe. — 17. September: Venedig be-
schließt auf Bitte des Patriarchen, zwischen ihm und dem österreichischen Herzoge zu vermitteln. — 23. October: Graf Hermann I. von Cilli, Ober-
befehlshaber der herzoglich österreichischen Truppen, ersucht den venetianischen
Senat um Abstellung des Durchmarsches der pabuanischen Hülfstruppen
des Patriarchen.

1364, Januar: Kaiser Karl IV. an König Kasimir von Polen, den
Herzog von Oesterreich zur Haltung des Waffenstillstandes mit dem Patriarchen
zu bewegen, sonst müßte er die Sache vor das Reich bringen. — 9. Mai
(Bauzen): Kaiser Karl IV. begabt den Herzog von Oesterreich mit Feltre
(Veltre) und Cividale (Sibidat) und anderen Gebieten. — 13. August (Padua):
Schutz- und Trutzbündniß des Patriarchen mit Franz von Car-
rara. — September bis December: Das Sinken der Sache Oesterreichs.
— October: Hochverrathsprozeß gegen die entschiedensten Anhänger
Rudolph's III., die Herren von Spilimbergo.

1365, 8. Januar: Instruction des Dogen, Lorenzo Celsi, für seine Friedens-
boten an den Patriarchen und die Herren von Padua. — 16. Juni: Vorkeh-
rungen der Venetianer in Treviso Angesichts des neuen Heerzuges Herzog
Rudolph's.

1365, 3. April: Friedensvertrag des Patriarchen mit Meinhard VII.,
Grafen von Görz. — Mai bis Juni: Herzog Rudolph IV. über Tirol nach
Verona (14. Juni). — Juli: Rudolph's IV. letzte Tage in Mailand. 14. Juni
Botschaft desselben an Guido von Mantua, sich mit ihm gegen Carrara zu
verbinden. — September, November: Unterwerfungsverträge der Spilimbergo und Ragogna mit dem Patriarchate. Venzone fällt an den Patriarchen zurück.

Literatur S. 159—160. Loserth, „Ueber die Nationalität Karl's IV."
(Mittheilung des Vereins für Geschichte der Deutschen in Böhmen 1879. 3.
S. 291—305), eine willkommene Studie. Jüngst erschien unter dem Titel:
„Ueber die Nationalität Karl's IV." eine „Entgegnung" von Kalousek
(1879, Separatabdruck aus der „Politik" Nr. 91—94. (Vergl. auch dessen Mo-
nographie vom Jahre 1878: Karel IV. otec vlasti (Karl IV. der Vater des
Vaterlandes).]

Das Ganze dieser allerdings geschickt gemachten, aber anzüg-
lichen Polemik dreht sich bezüglich Karl's IV., dessen sprachlicher
Utraquismus so ziemlich feststeht, schließlich um die Stelle im
„Tratatu de longo schismate" über diesen Herrscher: Teutu-
nicum proprie, Bohemicum debite, Gallicum congrue,
et ydioma Latinum loquebatur magistraliter et perfecte",
was nach Kalousek übersetzt werden muß: „Karl sprach das
Deutsche correct, das Böhmische gehörig, das Franzö-
sische richtig und das Lateinische meisterhaft und vollendet. Ob
der Verfasser des Tractatus seine Worte so haarscharf abwog,
wie sein moderner Commentator sie, allerdings grammatisch richtig,

deutet, bleibe dahin gestellt. Es ist dies ebenso fraglich wie der Sinn des eigenen Ausspruches Karl's IV., er habe das Böhmische gesprochen, wie ein anderer Böhme (ut alter Boëmus), denn auch ein des Czechischen mächtiger Deutschböhme könnte das von sich sagen. Aber das Schriftchen Kalousek's ist beachtenswerth.

9. Buch. (1387—1437.) Literatur S. 187. Die Monumenta spectantia historiam Slavorum meridionalium und zwar die darin von Ljubić ungemein fleißig edirten „Urkunden von den wechselseitigen Beziehungen' des mittleren Südslaventhums und der Republik Venedig" (Listine o odnošajih izmedja južnoga slavenstva i mletačke republike) bieten bis 1875 5 Bände von Correspondenzen und Acten des venetianischen Archivs, die von der ältesten Epoche bis in's 15. Jahrhundert reichen. 1876—1877 erschien ein VI. und VIII. Band jener Monumenta als 1. 2. Band der Commissiones et relationes Venetae.

S. 268 ff. Zur Geschichte Herzog Ernst's wird die in Bälde im Archiv für österreichische Geschichte erscheinende Abhandlung Steinwenter's genauere, insbesondere chronologisch gesichtete Detailausführungen bieten.

10. Buch. (1437—1493.) Zu S. 377 ff. Literatur. Zeißberg: Der österreichische Erbfolgestreit nach dem Tode des Königs Ladislaus Posthumus (1457—1458). Wien 1874. (Separatabdruck aus dem LVIII. [Buche des Archivs für österreichische Geschichte.)

Zeißberg bietet eine ungemein sorgfältige und erschöpfende Darstellung des österreichischen Erbfolgestreites zwischen Kaiser Friedrich und seinem Bruder (Albrecht VI.) bis zu dem **Wiener-Neustädter Ausgleichsvertrage** vom 21. 22. August 1458 und bis zu der Taidung mit dem **Böhmenkönige Georg** an den Wiener Brücken vom 2. October desselben Jahres.

Bezüglich des Letzteren äußert sich Zeißberg (153): „Nichts ist irriger, als die Meinung, daß der Zug Georg's nach Oesterreich (Herbst 1458) auf Wunsch oder zu Gunsten des Kaisers wider Albrecht unternommen worden sei. Nach Außen wenigstens gingen seit der Vereinbarung vom 3. August die Politik Albrecht's und jene des Kaisers Hand in Hand . . . . ."

Zeißberg bricht über die **indirecte** Anerkennung des böhmischen Königthums Georg's von Seite des Kaisers, über die Theilung beider habsburgischen Brüder als den „Höhepunkt" der unseligen Theilungspolitik der Habsburger mit Recht den Stab. „Eine Theilung der Länder selbst, eine Zerreißung dessen, was durch Jahrhunderte zusammengehört, hatte man bisher vermieden. Eine Theilung Oesterreichs, das man als ein für sich bestehendes Reichslehen betrachtete, war bisher nicht erfolgt" . . .

11. Buch. ((1493—1526) Zur Literatur. S 556. Alfred Neu=

mont: Un ambasciata veneziana in Ungheria. 1500—1503 (Florenz 1879) behandelt die Anläufe zu einer Allianz der Signoria mit König Wladislav von Ungarn, deren Hauptprotector Thomas Bakács, der k. Prinzipalminister und nachmals Cardinalprimas war.

Zur Literatur S. 493. Neue Ausgabe des Teuerdank von Gödeke (Leipzig 1878, als 10. Band der von ihm und Titt= mann herausgegebenen Sammlung der deutschen Dichter des 16. Jahr= hunderts). Im Gegensatze zu der geläufigen Anschauung will Gödeke den Teuerdank als eine Sammlung von Jagdabenteuern und Kriegs= erlebnissen gelten lassen, der nur durch die Bearbeitung ein indi= vidueller Charakter gegeben worden sei.

Zur Literatur S. 650. Goll veröffentlicht in den Sitzungs= berichten der Prager Akademie 1878, S. 145 ff. „einige Quellen zur Geschichte des Prager Aufruhres" vom Jahre 1483—1484.

III. Band.

12. Buch. (Inneres Staatsleben — 1526.)

Zu S. 93—94 Literatur. Der mährische Landesarchivar Brandl ver= öffentlichte 1869—1870 im Časopis matice moravské (Brünn), insbesondere aber im Právnik (juristisch=rechtsgeschichtliches Journal, zu Prag erscheinend) zahlreiche Aufsätze über Gerichtswesen, Standesrecht, Landtafelwesen, Schuld= wesen und Anderes der älteren Epoche; überdies gab er 1868 die Kniha To= wačowská (das Tobitschauer Rechtsbuch), 1872 die Kniha Rožmberská (die Rechtsbücher der Herren v. Rosenberg) und 1873 die Knihy půhonné a ná= lezové (die Bücher der Vorladungen und Urtheilsfindungen) heraus. (1873 im Právnik behandelt er die Statuta Conradi).

Jüngst führte Celakowsky, der rührige böhmische Archivalist, den Nachweis, daß der Ordo judicarius terrae, aus der karolinischen Epoche stammend, ursprünglich in böhmischer Sprache abgefaßt, dann erst in's Lateinische übersetzt wurde. Er ward eine Art Grund= lage für die Majestas Carolina.

Zu S. 108: Interessant ist es, daß bei dem ersten böhmisch= lateinischen Vocabularium, und z. als „scientifisch=terminologischem" Lericon der mittelalterlichen Literatur Böhmens — verfaßt von dem „Slavus Slovenin" Klen Rozkochaný, aus dem Jahre 1360, die beiden vertrauten Räthe Karl's IV.: Ernst v. Pardubic, Erz= bischof von Prag, und Joh. Oěko v. Wl. B. von Olmütz, der k. Leibarzt Gallus (Kohut?) v. Bunzlau, Abt Neplacho (der be= kannte Chronist) und zwei Prager Universitäts=Professoren — mithalfen.

(Joſ. Jireček: Rukovèt k dějinám literatury českè (Handweiſer zu der Geſchichte der čechiſchen Literatur. Prag 1875—1876. (II. Band.)

Zu S. 111—112 Literatur. Gegen die Echtheit der Königinhofer und Grünberger Handſchrift (Libušin sud) trat jüngſt auf das Entſchie= benſte Šembera (senior) in die Schranken. An Erwiderungen aus dem Lager der Echtheitsfreunde wird es nicht fehlen. — Dalimil: Joſ. Jireček: „Dalimilova rýmov. kron. českà. Die tütſch Kronik von Behemlant." (1877.)

Zu S. 112 Literatur. Juden in Ungarn. Jüngſt erſchien im Preß= burger Ober=Gymnaſial=Programm eine magyariſche Abhandlung von A. Hel= már: A magyar zsidó törvények az Arpad korszakban (die ungariſchen Judengeſetze im arpadiſchen Zeitalter).

Zu S. 147 Literatur. Bogišić: Zbornik sadašajih pravnih običaja u južnih Slovena (Agram 1874 I. (Sammlung ſüdſlaviſcher Rechtsbräuche).

13. Buch. 1526—1576. Zur Literatur S. 168. Jüngſt iſt das lang vermißte 7. Bändchen der öſterreichiſchen Geſchichte für das Volk und zwar deſſen 1. Abtheilung: Die Zeiten Ferdinand's I. und Max's II. (1526—1576), bearbeitet von Jul. Pažout und Theodor Tupetz (Wien 1879), erſchienen; es bietet eine ziemlich ſachgemäße und unbefangene auf guten Hülfsmitteln be= ruhende Erzählung für weitere Kreiſe.

Zur Literatur Ungarns S. 179. Die Monumenta comitialia regni Hungariae. herausgegeben von Fratnói (Frankl), umfaſſen bislang ſchon 5 Bände. Der 5., 1877 herausgegeben, reicht bis 1572 (ſo viel liegt mir vor). Die Monumenta comitialia regni Transsylvaniae, herausgegeben von Alex. Szilágyi, bieten im III. Bande (1877) die Acten bis 1877.

3. S. 285. **Maximilian's II. Tod.** Nach dem Berichte des Augenzeugen Adam von Dietrichſtein war in den letzten Augenblicken die Schweſter des Kaiſers, die Herzogin Anna von Bayern, anweſend, die beſonders auf die Beſtellung des brüderlichen Seelenheiles drang und den Biſchof Lambert Genter von Wien= Neuſtadt insgeheim in das Krankenzimmer brachte. Maximilian war darüber anfangs ungehalten, dann aber ließ er ſich mit Faſſung vorbereiten und bejahte die Frage, ob er als „rechter, frommer katholiſcher Chriſt" ſterben wolle; Beichte und Communion fanden nicht ſtatt. Er ſtarb „ſtill und ſanftmüthig, ohne ſchwere Bewegung und Schmerzen."

14. Buch. (1576—1618.) Zur Literatur S. 347. Joſ. Jireček, der Herausgeber der böhmiſchen Denkwürdigkeiten des Grafen Wilhelm Slawata: Paměti Viléma Slavaty od 1608—1620 (Prag 1866—1868), gab 1876 auch die Monographie: Das Leben des Grafen Slawata heraus. Für die Geſchichte Karl's v. Zierotin Maßgebendes, herausgegeben von Brandl: Sněm držany vr. 1612 (Landtag von 1612 aus Karl v. Zierotin's Aufzeichnungen) 1864. Zápisy Karla z Zerotina o soudè panském (Aufzeichnungen Karl v. Zierotin's vom Herrengerichte (rechtshiſtoriſche Quelle) 1865. 1866.)

Jüngst erschien eine nicht unwichtige Monographie zur Geschichte des Wojwoden der Walachei von Teutschländer: „Michael der Tapfere": „Ein Zeit-Charakterbild aus der Geschichte Rumäniens" (Wien 1879). Seine Hauptquelle ist die Hormuzaki'sche Documentensammlung (deren Drucklegung für die Zeit von 1750—1818 bereits begann); außerdem besonders der Tesauru de Monum. istorice pentru Romania, herausgegeben von H. Papiu (I. 1862) und die Monographie von Nic. Balcescu: Istoria Romanilor sub Mihaiu Vodă Vitezul (Geschichte der Rumänen unter Wajwoden Michael dem Tapferen). Bukarest 1877.

Teutschländer stellt die Vorgeschichte Michaels seit dem Tode seines Vaters Petraschko († 1557) als Ban von Krajowa in's Klare, dann sein Thatenleben als Wojwode der Walachei (1593—1601) bis zu seinem Tode (August 1601) in der Schlacht bei Gorozló. Von besonderem Interesse erscheinen die diplomatischen Verhältnisse dieses genialen Halbbarbaren zu Kaiser Rudolph II. Auch die Kaisertreue des Sachsenvolkes in dieser bewegten Zeit findet an Teutschländer einen beredten Anwalt. Jedenfalls ein brauchbares Buch durch den Anderen bislang unzulänglichen Stoff.

15. Buch. 1618—1648). Zur Literatur S. 152—53. Einen wichtigen Beitrag zur Vorgeschichte Wallenstein's bietet: Tadra in seiner Ausgabe der „Briefe Albrecht v. Waldstein an (seinen Schwiegervater) Karl v. Harrach (1625—1627) in den fontes rer. austr. 2. Aufl. 41. Bd. Wien 1879. — mit einer Einleitung für die Geschichte Wallensteins in den Jahren 1620—1625.

Tadra erläutert zunächst die militärisch-politische Rolle Wallenstein's 1621 bis 1622 — nach der Schlacht am weißen Berge (1620), seine Belehnung mit dem Herzogthume Friedland; stellt die 2. Ehe mit Katharina v. Harrach, 9. Juni 1623, chronologisch fest, beleuchtet seine Lage im Kriege mit Gabriel Bethlen 1623; zur Herbstzeit, bei Göding; seine Stellung als „zweiter Obrist" in Prag neben Karl von Lichtenstein, Slavata und Martinic, als geheimen Gegnern; und würdigt dann den Inhalt der ungemein belehrenden und vertraulichen Correspondenz.

Es zeigt sich, daß Wallenstein, wie die damaligen „Zeitungen" seit 1622, 1623, 1624 andeuten, schon vor 1625, jedenfalls am wahrscheinlichsten im Hochsommer 1624, Angesichts der dänisch-protestantischen Liga, mit seinem Heeresbildungsplane in Wien auftrat, daß 1625 seit März die bestimmteren Verhandlungen liefen, und Ende April noch resultatlos waren. Der spanische Gesandte und Bayern riethen damals zur Annahme. Den 12. Mai wurde endlich an die Aufstellung von 15,000 Mann zu Fuß und 6000 Reitern gedacht, was Wallenstein auf 24,000 Mann zu steigern plante. Er wollte dann wieder, aus finanziellen Gründen, vom Commando zurücktreten, bis er endlich 25. Juli zum Capo der kaiserlichen Armada bestellt wurde.

Wie schwer Wallenstein die finanzielle Calamität des Hofes empfand, zeigt am besten sein Schreiben an Harrach vom 27. Januar 1627 aus Prag:

„Aus meines Herrn (Harrach's) Schreiben vernimb ich, daß man wegen der 14,000 Gulden difficultieren will; man seis versichert, nicht 14 Kreuzer kann ich mir abbrechen lassen; ich verlange doch in der Welt nichts mehr, als ein pretent zu haben und den Kopf aus der Schlingen zu ziehen, denn es hat einer so viel davon, der in der Stuben thuet als der, dems ausgehet. Ich mache keine Präparation, will auch keine machen, das kann mein Herr dem Kaiser und allen ministris sagen, denn man gibt mir keine Mittel; biß dato hab ich von dem meinigen zugesetzt, hinfüro wil ichs nicht thun, denn ich ruinir mich und die meinige darmit, hab kein Dank darumb und in Zeit der Noth hab ich kein Heller, daß ich mein Weib könnte aus dem Land schicken, in summa ich bin verdrossen zu was ich sieh und was ich hab."!

Zu S. 475 ff. Wallenstein's zweites Generalat und Ende.

Die neueste hervorragende Literaturerscheinung ist, abgesehen von den interessanten Notizen im Aufsatze von Schebeck (Wallensteiniana — Mittheilungen des Vereins für Geschichte der Deutschen in Böhmen. 1878.), Hallwich's stoffreiche Publication: Wallenstein's Ende. Ungedruckte Briefe und Acten. 2 Bände. 1879 (Leipzig.) Hallwich hat hiezu die Wallensteiniana des kaiserlich-töniglichen Haus-, Hof- und Staats-Archivs, die „Kriegs- und Friedensacten" desselben, die „Friedländer Acten", die für den Salzburger Erzbischof Grafen Paris Lodron bestimmte „Relation" und zwar deren wichtige urkundliche Beilagen (ihm von Professor Franz Mayer in Graz überlassen) und Kubischet's Auszüge (auch von Majláth, aber einseitig benutzt), die Acten des kaiserlich-töniglichen Reichskriegsministeriums, des kaiserlich-töniglichen Kriegsministeriums, des kaiserlich-töniglichen Adels, Hoftammer- und Hoftanzleiarchivs, des Prager Landesarchivs, des Clary-Aldringer'schen Archivs in Teplitz, des Dresdener Hauptstaatsarchivs und des Gräflich Schaffgot'schen zu Warmbrunn in Schlesien ausgebeutet. Obschon Hallwich nicht unter die „Retter" gehen will, so ist er doch ein gewichtiger Apologet Wallenstein's geworden, wie die dem Quellenmateriale des II. Bandes vorangestellte Einleitung (V CLXXXII.) erscheinen läßt.

Das Material, im Ganzen 1350 Nummern, erscheint in nachstehende Bücher gegliedert:

I. Wallenstein in Prag (1. Januar bis 2. Mai 1633).

II. Von Gitschin nach Steinau (3. Mai bis 12. October 1633).

III. Von Steinau bis Eger (12. October 1633 bis 25. Februar 1634).

Die Resultate Hallwich's, vielfach mit denen Ranke's sich berührend, lassen sich in Nachstehendem zusammen-fassen:

Wallenstein's Grundgedanke seit der Lützener Schlacht war:

Si vis pacem, para bellum. Seine Größe zeigt sich in der Armee=
organisation. Für ihn gab es in Sachen des Dienstes keinen
Unterschied der Person und des Standes. In dem Feldzuge von
1633 geht der Staatsmann Hand in Hand mit dem Feldherrn.
Sein Hauptaugenmerk bleibt auf den Frieden mit Sachsen
gerichtet. Zu seinen Gegnern bei Hofe zählten der Thronfolger
Ferdinand, der schon seit 1630 die Oberfeldherrnschaft anstrebte,
der diesem willfährige Hofkriegsrathspräses Graf Heinrich Schlick,
und dessen Collegen: Tiefenbach, Marradas und Savelli, ferner der
kaiserliche Beichtvater Lamormain, trotz seines Titels: „Beauf=
tragter des Herzogs von Lothringen", in vertraulichen Beziehungen
mit dem französischen Cardinalminister Richelieu, Spanien,
vertreten durch Castañedo, Capuziner Quiroga, Euriquez (in Inns=
bruck), Villani und Oñate, Bayern, durch seinen Residenten
Richel gut bedient; endlich auch die Erzherzogin=Regentin Tirols
und Vorder=Oesterreichs, Claudia v. Medici, Wittwe Erzherzog
Leopold's. Wallenstein rechnete darauf, „den Kaiser und den
übrigen Hof durch seine Erfolge zu nachträglicher Gutheißung
und Erfüllung seiner Versprechungen an die Verbündeten zu bewegen
und auf diese Weise die kaiserliche Kriegspartei allerdings gewisser=
maßen wider Willen zum Frieden zu nöthigen." Die
Krise begann mit dem wachsenden Gegensatze zwischen den dem
spanischen und bayerischen Interesse immer mehr connivirenden
Intentionen des Kaisers und den starren Entschließungen Wallen=
stein's, welcher immer nur Böhmen und die kaiserlichen Erb=
lande decken zu müssen erklärte. Zwei starke Fehler des Diplo=
maten und Strategen Wallenstein steigerten die Krise zu seinem
Verderben: die eitle Hoffnung auf den Frieden und der Wahn,
daß Bernhard von Weimar auf Eger münze und Regensburg
nicht einnehmen werde, was denn doch erfolgte.

Er verlor nun unbedingt das schon stark erschütterte Ver=
trauen des Kaisers. Daß dies der Fall, brachte Wallen=
stein durch seine Wiener Verbindungen auch rechtzeitig in Erfahrung.
Früher als der bayerische Agent Richel, erfuhr auch Butler durch
Piccolomini, daß (December 1633) „etwas wichtiges mit Qualitäts=
personen vorfallen dürfte." Ilow, Trčka und Wilhelm Kinsky
der fälschlich für seine Person, als Erulant aufgefaßt zu werden
pflegt, erscheinen nun als die Männer, „unter deren Einflusse
Wallenstein's letzte Entschließungen gefaßt und ausgeführt wurden
oder ausgeführt werden sollten" (26. December 1633 haben
wir bezügliche Andeutungen Trčka's an Kinsky, daß Wallenstein

resolvirt sei, nicht allein mit beiden Kurfürsten, Sachsen und Brandenburg, sich zu veraccordiren, sondern auch mit Schweden und Frankreich). In dem kaiserlichen Patente vom 24. Januar 1634, welches nicht erst nach der Katastrophe entworfen und mit einem früheren Datum versehen wurde, aber vorläufig geheim blieb, wurde Wallenstein, der „Generaloberste-Feldhauptmann" bereits als „gewesen" bezeichnet und sammt Jlow und Trčka vom Generalpardon ausgenommen.

„In welcher Form dieser Befehl gegeben wurde, und wie die seitherigen Unterfeldherren und zum Theil Vertrauten Wallenstein's sich ihrer Aufgabe zu entledigen suchten, soll hier nicht erörtert werden (sagt Hallwich S. II. CLXIX). Dazu genügt die vorliegende Correspondenz noch nicht, trotz ihrer Reichhaltigkeit gerade aus der Zeit, von der wir oben sprechen." — In der nach Wallenstein's Ermordung veranlaßten Staatsschrift wird ausdrücklich der stricte Befehl erwähnt, sich seiner lebendig oder todt zu bemächtigen. Der kaiserliche Rath fand eine nachträgliche Verurtheilung Wallenstein's mit Rücksicht auf die genügenden Patente vom 24. Januar und 18. Februar 1634 und auf den kaiserlichen Executionsbefehl für überflüssig. Thronfolger Ferdinand (III.) setzte somit die begehrte sententiam post mortem nicht durch. — Wallenstein wollte sich bis zum letzten Augenblicke den Rückzug offen halten. „Wallenstein's Untergang ist — ganz abgesehen von dem Theil seiner Schuld —, den nachzuweisen sich hier von selbst als unsere Hauptaufgabe herausstellte, das Product einer Summe von Potenzen, deren keine unterschätzt werden sollte." Schließlich verweist Hallwich auch auf die nach dem Falle des Friedländers stattgehabte Reorganisirung der kaiserlichen Armada im streng kirchlich-katholischen Geiste, — und wie sich, trotz des Nördlinger Sommersieges, die Prophetie Wallenstein's bewährt habe, es sei „nichts gewonnen", ob man noch „zehn victorias" erkämpfte."

Zu S. 584. Ueber Montecuculi 1672—1673 s. die Abhandlung von Großmann, Archiv für öster. Gesch. 57. Bd. 1879.

IV. Band.

18. Buch. (1740—1780.) Literatur S. 165.

Ich konnte leider für diesen Abschnitt die beiden 1879 erschienenen Schlußbände von Arneth's Geschichte Maria Theresia's, 9. 10. Band (Maria Theresia's letzte Regierungszeit 1763—1780 III. IV. Band), nicht mehr benützen,

da der Druck des Bandes bereits vollendet war. Hier, im Anhange, die Stoff= und Gedankenfülle des bekannten Hauptwerkes nachtragsweise nur annähernd zu verwerthen, kann mir nicht beifallen. Ich beschränke mich, daher auf die wesentlichsten Andeutungen als Beiträge zu den betreffenden Abschnitten. Der 9. (3.) Band Arneth's behandelt die kirchlichen Fragen der theresianischen Epoche, besonders seit 1769, die Unterrichtsreform, den Staatsrath und die Staats= kanzlei, Verwaltung, Polizei, Finanzen, Handel und Kriegswesen (Lacy). — Der 10. (4.) Band umfaßt den zweiten Haupttheil der Darstellung des inneren Staatswesens: die deutsch=österreichischen Länder, Wien voran, die böhmischen Provinzen, Galizien, Ungarn, Siebenbürgen, die Lombardei, die Niederlande, um dann auf die äußeren Verhältnisse überzugehen. Die Beziehungen zu Frankreich und den anderen Hauptpotenzen machen den Anfang, daran reiht sich die bayerische Erbfolgefrage, der bezügliche Krieg und der Friede von Teschen. Dann folgt die Reise Joseph's II. nach Rußland, die Kölner Streitfrage und der Tod der Kaiserin.

Zu S. 326. Maria Theresia war für die Allianz Oester= reichs und Frankreichs sehr eingenommen; sie erblickte darin eine Gewähr der Ruhe Europa's. Sie dachte darüber gerade so wie Kaunitz.

Zu S. 360. Bezüglich des bayerischen Projectes (1777f.) „hielt man in Wien den Eintausch ganz Bayerns und der Ober= pfalz gegen die Niederlande weder für wünschenswerth noch durch= führbar. Insbesondere war es Maria Theresia, welche diesem Pro= jecte eifrigst widerstrebte, während Joseph, wie man aus einem seiner Briefe an Leopold erfährt, unschlüssig gewesen zu sein scheint."

Zu S. 361. Die Wehlsdorfer und Braunauer Mission Thugut's zeigt am besten die Alles bei Seite lassende Friedens= liebe Maria Theresia's. Kaunitz vermochte nicht, sie von der äußersten Nachgiebigkeit abzubringen.

Ueber Laudon's Kriegsführung in Böhmen war Joseph voll bittersten Unmuth, wie sein Brief vom 14. August 1778 an seine Mutter darthut. „Laudon verlor bei dem Einmarsche des Prinzen Heinrich vollständig den Kopf . . . . Laudon ist in Verzweiflung über das, was er gethan, er fühlt es; er möchte todt sein, aber das Uebel ist ohne Heilmittel." . . . .

Repnin und Breteuil, die Vertreter Rußlands und Frankreichs, hielten bei der Friedensvermittlung eine Rolle fest, deren Preußenfreundlichkeit Kaunitz klar durchschaute. Die Haltung des Staatskanzlers in der ganzen Angelegenheit erlangte auch die Billigung Kaiser Joseph's II., der keineswegs dem Frieden absolut widerstrebte, wie man dies gemeinhin annimmt und vor Allen König Friedrich II. selbst wähnte.

Zu S. 363 f. Bezüglich ihres Sohnes Maximilian war Maria Theresia lange entschieden abgeneigt, ihn „geistlich" werden zu lassen. Nur schwer und zögernd gab sie der Staatsraison nach, dann aber ergriff sie diese Sache, wie Alles, mit Eifer.

Zu S. 423. Interessant ist das Verhalten der Kaiserin zu Ungarn in Bezug auf die Einverleibung des Banates und der Hafenstadt Fiume. Zunächst wollte Joseph II. 1775, im October, die Kaiserin zur völligen Lostrennung des Banates als „Fürstenthum" bewegen; dagegen arbeitete der ungarische Hofkanzler, Graf Franz Eßterházy, und die Kaiserin ließ sich nicht bloß für die Einverleibung gewinnen, sondern stand von der seitens Ungarns perhorrescirten Zahlung einer Entschädigungssumme an den Staatsschatz ab. „Ich bin eine gute Ungarin; mein Herz ist voll Erkenntlichkeit für diese Nation." Die Incorporirung fand am 6. Juni 1778 statt. Fiume übernahm am 21. October 1776 Joseph von Majláth im Namen Ungarns. Im April 1779 wurde die Stadt als Freihandelsstadt erklärt; Buccari wurde bei Croatien belassen.

Bezüglich Siebenbürgens brachte es Statthalter Freiherr v. Bruckenthal zur Erhebung des Landes zum „Großfürstenthum" (8. November 1765), und als Graf Bethlen die Wiederaufnahme des ungarischen Doppelkreuzes in das Landeswappen vorschlug, drang Kaunitz leicht mit der Ansicht durch, man solle es nicht thun, denn das könnte zur irrigen Meinung verleiten, Siebenbürgen sei eine von Ungarn abhängige Provinz.

Zu S. 441. In der Haltung der Kaiserin der römischen und Jesuiten-Frage gegenüber, sieht man Maria Theresia's Bestreben, auch den leisesten Schein einer Ausnutzung der Zwangslage des Papstthums zu vermeiden und jeder Uebereilung fern zu bleiben. Um so entschiedener kehrte sie dagegen in Allem, was sie für recht hielt, ihre Regentenbefugnisse hervor, so z. B. in der Zurückhaltung der Zahlungen an die römische Propaganda „als christliche Königin von Böhmen und Schutzfrau der Religion." — Ueber Priester nicht vorwurfsfreien Lebenswandels äußerte sie sich: „priester, die ohne Makel sind, müssen angewandt werden; man die schlechten protection finden, wird niemals dis corp rein werden."

Ueber die Stellung Marien Theresien's zu den inneren Reformen Oesterreichs in der Schlußhälfte ihrer Regierung, äußert sich Arneth (10. Bd. S. 742—43): „Muß man also zugeben, daß sich die Kaiserin während der Mitregentschaft Joseph's in den wichtigsten Fragen der äußeren Politik von ihrem Sohne

allzusehr beherrschen ließ, so war dies bei Weitem weniger in Allem der Fall, was die inneren Staatsverhältnisse betraf. Natürlich konnte ein so nachdruckvolles Drängen zu den einschneidendsten Reformen, wie es von Joseph ausging, nicht ohne wuchtigen Einfluß auf die Maßregeln der Regierung bleiben. Aber gerade der Umstand, daß Maria Theresia, wie dies ja in der Regel der Fall ist, mit zunehmendem Alter immer weniger zu Veränderungen neigte, brachte eine so glückliche Mischung, wenn man so sagen darf, des Vorwärtstreibens und des Zurückhaltens und dadurch eine so günstige Wirkung hervor, daß diese Reformen auf allen Gebieten des Staatslebens die heilsamsten Ergebnisse für die Bevölkerung herbeiführte. Das Verdienst derselben wird daher auch gleichmäßig der Kaiserin wie ihrem Sohne und Mitregenten zuzuerkennen sein."

19. Buch. Literaturnachtrag zu S. 409. R. Peinlich, Die ältere Ordnung und Verfassung der Städte in Steiermark, historische Skizze (Graz 1879); aus vielem Materiale des 16., 17., 18. Jahrhunderts. — Zu S. 431: Alexander Márki: Das Magyarische als Staatssprache 1604—1711 (A magyar mint állam nyelv 1604 töl 1711 ij. Arad 1879). Zu S. 439: Zwiedinet-Südenhorst: Die Obedienzgesandtschaften der deutschen Kaiser an den römischen Hof im 16. und 17. Jahrhundert. (Wien 1879. Separatabdruck aus dem Archiv für österreichische Geschichte.)

20. Buch. Lit. S. 473.—475: Ludwig und Karl, Grafen und Herzoge von Zinzendorf. Ihre Selbstbiographie nebst einer kurzen Geschichte des Zeitgenossen von G. Grafen von Pettenegg. (Wien 1879.)

Literaturnachtrag zum **21. Buche.** Zu S. 562. 63. Ueber Lafayette's Haft in Oesterreich siehe Büdinger's akademische Abhandlung (Wien 1879). Zu S. 621. Marten's officielle Sammlung der russischen Staatsverträge. IV. 1. Verträge mit Oesterreich 1815—1849 (St. Petersburg 1878); vergl. die sachmäßige Anzeige in der russischen Revue VIII. 5. Heft (1879). S. 164 f. (Interessante Materialien über Metternich's Haltung gegen Rußland und die Geschichte der Münchengräzer Entrevue. S. 638 f.) Das anonym erschienene Buch: Aus Böhmen nach Italien, März 1848, ist vom Freiherrn v. Helfert verfaßt. Der Revolutionskrieg in Siebenbürgen, von einem österreichischen Veteranen (Leipzig 1863). Amtliche Actenstücke, betreffend die Verhandlungen über die Union Siebenbürgens mit dem Königreiche Ungarn. (Hermannstadt 1865.) Janotyckh, Archiv des ungarischen Ministeriums (1848) I. (nicht fortgesetzt). Papp, Okmánytár magyarország függetlenségi harczának történetéhez 1848. 9. Pesth 1868. I. Band (nicht fortgesetzt). (Urkundenbuch zur Geschichte des ungarischen Unabhängigkeitskrieges.) Zu S. 639. Nitolić, Die Wojwodschaft der österreichischen Serben (Wien 1849). Subbotić, Darstellung der Rechtsverfassung der serbischen Nation Ungarns (Ungarn 1849).

Summarische Zusammenstellung und alphabetisch geordnete Uebersicht

der S. 1—31, 31—38 und 211—258 aufgenommenen Literaturnachträge, sachlichen Zusätze und Berichtigungen.

(Die Ziffern bedeuten die Seitenzahl.)

a. Uebersicht nach einzelnen Büchern, beziehungsweise Zeiträumen.

1. Uebersicht der österreichischen Geschichtschreibung: 2, 3—4, 31—32.
2. Oesterreichs Bodengestaltung und ethnographische Ueberschau: 4, 32, 231, 211.
3. Vorrömische und römische Epoche: 4, 5—6, 32, 211.
4. Völkerwanderung: 6—7, 32—33.
5. Anfänge des mittelalterlichen Staatslebens: 7—8, 32—33, 211.
6. Historischer Boden: 8—9, 33—34, 212—241.
7. (976—1308): 10—11, 34—35, 245—246.
8. (1308—1382): 11—14, 35, 247—249.
9. (1382—1437): 14—17, 35, 249.
10. (1437—1493): 17—19, 35, 249—250.
11. (1493—1526): 19—20, 36, 250.
12. (Inneres Staatsleben vor 1526): 20—21, 36—37, 250—251.
13. (1526—1576): 22—23, 37, 252.
14. (1576—1618): 24—25, 37, 252.
15. (1618—1648): 25—26, 37, 252—255.
16. (1648—1700): 26—27, 38.
17. (1700—1740): 27—28, 38.
18. (1740—1780): 29, 255—258.
19. (Inneres vor und nach 1740): 29—30, 38, 258.
20. (1780—1792): 30, 258.
21. (1792—1870): 30—31, 38, 258.

b. Alphabetische Uebersicht des Einzelnen.

Albrecht II., Herzog von Oesterreich, 16.

Alemannen-Schwaben 7—8.

Anonymus Belae (regis notarius) 12, 13—14, 22.

Aquileja 211; vergl. unter Friaul und Herzog Rudolph IV.

Aspelt (Aichspalter), Peter, Erzbischof von Mainz, 13.

Babenberger 10—11.

Baiern (Bayern): Volk und Land 32—33, 28. Erbfolgekrieg, bayerischer, 556.

Bartenstein, österreichischer Staatsminister, 29.

Bauernaufstand, windischer (1515), 20.

Böhmen, unter den Premysliden 11—12; unter Rudolph von Oesterreich 12—13;
seit 1308: 15—16; Kulturgeschichte 250—251.

Bukowina 1, 243.

Clemens V., Papst, 15.

Croaten und Alt-Croatien 242, 245—247.

Dalmatien 241; vergl. Croatien.

Friaul 1, 344; vergl. Rudolph IV.

Friedrich der Schöne, Habsburger, 16, Bruder Herzog Rudolph's IV., 16.

Georg (Podiebrad), König von Böhmen, 18—19, 249.

Harbegg, Grafen von 243.

Heinrich III. 11. Dazu Kümmel, Friedr., Die beiden letzten Kriege Hein=
rich's III. mit Ungarn. Programm des St. U.-Gymnasiums zu Stražnic,
in Mähren, 1877 und 1879.

Heinrich von Heimburg, Chronist, 244.

Historiker, österreichischer, 3—4.

Hohenzollerische Lehen in Niederösterreich 243.

Juden in Ungarn 251.

Karl der Große, Markengründung in Südösterreich, 8.

Karl IV. von Böhmen 245.

Kirchengeschichtliches 7—8, 10.

Königinhofer und Grüneberger Handschriften 251. Die neueste kritische Unter=
suchung ist die des Brünner Professors Bašet; eine Rettung bereitet
L. Arch. Brandl vor.

Kummerner-See 4.

Lafayette in Oesterreich 258.

Lusignan, Joh. von, Titular-Statthalter Dalmatiens, 17.

Marchfeld, Schlacht am (1278), 244.

Maria Theresia 256—258.

Markomannen, Quaden, Sarmaten 7.

Maximilian I. 19—20; Max II. 21, 251.

Michael der Tapfere, Wojwode der Walachei 252.

Münchengrätzer Fürstenconvent von 1833 258.

Ordo judicarius terrae Bohemiae 250.

Ortilo, erdichteter Chronist, 3.

Ottokar II. 10.

Privilegien, österreichische, 35.

Raabs und Retz (Röz) 232—243.

Römische Provinzialverfassung 5—6.

Rudolph IV., österreichischer Herzog von Aquileja und Friaul, 35, 247—249.

Rumänenfrage 14, 242—244.

Sabaria (Steinamanger) 4.

Schlesien, Stammbürtigkeit der Ansiedler, 21.

Schultheiß, Johann, Bischof von Curt, Brixen, Chur, 35.

Senioratserbfolge, böhmische, 13, 34—35.

Siebenbürgen, Name, 9—10; Colonisation 10, 22, 244; Sachsen (1725) 28.

Theatrum europaeum 2—3.

Theuerdank und Weißkunig 250.

Thuróczy, der Chronist und die Wiener Bilderhandschriften, 2.

Ungarn (1526—1527) 23—24. Ansiedlung mittelalterlicher und westlicher Gebiete 244.

Venedig 17, 245.

Versailler Vertrag (1739) 29.

Vocabularium Bohemiae 250.

Wallenstein 25—26, 37, 252—255.

Walseer-Herrengeschlecht und seine Besitzungen in Istrien 19.

Wien, mittelalterliches, 33, 36 (Flandrenses), 242; Congreß von 1515, 19—20.

Zizka von Troczuow 17.

Zupen, böhmisch, 21—22.

Außerdem: an neuester Literatur chronologisch-sachlich geordnet:

Becker, Hofrath, Nieder-Oesterreichische Landschaften mit historischen Streiflichtern. (Wien 1879).

Büdinger, Neue akademische Untersuchung über Eugipius (vita Severini). (Wien 1879.)

Cuno, Vorgeschichte Roms. I. Theil: Die Kelten. (Leipzig 1878.)

Klein, J., Die Verwaltungsbeamten der Provinzen des römischen Reiches bis auf Diocletian. I. 1. (Bonn 1878.)

Müller, Alf., Emona, eine kulturhistorische Studie (Laibach 1879).

Güldenpenning u. Ifland, Der Kaiser Theodosius der Große. (Halle 1878.)

Bernhardi, Lothar von Supplinburg. (Leipzig 1879.)

Winkelmann, Philipp von Schwaben und Otto IV. von Braunschweig. 2. Band. (Leipzig 1878).

Grünhagen, Regesten zur schlesischen Geschichte vom Jahre 1281—1290 als III. 1. Anhang des Codex diplom. Silesiac.

Müller, C., Der Kampf Ludwig's des Bayern mit der römischen Kurie. I. Band. (Tübingen 1879.)

Deniš, E., Huss et la guerre des Hussites. (Paris 1878. Vergl. die Recension von Caro in der Jenaer Literatur-Zeitung 1879, Nr. 3.)

Chronik der Stadt Elbogen 1471—1504, bearbeitet v. Dr. L. Schlesinger (im Auftrage des Vereins für Geschichte der Deutsch-Böhmen). Prag 1879. Hiermit ist eine wichtige Reihe von Geschichtsquellen der Landeshistorie eröffnet.

Marino Sanudo, Chronik, mit Rücksicht auf Ungarns Geschichte vor 1526 excerpirt u. s. w. v. G. Wenzel, reicht im XXV. Bande des Történ. tár (Budapest 1878) von 1515—1526 (vergl. XIV. und XXIV. Band).

Stieve (Briefe und Acten zur Geschichte des 30jährigen Krieges in den Zeiten des vorwaltenden Einflusses der Wittelsbacher. i. Band): Die Politik Bayerns 1591—1607. I. Hälfte. (München 1878.)

Dudik, Schweden in Böhmen und Mähren 1640—1650. (Wien 1879.)

Dove, Die pragmatische Sanction in Schlesien (Zeitschrift für Geschichte und
     Alterth. Schlesiens. 1879).

Hock-Bidermann, Der österreichische Staatsrath, 1879) mit der 5. Lieferung
     abgeschlossen (gutes Register).

Oncken, Oesterreich und Preußen im Befreiungskriege. 2 Bände. 1879 (vor-
     zugsweise Actenstücke).

Metternich, Aus Metternich's nachgelassenen Papieren, herausgegeben von
     dem Sohne des Staatskanzlers. (Wien 1879.) 4 Theile in 8 Bänden
     (im Erscheinen begriffen).

Treitschke, Deutsche Geschichte im 19. Jahrhundert. 1. Band: bis zum
     zweiten Pariser Frieden. (Leipzig 1879.)

Bernhardi, Geschichte Rußlands und der europäischen Politik 1814—1831.
     3. Theil. (Leipzig 1879.)

Berichtigungen.

I. Band.

S. 13 Z. 11 v. u. **des** Tiroler Pater**s**. S. 227 Z. 25 Boioburum.
S. 374 Z. 17—15 v. u. Viertel **ober** dem Manhartsberg; an Stelle von
„Rötz" (Retz) soll es heißen: **Raabs** und w. u. statt Raabs: **Rötz**. S. 350
Z. 18 v. o. statt: Eppensteiner Luitold hat **Heinrich** zu stehen (Vergl. o.
den Nachtrag.) Z. 23 v. o. statt Eppensteiner Engelbert: **Sponheim=
Ortemburger** (Engelbert, Schwager der Eppensteiner. S. 411 der
Passus über die Hardegg bei der mährischen Feste Maidburg hat wegzufallen,
denn das Hardegg=Prüschenk'sche Prädicat: „Maidburg" bezieht sich nur auf
Magdeburg (die Plaien-Hardegger hängen mit den Grafen von Magdeburg=
Querfurt zusammen). S. 443 Z. 8. v. o. zwischen Dunajec und **Rawa** (st.
Arwa). S. 457 Z. 10 v. u. Rezsow.

II. Band.

S. 159 Z. 9 v. u. **Albona**. S. 280 Z. 7 v. o. **östlich** vom Mincio
S. 654 Z. 10 v. u. Wladislaw **II** (statt I). Genealog. Tafel I. Albert III.
von Tirol † **1165** (nicht 1156). Heinrich IV. von Görz † 1154.

III. Band.

S. 22 Z. 7 v. u. Erzb. Friedrich **III.** S. 35 Z. 4 v. o. im **west=**
tirolischen Bez. Reutte. S. 54 Z. 7 v. o. Pernegg (in **Oesterreich** und
Steiermark). S. 70 letzte Z. Erzb. **Gebhard** (st. Eberhard). S. 135 Z. 8
v. o. Felsöär („**Ober-Sachsen**"). S. 211 Z. 18 v. o. Schwazer Erzknappen
(st. Schweizer; auch a. a. O.). S. 457 Z. 19 v. o. **Károlyi** (st. Lóránfi),
wie aus dem Conterte auch hervorgeht. S. 460 Z. 15 v. o. **1625** (st. 1525).
S. 461 Z. 4 v. o. 1602 (st. 1620). S. 462 Z. 19 v. u. **1623** (st. 1654).
S. 189 u. 199 erscheint W. Kinsky als Emigrirter und Erulant, was un-
richtig. Vergl. Anhang S. 254. S. 557 Z. 12 v. u. **Jägerndorf** (statt
Teschen). S. 683 Z. 2 v. u. Biard.

IV. Band.

S. 105 Z. 2 v. o. Biard (st. Biardot). S. 517 Z. 8 v. o. **Jena** und
Kiel (st. Leipzig). S. 628 Z. 11 v. u. Derselbe besorgte" . . . gehört zu
Frhr. Andrian=Warburg. S. 639 Liter. (Ungarn) Pejaković (st. Pejačević);
(Italien): Mit dem Werke des Grafen Fiquelmont beginnt eine Literatur
die einen neuen Abschnitt, mit der fehlenden Rubrik „Vermischtes" bilden
sollte. S. 645 Z. 5 v. o. „Erfurt" bleibt weg: es soll bloß **Stuttgarter**
Rumpfparlament heißen. S. 647 Chronolog. Uebersicht 1853–1855. 1. Abschn.
Desgl. Z. 8 v. o. „Dobrudscha" bleibt weg. S. 649 Z. 7 v. o. 2. Dec.
1855 (st. 1859).

Bei der Bearbeitung des Registers bediente sich der Verfasser der gewissen-
haften Mithilfe des inzwischen verstorbenen Custos der Grazer Universitäts=
Bibliothek, Kögerl, und des Beamten im Landesarchiv der Steiermark,
Doctoranden Aem. Kümmel.

Druck von C. H. Schulze in Gräfenhainichen.